LE SOPHISTE

LES DIALOGUES DE PLATON

Présenter de chaque Dialogue de Platon un commentaire suivi qui soit attentif au mouvement souvent accidenté de la pensée, en dégage les différentes méthodes et articule les problèmes soulevés, telle est l'ambition de cette collection. Mais puisque la compréhension d'un texte philosophique et sa traduction se déterminent réciproquement, le commentaire s'accompagnera d'une traduction originale. Cette circularité s'impose d'autant plus que c'est avec Platon que le langage de la philosophie s'élabore : il faut tenter d'en faire percevoir la nouveauté éternellement nouvelle. Priorité sera donc donnée aux références au corpus platonicien ainsi qu'aux auteurs auxquels Platon renvoie explicitement ou implicitement.

Pourquoi le texte grec, alors que le nombre de ceux capables de le lire ne cesse de diminuer ? Pour leur en fournir un qui soit aisément accessible, mais aussi pour rappeler que nous lisons un texte dont plusieurs versions nous ont été transmises, entre lesquelles il faut parfois choisir. Les termes grecs, translittérés, figurant dans le commentaire marquent l'écart existant entre les deux langues. Cet écart n'est pas seulement lexical : il existe en grec ancien une voix moyenne, ni active ni passive ; un temps du commencement de l'action, l'aoriste, ni passé ni présent ; un nombre, le duel, ni singulier ni pluriel, et un genre neutre, ni masculin ni féminin. En prendre conscience pourrait, c'est du moins le pari de cette collection, amener le lecteur à penser un peu autrement, à penser en grec.

BIBLIOTHEQUE DES TEXTES PHILOSOPHIQUES

PLATON

LE SOPHISTE

Introduction, traduction (texte grec en regard)
notes et commentaire
par

Monique Dixsaut

PARIS
LIBRAIRIE PHILOSOPHIQUE J. VRIN
6 place de la Sorbonne, V ͤ
2022

Les Dialogues de Platon

sous la direction de

Monique DIXSAUT, Sylvain DELCOMMINETTE
et Dimitri EL MURR

© *Librairie Philosophique J. VRIN*, 2022
Imprimé en France
ISSN 0249-7972
ISBN 978-2-7116-3060-8
www.vrin.fr

Remerciements

Que soient ici chaleureusement remerciés : Marc-Antoine Gavray, qui a mis en forme le texte grec et la traduction. Kenneth Quandt, pour ses précieuses remarques à la traduction et au commentaire. Dimitri El Murr a relu l'ensemble du commentaire, et le dialogue que nous avons eu une après-midi entière à propos de ses objections et suggestions reste un souvenir inoubliable. Luca Torrente a vérifié avec beaucoup de soin les notes et en a tiré les éléments bibliographiques. Annie Larrivée, Claire et Laurent Dixsaut ont relu l'Introduction, qui en a grandement profité. Sans oublier ma dette envers Anne-Marie et Denis Arnaud pour avoir cru en cette collection bilingue, ainsi qu'à Elsa Costantini dont les couvertures sont de véritables œuvres d'art. Enfin, qu'il me soit permis de dire une fois de plus que sans le soutien de Jean, ce travail difficile n'aurait jamais pu voir le jour.

INTRODUCTION

« Il faut commencer en premier, tout de suite, par définir le sophiste. » Commencer en premier, et qui plus est tout de suite, si on est pédant, cela s'appelle un pléonasme, mais si on est Platon, cela veut dire qu'il y a urgence et que le sophiste est un personnage dangereux. Il l'est pour Platon, mais l'est-il pour nous ? « Sophiste » : ce mot sonne presque comme une citation identifiable seulement par des experts en culture grecque, en tout cas comme un terme tombé en désuétude et désignant une chose qui l'est tout autant. De sorte que la chasse au sophiste poursuivie tout au long du Dialogue risque de nous sembler à présent dénuée non seulement d'urgence mais d'intérêt, et n'être qu'une « coque » qu'il faudrait se hâter de rejeter pour atteindre le « noyau ». À moins que...

L'urgence

À moins qu'il ne faille plutôt se demander dans quel monde il faut vivre pour ne pas avoir conscience que les faux-semblants, les contrefaçons, les simulacres dont le sophiste est le maître, loin d'avoir disparu de notre horizon, l'envahissent dans sa quasi-totalité. Car enfin, qui, après avoir lu et si possible compris les premières définitions du sophiste, peut prétendre n'en avoir jamais rencontré ? De sorte que ce nom périmé, obsolète donc désamorcé, serait le dernier rempart dressé par le sophiste pour nous empêcher de le connaître pour ce qu'il est.

Qui pourtant, là, maintenant, tout de suite, peut ne pas se rendre compte qu'il habite un monde voué au culte des apparences, et d'abord de la sienne propre ? Un monde où l'argent est devenu le critère d'évaluation de toutes les autres valeurs et où la tromperie sur la marchandise est le fin du fin de l'habileté commerciale ? Un monde où l'on ne s'étonne plus de la marchandisation de la culture et des « œuvres d'art », marchandisation qui a, de fait, condamné à mort et la culture et les « beaux-arts » ? Un monde enfin où l'expression des opinions est devenue synonyme de liberté, où tout dialogue doit s'appeler débat et tout débat être un spectacle capable d'attirer un maximum d'audience ? Mais le pire est sans doute que refuser de croire que les discours de ceux qui nous gouvernent sont tous vrais, désintéressés et soucieux du bien public ; que ceux qui éduquent ont pour but de rendre leurs élèves capables de mettre intelligemment en question ce qu'ils entendent ou lisent, alors qu'ils sont chargés de les trier et de les rendre économiquement utilisables (missions qu'ils n'accomplissent d'ailleurs pas tous et pas toujours) – cela revient à n'opposer au sophiste que du bon sens, c'est-à-dire à se méfier du langage et à ne se fier qu'à la brutalité des choses, des faits et des événements. C'est donc le langage, la parole, qu'il faut sauver. Car le sophiste a ceci de paradoxal que, si le discours ne fait selon lui que courir à la surface des choses, il y voit pourtant l'instrument de sa puissance sur les hommes. Il faut donc écouter ce qu'il a à nous dire, car il n'a malheureusement pas tort sur tout, et examiner sur quels postulats il s'appuie. Tenter de les réfuter patiemment, un à un, va conduire à affronter des difficultés inattendues et redoutables. C'est pourquoi le *Sophiste* est sans doute le plus difficile de tous les Dialogues de Platon, mais aussi le plus radical et le plus excitant.

Un certain nombre de particularités en résultent. Cette introduction va tenter d'en faire l'inventaire, en partant des plus extérieures pour arriver aux plus profondes.

Difficultés textuelles

Les premières tiennent à l'établissement du texte grec, à sa traduction et à la diversité de ses styles. Le texte du *Sophiste* est le texte de Platon qui a été le plus « corrigé », « amendé » par des « philologues » d'époques diverses. Leur dévotion envers un texte vieux de vingt-cinq siècles, leur acharnement à le sauver de la destruction et l'oubli, à le transmettre, et pour cela à rendre lisible ce qui était au départ une suite de lettres majuscules où les mots ne sont pas séparés et qui ne comporte ni ponctuation ni guillemets, ne méritent que reconnaissance et admiration. Afin d'offrir du texte la version la plus sûre, ils ont comparé et classé en « familles » une foule de manuscrits copiés et recopiés au cours des siècles, et recherché les différentes citations qu'en donnaient des ouvrages grecs plus tardifs ou des auteurs latins.

L'ennui est que, s'agissant du *Sophiste*, la plupart des corrections apportées au texte des manuscrits ne résultent pas d'une impossibilité grammaticale ou syntaxique. Elles ont le plus souvent pour but de « clarifier » ou « simplifier » le texte des manuscrits, et elles en redistribuent parfois les répliques – autrement dit, elles reviennent à décider que Platon ne peut pas vouloir dire ce que les manuscrits nous disent qu'il dit. Aucun commentaire philosophique du *Sophiste* ne peut donc se passer d'un solide appui philologique, mais aucune bonne philologie ne peut se passer de philosophie – comme le disait à ses étudiants un jeune professeur de philologie nommé Nietzsche. La décision adoptée ici est que fait loi la lecture offerte, dans le meilleur des cas par tous les manuscrits, sinon par ceux qui semblent les meilleurs, sans exclure que des exceptions soient possibles. Elle ne prétend pas que la version préférée est la vraie (« vraie » est un terme à bannir du vocabulaire philologique), mais explique pourquoi elle lui a semblé être la plus intéressante et la plus riche de sens.

Une autre difficulté à résoudre est celle du type de traduction que l'on choisit de fournir au lecteur. Le *Sophiste* contient en effet une multiplicité de termes barbares forgés par Platon à l'aide du suffixe -ique (-*iké*) désignant les techniques, les arts pratiqués par le sophiste. Ces termes pullulent dans les « récapitulations définitionnelles » et les rendent proprement incompréhensibles. En donner une traduction limpide revient à éviter au lecteur de se demander pourquoi, dans le *Sophiste*, Platon baragouine ainsi – ce qui ne l'empêche pas de se livrer à certaines de ses plus belles envolées. Or ces « néologismes » ne surviennent que dans les définitions du sophiste, et ces envolées que lorsque le philosophe fait inopinément irruption. Puisque le sophiste parodie le savant et fabrique des termes « scientifiques » dans les manuels qu'il rédige – sinon, à quoi reconnaîtrait-on qu'il est un savant ? – Platon parodie le sophiste. C'est pourquoi il a paru préférable de ne pas offrir de ces passages une traduction plus élégante.

À cela s'ajoute que plus la recherche progresse, plus chaque mot joue sur des significations multiples. Leur équivocité est propre au grec, elle est intraduisible. Pour ne prendre que deux exemples : *logos* peut signifier discours, raisonnement, argument, définition, et signification. Pire encore : dans *to on* il faut entendre tantôt une propriété – *on* entendu comme participant présentement au verbe être, « ce qui est étant » – et tantôt, quand il est précédé de l'article *to*, un substantif, « l'étant », plus généralement rendu par « l'être » lorsque le terme renvoie à Parménide ou désigne « un des plus grands genres » ; même équivocité pour *to mè on* et *to ouk on*, à quoi s'ajoute l'impossibilité de traduire la différence entre les deux négations, l'une, *ouk*, étant une négation factuelle, alors que l'autre, *mè*, implique une interdiction.

Les interlocuteurs

Passé le Prologue, la conduite de la discussion est confiée à un personnage tout à fait inhabituel. Car si Socrate pose la question supposée conduire à trois Dialogues : philosophe, sophiste et politique sont-ils trois genres distincts, ou deux, ou un seul, il laisse ensuite la parole à un étranger venu d'Élée, patrie de Parménide, qu'un autre étranger, le mathématicien Théodore, lui a présenté comme étant « véritablement un philosophe ». L'étranger ne diffère pas seulement des « familiers de Parménide »[1], il diffère de Parménide comme un fils diffère et ressemble à son père. Or, que va-t-il faire, cet Étranger ? Tuer son père Parménide et réduire Socrate au silence. Il a pourtant, dit-il, entendu les leçons du premier

1. Voir la note I à la traduction, *infra*, p. 261.

et ne les a pas oubliées. Mais qu'en est-il de Socrate ? Eh
bien, l'Étranger n'en dit rien. Il va pourtant se révéler
avoir une remarquable mémoire de tous les Dialogues
dont Socrate est le protagoniste – tous sont en effet
présents à un moment où à un autre et, bien qu'ils ne
soient pas nommés, il n'en manque pas un seul, même
pas celui qu'un autre étranger, Athénien cette fois, n'a
pas encore écrit. Or qui les a écrits, ces Dialogues ? Pas
Socrate, encore qu'il serait le co-auteur de celui qui s'est
déroulé « hier », ce *Théétète* que l'Étranger est censé ne
pas avoir entendu mais dont il va citer dans le *Sophiste*
des phrases entières ou résumer certains passages.
Quant à « la méthode par interrogations » que lui aurait
enseignée Parménide, où la trouver, sinon dans la bouche
du Parménide imaginaire que Platon représente dans son
Parménide ? Cet Étranger anonyme est donc aussi bien le
fils d'un Socrate qu'il a rendu inoubliable, que le fils d'un
Parménide réinventé. Étant leur fils, il les a tous deux
réengendrés à sa manière. Qui peut donc incarner cette
double filiation, l'une n'étant d'ailleurs revendiquée que
lorsqu'il s'agit de le tuer, son père Parménide, et l'autre
restant implicite mais suffisamment attestée puisque
c'est la voix de son père Socrate que son fils n'avait
jusque-là cessé de faire entendre ? Qui, sinon Platon ?
En prenant pour porte-parole un Étranger anonyme, il
préserve son propre anonymat, qui a pour signification
que la pensée n'a pas d'auteur, qu'elle est le dialogue
intérieur d'une âme avec elle-même quand elle désire
comprendre quelque chose. Il le préserve d'autant plus
que cet étranger anonyme est fort rarement nommé.
Dans tous les Dialogues où Socrate mène la discussion
se rencontre en effet « une parité approximative entre
la fréquence des vocatifs » adressés par Socrate à ses

interlocuteurs et celle des vocatifs (« Ô Socrate »)
que ceux-ci lui adresse. Or si l'Étranger prononce une
quarantaine de fois « Théétète », « mon cher », « mon
enfant » dans le *Sophiste*, le dit Théétète (qui avait
« hier » répondu « Ô Socrate » à peu près quatre-vingt-
dix fois) ne dit aujourd'hui « Ô Étranger » qu'une demi-
douzaine de fois[1]. Il s'adresse donc à un Anonyme qui
est à peine un Étranger, mais qui tient en revanche à nous
faire connaître sa date de naissance : il est né un matin
de l'an 399 (av. J.-C.), né en tant que Platon-l'Étranger
quand il a enfin réussi à capturer le sophiste et l'a offert
à Socrate, qui « hier après-midi » était allé chercher au
tribunal l'acte l'accusant d'être un sophiste.

L'Étranger-Platon va dialoguer avec le jeune et
génial mathématicien Théétète, personnage réinventé,
lui aussi, car l'original est mort depuis une trentaine
d'années. Il n'est pas toujours aussi docile que l'Étranger
lui a prescrit de l'être, puisqu'il n'hésite pas à dire qu'il
ne comprend pas, à se montrer légèrement dubitatif en
alignant des « Peut-être » et des « À peu près », une
de ses réponses favorites étant, sous diverses formes,
« Comment pourrait-il en être autrement ? » – ce qu'on
appelle aux échecs une « variante forcée ». Mais plus
les difficultés s'accumulent, plus d'autres interlocuteurs
réellement fictifs entrent en scène, et plus Théétète doit
participer activement à la discussion. Si l'Étranger l'en
croit capable, c'est parce qu'il a été la veille soumis par

---

1. G. Ryle, *Plato's Progress*, Cambridge U.P., 1966, trad. de
J. Follon, présentation de M. Dixsaut, *L'Itinéraire de Platon*, Paris,
Vrin, 2003, p. 28. Ryle voit là une confirmation de son hypothèse
– celle d'un Platon acteur jouant Socrate lors d'hypothétiques concours
de Dialogues – qui, si fantaisiste soit-elle, le conduit à relever des
particularités négligées par tous les autres interprètes.

Socrate à rude épreuve. Lorsque le sophiste (qui jusque-
là était un gibier à capturer) se met à les interpeller, c'est
Théétète qui est alors chargé de lui répondre ; c'est aussi lui
qui doit servir d'interprète à tous ceux qui ont parlé et
parlent de l'être, puis doit les questionner et transmettre
leurs réponses à l'Étranger. Pour achever ce petit ballet
d'interlocuteurs, l'Étranger décide d'intervertir les
rôles : au tour de Théétète de le questionner, lui. Ils n'en
reviennent à une distribution « habituelle » des rôles de
questionneur et de répondant que lorsque tous les murs
dressés par le sophiste sont tombés. En d'autres termes,
« la difficulté à lire, à comprendre, à "suivre", est mise en
scène et dramatisée[1] ».

Structure et objet du Dialogue

Arrivons-en à la structure du Dialogue. Elle se dessine
clairement à travers un parcours ponctué, comme tous les
autres Dialogues de Platon et peut-être encore davantage,
d'impasses et de découvertes, de retours en arrière et de
bonds en avant. Ainsi que l'Étranger ne cesse de nous le
rappeler, cela tient à la nature polymorphe, équivoque,
« bariolée » de son objet. Structure et objet sont ici
indissociables.

Aidé de Théétète, l'Étranger va d'abord s'efforcer de
définir l'art que détiendrait le sophiste (car celui-ci est
indiscutablement un habile homme), ce qui va consister
à lui enlever, un à un, ses masques. Il n'en a pas moins
de six : le sophiste sait 1) se mettre en chasse de jeunes
garçons assez naïfs et assez riches pour payer grassement
l'enseignement qu'il censé leur dispenser ; 2), 3) et

---

1. P. Pachet, « L'Invité », dans *Le Nouveau Commerce*,
cahier 47-48, automne 1980, Paris, Nouveau Quartier Latin, p. 174-175.

4) faire commerce, local ou international, de « savoirs »
et de biens culturels ; 5) forcer à se contredire n'importe
qui sur n'importe quoi ; et 6) le faire si méthodiquement
que cette définition-là semble pouvoir s'appliquer aussi
à Socrate. Toutes ces définitions sont justes, mais il y
en a trop. Il faut par conséquent changer de question, ne
plus se demander ce que le sophiste est capable de *faire*,
mais se demander ce qu'il doit *être* pour être capable
de le faire. L'Étranger, Théétète, et nous avec eux,
nous trouvons alors dans une situation qui va nous être
présentée comme une affaire de famille et qui, comme
telle – tous les Grecs savaient cela – est forcément une
tragédie. Platon s'y connaît, en tragédies, il aurait même
brûlé celles qu'il avait écrites quand il a rencontré Socrate
sans se douter que son maître allait lui procurer de quoi
en écrire d'autres.

L'Étranger a donc un père, le grand Parménide, qui lui
a ouvert la voie de la vérité, celle qui conduit à ce qui est,
à l'être si on préfère, et qui lui a interdit de prendre l'autre,
celle qui conduit à ce qui n'est pas, au non-être, pour la
fort bonne raison que ce qui n'est pas n'existe absolument
pas. Or, objecte son fils, il ne m'a pas dit, Parménide, ce
qu'il pouvait bien signifier par ce mot, « être ». À moi
donc de le lui dire : être, c'est pouvoir agir sur quelque
chose, aussi minime que soit cette chose, et même si c'est
une seule fois et très fugitivement qu'on agisse sur elle ;
mais c'est aussi pouvoir pâtir, subir l'action d'un autre
être, qu'il s'agisse d'un tremblement de terre, d'une Idée
ou d'un rêve. Voilà ce que cela veut dire, être : pouvoir
agir et pâtir – ce n'est pas très compliqué ! En outre, se
dit-il, je ne vois pas pourquoi Parménide l'interdit, la
voie du non-être, puisqu'il affirme qu'elle est impossible.
Cela n'a pas de sens, d'interdire l'impossible.

Sauf que Parménide a un autre fils, jumeau du premier, qui emprunte allègrement cette voie et qui déclare quelque chose qui mérite d'être entendu : « N'ai-je pas toujours dit que le discours était une puissance, la plus grande de toutes, puisqu'il fait exister tout ce qu'il dit, à condition bien sûr de savoir comment s'y prendre ? Avec ta géniale définition, tu viens de me donner entièrement raison : tout ce qu'on dit existe, puisque tout ce qu'on dit la possède superlativement, ta puissance d'agir et de faire pâtir. De plus, puisqu'il paraît que si je te disais, par exemple, que Théétète vole en l'air, je dirais une chose qui n'est pas, une chose qui n'est pas vraie : comment diable pourrais-je la dire, si elle n'existe absolument pas, comme dit Parménide ? Et si elle existe de la façon que toi, Platon, tu viens de dire, qu'est-ce qui te permet de dire qu'elle n'est pas vraie ? C'est d'ailleurs bien là qu'est le problème. Car enfin, quand va-t-on se décider à en finir avec la vérité ? Ce qui importe, c'est de dire des choses efficaces, utiles, et qui bien sûr rapportent – de l'argent, de la gloire, des honneurs et du pouvoir. »

L'Étranger se trouve à ce moment fort embarrassé, car il vient de comprendre que, pour empêcher son frère de nuire, il doit tuer leur père à tous les deux, Parménide. Métaphoriquement, bien sûr, mais tout de même… Le tuer signifie démontrer qu'existe bel et bien ce qui n'est pas, et que si d'aventure on calomnie quelqu'un, on produit, en parlant, une fausse image de lui : le sophiste a raison, elle existe, cette image, et en plus, elle doit forcément ressembler un peu à la réalité, sinon on n'y croirait pas. Réfléchissons, se dit alors l'Étranger, à ce qui arrive quand je dis que Théétète vole en l'air : je produis un Théétète qui est parfaitement semblable à Théétète, mais qui agit autrement que n'agit le Théétète avec qui maintenant je discute. Mais la voilà, la solution, se dit-il ! Le faux n'est pas plus le contraire du vrai que le non-être n'est le contraire de l'être. Vrai et faux, ce qui est et ce qui n'est pas sont simplement différents, *autres*, et tout ce qui est autre doit évidemment être autre qu'une autre chose, qu'une chose à laquelle il s'oppose sans pourtant la nier totalement. Car elles sont, les choses qui ne sont pas, mais autrement que celles qui sont « vraiment ». Le sophiste a donc bien compris que c'est de la vérité qu'il doit nier la puissance, et que c'est de la fausseté qu'il doit nier l'existence. Car pour le non-être, la question est réglée : ce n'est pas le néant, c'est tout ce qui est autre que ce qui est. Il faut arrêter d'y mettre des majuscules, à l'être et au non-être. Si l'être perd sa majuscule, le non-être la perd aussi, et la Vérité récupère la sienne, si on tient aux majuscules. Le sophiste perd alors son dernier rempart, son dernier refuge, et tout le reste va être plus facile.

Mais comment fait-on pour connaître ce qu'une chose est vraiment ? Comme l'Étranger vient de le faire : en allant de questions en réponses et de réponses en questions, et il y a mis du temps – au fond, il y a mis sa vie entière. Et puisqu'il vient de nous le montrer par l'exemple, il n'aura pas besoin de définir le philosophe : c'est juste quelqu'un qui est assez fou pour passer sa vie à chercher et à capturer de cette façon – dialectiquement, en interrogeant et en répondant – ce qui est en vérité.

Il est cependant assez difficile à l'Étranger de ne pas l'admirer un peu, ce frère ennemi qui a compris avant lui la puissance de l'image, et que pour être le maître du monde, il suffisait de le remplir d'apparences, de faux-semblants, de contrefaçons. Qui a aussi entrevu qu'un jour viendrait où les images seraient plus puissantes que les choses qui sont, parce que celles-ci ne tiennent de l'être que leur puissance d'exister, tandis que les images tiennent la leur d'un non-être dont la fécondité est inépuisable. Car de choses qui sont différentes d'une chose qui est, il y en a une infinité. Son frère a peut-être même prévu qu'un jour viendrait où il y en aurait tant, d'images parlées, écrites ou peintes (joignons y, entre autres, la photographie, qui « trompe l'œil » plus efficacement que la peinture) et même d'images en mouvement, qu'elles réussiront à paraître plus réelles que des réalités il faut bien dire généralement assez peu séduisantes. Ce jour-là, on en aura vraiment fini avec l'être, et on en aura fini avec la vérité ; on préférera paraître, faire illusion et avoir des illusions.

Malgré tout, le sophiste finit par être attrapé : c'est un professionnel de la production d'images parlées, d'images qui ne ressemblent même pas à un modèle mais à l'opinion qu'on en a. Et alors, que va-t-il se passer ? Alors, il est fort probable que beaucoup s'exclameront « Parle-nous encore, sophiste, fais-nous miroiter d'envoûtantes images, procure-nous des illusions, et nous te tiendrons quitte des réalités vraies » – paraphrasant ainsi la belle tirade de Chateaubriand à propos de l'argent : « Avec toi on est beau, jeune, adoré ; on a considération, honneurs, qualités, vertus. Vous me direz qu'avec de l'argent on n'a que l'apparence de tout cela : qu'importe, si je crois vrai ce qui est faux ? trompez-moi bien et je vous tiens quitte du reste : la vie est-elle autre chose qu'un mensonge[1] ? » Eh bien, tant pis pour tous ceux qui sont de cet avis.

---

1. Chateaubriand, *Mémoires d'outre-tombe*, Paris, Flammarion, Édition du Centenaire, t. IV, 1948, p. 31.

Peut-être, mais s'ils assurent le triomphe du sophiste, Platon sera condamné à ne jamais sauver son père de cœur, son père adopté, Socrate, ni aucune de ses réincarnations. Tragédie il y a eu, il y a et il y aura, outre qu'il fallait déjà le faire taire, Socrate, car il est si insupportable quand il discute ou se défend qu'il suscite immanquablement le désir de l'assassiner. Les citoyens d'Athènes s'en sont chargés, et cela l'a rendu immortel − comme mythe, mais c'est mieux que rien. Le sophiste s'y prend bien plus astucieusement : il persuade les hommes que ce que Socrate (ce qu'un Socrate quel qu'il soit) raconte, n'est qu'un bavardage apte à séduire provisoirement de crédules adolescents.

Du Sophiste *au* Politique

Si Platon a finalement réussi à capturer le sophiste, il est très loin de lui avoir retiré sa puissance. Or tant que nous (quel « nous » ?) n'en serons pas arrivés à nous dire : « Voici l'heure venue de délibérer sur ce qu'il nous faut faire du sophiste », il n'y aura aucune place pour « le savoir, la pensée et l'intelligence », toutes choses qu'il faut être un peu philosophe pour honorer par-dessus tout. Comme ces choses n'ont guère de chance − elles, pas leurs misérables imitations − de se voir accorder la place qu'elles méritent dans la cité des hommes, il faut par conséquent continuer, et s'attaquer au politique. En espérant, contre toute probabilité, que les politiques cesseront un jour d'être des sophistes et se mettront à philosopher.

Le texte grec

Le texte grec est celui établi par J. Burnet, *Platonis Opera*, tome I contenant les tétralogies I et II, Oxford, Clarendon Press, 1900.

Les notes en bas de page ne mentionneront que les modifications qui lui ont été apportées. A été également consultée la seconde édition d'Oxford, Clarendon Press, 1995, mais pour le *Sophiste* elle peut sembler doublement contestable. Les éditeurs rangent le codex Y parmi les codices « ayant l'habitude d'offrir souvent des conjectures » (Praefatio, p. XVIII), et D. B. Robinson juge inutile de le mentionner dans son apparat critique. Or ce codex « a souvent le privilège de la bonne lecture », comme l'a constaté Diès. En outre, quand le texte lui semble obscur, Robinson opte le plus souvent pour les corrections de philologues modernes.

Sigles utilisés dans l'apparat critique

B = cod. Bodleianus Clarke 39 (copié en 895 par Jean le Calligraphe, fin du IXe siècle)

T = cod. Venetus app. class. 4.1 (copié par Ephraïm Monachus vers 950, (fin du Xe siècle)

T^2 renvoie aux corrections apportées par une ou plusieurs mains au cod. T (difficile à dater : X^e ou XIIe siècle)

Y = cod. Vindobonensis 21 suppl. phil. gr. 7 (XIVe siècle)

W = cod. Vindobonensis 54, suppl. Phil. gr. 7, 2 (corrections et autres leçons en marge ou au-dessus du texte ; 2e moitié du XIe siècle).

Le texte du *Sophiste* ayant donné lieu au plus grand nombre de corrections et « d'amendements » infligés à un Dialogue de

Platon, il est bon de connaître la fonction des sigles philologiques utilisés dans le texte de Burnet et qui sont donnés ici dans les notes en bas de pages : les crochets droits [ ] indiquent que l'éditeur souhaite supprimer un mot, ou des lettres, et précise dans son apparat s'il est le premier à le faire ou si d'autres l'on fait avant lui ; les croix romaines † † signifient qu'il a des doutes et qu'un autre mot a dû figurer dans le texte original, bien qu'il n'ait pas de conjecture satisfaisante à offrir ; les chevrons < > signalent des additions faites par d'autres éditeurs ou par lui-même, bien qu'aucun manuscrit ne les mentionne

Les notes de fin donnent les raisons des modifications apportées au texte de Burnet, en s'appuyant, au mieux, sur les leçons données par les quatre manuscrits principaux, ou en optant pour celles de T ou du couple TY, mais en justifiant toujours ce choix par la question : de quoi s'agit-il exactement à ce moment du Dialogue ?

La traduction

Pour tenter de rendre la variété de styles propre à ce Dialogue, cette traduction n'a pas « traduit » les néologismes. Mais comme des oreilles grecques pouvaient se référer aux verbes ou adjectifs assortis du suffixe « -ique », les notes en bas de page en donnent le sens ; elles précisent aussi les renvois internes et apporte les informations historiques et culturelles indispensables.

PLATON

LE SOPHISTE

ΣΟΦΙΣΤΗΣ

ΣΟΦΙΣΤΗΣ

ΘΕΟΔΩΡΟΣ ΣΩΚΡΑΤΗΣ
ΕΛΕΑΤΗΞ ΞΕΝΟΣ ΘΕΑΙΤΗΤΟΣ

216a ΘΕΟ. Κατὰ τὴν χθὲς ὁμολογίαν, ὦ Σώκρατες, ἥκομεν αὐτοί τε κοσμίως καὶ τόνδε τινὰ ξένον ἄγομεν, τὸ μὲν γένος ἐξ Ἐλέας, ἕτερον[1] δὲ τῶν ἀμφὶ Παρμενίδην καὶ Ζήνωνα ἑταίρων[2], μάλα δὲ ἄνδρα φιλόσοφον. |

5 ΣΩ. Ἆρ' οὖν, ὦ Θεόδωρε, οὐ ξένον ἀλλά τινα θεὸν ἄγων κατὰ τὸν Ὁμήρου λόγον λέληθας; ὅς φησιν ἄλλους

b | τε θεοὺς τοῖς ἀνθρώποις ὁπόσοι μετέχουσιν αἰδοῦς δικαίας, καὶ δὴ καὶ τὸν ξένιον οὐχ ἥκιστα θεὸν συνοπαδὸν γιγνόμενον ὕβρεις τε καὶ εὐνομίας τῶν ἀνθρώπων καθορᾶν. τάχ' οὖν ἂν καὶ σοί τις οὗτος τῶν κρειττόνων

5 συνέποιτο, φαύλους | ἡμᾶς ὄντας ἐν τοῖς λόγοις ἐποψόμενός τε καὶ ἐλέγξων, θεὸς ὤν τις ἐλεγκτικός.

ΘΕΟ. Οὐχ οὗτος ὁ τρόπος, ὦ Σώκρατες, τοῦ ξένου, ἀλλὰ μετριώτερος τῶν περὶ τὰς ἔριδας ἐσπουδακότων. Καί μοι δοκεῖ θεὸς μὲν ἀνὴρ οὐδαμῶς εἶναι, θεῖος μήν· πάντας

c | γὰρ ἐγὼ τοὺς φιλοσόφους τοιούτους προσαγορεύω.

---

1. a2 ἕτερον T²Y Estienne Ficin Cordero : ἑταῖρον Burnet Campbell Diès Robinson.
2. a3 ἑταίρων BTYW Cordero : [Burnet] † Campbell † [Diès] : secl. Upton Robinson.

LE SOPHISTE

THÉODORE, SOCRATE,
L'ÉTRANGER, THÉÉTÈTE

Théodore — À la suite de l'accord d'hier, Socrate, **216a**
nous voici nous-mêmes disposés comme il se doit, et
nous amenons celui-ci, un étranger; il est originaire
d'Élée, mais bien qu'il soit différent des compagnons[1]
de Parménide et de Zénon, cet homme est tout à fait un
philosophe.

Socrate — Théodore, es-tu sûr que ce soit un étranger
que tu amènes, et non pas, sans le savoir, un dieu, comme
le raconte Homère? Car s'il assure que d'autres | dieux **b**
accompagnent tous ceux qui au monde font preuve d'une
réserve pleine de justice, selon lui c'est surtout le Dieu
des étrangers qui « s'en va inspecter la démesure ou la
conduite bien réglée des hommes »[1]. Peut-être est-ce
un de ces êtres supérieurs qui vient à ta suite, dans le
dessein de regarder de haut les médiocres disputeurs que
nous sommes, et que lui, réfutateur divin, se chargera de
réfuter.

Théodore — Ce n'est pas là, Socrate, la façon de
l'étranger : il est bien plus modéré que ceux qui dépensent
leur énergie en controverses éristiques. Et il ne me semble
pas du tout être un dieu – mais un homme divin, oui, car
| c'est ainsi que moi j'appelle tous les philosophes. **c**

1. Voir *Od.* IX, 270 *sq.*, et XVII, 483-487.

ΣΩ. Καὶ καλῶς γε, ὦ φίλε. τοῦτο μέντοι κινδυνεύει τὸ
γένος οὐ πολύ τι ῥᾷον ὡς ἔπος εἰπεῖν εἶναι διακρίνειν ἢ τὸ
τοῦ θεοῦ· πάνυ γὰρ ἄνδρες οὗτοι παντοῖοι φανταζόμενοι
5 διὰ | τὴν τῶν ἄλλων ἄγνοιαν "ἐπιστρωφῶσι πόληας",
οἱ μὴ πλαστῶς ἀλλ᾽ ὄντως φιλόσοφοι, καθορῶντες
ὑψόθεν τὸν τῶν κάτω βίον, καὶ τοῖς μὲν δοκοῦσιν εἶναι
τοῦ μηδενὸς τίμιοι τοῖς δ᾽ ἄξιοι τοῦ παντός· καὶ τοτὲ
d μὲν πολιτικοὶ | φαντάζονται, τοτὲ δὲ σοφισταί, τοτὲ δ᾽
ἔστιν οἷς δόξαν παράσχοιντ᾽ ἂν ὡς παντάπασιν ἔχοντες
μανικῶς. τοῦ μέντοι ξένου ἡμῖν ἡδέως ἂν πυνθανοίμην,
217a εἰ φίλον αὐτῷ, τί ταῦθ᾽ | οἱ περὶ τὸν ἐκεῖ τόπον ἡγοῦντο
καὶ ὠνόμαζον.

ΘΕΟ. Τὰ ποῖα δή;

ΣΩ. Σοφιστήν, πολιτικόν, φιλόσοφον.

ΘΕΟ. Τί δὲ μάλιστα καὶ τὸ ποῖόν τι περὶ αὐτῶν
5 δια|πορηθεὶς ἐρέσθαι διενοήθης;

ΣΩ. Τόδε· πότερον ἓν πάντα ταῦτα ἐνόμιζον ἢ δύο, ἢ
καθάπερ τὰ ὀνόματα τρία, τρία καὶ τὰ γένη διαιρούμενοι
καθ᾽ ἓν ὄνομα γένος[1] ἑκάστῳ προσῆπτον;

ΘΕΟ. Ἀλλ᾽ οὐδείς, ὡς ἐγᾦμαι, φθόνος αὐτῷ διελθεῖν
10 | αὐτά ἢ πῶς, ὦ ξένε, λέγωμεν;

b ΞΕ. Οὕτως, ὦ Θεόδωρε. φθόνος μὲν γὰρ οὐδεὶς οὐδὲ
χαλεπὸν εἰπεῖν ὅτι γε τρί᾽ ἡγοῦντο· καθ᾽ ἕκαστον μὴν
διορίσασθαι σαφῶς τί ποτ᾽ ἔστιν, οὐ σμικρὸν οὐδὲ ῥᾴδιον
ἔργον.

---

1. a9 γένος BTW Campbell Diès Robinson : γένει Estienne :
[γένος] Burnet : secl. Schleiermacher.

Socrate — Et tu as bien raison, mon ami. Mais ce genre risque de n'être pas, si l'on peut dire, beaucoup plus facile à discerner que celui des dieux ! Ces hommes – les authentiques, non les soi-disant philosophes – sont en effet affublés des apparences les plus diverses en raison de l'ignorance des autres « quand ils s'en vont de ville en ville » regarder de haut la vie des gens d'en bas ; et tandis qu'à certains ils paraissent ne rien valoir, pour d'autres ils ont tous les mérites ; et tantôt c'est comme des politiques | qu'ils apparaissent, tantôt comme des sophistes, et il y **d** en a à qui ils donnent l'impression d'être complètement fous. J'aimerais donc m'enquérir auprès de cet étranger, s'il y consent, pour qu'il nous dise ce que pensent de cela | les gens de son pays et de quels noms ils les appellent. **217a**

Théodore — Quoi donc ?

Socrate — Le sophiste, le politique, le philosophe.

Théodore — Sur quoi porte principalement ta question ? et quelle difficulté à leur sujet as-tu en tête en la posant ?

Socrate — Celle-ci : pensaient-ils que tout cela ne fait qu'une seule chose, ou deux, ou, comme il y a ces trois noms, distinguaient-ils aussi trois genres en attachant un genre à chacun, un pour chaque nom ?

Théodore — À mon avis, aucune jalousie ne le retiendra de te l'expliquer ; ou comment répondre, étranger ?

L'étranger — Comme cela, Théodore. Car je ne tiens **b** nullement à garder cela pour moi, et il ne m'est d'ailleurs pas difficile de répondre qu'ils estiment qu'il y a trois genres, mais quant à définir clairement ce que chacun peut bien être, voilà une tâche qui n'a rien de petit ni de facile.

ΘΕΟ. Καὶ μὲν δὴ κατὰ τύχην γε, ὦ Σώκρατες, λόγων
5 | ἐπελάβου παραπλησίων ὧν καὶ πρὶν ἡμᾶς δεῦρ᾽ ἐλθεῖν
διερωτῶντες αὐτὸν ἐτυγχάνομεν, ὁ δὲ ταὐτὰ ἅπερ πρὸς
σὲ νῦν καὶ τότε ἐσκήπτετο πρὸς ἡμᾶς· ἐπεὶ διακηκοέναι
γέ φησιν ἱκανῶς καὶ οὐκ ἀμνημονεῖν. |

c ΣΩ. Μὴ τοίνυν, ὦ ξένε, ἡμῶν τήν γε πρώτην
αἰτησάντων χάριν ἀπαρνηθεὶς γένῃ, τοσόνδε δ᾽ ἡμῖν
φράζε. Πότερον εἴωθας ἥδιον αὐτὸς ἐπὶ σαυτοῦ μακρῷ
λόγῳ διεξιέναι λέγων τοῦτο ὃ ἂν ἐνδείξασθαί τῳ
5 βουληθῇς, ἢ δι᾽ ἐρωτήσεων, οἷον | ποτε καὶ Παρμενίδῃ
χρωμένῳ καὶ διεξιόντι λόγους παγκάλους παρεγενόμην
ἐγὼ νέος ὤν, ἐκείνου μάλα δὴ τότε ὄντος πρεσβύτου; |

d ΞΕ. Τῷ μέν, ὦ Σώκρατες, ἀλύπως τε καὶ εὐηνίως
προσδιαλεγομένῳ ῥᾷον οὕτω, τὸ πρὸς ἄλλον· εἰ δὲ μή,
τὸ καθ᾽ αὑτόν.

ΣΩ. Ἔξεστι τοίνυν τῶν παρόντων ὃν ἂν βουληθῇς
5 ἐκ| λέξασθαι, πάντες γὰρ ὑπακούσονταί σοι πράως·
συμβούλῳ μὴν ἐμοὶ χρώμενος τῶν νέων τινὰ αἱρήσῃ,
Θεαίτητον τόνδε, ἢ καὶ τῶν ἄλλων εἴ τίς σοι κατὰ νοῦν.

ΞΕ. Ὦ Σώκρατες, αἰδώς τίς μ᾽ ἔχει τὸ νῦν πρῶτον
συγγενόμενον ὑμῖν μὴ κατὰ σμικρὸν ἔπος πρὸς ἔπος
e ποιεῖσθαι | τὴν συνουσίαν, ἀλλ᾽ ἐκτείναντα ἀπομηκύνειν
λόγον συχνὸν κατ᾽ ἐμαυτόν, εἴτε καὶ πρὸς ἕτερον, οἷον
ἐπίδειξιν ποιούμενον· τῷ γὰρ ὄντι τὸ νῦν ῥηθὲν οὐχ ὅσον
ὧδε ἐρωτηθὲν ἐλπίσειεν ἂν αὐτὸ εἶναί τις, ἀλλὰ τυγχάνει
5 λόγου παμμήκους | ὄν. τὸ δὲ αὖ σοὶ μὴ χαρίζεσθαι καὶ

Théodore — Ce qui au moins est certain, Socrate, est que tu es tombé par chance sur un problème très voisin de ceux que nous lui posions avant de venir ici ; il nous avait alors opposé la même excuse que celle qu'il vient de te donner – un simple prétexte, en fait, puisqu'il dit avoir entendu sur cette question un exposé satisfaisant et ne pas l'avoir oublié.

Socrate — Eh bien, étranger, fais-nous la grâce de c ne pas refuser de répondre à notre première demande. Dis-nous juste ceci : qu'est-ce qui d'habitude est pour toi le plus agréable ? Développer tout seul par un long discours ce que tu souhaites montrer, ou procéder par interrogations, comme j'ai jadis entendu le faire Parménide quand il a déroulé des raisonnements de toute beauté en la présence du jeune homme que j'étais, lui qui alors était déjà très vieux ?

L'étranger — Dialoguer avec quelqu'un est plus d facile, Socrate, à condition qu'il ne cause aucun embarras et se laisse conduire ; sinon, c'est parler tout seul.

Socrate — Alors, tu peux choisir celui que tu veux parmi ceux qui sont présents, car tous t'écouteront calmement ; mais si tu veux suivre mon conseil, choisis l'un de ces jeunes gens – Théétète, par exemple, ou un autre si tu préfères.

L'étranger — J'ai un peu honte, Socrate, alors que je me trouve avec vous pour la première fois, de ne pas conduire la discussion en échangeant de brèves répliques | mais en débitant tout seul un discours continu même e s'il s'adresse à un autre, comme si je prononçais une conférence d'apparat ; car la question n'a pas en réalité la dimension restreinte que la manière dont elle a été formulée pouvait permettre d'espérer : elle se trouve

τοῖσδε, ἄλλως τε καὶ σοῦ λέξαντος ὡς εἶπες, ἄξενόν τι
218a καταφαίνεταί μοι καὶ | ἄγριον. ἐπεὶ Θεαίτητόν γε τὸν
προσδιαλεγόμενον εἶναι δέχομαι παντάπασιν ἐξ ὧν αὐτός
τε πρότερον διείλεγμαι καὶ σὺ τὰ νῦν μοι διακελεύῃ.

ΘΕΑΙ. Ἆρα[1] τοίνυν, ὦ ξένε, οὕτω καὶ καθάπερ εἶπε
5 | Σωκράτης πᾶσιν κεχαρισμένος ἔσῃ;

ΞΕ. Κινδυνεύει πρὸς μὲν ταῦτα οὐδὲν ἔτι λεκτέον
εἶναι, Θεαίτητε· πρὸς δὲ σὲ ἤδη τὸ μετὰ τοῦτο, ὡς ἔοικε,
γίγνοιτο ἂν ὁ λόγος. ἂν δ᾽ ἄρα τι τῷ μήκει πονῶν ἄχθῃ, μὴ
ἐμὲ αἰτιᾶσθαι τούτων, ἀλλὰ τούσδε τοὺς σοὺς ἑταίρους. |

b   ΘΕΑΙ. Ἀλλ᾽ οἶμαι μὲν δὴ νῦν οὕτως οὐκ ἀπερεῖν· ἂν
δ᾽ ἄρα τι τοιοῦτον γίγνηται, καὶ τόνδε παραληψόμεθα
Σωκράτη, τὸν Σωκράτους μὲν ὁμώνυμον, ἐμὸν δὲ
ἡλικιώτην καὶ συγγυμναστήν, ᾧ συνδιαπονεῖν μετ᾽ ἐμοῦ
τὰ πολλὰ οὐκ ἄηθες. |

5   ΞΕ. Εὖ λέγεις, καὶ ταῦτα μὲν ἰδίᾳ βουλεύσῃ προϊόντος
τοῦ λόγου· κοινῇ δὲ μετ᾽ ἐμοῦ σοι συσκεπτέον ἀρχομένῳ
πρῶτον, ὡς ἐμοὶ φαίνεται, νῦν ἀπὸ τοῦ σοφιστοῦ, ζητοῦντι
c | καὶ ἐμφανίζοντι λόγῳ τί ποτ᾽ ἔστι. νῦν γὰρ δὴ σύ κἀγὼ[2]
τούτου πέρι τοὔνομα μόνον ἔχομεν κοινῇ, τὸ δὲ ἔργον
ἐφ᾽ ᾧ καλοῦμεν ἑκάτερος τάχ᾽ ἂν ἰδίᾳ παρ᾽ ἡμῖν αὐτοῖς

---

1. a3 Ἆρα TYW Campbell : Δρᾶ corr. Badham Burnet Diès
Robinson.
2. c1 σύ κἀγὼ BTY Campbell : σύ τε κἀγὼ W Burnet Diès
Robinson.

réclamer une discussion d'une ampleur considérable. D'un autre côté, ne pas vous faire cette faveur, à toi et à ceux qui sont ici, surtout après que tu as parlé comme tu l'as fait, cela me paraît tout à fait indigne de votre hospitalité | et fort peu civilisé. J'accepte donc volontiers 218a que Théétète soit mon interlocuteur, tant en raison des discussions que j'ai moi-même eues précédemment avec lui que du conseil que tu viens de me donner.

Théétète — Est-il sûr[II] étranger, qu'en agissant de la sorte tu feras aussi, comme le souhaitait Socrate, une faveur à tous les présents ?

L'étranger — Il y a des chances qu'il n'y ait rien à dire de plus à ce sujet, Théétète : c'est désormais à toi, semble-t-il, que le discours s'adressera. Mais si tu viens à souffrir de la longueur de ces efforts, ce n'est pas moi qu'il faudra en rendre responsable mais ceux qui sont ici et sont tes compagnons.

Théétète — Eh bien, pour l'instant, je ne pense b pas risquer de succomber à la fatigue, mais s'il devait m'arriver quelque chose de tel, nous ferons appel à Socrate, celui qui a le même nom que Socrate mais le même âge que moi et qui est mon compagnon d'exercice ; partager beaucoup de mes efforts n'a rien pour lui d'inhabituel.

L'Étranger — Parfait, et tu décideras de cette question en privé lorsque la discussion avancera. Mais c'est en commun avec moi qu'il faut mener l'examen, et, en partant à mon avis du sophiste, commencer en premier, là tout de suite, par chercher ce qu'il peut bien être et le faire clairement voir | en le définissant. Car pour l'heure, tout c ce que toi et moi avons en commun à son propos est son nom, et quant à l'activité désignée par ce nom, peut-être

ἔχοιμεν· δεῖ δὲ ἀεὶ παντὸς πέρι τὸ πρᾶγμα αὐτὸ μᾶλλον
5 διὰ λόγων ἢ | τοὔνομα μόνον συνωμολογῆσθαι χωρὶς
λόγου. τὸ δὲ φῦλον ὃ νῦν ἐπινοοῦμεν ζητεῖν οὐ πάντων
ῥᾷστον συλλαβεῖν τί ποτ᾽ ἔστιν, ὁ σοφιστής· ὅσα δ᾽ αὖ
τῶν μεγάλων δεῖ διαπονεῖσθαι καλῶς, περὶ τῶν τοιούτων
d δέδοκται πᾶσιν καὶ πάλαι | τὸ πρότερον ἐν σμικροῖς καὶ
ῥᾴοσιν αὐτὰ δεῖν μελετᾶν, πρὶν ἐν αὐτοῖς τοῖς μεγίστοις.
νῦν οὖν, ὦ Θεαίτητε, ἔγωγε καὶ νῷν οὕτω συμβουλεύω,
χαλεπὸν καὶ δυσθήρευτον ἡγησαμένοις εἶναι τὸ τοῦ
5 σοφιστοῦ γένος πρότερον ἐν ἄλλῳ ῥᾴονι τὴν | μέθοδον
αὐτοῦ προμελετᾶν, εἰ μὴ σύ ποθεν εὐπετεστέραν ἔχεις
εἰπεῖν ἄλλην ὁδόν.

ΘΕΑΙ. Ἀλλ᾽ οὐκ ἔχω.

ΞΕ. Βούλει δῆτα περί τινος τῶν φαύλων μετιόντες
πειραθῶμεν παράδειγμα αὐτὸ θέσθαι τοῦ μείζονος; |

e ΘΕΑΙ. Ναί.

ΞΕ. Τί δῆτα προταξαίμεθ᾽ ἂν εὔγνωστον μὲν καὶ
σμικρόν, λόγον δὲ μηδενὸς ἐλάττονα ἔχον τῶν μειζόνων;
οἷον ἀσπαλιευτής· ἆρ᾽ οὐ πᾶσί τε γνώριμον καὶ σπουδῆς
5 οὐ πάνυ | τι πολλῆς τινος ἐπάξιον;

ΘΕΑΙ. Οὕτως. |

en avons-nous par devers nous une représentation toute privée ; mais toujours et sur tout sujet, c'est sur la chose même qu'il faut tomber d'accord en discutant, plutôt que s'accorder sans discussion sur le nom tout seul. Quant au genre que nous avons maintenant à chercher, ce n'est pas la chose du monde la plus aisée à embrasser dans son ensemble, comme s'il était facile de dire ce que cela peut bien être, un sophiste. Or quand on doit déployer des efforts pour traiter parfaitement de sujets importants, l'opinion partagée par tous et depuis longtemps est | qu'il faut d'abord s'entraîner sur des choses plus petites   d et plus faciles avant de s'attaquer à celles qui sont très importantes. À présent donc, Théétète, voici ce que je nous conseille à tous deux : avant la pénible et difficile chasse que va être celle au genre du sophiste, nous exercer d'abord sur un sujet plus facile à la méthode que nous lui appliquerons– à moins que tu n'aies un moyen plus commode et une autre méthode à suggérer ?

Théétète — Moi ? Non, je n'en ai pas.

L'Étranger — Veux-tu donc que nous poursuivions la recherche sur quelque sujet insignifiant, afin de le prendre comme modèle pour un sujet plus important ?

Théétète — Oui.   e

L'Étranger — Que proposerons-nous alors qui soit facile à connaître et de peu d'importance, mais dont la définition ne soit inférieure en rien à celles de réalités plus considérables ? Le pêcheur à la ligne, par exemple ? N'est-ce pas une chose connue de tous et qui ne mérite pas que l'on s'y intéresse énormément ?

Théétète — Si.

219a ΞΕ. Μέθοδον μὴν αὐτὸν ἐλπίζω καὶ λόγον οὐκ ἀνεπιτήδειον ἡμῖν ἔχειν πρὸς ὃ βουλόμεθα.

ΘΕΑΙ. Καλῶς ἂν ἔχοι.

ΞΕ. Φέρε δή, τῇδε ἀρχώμεθα αὐτοῦ. καί μοι λέγε·
5 | πότερον ὡς τεχνίτην αὐτὸν ἤ τινα ἄτεχνον, ἄλλην δὲ δύναμιν ἔχοντα θήσομεν;

ΘΕΑΙ. Ἥκιστά γε ἄτεχνον.

ΞΕ. Ἀλλὰ μὴν τῶν γε τεχνῶν πασῶν σχεδὸν εἴδη δύο.

ΘΕΑΙ. Πῶς; |

10 ΞΕ. Γεωργία μὲν καὶ ὅση περὶ τὸ θνητὸν πᾶν σῶμα θεραπεία, τό τε αὖ περὶ τὸ σύνθετον καὶ πλαστόν, ὃ δὴ
b | σκεῦος ὠνομάκαμεν, ἥ τε μιμητική, σύμπαντα ταῦτα δικαιότατ᾽ ἂν ἑνὶ προσαγορεύοιτ᾽ ἂν ὀνόματι.

ΘΕΑΙ. Πῶς καὶ τίνι;

ΞΕ. Πᾶν ὅπερ ἂν μὴ πρότερόν τις ὂν ὕστερον εἰς
5 οὐσίαν | ἄγῃ, τὸν μὲν ἄγοντα ποιεῖν, τὸ δὲ ἀγόμενον ποιεῖσθαί πού φαμεν.

ΘΕΑΙ. Ὀρθῶς.

ΞΕ. Τὰ δέ γε νυνδὴ[1] διήλθομεν ἅπαντα εἶχεν εἰς τοῦτο τὴν αὐτῶν δύναμιν. |

10 ΘΕΑΙ. Εἶχε γὰρ οὖν.

ΞΕ. Ποιητικὴν τοίνυν αὐτὰ συγκεφαλαιωσάμενοι προσείπωμεν. |

c ΘΕΑΙ. Ἔστω.

1. b8 νυνδὴ BTYW : νυνδὴ ἄ Paris. 1804 : <ἄ> Burnet : [ἄ] Campbell.

L'Étranger — J'espère néanmoins que la voie qui y **219a**
mène et sa définition ne seront pas sans utilité pour ce
que nous projetons.

Théétète — Ce serait vraiment bien.

L'Étranger — Allons, abordons la question par là et
dis-moi : est-ce comme détenteur d'un certain art que
nous le poserons, ou comme un homme dépourvu d'art
mais doté d'un autre pouvoir ?

Théétète — Certainement pas comme dépourvu d'art.

L'Étranger — Eh bien, pris dans leur ensemble, tous
les arts comportent à peu près deux espèces.

Théétète — Comment cela ?

L'Étranger — Il y a d'un côté l'agriculture ainsi que
tout ce qui est soin apporté à un corps mortel comme à
ce qui est assemblé et façonné – bref à tout ce que | nous **b**
nommons « ustensile » – et aussi la mimétique, toutes
choses qu'il serait parfaitement justifié d'appeler d'un
nom unique.

Théétète — Comment, et duquel ?

L'Étranger — Pour tout ce que l'on amène à une
manière d'être alors qu'il n'était pas auparavant, nous
disons, je pense, que celui qui amène « produit » et que
ce qui est amené « est produit ».

Théétète — Correct.

L'Étranger — Or c'est précisément à cela que tend la
puissance de tout ce que nous venons d'énumérer.

Théétète — À cela, en effet.

L'Étranger — Alors, résumons-les toutes sous ce
nom : art poiètique.

Théétète — Soit.   **c**

ΞΕ. Τὸ δὴ μαθηματικὸν αὖ μετὰ τοῦτο εἶδος ὅλον καὶ τὸ τῆς γνωρίσεως τό τε χρηματιστικὸν καὶ ἀγωνιστικὸν καὶ θηρευτικόν, ἐπειδὴ δημιουργεῖ μὲν οὐδὲν τούτων,
5 τὰ δὲ ὄντα | καὶ γεγονότα τὰ μὲν χειροῦται λόγοις καὶ πράξεσι, τὰ δὲ τοῖς χειρουμένοις οὐκ ἐπιτρέπει, μάλιστ᾽ ἄν που διὰ ταῦτα συνάπαντα τὰ μέρη τέχνη τις κτητικὴ λεχθεῖσα ἂν διαγράψειεν[1].

ΘΕΑΙ. Ναί· πρέποι γὰρ ἄν. |

d   ΞΕ. Κτητικῆς δὴ καὶ ποιητικῆς συμπασῶν οὐσῶν τῶν τεχνῶν ἐν ποτέρᾳ τὴν ἀσπαλιευτικήν, ὦ Θεαίτητε, τιθῶμεν;

ΘΕΑΙ. Ἐν κτητικῇ που δῆλον.

ΞΕ. Κτητικῆς δὲ ἆρ᾽ οὐ δύο εἴδη; τὸ μὲν ἑκόντων πρὸς
5 | ἑκόντας μεταβλητικὸν ὂν διά τε δωρεῶν καὶ μισθώσεων καὶ ἀγοράσεων, τὸ δὲ λοιπόν, ἢ κατ᾽ ἔργα ἢ κατὰ λόγους χειρούμενον σύμπαν, χειρωτικὸν ἂν εἴη;

ΘΕΑΙ. Φαίνεται γοῦν ἐκ τῶν εἰρημένων.

ΞΕ. Τί δέ; τὴν χειρωτικὴν ἆρ᾽ οὐ διχῇ τμητέον; |

10   ΘΕΑΙ. Πῇ; |

1. c7-8 ἂν διαγράψειεν TY : διαπρέψειεν BW Burnet Diès Robinson

L'Étranger — D'un autre côté, il y a après cela l'espèce entière de ce qui s'apprend, c'est-à-dire l'art consistant à prendre connaissance, et celles qui relèvent d'une activité khrèmatistique, agônistique et thèreutique[1], car aucune d'elles n'agit comme fait un ouvrier et c'est sur des choses qui sont et sont déjà advenues qu'elles mettent la main – sur les unes par des paroles et par des actes, tandis qu'elles refusent d'en abandonner d'autres à ceux qui s'en sont déjà emparées ; le mieux serait alors, je pense, que l'art qui trace une ligne[III] à travers toutes ces parties soit dit « ktètique »[2].

Théétète — Oui, cela conviendrait bien.

L'Étranger — La totalité des arts relevant soit de l'art **d** ktètique, soit de l'art poiètique, dans lequel des deux, Théétète, devons-nous placer celui du pêcheur à la ligne ?

Théétète — Quelque part dans l'art ktètique, évidemment.

L'Étranger — Mais n'y a-t-il pas deux espèces d'art ktètique ? L'une est un échange de gré à gré par dons, locations et achats, tandis que le reste, qui est entièrement consacré à s'emparer pas des actes ou des paroles, serait dit « kheirôtique » ?

Théétète — C'est du moins ce qui ressort de ce que nous avons dit.

L'Étranger — Alors ? Ne faut-il pas couper ce qui est kheirôtique en deux ?

Théétète — Par où ?

---

1. Khrèmatistique : « art de s'enrichir » ; agônistique : « art de la joute » ; thèreutique : « art de la chasse ».
2. Ktètique : « art d'acquérir » ; poiètique : « art de produire ».

c ΞΕ. Τὸ μὲν ἀναφανδὸν ὅλον ἀγωνιστικὸν θέντες[1], τὸ δὲ κρυφαῖον αὐτῆς πᾶν θηρευτικόν.

ΘΕΑΙ. Ναί.

ΞΕ. Τὴν δέ γε μὴν θηρευτικὴν ἄλογον τὸ μὴ οὐ
5 τέμνειν | διχῇ.

ΘΕΑΙ. Λέγε ὅπη.

ΞΕ. Τὸ μὲν ἀψύχου γένους διελομένους, τὸ δ᾽ ἐμψύχου.

ΘΕΑΙ. Τί μήν; εἴπερ ἔστον γε ἄμφω. |

220a ΞΕ. Πῶς δὲ οὐκ ἔστον; καὶ δεῖ γε ἡμᾶς τὸ μὲν τῶν ἀψύχων, ἀνώνυμον ἐᾶν[2] πλὴν κατ᾽ ἔνια τῆς κολυμβητικῆς ἄττα μέρη καὶ τοιαῦτ᾽ ἄλλα βραχέα, χαίρειν ἐᾶσαι, τὸ δέ, τῶν ἐμψύχων ζῴων οὖσαν θήραν, προσειπεῖν
5 | ζῳοθηρικήν.

ΘΕΑΙ.|Ἔστω.

ΞΕ. Ζῳοθηρικῆς δὲ ἆρ᾽ οὐ διπλοῦν εἶδος ἂν λέγοιτο ἐν δίκῃ, τὸ μὲν πεζοῦ γένους, πολλοῖς εἴδεσι καὶ ὀνόμασι διῃρημένον, πεζοθηρικόν, τὸ δ᾽ ἕτερον νευστικοῦ ζῴου
10 πᾶν | ἐνυγροθηρικόν;

ΘΕΑΙ. Πάνυ γε. |

b ΞΕ. Νευστικοῦ μὴν τὸ μὲν πτηνὸν φῦλον ὁρῶμεν, τὸ δὲ ἔνυδρον;

---

1. e1 θέντες BTY : θέντας W Burnet Diès Robinson
2. a2 ἀνώνυμον ἐᾶν Campbell (?) Cordero : ἐὰν BTYW : ὃν Heindorf Burnet Diès Robinson

L'Étranger — En posant que ce qui s'y fait à découvert **e** relève tout entier de l'agônistique, tandis que tout ce qui s'y fait en se dissimilant relève de la thèreutique.

Théétète — Oui.

L'Étranger — Mais cet art de la chasse, il serait vraiment peu logique de ne pas le couper en deux.

Théétète — Dis comment.

L'Étranger — En mettant d'un côté le genre inanimé, de l'autre l'animé.

Théétète — C'est sûr – si toutefois les deux existent.

L'Étranger — Comment pourraient-ils ne pas **220a** exister ? Pour la chasse au genre inanimé, nous devons l'abandonner à son anonymat[IV], sauf pour certaines parties de la kolumbètique[1] et d'autres arts qui sont tout aussi rares ; quant à l'autre, la chasse aux vivants animés, c'est « zôothérique »[2] qu'il faut l'appeler.

Théétète — Soit.

L'Étranger — Mais cette zôothérique, ne serait-il pas justifié de la dire double, une espèce ayant affaire au genre pédestre (lui-même divisé en de nombreuses espèces portant de nombreux noms), disons la « pézothèrique », et l'autre, qui est chasse à ce qui vit en milieu humide, « enugrothèrique » ?

Théétète — Tout à fait.

L'Étranger — Or, dans le genre neustique, nous **b** voyons qu'une tribu est ailée et que l'autre vit dans l'eau[3].

---

1. Kolumbètique : « l'art du plongeur ». V
2. Zôothérique : « chasse-aux-vivants ».
3. Neustique : « l'art de nager ». Par exemple les poules d'eau ou les canards sauvages.

ΘΕΑΙ. Πῶς δ᾽ οὔ;

ΞΕ. Καὶ τοῦ πτηνοῦ μὴν γένους πᾶσα ἡμῖν ἡ θήρα
5 | λέγεταί πού τις ὀρνιθευτική.

ΘΕΑΙ. Λέγεται γὰρ οὖν.

ΞΕ. Τοῦ δὲ ἐνύδρου σχεδὸν τὸ σύνολον ἁλιευτική.

ΘΕΑΙ. Ναί.

ΞΕ. Τί δέ; ταύτην αὖ τὴν θήραν ἆρ᾽ οὐκ ἂν κατὰ
10 | μέγιστα μέρη δύο διέλοιμεν;

ΘΕΑΙ. Κατὰ ποῖα;

ΞΕ. Καθ᾽ ἃ τὸ μὲν ἕρκεσιν αὐτόθεν ποιεῖται τὴν
θήραν, τὸ δὲ πληγῇ.

ΘΕΑΙ. Πῶς λέγεις, καὶ πῇ διαιρούμενος ἑκάτερον; |

c   ΞΕ. Τὸ μέν, ὅτι πᾶν ὅσον ἂν ἕνεκα κωλύσεως εἴργῃ τι
περιέχον, ἕρκος εἰκὸς ὀνομάζειν.

ΘΕΑΙ. Πάνυ μὲν οὖν.

ΞΕ. Κύρτους δὴ καὶ δίκτυα καὶ βρόχους καὶ
5 πόρκους καὶ | τὰ τοιαῦτα μῶν ἄλλο τι πλὴν ἕρκη χρὴ
προσαγορεύειν;

ΘΕΑΙ. Οὐδέν.

ΞΕ. Τοῦτο μὲν ἄρα ἑρκοθηρικὸν τῆς ἄγρας τὸ μέρος
φήσομεν ἤ τι τοιοῦτον.

ΘΕΑΙ. Ναί. |

10   ΞΕ. Τὸ δὲ ἀγκίστροις καὶ τριόδουσι πληγῇ
d γιγνόμενον | ἕτερον μὲν ἐκείνου, πληκτικὴν δέ τινα

Théétète — Certainement.

L'Étranger — Quant au genre ailé, sa chasse tout entière est donc, je crois, ornitheutique.

Théétète — En effet, c'est le mot.

L'Étranger — Mais nous dirions « halieutique » celle qui est presque en totalité chasse aux aquatiques ?

Théétète — Oui.

L'Étranger — Alors, cette chasse, n'allons-nous pas la diviser à son tour en deux très grandes parties ?

Théétète — Lesquelles ?

L'Étranger — Selon que la chasse se fait sur place au moyen de clôtures, ou alors en les frappant.

Théétète — Que veux-tu dire ? Qu'est-ce qui te fait **c** les distinguer l'une de l'autre ?

L'Étranger — D'une part, qu'il est convenable de nommer « clôture » tout ce qui entoure pour retenir à l'intérieur.

Théétète — Tout à fait.

L'Étranger — Paniers, filets, lacets, nasses et choses semblables, faut-il les appeler autrement que « clôtures » ?

Théétète — Pas du tout.

L'Étranger — C'est donc cette partie de la chasse que nous appelons « herkothèrique » – ou quelque chose de ce genre ?

Théétète — Oui.

L'Étranger — Quant à celle qui frappe à coups d'hameçons et de tridents, comme c'est elle | qui se **d** distingue de la précédente, c'est d'un seul terme,

θήραν ἡμᾶς προςειπεῖν ἑνὶ λόγῳ νῦν χρεών· ἢ τί τις ἄν, ὦ
Θεαίτητε, εἴποι κάλλιον;

ΘΕΑΙ. Ἀμελῶμεν τοῦ ὀνόματος· ἀρκεῖ γὰρ καὶ τοῦτο. |

5   ΞΕ. Τῆς τοίνυν πληκτικῆς τὸ μὲν νυκτερινὸν οἶμαι
πρὸς πυρὸς φῶς γιγνόμενον ὑπ᾽ αὐτῶν τῶν περὶ τὴν
θήραν πυρευτικὴν ῥηθῆναι συμβέβηκεν.

ΘΕΑΙ. Πάνυ γε.

ΞΕ. Τὸ δέ γε μεθημερινόν, ὡς ἐχόντων ἐν ἄκροις
10   ἄγ|κιστρα καὶ τῶν τριοδόντων, πᾶν ἀγκιστρευτικόν. |

e   ΘΕΑΙ. Λέγεται γὰρ οὖν.

ΞΕ. Τοῦ τοίνυν ἀγκιστρευτικοῦ τῆς πληκτικῆς τὸ μὲν
ἄνωθεν εἰς τὸ κάτω γιγνόμενον διὰ τὸ τοῖς τριόδουσιν
οὕτω μάλιστα χρῆσθαι τριοδοντία τις οἶμαι κέκληται. |

5   ΘΕΑΙ. Φασὶ γοῦν τινές.

ΞΕ. Τὸ δέ γε λοιπόν ἐστιν ἓν ἔτι μόνον ὡς εἰπεῖν εἶδος.

ΘΕΑΙ. Τὸ ποῖον;

ΞΕ. Τὸ τῆς ἐναντίας ταύτῃ πληγῆς, ἀγκίστρῳ τε
γιγνόμενον καὶ τῶν ἰχθύων οὐχ ᾗ τις ἂν τύχῃ τοῦ σώματος,
221a ὥσπερ | τοῖς τριόδουσιν, ἀλλὰ περὶ τὴν κεφαλὴν καὶ
τὸ στόμα τοῦ θηρευθέντος ἑκάστοτε, καὶ κάτωθεν εἰς
τοὐναντίον ἄνω ῥάβδοις καὶ καλάμοις ἀνασπώμενον·οὐ
τί φήσομεν, ὦ Θεαίτητε, δεῖν τοὔνομα λέγεσθαι; |

« plektique », qu'il nous faut à présent la désigner. Ou en aurais-tu un meilleur, Théétète ?

Théétète — Ne nous occupons pas du nom ; celui-là fait d'ailleurs l'affaire.

L'Étranger — En bien, une partie de cette chasse plektique a lieu la nuit, et puisqu'elle se fait à la lueur d'un feu il se trouve qu'elle est appelée « purétique » par les gens de métier.

Théétète — Parfaitement.

L'Étranger — Mais celle qui se fait de jour, étant donné que les tridents ont aussi des hameçons au bout de leurs pointes, elle est dans son ensemble ankistreutique[1].

Théétète — C'est en effet comme cela qu'on dit.   e

L'Étranger — Or l'espèce ankistreutique de la plektique comprend d'un côté une partie qui frappe de haut en bas et se sert pour cela surtout de tridents, qui est pour cette raison appelée, je crois, quelque chose comme « tridentielle ».

Théétète — Certains disent cela, en tout cas.

L'Étranger — Mais alors, il ne reste qu'une seule chose dont on peut dire que c'est une espèce.

Théétète— Laquelle ?

L'Étranger — Celle qui frappe en sens inverse avec un hameçon, et qui ne frappe pas à n'importe quel endroit du corps comme on fait | avec des tridents, mais chaque   221a
fois à la tête et à la bouche de la proie, en la tirant en un sens opposé de la précédente – d'en bas vers le haut au moyen de gaules et de roseaux – de quel nom, Théétète, dirons-nous qu'il faut la désigner ?

---

1. Herkothèique : « chasse à la clôture » ; plektique : « à la frappe » ; ankistreutique : « à l'hameçon »

5　ΘΕΑΙ. Δοκῶ μέν, ὅπερ ἄρτι προυθέμεθα δεῖν ἐξευρεῖν, τοῦτ᾽ αὐτὸ νῦν ἀποτετελέσθαι.

ΞΕ. Νῦν ἄρα τῆς ἀσπαλιευτικῆς πέρι σύ τε κἀγὼ
b　| συνωμολογήκαμεν οὐ μόνον τοὔνομα, ἀλλὰ καὶ τὸν λόγον περὶ αὐτὸ τοὔργον εἰλήφαμεν ἱκανῶς. συμπάσης γὰρ τέχνης τὸ μὲν ἥμισυ μέρος κτητικὸν ἦν, κτητικοῦ δὲ χειρωτικόν, χειρωτικοῦ δὲ θηρευτικόν, τοῦ δὲ
5　θηρευτικοῦ ζῳοθηρικόν, | ζῳοθηρικοῦ δὲ ἐνυγροθηρικόν, ἐνυγροθηρικοῦ δὲ τὸ κάτωθεν τμῆμα ὅλον ἁλιευτικόν, ἁλιευτικῆς δὲ πληκτικόν, πληκτικῆς δὲ ἀγκιστρευτικόν·
c　τούτου δὲ τὸ περὶ τὴν κάτωθεν | ἄνω πληγὴν ἀνασπωμένην, ἀπ᾽ αὐτῆς τῆς πράξεως ἀφομοιωθὲν τοὔνομα, ἡ νῦν ἀσπαλιευτικὴ ζητηθεῖσα ἐπίκλην γέγονεν.

ΘΕΑΙ. Παντάπασι μὲν οὖν τοῦτό γε ἱκανῶς δεδήλωται. |

5　ΞΕ. Φέρε δή, κατὰ τοῦτο τὸ παράδειγμα καὶ τὸν σοφιστὴν ἐπιχειρῶμεν εὑρεῖν ὅτι ποτ᾽ ἔστιν.

ΘΕΑΙ. Κομιδῇ μὲν οὖν.

ΞΕ. Καὶ μὴν ἐκεῖνό γ᾽ ἦν τὸ ζήτημα πρῶτον, πότερον ἰδιώτην ἤ τινα τέχνην ἔχοντα θετέον εἶναι τὸν ἀσπαλιευτήν. |

10　ΘΕΑΙ. Ναί. |

Théétète — À mon avis, ce que nous nous proposions tout à l'heure de trouver, le voici maintenant bel et bien découvert.

L'Étranger — Au sujet de la pêche à la ligne, nous sommes donc toi et moi parvenus à présent | à nous accorder non seulement sur son nom mais sur ce que nous avons très suffisamment saisi comme étant son activité. De l'art considéré en totalité, une moitié en effet était la partie ktètique, et de la ktètique c'était la kheirôtique, de la kheirôtique la thèreutique, de la thèreutique la zôothèrique, de la zôothèrique l'enhygrothèrique, et la section inférieure de l'enhygrothèrique était dans son ensemble l'halieutique, de l'halieutique celle qui est plektique et de la plektique l'ankistreutique, dont une moitié est la portion où le coup est donné | en tirant de bas en haut et qui modèle son nom sur son activité : c'est celle même que nous cherchons et qui s'appelle aspalieutique[1].

Théétète — Aucun doute, cela est bien suffisamment démontré.

L'Étranger — Alors, en prenant cette définition pour modèle, essayons de découvrir aussi ce que peut bien être le sophiste.

Théétète — Très bonne idée.

L'Étranger — Or le premier objet de notre enquête était : doit-on poser qu'un pêcheur à la ligne détient ou ne détient pas un art[2] ?

Théétète — Oui.

---

1. Pour un schéma de cette division, et de toutes les autres, voir l'Appendice 1.
2. *Cf.* 210a.

d   ΞΕ. Καὶ νῦν δὴ τοῦτον ἰδιώτην θήσομεν, ὦ Θεαίτητε, ἢ παντάπασιν ὡς ἀληθῶς σοφιστήν;

ΘΕΑΙ. Οὐδαμῶς ἰδιώτην· μανθάνω γὰρ ὃ λέγεις, ὡς πάντως[1] δεῖ τοιοῦτος εἶναι τό γε ὄνομα τοῦτο ἔχων. |

5   ΞΕ. Ἀλλά τινα τέχνην αὐτὸν ἡμῖν ἔχοντα, ὡς ἔοικε, θετέον.

ΘΕΑΙ. Τίνα ποτ᾽ οὖν δὴ ταύτην;

ΞΕ. Ἆρ᾽ ὦ πρὸς θεῶν ἠγνοήκαμεν τἀνδρὸς τὸν ἄνδρα ὄντα συγγενῆ;

ΘΕΑΙ. Τίνα τοῦ[2];

10   ΞΕ. Τὸν ἀσπαλιευτὴν τοῦ σοφιστοῦ.

ΘΕΑΙ. Πῇ;

ΞΕ. Θηρευτά τινε καταφαίνεσθον ἄμφω μοι. |

e   ΘΕΑΙ. Τίνος θήρας ἅτερος; τὸν μὲν γὰρ ἕτερον εἴπομεν.

ΞΕ. Δίχα που νυνδὴ διείλομεν τὴν ἄγραν πᾶσαν, νευστικοῦ μέρους, τὸ δὲ πεζοῦ τέμνοντες.

ΘΕΑΙ. Ναί. |

5   ΞΕ. Καὶ τὸ μὲν διήλθομεν, ὅσον περὶ τὰ νευστικὰ τῶν ἐνύδρων· τὸ δὲ πεζὸν εἰάσαμεν ἄσχιστον, εἰπόντες ὅτι πολυειδὲς εἴη. |

222a   ΘΕΑΙ. Πάνυ γε.

1. d4 πάντως BTYW Cordero : παντός Winckelmann Burnet.
2. d9 τοῦ Heindorf Burnet Campbell Diès Robinson : τοῦτον BTYW Cordero.

L'Étranger — Eh bien maintenant, Théétète, celui-ci, **d**
le poserons-nous comme un simple particulier ou comme
étant véritablement un « sophiste » ?

Théétète — Certainement pas comme un simple
particulier, car je t'entends bien : tu dis que celui qui
porte un nom pareil[1] doit l'être complétement[V].

L'Étranger — Il nous faut donc le poser comme
possédant un certain art, ce me semble.

Théétète — Bon, mais quel art ?

L'Étranger — Est-ce que, par les dieux, il nous aurait
échappé que notre homme est parent de l'autre ?

Théétète — Lequel, duquel[VI] ?

L'Étranger — Le pêcheur à la ligne, du sophiste.

Théétète — Apparentés comment ?

L'Étranger — Les deux me paraissent être des
espèces de chasseurs.

Théétète — Quelle espèce de chasse, pour l'autre ? **e**
Car pour le premier, nous l'avons dit.

L'Étranger — Nous venons juste, je crois, de diviser
en deux l'ensemble de la chasse, en mettant d'un côté
celle à ce qui nage, de l'autre celle à ce qui marche.

Théétète — Oui.

L'Étranger — Et l'une, nous avons exposé en détail
au moins la partie qui s'occupait de ceux des nageurs
vivant dans l'eau, mais sa partie pédestre, nous l'avons
laissée sans la diviser, nous bornant à dire qu'elle était
multiforme.

Théétète — Parfaitement. **222a**

1. Dans « sophiste » il y a *sophos* : savant.

ΞΕ. Μέχρι μὲν τοίνυν ἐνταῦθα ὁ σοφιστὴς καὶ ὁ ἀσπαλιευτὴς ἅμα ἀπὸ τῆς κτητικῆς τέχνης πορεύεσθον.

ΘΕΑΙ. Ἐοίκατον γοῦν. |

5 ΞΕ. Ἐκτρέπεσθον δέ γε ἀπὸ τῆς ζῳοθηρικῆς, ὁ μὲν ἐπὶ θάλατταν που καὶ ποταμοὺς καὶ λίμνας, τὰ ἐν τούτοις ζῷα θηρευσόμενος.

ΘΕΑΙ. Τί μήν;

ΞΕ. Ὁ δέ γε ἐπὶ τὴν[1] γῆν καὶ ποταμοὺς ἑτέρους αὖ
10 | τινας, πλούτου καὶ νεότητος οἷον λειμῶνας ἀφθόνους, τὰν τούτοις θρέμματα χειρωσόμενος. |

b ΘΕΑΙ. Πῶς λέγεις;

ΞΕ. Τῆς πεζῆς θήρας γίγνεσθον δύο μεγίστω τινὲ μέρει.

ΘΕΑΙ. Ποῖον ἑκάτερον; |

5 ΞΕ. Τὸ μὲν τῶν ἡμέρων, τὸ δὲ τῶν ἀγρίων.

ΘΕΑΙ. Εἶτ᾽ ἔστι τις θήρα τῶν ἡμέρων;

ΞΕ. Εἴπερ γέ ἐστιν ἄνθρωπος ἥμερον ζῷον. θὲς δὲ ὅπῃ χαίρεις, εἴτε μηδὲν τιθεὶς ἥμερον, εἴτε ἄλλο μὲν ἥμερόν τι, τὸν δὲ ἄνθρωπον ἄγριον, εἴτε ἥμερον μὲν λέγεις αὖ τὸν
10 | ἄνθρωπον, ἀνθρώπων δὲ μηδεμίαν ἡγῇ θήραν· τούτων ὁπότερ᾽ ἂν ἡγῇ φίλον εἰρῆσθαί σοι, τοῦτο ἡμῖν διόρισον. |

c ΘΕΑΙ. Ἀλλ᾽ ἡμᾶς τε ἥμερον, ὦ ξένε, ἡγοῦμαι ζῷον, θήραν τε ἀνθρώπων εἶναι λέγω.

---

1. a9 τὴν γῆν BTY Campbell Robinson : τὴν om. W Burnet Diès.

L'Étranger — Jusque-là, donc, sophiste et pêcheur à la ligne cheminent ensemble à partir de l'art ktètique.

Théétète — Ils en ont l'air, en tout cas.

L'Étranger — Mais à partir de la zôothèrique leurs sentiers divergent car l'un, c'est vers la mer, j'imagine, et les fleuves et les lacs qu'il va pour chasser ceux qui y vivent...

Théétète — Mais bien sûr.

L'Étranger — ...alors que l'autre, c'est vers la terre et des fleuves d'une autre sorte – vers, dirons-nous, des pâturages où abondent richesse et jeunesse afin de mettre la main sur les créatures qui s'y trouvent.

Théétète — Que veux-tu dire ? **b**

L'Étranger — Qu'il y a deux très grandes parties de la chasse aux marcheurs.

Théétète — Et chacune d'elles est ?

L'Étranger — L'une est chasse aux animaux paisibles, l'autre aux animaux sauvages.

Théétète — Allons bon, il y aurait une chasse aux animaux paisibles ?

L'Étranger — Oui, du moins si l'homme est un animal paisible. Mais choisis ce que tu préfères, et pose soit qu'aucun animal n'est paisible, soit que quelques-uns le sont mais que l'homme, lui, est sauvage ; ou alors, dis au contraire que l'homme est un animal paisible, et en ce cas tu penses qu'il n'existe pas de chasse aux hommes. Quelle que soit celle de ces deux thèses que tu aimerais avoir choisie, définis-la pour nous.

Théétète — Eh bien, Étranger, je pense que nous **c** sommes un animal paisible, et je dis qu'il existe une chasse aux hommes.

ΞΕ. Διττὴν τοίνυν καὶ τὴν ἡμεροθηρικὴν εἴπωμεν.

ΘΕΑΙ. Κατὰ τί λέγοντες; |

5 ΞΕ. Τὴν μὲν ληστικὴν καὶ ἀνδραποδιστικὴν καὶ τυραννικὴν καὶ σύμπασαν τὴν πολεμικήν, ἓν πάντα, βίαιον θήραν, ὁρισάμενοι.

ΘΕΑΙ. Καλῶς.

ΞΕ. Τὴν δέ γε δικανικὴν καὶ δημηγορικὴν καὶ
10 προσ|ομιλητικήν, ἓν αὖ τὸ σύνολον, πιθανουργικήν τινα
d μίαν | τέχνην προσειπόντες.

ΘΕΑΙ. Ὀρθῶς.

ΞΕ. Τῆς δὴ πιθανουργικῆς διττὰ λέγωμεν γένη.

ΘΕΑΙ. Ποῖα; |

5 ΞΕ. Τὸ μὲν ἕτερον ἰδίᾳ, τὸ δὲ δημοσίᾳ γιγνόμενον.

ΘΕΑΙ. Γίγνεσθον γὰρ οὖν εἶδος ἑκάτερον.

ΞΕ. Οὐκοῦν αὖ τῆς ἰδιοθηρευτικῆς τὸ μὲν μισθαρνητικόν ἐστιν, τὸ δὲ δωροφορικόν;

ΘΕΑΙ. Οὐ μανθάνω. |

L'Étranger — Disons alors que cet art hèmérothèrique[1] est double.

Théétète — En l'envisageant selon quoi?

L'Étranger — De l'art lestique, andrapodistique, tyrannique et de l'art polémique dans son ensemble[2], de tout cela nous ferons seulement un, défini comme « chasse violente ».

Théétète — Tu as raison.

L'Étranger — Mais de ce qui est juridique, dèmègorique et prosomilètique, le tout faisant à son tour un, nous appellerons cet art unique | « pithanourgique »[3].   d

Théétète — Très bien.

L'Étranger — Et de cet art pithanourgique disons qu'il y a deux genres.

Théétète — Lesquels?

L'Étranger — L'un est privé, l'autre public.

Théétète — Alors oui, mettons que chacun d'eux est une espèce.

L'Étranger — Mais de l'idiothèreutique, à son tour, n'y a-t-il pas une espèce mistharnètique et une autre dôrophorique[4]?

Théétète — Je ne comprends pas.

---

1. Hemérothèrique : « chasse aux animaux paisibles ».
2. Lestique : « art du brigandage »; andrapodistique : « de la chasse aux esclaves ».
3. Démègorique : « art de la harangue publique »; prosomilètique : « art de l'entretien privé »; pithanourgique : « art de persuader ».
4. Idiothéreutique : « art de la chasse privée »; mistharnètique : « art de recevoir un salaire »; dôrophorique : « art de donner des cadeaux ».

10 ΞΕ. Τῇ τῶν ἐρώντων θήρᾳ τὸν νοῦν, ὡς ἔοικας, οὔπω προσέσχες.

ΘΕΑΙ. Τοῦ πέρι; |

e ΞΕ. Ὅτι τοῖς θηρευθεῖσι δῶρα προσεπιδιδόασιν.

ΘΕΑΙ. Ἀληθέστατα λέγεις.

ΞΕ. Τοῦτο μὲν τοίνυν ἐρωτικῆς τέχνης ἔστω εἶδος.

ΘΕΑΙ. Πάνυ γε. |

5 ΞΕ. Τοῦ δέ γε μισθαρνητικοῦ τὸ μὲν προσομιλοῦν διὰ χάριτος καὶ παντάπασι δι᾽ ἡδονῆς τὸ δέλεαρ πεποιημένον καὶ τὸν μισθὸν πραττόμενον τροφὴν ἑαυτῷ μόνον
223a κολακικήν, ὡς | ἐγῷμαι, πάντες φαῖμεν ἂν ἡδυντικήν τινα τέχνην εἶναι.

ΘΕΑΙ. Πῶς γὰρ οὔ;

ΞΕ. Τὸ δὲ ἐπαγγελλόμενον μὲν ὡς ἀρετῆς ἕνεκα τὰς ὁμιλίας ποιούμενον, μισθὸν δὲ νόμισμα πραττόμενον,
5 ἆρα οὐ τοῦτο τὸ γένος ἑτέρῳ προσειπεῖν ἄξιον ὀνόματι;

ΘΕΑΙ. Πῶς γὰρ οὔ;

ΞΕ. Τίνι δὴ τούτῳ; πειρῶ λέγειν.

ΘΕΑΙ. Δῆλον δή· τὸν γὰρ σοφιστὴν μοι δοκοῦμεν ἀνηυρηκέναι. τοῦτ᾽ οὖν ἔγωγε εἰπὼν τὸ προσῆκον ὄνομ᾽
10 ἂν | ἡγοῦμαι καλεῖν αὐτόν. |

L'Étranger — C'est que tu n'as pas encore fait attention, ce me semble, à la chasse pratiquée par les amoureux.

Théétète — À quoi, alors ?

L'Étranger — Au fait que leur chasse a comme point **e** fort les cadeaux faits à ceux qu'ils chassent.

Théétète — Ce que tu dis est tout à fait vrai.

L'Étranger — Que l'art érotique soit donc admis être une espèce.

Théétète — Absolument.

L'Étranger — Tandis que pour ce qui est de l'espèce rétribuée, une partie consiste à promettre des faveurs et, faisant du seul plaisir un appât, elle ne cherche rien d'autre qu'à subsister grâce au salaire reçu : voilà, je | pense, ce que nous appellerions tous un art kolakique, **223a** ou hèduntique[1].

Théétète — Comment le dire autrement ?

L'Étranger — Par contre, annoncer que dans ces entretiens on ne cherche rien d'autre que l'excellence, alors qu'il s'agit d'extorquer un salaire payé en belle monnaie, n'aurions-nous pas raison de dire que ce genre-là mérite un autre nom ?

Théétète — Comment ne pas l'accorder ?

L'Étranger — Mais lequel ? Essaie de le dire.

Théétète — Mais il est évident ! Car à mon avis, c'est le sophiste que nous avons trouvé. Et en le disant, je crois lui avoir donné le nom qui convient.

---

1. Kolakique : « art de flatter » ; hèduntique : « art de procurer du plaisir ».

b ΞΕ. Κατὰ δὴ τὸν νῦν, ὦ Θεαίτητε, λόγον, ὡς ἔοικεν, ἡ τέχνης οἰκειωτικῆς, κτητικῆς, θηρευτικῆς, ζῳοθηρίας, πεζοθηρίας, χερσαίας, ἡμεροθηρικῆς, ἀνθρωποθηρίας, 5 ἰδιοθηρίας, μισθαρνικῆς[1], ἰδιοθερίας, νομισ|ματοπωλικῆς, δοξοπαιδευτικῆς, νέων πλουσίων καὶ ἐνδόξων γιγνομένη θήρα προσρητέον, ὡς ὁ νῦν λόγος ἡμῖν συμβαίνει, σοφιστική.

ΘΕΑΙ. Παντάπασι μὲν οὖν. |

c ΞΕ. Ἔτι δὲ καὶ τῇδε ἴδωμεν· οὐ γάρ τι φαύλης μέτοχόν ἐστι τέχνης τὸ νῦν ζητούμενον, ἀλλ᾽ εὖ μάλα ποικίλης. καὶ γὰρ οὖν ἐν τοῖς πρόσθεν εἰρημένοις φάντασμα παρέχεται μὴ τοῦτο ὃ νῦν αὐτὸ ἡμεῖς φαμεν ἀλλ᾽ ἕτερον εἶναί τι γένος.

5 ΘΕΑΙ. Πῇ δή;

ΞΕ. Τὸ τῆς κτητικῆς τέχνης διπλοῦν ἦν εἶδός που, τὸ μὲν θηρευτικὸν μέρος ἔχον, τὸ δὲ ἀλλακτικόν.

ΘΕΑΙ. Ἦν γὰρ οὖν.

ΞΕ. Τῆς τοίνυν ἀλλακτικῆς δύο εἴδη λέγωμεν, τὸ μὲν 10 | δωρητικόν, τὸ δὲ ἕτερον ἀγοραστικόν;

ΘΕΑΙ. Εἰρήσθω.

1. b2-3 κτητικῆς, πεζοθηρίας, ἡμεροθηρικῆς, μισθαρνικῆς BTYW : [κτητικῆς], [πεζοθηρίας], Burnet Diès, [ἡμεροθηρικῆς], [μισθαρνικῆς] Burnet : del. Schleiermacher Robinson.

L'Étranger — Pour récapituler ce dernier ^b raisonnement, Théétète, il semble que l'art oikeiôtique partie de l'art ktètique, théreutique, à des animaux pédestres, vivants sur la terre ferme, hèmerothèrique, à des humains, en privé, mistharnique, numismatopôlique, doxopédeutique[1], soit la chasse aux jeunes gens riches et de bonne réputation qui doit, comme le raisonnement nous l'impose maintenant, être appelée « sophistique »[VII].

Théétète — Absolument, c'est sûr.

L'Étranger — Mais considérons-le encore sous cet ^c angle, car l'art auquel participe ce que nous sommes en train de chercher n'a rien de simple, il est au contraire remarquablement bigarré. En vérité, dans toutes les choses qui ont été dites auparavant, il offre une apparence qui n'est pas celle que nous venons d'affirmer, et qui en fait un genre différent.

Théétète — Comment cela ?

L'Étranger — L'espèce « art d'acquérir » était double, si je ne m'abuse, une partie étant thèreutique et l'autre allaktique[2].

Théétète — C'était bien cela.

L'Étranger — Dirons-nous aussi que ce qui allaktique comprend deux espèces, l'une qui est dôrètique, et l'autre agorastique[3] ?

Théétète — Voilà qui est dit.

---

1. Oikeiôtique : « art de s'approprier pour soi » ; numismatopôlique : « d'échanger contre de la monnaie » ; doxopaideutique : « offrant un "semblant" d'enseignement ».
2. *Cf.* 219d.
3. Dôrètique : « art de faire des dons » ; agorastique : « de conclure un marché ».

ΞΕ. Καὶ μὴν αὖ φήσομεν ἀγοραστικὴν διχῇ τέμνεσθαι. |

d   ΘΕΑΙ. Πῇ;

ΞΕ. Τὴν μὲν τῶν αὐτουργῶν αὐτοπωλικὴν διαιρουμένην, τὴν δὲ τὰ ἀλλότρια ἔργα μεταβαλλομένην μεταβλητικήν.

ΘΕΑΙ. Πάνυ γε. |

5   ΞΕ. Τί δέ; τῆς μεταβλητικῆς οὐχ ἡ μὲν κατὰ πόλιν ἀλλαγή, σχεδὸν αὐτῆς ἥμισυ μέρος ὄν, καπηλικὴ προσαγορεύεται;

ΘΕΑΙ. Ναί.

ΞΕ. Τὸ δέ γε ἐξ ἄλλης εἰς ἄλλην πόλιν διαλλάττον
10 | ὠνῇ καὶ πράσει ἐμπορική;

ΘΕΑΙ. Τί δ' οὔ;

e   ΞΕ. Τῆς δ' ἐμπορικῆς ἆρ' οὐκ ᾐσθήμεθα ὅτι τὸ μὲν ὅσοις τὸ σῶμα τρέφεται καὶ χρῆται, τὸ δὲ ὅσοις ἡ ψυχή, πωλοῦν διὰ νομίσματος ἀλλάττεται;

ΘΕΑΙ. Πῶς τοῦτο λέγεις; |

5   ΞΕ. Τὸ περὶ τὴν ψυχὴν ἴσως ἀγνοοῦμεν, ἐπεὶ τό γε ἕτερόν που συνίεμεν.

ΘΕΑΙ. Ναί.

L'Étranger — Et dirons-nous en outre que l'agorastique se coupe en deux ?

Théétète — Comment ? **d**

L'Étranger — En distinguant, d'une part, vendre soi-même les résultats de ce que l'on fabrique, et d'autre part faire commerce de ce que d'autres ont fabriqué – ce qui est proprement l'échange commercial ou « metablètique ».

Théétète — Parfaitement.

L'Étranger — Mais quoi ? De cet échange commercial n'y a-t-il pas une partie, l'échange intra-urbain, qui en constitue presque la moitié et que l'on appelle « kapèlique » ?

Théétète — Il y a.

L'Étranger — Mais la partie qui, achetant et vendant, circule de cité en cité, n'est-elle pas « emporique » ?

Théétète — Mais si.

L'Étranger — Or avons-nous bien conscience que ce **e** qui est échangé est, pour une partie, toutes les choses qui peuvent nourrir ou être utiles au corps, et que pour une autre, ce sont toutes celles qui peuvent nourrir ou être utiles à l'âme que l'on vend, les unes et les autres étant échangées contre de l'argent ?

Théétète — Que veux-tu dire, au juste ?

L'Étranger — Que pour celles qui concerne l'âme, cela peut nous échapper, tandis que les autres, nous les connaissons fort bien, je crois.

Théétète — Oui.

224a |ΞΕ. Μουσικήν τε τοίνυν συνάπασαν λέγωμεν, ἐκ πόλεως ἑκάστοτε εἰς πόλιν ἔνθεν μὲν ὠνηθεῖσαν, ἑτέρωσε δὲ ἀγομένην [καὶ πιπρασκομένην], καὶ γραφικὴν καὶ θαυματοποιικὴνκαὶ πολλὰ ἕτερα τῆς ψυχῆς, τὰ μὲν
5 παραμυθίας, τὰ δὲ καὶ | σπουδῆς χάριν ἀχθέντα καὶ πωλούμενα, τὸν ἄγοντα καὶ πωλοῦντα μηδὲν ἧττον τῆς τῶν σιτίων καὶ ποτῶν πράσεως ἔμπορον ὀρθῶς ἂν λεγόμενον παρασχεῖν.

ΘΕΑΙ. Ἀληθέστατα λέγεις. |

b ΞΕ. Οὐκοῦν καὶ τὸν μαθήματα συνωνούμενον πόλιν τε ἐκ πόλεως νομίσματος ἀμείβοντα ταὐτὸν προσερεῖς ὄνομα;

ΘΕΑΙ. Σφόδρα γε.

ΞΕ. Τῆς δὴ ψυχεμπορικῆς ταύτης ἆρ᾽ οὐ τὸ μὲν
5 ἐπι| δεικτικὴ δικαιότατα λέγοιτ᾽ ἄν, τὸ δὲ γελοῖον[1] μὲν οὐχ ἧττον τοῦ πρόσθεν, ὅμως δὲ μαθημάτων οὖσαν πρᾶσιν αὐτὴν ἀδελφῷ τινι τῆς πράξεως ὀνόματι προσειπεῖν ἀνάγκη;

ΘΕΑΙ. Πάνυ μὲν οὖν.

ΞΕ. Ταύτης τοίνυν τῆς μαθηματοπωλικῆς τὸ μὲν περὶ
c | τὰ τῶν ἄλλων τεχνῶν μαθήματα ἑτέρῳ, τὸ δὲ περὶ τὸ τῆς ἀρετῆς ἄλλῳ προσρητέον.

ΘΕΑΙ. Πῶς γὰρ οὔ;

1. b5 γελοῖον BTYW Campbell : γελοίῳ Heindorf Burnet Diès Robinson.

L'Étranger — Alors, disons ceci de la culture littéraire 224a
et artistique sous toutes ses formes : chaque fois que
partant d'une cité pour aller vers une autre, on l'achète
dans l'une pour la transporter et la vendre dans une
autre ; et quant à la peinture ou à tout art de faire illusion
sans parler de maintes autres choses pouvant s'adresser
à l'âme, et soit que leur transport et leur vente visent à
la divertir ou à l'informer d'études sérieuses, disons que
celui qui en assure le transport et la vente ne serait pas
nommé moins justement « négociant » que ne l'est celui
qui vend à manger et à boire.

Théétète — Rien de plus vrai.

L'Étranger — Donc, à celui qui vend des disciplines b
scientifiques et qui, allant de cité en cité, les échange
contre de l'argent, tu donneras ce même nom ?

Théétète — Assurément.

L'Étranger — Une partie de ce négoce intellectuel
ne devrait-elle pas très légitimement s'appeler
« épidictique »[1], tandis qu'à l'autre, pas moins ridicule
que la précédente bien que ce soit d'études sérieuses
qu'elle fait commerce, on donnerait forcément un nom
frère de celui de son activité ?

Théétète — Tout à fait.

L'Étranger — Par conséquent, dans l'art de vendre
des disciplines scientifiques, la partie relative | à des c
activités techniques spécialisées doit être désignée par un
nom différent de celle portant sur la culture générale et
l'excellence.

Théétète — Comment n'en serait-il pas ainsi ?

---

1. Epidictique : « art de donner des "conférences d'apparat" ».

ΞΕ. Τεχνοπωλικὸν μὴν τό γε περὶ τἆλλα ἂν ἁρμόττοι·
5 | τὸ δὲ περὶ ταῦτα σὺ προθυμήθητι λέγειν ὄνομα.

ΘΕΑΙ. Καὶ τί τις ἂν ἄλλο ὄνομα εἰπὼν οὐκ ἂν
πλημμελοίη πλὴν τὸ νῦν ζητούμενον αὐτὸ εἶναι τὸ
σοφιστικὸν γένος;

ΞΕ. Οὐδὲν ἄλλο. ἴθι δὴ νῦν συναγάγωμεν αὐτὸ
10 λέ|γοντες ὡς τὸ κτητικῆς μεταβλητικόν, ἀγοραστικῆς,
d | ἐμπορικοῦ, ψυχεμπορικοῦ[1] περὶ λόγους καὶ μαθήματα,
ἀρετῆς πωλητικὸν δεύτερον ἀνεφάνη σοφιστική.

ΘΕΑΙ. Μάλα γε.

ΞΕ. Τρίτον δέ γ᾽ οἶμαί σε, κἂν εἴ τις αὐτοῦ
5 καθιδρυμένος | ἐν πόλει, τὰ μὲν ὠνούμενος, τὰ δὲ καὶ
τεκταινόμενος αὐτὸς μαθήματα περὶ τὰ αὐτὰ ταῦτα καὶ
πωλῶν, ἐκ τούτου τὸ ζῆν προυτάξατο, καλεῖν οὐδὲν ἄλλο
πλὴν ὅπερ νυνδή.

ΘΕΑΙ. Τί δ᾽ οὐ μέλλω; |

e ΞΕ. Καὶ τὸ κτητικῆς ἄρα μεταβλητικόν, ἀγοραστικόν,
καπηλικὸν εἴτε αὐτοπωλικόν, ἀμφοτέρως, ὅτιπερ ἂν
ᾖ περὶ τὰ τοιαῦτα μαθηματοπωλικὸν γένος, ἀεὶ σὺ
προσερεῖς, ὡς φαίνῃ, σοφιστικόν. |

1. c10-d1 τὸ κτητικῆς BTYW Campbell Robinson : ante κτητικῆς
add. τῆς Ven. 186 Burnet Diès / μεταβλητικόν BTYW : μεταβλητικῆς
corr. Paris 1811 Burnet Diès Robinson / ἐμπορικοῦ ψυχεμπορικοῦ
BTYW : ἐμπορικῆς corr. Coisl. 155 ψυχεμπορικῆς W2, Burnet Diès
Robinson.

L'Étranger —Tekhnopôlique[1] est assurément le nom adapté aux autres, mais pour celui convenant à ce qui reste, à toi de me le dire.

Théétète — Quel autre nom émettre sans risquer une fausse note, sinon qu'il est celui de l'objet que nous cherchons actuellement, le genre sophistique ?

L'Étranger — Aucun autre. Donc allons-y, récapitulons maintenant, et disons que, de l'art ktètique, cette partie metablètique de l'agorastique, | de ce qui d
est emporique, pychemporique en matière de discours et de vente d'enseignements relatifs à l'excellence, est l'aspect sous lequel est apparu pour la deuxième fois la sophistique.

Théétète — Parfaitement.

L'Étranger — Troisièmement : si quelqu'un, établi dans une cité, pour une partie achète sur place et pour une autre fabrique lui-même des enseignements relatifs aux mêmes sujets, enseignements qu'il met en vente car il s'est promis d'en tirer de quoi vivre, tu ne lui donnerais, je pense, nul autre nom que celui de tout à l'heure ?

Théétète — Rien à redire non plus.

L'Étranger — Et cette partie de la ktètique qui est e
metablètique, agorastique, qu'elle soit kapèlique ou autopôlique[2], les deux, il n'importe, pourvu qu'elle appartienne au genre mathèmatopôlique portant sur des choses de cette sorte, tu te diras toujours que c'est, selon toute apparence, une chose sophistique.

---

1. Tekhnopôlique : « vente de connaissances techniques ».
2. Agorastique : « vente locale (sur le marché, l'agora) » ; kapèlique : « revente de marchandises achetées à un producteur ; autopôlique : vente de sa propre production ; mathématopôlique : vente d'enseignements ».

5 ΘΕΑΙ. Ἀνάγκη· τῷ γὰρ λόγῳ δεῖ συνακολουθεῖν.

ΞΕ. Ἔτι δὴ σκοπῶμεν εἴ τινι τοιῷδε προσέοικεν ἄρα τὸ νῦν μεταδιωκόμενον γένος. |

ΘΕΑΙ. Ποίῳ δή;

225a ΞΕ. Τῆς κτητικῆς ἀγωνιστική τι μέρος ἡμῖν ἦν.

ΘΕΑΙ. | Ἦν γὰρ οὖν.

ΞΕ. Οὐκ ἀπὸ τρόπου τοίνυν ἐστὶ διαιρεῖν αὐτὴν δίχα. |

ΘΕΑΙ. Καθ᾽ ὁποῖα λέγε.

5 ΞΕ. Τὸ μὲν ἁμιλλητικὸν αὐτῆς τιθέντας, τὸ δὲ μαχητικόν.

ΘΕΑΙ. Ἔστιν.

ΞΕ. Τῆς τοίνυν μαχητικῆς τῷ μὲν σώματι πρὸς σώματα γιγνομένῳ σχεδὸν εἰκὸς καὶ πρέπον ὄνομα
10 λέγειν τι τοιοῦτον | τιθεμένους οἷον βιαστικόν.

ΘΕΑΙ. Ναί.

ΞΕ. Τῷ δὲ λόγοις πρὸς λόγους τί τις, ὦ Θεαίτητε,
b ἄλλο | εἴπῃ πλὴν ἀμφισβητητικόν;

ΘΕΑΙ. Οὐδέν.

ΞΕ. Τὸ δέ γε περὶ τὰς ἀμφισβητήσεις θετέον διττόν.

Théétète — Nécessairement : il faut suivre le raisonnement jusqu'au bout.

L'Étranger — Bon; examinons si le genre que nous sommes en train de poursuivre ne ressemblerait pas encore à quelque chose comme ceci.

Théétète — Comme quoi?

L'Étranger — L'agônistique était pour nous une 225a partie de l'art ktètique.

Théétète — Ce l'était.

L'Étranger — Il n'est donc pas hors de propos de diviser cette partie en deux.

Théétète — De la diviser en quoi?

L'Étranger — En ce qui est hamillètique d'un côté, et ce qui est makhètique de l'autre[1].

Théétète — Soit.

L'Étranger — Quand ce qui est makhètique est un affrontement corps à corps, le nom à peu près vraisemblable et convenable à lui donner sera quelque chose comme « biastique ».

Théétète — Oui.

L'Étranger — Mais à celle où des arguments s'opposent à des arguments, quel nom | lui b donnerons-nous, Théétète, sinon amphisbètètique[2]?

Théétète — Nul autre.

L'Étranger — Or il y a deux façons de se livrer à des controverses.

1. Hamillètique : « art de compétition; makhètique : art de combat ».
2. « Biastique » : « art du combat violent, art martial »; amphisbètètique : « art de la controverse ».

ΘΕΑΙ. Πῇ; |

5 ΞΕ. Καθ' ὅσον μὲν γὰρ γίγνεται μήκεσί τε πρὸς
ἐναντία μήκη λόγων καὶ περὶ τὰ δίκαια καὶ ἄδικα δημοσίᾳ,
δικανικόν.

ΘΕΑΙ. Ναί.

ΞΕ. Τὸ δ' ἐν ἰδίοις αὖ καὶ κατακεκερματισμένον
ἐρωτήσεσι πρὸς ἀποκρίσεις μῶν εἰθίσμεθα καλεῖν ἄλλο
10 πλὴν | ἀντιλογικόν;

ΘΕΑΙ. Οὐδέν.

c ΞΕ. Τοῦ δὲ ἀντιλογικοῦ τὸ μὲν ὅσον περὶ τὰ
συμβόλαια | ἀμφισβητεῖται μέν, εἰκῇ δὲ καὶ ἀτέχνως περὶ
αὐτὸ πράττεται, ταῦτα θετέον μὲν εἶδος, ἐπείπερ αὐτὸ
διέγνωκεν ὡς ἕτερον ὂν ὁ λόγος, ἀτὰρ ἐπωνυμίας οὔθ'
ὑπὸ τῶν ἔμπροσθεν ἔτυχεν οὔτε νῦν ὑφ' ἡμῶν τυχεῖν
ἄξιον. |

5 ΘΕΑΙ. Ἀληθῆ· κατὰ σμικρὰ γὰρ λίαν καὶ παντοδαπὰ
διῄρηται.

ΞΕ. Τὸ δέ γε ἔντεχνον, καὶ περὶ δικαίων αὐτῶν καὶ
ἀδίκων καὶ περὶ τῶν ἄλλων ὅλως ἀμφισβητοῦν, ἆρ' οὐκ
ἐριστικὸν αὖ λέγειν εἰθίσμεθα; |

10 ΘΕΑΙ. Πῶς γὰρ οὔ; |

d ΞΕ. Τοῦ μὴν ἐριστικοῦ τὸ μὲν χρηματοφθορικόν, τὸ
δὲ χρηματιστικὸν ὂν τυγχάνει.

ΘΕΑΙ. Παντάπασί γε.

ΞΕ. Τὴν ἐπωνυμίαν τοίνυν ἣν ἑκάτερον δεῖ καλεῖν
5 | αὐτῶν πειραθῶμεν εἰπεῖν.

ΘΕΑΙ. Οὐκοῦν χρή.

Théétète — Relatives à quoi ?

L'Étranger — En tant qu'elles donnent lieu à des affrontements entre des discours publics de bonne taille et qui discutent de justice et d'injustice, elles relèvent de l'art judiciaire.

Théétète — Oui.

L'Étranger — Mais si c'est en privé que le discours se morcelle en une alternance de questions-réponses, n'avons-nous pas d'habitude de l'appeler « antilogique », et rien d'autre ?

Théétète — Rien d'autre.

L'Étranger — Quand ce débat antilogique est une controverse | portant sur des contrats, même s'il va à c l'aventure et procède de façon non technique, il faut le poser comme en étant une espèce, puisque notre raisonnement en reconnaît la spécificité ; quant à lui donner un nom, aucun de nos prédécesseurs ne l'a fait, et lui en trouver un maintenant ne vaut guère la peine.

Théétète — C'est vrai ; l'espèce se divise en effet en parcelles trop petites et trop diverses.

L'Étranger — Mais celle qui est technique et qui débat de ce qui est juste et injuste en soi et d'autres questions générales, l'usage n'est-il pas de la dire « éristique » ?

Théétète — Comment ne pas la nommer ainsi ?

L'Étranger — Or une partie de l'éristique est d gaspilleuse et l'autre lucrative ?

Théétète — Parfaitement.

L'Étranger — Nous devons donc essayer de donner un nom à chacune d'elles.

Théétète — Oui, il le faut.

ΞΕ. Δοκῶ μὴν τό γε δι' ἡδονὴν τῆς περὶ ταῦτα διατριβῆς ἀμελὲς τῶν οἰκείων γιγνόμενον, περὶ δὲ τὴν λέξιν τοῖς πολλοῖς τῶν ἀκουόντων οὐ μεθ' ἡδονῆς
10 ἀκουόμενον καλεῖσθαι | κατὰ γνώμην τὴν ἐμὴν οὐχ ἕτερον ἀδολεσχικοῦ.

ΘΕΑΙ. Λέγεται γὰρ οὖν οὕτω πως. |

e ΞΕ. Τούτου τοίνυν τοὐναντίον, ἀπὸ τῶν ἰδιωτικῶν ἐρίδων χρηματιζόμενον, ἐν τῷ μέρει σὺ πειρῶ νῦν εἰπεῖν.

ΘΕΑΙ. Καὶ τις¹ ἂν αὖ εἰπὼν ἕτερον οὐκ ἐξαμάρτοι πλήν γε τὸν θαυμαστὸν πάλιν ἐκεῖνον ἥκειν αὖ νῦν
5 τέταρτον | τὸν μεταδιωκόμενον ὑφ' ἡμῶν σοφιστήν; |

226a ΞΕ. Οὐδὲν ἀλλ' ἢ τὸ χρηματιστικὸν γένος, ὡς ἔοικεν, ἐριστικῆς ὂν τέχνης, τῆς ἀντιλογικῆς, τῆς ἀμφισβητητικῆς, τῆς μαχητικῆς, τῆς ἀγωνιστικῆς, τῆς κτητικῆς ἔστιν, ὡς ὁ λόγος αὖ μεμήνυκε νῦν, ὁ σοφιστής. |

5 ΘΕΑΙ. Κομιδῇ μὲν οὖν.

ΞΕ. Ὁρᾷς οὖν ὡς ἀληθῆ λέγεται τὸ ποικίλον εἶναι τοῦτο τὸ θηρίον καὶ τὸ λεγόμενον οὐ τῇ ἑτέρᾳ ληπτόν;

ΘΕΑΙ. Οὐκοῦν ἀμφοῖν χρή. |

b ΞΕ. Χρὴ γὰρ οὖν, καὶ κατὰ δύναμίν γε οὕτω ποιητέον, τοιόνδε τι μεταθέοντας ἴχνος αὐτοῦ. καί μοι λέγε· τῶν οἰκετικῶν ὀνομάτων καλοῦμεν ἄττα που;

ΘΕΑΙ. Καὶ πολλά· ἀτὰρ ποῖα δὴ τῶν πολλῶν πυνθάνῃ; |

1. e3 τί add. Heindorf : <τί> τις ἂν Burnet.

L'Étranger — Eh bien, je crois que prendre plaisir à ces sortes de discussions au point de devenir indifférent à ses propres affaires, sans en outre avoir nul souci de rendre sa manière de parler agréable aux auditeurs, c'est là, du moins à ce qu'il me semble, le propre de celui qu'on appelle un « bavard ».

Théétète — Hé oui, c'est à peu près ainsi qu'on l'appelle.

L'Étranger — Et son contraire, qui tire profit de **e** discussions privées, à ton tour d'essayer maintenant d'en dire le nom.

Théétète — Et qui pourrait dire encore autre chose sans se tromper, sinon que revoilà maintenant de nouveau, et pour la quatrième fois, cet étonnant personnage, celui que nous poursuivons : le sophiste ?

L'Étranger — Rien d'autre, sinon qu'à ce qu'il **226a** semble, le genre khrèmatistique fait partie de l'éristique, de l'antilogique, de l'amphisbètètique, de la makhètique, de l'agônistique, de la ktètique : voilà, tel qu'à présent le raisonnement nous le signale une fois encore, le sophiste.

Théétète — Assurément.

L'Étranger — Tu vois donc combien il est vrai de dire que c'est une bête bigarrée, qui justifie le dicton « ce que l'on ne peut pas prendre d'une seule main …

Théétète — … il faut donc y mettre les deux. »

L'Étranger — Il le faut en effet, c'est sûr, et nous le **b** ferons autant qu'il est possible, en suivant sa trace sur cette piste. Et dis-moi : nous avons des mots servant à nommer des travaux domestiques ?

Théétète — Beaucoup, oui ; mais auxquels penses-tu ?

5   ΞΕ. Τὰ τοιάδε, οἷον διηθεῖν τε λέγομεν καὶ διαττᾶν καὶ βράττειν καὶ διακρίνειν[1].

ΘΕΑΙ. Τί μήν;

ΞΕ. Καὶ πρός γε τούτοις ἔτι ξαίνειν, κατάγειν, κερκίζειν, καὶ μυρία ἐν ταῖς τέχναις ἄλλα τοιαῦτα ἐνόντα
10   ἐπιστάμεθα. | ἢ γάρ; |

c   ΘΕΑΙ. Τὸ ποῖον αὐτῶν πέρι βουληθεὶς δηλῶσαι παραδείγματα προθεὶς ταῦτα κατὰ πάντων ἤρου;

ΞΕ. Διαιρετικά που τὰ λεχθέντα εἴρηται σύμπαντα.

ΘΕΑΙ. Ναί. |

5   ΞΕ. Κατὰ τὸν ἐμὸν τοίνυν λόγον ὡς περὶ ταῦτα μίαν οὖσαν ἐν ἅπασι τέχνην ἑνὸς ὀνόματος ἀξιώσομεν αὐτήν.

ΘΕΑΙ. Τίνα προσειπόντες;

ΞΕ. Διακριτικήν.

ΘΕΑΙ. Ἔστω. |

10   ΞΕ. Σκόπει δὴ ταύτης αὖ δύο ἄν πῃ δυνώμεθα κατιδεῖν εἴδη.

ΘΕΑΙ. Ταχεῖαν ὡς ἐμοὶ σκέψιν ἐπιτάττεις. |

d   ΞΕ. Καὶ μὴν ἔν γε ταῖς εἰρημέναις διακρίσεσι τὸ μὲν χεῖρον ἀπὸ βελτίονος ἀποχωρίζειν ἦν, τὸ δ᾽ ὅμοιον ἀφ᾽ ὁμοίου.

ΘΕΑΙ. Σχεδὸν οὕτω νῦν λεχθὲν φαίνεται. |

5   ΞΕ. Τῆς μὲν τοίνυν ὄνομα οὐκ ἔχω λεγόμενον· τῆς δὲ καταλειπούσης μὲν τὸ βέλτιον διακρίσεως, τὸ δὲ χεῖρον ἀποβαλλούσης ἔχω.

1. b6 καὶ διακρίνειν BTYW : καὶ... †διακρίνειν† amend. Burnet
Campbell : secl. Robinson

L'Étranger — À ceux comme filtrer, cribler, vanner, trancher et distinguer[VIII].

Théétète — Certes.

L'Étranger — Et outre ceux-là, carder, démêler, tramer et des milliers de pratiques semblables dont nous savons que les techniques regorgent, n'est-ce pas ?

Théétète — À quoi tendent tes exemples et à quelle c question veux-tu en venir ?

L'Étranger — C'est d'art diairétique[1] que parlent, sans exception, tous ceux que j'ai mentionnés.

Théétète — Oui.

L'Étranger — J'en déduis donc que puisqu'un seul art est présent en tous, nous devrons le juger digne d'un seul nom.

Théétète — En l'appelant comment ?

L'Étranger — « Diacritique ».

Théétète — Soit.

L'Étranger — Examine alors s'il y a moyen d'en discerner deux espèces.

Théétète — Ce que tu demandes est un peu rapide pour moi.

L'Étranger — Pourtant, dans les séparations dont j'ai d parlé, les unes dissociaient le pire du meilleur, les autres le semblable du semblable.

Théétète — Dit ainsi, c'est presque évident.

L'Étranger — Or pour la seconde, je n'ai pas de nom, mais pour celle qui conserve le meilleur et rejette le pire, j'en ai un.

---

1. diairétique : « art de séparer ».

ΘΕΑΙ. Λέγε τί.

ΞΕ. Πᾶσα ἡ τοιαύτη διάκρισις, ὡς ἐγὼ συννοῶ,
10 λέγεται | παρὰ πάντων καθαρμός τις.

ΘΕΑΙ. Λέγεται γὰρ οὖν. |

e   ΞΕ. Οὐκοῦν τό γε καθαρτικὸν εἶδος αὖ διπλοῦν ὂν
πᾶς ἂν ἴδοι;

ΘΕΑΙ. Ναί, κατὰ σχολήν γε ἴσως· οὐ μὴν ἔγωγε
καθορῶ νῦν.|

5   ΞΕ. Καὶ μὴν τά γε περὶ τὰ σώματα πολλὰ εἴδη
καθάρσεων ἑνὶ περιλαβεῖν ὀνόματι προσήκει.

ΘΕΑΙ. Ποῖα καὶ τίνι;

ΞΕ. Τά τε τῶν ζῴων, ὅσα ἐντὸς σωμάτων ὑπὸ
227a γυμνασ| τικῆς ἰατρικῆς τε ὀρθῶς διακρινόμενα
καθαίρεται καὶ περὶ τἀκτός, εἰπεῖν μὲν φαῦλα, ὅσα
βαλανευτικὴ παρέχεται· καὶ τῶν ἀψύχων σωμάτων, ὧν
γναφευτικὴ καὶ σύμπασα κοσμητικὴ τὴν ἐπιμέλειαν
5 παρεχομένη κατὰ σμικρὰ πολλὰ καὶ | γελοῖα δοκοῦντα
ὀνόματα ἔσχεν.

ΘΕΑΙ. Μάλα γε.

ΞΕ. Παντάπασι μὲν οὖν, ὦ Θεαίτητε. ἀλλὰ γὰρ τῇ τῶν
λόγων μεθόδῳ σπογγιστικῆς ἢ φαρμακοποσίας οὐδὲν
ἧττον οὐδέ τι μᾶλλον τυγχάνει μέλον εἰ τὸ μὲν σμικρά,
10 τὸ | δὲ μεγάλα ἡμᾶς ὠφελεῖ καθαῖρον. τοῦ κτήσασθαι
b γὰρ | ἕνεκα νοῦν πασῶν τεχνῶν τὸ συγγενὲς καὶ τὸ μὴ

Théétète — Dis-le.

L'Étranger — Toute séparation de cette sorte est à ma connaissance universellement appelée « purification ».

Théétète — C'est en effet ainsi qu'on l'appelle.

L'Étranger — Et qu'à son tour l'espèce cathartique **e** est double, est-ce que tout le monde ne le verrait pas ?

Théétète — Si, peut-être, à condition d'avoir le temps ; car moi, pour le moment, je ne le vois pas.

L'Étranger — Pourtant, il faut seulement envelopper par un seul nom les nombreuses espèces de purification corporelle.

Théétète — Lesquelles, par lequel ?

L'Étranger — Pour les corps vivants, leur purification interne | consiste à distinguer correctement en eux ce **227a** qui relève de la gymnastique ou de la médecine, et leur purification externe est empiriquement assurée par l'art balaneutique, pour en donner un exemple trivial ; quant aux corps inanimés, ce sont la gnapheutique et toute la cosmétique qui en prennent soin[1] ; tout cela s'émiette en une multiplicité de petites parties et porte des noms qui semblent ridicules.

Théétète — Très ridicules.

L'Étranger — Oui, absolument, Théétète ; mais sur le chemin que nous suivons en discutant, peu nous importe en effet de traiter de spongistique ou de pharmacologie, ou de savoir si la purification en question se trouve avoir sur nous des effets plus ou moins bienfaisants. Car si nous nous efforçons de saisir | intelligemment **b** en quoi tous ces différents arts sont ou ne sont pas

1. Balaneutique : « art du bain, du décrassage » ; gnapheutique : « art du foulage » ; cosmétique : « art d'arranger et d'orner ».

συγγενὲς κατανοεῖν πειρωμένη τιμᾷ πρὸς τοῦτο ἐξ ἴσου
πάσας, καὶ θάτερα τῶν ἑτέρων κατὰ τὴν ὁμοιότητα οὐδὲν
ἡγεῖται γελοιότερα, σεμνότερον δέ τι τὸν διὰ στρατηγικῆς
5 ἢ φθειριστικῆς | δηλοῦντα θηρευτικὴν οὐδὲν νενόμικεν,
ἀλλ᾽ ὡς τὸ πολὺ χαυνότερον. καὶ δὴ καὶ νῦν, ὅπερ ἤρου, τί
προσεροῦμεν ὄνομα συμπάσας δυνάμεις ὅσαι σῶμα εἴτε
c ἔμψυχον εἴτε ἄψυχον | εἰλήχασι καθαίρειν, οὐδὲν αὐτῇ
διοίσει ποῖόν τι λεχθὲν εὐπρεπέστατον εἶναι δόξει· μόνον
ἐχέτω χωρὶς τῶν τῆς ψυχῆς καθάρσεων πάντα συνδῆσαν
ὅσα ἄλλο τι καθαίρει. τὸν γὰρ περὶ τὴν διάνοιαν
5 καθαρμὸν ἀπὸ τῶν ἄλλων ἐπι| κεχείρηκεν ἀφορίσασθαι
τὰ νῦν, εἴ γε ὅπερ βούλεται μανθάνομεν.

ΘΕΑΙ. Ἀλλὰ μεμάθηκα, καὶ συγχωρῶ δύο μὲν εἴδη
καθάρσεως, ἓν δὲ τὸ περὶ τὴν ψυχὴν εἶδος εἶναι, τοῦ περὶ
τὸ σῶμα χωρὶς ὄν. |

10   ΞΕ. Πάντων κάλλιστα. καί μοι τὸ μετὰ τοῦτο ἐπάκουε
d | πειρώμενος αὖ τὸ λεχθὲν διχῇ τέμνειν.

ΘΕΑΙ. Καθ᾽ ὁποῖ᾽ ἂν ὑφηγῇ πειράσομαί σοι
συντέμνειν.

ΞΕ. Πονηρίαν ἕτερον ἀρετῆς ἐν ψυχῇ λέγομέν τι; |

5   ΘΕΑΙ. Πῶς γὰρ οὔ;

apparentés[1], c'est afin d'en acquérir l'intelligence, et
dans ce but notre méthode leur accorde à tous une estime
égale ; et quand ils se ressemblent, elle ne juge pas que
ceux-ci sont plus ridicules que ceux-là : elle n'attribue en
rien une dignité plus grande à la chasse pratiquée par le
général qu'à celle du tueur de poux mais le plus souvent
elle voit plutôt dans le premier un art passablement
gonflé de vanité. Aussi, pour répondre maintenant à ta
question sur le nom à donner à toutes les puissances aptes
à purifier un corps | animé ou inanimé, il va de soi que c
notre démarche ne se soucie en rien de savoir quelle sorte
de nom semblera le plus joli ; il suffit qu'il puisse lier
ensemble tout ce qui purifie autre chose afin de le séparer
des purifications de l'âme. Car séparer de toutes les
autres la purification ayant trait à la pensée rationnelle,
c'est ce que notre recherche entreprend maintenant de
faire, si nous comprenons bien à quoi elle tend.

Théétète — Mais je comprends, et j'accorde qu'il y
a deux espèces de purification : celle qui se rapporte à
l'âme et celle qui se rapporte au corps et en est séparée.

L'Étranger — Voici qui est on ne peut mieux. Et après
cela, écoute-moi bien et | essaie de couper à son tour en d
deux ce que nous venons de dire.

Théétète — Je vais essayer de couper avec toi, quelles
que soient les coupures vers lesquelles tu me guideras.

L'Étranger — La perversion, nous disons bien que
c'est dans l'âme quelque chose d'autre que l'excellence ?

Théétète — Comment   pourrions-nous   dire
autrement ?

---

1. Voir 221d.

ΞΕ. Καὶ μὴν καθαρμός γ᾽ ἦν τὸ λείπειν μὲν θάτερον, ἐκβάλλειν δὲ ὅσον ἂν ᾖ πού τι φλαῦρον.

ΘΕΑΙ. Ἦν γὰρ οὖν.

10 ΞΕ. Καὶ ψυχῆς ἄρα, καθ᾽ ὅσον ἂν εὑρίσκωμεν κακίας | ἀφαίρεσίν τινα, καθαρμὸν αὐτὸν λέγοντες ἐν μέλει φθεγξόμεθα.

ΘΕΑΙ. Καὶ μάλα γε.

ΞΕ. Δύο μὲν εἴδη κακίας περὶ ψυχὴν ῥητέον.

ΘΕΑΙ. Ποῖα; |

228a ΞΕ. Τὸ μὲν οἷον νόσον ἐν σώματι, τὸ δ᾽ οἷον αἶσχος ἐγγιγνόμενον.

ΘΕΑΙ. Οὐκ ἔμαθον.

ΞΕ. Νόσον ἴσως καὶ στάσιν οὐ ταὐτὸν νενόμικας; |

5 ΘΕΑΙ. Οὐδ᾽ αὖ πρὸς τοῦτο ἔχω τί χρή με ἀποκρίνασθαι.

ΞΕ. Πότερον ἄλλο τι στάσιν ἡγούμενος ἢ τὴν τοῦ φύσει συγγενοῦς ἔκ τινος διαφθορᾶς διαφοράν;

ΘΕΑΙ. Οὐδέν. |

10 ΞΕ. Ἀλλ᾽ αἶσχος ἄλλο τι πλὴν τὸ τῆς ἀμετρίας πανταχοῦ δυσειδὲς ἐνὸν γένος; |

b ΘΕΑΙ. Οὐδαμῶς ἄλλο.

L'Étranger — Et que la purification consistait bien sûr à conserver l'une et à expulser tout ce qui, d'une façon ou d'une autre, peut ne pas valoir grand-chose.

Théétète — En effet, nous le disons.

L'Étranger — Alors, tout ce que nous découvrirons comme moyen d'enlever à l'âme ce qu'elle a de mauvais en disant que c'est une purification, nous ferons sonner une note juste ?

Théétète — Complètement juste.

L'Étranger — On doit dire, à propos de l'âme, qu'il y a deux espèces de maux…

Théétète — Lesquelles ?

L'Étranger — … et que l'une est comme une maladie **228a** survenant dans le corps, l'autre comme une laideur qui lui est inhérente.

Théétète — Je n'ai pas compris.

L'Étranger — Peut-être parce que tu ne tiens pas maladie et discorde pour une même chose ?

Théétète — À cela encore je ne sais pas ce qu'il faut répondre.

L'Étranger — Est-ce parce que tu penses qu'une discorde est autre chose qu'une dissension issue d'une désagrégation des accords existant entre ce qui est naturellement apparenté ?

Théétète — Mais non, rien d'autre.

L'Étranger — Et la laideur, est-ce autre chose que le genre partout déplaisant de la disproportion ?

Théétète — Non, pas autre chose.   **b**

ΞΕ. Τί δέ; ἐν ψυχῇ δόξας ἐπιθυμίαις καὶ θυμὸν ἡδοναῖς καὶ λόγον λύπαις καὶ πάντα ἀλλήλοις ταῦτα τῶν φλαύρως ἐχόντων οὐκ ᾐσθήμεθα διαφερόμενα; |

5   ΘΕΑΙ. Καὶ σφόδρα γε.

ΞΕ. Συγγενῆ γε μὴν ἐξ ἀνάγκης σύμπαντα γέγονεν.

ΘΕΑΙ. Πῶς γὰρ οὔ;

ΞΕ. Στάσιν ἄρα καὶ νόσον τῆς ψυχῆς πονηρίαν λέγοντες ὀρθῶς ἐροῦμεν.

ΘΕΑΙ. Ὀρθότατα μὲν οὖν.

c   ΞΕ. Τί δ'; ὅσ' <ἂν>[1] κινήσεως μετασχόντα καὶ σκοπόν τινα θέμενα πειρώμενα τούτου τυγχάνειν καθ' ἑκάστην ὁρμὴν παράφορα αὐτοῦ γίγνηται καὶ ἀποτυγχάνῃ, πότερον αὐτὰ φήσομεν ὑπὸ συμμετρίας τῆς πρὸς ἄλληλα
5   ἢ τοὐναντίον | ὑπὸ ἀμετρίας αὐτὰ πάσχειν;

ΘΕΑΙ. Δῆλον ὡς ὑπὸ ἀμετρίας.

ΞΕ. Ἀλλὰ μὴν ψυχήν γε ἴσμεν ἄκουσαν πᾶσαν πᾶν ἀγνοοῦσαν.

ΘΕΑΙ. Σφόδρα γε. |

1. c1 ὅσα BTYW Campbell Diès Cordero : ὅσ' <ἂν> add. Corbet Burnet Robinson.

L'Étranger — Eh bien, dans l'âme, entre les opinions et les appétits, l'ardeur et les plaisirs, la raison et les peines, entre toutes ces choses les unes à l'égard des autres, ne percevons-nous pas qu'il y a désaccord chez ceux dont la conduite ne vaut pas cher ?

Théétète — Ah oui, nous le percevons !

L'Étranger — Toutes ces choses sont pourtant nécessairement et originairement apparentées.

Théétète — Sans conteste.

L'Étranger — Donc, en disant que discorde et maladie sont des perversions en l'âme, nous parlerons correctement.

Théétète — On ne peut plus correctement.

L'Étranger — Eh bien, qu'en est-il des choses c qui, étant capables de mouvement, se fixent un certain but et s'efforcent de l'atteindre : si chaque fois qu'elles s'élancent elles dévient et manquent leur but, dirons-nous que ces accidents sont dus à l'existence d'une commensurabilité entre elles-mêmes et leur but, ou que c'est au contraire le fait d'être incommensurables qui les leur inflige ?

Théétète — Le fait d'être incommensurables, évidemment.

L'Étranger — Cependant, nous savons bien sûr que c'est involontairement que toute âme ignore ce qu'elle ignore.

Théétète — Bien sûr.

10 ΞΕ. Τό γε μὴν ἀγνοεῖν ἐστιν ἐπ᾽ ἀλήθειαν ὁρμωμένης
d | ψυχῆς, παραφόρου συνέσεως γιγνομένης, οὐδὲν ἄλλο
πλὴν παραφροσύνη.

ΘΕΑΙ. Πάνυ μὲν οὖν.

ΞΕ. Ψυχὴν ἄρα ἀνόητον αἰσχρὰν καὶ ἄμετρον
θετέον. |

5 ΘΕΑΙ.| Ἔοικεν.

ΞΕ. Ἔστι δὴ δύο ταῦτα, ὡς φαίνεται, κακῶν ἐν αὐτῇ
γένη, τὸ μὲν πονηρία καλούμενον ὑπὸ τῶν πολλῶν,
νόσος αὐτῆς σαφέστατα ὄν.

ΘΕΑΙ. Ναί. |

10 ΞΕ. Τὸ δέ γε ἄγνοιαν μὲν καλοῦσι, κακίαν δὲ αὐτὸ ἐν
ψυχῇ μόνον γιγνόμενον οὐκ ἐθέλουσιν ὁμολογεῖν. |

e ΘΕΑΙ. Κομιδῇ συγχωρητέον, ὃ νυνδὴ λέξαντος
ἠμφεγνόησά σου, τὸ δύο εἶναι γένη κακίας ἐν ψυχῇ, καὶ
δειλίαν μὲν καὶ ἀκολασίαν καὶ ἀδικίαν σύμπαντα ἡγητέον
νόσον ἐν ἡμῖν, τὸ δὲ τῆς πολλῆς καὶ παντοδαπῆς ἀγνοίας
5 πάθος | αἶσχος θετέον.

ΞΕ. Οὐκοῦν ἔν γε σώματι περὶ δύο παθήματε τούτω
δύο τέχνα τινὲ ἐγενέσθην;

ΘΕΑΙ. Τίνε τούτω; |

L'Étranger — Or ignorer, pour une âme qui s'élance
| vers la vérité mais qui en vient à errer loin d'elle faute d
de la comprendre, ce n'est rien d'autre qu'une espèce de
déraison[1].

Théétète — Absolument.

L'Étranger — Il nous faut donc poser qu'une âme
insensée est laide et souffre d'un défaut de proportion.

Théétète — Il semble bien.

L'Étranger — Il y a donc apparemment en elle
ces deux genres de maux, l'un que la plupart des gens
appellent « perversité », et qui est très clairement une
maladie de l'âme.

Théétète — Oui.

L'Étranger — Et l'autre, ils l'appellent « ignorance »,
mais que ce genre de mal soit seul à être en elle un vice,
ils refusent d'en convenir.

Théétète — Il est certain qu'il faut accorder ce dont e
tout à l'heure je doutais, quand tu disais qu'il y a deux
genres de maux en l'âme et que lâcheté, intempérance,
injustice, tout cela doit être tenu pour être en nous une
maladie, tandis que l'état d'ignorance, sous ses formes
multiples et variées, c'est comme une laideur qu'il faut
le considérer.

L'Étranger — Alors, du moins dans le cas du corps,
est-ce que deux techniques ne sont pas venues remédier à
ces deux espèces d'affections ?

Théétète — Lesquelles ?

---

1. *Paraphosunè : paraphoros* signifie « errer loin de », mais
paraphrôn veut dire « être insensé » : le substantif joue sur ces deux
sens.

229a   ΞΕ. Περὶ μὲν αἶσχος γυμναστική, περὶ δὲ νόσον
ἰατρική.

ΘΕΑΙ. Φαίνεσθον.

ΞΕ. Οὐκοῦν καὶ περὶ μὲν ὕβριν καὶ ἀδικίαν καὶ
δειλίαν ἡ κολαστικὴ πέφυκε τεχνῶν μάλιστα δὴ πασῶν
5 προσήκουσα | δίκη[1].

ΘΕΑΙ. Τὸ γοῦν εἰκός, ὡς εἰπεῖν κατὰ τὴν ἀνθρωπίνην
δόξαν.

ΞΕ. Τί δέ; περὶ σύμπασαν ἄγνοιαν μῶν ἄλλην τινὰ ἢ
διδασκαλικὴν ὀρθότερον εἴποι τις ἄν; |

10   ΘΕΑΙ. Οὐδεμίαν. |

b   ΞΕ. Φέρε δή· διδασκαλικῆς δὲ ἆρα ἓν μόνον γένος
φατέον [εἶναι] ἢ πλείω, δύο δέ τινε αὐτῆς εἶναι μεγίστω;
σκόπει.

ΘΕΑΙ. Σκοπῶ. |

5   ΞΕ. Καί μοι δοκοῦμεν τῇδε ἄν πῃ τάχιστα εὑρεῖν.

ΘΕΑΙ. Πῇ;

ΞΕ. Τὴν ἄγνοιαν ἰδόντες εἴ πῃ κατὰ μέσον αὐτῆς
τομὴν ἔχει τινά. διπλῆ γὰρ αὕτη γιγνομένη δῆλον ὅτι καὶ
τὴν διδασκαλικὴν δύο ἀναγκάζει μόρια ἔχειν, ἓν ἐφ᾽ ἑνὶ
10 γένει[2] | τῶν αὐτῆς ἑκατέρῳ.

ΘΕΑΙ. Τί οὖν; καταφανές πή σοι τὸ νῦν ζητούμενον; |

---

1. a5 δίκη BTYW Stobée : δίκῃ Robinson : Δίκη Cobet Burnet
Diès : secl Stallbaum.
2. b9 γένει BTW Campbell Robinson : [γένει] Burnet : del. Diès.

L'Étranger — Pour la laideur la gymnastique, et pour **229a** la maladie l'art thérapeutique.

Théétète — C'est évident pour les deux.

L'Étranger — Donc, pour la démesure, l'injustice, la lâcheté, l'art correctif est naturellement de toutes la peine la plus adaptée[IX].

Théétète — C'est du moins vraisemblable, si on partage l'opinion humaine.

L'Étranger — Mais qu'en est-il de l'ignorance dans son ensemble? Serait-il plus correct de mentionner un autre art que l'art didascalique?

Théétète — Non, aucun.

L'Étranger — Alors, allons-y; de cet art didascalique, **b** faut-il affirmer qu'il n'en existe qu'un seul genre, ou plusieurs, ou que deux genres sont les plus importants? Examine.

Théétète — J'examine.

L'Étranger — Et à mon avis, c'est de cette façon que nous le découvrirons le plus vite.

Théétète — Laquelle donc?

L'Étranger — En regardant si l'ignorance ne présente pas une ligne de clivage en son milieu. Car si elle est double, il est évident que l'art didascalique a aussi forcément deux parties, une pour chacun des deux genres d'ignorance.

Théétète — Eh bien, est-ce que cela projette pour toi un peu plus de lumière sur ce que nous cherchons à présent?

c   ΞΕ. Ἀγνοίας γοῦν μέγα τί μοι δοκῶ καὶ χαλεπὸν
ἀφωρισμένον ὁρᾶν εἶδος, πᾶσι τοῖς ἄλλοις αὐτῆς
ἀντίσταθμον μέρεσιν.

ΘΕΑΙ. Ποῖον δή; |

5   ΞΕ. Τὸ μὴ κατειδότα τι δοκεῖν εἰδέναι· δι' οὗ κινδυνεύει
πάντα ὅσα διανοίᾳ σφαλλόμεθα γίγνεσθαι πᾶσιν.

ΘΕΑΙ. Ἀληθῆ.

ΞΕ. Καὶ δὴ καὶ τούτῳ γε οἶμαι μόνῳ τῆς ἀγνοίας
ἀμαθία¹ τοὔνομα προσρηθῆναι. |

10   ΘΕΑΙ. Πάνυ γε.

ΞΕ. Τί δὲ δὴ τῳ τῆς διδασκαλικῆς ἄρα μέρει τῷ τοῦτο
ἀπαλλάττοντι λεκτέον; |

d   ΘΕΑΙ. Οἶμαι μὲν οὖν, ὦ ξένε, τὸ μὲν ἄλλο
δημιουργικὰς διδασκαλίας, τοῦτο δὲ ἐνθάδε γε παιδείαν
δι' ἡμῶν κεκλῆσθαι.

ΞΕ. Καὶ γὰρ σχεδόν, ὦ Θεαίτητε, ἐν πᾶσιν
5   Ἕλλησιν. | ἀλλὰ γὰρ ἡμῖν ἔτι καὶ τοῦτο σκεπτέον,
ἆρ' ἄτομον ἤδη ἐστὶ πᾶν ἤ τινα ἔχον διαίρεσιν ἀξίαν
ἐπωνυμίας.

ΘΕΑΙ. Οὐκοῦν χρὴ σκοπεῖν.

ΞΕ. Δοκεῖ τοίνυν μοι καὶ τοῦτο ἔτι πῃ σχίζεσθαι.

ΘΕΑΙ. Κατὰ τί; |

e   ΞΕ. Τῆς ἐν τοῖς λόγοις διδασκαλικῆς ἡ μὲν τραχυτέρα
τις ἔοικεν ὁδὸς εἶναι, τὸ δ' ἕτερον αὐτῆς μόριον λειότερον.

1. c8 ἀμαθία BTY Campbell : ἀμαθίαν W Diès Robinson.

L'Étranger — Je crois au moins voir une espèce c distincte d'ignorance qui est si grande et si intraitable qu'elle contrebalance toutes ses autres parties.

Théétète — Laquelle ?

L'Étranger — Celle qui consiste à ne pas savoir et croire qu'on sait : elle risque fort d'être pour tous la cause des dérapages de notre pensée.

Théétète — C'est vrai.

L'Étranger — Et il est naturel aussi, je pense, que cette partie de l'ignorance soit seule à recevoir le nom de « refus d'apprendre ».

Théétète — Absolument.

L'Étranger — Mais alors, quel nom donner à la partie de l'art d'enseigner qui nous en débarrasse ?

Théétète — À mon avis, Étranger, l'autre partie d s'appelle « enseignement professionnel », tandis que celle-ci, du moins chez nous, se nomme « éducation ».

L'Étranger — Et de fait, Théétète, à peu près aussi dans toute la Grèce. Mais il nous reste encore à examiner aussi ceci : est-elle un tout indivisible, ou comporte-t-elle une division valant la peine d'être nommée ?

Théétète — Il est certes besoin de l'examiner.

L'Étranger — Eh bien, il me semble qu'elle se scinde de cette façon.

Théétète — Par où ?

L'Étranger — Un des chemins suivis par l'art e d'enseigner à l'aide de discours me semble plus raboteux, tandis que l'autre est plus aplani.

ΘΕΑΙ. Τὸ ποῖον δὴ τούτων ἑκάτερον λέγομεν;

ΞΕ. Τὸ μὲν ἀρχαιοπρεπές τι πάτριον, ᾧ πρὸς τοὺς υἱεῖς
5 | μάλιστ᾽ ἐχρῶντό τε καὶ ἔτι πολλοὶ χρῶνται τὰ νῦν, ὅταν
230a | αὐτοῖς ἐξαμαρτάνωσί τι, τὰ μὲν χαλεπαίνοντες, τὰ δὲ
μαλθακωτέρως παραμυθούμενοι· τὸ δ᾽ οὖν σύμπαν αὐτὸ
ὀρθότατα εἴποι τις ἂν νουθετητικήν.

ΘΕΑΙ. Ἔστιν οὕτως. |

5 ΞΕ. Τὸ δέ γε, εἴξασί τινες αὖ λόγον ἑαυτοῖς δόντες
ἡγήσασθαι πᾶσαν ἀκούσιον ἀμαθίαν εἶναι, καὶ μαθεῖν
οὐδέν ποτ᾽ ἂν ἐθέλειν τὸν οἰόμενον εἶναι σοφὸν τούτων
ὧν οἴοιτο πέρι δεινὸς εἶναι, μετὰ δὲ πολλοῦ πόνου τὸ
νουθετητικὸν εἶδος τῆς παιδείας σμικρὸν ἀνύτειν.

10 ΘΕΑΙ. Ὀρθῶς γε νομίζοντες. |

b ΞΕ. Τῷ τοι ταύτης τῆς δόξης ἐπὶ ἐκβολὴν ἄλλῳ τρόπῳ
στέλλονται.

ΘΕΑΙ. Τίνι δή;

ΞΕ. Διερωτῶσιν ὧν ἂν οἴηταί τίς τι πέρι λέγειν
5 λέγων | μηδέν·εἶθ᾽ ἅτε πλανωμένων τὰς δόξας ῥᾳδίως
ἐξετάζουσι, καὶ συνάγοντες δὴ τοῖς λόγοις εἰς ταὐτὸν
τιθέασι παρ᾽ ἀλλήλας, τιθέντες δὲ ἐπιδεικνύουσιν αὐτὰς
αὐταῖς ἅμα περὶ τῶν αὐτῶν πρὸς τὰ αὐτὰ κατὰ ταὐτὰ
ἐναντίας. οἱ δ᾽ ὁρῶντες ἑαυτοῖς μὲν χαλεπαίνουσι, πρὸς

Théétète — Que dirons-nous donc de chacun des deux ?

L'Étranger — L'un est la vénérable méthode qu'employaient de préférence nos pères à l'égard de leurs fils chaque fois que| ceux-ci avaient selon eux **230a** commis quelque faute, et que beaucoup emploient encore aujourd'hui : réprimander rudement, ou exhorter plus doucement. Dans l'un et l'autre cas, le nom le plus juste serait celui « d'admonestation ».

Théétète — C'est lui.

L'Étranger — D'un autre côté, il est apparu à certains, après s'en être rendu raison à eux-mêmes, que tout refus d'apprendre était involontaire[1], que celui qui se croit savant ne consentira jamais à apprendre aucune des choses en lesquelles il se croit terriblement habile, et que cette espèce d'éducation admonestative obtient un bien piètre résultat après s'être donné beaucoup de peine.

Théétète — Ils ont bien raison de le penser.

L'Étranger — C'est pourquoi ils utilisent un autre **b** moyen pour expulser cette sorte d'opinion.

Théétète — Lequel ?

L'Étranger — Ils interrogent quelqu'un sur les points dont il peut se figurer qu'il parle pour dire quelque chose alors qu'il ne dit rien ; puis, en tant que ces opinions sont celles de gens qui ne cessent d'errer de l'une à l'autre, ils les soumettent assez facilement à examen et les discutent en les rassemblant et les confrontant les unes aux autres, révélant ainsi qu'elles se contredisent en même temps,

---

1. Voir 228c.

c δὲ τοὺς ἄλλους ἡμεροῦνται, | καὶ τούτῳ δὴ τῷ τρόπῳ τῶν περὶ αὑτοὺς μεγάλων καὶ σκληρῶν δοξῶν ἀπαλλάττονται πασῶν [τε] ἀπαλλαγῶν ἀκούειν τε ἡδίστην καὶ τῷ πάσχοντι βεβαιότατα γιγνομένην. νομίζοντες γάρ, ὦ παῖ φίλε, οἱ καθαίροντες αὐτούς, ὥσπερ οἱ περὶ
5 τὰ | σώματα ἰατροὶ νενομίκασι μὴ πρότερον ἂν τῆς προσφερομένης τροφῆς ἀπολαύειν δύνασθαι σῶμα, πρὶν ἂν τὰ ἐμποδίζοντα ἐντός τις ἐκβάλῃ, ταὐτὸν καὶ περὶ ψυχῆς διενοήθησαν ἐκεῖνοι, μὴ πρότερον αὐτὴν ἕξειν τῶν
d προσφερομένων μαθημάτων | ὄνησιν, πρὶν ἂν ἐλέγχων τις τὸν ἐλεγχόμενον εἰς αἰσχύνην καταστήσας, τὰς τοῖς μαθήμασιν ἐμποδίους δόξας ἐξελών, καθαρὸν ἀποφήνῃ καὶ ταῦτα ἡγούμενον ἅπερ οἶδεν εἰδέναι μόνα, πλείω δὲ μή. |

5   ΘΕΑΙ. Βελτίστη γοῦν καὶ σωφρονεστάτη τῶν ἕξεων αὕτη.

ΞΕ. Διὰ ταῦτα δὴ πάντα ἡμῖν, ὦ Θεαίτητε, καὶ τὸν ἔλεγχον λεκτέον ὡς ἄρα μεγίστη καὶ κυριωτάτη τῶν καθάρσεών ἐστι, καὶ τὸν ἀνέλεγκτον αὖ νομιστέον, ἂν καὶ
e τυγχάνῃ | βασιλεὺς ὁ μέγας ὤν, τὰ μέγιστα ἀκάθαρτον ὄντα, ἀπαίδευτόν τε καὶ αἰσχρὸν γεγονέναι ταῦτα ἃ καθαρώτατον καὶ κάλλιστον ἔπρεπε τὸν ὄντως ἐσόμενον εὐδαίμονα εἶναι.

5   ΘΕΑΙ. Παντάπασι μὲν οὖν. |

non seulement sur les mêmes sujets et sous les mêmes rapports, mais elles-mêmes selon elles-mêmes. Ce que voyant, ceux qu'ils examinent se fâchent contre eux-mêmes mais deviennent moins agressifs envers les autres, | et c'est ainsi qu'ils sont délivrés des grandes c et obstinées opinions qu'ils avaient d'eux-mêmes – libération qui de toutes est à la fois la plus agréable pour l'auditeur et le profit le plus sûr et durable pour le patient. Ceux qui procèdent à cette purification, mon cher enfant, pensent comme ceux qui sont des médecins du corps : ils pensent qu'un corps est incapable de profiter de la nourriture qu'on lui administre avant qu'on en ait évacué les obstacles qui se trouvent à l'intérieur; nos médecins pensent la même chose à propos de l'âme : que l'homme dont elle est l'âme ne tirera aucun bénéfice des leçons qu'on lui administre | jusqu'à ce qu'en le d soumettant à réfutation et en le réfutant on l'ait amené à avoir honte de lui-même et lui ait enlevé les opinions qui font obstacle à ces savoirs – et qu'ainsi il vienne au jour tout pur, et pensant qu'il sait seulement ce qu'il sait et rien de plus.

Théétète — Voici à coup sûr la meilleure et la plus sage des conditions.

L'Étranger — Pour toutes ces raisons, Théétète, nous devons dire que la réfutation est la plus importante et la plus puissante des purifications et que, de celui qui n'y a pas été soumis, fût-ce | le Grand Roi de Perse, il faut e penser qu'en restant ainsi impurifié des plus grandes souillures, c'est un homme sans culture et qui fait preuve de laideur là où il convient d'être le plus pur et le plus beau si l'on veut vraiment être heureux.

Théétète — Absolument.

ΞΕ. Τί δέ; τοὺς ταύτῃ χρωμένους τῇ τέχνῃ τίνας
231a | φήσομεν; ἐγὼ μὲν γὰρ φοβοῦμαι σοφιστὰς φάναι.

ΘΕΑΙ. Τί δή;

ΞΕ. Μὴ μεῖζον αὐτοῖς προσάπτωμεν γέρας.

ΘΕΑΙ. Ἀλλὰ μὴν προσέοικέ γε τοιούτῳ τινὶ τὰ νῦν
5 | εἰρημένα.

ΞΕ. Καὶ γὰρ κυνὶ λύκος, ἀγριώτατον ἡμερωτάτῳ.
τὸν δὲ ἀσφαλῆ δεῖ πάντων μάλιστα περὶ τὰς ὁμοιότητας
ἀεὶ ποιεῖσθαι τὴν φυλακήν· ὀλισθηρότατον γὰρ τὸ
γένος. ὅμως δὲ ἔστω· οὐ γὰρ περὶ σμικρῶν ὅρων τὴν
b ἀμφισβήτησιν οἴομαι | γενήσεσθαι τότε ὁπόταν ἱκανῶς
φυλάττωσιν.

ΘΕΑΙ. Οὔκουν τό γε εἰκός.

ΞΕ. Ἔστω δὴ διακριτικῆς τέχνης καθαρτική,
καθαρτικῆς δὲ τὸ περὶ ψυχὴν μέρος ἀφωρίσθω, τούτου
5 δὲ διδασκαλική, | διδασκαλικῆς δὲ παιδευτική· τῆς δὲ
παιδευτικῆς ὁ περὶ τὴν μάταιον δοξοσοφίαν γιγνόμενος
ἔλεγχος ἐν τῷ νῦν λόγῳ παραφανέντι μηδὲν ἄλλ᾽ ἡμῖν
εἶναι λεγέσθω πλὴν ἡ γένει γενναία σοφιστική.

ΘΕΑΙ. Λεγέσθω μέν· ἀπορῶ δὲ ἔγωγε ἤδη διὰ τὸ
c πολλὰ | πεφάνθαι, τί χρή ποτε ὡς ἀληθῆ λέγοντα καὶ
διισχυριζόμενον εἰπεῖν ὄντως εἶναι τὸν σοφιστήν.

L'Étranger — Alors ? ceux qui pratiquent cet art, que
| dirons-nous qu'ils sont ? Pour ma part en effet, je crains   **231a**
de dire que ce sont des sophistes.

Théétète — Et pourquoi ?

L'Étranger — De peur que nous ne leur fassions trop
d'honneur.

Théétète — Et pourtant, ce que nous venons de dire
a bien de la ressemblance avec quelqu'un de cette sorte !

L'Étranger — En effet, comme entre chien et loup,
entre la bête la plus sauvage et l'animal le plus paisible ;
or, pour notre sécurité, il faut avant tout monter toujours
bonne garde autour des ressemblances, car c'est un genre
extrêmement glissant. Disons néanmoins qu'il s'agit bien
d'elles, car à mon avis ce n'est pas une petite contestation
que cette querelle de frontières | suscitera lorsqu'il s'agira   **b**
pour l'un et l'autre de les garder comme il faut.

Théétète — C'est assez vraisemblable.

L'Étranger — Que l'art cathartique soit donc une
partie de l'art diacritique, et qu'en soit séparée la partie
de l'art cathartique ayant trait à l'âme, et d'elle, la partie
didascalique, et de la didascalique la paideutique ; et
de la paideutique, que la réfutation portant sur un vain
semblant de savoir – comme notre raisonnement vient
juste de nous le montrer à l'improviste – soit dite n'être
pour nous rien d'autre qu'une sophistique noble et de
noble lignage.

Théétète — Oui, disons cela ; mais pour ma part,
étant donné le nombre d'aspects sous lesquels il nous est
apparu, me voici | dans une impasse : que faut-il dire de   **c**
lui qui soit vrai, de quoi peut-on soutenir à toute force
que c'est réellement cela, le sophiste ?

ΞΕ. Εἰκότως γε σὺ ἀπορῶν. ἀλλά τοι κἀκεῖνον ἡγεῖσθαι χρὴ νῦν ἤδη σφόδρα ἀπορεῖν ὅπῃ ποτὲ ἔτι
5 διαδύσεται τὸν | λόγον· ὀρθὴ γὰρ ἡ παροιμία, τὸ τὰς ἁπάσας μὴ ῥᾴδιον εἶναι διαφεύγειν. νῦν οὖν καὶ μάλιστα ἐπιθετέον αὐτῷ.

ΘΕΑΙ. Καλῶς λέγεις.

ΞΕ. Πρῶτον δὴ στάντες οἷον ἐξαναπνεύσωμεν, καὶ
d πρὸς | ἡμᾶς αὐτοὺς διαλογισώμεθα ἅμα ἀναπαυόμενοι, φέρε, ὁπόσα ἡμῖν ὁ σοφιστὴς πέφανται. δοκῶ μὲν γάρ, τὸ πρῶτον ηὑρέθη νέων καὶ πλουσίων ἔμμισθος θηρευτής.

ΘΕΑΙ. Ναί. |

5 ΞΕ. Τὸ δέ γε δεύτερον ἔμπορός τις περὶ τὰ τῆς ψυχῆς μαθήματα.

ΘΕΑΙ. Πάνυ γε.

ΞΕ. Τρίτον δὲ ἄρα οὐ περὶ αὐτὰ ταῦτα κάπηλος ἀνεφάνη; ΘΕΑΙ. Ναί, καὶ τέταρτόν γε αὐτοπώλης περὶ τὰ
10 μαθήματα | ἡμῖν.

ΞΕ. Ὀρθῶς ἐμνημόνευσας. πέμπτον δ' ἐγὼ πειράσομαι
e | μνημονεύειν· τῆς γὰρ ἀγωνιστικῆς περὶ λόγους ἦν τις ἀθλητής, τὴν ἐριστικὴν τέχνην ἀφωρισμένος.

ΘΕΑΙ. | Ἦν γὰρ οὖν.

ΞΕ. Τὸ γε μὴν ἕκτον ἀμφισβητήσιμον μέν, ὅμως
5 δ' | ἔθεμεν αὐτῷ συγχωρήσαντες δοξῶν ἐμποδίων μαθήμασιν περὶ ψυχὴν καθαρτὴν αὐτὸν εἶναι.

L'Étranger — Il est naturel que tu croies te trouver dans une impasse. Mais pense que lui aussi doit penser s'y trouver, forcé qu'il est désormais de se demander par où il pourra encore échapper à notre argumentation ; car le proverbe a raison : « esquiver toutes les prises, voilà qui n'est pas facile. » Aussi est-ce maintenant, et maintenant surtout, qu'il faut courir après lui.

Théétète — Tu as raison.

L'Étranger — Faisons donc d'abord une pause pour reprendre souffle, et pendant cette pause, allons-y et récapitulons pour | nous-mêmes sous combien d'aspects d le sophiste nous est apparu. Je crois en effet qu'en premier il a été découvert comme étant un chasseur salarié de jeunes gens riches.

Théétète — Oui.

L'Étranger — Deuxièmement, comme une sorte de négociant en savoirs se rapportant à l'âme.

Théétète — Tout à fait.

L'Étranger — Troisièmement, n'est-il pas apparu comme un marchand local de ces mêmes savoirs ?

Théétète — Oui, et quatrièmement il nous est apparu comme leur fabricant-vendeur.

L'Étranger — Tes souvenirs son fort corrects. Cinquièmement, c'est moi qui vais essayer | de me e souvenir : dans le domaine de l'agonistique, c'était un athlète en paroles qui se réservait l'art éristique.

Théétète — Il était en effet cela.

L'Étranger — Bien que le sixième aspect ait prêté à controverse, nous le lui avons cependant accordé en posant qu'il était, en ce qui regarde l'âme, un purificateur des opinions qui font obstacle aux savoirs.

ΘΕΑΙ. Παντάπασι μὲν οὖν. |

232a ΞΕ. Ἆρ' οὖν ἐννοεῖς, ὅταν ἐπιστήμων τις πολλῶν
φαίνηται, μιᾶς δὲ τέχνης ὀνόματι προσαγορεύηται,
τὸ φάντασμα τοῦτο ὡς οὐκ ἔσθ' ὑγιές, ἀλλὰ δῆλον ὡς
ὁ πάσχων αὐτὸ πρός τινα τέχνην οὐ δύναται κατιδεῖν
5 ἐκεῖνο αὐτῆς εἰς ὃ πάντα τὰ | μαθήματα ταῦτα βλέπει,
διὸ καὶ πολλοῖς ὀνόμασιν ἀνθ' ἑνὸς τὸν ἔχοντα αὐτὰ
προσαγορεύει;

ΘΕΑΙ. Κινδυνεύει τοῦτο ταύτῃ πῃ μάλιστα
πεφυκέναι. |

b ΞΕ. Μὴ τοίνυν ἡμεῖς γε αὐτὸ ἐν τῇ ζητήσει δι' ἀργίαν
πάσχωμεν, ἀλλ' ἀναλάβωμεν πρῶτον¹ τῶν περὶ τὸν
σοφιστὴν εἰρημένων. ἓν γάρ τί μοι μάλιστα κατεφάνη
αὐτὸν μηνῦον. |

5 ΘΕΑΙ. Τὸ ποῖον;

ΞΕ. Ἀντιλογικὸν αὐτὸν ἔφαμεν εἶναί που.

ΘΕΑΙ. Ναί.

ΞΕ. Τί δ'; οὐ καὶ τῶν ἄλλων αὐτοῦ τούτου διδάσκαλον
γίγνεσθαι; |

10 ΘΕΑΙ. Τί μήν;

ΞΕ. Σκοπῶμεν δή, περὶ τίνος ἄρα καί φασιν οἱ τοιοῦτοι
ποιεῖν ἀντιλογικούς. ἡ δὲ σκέψις ἡμῖν ἐξ ἀρχῆς ἔστω τῇδέ
c | πῃ. φέρε, περὶ τῶν θείων, ὅσ' ἀφανῆ τοῖς πολλοῖς, ἆρ'
ἱκανοὺς ποιοῦσι τοῦτο δρᾶν;

ΘΕΑΙ. Λέγεται γοῦν δὴ περὶ αὐτῶν ταῦτα.

1. b2 πρῶτον BTWY : ἓν πρῶτον Heindorf : <ἓν> πρῶτον
Burnet.

Théétète — Absolument.

L'Étranger — Mais lorsque quelqu'un paraît être **232a**
l'homme de multiples savoirs et qu'on l'appelle pourtant
par le nom d'un seul art, n'as-tu pas conscience que
c'est là une apparence où il n'y a rien de sain, et qu'il
est évident qu'un art ne nous affecte de cette manière
que si nous sommes incapables de percevoir le centre
vers lequel tous ces savoirs convergent, de sorte que l'on
donne à celui qui les possède plusieurs noms au lieu d'un
seul ?

Théétète — Cette explication risque d'être la plus
naturelle.

L'Étranger — Ne laissons donc au moins pas cela **b**
nous arriver en nous montrant paresseux, mais reprenons
d'abord nos définitions du sophiste. L'une d'entre elles
m'est apparue pointer le mieux vers lui.

Théétète — Laquelle ?

L'Étranger — Nous avons dit, je crois, que c'était un
antilogique[1].

Théétète — Oui.

L'Étranger — Eh bien, est-ce que ce n'est pas cela
qu'il enseigne à autrui ?

Théétète — Certainement.

L'Étranger — Examinons donc à propos de quoi ces
sortes de gens affirment qu'ils forment des antilogiques.
Et commençons | par là. Allez ! est-ce sur des choses **c**
divines, qui restent cachées à la plupart des hommes,
qu'ils les rendent experts à contredire ?

Théétète — C'est du moins ce qu'on dit d'eux.

1. En 225b.

ΞΕ. Τί δ᾽ ὅσα φανερὰ γῆς τε καὶ οὐρανοῦ καὶ τῶν περὶ
5 | τὰ τοιαῦτα;

ΘΕΑΙ. Τί γάρ;

ΞΕ. Ἀλλὰ μὴν ἕν γε ταῖς ἰδίαις συνουσίαις, ὁπόταν
γενέσεώς τε καὶ οὐσίας πέρι κατὰ πάντων λέγηταί τι,
σύνισμεν ὡς αὐτοί τε ἀντειπεῖν δεινοὶ τούς τε ἄλλους ὅτι
10 | ποιοῦσιν ἅπερ αὐτοὶ δυνατούς;

ΘΕΑΙ. Παντάπασί γε. |

d   ΞΕ. Τί δ᾽ αὖ περὶ νόμων καὶ συμπάντων τῶν πολιτικῶν,
ἆρ᾽ οὐχ ὑπισχνοῦνται ποιεῖν ἀμφισβητητικούς;

ΘΕΑΙ. Οὐδεὶς γὰρ ἂν αὐτοῖς ὡς ἔπος εἰπεῖν διελέγετο
μὴ τοῦτο ὑπισχνουμένοις. |

5   ΞΕ. Τά γε μὴν περὶ πασῶν τε καὶ κατὰ μίαν ἑκάστην
τέχνην, ἃ δεῖ πρὸς ἕκαστον αὐτὸν τὸν δημιουργὸν
ἀντειπεῖν, δεδημοσιωμένα που καταβέβληται γεγραμμένα
τῷ βουλομένῳ μαθεῖν.

ΘΕΑΙ. Τὰ Πρωταγόρειά μοι φαίνῃ περί τε πάλης καὶ
e | τῶν ἄλλων τεχνῶν εἰρηκέναι.

ΞΕ. Καὶ πολλῶν γε, ὦ μακάριε, ἑτέρων. ἀτὰρ δὴ τὸ
τῆς ἀντιλογικῆς τέχνης ἆρ᾽ οὐκ ἐν κεφαλαίῳ περὶ πάντων
πρὸς ἀμφισβήτησιν ἱκανή τις δύναμις ἔοικ᾽ εἶναι; |

5   ΘΕΑΙ. Φαίνεται γοῦν δὴ σχεδὸν οὐδὲν ὑπολιπεῖν.

L'Étranger — Et aussi sur toutes celles qui sont visibles sur la terre et dans le ciel et celles qui ont trait à ce genre de choses ?

Théétète — Pourquoi pas ?

L'Étranger — Mais de plus, dans les réunions privées, quand on traite d'un problème concernant la venue à être ou la manière d'être en général de quelque chose, nous voyons, n'est-ce pas, combien ils sont redoutablement habiles à contredire et à rendre les autres habiles à faire de même ?

Théétète — Parfaitement, oui.

L'Étranger — Et au sujet des lois et de toutes les d affaires politiques, est-ce qu'ils ne promettent pas de former aussi des gens capables d'en discuter ?

Théétète — Si, car pour ainsi dire personne ne discuterait avec eux s'ils ne le promettaient pas.

L'Étranger — De fait, au sujet de tous les arts et de chacun en particulier, ce qu'il faut faire pour contredire celui qui le pratique a été, si je ne me trompe, rendu public et consigné par écrit à l'usage de celui qui souhaite l'apprendre.

Théétète — Il me semble que tu fais allusion aux écrits de Protagoras sur la lutte et | sur d'autres arts.   e

L'Étranger — Oui, et à ceux de beaucoup d'autres, mon très cher ! Mais j'y pense, cet art antilogique ne se résume-t-il pas à disposer d'une certaine puissance lui suffisant à soulever une controverse sur tous les sujets ?

Théétète — Il paraît, en tout cas, que presque rien ne lui échappe.

ΞΕ. Σὺ δὴ πρὸς θεῶν, ὦ παῖ, δυνατὸν ἡγῇ τοῦτο; τάχα γὰρ ἂν ὑμεῖς μὲν ὀξύτερον οἱ νέοι πρὸς αὐτὸ βλέποιτε, ἡμεῖς δὲ ἀμβλύτερον. |

233a   ΘΕΑΙ. Τὸ ποῖον, καὶ πρὸς τί μάλιστα λέγεις; οὐ γάρ που κατανοῶ τὸ νῦν ἐρωτώμενον.

ΞΕ. Εἰ πάντα ἐπίστασθαί τινα ἀνθρώπων ἐστὶ δυνατόν.

ΘΕΑΙ. Μακάριον μεντἂν ἡμῶν, ὦ ξένε, ἦν τὸ γένος.|

5   ΞΕ. Πῶς οὖν ἄν ποτέ τις πρός γε τὸν ἐπιστάμενον αὐτὸς ἀνεπιστήμων ὢν δύναιτ’ ἂν ὑγιές τι λέγων ἀντειπεῖν;

ΘΕΑΙ. Οὐδαμῶς.

ΞΕ. Τί ποτ’ οὖν ἂν εἴη τὸ τῆς σοφιστικῆς δυνάμεως θαῦμα; |

10   ΘΕΑΙ. Τοῦ δὴ πέρι; |

b   ΞΕ. Καθ’ ὅντινα τρόπον ποτὲ δυνατοὶ τοῖς νέοις δόξαν παρασκευάζειν ὡς εἰσὶ πάντα πάντων αὐτοὶ σοφώτατοι. δῆλον γὰρ ὡς εἰ μήτε ἀντέλεγον ὀρθῶς μήτε ἐκείνοις ἐφαίνοντο, φαινόμενοί τε εἰ μηδὲν αὖ μᾶλλον ἐδόκουν
5   διὰ τὴν | ἀμφισβήτησιν εἶναι φρόνιμοι, τὸ σὸν δὴ τοῦτο, σχολῇ ποτ’ ἂν αὐτοῖς τις χρήματα διδοὺς ἤθελεν ἂν τούτων αὐτῶν μαθητὴς γίγνεσθαι.

ΘΕΑΙ. Σχολῇ μεντἂν.

ΞΕ. Νῦν δέ γ’ ἐθέλουσιν; |

10   ΘΕΑΙ. Καὶ μάλα. |

L'Étranger — Mais toi, par les dieux, mon enfant, penses-tu cela possible ? Peut-être en effet, que vous, les jeunes, avez sur ce point un regard plus perçant, et nous plus émoussé.

Théétète — Sur quoi ? Et à quoi veux-tu en venir, au **233a** juste ? je ne saisis pas bien ce que tu me demandes.

L'Étranger — S'il est possible à un homme de tout savoir.

Théétète — Bienheureuse, Étranger, serait alors notre espèce.

L'Étranger — Comment donc celui qui ne sait pas pourrait-il jamais, s'il contredit celui qui sait, dire quelque chose de sain ?

Théétète — D'aucune façon.

L'Étranger — À quoi pourrait donc bien tenir l'étonnante puissance de la sophistique ?

Théétète — Étonnante en quoi ?

L'Étranger — En ce que, d'une manière ou d'une **b** autre, ceux qui la possèdent sont capables de faire croire aux jeunes gens qu'ils sont les plus savants sur tous sujets. Car il est évident que s'ils ne contredisaient pas à juste titre et ne leur paraissaient pas le faire, ou que, leur paraissant tels, s'ils ne leur semblaient pas grâce à cette juste contradiction être en plus pleins de bon sens, il serait difficile, comme tu viens de le dire, d'imaginer que quiconque consente à leur donner de l'argent pour apprendre d'eux les choses en question.

Théétète — Difficile, assurément.

L'Étranger — Et de fait, ils y consentent ?

Théétète — Certes oui.

c   ΞΕ. Δοκοῦσι γὰρ οἶμαι πρὸς ταῦτα ἐπιστημόνως ἔχειν αὐτοὶ πρὸς ἅπερ ἀντιλέγουσιν.

ΘΕΑΙ. Πῶς γὰρ οὔ;

ΞΕ. Δρῶσι δέ γε τοῦτο πρὸς ἅπαντα, φαμέν; |

5   ΘΕΑΙ. Ναί.

ΞΕ. Πάντα ἄρα σοφοὶ τοῖς μαθηταῖς φαίνονται.

ΘΕΑΙ. Τί μήν;

ΞΕ. Οὐκ ὄντες γε· ἀδύνατον γὰρ τοῦτό γε ἐφάνη.

ΘΕΑΙ. Πῶς γὰρ οὐκ ἀδύνατον; |

10   ΞΕ. Δοξαστικὴν ἄρα τινὰ περὶ πάντων ἐπιστήμην ὁ σοφιστὴς ἡμῖν ἀλλ᾽ οὐκ ἀλήθειαν ἔχων ἀναπέφανται. |

d   ΘΕΑΙ. Παντάπασι μὲν οὖν, καὶ κινδυνεύει γε τὸ νῦν εἰρημένον ὀρθότατα περὶ αὐτῶν εἰρῆσθαι.

ΞΕ. Λάβωμεν τοίνυν σαφέστερόν τι παράδειγμα περὶ τούτων. |

5   ΘΕΑΙ. Τὸ ποῖον δή;

ΞΕ. Τόδε. καί μοι πειρῶ προσέχων τὸν νοῦν εὖ μάλα ἀποκρίνασθαι.

ΘΕΑΙ. Τὸ ποῖον;

ΞΕ. Εἴ τις φαίη μὴ λέγειν μηδ᾽ ἀντιλέγειν, ἀλλὰ ποιεῖν
10 | καὶ δρᾶν μιᾷ τέχνῃ συνάπαντα ἐπίστασθαι πράγματα – |

e   ΘΕΑΙ. Πῶς πάντα εἶπες;

L'Étranger — Sans doute parce qu'ils leur semblent c avoir eux-mêmes le savoir des sujets sur lesquels ils contredisent.

Théétète — Comment n'en serait-il pas ainsi ?

L'Étranger — Or ils le font, disons-nous, sur tout ?

Théétète — Oui.

L'Étranger — Ils paraissent donc à leurs élèves être savants en tout ?

Théétète — Hé oui !

L'Étranger — Sans l'être en fait, puisque cela nous est apparu impossible.

Théétète — Comment cela ne serait-il pas en effet impossible ?

L'Étranger — C'est donc une sorte de savoir doxastique sur toutes choses que le sophiste s'est révélé posséder, mais la vérité, il ne la détient pas.

Théétète — Cela, c'est absolument sûr, et ce qui vient d d'être dit risque fort d'être ce qu'il y a de plus correct à dire à leur sujet.

L'Étranger — Prenons donc, à leur propos, un exemple qui rendra la chose encore plus claire.

Théétète — Lequel ?

L'Étranger — Celui-ci. Et essaie de me prêter toute ton attention quand il te faudra me répondre

Théétète — À quoi ?

L'Étranger — Quiconque affirme non pas qu'il sait dire et contredire, mais produire et faire grâce à un seul art toutes choses...

Théétète — Qu'entends-tu par « toutes choses » ?   e

ΞΕ. Τὴν ἀρχὴν τοῦ ῥηθέντος σύ γ᾽ ἡμῖν εὐθὺς ἀγνοεῖς· τὰ γὰρ σύμπαντα, ὡς ἔοικας, οὐ μανθάνεις.

ΘΕΑΙ. Οὐ γὰρ οὖν. |

5 ΞΕ. Λέγω τοίνυν σὲ καὶ ἐμὲ τῶν πάντων καὶ πρὸς ἡμῖν τἆλλα ζῷα καὶ δένδρα.

ΘΕΑΙ. Πῶς λέγεις;

ΞΕ. Εἴ τις ἐμὲ καὶ σὲ καὶ τἆλλα φυτὰ πάντα ποιήσειν φαίη. |

234a ΘΕΑΙ. Τίνα δὴ λέγων τὴν ποίησιν; οὐ γὰρ δὴ γεωργόν γε ἐρεῖς τινα· καὶ γὰρ ζῴων αὐτὸν εἶπες ποιητήν.

ΞΕ. Φημί, καὶ πρός γε θαλάττης καὶ γῆς καὶ οὐρανοῦ καὶ θεῶν καὶ τῶν ἄλλων συμπάντων· καὶ τοίνυν καὶ 5 ταχὺ ποιή|σας αὐτῶν ἕκαστα πάνυ σμικροῦ νομίσματος ἀποδίδοται.

ΘΕΑΙ. Παιδιὰν λέγεις τινά.

ΞΕ. Τί δέ; τὴν τοῦ λέγοντος ὅτι πάντα οἶδε καὶ ταῦτα ἕτερον ἂν διδάξειεν ὀλίγου καὶ ἐν ὀλίγῳ χρόνῳ, μῶν οὐ παιδιὰν νομιστέον; |

10 ΘΕΑΙ. Πάντως που. |

b ΞΕ. Παιδιᾶς δὲ ἔχεις ἤ τι τεχνικώτερον ἢ καὶ χαριέστερον εἶδος ἢ τὸ μιμητικόν;

ΘΕΑΙ. Οὐδαμῶς· πάμπολυ γὰρ εἴρηκας εἶδος εἰς ἓν πάντα συλλαβὼν καὶ σχεδὸν ποικιλώτατον. |

L'Étranger — Ah! c'est le principe de notre exposé qui, tout de suite, t'échappe puisque tu ne comprends pas, il semble, mon « toutes choses ».

Théétète — Non, en effet.

L'Étranger — Or je veux dire que toi et moi en faisons partie, de ce « toutes choses », et outre nous, toutes les créatures vivantes et les arbres.

Théétète — Mais de quoi parles-tu?

L'Étranger — Je dis que quiconque prétendrait produire, et toi, et moi, et tout ce qui pousse…

Théétète — Mais enfin, de quelle « production » **234a** parles-tu? Car ce n'est certainement pas de quelque cultivateur que tu parles, puisque tu dis que c'est aussi un producteur de créatures vivantes.

L'Étranger — Oui, et ajoute à cela la mer, le ciel, les dieux et tout le reste; et qui plus est, une fois qu'il a produit tout cela en vitesse, il met chacune de ses productions en vente pour fort peu d'argent.

Théétète — C'est d'un jeu que tu parles.

L'Étranger — Eh bien, si quelqu'un nous dit tout savoir et pouvoir tout enseigner à un autre pour peu d'argent et en peu de temps, ne faut-il pas penser qu'il se livre à un jeu?

Théétète — Il le faut certainement, à mon avis.

L'Étranger — Or connais-tu une espèce de jeu qui **b** réclame plus d'art et possède plus de charme que l'art mimétique?

Théétète — Aucune, non. Tu viens en effet, en la rassemblant tout entière en une unité, de parler d'une espèce très nombreuse, presque la plus bariolée qui soit.

5 ΞΕ. Οὐκοῦν τόν γ᾽ ὑπισχνούμενον δυνατὸν εἶναι
μιᾷ τέχνῃ πάντα ποιεῖν γιγνώσκομέν που τοῦτο, ὅτι
μιμήματα καὶ ὁμώνυμα τῶν ὄντων ἀπεργαζόμενος τῇ
γραφικῇ τέχνῃ δυνατὸς ἔσται τοὺς ἀνοήτους τῶν νέων
παίδων, πόρρωθεν τὰ γεγραμμένα ἐπιδεικνύς, λανθάνειν
10 ὡς ὅτιπερ ἂν βουληθῇ | δρᾶν, τοῦτο ἱκανώτατος ὢν
ἀποτελεῖν ἔργῳ. |

c   ΘΕΑΙ. Πῶς γὰρ οὔ;

ΞΕ. Τί δὲ δή; περὶ τοὺς λόγους ἆρ᾽ οὐ προσδοκῶμεν
εἶναί τινα ἄλλην τέχνην, ᾗ οὐ δυνατὸν αὖ τυγχάνειν[1]
τοὺς νέους καὶ ἔτι πόρρω τῶν πραγμάτων τῆς ἀληθείας
5 | ἀφεστῶτας διὰ τῶν ὤτων τοῖς λόγοις γοητεύειν,
δεικνύντας εἴδωλα λεγόμενα περὶ πάντων, ὥστε ποιεῖν
ἀληθῆ δοκεῖν λέγεσθαι καὶ τὸν λέγοντα δὴ σοφώτατον
πάντων ἅπαντ᾽ εἶναι; |

d   ΘΕΑΙ. Τί γὰρ οὐκ ἂν εἴη ἄλλη τις τοιαύτη τέχνη;

ΞΕ. Τοὺς πολλοὺς οὖν, ὦ Θεαίτητε, τῶν τότε
ἀκουόντων ἆρ᾽ οὐκ ἀνάγκη χρόνου τε ἐπελθόντος αὐτοῖς
ἱκανοῦ καὶ προϊούσης ἡλικίας τοῖς τε οὖσι προσπίπτοντας
5 ἐγγύθεν καὶ | διὰ παθημάτων ἀναγκαζομένους ἐναργῶς
ἐφάπτεσθαι τῶν ὄντων, μεταβάλλειν τὰς τότε γενομένας
δόξας, ὥστε σμικρὰ μὲν φαίνεσθαι τὰ μεγάλα, χαλεπὰ
e   δὲ τὰ ῥᾴδια, καὶ πάντα | πάντῃ ἀνατετράφθαι τὰ ἐν τοῖς
λόγοις φαντάσματα ὑπὸ τῶν ἐν ταῖς πράξεσιν ἔργων
παραγενομένων;

1. c3 ᾗ B Cordero : ἢ W : ᾗ T : ᾗ Ficin (quâ) Schleiermacher
Campbell Burnet Diès Robinson / οὐ δυνατὸν αὖ BTYW Cordero :
αὖ δυνατὸν <ὂν> [αὖ] Burnet : <τι> οὐ δυνατὸν αὖ Diès :
Schleiermacher Campbell Robinson : που δυνατὸν αὖ Diès / τυγχάνειν
BTYW Campbell Cordero : τυγχάνει Heindorf Diès Robinson.

L'Étranger — Donc, cet homme qui promet et se vante d'être capable de tout produire grâce à un seul art, nous savons, j'imagine, que ce sont des imitations et des homonymes des êtres qu'il façonne ; grâce à son art graphique, il sera capable, en montrant ses dessins de loin à ceux des jeunes enfants qui sont le plus dénués d'intelligence, de leur donner l'illusion qu'il est parfaitement capable d'accomplir en réalité tout ce qu'il souhaite faire.

Théétète — Comment n'en serait-il pas capable ?   c

L'Étranger — Alors, ne faut-il pas nous attendre à ce qu'il existe une autre technique, cette fois en matière de discours ? ou n'est-il pas possible qu'il arrive aussi d'ensorceler[X], au moyen de paroles déversées dans leurs oreilles, des jeunes gens qu'une bonne distance sépare encore de la vérité des choses, en leur montrant des images parlées de toutes choses, de manière à faire que ce qui est dit leur semble vrai et que celui qui le dit est, sur toutes choses, le plus savant des hommes ?

Théétète — Pourquoi, en effet, n'existerait-il pas une d autre technique de cette sorte ?

L'Étranger — Mais, Théétète, une fois écoulé un temps suffisant, n'est-il donc pas inévitable que, du fait de leur avancement en âge, la plupart de ceux qui alors leur prêtaient l'oreille se rapprochent des réalités et que, se heurtant à leur évidente brutalité, ils se voient contraints de changer leurs opinions d'autrefois, au point de trouver petit ce qu'ils trouvaient grand et difficile ce qui leur semblait facile, si bien que | toutes les apparences e véhiculées dans les discours se trouvent complètement et partout renversées sous la pression des faits dont leurs actions font l'expérience ?

ΘΕΑΙ. Ὡς γοῦν ἐμοὶ τηλικῷδε ὄντι κρῖναι. οἶμαι δὲ καὶ ἐμὲ τῶν ἔτι πόρρωθεν ἀφεστηκότων εἶναι. |

5   ΞΕ. Τοιγαροῦν ἡμεῖς σε οἵδε πάντες πειρασόμεθα καὶ νῦν πειρώμεθα ὡς ἐγγύτατα ἄνευ τῶν παθημάτων προσάγειν. περὶ δ᾽ οὖν τοῦ σοφιστοῦ τόδε μοι λέγε·
235a πότερον ἤδη τοῦτο | σαφές, ὅτι τῶν γοήτων ἐστί τις, μιμητὴς ὢν τῶν ὄντων, ἢ διστάζομεν ἔτι μὴ περὶ ὅσωνπερ ἀντιλέγειν δοκεῖ δυνατὸς εἶναι, περὶ τοσούτων καὶ τὰς ἐπιστήμας ἀληθῶς ἔχων τυγχάνει; |

5   ΘΕΑΙ. Καὶ πῶς ἄν, ὦ ξένε; ἀλλὰ σχεδὸν ἤδη σαφὲς ἐκ τῶν εἰρημένων, ὅτι τῶν τῆς παιδιᾶς μετεχόντων ἐστί τις μερῶν.

ΞΕ. Εἰς γόητα[1]. μὲν δὴ καὶ μιμητὴν ἄρα θετέον αὐτόν τινα.

ΘΕΑΙ. Πῶς γὰρ οὐ θετέον; |

10   ΞΕ. Ἄγε δή, νῦν ἡμέτερον ἔργον ἤδη τὸν θῆρα
b μηκέτ᾽ | ἀνεῖναι· σχεδὸν γὰρ αὐτὸν περιειλήφαμεν ἐν ἀμφιβληστρικῷ τινι τῶν ἐν τοῖς λόγοις περὶ τὰ τοιαῦτα ὀργάνων, ὥστε οὐκέτ᾽ ἐκφεύξεται τόδε γε.

ΘΕΑΙ. Τὸ ποῖον; |

5   ΞΕ. Τὸ μὴ οὐ τοῦ γένους εἶναι τοῦ τῶν θαυματοποιῶν τις εἷς.

ΘΕΑΙ. Κἀμοὶ τοῦτό γε οὕτω περὶ αὐτοῦ συνδοκεῖ.

---

1. a6-7 ΘΕΑΙ. τις μερῶν. — ΞΕ. Εἰς γόητα amend. Campbell : ΞΕ. τις μερῶν· εἰς γόητα ΤΥ : τις μερῶν εἰς γόητα Β : ΘΕΑΙ τις †μερῶν† Burnet : [μερῶν] Diès : μυριων Apelt Robinson : μερῶν εἷς Burnet Diès Cordero Robinson — ΞΕ. Γόητα.

Théétète — Oui, du moins autant qu'on peut en juger à mon âge. Car je pense que moi aussi, je suis encore loin de ces réalités.

L'Étranger — Voilà pourquoi, nous tous ici présents, nous nous efforcerons et nous efforçons dès maintenant de t'en rapprocher le plus possible, sans que tu fasses ce genre d'expériences. Mais pour en revenir au sophiste, dis-moi ceci : est-il désormais clair | pour toi qu'il est **235a** une espèce de magicien, dans la mesure où ces réalités, il ne fait que les imiter ? ou doutons-nous encore qu'il ne puisse pas vraiment posséder le savoir de tous les sujets sur lesquels il semble capable de contredire ?

Théétète — Comment, Étranger, ne pas en douter ? D'après ce que nous avons dit, il est désormais assez clair que celui-ci se situe dans des parties qui participent à ce qui est de l'ordre d'un jeu[XI].

L'Étranger — C'est donc pour un magicien et un imitateur qu'il faut le poser.

Théétète — Sans aucun doute.

L'Étranger — Alors, en avant. Affaire à nous maintenant de ne plus laisser cet animal nous échapper plus longtemps, | puisque le voici désormais assez bien **b** enveloppé par les instruments que les discussions nous fournissent dans cette sorte de cas, de sorte qu'il ne pourra plus échapper à ce filet-là.

Théétète — Lequel exactement ?

L'Étranger — Celui d'avoir à se ranger dans le genre des montreurs de phénomènes extraordinaires[1].

Théétète — Sur ce point, je suis à son sujet du même avis que toi.

1. *Cf.* 224a.

ΞΕ. Δέδοκται τοίνυν ὅτι τάχιστα διαιρεῖν τὴν
εἰδωλοποιικὴν τέχνην, καὶ καταβάντας εἰς αὐτήν, ἐὰν
10 μὲν ἡμᾶς εὐθὺς | ὁ σοφιστὴς ὑπομείνῃ, συλλαβεῖν
c αὐτὸν κατὰ τὰ ἐπεσταλμένα | ὑπὸ τοῦ βασιλικοῦ λόγου,
κἀκείνῳ παραδόντας ἀποφῆναι τὴν ἄγραν· ἐὰν δ᾽ ἄρα
κατὰ μέρη τῆς μιμητικῆς δύηταί πῃ, συνακολουθεῖν αὐτῷ
διαιροῦντας ἀεὶ τὴν ὑποδεχομένην αὐτὸν μοῖραν, ἔωσπερ
5 ἂν ληφθῇ. πάντως οὔτε οὗτος οὔτε ἄλλο | γένος οὐδὲν
μή ποτε ἐκφυγὸν ἐπεύξηται τὴν τῶν οὕτω δυναμένων
μετιέναι καθ᾽ ἕκαστά τε καὶ ἐπὶ πάντα μέθοδον.

ΘΕΑΙ. Λέγεις εὖ, καὶ ταῦτα ταύτῃ ποιητέον.

ΞΕ. Κατὰ δὴ τὸν παρεληλυθότα τρόπον τῆς
d διαιρέσεως | ἔγωγέ μοι καὶ νῦν φαίνομαι δύο καθορᾶν
εἴδη τῆς μιμητικῆς· τὴν δὲ ζητουμένην ἰδέαν, ἐν ὁποτέρῳ
ποθ᾽ ἡμῖν οὖσα τυγχάνει, καταμαθεῖν οὐδέπω μοι δοκῶ
νῦν δυνατὸς εἶναι.

ΘΕΑΙ. Σὺ δ᾽ ἀλλ᾽ εἰπὲ πρῶτον καὶ δίελε ἡμῖν τίνε τὼ
5 | δύο λέγεις

ΞΕ. Μίαν μὲν τὴν εἰκαστικὴν ὁρῶν ἐν αὐτῇ τέχνην.
ἔστι δ᾽ αὕτη μάλιστα ὁπόταν κατὰ τὰς τοῦ παραδείγματος
συμμετρίας τις ἐν μήκει καὶ πλάτει καὶ βάθει, καὶ πρὸς
e | τούτοις ἔτι χρώματα ἀποδιδοὺς τὰ προσήκοντα
ἑκάστοις, τὴν τοῦ μιμήματος γένεσιν ἀπεργάζηται.

L'Étranger — Il est donc prouvé qu'il nous faut diviser au plus vite l'art de produire des images, et que, si descendus dans ses profondeurs nous tombons aussitôt sur le sophiste qui nous y attend de pied ferme, nous devons nous en saisir aussitôt conformément à l'édit royal de la raison[1], et le lui livrer et lui montrer | notre proie ; **c** mais s'il réussit à s'enfoncer dans quelqu'une des parties de l'art mimétique, nous le poursuivrons en divisant chaque fois la partie qui lui donne asile, jusqu'à ce qu'il soit pris. Dans tous les cas, ni lui ni aucun autre genre ne pourra jamais se vanter d'avoir échappé à des chasseurs capables de mener ainsi leur poursuite, en suivant aussi bien chaque piste séparément qu'en les suivant toutes.

Théétète — Bien dit ! il faut faire ce que tu dis, de la façon que tu dis.

L'Étranger — Si nous continuons à diviser comme nous l'avons fait précédemment, | il me semble apercevoir **d** dès maintenant deux espèces de mimétique ; mais quant à dire dans laquelle des deux peut bien se trouver l'aspect essentiel que nous recherchons, je ne me semble pas encore capable de le savoir.

Théétète — Mais à toi de dire d'abord quelles sont ces deux espèces, et de les diviser pour nous.

L'Étranger — Dans l'une, je vois un art eikastique. Celui-ci intervient principalement lorsque l'on donne naissance à une imitation en respectant les proportions du modèle, qu'il s'agisse de sa longueur, de sa largeur, de sa profondeur, et en donnant en plus | à chaque partie les **e** couleurs qui conviennent.

---

1. Du grand Roi (de Perse), ou de l'Archonte Roi, ou du logos ?

ΘΕΑΙ. Τί δ'; οὐ πάντες οἱ μιμούμενοί τι τοῦτ᾽ ἐπιχειροῦσι δρᾶν; |

5   ΞΕ. Οὔκουν ὅσοι γε τῶν μεγάλων πού τι πλάττουσιν ἔργων ἢ γράφουσιν. εἰ γὰρ ἀποδιδοῖεν τὴν τῶν καλῶν ἀληθινὴν συμμετρίαν, οἶσθ᾽ ὅτι σμικρότερα μὲν τοῦ

236a δέοντος | τὰ ἄνω, μείζω δὲ τὰ κάτω φαίνοιτ᾽ ἂν διὰ τὸ τὰ μὲν πόρρωθεν, τὰ δ᾽ ἐγγύθεν ὑφ᾽ ἡμῶν ὁρᾶσθαι.

ΘΕΑΙ. Πάνυ μὲν οὖν.

ΞΕ. Ἆρ᾽ οὖν οὐ χαίρειν τὸ ἀληθὲς ἐάσαντες οἱ
5 δημιουργοὶ | νῦν οὐ τὰς οὔσας συμμετρίας ἀλλὰ τὰς δοξούσας εἶναι καλὰς τοῖς εἰδώλοις ἐναπεργάζονται;

ΘΕΑΙ. Παντάπασί γε.

ΞΕ. Τὸ μὲν ἄρα ἕτερον οὐ δίκαιον, εἰκός γε ὄν, εἰκόνα καλεῖν; |

10 ΘΕΑΙ. Ναί. |

b   ΞΕ. Καὶ τῆς γε μιμητικῆς τὸ ἐπὶ τούτῳ μέρος κλητέον ὅπερ εἴπομεν ἐν τῷ πρόσθεν, εἰκαστικήν;

ΘΕΑΙ. Κλητέον.

ΞΕ. Τί δέ; τὸ φαινόμενον μὲν διὰ τὴν οὐκ ἐκ καλοῦ
5 | θέαν ἐοικέναι τῷ καλῷ, δύναμιν δὲ εἴ τις λάβοι τὰ τηλικαῦτα ἱκανῶς ὁρᾶν, μηδ᾽ εἰκὸς ᾧ φησιν ἐοικέναι, τί καλοῦμεν; ἆρ᾽ οὐκ, ἐπείπερ φαίνεται μέν, ἔοικε δὲ οὔ, φάντασμα;

ΘΕΑΙ. Τί μήν;

Théétète — Mais quoi, est-ce que tous ceux qui imitent quelque chose n'essaient pas d'en faire autant ?

L'Étranger — En tout cas, pas ceux du moins qui sculptent ou peignent une œuvre de grande taille. Car s'ils reproduisaient la véritable proportion propre à de beaux modèles, tu sais bien que les parties supérieures nous paraîtraient trop petites | et les inférieures trop **236a** grandes, parce que nous voyons les premières de loin tandis que les secondes sont vues de près.

Théétète — Parfaitement.

L'Étranger — Est-ce que les artistes n'envoient pas alors promener le vrai, et, à la place des proportions réelles, façonnent leurs images en leur donnant des proportions qui semblent être belles ?

Théétète — Parfaitement.

L'Étranger — Alors, l'autre, l'œuvre qui est vraisemblable, n'est-il pas juste de la nommer « semblant » ?

Théétète — Si.

L'Étranger — Et la partie de la mimétique qui s'en **b** occupe, ne faut-il pas lui donner le nom que nous lui avons donné tout à l'heure, d'art de ressembler ou « eikastique »

Théétète — Appelons-la ainsi.

L'Étranger — Mais comment appeler ensuite celle qui paraît ressembler à son beau modèle parce qu'elle est regardée par des spectateurs d'un point de vue qui n'est pas le bon, mais qui, si l'on a la possibilité de voir assez d'œuvres de cette taille, n'a rien de semblable à ce à quoi elle prétend ressembler ? Est-ce que ce qui paraît ainsi mais ne ressemble pas n'est pas qu'une apparence ?

Théétète — Certainement.

ΞΕ. Οὐκοῦν πάμπολυ καὶ κατὰ τὴν ζωγραφίαν τοῦτο
c τὸ | μέρος ἐστὶ καὶ κατὰ σύμπασαν μιμητικήν;

ΘΕΑΙ. Πῶς δ᾽ οὔ;

ΞΕ. Τὴν δὴ φάντασμα ἀλλ᾽ οὐκ εἰκόνα
ἀπεργαζομένην τέχνην ἆρ᾽ οὐ φανταστικὴν ὀρθότατ᾽ ἂν
προσαγορεύοιμεν; |

5 ΘΕΑΙ. Πολύ γε.

ΞΕ. Τούτω τοίνυν τὼ δύο ἔλεγον εἴδη τῆς
εἰδωλοποιικῆς, εἰκαστικὴν καὶ φανταστικήν.

ΘΕΑΙ. Ὀρθῶς.

ΞΕ. Ὃ δέ γε καὶ τότ᾽ ἠμφεγνόουν, <ἐν> ποτέρᾳ τὸν
10 | σοφιστὴν θετέον, οὐδὲ νῦν πω δύναμαι θεάσασθαι
d σαφῶς, | ἀλλ᾽ ὄντως θαυμαστὸς ἀνὴρ καὶ κατιδεῖν
παγχάλεπος, ἐπεὶ καὶ νῦν μάλα εὖ καὶ κομψῶς εἰς ἄπορον
εἶδος διερευνήσασθαι καταπέφευγεν.

ΘΕΑΙ. Ἔοικεν. |

5 ΞΕ. Ἆρ᾽ οὖν αὐτὸ γιγνώσκων σύμφης, ἤ σε οἷον ῥύμη
τις ὑπὸ τοῦ λόγου συνειθισμένον συνεπεσπάσατο πρὸς
τὸ ταχὺ συμφῆσαι;

ΘΕΑΙ. Πῶς καὶ πρὸς τί τοῦτο εἴρηκας;

L'Étranger — Or, n'est-ce pas là une partie très largement répandue | de la peinture et de la mimétique c dans son ensemble ?

Théétète — Sans aucun doute.

L'Étranger — Mais, l'art qui façonne une apparence et non pas un semblant, ne devons-nous pas l'appeler très correctement « phantastique » ?

Théétète — On ne peut plus correct.

L'Étranger — Voilà donc les deux espèces d'eidôlopoïque dont nous parlions : l'art eikastique et l'art phantastique [1].

Théétète — Correct.

L'Étranger — Quant au problème, qui me laissait indécis [2], savoir dans lequel de ces deux arts placer le sophiste, je suis à présent encore incapable d'y voir clair. | C'est vraiment un prodige que cet homme, tant il est d difficile de le percer à jour, puisque même encore il s'est bel et bien adroitement réfugié dans une espèce qui, pour celui qui tente de le découvrir, est une impasse.

Théétète — Il semble.

L'Étranger — Mais est-ce en connaissance de cause que tu es d'accord avec moi, ou est-ce parce que le courant de l'argumentation t'emporte et que tu as l'habitude de te presser d'approuver ?

Théétète — Comment et pourquoi poses-tu cette question ?

---

1. De « production d'images » (*eidôla*). « Eikastique », formé sur le verbe *eikô* : « ressembler » ; *eikôs* : « semblable, convenable, vraisemblable ». « Phantastique » formé sur le verbe *phantazomai* : apparaître « d'ordinaire en parlant de formes changeantes et fugitives, de visions ou de phénomènes extraordinaires » (Dictionnaire grec-français Bailly).

2. Voir 235d.

ΞΕ. Ὄντως, ὦ μακάριε, ἐσμὲν ἐν παντάπασι χαλεπῇ
e | σκέψει. τὸ γὰρ φαίνεσθαι τοῦτο καὶ τὸ δοκεῖν, εἶναι δὲ
μή, καὶ τὸ λέγειν μὲν ἄττα, ἀληθῆ δὲ μή, πάντα ταῦτά ἐστι
μεστὰ ἀπορίας ἀεὶ ἐν τῷ πρόσθεν χρόνῳ καὶ νῦν. ὅπως
γὰρ εἰπόντα χρὴ ψευδῆ λέγειν ἢ δοξάζειν ὄντως εἶναι,
5 καὶ τοῦτο | φθεγξάμενον ἐναντιολογίᾳ μὴ συνέχεσθαι,
237a παντάπασιν, ὦ | Θεαίτητε, χαλεπόν.

ΘΕΑΙ. Τί δή;

ΞΕ. Τετόλμηκεν ὁ λόγος οὗτος ὑποθέσθαι τὸ μὴ ὂν
εἶναι· ψεῦδος γὰρ οὐκ ἂν ἄλλως ἐγίγνετο ὄν. Παρμενίδης
5 | δὲ ὁ μέγας, ὦ παῖ, παισὶν ἡμῖν οὖσιν ἀρχόμενός τε καὶ
διὰ τέλους τοῦτο ἀπεμαρτύρατο, πεζῇ τε ὧδε ἑκάστοτε
λέγων καὶ μετὰ μέτρων –

Οὐ γὰρ μή ποτε τοῦτο δαμῇ, φησίν, εἶναι μὴ ἐόντα·
ἀλλὰ σὺ τῆσδ᾽ ἀφ᾽ ὁδοῦ διζήμενος εἶργε νόημα |

b παρ᾽ ἐκείνου τε οὖν μαρτυρεῖται, καὶ μάλιστά γε δὴ
πάντων ὁ λόγος αὐτὸς ἂν δηλώσειε μέτρια βασανισθείς.
τοῦτο οὖν αὐτὸ πρῶτον θεασώμεθα, εἰ μή τί σοι διαφέρει.

ΘΕΑΙ. Τὸ μὲν ἐμὸν ὅπῃ βούλει τίθεσο, τὸν δὲ λόγον
5 | ᾗ βέλτιστα διέξεισι σκοπῶν αὐτός τε ἴθι κἀμὲ κατὰ
ταύτην τὴν ὁδὸν ἄγε.

ΞΕ. Ἀλλὰ χρὴ δρᾶν ταῦτα. καί μοι λέγε· τὸ μηδαμῶς
ὂν τολμῶμέν που φθέγγεσθαι;

L'Étranger — C'est que réellement, mon très cher, nous voici engagés dans un examen extrêmement | difficile. Car paraître et sembler sans être, dire des **e** choses, mais qui ne sont pas vraies, tout cela est chaque fois cause de multiples impasses, autrefois comme aujourd'hui. Comment en effet réussir à formuler que cela doit exister réellement, dire des choses fausses et avoir des opinions fausses, sans se retrouver empêtré dans une contradiction[XII] du fait même de le proférer : c'est là, Théétète, une question extrêmement | difficile.   **237a**

Théétète — Pourquoi donc ?

L'Étranger — Parce que cette affirmation a l'audace de supposer que ce qui n'est pas est; autrement, impossible que du faux vienne à exister. Or c'est le grand Parménide, mon enfant, qui n'a jamais cessé d'en donner témoignage en prose ou en vers, à nous qui étions alors des enfants, chaque fois qu'il disait :

> *Car jamais ceci ne sera dompté : que des non-étants sont ;*
> *Toi qui cherche, détourne ta pensée de cette voie*[1].

C'est donc de lui que nous vient ce témoignage, mais **b** c'est le discours lui-même qui, plus que n'importe quoi, le montrera, une fois mis avec mesure à la question. Aussi est-ce cela qu'il nous faut considérer tout d'abord, à moins que tu n'aies un autre avis.

Théétète — En ce qui me concerne, fais comme tu veux, et quant à la meilleure manière d'examiner ce discours, vois toi-même la route à prendre, et conduis-moi.

L'Étranger — Eh bien, c'est cela qu'il faut faire. Alors dis-moi : « ce qui n'est absolument pas », nous avons bien l'audace de le proférer ?

1. Parménide, fr. VII, 1-2.

ΘΕΑΙ. Πῶς γὰρ οὔ; |

10   ΞΕ. Μὴ τοίνυν ἔριδος ἕνεκα μηδὲ παιδιᾶς, ἀλλ᾽ εἰ
c σπουδῇ | δέοι συννοήσαντά τινα ἀποκρίνασθαι τῶν
ἀκροατῶν ποῖ χρὴ τοὔνομ᾽ ἐπιφέρειν τοῦτο, τὸ μὴ ὄν, τί
δοκοῦμεν ἂν εἰς τί καὶ ἐπὶ ποῖον αὐτόν τε καταχρήσασθαι
καὶ τῷ πυνθανομένῳ δεικνύναι; |

5   ΘΕΑΙ. Χαλεπὸν ἤρου καὶ σχεδὸν εἰπεῖν οἵῳ γε ἐμοὶ
παντάπασιν ἄπορον.

ΞΕ. Ἀλλ᾽ οὖν τοῦτό γε δῆλον, ὅτι τῶν ὄντων ἐπί[1] τὸ
μὴ ὂν οὐκ οἰστέον.

ΘΕΑΙ. Πῶς γὰρ ἄν; |

10   ΞΕ. Οὐκοῦν ἐπείπερ οὐκ ἐπὶ τὸ ὄν, οὐδ᾽ ἐπὶ τὸ τὶ
φέρων ὀρθῶς ἄν τις φέροι.

ΘΕΑΙ. Πῶς δή; |

d   ΞΕ. Καὶ τοῦτο ἡμῖν που φανερόν, ὡς καὶ τὸ "τὶ" τοῦτο
[ῥῆμα] ἐπ᾽ ὄντι λέγομεν ἑκάστοτε· μόνον γὰρ αὐτὸ
λέγειν, ὥσπερ γυμνὸν καὶ ἀπηρημωμένον ἀπὸ τῶν ὄντων
ἁπάντων, ἀδύνατον· ἦ γάρ; |

5   ΘΕΑΙ. Ἀδύνατον.

ΞΕ. Ἆρα τῇδε σκοπῶν σύμφῃς, ὡς ἀνάγκη τόν τι
λέγοντα ἕν γέ τι λέγειν;

ΘΕΑΙ. Οὕτως.

---

1. c7 ἐπί BTYW Cordero : ἐπί <τι> add. corr. Par. 1808 Burnet
Campbell Robinson : Diès ἐπί τι.

Théétète — Comment ne pas l'avoir ?

L'Étranger — Bon, supposons que | l'un de ceux qui c
écoutent doive répondre à cette question : « où rapporter
ce nom, le non-étant ? » – et qu'il ne le fasse pas juste
pour intervenir dans le débat ou prendre part à un jeu
mais en ayant sérieusement réfléchi : que pensons-nous
qu'il aura à dire ? En visant quoi et en l'appliquant à
quelle sorte de chose nous semble-t-il qu'il userait de ce
mot ? et que montrerait-il à celui qui s'en informerait ?

Théétète — Ce que tu demandes est difficile à dire,
et même presque totalement impossible pour quelqu'un
comme moi.

L'Étranger — En tout cas, ceci au moins est évident :
ce n'est pas vers des étants qu'il faut porter ce qui n'est
pas. XIII

Théétète — Comment pourrait-on ne pas l'affirmer ?

L'Étranger — Or, si on ne peut le rapporter à ce qui
est, on ne peut pas non plus le rapporter correctement à
quelque chose

Théétète — Pourquoi donc ?

L'Étranger — Il est certainement clair pour nous, d
j'imagine, que chaque fois que nous employons cette
expression, « quelque chose », nous la disons d'une chose
qui est : la dire toute seule, comme nue et distinguée de
toutes les choses qui sont, est impossible, n'est-ce pas ?

Théétète — Impossible.

L'Étranger — Est-ce en examinant la question sous
cet angle que tu dis comme moi que celui qui dit quelque
chose le dit forcément d'*une* chose ?

Théétète — Oui.

ΞΕ. Ἑνὸς γὰρ δὴ τό γε <τὶ> φήσεις σημεῖον εἶναι, τὸ
10 | δὲ "τινὲ" δυοῖν, τὸ δὲ "τινὲς" πολλῶν.

ΘΕΑΙ. Πῶς γὰρ οὔ; |

e   ΞΕ. Τὸν δὲ δὴ μὴ τὶ λέγοντα ἀναγκαιότατον, ὡς ἔοικε,
παντάπασι μηδὲν λέγειν.

ΘΕΑΙ. Ἀναγκαιότατον μὲν οὖν.

ΞΕ. Ἆρ' οὖν οὐδὲ τοῦτο συγχωρητέον, τὸ τὸν
5 τοιοῦτον | λέγειν μέν τι[1], λέγειν μέντοι μηδέν, ἀλλ' οὐδὲ
λέγειν φατέον, ὅς γ' ἂν ἐπιχειρῇ μὴ ὂν φθέγγεσθαι;

ΘΕΑΙ. Τέλος γοῦν ἂν ἀπορίας ὁ λόγος ἔχοι. |

238a   ΞΕ. "Μήπω μέγ' εἴπῃς"· ἔτι γάρ, ὦ μακάριε, ἔστι, καὶ
ταῦτά γε τῶν ἀποριῶν ἡ μεγίστη καὶ πρώτη. περὶ γὰρ
αὐτὴν αὐτοῦ τὴν ἀρχὴν οὖσα τυγχάνει.

ΘΕΑΙ. Πῶς φής; λέγε καὶ μηδὲν ἀποκνήσῃς. |

5   ΞΕ. Τῷ μὲν ὄντι που προσγένοιτ' ἄν τι τῶν ὄντων
ἕτερον.

ΘΕΑΙ. Πῶς γὰρ οὔ;

---

1. e5 τι BTYW Cordero : [τι] Burnet Campbell Diès Robinson :
secl. Schleiermacher.

L'Étranger — Parce que, diras-tu, ce « quelque » est un signe vocal qui veut dire « une », tandis que « quelques » peut vouloir dire « l'une et l'autre » ou « plusieurs ».

Théétète — Comment pourrais-je ne pas le dire ?

L'Étranger — Donc, inévitablement, à ce qu'il semble, celui qui ne dit pas quelque chose ne dit absolument rien du tout. **e**

Théétète — Inévitablement, c'est sûr.

L'Étranger — Mais ne doit-on pas refuser d'accorder même qu'il dit quelque chose[XIV] celui qui ne dit « pas même une chose »[1], et ne doit-on pas affirmer plutôt qu'il ne « dit » même pas, celui qui s'évertue à proférer du non étant ?

Théétète — Le raisonnement en arriverait ainsi à une impasse définitive.

L'Étranger — Il n'est pas encore temps de parler si haut, mon cher garçon, car subsiste la plus importante et la première de toutes, celle qui se trouve précisément en être le principe[2]. **238a**

Théétète — Comment dis-tu ? Parle et ne recule pas.

L'Étranger — À ce qui est, je suppose, peut venir s'adjoindre une autre des choses qui sont.

Théétète — Comment n'en serait-il pas ainsi ?

---

1. *Mèden*, repris par *ouden* : les deux négations, *ou* et *mè*, portent sur *hen* : « une seule chose » ; dire « rien », c'est ne dire « pas même une chose ».
2. Au principe de « cela » : du raisonnement, ou du non-être ? (*cf.* 238d2).

118PLATON

ΞΕ. Μὴ ὄντι δέ τι τῶν ὄντων ἆρά ποτε προσγίγνεσθαι φήσομεν δυνατὸν εἶναι;

ΘΕΑΙ. Καὶ πῶς; |

10 ΞΕ. Ἀριθμὸν δὴ τὸν σύμπαντα τῶν ὄντων τίθεμεν. |

b ΘΕΑΙ. Εἴπερ γε καὶ ἄλλο τι θετέον ὡς ὄν.

ΞΕ. Μὴ τοίνυν μηδ' ἐπιχειρῶμεν ἀριθμοῦ μήτε πλῆθος μήτε τὸ ὄν[1], πρὸς τὸ μὴ ὂν προσφέρειν.

ΘΕΑΙ. Οὔκουν ἂν ὀρθῶς γε, ὡς ἔοικεν, ἐπιχειροῖμεν,
5 ὥς | φησιν ὁ λόγος.

ΞΕ. Πῶς οὖν ἂν ἢ διὰ τοῦ στόματος φθέγξαιτο ἄν τις ἢ καὶ τῇ διανοίᾳ τὸ παράπαν λάβοι τὰ μὴ ὄντα ἢ τὸ μὴ ὂν χωρὶς ἀριθμοῦ;

ΘΕΑΙ. Λέγε πῇ; |

10 ΞΕ. Μὴ ὄντα μὲν ἐπειδὰν λέγωμεν, ἆρα οὐ πλῆθος
c | ἐπιχειροῦμεν ἀριθμοῦ προστιθέναι;

ΘΕΑΙ. Τί μήν;

ΞΕ. Μὴ ὂν δέ, ἆρα οὐ τὸ ἓν αὖ;

ΘΕΑΙ. Σαφέστατά γε. |

5 ΞΕ. Καὶ μὴν οὔτε δίκαιόν γε οὔτε ὀρθόν φαμεν ὂν ἐπιχειρεῖν μὴ ὄντι προσαρμόττειν.

ΘΕΑΙ. Λέγεις ἀληθέστατα.

1. b3 τὸ ὄν TY : ἕν B Burnet Diès Robinson : τὸ ἕν W Campbell.

L'Étranger — Mais dirons-nous qu'il est possible à l'une de ces choses qui sont de venir jamais s'adjoindre à ce qui n'est pas?

Théétète — Comment cela le serait-il?

L'Étranger — Or le nombre, dans son ensemble, nous le posons parmi les choses qui sont?

Théétète — S'il y a une chose qui mérite d'être posée b ainsi, c'est lui!

L'Étranger — Donc, n'essayons pas d'apporter la pluralité ou même l'être du nombre[XV] à ce qui n'est pas.

Théétète — Nous aurions tort d'essayer, notre raisonnement l'affirme.

L'Étranger — Comment alors proférer par la bouche, ou même saisir par la pensée l'ensemble des étants ou le non-étant, sans employer un nombre?

Théétète — Explique-moi.

L'Étranger — Chaque fois que nous disons « des non étants », est-ce que nous n'essayons pas | de leur c appliquer une pluralité numérique?

Théétète — Évidemment.

L'Étranger — Et en disant « non étant », une unité, au contraire?

Théétète — C'est on ne peut plus clair.

L'Étranger — Et pourtant, nous affirmons qu'il n'est ni juste ni correct d'essayer d'attacher de l'étant à du non-étant?

Théétète — C'est vrai.

ΞΕ. Συννοεῖς οὖν ὡς οὔτε φθέγξασθαι δυνατὸν ὀρθῶς
οὔτ᾽ εἰπεῖν οὔτε διανοηθῆναι τὸ μὴ ὂν αὐτὸ καθ᾽ αὑτό,
10 ἀλλ᾽ | ἔστιν ἀδιανόητόν τε καὶ ἄρρητον καὶ ἄφθεγκτον
καὶ ἄλογον;

ΘΕΑΙ. Παντάπασι μὲν οὖν. |

d   ΞΕ. Ἆρ᾽ οὖν ἐψευσάμην ἄρτι λέγων τὴν μεγίστην
ἀπορίαν ἐρεῖν αὐτοῦ πέρι, τὸ δὲ ἔτι μεῖζω τινὰ λέγειν
ἄλλην ἔχομεν;

ΘΕΑΙ. Τίνα δή;

ΞΕ. Ὦ θαυμάσιε, οὐκ ἐννοεῖς αὐτοῖς τοῖς λεχθεῖσιν
5 ὅτι | καὶ τὸν ἐλέγχοντα εἰς ἀπορίαν καθίστησι τὸ μὴ ὂν
οὕτως, ὥστε, ὁπόταν αὐτὸ ἐπιχειρῇ τις ἐλέγχειν, ἐναντία
αὐτὸν αὑτῷ περὶ ἐκεῖνο ἀναγκάζεσθαι λέγειν;

ΘΕΑΙ. Πῶς φῄς; εἰπὲ ἔτι σαφέστερον.

ΞΕ. Οὐδὲν δεῖ τὸ σαφέστερον ἐν ἐμοὶ σκοπεῖν. ἐγὼ
e   μὲν | γὰρ ὑποθέμενος οὔτε ἑνὸς οὔτε τῶν πολλῶν τὸ μὴ
ὂν δεῖν μετέχειν, ἄρτι τε καὶ νῦν οὕτως ἓν αὐτὸ εἴρηκα· τὸ
μὴ ὂν γὰρ φημί. συνίης τοι.

ΘΕΑΙ. Ναί. |

5   ΞΕ. Καὶ μὴν αὖ καὶ σμικρὸν ἔμπροσθεν ἄφθεγκτόν τε
αὐτὸ καὶ ἄρρητον καὶ ἄλογον ἔφην εἶναι. συνέπῃ;

ΘΕΑΙ. Συνέπομαι. πῶς γὰρ οὔ;

ΞΕ. Οὐκοῦν τό γε εἶναι προσάπτειν πειρώμενος
239a ἐναντία | τοῖς πρόσθεν ἔλεγον;

L'Étranger — Alors, te rends-tu compte qu'il n'est possible ni de proférer, ni de dire, ni de penser correctement ce qui lui-même en lui-même n'est pas, mais que c'est impensable, informulable, imprononçable, et indicible ?

Théétète — Absolument.

L'Étranger — Était-ce donc faux, ce que je disais tout **d** à l'heure, que j'allais parler de la plus grande difficulté à son propos ?

Théétète — Allons bon, est-ce que nous allons devoir parler d'une encore plus grande ?

L'Étranger — Allons bon, étonnant jeune homme, ne comprends-tu pas, d'après nos phrases précédentes, vers quelle impasse le non-étant conduit celui qui le réfute, puisque tenter de le réfuter c'est forcément se contredire soi-même ?

Théétète — Comment cela ? Explique-toi plus clairement.

L'Étranger — Ce n'est pas en moi qu'il faut chercher ce surplus de clarté ! C'est moi | en effet qui ai posé que **e** ce qui n'est pas ne doit participer ni à l'un ni au multiple, et tout à l'heure et encore maintenant, je viens de le dire un, en disant « le » non-étant. Tu t'en rends compte ?

Théétète — Oui.

L'Étranger — En outre, il y a peu, je l'ai dit imprononçable, informulable et indicible. Tu me suis ?

Théétète — Je te suis – comment pourrais-je faire autrement ?

L'Étranger — Donc, m'efforcer de lui attacher de l'être allait à l'encontre | de tout ce qui venait d'être dit ? **239a**

ΘΕΑΙ. Φαίνη.

ΞΕ. Τί δέ; τοῦτο προσάπτων οὐχ ὡς ἑνὶ διελεγόμην;

ΘΕΑΙ. Ναί. |

5   ΞΕ. Καὶ μὴν ἄλογόν γε λέγων καὶ ἄρρητον καὶ ἄφθεγκτον ὥς γε πρὸς ἓν τὸν λόγον ἐποιούμην.

ΘΕΑΙ. Πῶς δ᾽ οὔ;

ΞΕ. Φαμὲν δέ γε δεῖν, εἴπερ ὀρθῶς τις λέξει, μήτε ὡς ἓν μήτε ὡς πολλὰ διορίζειν αὐτό, μηδὲ τὸ παράπαν
10 "αὐτὸ" | καλεῖν· ἑνὸς γὰρ εἴδει καὶ κατὰ ταύτην ἂν τὴν πρόσρησιν προσαγορεύοιτο.

ΘΕΑΙ. Παντάπασί γε. |

b   ΞΕ. Τὸν μὲν τοίνυν ἐμέ γε τί τις ἂν λέγοι; καὶ γὰρ πάλαι καὶ τὰ νῦν ἡττημένον ἂν εὕροι περὶ τὸν τοῦ μὴ ὄντος ἔλεγχον. ὥστε ἐν ἔμοιγε λέγοντι, καθάπερ εἶπον, μὴ σκοπῶμεν τὴν ὀρθολογίαν περὶ τὸ μὴ ὄν, ἀλλ᾽ εἶα δὴ
5   νῦν | ἐν σοὶ σκεψώμεθα.

ΘΕΑΙ. Πῶς φής;

ΞΕ. Ἴθι ἡμῖν εὖ καὶ γενναίως, ἅτε νέος ὤν, ὅτι μάλιστα δύνασαι συντείνας πειράθητι, μήτε οὐσίαν μήτε τὸ ἓν μήτε πλῆθος ἀριθμοῦ προστιθεὶς τῷ μὴ ὄντι, κατὰ τὸ
10 ὀρθὸν | φθέγξασθαί τι περὶ αὐτοῦ.

c   ΘΕΑΙ. Πολλὴ μεντἂν με καὶ ἄτοπος ἔχοι προθυμία τῆς ἐπιχειρήσεως, εἰ σὲ τοιαῦθ᾽ ὁρῶν πάσχοντα αὐτὸς ἐπιχειροίην.

Théétète — Apparemment.

L'Étranger — De plus, en le lui apportant, est-ce que je n'en parlais pas comme s'il était un?

Théétète — Oui.

L'Étranger — Qui plus est, en le disant indicible, informulable et imprononçable, je tenais un discours qui en faisait une chose une.

Théétète — Comment le nier?

L'Étranger — Nous affirmons pourtant que, si l'on veut parler correctement, il ne faut le déterminer ni comme un, ni comme multiple, ni même « le » nommer du tout; car cette appellation elle-même revient à lui donner une espèce d'unité.

Théétète — Absolument

L'Étranger — Et donc, de moi, que pourrait-on   b
bien dire? Sinon qu'on me trouvera depuis toujours et encore maintenant battu dans ma tentative d'examen du non-étant. Ce n'est donc pas, comme je l'ai dit, dans mon langage qu'il faut chercher la manière de parler correctement du non-être. Cherchons-la donc maintenant en toi.

Théétète — Mais qu'est-ce que tu dis?

L'Étranger — Vas-y! Toi qui es jeune, et de bel et bon lignage, essaie de nous montrer, en bandant toutes tes forces, que tu es très capable de prononcer quelque chose de correct à propos du non-étant, en ne lui accolant ni être, ni unité, ni pluralité numérique.

Théétète — Grande serait à coup sûr mon ardeur, et   c
bien extravagante, si je m'y efforçais en voyant ce qui t'arrive, quand toi tu y efforces!

124 PLATON

ΞΕ. Ἀλλ' εἰ δοκεῖ, σὲ μὲν καὶ ἐμὲ χαίρειν ἐῶμεν· ἕως
5 | δ' ἄν τινι δυναμένῳ δρᾶν τοῦτο ἐντυγχάνωμεν, μέχρι
τούτου λέγωμεν ὡς παντὸς μᾶλλον πανούργως εἰς
ἄπορον ὁ σοφιστὴς τόπον καταδέδυκεν.

ΘΕΑΙ. Καὶ μάλα δὴ φαίνεται.

ΞΕ. Τοιγαροῦν εἴ τινα φήσομεν αὐτὸν ἔχειν
d φανταστικὴν | τέχνην, ῥᾳδίως ἐκ ταύτης τῆς χρείας
τῶν λόγων ἀντιλαμβανόμενος ἡμῶν εἰς τοὐναντίον
ἀποστρέψει τοὺς λόγους, ὅταν εἰδωλοποιὸν αὐτὸν
καλῶμεν, ἀνερωτῶν τί ποτε τὸ παράπαν εἴδωλον λέγομεν.
5 σκοπεῖν οὖν, ὦ Θεαίτητε, χρὴ τί τις τῷ | νεανίᾳ πρὸς τὸ
ἐρωτώμενον ἀποκρινεῖται.

ΘΕΑΙ. Δῆλον ὅτι φήσομεν τά τε ἐν τοῖς ὕδασι
καὶ κατόπτροις εἴδωλα, ἔτι καὶ τὰ γεγραμμένα καὶ τὰ
τετυπωμένα καὶ τἆλλα ὅσα που τοιαῦτ' ἔσθ' ἕτερα. |

e ΞΕ. Φανερός, ὦ Θεαίτητε, εἶ σοφιστὴν οὐχ ἑωρακώς.

ΘΕΑΙ. Τί δή;

ΞΕ. Δόξει σοι μύειν ἢ παντάπασιν οὐκ ἔχειν ὄμματα.

ΘΕΑΙ. Πῶς; |

5 ΞΕ. Τὴν ἀπόκρισιν ὅταν οὕτως αὐτῷ διδῷς ἐὰν ἐν
κατόπτροις ἢ πλάσμασι λέγῃς τι, καταγελάσεταί σου τῶν
λόγων, ὅταν ὡς βλέποντι λέγῃς αὐτῷ, προσποιούμενος
240a οὔτε κάτοπτρα | οὔτε ὕδατα γιγνώσκειν οὔτε τὸ παράπαν
ὄψιν, τὸ δ' ἐκ τῶν λόγων ἐρωτήσει σε μόνον.

L'Étranger — Très bien. Alors, si bon te semble, disons-nous adieu à toi comme à moi. Et jusqu'à ce que nous ayons rencontré quelqu'un qui en soit capable, disons que le sophiste s'est enfoncé, le plus habilement du monde, dans un refuge impénétrable.

Théétète — Il paraît bien.

L'Étranger — Voilà pourquoi, si nous déclarons qu'il possède un art « phantastique », il lui sera facile d'assurer sur nous sa contre-prise │ en retournant contre nous notre **d** argumentation, et quand nous l'appellerons « un fabricant d'images », de nous demander ce que nous pouvons bien entendre par là. Aussi, Théétète, nous faut-il examiner quoi répondre à la question de ce jeune homme.

Théétète — Nous répondrons évidemment par les images projetées à la surface des eaux et sur les miroirs, ainsi que par celles qui sont sculptées et peintes, et toutes autres choses de ce genre.

L'Étranger — Il est clair, Théétète, que tu n'as jamais **e** vu de sophiste.

Théétète — Pourquoi ?

L'Étranger — Parce qu'il t'aura l'air de fermer les yeux, ou plutôt de ne pas avoir d'yeux du tout.

Théétète — Comment cela ?

L'Étranger — Chaque fois que tu lui donneras la même réponse, et lui parles de ce qui advient dans un miroir ou de façonné, il se rira de t'entendre lui parler comme s'il pouvait voir. Il prétendra ne rien savoir en fait de miroirs │ ou de surfaces de l'eau, et pour tout dire de **240a** visions, et se bornera à t'interroger sur les conclusions à tirer de tes paroles.

ΘΕΑΙ. Ποῖον;

ΞΕ. Τὸ διὰ πάντων τούτων ἃ πολλὰ εἰπὼν ἠξίωσας ἑνὶ
5 | προσειπεῖν ὀνόματι φθεγξάμενος εἴδωλον ἐπὶ πᾶσιν ὡς
ἓν ὄν. λέγε οὖν καὶ ἀμύνου μηδὲν ὑποχωρῶν τὸν ἄνδρα.

ΘΕΑΙ. Τί δῆτα, ὦ ξένε, εἴδωλον ἂν φαῖμεν εἶναι πλήν
γε τὸ πρὸς τἀληθινὸν ἀφωμοιωμένον ἕτερον τοιοῦτον;

ΞΕ. Ἕτερον δὲ λέγεις τοιοῦτον ἀληθινόν, ἢ ἐπὶ τίνι τὸ
b | τοιοῦτον εἶπες;

ΘΕΑΙ. Οὐδαμῶς ἀληθινόν γε, ἀλλ᾽ ἐοικὸς μέν.

ΞΕ. Ἆρα τὸ ἀληθινὸν ὄντως ὂν λέγων;

ΘΕΑΙ. Οὕτως. |

5 ΞΕ. Τί δέ; τὸ μὴ ἀληθινὸν ἆρ᾽ ἐναντίον ἀληθοῦς;

ΘΕΑΙ. Τί μήν;

ΞΕ. Οὐκ ὂν[1] ἄρα λέγεις τὸ ἐοικός, εἴπερ αὐτό γε μὴ
ἀληθινὸν ἐρεῖς. Ἀλλ᾽ ἔστι γε μήν.

ΘΕΑΙ. Πῶς[2]; |

10 ΞΕ. Οὐκοῦν[3] ἀληθῶς γε, φής.

ΘΕΑΙ. Οὐ γὰρ οὖν· πλήν γ᾽ εἰκὼν ὄντως.

---

1. b7 Οὐκ ὂν TY Cordero : Οὐκ ὄντως οὐκ ὂν W Procl. in
Parm. 816 et 842 Damascius Diès : οὐκ ὄντως [οὐκ] ὂν Burnet : Οὐκ
ὄντως ὂν Procl. in Parm. 744 Campbell Robinson.
　　2. b9 ΞΕ. Ἀλλ᾽ ἔστι γε μην — ΘΕΑΙ. Πῶς; BTYW Cordero : ΘΕΑΙ.
Ἀλλ᾽ ἔστι γε μήν πως Hermann Burnet Campbell Diès Robinson.
　　3. b10 Οὐκοῦν TY Cordero : Οὔκουν W Burnet Campbell
Robinson.

Théétète — C'est-à-dire ?

L'Étranger — Sur ce qui circule à travers les exemples dont tu as jugé bon d'énumérer la multiplicité, tout en leur donnant un nom unique, puisque c'est le mot « image » que tu as employé pour tous comme s'il s'agissait d'une seule chose. Donc parle, défends-toi et ne cède rien à cet homme.

Théétète — Mais, Étranger, que pourrions-nous dire d'une image, sinon que c'est quelque chose d'autre fait à la semblance et pareil à ce qui est véritable ?

L'Étranger — Avec ton « autre chose pareille », veux-tu dire une « chose véritable », ou à quoi appliques-tu | ce « pareille » ?   b

Théétète — Certes pas à quelque chose de vrai, mais à un semblant.

L'Étranger — En prenant « véritable » au sens de ce qui est réellement ?

Théétète — C'est cela même !

L'Étranger — Alors, ce qui « n'est pas véritable », c'est bien le contraire de « vrai » ?

Théétète — Bien sûr.

L'Étranger — Tu dis donc que ce qui semble n'est pas[XVI], puisque tu dis qu'il n'est pas véritable ? Et pourtant, il existe.

Théétète — Comment ?

L'Étranger — Pas vraiment à ce que tu dis ?

Théétète — Certainement pas, bien qu'il soit réellement un semblant.

ΞΕ. Οὐκοῦν ἄρα οὐκ ὄντως ἐστὶν ὄντως[1] ἣν λέγομεν εἰκόνα;|

c   ΘΕΑΙ. Κινδυνεύει τοιαύτην τινὰ πεπλέχθαι συμπλοκὴν τὸ μὴ ὂν τῷ ὄντι, καὶ μάλα ἄτοπον.

ΞΕ. Πῶς γὰρ οὐκ ἄτοπον; ὁρᾷς γοῦν ὅτι καὶ νῦν διὰ τῆς ἐπαλλάξεως ταύτης ὁ πολυκέφαλος σοφιστὴς
5 ἠνάγκακεν | ἡμᾶς τὸ μὴ ὂν οὐχ ἑκόντας ὁμολογεῖν εἶναί πως.

ΘΕΑΙ. Ὁρῶ καὶ μάλα.

ΞΕ. Τί δὲ δή; τὴν τέχνην αὐτοῦ τίνα ἀφορίσαντες ἡμῖν αὐτοῖς συμφωνεῖν οἷοί τε ἐσόμεθα;

ΘΕΑΙ. Πῇ καὶ τὸ ποῖόν τι φοβούμενος οὕτω λέγεις;|

d   ΞΕ. Ὅταν περὶ τὸ φάντασμα αὐτὸν ἀπατᾶν φῶμεν καὶ τὴν τέχνην εἶναί τινα ἀπατητικὴν αὐτοῦ, τότε πότερον ψευδῆ δοξάζειν τὴν ψυχὴν ἡμῶν φήσομεν ὑπὸ τῆς ἐκείνου τέχνης, ἢ τί ποτ᾽ ἐροῦμεν;|

5   ΘΕΑΙ. Τοῦτο· τί γὰρ ἂν ἄλλο εἴπαιμεν;

ΞΕ. Ψευδὴς δ᾽ αὖ δόξα ἔσται τἀναντία τοῖς οὖσι δοξάζουσα, ἢ πῶς;

ΘΕΑΙ. Οὕτως τἀναντία.

ΞΕ. Λέγεις ἄρα τὰ μὴ ὄντα δοξάζειν τὴν ψευδῆ δόξαν;|

10   ΘΕΑΙ. Ἀνάγκη.|

---

1. b12 Οὐκοῦν TY : Οὐκ ὂν W Burnet Diès Robinson : οὐκὸν B / οὐκ ὄντως BTYW Campbell Diès : [οὐκ] ὄντως Burnet : ὄντως Robinson.

L'Étranger — Ainsi donc, ce que nous disons être réellement un semblant n'existe pas réellement[XVII]?

Théétète — Cette sorte d'entrelacement risque fort **c** d'entrelacer le non-être à l'être, et elle est tout à fait déroutante.

L'Étranger — Pour être déroutante, elle l'est assurément! Tu vois donc au moins, que maintenant aussi, ce sophiste aux cent têtes s'est servi de cet entrecroisement pour nous contraindre à accorder malgré nous que ce qui n'est pas est, d'une certaine façon.

Théétète — Je ne le vois que trop.

L'Étranger — Alors, maintenant? Serons-nous capables de définir son art de manière à être en accord avec nous-mêmes?

Théétète — Pour parler ainsi, de quoi as-tu peur?

L'Étranger — Chaque fois que nous déclarons, **d** qu'ayant affaire à de l'apparence, elle nous trompe, et que son art est un certain art de la tromperie, déclarerons-nous que son art conduit nos âmes à avoir des opinions fausses, ou que dirons-nous?

Théétète — Cela même; comment pourrions-nous dire qu'il en va autrement?

L'Étranger — Et l'opinion fausse, à son tour, consistera à croire à des choses contraires à celles qui sont? Ou quoi?

Théétète — Ainsi : à des choses contraires.

L'Étranger — Tu dis donc que l'opinion fausse a pour contenu des choses qui ne sont pas?

Théétète — Nécessairement.

e ΞΕ. Πότερον μὴ εἶναι τὰ μὴ ὄντα δοξάζουσαν, ἤ πως εἶναι τὰ μηδαμῶς ὄντα;

ΘΕΑΙ. Εἶναί πως τὰ μὴ ὄντα δεῖ γε, εἴπερ ψεύσεταί ποτέ τίς τι καὶ κατὰ βραχύ. |

5 ΞΕ. Τί δ'; οὐ καὶ μηδαμῶς εἶναι τὰ πάντως ὄντα δοξάζεται;

ΘΕΑΙ. Ναί.

ΞΕ. Καὶ τοῦτο δὴ ψεῦδος;

ΘΕΑΙ. Καὶ τοῦτο. |

10 ΞΕ. Καὶ λόγος οἶμαι ψευδὴς οὕτω κατὰ ταὐτὰ
241a νομισθή|σεται τά τε ὄντα λέγων μὴ εἶναι καὶ τὰ μὴ ὄντα εἶναι.

ΘΕΑΙ. Πῶς γὰρ ἂν ἄλλως τοιοῦτος γένοιτο;

ΞΕ. Σχεδὸν οὐδαμῶς· ἀλλὰ ταῦτα ὁ σοφιστὴς οὐ φήσει. ἤ τίς μηχανὴ συγχωρεῖν τινα τῶν εὖ φρονούντων,
5 ὅταν | [ἄφθεγκτα καὶ ἄρρητα καὶ ἄλογα καὶ ἀδιανόητα] προσδιωμολογημένα ᾖ τὰ πρὸ τούτων ὁμολογηθέντα; μανθάνομεν, ὦ Θεαίτητε, ἃ λέγει;

ΘΕΑΙ. Πῶς γὰρ οὐ μανθάνομεν ὅτι τἀναντία φήσει λέγειν ἡμᾶς τοῖς νυνδή, ψευδῆ τολμήσαντας εἰπεῖν
b ὡς ἔστιν | ἐν δόξαις τε καὶ κατὰ λόγους; τῷ γὰρ μὴ ὄντι τὸ ὂν προσάπτειν ἡμᾶς πολλάκις ἀναγκάζεσθαι,

L'Étranger — Mais est-ce qu'elle conçoit des choses **e**
qui ne sont pas comme n'étant pas, ou comme étant en
quelque façon des choses qui ne sont d'aucune façon ?

Théétète — Il faut que ce soit des choses qui ne
sont pas comme existant en quelque façon, si l'on veut
toutefois que quelqu'un puisse dire, aussi brièvement que
ce soit, quelque chose de faux.

L'Étranger — Et donc ? L'opinion ne pourra-t-elle
pas croire que des choses qui sont absolument n'existent
absolument pas ?

Théétète — Si.

L'Étranger — Ce qui sera encore faux ?

Théétète — Cela aussi.

L'Étranger — Et, à mon avis, un discours sera tenu
pour faux de la même façon, | quand il dit que des choses **241a**
qui sont ne sont pas et que des choses qui ne sont pas
sont.

Théétète — Pour quelle autre raison serait-il tel ?

L'Étranger — Peut-être bien pour aucune autre. Mais
voilà justement ce que le sophiste niera. Le moyen de
le faire accepter par un homme de bon sens, alors que
les choses sur lesquelles on vient de s'accorder étaient
justement celles dont nous avions précédemment convenu
de dire qu'elles étaient imprononçables, informulables,
indicibles et impensables ? Comprenons-nous, Théétète,
ce que dit le sophiste ?

Théétète — Comment pourrions-nous ne pas
comprendre qu'il dira que nous affirmons le contraire
de ce que nous venons de dire, nous qui avons l'audace
d'affirmer | qu'il y a des opinions fausses et des discours **b**
faux ; car cela nous force à attacher maintes fois ce qui

διομολογησαμένους νυνδὴ τοῦτο εἶναι πάντων ἀδυνατώτατον.

ΞΕ. Ὀρθῶς ἀπεμνημόνευσας. ἀλλ᾽ ὅρα δὴ
5 βουλεύεσθαι | τί χρὴ δρᾶν τοῦ σοφιστοῦ πέρι· τὰς γὰρ ἀντιλήψεις καὶ ἀπορίας, ἐὰν αὐτὸν διερευνῶμεν ἐν τῇ τῶν ψευδουργῶν καὶ γοήτων τέχνῃ τιθέντες, ὁρᾷς ὡς εὔποροι καὶ πολλαί.

ΘΕΑΙ. Καὶ μάλα.

ΞΕ. Μικρὸν μέρος τοίνυν αὐτῶν διεληλύθαμεν,
c οὐσῶν | ὡς ἔπος εἰπεῖν ἀπεράντων.

ΘΕΑΙ. Ἀδύνατόν γ᾽ ἄν, ὡς ἔοικεν, εἴη τὸν σοφιστὴν ἑλεῖν, εἰ ταῦτα οὕτως ἔχει.

ΞΕ. Τί οὖν; οὕτως ἀποστησόμεθα νῦν μαλθακισθέντες; |

5 ΘΕΑΙ. Οὔκουν ἔγωγέ φημι δεῖν, εἰ καὶ κατὰ σμικρὸν οἷοί τ᾽ ἐπιλαβέσθαι πῃ τἀνδρός ἐσμεν.

ΞΕ. Ἕξεις οὖν συγγνώμην καὶ καθάπερ νῦν εἶπες ἀγαπήσεις ἐάν πῃ καὶ κατὰ βραχὺ παρασπασώμεθα οὕτως ἰσχυροῦ λόγου; |

10 ΘΕΑΙ. Πῶς γὰρ οὐχ ἕξω; |

d ΞΕ. Τόδε τοίνυν ἔτι μᾶλλον παραιτοῦμαί σε.

ΘΕΑΙ. Τὸ ποῖον;

ΞΕ. Μή με οἷον πατραλοίαν ὑπολάβῃς γίγνεσθαί τινα.

est à ce qui n'est pas, alors que nous venions juste de convenir que c'est tout ce qu'il y a de plus impossible.

L'Étranger — Ta mémoire est fort bonne. Mais l'heure est venue de délibérer sur ce qu'il faut faire à propos du sophiste, car tu vois bien combien de contre-prises et d'impasses il peut nous opposer chaque fois que, pour le découvrir, nous le situons dans le domaine de l'art des fabricants de faux-semblants et des magiciens.

Théétète — Je le vois très bien.

L'Étranger — Et encore n'en avons-nous passé en revue qu'une petite partie, alors qu'elles sont | si l'on c peut dire innombrables.

Théétète — Impossible, semble-t-il alors, de nous saisir du sophiste, s'il en est ainsi.

L'Étranger — Holà ! Serions-nous amollis au point d'abandonner ?

Théétète — S'il ne tient qu'à moi, certainement pas, même si nous n'avons que peu de chances de réussir à mettre la main sur cet homme.

L'Étranger — Tu me pardonneras donc, et il te suffira, comme tu viens de le dire, que nous arrivions à nous arracher, d'une façon ou d'une autre et si peu que ce soit, à l'emprise d'un discours doté d'une telle force ?

Théétète — Comment pourrais-je faire autrement ?

L'Étranger — Je dois t'adresser encore une autre d prière.

Théétète — Laquelle ?

L'Étranger — De ne pas me regarder comme un parricide.

ΘΕΑΙ. Τί δή; |

5   ΞΕ. Τὸν τοῦ πατρὸς Παρμενίδου λόγον ἀναγκαῖον
ἡμῖν ἀμυνομένοις ἔσται βασανίζειν, καὶ βιάζεσθαι τό τε
μὴ ὂν ὡς ἔστι κατά τι καὶ τὸ ὂν αὖ πάλιν ὡς οὐκ ἔστι πῃ.

ΘΕΑΙ. Φαίνεται τὸ τοιοῦτον διαμαχετέον ἐν τοῖς
λόγοις.

ΞΕ. Πῶς γὰρ οὐ φαίνεται καὶ τὸ λεγόμενον δὴ
e   τοῦτο τυ|φλῷ; τούτων γὰρ μήτ᾽ ἐλεγχθέντων μήτε
ὁμολογηθέντων σχολῇ ποτέ τις οἷός τε ἔσται περὶ λόγων
ψευδῶν λέγων ἢ δόξης, εἴτε εἰδώλων εἴτε εἰκόνων εἴτε
μιμημάτων εἴτε φαντασμάτων αὐτῶν, ἢ καὶ περὶ τεχνῶν
5   τῶν ὅσαι περὶ ταῦτά εἰσι, μὴ κατα|γέλαστος εἶναι τὰ <γ᾽>
ἐναντία ἀναγκαζόμενος αὐτῷ λέγειν.

242a   ΘΕΑΙ. Ἀληθέστατα. |

ΞΕ. Διὰ ταῦτα μέντοι τολμητέον ἐπιτίθεσθαι τῷ
πατρικῷ λόγῳ νῦν, ἢ τὸ παράπαν ἐατέον, εἰ τοῦτό τις
εἴργει δρᾶν ὄκνος.

ΘΕΑΙ. Ἀλλ᾽ ἡμᾶς τοῦτό γε μηδὲν μηδαμῇ εἴρξῃ. |

5   ΞΕ. Τρίτον τοίνυν ἔτι σε σμικρόν τι παραιτήσομαι.

ΘΕΑΙ. Λέγε μόνον.

ΞΕ. Εἶπόν που νυνδὴ λέγων ὡς πρὸς τὸν περὶ ταῦτ᾽
ἔλεγχον ἀεί τε ἀπειρηκὼς ἐγὼ τυγχάνω καὶ δὴ καὶ τὰ νῦν.

Théétète — En quoi donc ?

L'Étranger — En ce qu'il sera nécessaire, pour nous défendre, de mettre à la question la parole de notre père Parménide, et d'user de violence pour établir du non-étant qu'il est sous un certain rapport, et de l'étant, à son tour, que d'une certaine façon il n'est pas.

Théétète — C'est évidemment sur ce point qu'il nous faudra batailler dans la discussion à venir.

L'Étranger — Comment ne serait-ce pas évident, et comme on dit, même pour un | aveugle ? Car tant que **e** cette réfutation ne sera pas faite et que nous ne serons pas arrivés à un accord, il ne sera guère possible de parler de discours faux et d'opinion fausse, ou d'images, qu'elles soient semblants, imitations ou apparences illusoires, pas plus que des arts – de tous autant qu'ils sont – qui s'occupent de ces choses-là, sans nous voir forcés de nous contredire nous-mêmes et de nous couvrir de ridicule.

Théétète — C'est très vrai.

| L'Étranger — Voilà pourquoi le moment est venu **242a** d'oser s'attaquer au discours paternel, ou de le laisser en paix, au cas où quelque scrupule nous retiendrait de le faire.

Théétète — Rien, je t'assure, ne nous retiendra.

L'Étranger — Pour la troisième fois, j'ai donc encore un petit quelque chose à te demander.

Théétète — Tu n'as qu'à dire.

L'Étranger — J'ai dit, je crois, quand je parlais tout à l'heure[1], que j'avais toujours, et à présent plus encore, renoncé à me lancer dans une telle réfutation.

1. En 239b.

ΘΕΑΙ. Εἶπες. |

10   ΞΕ. Φοβοῦμαι δὴ τὰ εἰρημένα, μή ποτε διὰ ταῦτά
σοι μανικὸς εἶναι δόξω παρὰ πόδα μεταβαλὼν ἐμαυτὸν
b ἄνω καὶ | κάτω. σὴν γὰρ δὴ χάριν ἐλέγχειν τὸν λόγον
ἐπιθησόμεθα, ἐάνπερ ἐλέγχωμεν.

ΘΕΑΙ. Ὡς τοίνυν ἔμοιγε μηδαμῇ δόξων μηδὲν
πλημμελεῖν, ἂν ἐπὶ τὸν ἔλεγχον τοῦτον καὶ τὴν ἀπόδειξιν
5 ἴῃς, | θαρρῶν ἴθι τούτου γε ἕνεκα.

ΞΕ. Φέρε δή, τίνα ἀρχήν τις ἂν ἄρξαιτο
παρακινδυνευτικοῦ λόγου; δοκῶ μὲν γὰρ τήνδ', ὦ παῖ,
τὴν ὁδὸν ἀναγκαιοτάτην ἡμῖν εἶναι τρέπεσθαι.

ΘΕΑΙ. Ποίαν δή; |

10   ΞΕ. Τὰ δοκοῦντα νῦν ἐναργῶς ἔχειν ἐπισκέψασθαι
c πρῶτον | μή πῃ τεταραγμένοι μὲν ὦμεν περὶ ταῦτα,
ῥᾳδίως δ' ἀλλήλοις ὁμολογῶμεν ὡς εὐκρινῶς ἔχοντες.

ΘΕΑΙ. Λέγε σαφέστερον ὃ λέγεις.

ΞΕ. Εὐκόλως μοι δοκεῖ Παρμενίδης ἡμῖν διειλέχθαι
5 καὶ | πᾶς ὅστις πώποτε ἐπὶ κρίσιν ὥρμησε τοῦ τὰ ὄντα
διορίσασθαι πόσα τε καὶ ποῖά ἐστιν.

ΘΕΑΙ. Πῇ;

Théétète — Tu l'as dit.

L'Étranger — Oui, et cela me fait donc craindre que tu me prennes pour un fou, moi qui, à chaque pas, me retourne de bout | en bout. Car c'est bien pour te faire **b** plaisir que nous nous efforcerons de réfuter son discours, si toutefois nous le réfutons.

Théétète — Pour ce qui est de moi, je ne trouverai pas que tu commets une faute de mesure si tu t'engages dans cette réfutation et cette démonstration, donc vas-y avec confiance.

L'Étranger — Allons-y donc, mais par quoi commencer une discussion aussi périlleuse ? Voici, enfant, la route à prendre de toute nécessité[1], je pense.

Théétète — Laquelle ?

L'Étranger — Commencer par examiner ce qui semble à présent très clair, | et qui ne nous a donné **c** aucune occasion d'éprouver quelque trouble, afin que nous nous mettions facilement d'accord entre nous et jugions l'affaire bel et bien jugée.

Théétète — Tu peux dire clairement ce que tu veux dire ?

L'Étranger — C'est sans trop y voir de difficulté, me semble-t-il, que Parménide a argumenté pour nous, lui et quiconque se lança vers une décision portant sur la détermination des étants, quant à leur nombre et quant à leur nature.

Théétète — Comment cela ?

---

1. Parodie des paroles de la déesse au début du *Poème* de Parménide.

ΞΕ. Μῦθόν τινα ἕκαστος φαίνεταί μοι διηγεῖσθαι
παισὶν ὡς οὖσιν ἡμῖν, ὁ μὲν ὡς τρία τὰ ὄντα, πολεμεῖ
d δὲ ἀλλήλοις | ἐνίοτε αὐτῶν ἄττα πῃ, τοτὲ δὲ καὶ φίλα
γιγνόμενα γάμους τε καὶ τόκους καὶ τροφὰς τῶν
ἐκγόνων παρέχεται· δύο δὲ ἕτερος εἰπών, ὑγρὸν καὶ
ξηρὸν ἢ θερμὸν καὶ ψυχρόν, συνοικίζει τε αὐτὰ καὶ
5 ἐκδίδωσι· τὸ δὲ παρ' ἡμῶν¹ Ἐλεατικὸν ἔθνος, | ἀπὸ
Ξενοφάνους τε καὶ ἔτι πρόσθεν ἀρξάμενον, ὡς ἑνὸς
ὄντος τῶν πάντων καλουμένων οὕτω διεξέρχεται τοῖς
μύθοις. Ἰάδες δὲ καὶ Σικελαί τινες ὕστερον Μοῦσαι
e συνενόησαν ὅτι συμ|πλέκειν ἀσφαλέστατον ἀμφότερα
καὶ λέγειν ὡς τὸ ὂν πολλά τε καὶ ἕν ἐστιν, ἔχθρᾳ δὲ καὶ
φιλίᾳ συνέχεται. Διαφερόμενον γὰρ ἀεὶ συμφέρεται,
φασὶν αἱ συντονώτεραι τῶν Μουσῶν· αἱ δὲ μαλακώτεραι
5 τὸ μὲν ἀεὶ ταῦτα οὕτως ἔχειν ἐχάλασαν, | ἐν μέρει δὲ τοτὲ
243a μὲν ἓν εἶναί φασι τὸ πᾶν καὶ φίλον ὑπ' | Ἀφροδίτης, τοτὲ
δὲ πολλὰ καὶ πολέμιον αὐτὸ αὑτῷ διὰ νεῖκός τι. ταῦτα δὲ
πάντα εἰ μὲν ἀληθῶς τις ἢ μὴ τούτων εἴρηκε, χαλεπὸν καὶ
πλημμελὲς οὕτω μεγάλα κλεινοῖς καὶ παλαιοῖς ἀνδράσιν
ἐπιτιμᾶν· ἐκεῖνο δὲ ἀνεπίφθονον ἀποφήνασθαι – |

5 ΘΕΑΙ. Τὸ ποῖον;

ΞΕ. Ὅτι λίαν τῶν πολλῶν ἡμῶν ὑπεριδόντες
ὠλιγώρησαν· οὐδὲν γὰρ φροντίσαντες εἴτ'
b ἐπακολουθοῦμεν αὐτοῖς λέγουσιν | εἴτε ἀπολειπόμεθα,
περαίνουσι τὸ σφέτερον αὐτῶν ἕκαστοι.

---

1. d4 παρ' ἡμῶν BTYW Campbell Cordero : παρ' ἡμῖν corr. du
Parisinus graecus 1808 Eusèbe Théodoret Burnet Diès Robinson.

L'Étranger — C'est une histoire que chacun d'eux me semble nous raconter, comme si nous étions des enfants ; d'après l'un, il y a trois étants qui tantôt se combattent | entre eux de quelque façon, et tantôt, devenus amis, **d** nous offrent le spectacle des hymens, enfantements et nourrissages de leur progéniture ; un autre se limite à deux, humide et sec ou chaud et froid, qu'il fait cohabiter et les donne en mariage. La gent éléatique, issue de chez nous XVIII depuis Xénophane et de plus haut encore, affirme que le tout se résume à une unité et elle déroule ses récits en conséquence. Après quoi certaines Muses d'Ionie et de Sicile ont considéré qu'il était plus sûr d'entrelacer | les **e** deux, et de dire que ce qui est est à la fois un et plusieurs et qu'ils doivent leur cohésion à la haine et à l'amitié. « Car c'est en étant discordant qu'il s'accorde » disent les Muses dont le ton est plus soutenu, tandis que celles chez qui il a plus de souplesse ont détendu l'éternelle tension de cet accord discordant, disant qu'il y a alternance et que le Tout est tantôt un et ami par l'action | d'Aphrodite, **243a** et tantôt multiple et en guerre avec lui-même par celle d'une certaine Haine. Quant à savoir lesquels d'entre eux ont dit vrai et lesquels faux ce serait difficile, et pour le coup commettre une faute de mesure envers des hommes si anciens et jouissant d'une telle gloire. Mais voici ce qu'on peut déclarer sans encourir de reproches…

Théétète — Quoi ?

L'Étranger — … qu'en nous regardant du haut de leur grandeur, ils ont fait trop peu de cas de la foule que nous sommes. Car c'est sans avoir le moindre souci de savoir si nous les suivions dans ce qu'ils disent, | ou si **b** nous restions en arrière, que chacun va jusqu'au bout de sa thèse.

140 PLATON

ΘΕΑΙ. Πῶς λέγεις;

ΞΕ. Ὅταν τις αὐτῶν φθέγξηται λέγων ὡς ἔστιν ἢ
γέγονεν ἢ γίγνεται πολλὰ ἢ ἓν ἢ δύο, καὶ θερμὸν αὖ
5 ψυχρῷ | συγκεραννύμενον, ἄλλοθί πῃ διακρίσεις καὶ
συγκρίσεις ὑποτιθείς, τούτων, ὦ Θεαίτητε, ἑκάστοτε σύ
τι πρὸς θεῶν συνίης ὅτι λέγουσιν; ἐγὼ μὲν γὰρ ὅτε μὲν ἦν
νεώτερος, τοῦτό τε τὸ νῦν ἀπορούμενον ὁπότε τις εἴποι,
τὸ μὴ ὄν, ἀκριβῶς ᾤμην συνιέναι. νῦν δὲ ὁρᾷς ἵν᾽ ἐσμὲν
10 αὐτοῦ πέρι | τῆς ἀπορίας. |

c   ΘΕΑΙ. Ὁρῶ.

ΞΕ. Τάχα τοίνυν ἴσως οὐχ ἧττον κατὰ τὸ ὂν ταὐτὸν
τοῦτο πάθος εἰληφότες ἐν τῇ ψυχῇ περὶ μὲν τοῦτο
εὐπορεῖν φαμεν καὶ μανθάνειν ὁπόταν τις αὐτὸ φθέγξηται,
5 περὶ δὲ | θάτερον οὔ, πρὸς ἀμφότερα ὁμοίως ἔχοντες.

ΘΕΑΙ. Ἴσως.

ΞΕ. Καὶ περὶ τῶν ἄλλων δὴ τῶν προειρημένων ἡμῖν
ταὐτὸν τοῦτο εἰρήσθω.

ΘΕΑΙ. Πάνυ γε. |

10   ΞΕ. Τῶν μὲν τοίνυν πολλῶν πέρι καὶ μετὰ τοῦτο
d σκεψό|μεθ᾽, ἂν δόξῃ, περὶ δὲ τοῦ μεγίστου τε καὶ ἀρχηγοῦ
πρώτου νῦν σκεπτέον.

Théétète — Que veux-tu dire ?

L'Étranger — Quand l'un d'entre eux profère qu'il est ou est venu à être ou devient multiple ou deux ou un, ou qu'un autre parle de mélange entre le chaud et le froid après avoir posé ici des dissociations et là des associations, par les dieux, Théétète, comprends-tu toi chaque fois quelque chose à ce qu'ils disent ? Quant à moi, quand j'étais plus jeune, chaque fois que quelqu'un parlait de ce qui nous embarrasse à présent, le non-étant, je croyais le comprendre exactement. Et maintenant, tu vois où nous en sommes avec lui.

Théétète — Je vois.   c

L'Étranger — Or il se peut que notre âme se trouve tout autant dans le même état à propos de l'étant, et que nous – qui affirmons n'éprouver aucun embarras à son égard et comprendre ce qu'il veut dire chaque fois que quelqu'un prononce ce mot, alors que pour l'autre, non – nous nous trouvions dans la même situation à l'égard de tous les deux.

Théétète — Peut-être.

L'Étranger — Dès lors, il nous faut dire la même chose à propos de tous les autres termes dont nous venons de parler.

Théétète — Tout à fait.

L'Étranger — Quant à ceux qui restent, et il y en a beaucoup, nous les examinerons ensuite, | si bon te d
semble, mais c'est d'abord le plus important, leur héros tutélaire et fondateur[1], qu'il faut maintenant examiner.

---

1. *Arkhègos* : « héros tutélaire et fondateur », d'où « cause première ».

ΘΕΑΙ. Τίνος δὴ λέγεις; ἢ δῆλον ὅτι τὸ ὂν φῂς πρῶτον δεῖν διερευνήσασθαι τί ποθ᾽ οἱ λέγοντες αὐτὸ δηλοῦν 5 | ἡγοῦνται;

ΞΕ. Κατὰ πόδα γε, ὦ Θεαίτητε, ὑπέλαβες. λέγω γὰρ δὴ ταύτῃ δεῖν ποιεῖσθαι τὴν μέθοδον ἡμᾶς, οἷον αὐτῶν παρόντων ἀναπυνθανομένους ὧδε· "Φέρε, ὁπόσοι θερμὸν καὶ ψυχρὸν ἤ τινε δύο τοιούτω τὰ πάντ᾽ εἶναί e φατε, τί ποτε | ἄρα τοῦτ᾽ ἐπ᾽ ἀμφοῖν φθέγγεσθε, λέγοντες ἄμφω καὶ ἑκάτερον εἶναι; τί τὸ εἶναι τοῦτο ὑπολάβωμεν ὑμῶν; πότερον τρίτον παρὰ τὰ δύο ἐκεῖνα, καὶ τρία τὸ πᾶν ἀλλὰ μὴ δύο ἔτι καθ᾽ ὑμᾶς τιθῶμεν; οὐ γάρ που τοῖν 5 γε δυοῖν καλοῦντες θάτερον | ὂν ἀμφότερα ὁμοίως εἶναι λέγετε· σχεδὸν γὰρ ἂν ἀμφοτέρως ἕν, ἀλλ᾽ οὐ δύο εἴτην."

ΘΕΑΙ. Ἀληθῆ λέγεις.

ΞΕ. "Ἀλλ᾽ ἆρά γε τὰ ἄμφω βούλεσθε καλεῖν ὄν; "

ΘΕΑΙ. Ἴσως. |

244a ΞΕ. "Ἀλλ᾽, ὦ φίλοι, " φήσομεν, "κἂν οὕτω τὰ δύο λέγοιτ᾽ ἂν σαφέστατα ἕν."

ΘΕΑΙ. Ὀρθότατα εἴρηκας.

Théétète — De qui parles-tu ? À moins que ce ne soit l'être que nous devrions évidemment explorer en premier pour savoir ce que, selon ceux qui en parlent, il peut bien désigner ?

L'Étranger — À chaque pas que tu fais, Théétète, tu comprends mieux. Je veux parler de la route à suivre pour notre recherche et de la façon dont elle doit se dérouler : en nous informant auprès d'eux comme s'ils étaient là en personne. « Voyons, vous tous pour qui toutes choses sont du chaud et du froid ou quelque autre couple de contraires de même sorte, que proférez-vous | exactement quand vous l'appliquez aux deux et dites de ce couple et de chacun de ses deux termes qu'il "est" ? Comment devons-nous entendre votre "est" ? Comme un troisième terme en plus de ces deux-là, et donc poser que pour vous le tout, au lieu de faire encore deux, fait trois ? Ce n'est pas en effet, j'imagine, parce que vous affirmez que l'un ou l'autre terme de votre couple est, que vous dites que tous les deux, au même titre, sont : car alors, quel qu'il soit, peu s'en faut que tous deux ne fassent qu'un, mais non pas deux. »

e

Théétète — C'est vrai.

L'Étranger — « Alors, c'est bien aux deux que vous voulez attribuer "étant" ? »

Théétète — Peut-être.

L'Étranger — « Mais alors, mes amis, dirons-nous, **244a** en ce cas aussi vous diriez très clairement que deux, c'est un. »

Théétète — Ta réplique est très juste.

ΞΕ. Ἐπειδὴ τοίνυν ἡμεῖς ἠπορήκαμεν, ὑμεῖς αὐτὰ
5 | ἡμῖν ἐμφανίζετε ἱκανῶς, τί ποτε βούλεσθε σημαίνειν
ὁπόταν ὂν φθέγγησθε. δῆλον γὰρ ὡς ὑμεῖς μὲν ταῦτα
πάλαι γιγνώσκετε, ἡμεῖς δὲ πρὸ τοῦ μὲν ᾠόμεθα, νῦν δ᾽
ἠπορήκαμεν. διδάσκετε οὖν πρῶτον τοῦτ᾽ αὐτὸ ἡμᾶς, ἵνα
μὴ δοξάζωμεν μανθάνειν μὲν τὰ λεγόμενα παρ᾽ ὑμῶν, τὸ
b δὲ | τούτου γίγνηται πᾶν τοὐναντίον." ταῦτα δὴ λέγοντές
τε καὶ ἀξιοῦντες παρά τε τούτων καὶ παρὰ τῶν ἄλλων
ὅσοι πλεῖον ἑνὸς λέγουσι τὸ πᾶν εἶναι, μῶν, ὦ παῖ, τι
πλημμελήσομεν; |

5 ΘΕΑΙ. Ἥκιστά γε.

ΞΕ. Τί δέ; παρὰ τῶν ἓν τὸ πᾶν λεγόντων ἆρ᾽ οὐ
πευστέον εἰς δύναμιν τί ποτε λέγουσι τὸ ὄν;

ΘΕΑΙ. Πῶς γὰρ οὔ;

ΞΕ. Τόδε τοίνυν ἀποκρινέσθων. "Ἓν πού φατε μόνον
10 | εἶναι; " – "Φαμὲν γάρ, " φήσουσιν. ἦ γάρ;

ΘΕΑΙ. Ναί.

ΞΕ. "Τί δέ; ὂν καλεῖτέ τι; "

ΘΕΑΙ. Ναί. |

c ΞΕ. "Πότερον ὅπερ ἕν, ἐπὶ τῷ αὐτῷ προσχρώμενοι
δυοῖν ὀνόμασιν, ἢ πῶς; "

ΘΕΑΙ. Τίς οὖν αὐτοῖς ἡ μετὰ τοῦτ᾽, ὦ ξένε, ἀπόκρισις;

L'Étranger — « Donc puisque, pour notre part, nous nous trouvons dans une impasse, à vous de nous faire voir suffisamment clairement ce que vous pouvez bien vouloir signifier chaque fois que vous prononcez ce mot "être". Car il est évident que vous, vous connaissez ces choses depuis longtemps, tandis que nous, nous croyions jusqu'ici les savoir, mais nous voici à présent dans une impasse. Commencez donc par nous instruire d'abord sur ce point, afin qu'il ne nous semble pas comprendre ce que vous dites, | alors que ce qui arrive est en fait tout le **b** contraire. » Si nous leur disons et leur réclamons cela, à eux et à tous les autres qui disent que le tout est plus qu'un, est-ce que, mon enfant, nous passerons la mesure ?

Théétète — Pas le moins du monde.

L'Étranger — Mais qu'en est-il de ceux qui disent que le Tout est plus qu'un ? Ne devrons-nous pas, autant qu'il est possible, nous informer auprès d'eux de ce qu'ils peuvent bien vouloir dire par « l'être » ?

Théétète — Comment ne pas le faire ?

L'Étranger — Qu'ils répondent donc à ceci : « vous déclarez, je crois, qu'il n'y a que un ? — Nous le déclarons en effet », déclareront-ils, n'est-ce pas ?

Théétète — Oui.

L'Étranger — « Mais, c'est quelque chose que vous appelez "être" ? »

Théétète — Oui.

L'Étranger — « Est-ce la même chose que "un" ? **c** auquel cas vous employez deux noms pour dire la même chose, ou alors… ? »

Théétète — Que pourront-ils répondre à cela, Étranger ?

ΞΕ. Δῆλον, ὦ Θεαίτητε, ὅτι τῷ ταύτην τὴν ὑπόθεσιν
5 | ὑποθεμένῳ πρὸς τὸ νῦν ἐρωτηθὲν καὶ πρὸς ἄλλο δὲ
ὁτιοῦν οὐ πάντων ῥᾷστον ἀποκρίνασθαι.

ΘΕΑΙ. Πῶς;

ΞΕ. Τό τε δύο ὀνόματα ὁμολογεῖν εἶναι μηδὲν θέμενον
πλὴν ἓν καταγέλαστόν που. |

10   ΘΕΑΙ. Πῶς δ᾽ οὔ;

ΞΕ. Καὶ τὸ παράπαν γε ἀποδέχεσθαί του λέγοντος ὡς
d | ἔστιν ὄνομά τι, λόγον οὐκ ἂν ἔχον.

ΘΕΑΙ. Πῇ;

ΞΕ. Τιθείς τε τοὔνομα τοῦ πράγματος ἕτερον δύο
λέγει πού τινε.

5   ΘΕΑΙ. Ναί.

ΞΕ. Καὶ μὴν ἂν ταὐτόν γε αὐτῷ τιθῇ τοὔνομα, ἢ
μηδενὸς ὄνομα ἀναγκασθήσεται λέγειν, εἰ δέ τινος αὐτὸ
φήσει, συμβήσεται τὸ ὄνομα ὀνόματος ὄνομα μόνον,
ἄλλου δὲ οὐδενὸς ὄν. |

10   ΘΕΑΙ. Οὕτως.

ΞΕ. Καὶ τὸ ἕν γε, ἑνὸς ὂν μόνον καὶ τοῦ ὀνόματος
αὐτὸ ἓν ὄν[1].

ΘΕΑΙ. Ἀνάγκη.

---

1. d11 ἑνὸς ὂν μόνον T Campbell : ἑνὸς ἓν ὂν μόνον BW
Robinson : ἑνὸς ὄνομα ὂν Apelt Burnet Cordero / καὶ τοῦτο ὀνόματος
T Campbell : καὶ τοῦ ὀνόματος BW Burnet Diès Robinson / αὐτὸ ἓν
ὂν BTW : †αὐτὸ ἓν ὄν† Campbell : αὖ τὸ ἓν ὂν Schleiermacher Burnet
Robinson.

L'Étranger — Il est évident, Théétète, que pour qui pose cette hypothèse, répondre à cette question n'est pas tout ce qu'il y a de plus facile, ainsi d'ailleurs que répondre à toute autre question.

Théétète — Comment cela?

L'Étranger — Accorder qu'il y a deux noms quand on vient de poser qu'il n'y a que un est passablement ridicule.

Théétète — Comment ne le serait-ce pas?

L'Étranger — Et ce qui le serait complétement serait d'admettre de dire | qu'il y a un nom, mais qu'il n'a pas **d** de sens.

Théétète — En quoi ridicule?

L'Étranger — Si on pose que le nom est autre que la chose, on dit en quelque sorte deux choses.

Théétète — Oui.

L'Étranger — Et pourtant, si on pose que le nom est même que la chose, ou bien on sera forcé de dire qu'il n'est le nom de rien, ou bien, si on affirme qu'il est le nom de quelque chose, il s'ensuivra qu'il sera le nom d'un nom et de rien d'autre[XIX].

Théétète — Hé oui!

L'Étranger — Et si « un » n'est l'un que de un, ce n'est lui-même que d'un nom qu'il est l'un.

Théétète — Forcément.

ΞΕ. Τί δέ; τὸ ὅλον ἕτερον τοῦ ὄντος ἑνὸς ἢ ταὐτὸν
15 | φήσουσι τούτῳ; |

e   ΘΕΑΙ. Πῶς γὰρ οὐ φήσουσί τε καὶ φασίν;

ΞΕ. Εἰ τοίνυν ὅλον ἐστίν, ὥσπερ καὶ Παρμενίδης
λέγει,

Πάντοθεν εὐκύκλου σφαίρης ἐναλίγκιον ὄγκῳ,
μεσσόθεν ἰσοπαλὲς πάντη· τὸ γὰρ οὔτε τι μεῖζον
οὔτε τι βαιότερον πελέναι χρεόν ἐστι τῇ ἢ τῇ, |

5 τοιοῦτόν γε ὂν τὸ ὂν μέσον τε καὶ ἔσχατα ἔχει, ταῦτα δὲ
ἔχον πᾶσα ἀνάγκη μέρη ἔχειν· ἢ πῶς;

ΘΕΑΙ. Οὕτως. |

245a   ΞΕ. Ἀλλὰ μὴν τό γε μεμερισμένον πάθος μὲν τοῦ ἑνὸς
ἔχειν ἐπὶ τοῖς μέρεσι πᾶσιν οὐδὲν ἀποκωλύει, καὶ ταύτῃ
δὴ πᾶν τε ὂν καὶ ὅλον ἓν εἶναι.

ΘΕΑΙ. Τί δ᾽ οὔ; |

5   ΞΕ. Τὸ δὲ πεπονθὸς ταῦτα ἆρ᾽ οὐκ ἀδύνατον αὐτό γε
τὸ ἓν αὐτὸ εἶναι;

ΘΕΑΙ. Πῶς;

ΞΕ. Ἀμερὲς δήπου δεῖ παντελῶς τό γε ἀληθῶς ἓν
κατὰ τὸν ὀρθὸν λόγον εἰρῆσθαι. |

10   ΘΕΑΙ. Δεῖ γὰρ οὖν. |

b   ΞΕ. Τὸ δέ γε τοιοῦτον ἐκ πολλῶν μερῶν ὂν οὐ
συμφωνήσει τῷ λόγῳ.

ΘΕΑΙ. Μανθάνω.

L'Étranger — Mais le tout entier[XX], affirmeront-ils qu'il est autre que l'un-qui-est, ou même que lui?

Théétète — Comment leur sera-t-il et leur est-il **e** possible de dire autre chose?

L'Étranger — Or, s'il est tout entier, et, comme le dit Parménide :

> *semblable à la masse d'une sphère bien arrondie,*
> *du centre étant partout également tendu; car plus fort*
> *Ou plus faible, il ne doit pas l'être, ici plutôt que là*[1],

un tel être a milieu et extrémités, et puisqu'il en a, il a de toute nécessité des parties, n'est-ce pas?

Théétète — En effet.

L'Étranger — Or assurément rien n'empêche qu'une **245a** unité vienne se surimposer à ce qui est ainsi divisé et affecte toutes ses parties, de manière à ce qu'il soit à la fois un et tout entier.

Théétète — Pourquoi pas?

L'Étranger — Mais n'est-il pas impossible à ce qui est affecté de cette façon d'être lui-même l'un en soi-même?

Théétète — Pourquoi cela?

L'Étranger — Parce que, correctement défini, ce qui est véritablement un doit sans doute être dit absolument sans parties.

Théétète — Il le faut, oui.

L'Étranger — Or cet un, tel que le voici constitué de **b** multiples parties, ne consonnera pas avec cette définition.

Théétète — Je comprends.

---

1. Parménide, fr. VIII, v. 43-45.

ΞΕ. Πότερον δὴ πάθος ἔχον τὸ ὅλον[1] τοῦ ἑνὸς οὕτως
5 ἕν τε | ἔσται καὶ ὅλον, ἢ παντάπασι μὴ λέγωμεν ὅλον
εἶναι τὸ ὄν;

ΘΕΑΙ. Χαλεπὴν προβέβληκας αἵρεσιν.

ΞΕ. Ἀληθέστατα μέντοι λέγεις. πεπονθός τε γὰρ τὸ
ὂν ἕν εἶναί πως οὐ ταὐτὸν ὂν τῷ ἑνὶ φανεῖται, καὶ πλέονα
δὴ τὰ πάντα ἑνὸς ἔσται. |

10 ΘΕΑΙ. Ναί. |

c   ΞΕ. Καὶ μὴν ἐάν γε τὸ ὂν ᾖ μὴ ὅλον διὰ τὸ πεπονθέναι
τὸ ὑπ᾽ ἐκείνου πάθος, ᾖ δὲ αὐτὸ τὸ ὅλον, ἐνδεὲς τὸ ὂν
ἑαυτοῦ συμβαίνει.

ΘΕΑΙ. Πάνυ γε. |

5   ΞΕ. Καὶ κατὰ τοῦτον δὴ τὸν λόγον ἑαυτοῦ στερόμενον
οὐκ ὂν ἔσται τὸ ὄν.

ΘΕΑΙ. Οὕτως.

ΞΕ. Καὶ ἑνός γε αὖ πλείω τὰ πάντα γίγνεται, τοῦ
τε ὄντος καὶ τοῦ ὅλου χωρὶς ἰδίαν ἑκατέρου φύσιν
εἰληφότος. |

10 ΘΕΑΙ. Ναί.

ΞΕ. Μὴ ὄντος δέ γε τὸ παράπαν τοῦ ὅλου, ταὐτά τε
d | ταῦτα ὑπάρχει τῷ ὄντι, καὶ πρὸς τῷ μὴ εἶναι μηδ᾽ ἂν
γενέσθαι ποτὲ ὄν.

ΘΕΑΙ. Τί δή;

1. b4 τὸ ὅλον BTYW Simpl. D Cordero : τὸ ὂν Schleiermacher
Burnet Campbell Diès Robinson.

L'Étranger — Alors, est-ce que ce tout-entier affecté de cette sorte d'unité sera un et tout entier, ou refuserons-nous absolument de dire qu'il est tout entier?

Théétète — Elle est difficile, ta question.

L'Étranger — Rien de plus vrai. Car si ce qui est n'est un que parce qu'il est affecté de cette façon, il ne peut pas paraître être même que l'un, et du même coup, leur somme fera plus que un.

Théétète — Oui.

L'Étranger — En outre, si l'être n'est pas tout entier c du fait de l'affection qui lui est infligée par l'un, et que le tout-entier lui-même soit : il arrive alors que l'être est en manque de lui-même.

Théétète — Certainement.

L'Étranger — Et, en vertu de ce raisonnement, privé qu'il est de lui-même, l'étant sera non-étant.

Théétète — Hé oui!

L'Étranger — Et cette fois encore, leur somme fait plus que un, puisque l'étant et le tout entier ont acquis chacun leur nature propre et séparée.

Théétète — Oui.

L'Étranger — Mais supposons que le tout entier n'existe absolument pas, les mêmes conséquences | s'ensuivent pour l'étant qui, en plus de ne pas être, ne d peut à aucun moment devenir étant.

Théétète — Pourquoi donc?

ΞΕ. Τὸ γενόμενον ἀεὶ γέγονεν ὅλον· ὥστε οὔτε
5 οὐσίαν | οὔτε γένεσιν ὡς οὖσαν δεῖ προσαγορεύειν τὸ ἓν
ἢ[1] τὸ ὅλον ἐν τοῖς οὖσι μὴ τιθέντα.

ΘΕΑΙ. Παντάπασιν ἔοικε ταῦθ᾽ οὕτως ἔχειν.

ΞΕ. Καὶ μὴν οὐδ᾽ ὁποσονοῦν τι δεῖ τὸ μὴ ὅλον εἶναι·
ποσόν γὰρ ὄν, ὁπόσον ἂν ᾖ, τοσοῦτον ὅλον ἀναγκαῖον
10 | αὐτὸ εἶναι.

ΘΕΑΙ. Κομιδῇ γε.

ΞΕ. Καὶ τοίνυν ἄλλα μυρία ἀπεράντους ἀπορίας
e ἕκαστον | εἰληφὸς φανεῖται τῷ τὸ ὂν εἴτε δύο τινὲ εἴτε ἓν
μόνον εἶναι λέγοντι.

ΘΕΑΙ. Δηλοῖ σχεδὸν καὶ τὰ νῦν ὑποφαίνοντα·
συνάπτεται γὰρ ἕτερον ἐξ ἄλλου, μείζω καὶ χαλεπωτέραν
5 φέρον | περὶ τῶν ἔμπροσθεν ἀεὶ ῥηθέντων πλάνην.

ΞΕ. Τοὺς μὲν τοίνυν διακριβολογουμένους ὄντος τε
πέρι καὶ μή, πάνυ[2] μὲν οὐ διεληλύθαμεν, ὅμως δὲ ἱκανῶς
ἐχέτω· τοὺς δὲ ἄλλως λέγοντας αὖ θεατέον, ἵν᾽ ἐκ πάντων
246a ἴδωμεν | ὅτι τὸ ὂν τοῦ μὴ ὄντος οὐδὲν εὐπορώτερον
εἰπεῖν ὅτι ποτ᾽ ἔστιν.

ΘΕΑΙ. Οὐκοῦν πορεύεσθαι χρὴ καὶ ἐπὶ τούτους.

ΞΕ. Καὶ μὴν ἔοικέ γε ἐν αὐτοῖς οἷον γιγαντομαχία
5 τις | εἶναι διὰ τὴν ἀμφισβήτησιν περὶ τῆς οὐσίας πρὸς
ἀλλήλους.

1. d5 τὸ ἓν ἢ BTYW Simplicius Diès Cordero : secl. Bekker
Burnet Robinson.
2. e7 πάνυ BTYW Campbell Cordero : πάντας Eusèbe Burnet Diès
Robinson.

L'Étranger — Parce que c'est toujours en son entier qu'est devenu ce qui devient ; de sorte qu'on ne doit parler ni de « manière d'être » ni de « venue à être » si on ne compte pas l'un et le tout entier au nombre des choses qui sont.

Théétète — Il semble bien en aller ainsi.

L'Étranger — De plus, ce qui n'est pas un tout-entier ne doit avoir aucune quantité, car s'il en a une, il l'a nécessairement tout entier, quelle qu'elle soit.

Théétète — Assurément.

L'Étranger — Et c'est à coup sûr par milliers et sans qu'on puisse en voir la fin que surgiront d'autres impasses pour quiconque | définit ce qui est soit comme e
un couple, soit comme étant seulement un.

Théétète — C'est évident, il n'y a qu'à voir celles qui viennent d'être soulevée : elles s'enchaînent, l'une sortant de l'autre et emportant chaque fois tout ce qui a été dit dans une errance encore plus divagante et plus difficile à surmonter.

L'Étranger — Voilà donc, sur ceux qui nous content en détail ce qu'il en est de l'être et du non-être, une revue qui n'est pas tout à fait complète[XXI], mais admettons qu'elle est suffisante ; ce sont ceux qui en parlent autrement qu'il nous faut considérer, afin qu'à partir d'eux tous, nous puissions voir | que l'être n'offre pas 246a
une voie plus facile à suivre que le non-être.

Théétète — Il nous faut donc emprunter cette voie et les suivre.

L'Étranger — De fait, c'est un combat de géants qu'ils semblent se livrer, si ardente est la contestation qui les oppose au sujet de la manière d'être de ce qui est.

ΘΕΑΙ. Πῶς;

ΞΕ. Οἱ μὲν εἰς γῆν ἐξ οὐρανοῦ καὶ τοῦ ἀοράτου πάντα ἕλκουσι, ταῖς χερσὶν ἀτεχνῶς πέτρας καὶ δρῦς περιλαμβάνοντες. τῶν γὰρ τοιούτων ἐφαπτόμενοι
10 πάντων διισχυρί|ζονται τοῦτο εἶναι μόνον ὃ παρέχει προσβολὴν καὶ ἐπαφήν | τινα, ταὐτὸν σῶμα καὶ οὐσίαν ὁριζόμενοι, τῶν δὲ ἄλλων εἴ τίς φησι[1] μὴ σῶμα ἔχον εἶναι, καταφρονοῦντες τὸ παράπαν καὶ οὐδὲ... ἐθέλοντες ἄλλο ἀκούειν.

ΘΕΑΙ. Ἦ δεινοὺς εἴρηκας ἄνδρας· ἤδη γὰρ καὶ ἐγὼ
5 | τούτων συχνοῖς προσέτυχον.

ΞΕ. Τοιγαροῦν οἱ πρὸς αὐτοὺς ἀμφισβητοῦντες μάλα εὐλαβῶς ἄνωθεν ἐξ ἀοράτου ποθὲν ἀμύνονται, νοητὰ ἄττα καὶ ἀσώματα εἴδη βιαζόμενοι τὴν ἀληθινὴν οὐσίαν εἶναι· τὰ δὲ ἐκείνων σώματα καὶ τὴν λεγομένην ὑπ᾽ αὐτῶν
c ἀλήθειαν | κατὰ σμικρὰ διαθραύοντες ἐν τοῖς λόγοις γένεσιν ἀντ᾽ οὐσίας φερομένην τινὰ προσαγορεύουσιν. ἐν μέσῳ δὲ περὶ ταῦτα ἄπλετος ἀμφοτέρων μάχη τις, ὦ Θεαίτητε, ἀεὶ συνέστηκεν.

ΘΕΑΙ. Ἀληθῆ. |

5 ΞΕ. Παρ᾽ ἀμφοῖν τοίνυν τοῖν γενοῖν κατὰ μέρος λάβωμεν λόγον ὑπὲρ ἧς τίθενται τῆς οὐσίας.

ΘΕΑΙ. Πῶς οὖν δὴ ληψόμεθα;

---

1. b2 τίς BTYW Campbell : τίς <τι> Burnet Diès Robinson / φησι T W Campbell : φήσει B Eusèbe Burnet Campbell Diès Robinson.

Théétète — Comment cela ?

L'Étranger — Les uns tirent vers la terre tout ce qui vient du ciel et ne peut pas se voir, en enserrant chênes et rochers de leurs mains. C'est en effet en s'attachant à tout ce qui est de cette sorte qu'ils bataillent à toute force pour soutenir que n'est que ce qui offre résistance et contact : pour eux, corps et manière d'être reviennent au même, et sitôt que | quelqu'un affirme qu'existe ce qui n'a pas de   b corps, ils ne répondent que par le mépris le plus total et refusent d'en écouter davantage.

Théétète — De quels terribles hommes tu viens de parler ! J'en ai déjà rencontré pas mal moi-même.

L'Étranger — C'est pourquoi ceux qui entrent en contestation avec eux se tiennent sur leurs gardes, et c'est du haut de quelque lieu impossible à voir qu'ils se défendent, luttant de toutes leurs forces pour établir que certaines idées intelligibles et incorporelles sont la véritable manière d'être de l'être. Quant à leurs « corps » et à leurs discours portant sur la vérité, ils les concassent en petits morceaux dans leurs arguments et substituent à ce qu'ils appellent « manière d'être » un devenir | qui   c ne cesse de s'écouler. Et entre les deux, c'est là-dessus, Théétète, qu'une interminable bataille renaît depuis toujours.

Théétète — C'est vrai.

L'Étranger — Nous demanderons donc à ces deux genres de nous rendre raison, l'une après l'autre, de la sorte de manière d'être qu'ils posent.

Théétète — Comment donc l'obtiendrons-nous ?

ΞΕ. Παρὰ μὲν τῶν ἐν εἴδεσιν αὐτὴν τιθεμένων ῥᾷον, ἡμερώτεροι γάρ· παρὰ δὲ τῶν εἰς σῶμα πάντα ἑλκόντων d | βίᾳ χαλεπώτερον, ἴσως δὲ καὶ σχεδὸν ἀδύνατον. ἀλλ᾽ ὧδέ μοι δεῖν δοκεῖ περὶ αὐτῶν δρᾶν.

ΘΕΑΙ. Πῶς;

ΞΕ. Μάλιστα μέν, εἴ πη δυνατὸν ἦν, ἔργῳ βελτίους 5 | αὐτοὺς ποιεῖν· εἰ δὲ τοῦτο μὴ ἐγχωρεῖ, λόγῳ ποιῶμεν, ὑποτιθέμενοι νομιμώτερον αὐτοὺς ἢ νῦν ἐθέλοντ᾽ ἂν ἀποκρίνασθαι. τὸ γὰρ ὁμολογηθὲν παρὰ βελτιόνων που κυριώτερον ἢ τὸ παρὰ χειρόνων· ἡμεῖς δὲ οὐ τούτων φροντίζομεν, ἀλλὰ τἀληθὲς ζητοῦμεν. |

e ΘΕΑΙ. Ὀρθότατα.

ΞΕ. Κέλευε δὴ τοὺς βελτίους γεγονότας ἀποκρίνασθαί σοι, καὶ τὸ λεχθὲν παρ᾽ αὐτῶν ἀφερμήνευε.

ΘΕΑΙ. Ταῦτ᾽ ἔσται. |

5 ΞΕ. Λεγόντων δὴ θνητὸν ζῷον εἴ φασιν εἶναί τι.

ΘΕΑΙ. Πῶς δ᾽ οὔ;

ΞΕ. Τοῦτο δὲ οὐ σῶμα ἔμψυχον ὁμολογοῦσιν;

ΘΕΑΙ. Πάνυ γε.

ΞΕ. Τιθέντες τι τῶν ὄντων ψυχήν; |

247a ΘΕΑΙ. Ναί.

L'Étranger — De ceux qui la situent dans des Idées, ce sera plus facile, car ils sont d'humeur plus paisible; pour ceux qui tirent tout de force vers le corps, ce sera plus difficile, peut-être même quasiment impossible. Mais voici | comment il me semble qu'il faut s'y prendre **d** avec eux.

Théétète — Comment?

L'Étranger — Par-dessus tout, à supposer que ce soit possible, il faut les rendre meilleurs en fait; mais si ce n'est pas en notre pouvoir, rendons-les tels en parole, et supposons qu'ils consentiront à répondre d'une façon plus normale qu'ils ne le font à présent. Car un accord donné par des gens qui sont meilleurs a plus de poids, je pense, que celui donné par ceux qui sont pires; quant à nous, ce n'est pas de ces derniers que nous nous soucions, mais de la vérité.

Théétète — Très juste.   **e**

L'Étranger — Prie donc de te répondre ceux qui sont devenus meilleurs, et fais-toi l'interprète de ce qu'ils auront dit.

Théétète — Je le ferai.

L'Étranger — Quand il est question d'un vivant mortel, est-ce qu'ils disent que c'est quelque chose?

Théétète — Évidemment.

L'Étranger — Mais est-ce qu'ils accordent que c'est un corps animé?

Théétète — Parfaitement.

L'Étranger — Ils posent donc que l'âme est une des choses qui sont?

Théétète — Oui.   **247**

ΞΕ. Τί δέ; ψυχὴν οὐ τὴν μὲν δικαίαν, τὴν δὲ ἄδικόν φασιν εἶναι, καὶ τὴν μὲν φρόνιμον, τὴν δὲ ἄφρονα;

ΘΕΑΙ. Τί μήν; |

5   ΞΕ. Ἀλλ᾽ οὐ δικαιοσύνης ἕξει καὶ παρουσίᾳ τοιαύτην αὐτῶν ἑκάστην γίγνεσθαι, καὶ τῶν ἐναντίων τὴν ἐναντίαν;

ΘΕΑΙ. Ναί, καὶ ταῦτα σύμφαυτ...

ΞΕ. Ἀλλὰ μὴν τό γε δυνατὸν τῳ παραγίγνεσθαι καὶ ἀπογίγνεσθαι πάντως εἶναί τι φήσουσιν. |

10   ΘΕΑΙ. Φασὶ μὲν οὖν. |

b   ΞΕ. Οὔσης οὖν δικαιοσύνης καὶ φρονήσεως καὶ τῆς ἄλλης ἀρετῆς καὶ τῶν ἐναντίων, καὶ δὴ καὶ ψυχῆς ἐν ᾗ ταῦτα ἐγγίγνεται, πότερον ὁρατὸν καὶ ἁπτὸν εἶναί φασί τι αὐτῶν ἢ πάντα ἀόρατα; |

5   ΘΕΑΙ. Σχεδὸν οὐδὲν τούτων γε ὁρατόν.

ΞΕ. Τί δὲ τῶν τοιούτων; μῶν σῶμά τι λέγουσιν ἴσχειν;

ΘΕΑΙ. Τοῦτο οὐκέτι κατὰ ταὐτὰ ἀποκρίνονται πᾶν, ἀλλὰ τὴν μὲν ψυχὴν αὐτὴν δοκεῖν σφίσι σῶμά τι κεκτῆσθαι, φρόνησιν δὲ καὶ τῶν ἄλλων ἕκαστον ὧν c ἠρώτηκας, αἰσχύ| νονται τὸ τολμᾶν ἢ μηδὲν τῶν ὄντων αὐτὰ ὁμολογεῖν ἢ πάντ᾽ εἶναι σώματα διισχυρίζεσθαι.

L'Étranger — Mais est-ce qu'ils affirment que telle âme est juste et telle autre injuste, et que telle âme est sensée et telle autre insensée?

Théétète — Bien sûr.

L'Étranger — Mais est-ce ne disent-ils pas que c'est en raison de sa possession et de la présence en elle de la justice que chacune devient telle, et de celle de leurs contraires qu'elle est le contraire?

Théétète — Si, cela aussi ils te l'accordent.

L'Étranger — Mais de plus, tout ce qui est capable d'être présent à quelque chose ou de s'en absenter, ils affirmeront que cela existe pleinement.

Théétète — Oui, certainement.

L'Étranger — Or du moment qu'existent la justice, b la pensée sage et le reste de la vertu ainsi que leurs contraires, et naturellement aussi l'âme, en laquelle tout cela vient à être, est-ce qu'ils disent qu'il y en a une qui peut être vue et touchée, ou qu'on ne peut en voir aucune?

Théétète — Presque rien de tout cela ne peut d'après eux être vu.

L'Étranger — Mais alors qu'est-ce qu'ils en disent? Qu'elles possèdent un corps?

Théétète — À tout cela, ils ne donnent pas la même réponse : ils disent que l'âme leur semble avoir un corps, mais pour la pensée sage et chacune des autres choses sur lesquelles portait ta question, la honte | les retient d'oser c accorder qu'elles ne font pas partie des choses qui sont, ou de soutenir à toute force que ce sont des corps.

ΞΕ. Σαφῶς γὰρ ἡμῖν, ὦ Θεαίτητε, βελτίους γεγόνασιν
ἄνδρες· ἐπεὶ τούτων οὐδ᾽ ἂν ἓν ἐπαισχυνθεῖεν οἵ γε αὐτῶν
5 | σπαρτοί τε καὶ αὐτόχθονες, ἀλλὰ διατείνοιντ᾽ ἂν πᾶν
ὃ μὴ δυνατοὶ ταῖς χερσὶ συμπιέζειν εἰσίν, ὡς ἄρα τοῦτο
οὐδὲν τὸ παράπαν ἐστίν.

ΘΕΑΙ. Σχεδὸν οἷα διανοοῦνται λέγεις.

ΞΕ. Πάλιν τοίνυν ἀνέρωτωμεν αὐτούς· εἰ γάρ τι καὶ
d | σμικρὸν ἐθέλουσι τῶν ὄντων συγχωρεῖν ἀσώματον,
ἐξαρκεῖ. τὸ γὰρ ἐπί τε τούτοις ἅμα καὶ ἐπ᾽ ἐκείνοις ὅσα ἔχει
σῶμα συμφυὲς γεγονός, εἰς ὃ βλέποντες ἀμφότερα εἶναι
λέγουσι, τοῦτο αὐτοῖς ῥητέον. τάχ᾽ οὖν ἴσως ἂν ἀποροῖεν·
5 εἰ δή | τι τοιοῦτον πεπόνθασι, σκόπει, προτεινομένων
ἡμῶν, ἆρ᾽ ἐθέλοιεν ἂν δέχεσθαι καὶ ὁμολογεῖν τοιόνδ᾽
εἶναι τὸ ὄν.

ΘΕΑΙ. Τὸ ποῖον δή; λέγε, καὶ τάχα εἰσόμεθα.

ΞΕ. Λέγω δὴ τὸ καὶ ὁποιανοῦν τινα[1] κεκτημένον
e δύναμιν | εἴτ᾽ εἰς τὸ ποιεῖν ἕτερον ὁτιοῦν πεφυκὸς εἴτ᾽ εἰς
τὸ παθεῖν καὶ σμικρότατον ὑπὸ τοῦ φαυλοτάτου, κἂν εἰ
μόνον εἰς ἅπαξ, πᾶν τοῦτο ὄντως εἶναι· τίθεμαι γὰρ ὅρον
ὁρίζειν[2] τὰ ὄντα ὡς ἔστιν οὐκ ἄλλο τι πλὴν δύναμις. |

5 ΘΕΑΙ. Ἀλλ᾽ ἐπείπερ αὐτοί γε οὐκ ἔχουσιν ἐν τῷ
παρόντι τούτου βέλτιον λέγειν, δέχονται τοῦτο.

ΞΕ. Καλῶς· ἴσως γὰρ ἂν εἰς ὕστερον ἡμῖν τε καὶ
248a τούτοις | ἕτερον ἂν φανείη. πρὸς μὲν οὖν τούτους τοῦτο
ἡμῖν ἐνταῦθα μενέτω συνομολογηθέν.

1. d 8 τινα TW Diès Robinson : om. B : [τινα] Burnet.
2. e3 ὅρον ὁρίζειν BTYW Campbell Diès Robinson : [ὁρίζειν]
Burnet : secl Ast : ὁρίζειν <δεῖν> add. Robinson.

L'Étranger — Il est clair pour nous, Théétète, que ces hommes sont réellement devenus meilleurs, car aucune honte ne retiendrait du moins ceux qui furent semés et sont nés de la terre ; ils soutiendraient au contraire obstinément que tout ce qu'ils ne peuvent pas étreindre de leurs mains n'existe absolument pas.

Théétète — Tu exprimes à peu près ce qu'ils pensent.

L'Étranger — Recommençons donc à les interroger. Car s'ils veulent bien concéder que, parmi les choses qui sont, il y a ne serait-ce qu'un tout petit peu d'incorporel, cela suffit. | Ce qu'ils doivent en effet nous dire est ce **d** qu'ils ont en vue qui puisse être commun à des choses par nature incorporelles et à celles qui sont corporelles, et qui leur permette de dire que les deux sont. Il se peut bien qu'ils soient embarrassés ; et si c'est à peu près ce qu'ils éprouvent, vois s'ils accepteraient cette proposition de notre part, à savoir que ce qui est est quelque chose de tel.

Théétète — De tel que quoi ? Dis-le, et peut-être que nous saurons.

L'Étranger — Je dis donc que tout ce qui possède une puissance, | soit d'agir sur quoi que ce soit d'autre, quelle **e** qu'en soit la nature, soit de pâtir même de la façon la plus minime sous l'effet de l'agent le plus infime, et même si ce n'est qu'une seule fois, cela existe réellement ; car je pose comme définition qui définisse les étants, qu'ils ne sont rien d'autre que puissance.

Théétète — Puisqu'eux-mêmes n'ont pour le moment rien de mieux à dire, ils acceptent celle-là.

L'Étranger — Bien. Il est possible que cela se montre plus tard à nous | sous un autre angle, mais en ce qui les **248a** concerne, que cela reste pour le moment convenu entre nous.

ΘΕΑΙ. Μένει.

ΞΕ. Πρὸς δὴ τοὺς ἑτέρους ἴωμεν, τοὺς τῶν εἰδῶν
5 φίλους· | σὺ δ' ἡμῖν καὶ τὰ παρὰ τούτων ἀφερμήνευε.

ΘΕΑΙ. Ταῦτ' ἔσται.

ΞΕ. Γένεσιν, τὴν δὲ οὐσίαν χωρίς που διελόμενοι
λέγετε; ἢ γάρ;

ΘΕΑΙ. Ναί. |

10 ΞΕ. Καὶ σώματι μὲν ἡμᾶς γενέσει δι' αἰσθήσεως
κοινωνεῖν, διὰ λογισμοῦ δὲ ψυχῇ πρὸς τὴν ὄντως οὐσίαν,
ἣν ἀεὶ κατὰ ταὐτὰ ὡσαύτως ἔχειν φατέ, γένεσιν δὲ ἄλλοτε
ἄλλως. |

b ΘΕΑΙ. Φαμὲν γὰρ οὖν.

ΞΕ. Τὸ δὲ δὴ κοινωνεῖν, ὦ πάντων ἄριστοι, τί τοῦθ'
ὑμᾶς ἐπ' ἀμφοῖν λέγειν φῶμεν; ἆρ' οὐ τὸ νυνδὴ παρ'
ἡμῶν ῥηθέν;

ΘΕΑΙ. Τὸ ποῖον; |

5 ΞΕ. Πάθημα ἢ ποίημα ἐκ δυνάμεώς τινος ἀπὸ
τῶν πρὸς ἄλληλα συνιόντων γιγνόμενον. τάχ' οὖν, ὦ
Θεαίτητε, αὐτῶν τὴν πρὸς ταῦτα ἀπόκρισιν σὺ μὲν οὐ
κατακούεις, ἐγὼ δὲ ἴσως διὰ συνήθειαν.

ΘΕΑΙ. Τίν' οὖν δὴ λέγουσι λόγον; |

Théétète — C'est convenu.

L'Étranger — Passons-donc aux autres, aux amis des Idées ; à toi encore d'être pour nous leur interprète.

Théétète — Ce sera fait.

L'Étranger — Le devenir et l'être, vous en parlez, je crois, en les divisant comme deux choses bien à part, n'est-ce pas ?

Théétète — Oui.

L'Étranger — Et c'est au moyen du corps que, grâce à la sensation, nous communiquons avec le devenir, tandis que c'est grâce au raisonnement, par l'âme, que nous avons accès à une manière d'être réellement existante, laquelle, affirmez-vous, se comporte toujours semblablement selon les mêmes rapports, alors que le devenir est tantôt d'une façon et tantôt d'une autre.

Théétète — Oui, cela, nous l'affirmons.   **b**

L'Étranger — Mais cette communication, ô les meilleurs des hommes, en quel sens devrons-nous affirmer que vous l'entendez, dans un cas comme dans l'autre ? N'est-ce pas comme nous venons de le formuler ?

Théétète — C'est-à-dire ?

L'Étranger — Comme une passion et une action résultant d'une certaine puissance et survenant lors de leur rencontre mutuelle. Mais il se peut, Théétète, que toi tu n'entendes pas clairement leur réponse à ces questions, alors que moi, je l'entends sans doute parce qu'elle m'est familière.

Théétète — Eh bien donc, quel discours tiennent-ils ?

c ΞΕ. Οὐ συγχωροῦσιν ἡμῖν τὸ νυνδὴ ῥηθὲν πρὸς τοὺς γηγενεῖς οὐσίας πέρι.

ΘΕΑΙ. Τὸ ποῖον;

ΞΕ. Ἱκανὸν ἔθεμεν ὅρον που τῶν ὄντων, ὅταν τῳ παρῇ
5 | ἡ τοῦ πάσχειν ἢ δρᾶν καὶ πρὸς τὸ σμικρότατον δύναμις;

ΘΕΑΙ. Ναι.

ΞΕ. Πρὸς δὴ ταῦτα τόδε λέγουσιν, ὅτι γενέσει μὲν μέτεστι τοῦ πάσχειν καὶ ποιεῖν δυνάμεως, πρὸς δὲ οὐσίαν τούτων οὐδετέρου τὴν δύναμιν ἁρμόττειν φασίν. |

10 ΘΕΑΙ. Οὐκοῦν λέγουσί τι;

ΞΕ. Πρὸς ὅ γε λεκτέον ἡμῖν ὅτι δεόμεθα παρ' αὐτῶν
d | ἔτι πυθέσθαι σαφέστερον εἰ προσομολογοῦσι τὴν μὲν ψυχὴν γιγνώσκειν, τὴν δ' οὐσίαν γιγνώσκεσθαι.

ΘΕΑΙ. Φασὶ μὴν τοῦτό γε.

ΞΕ. Τί δέ; τὸ γιγνώσκειν ἢ τὸ γιγνώσκεσθαί φατε
5 | ποίημα ἢ πάθος ἢ ἀμφότερον; ἢ τὸ μὲν πάθημα, τὸ δὲ θάτερον; ἢ παντάπασιν οὐδέτερον οὐδετέρου τούτων μεταλαμβάνειν;

ΘΕΑΙ. Δῆλον ὡς οὐδέτερον οὐδετέρου· τἀναντία γὰρ ἂν τοῖς ἔμπροσθεν λέγοιεν. |

L'Étranger — Qu'ils ne nous accordent pas ce qui c
vient d'être dit face aux fils de la Terre à propos de la
manière d'être.

Théétète — Qui était quoi?

L'Étranger — Que nous posions, je crois, qu'il
suffisait de définir les étants comme ce à quoi est chaque
fois présente une puissance de pâtir de et d'agir sur la
chose la plus infime.

Théétète — Oui.

L'Étranger — Or voici ce qu'eux répliquent à cela :
le devenir participe bien de cette puissance d'agir et de
pâtir, mais à l'être, aucune de ces deux puissances ne
convient.

Théétète — N'y a-t-il donc pas quelque chose dans
ce qu'ils disent?

L'Étranger — Quelque chose, au moins, à quoi il
nous faut répondre | que nous avons encore besoin qu'ils d
nous fassent savoir plus clairement s'ils accordent que
l'âme connaît, et que l'être est connu.

Théétète — Cela au moins ils l'affirment, oui.

L'Étranger — Et alors, connaître et être connu, dites-
vous que c'est une action, une passion, ou les deux? Ou
est-ce que l'un est passion, et l'autre autre chose? Ou que
ni l'un ni l'autre n'ont absolument aucune part à aucune
des deux?

Théétète — Évidemment aucun des deux à aucune
des deux ; autrement, ils diraient le contraire de ce qu'ils
viennent de dire.

10 ΞΕ. Μανθάνω· τόδε γε, ὡς τὸ γιγνώσκειν εἴπερ
e ἔσται | ποιεῖν τι, τὸ γιγνωσκόμενον ἀναγκαῖον αὖ
συμβαίνει πάσχειν. τὴν οὐσίαν δὴ κατὰ τὸν λόγον
τοῦτον γιγνωσκομένην ὑπὸ τῆς γνώσεως, καθ᾽ ὅσον
γιγνώσκεται, κατὰ τοσοῦτον κινεῖσθαι διὰ τὸ πάσχειν, ὃ
δή φαμεν οὐκ ἂν γενέσθαι περὶ τὸ ἠρεμοῦν. |

5 ΘΕΑΙ. Ὀρθῶς.

ΞΕ. Τί δὲ πρὸς Διός; ὡς ἀληθῶς κίνησιν καὶ ζωὴν καὶ
ψυχὴν καὶ φρόνησιν ἦ ῥᾳδίως πεισθησόμεθα τῷ παντελῶς
249a | ὄντι μὴ παρεῖναι, μηδὲ ζῆν αὐτὸ μηδὲ φρονεῖν, ἀλλὰ
σεμνὸν καὶ ἅγιον, νοῦν οὐκ ἔχον, ἀκίνητον ἑστὸς εἶναι;

ΘΕΑΙ. Δεινὸν μεντἄν, ὦ ξένε, λόγον συγχωροῖμεν.

ΞΕ. Ἀλλὰ νοῦν μὲν ἔχειν, ζωὴν δὲ μὴ φῶμεν; |

5 ΘΕΑΙ. Καὶ πῶς;

ΞΕ. Ἀλλὰ ταῦτα μὲν ἀμφότερα ἐνόντ᾽ αὐτῷ λέγομεν,
οὐ μὴν ἐν ψυχῇ γε φήσομεν αὐτὸ ἔχειν αὐτά;

ΘΕΑΙ. Καὶ τίν᾽ ἂν ἕτερον ἔχοι τρόπον;

ΞΕ. Ἀλλὰ δῆτα νοῦν μὲν καὶ ζωὴν καὶ ψυχὴν <ἔχειν>,
10 | ἀκίνητον μέντοι τὸ παράπαν ἔμψυχον ὂν ἑστάναι; |

b ΘΕΑΙ. Πάντα ἔμοιγε ἄλογα ταῦτ᾽ εἶναι φαίνεται.

L'Étranger — Pour ma part, je comprends au moins ceci, que s'il est vrai que connaître est faire quelque chose, | il arrive nécessairement qu'à son tour ce qui est connu **e** pâtisse ; et que, selon ce raisonnement, dans la mesure même où l'être est connu par l'acte de connassance, il est mû du fait d'en pâtir – ce qui selon nous ne peut arriver à ce qui est en repos.

Théétète — Correct.

L'Étranger — Alors, par Zeus ! Nous laisserons-nous si facilement persuader que mouvement, vie, âme et pensée ne sont pas présents dans ce qui est totalement | étant, que cela ne vit ni ne pense, mais que, solennel et **249a** sacré, dépourvu d'intelligence, il se tient là planté sans bouger ?

Théétète — Ce serait certes un terrible discours, Étranger, que nous accepterions là.

L'Étranger — Mais déclarerons-nous qu'il a de l'intelligence, mais pas de vie ?

Théétète — Et comment le pourrions-nous ?

L'Étranger — Mais si nous disons que les deux sont présents en lui, nierons-nous pourtant que c'est dans une âme qu'il les possède ?

Théétète — Comment pourrait-il les posséder autrement ?

L'Étranger — Il aurait alors intelligence, vie et âme, mais n'en resterait pas moins, lui qui est animé, planté là sans pouvoir bouger ?

Théétète — À moi du moins, tout cela paraît être **b** absurde.

ΞΕ. Καὶ τὸ κινούμενον δὴ καὶ κίνησιν συγχωρητέον ὡς ὄντα.

ΘΕΑΙ. Πῶς δ' οὔ; |

5   ΞΕ. Συμβαίνει δ' οὖν, ὦ Θεαίτητε, ἀκινήτων τε ὄντων νοῦν μηδενὶ περὶ μηδενὸς εἶναι μηδαμοῦ.

ΘΕΑΙ. Κομιδῇ μὲν οὖν.

ΞΕ. Καὶ μὴν ἐὰν αὖ φερόμενα καὶ κινούμενα πάντ' εἶναι συγχωρῶμεν, καὶ τούτῳ τῷ λόγῳ ταὐτὸν τοῦτο ἐκ
10 τῶν ὄντων | ἐξαιρήσομεν.

ΘΕΑΙ. Πῶς;

ΞΕ. Τὸ κατὰ ταὐτὰ καὶ ὡσαύτως καὶ περὶ τὸ αὐτὸ
c δοκεῖ | σοι χωρὶς στάσεως γενέσθαι ποτ' ἄν;

ΘΕΑΙ. Οὐδαμῶς.

ΞΕ. Τί δ'; ἄνευ τούτων νοῦν καθορᾷς ὄντα ἢ γενόμενον ἂν καὶ ὁπουοῦν; |

5   ΘΕΑΙ. Ἥκιστα.

ΞΕ. Καὶ μὴν πρός γε τοῦτον παντὶ λόγῳ μαχετέον, ὃς ἂν ἐπιστήμην ἢ φρόνησιν ἢ νοῦν ἀφανίζων ἰσχυρίζηται περί τινος ὁπῃοῦν.

ΘΕΑΙ. Σφόδρα γε. |

L'Étranger — Il faut donc concéder que ce qui est mû et que le mouvement sont choses qui sont.

Théétète — Comment faire autrement?

L'Étranger — Il s'ensuit en tout cas, Théétète, qu'à aucun des êtres qui sont immobiles l'intelligence ne peut appartenir, à propos de rien, nulle part.

Théétète — Parfaitement.

L'Étranger — Et d'ailleurs, si nous convenons au contraire que tout est en translation et en mouvement, notre raisonnement l'exclura de la même façon.

Théétète — Comment cela?

L'Étranger — À ton avis, conserver les mêmes rapports et se comporter de la même manière à propos de la même chose, | est-ce que cela pourrait jamais se   c produire sans qu'aucun repos n'existe[1]?

Théétète — En aucune façon.

L'Étranger — Alors, si ces conditions font défaut, vois-tu comment l'intelligence puisse être ou venir à être où que ce soit?

Théétète — Pas du tout.

L'Étranger — Alors, s'il est quelqu'un qu'il faut combattre en usant de toutes les ressources d'un discours rationnel, c'est celui qui, de quelque façon que ce soit et sur quelque sujet que ce soit, bataillerait pour abolir la science, la pensée ou l'intelligence.

Théétète — Oui, très certainement.

1. *Cf.* 248a.

10 ΞΕ. Τῷ δὴ φιλοσόφῳ καὶ ταῦτα μάλιστα τιμῶντι πᾶσα, ὡς ἔοικεν, ἀνάγκη διὰ ταῦτα μήτε τῶν ἓν ἢ καὶ τὰ πολλὰ
d | εἴδη λεγόντων τὸ πᾶν ἑστηκὸς ἀποδέχεσθαι, τῶν τε αὖ πανταχῇ τὸ ὂν κινούντων μηδὲ τὸ παράπαν ἀκούειν, ἀλλὰ κατὰ τὴν τῶν παίδων εὐχήν, ὅσα ἀκίνητα καὶ κεκινημένα, τὸ ὄν τε καὶ τὸ πᾶν συναμφότερα λέγειν. |

5 ΘΕΑΙ. Ἀληθέστατα.

ΞΕ. Τί οὖν; ἆρ᾽ οὐκ ἐπιεικῶς ἤδη φαινόμεθα περιειληφέναι τῷ λόγῳ τὸ ὄν;

ΘΕΑΙ. Πάνυ μὲν οὖν.

ΞΕ. Βαβαὶ μέντ᾽ ἄρα,[1] ὦ Θεαίτητε, ὥς μοι
10 δοκοῦμεν | νῦν αὐτοῦ γνώσεσθαι πέρι τὴν ἀπορίαν τῆς σκέψεως. |

e ΘΕΑΙ. Πῶς αὖ καὶ τί τοῦτ᾽ εἴρηκας;

ΞΕ. Ὦ μακάριε, οὐκ ἐννοεῖς ὅτι νῦν ἐσμεν ἐν ἀγνοίᾳ τῇ πλείστῃ περὶ αὐτοῦ, φαινόμεθα δέ τι λέγειν ἡμῖν αὐτοῖς; |

5 ΘΕΑΙ. Ἐμοὶ γοῦν· ὅπῃ δ᾽ αὖ λελήθαμεν οὕτως ἔχοντες, οὐ πάνυ συνίημι.

---

1. d9 μέντ᾽ ἄρα Campbell Robinson : μέντ᾽ ἂν ἄρα BTY Cordero : †μέντ᾽ ἂν ἄρα† Burnet : μένοι ἂν ἄρα Diès.

L'Étranger — Au philosophe, donc, lui qui les honore par-dessus tout, nécessité est, semble-t-il à cause d'elles, de ne pas accepter l'immobilité du tout, | qu'on le dise un   d ou affirme une pluralité d'Idées, et de rester absolument sourd aux arguments de ceux qui au contraire meuvent l'être en tous sens ; mais, imitant les petits enfants, de choisir « les deux » et dire que l'être et le tout sont toutes les choses qui sont immobiles et toutes celles qui sont en mouvement.

Théétète — Très vrai.

L'Étranger — Eh bien, nous paraissons déjà avoir très convenablement cerné l'être avec cette définition, n'est-ce pas ?

Théétète — Si, tout à fait.

L'Étranger — Hélas, Théétète, c'est pourtant justement maintenant[XXII] que nous allons, me semble-t-il, nous rendre compte de l'impasse où se trouve notre enquête à propos de l'être.

Théétète — Une fois de plus, comment ? Qu'est-ce   e que tu dis encore ?

L'Étranger — Bienheureux jeune homme, ne saisis-tu pas que nous sommes à présent dans l'ignorance la plus grande à son sujet, alors que nous nous paraissions dire quelque chose qui fait sens ?

Théétète — C'était bien mon cas ; mais je ne comprends pas du tout comment, dans l'état où nous sommes, cela a pu nous échapper.

ΞΕ. Σκόπει δὴ σαφέστερον εἰ τὰ νῦν συνομολογοῦντες
250a | δικαίως ἂν ἐπερωτηθεῖμεν ἅπερ αὐτοὶ τότε ἠρωτῶμεν
τοὺς λέγοντας εἶναι τὸ πᾶν θερμὸν καὶ ψυχρόν.

ΘΕΑΙ. Ποῖα; ὑπόμνησόν με.

ΞΕ. Πάνυ μὲν οὖν· καὶ πειράσομαί γε δρᾶν τοῦτο
5 | ἐρωτῶν σε καθάπερ ἐκείνους τότε, ἵνα ἅμα τι καὶ
προΐωμεν.

ΘΕΑΙ. Ὀρθῶς.

ΞΕ. Εἶεν δή, κίνησιν καὶ στάσιν ἆρ' οὐκ ἐναντιώτατα
λέγεις ἀλλήλοις; |

10 ΘΕΑΙ. Πῶς γὰρ οὔ;

ΞΕ. Καὶ μὴν εἶναί γε ὁμοίως φὴς ἀμφότερα αὐτὰ καὶ
ἑκάτερον; |

b ΘΕΑΙ. Φημὶ γὰρ οὖν.

ΞΕ. Ἆρα κινεῖσθαι λέγων ἀμφότερα καὶ ἑκάτερον,
ὅταν εἶναι συγχωρῇς;

ΘΕΑΙ. Οὐδαμῶς. |

5 ΞΕ. Ἀλλ' ἑστάναι σημαίνεις λέγων αὐτὰ ἀμφότερα
εἶναι;

ΘΕΑΙ. Καὶ πῶς;

L'Étranger — Examine donc, de façon un peu plus perspicace, si, vu ce sur quoi nous venons de nous accorder, | il ne serait pas légitime de nous poser exactement les mêmes questions que celles que nous adressions alors à ceux qui disent que le tout est du chaud et du froid[1]. **250a**

Théétète — Lesquelles ? Rappelle-les-moi.

L'Étranger — Certainement, et je vais tenter de le faire en te posant à toi les questions que je leur posais alors, de manière à ce que nous progressions en même temps un peu.

Théétète — Très juste.

L'Étranger — Soit : mouvement et repos, ne dis-tu pas qu'ils sont on ne peut plus contraires l'un à l'autre ?

Théétète — Comment pourrait-il en être autrement ?

L'Étranger — Et pourtant, tu dis semblablement de tous les deux et de chacun des deux qu'ils existent ?

Théétète — Bien sûr que je le dis. **b**

L'Étranger — Mais chaque fois que tu affirmes qu'ils existent, est-ce parce que tu veux dire que tous les deux et que chacun des deux sont en mouvement ?

Théétète — Pas du tout.

L'Étranger — Mais quand tu dis que tous les deux existent, est-ce que tu veux dire qu'ils sont en repos ?

Théétète — Comment pourrais-je dire une chose pareille ?

1. En 243d-e.

ΞΕ. Τρίτον ἄρα τι παρὰ ταῦτα τὸ ὂν ἐν τῇ ψυχῇ τιθείς, ὡς ὑπ᾽ ἐκείνου τήν τε στάσιν καὶ τὴν κίνησιν περιεχομένην, συλλαβὼν καὶ ἀπιδὼν αὐτῶν πρὸς τὴν τῆς
10 οὐσίας κοινωνίαν, | νοὕτως εἶναι προσεῖπας ἀμφότερα; |

c ΘΕΑΙ. Κινδυνεύομεν ὡς ἀληθῶς τρίτον ἀπομαντεύεσθαί τι τὸ ὄν, ὅταν κίνησιν καὶ στάσιν εἶναι λέγωμεν.

ΞΕ. Οὐκ ἄρα κίνησις καὶ στάσις ἐστὶ συναμφότερον τὸ ὂν ἀλλ᾽ ἕτερον δή τι τούτων. |

5 ΘΕΑΙ. Ἔοικεν.

ΞΕ. Κατὰ τὴν αὐτοῦ φύσιν ἄρα τὸ ὂν οὔτε ἕστηκεν οὔτε κινεῖται.

ΘΕΑΙ. Σχεδόν.

ΞΕ. Ποῖ δὴ χρὴ τὴν διάνοιαν ἔτι τρέπειν τὸν
10 βουλόμενον | ἐναργές τι περὶ αὐτοῦ παρ᾽ ἑαυτῷ βεβαιώσασθαι;

ΘΕΑΙ. Ποῖ γάρ;

ΞΕ. Οἶμαι μὲν οὐδαμόσε ἔτι ῥᾴδιον. εἰ γάρ τι μὴ
d | κινεῖται, πῶς οὐχ ἕστηκεν; ἢ τὸ μηδαμῶς ἑστὸς πῶς οὐκαῦ κινεῖται; τὸ δὲ ὂν ἡμῖν νῦν ἐκτὸς τούτων ἀμφοτέρων ἀναπέφανται. ἦ δυνατὸν οὖν τοῦτο;

ΘΕΑΙ. Πάντων μὲν οὖν ἀδυνατώτατον. |

5 ΞΕ. Τόδε τοίνυν μνησθῆναι δίκαιον ἐπὶ τούτοις.

L'Étranger — Est-ce donc comme un troisième terme surajouté à ceux-là que tu poses l'être dans l'âme, comme enveloppant aussi bien le repos que le mouvement, et est-ce en les prenant ensemble et en fixant ton regard sur leur communauté avec l'être que tu en es arrivé à dire que tous deux sont ?

Théétète — Nous risquons bien, en vérité, d'avoir c deviné que l'être était un troisième terme, chaque fois que nous avons affirmé que mouvement et repos existaient.

L'Étranger — L'être n'est donc pas l'ensemble du mouvement et du repos, mais quelque chose d'autre qu'eux.

Théétète — Il semble.

L'Étranger — Ainsi donc, selon sa nature propre, l'être n'est ni en repos ni en mouvement.

Théétète — À peu près, oui.

L'Étranger — Vers quoi doit alors tourner encore sa pensée celui qui souhaite établir quelque chose de clair et de fermement fondé à son sujet ?

Théétète — Vers quoi, en effet ?

L'Étranger — À mon avis, vers rien qui soit facilement accessible. Car si une chose n'est pas | en d repos, comment ne serait-elle pas en mouvement ? Ou, si elle n'est aucunement en mouvement, comment ne serait-elle pas en repos ? Or l'être vient de se montrer à nous comme extérieur à ces deux termes. Est-ce donc possible, cela ?

Théétète — C'est on ne peut plus impossible.

L'Étranger — En ce cas, voici ce qu'il serait juste de nous rappeler.

ΘΕΑΙ. Τὸ ποῖον;

ΞΕ. Ὅτι τοῦ μὴ ὄντος ἐρωτηθέντες τοὔνομα ἐφ᾽ ὅτι ποτὲ δεῖ φέρειν, πάσῃ συνεσχόμεθα ἀπορίᾳ. μέμνησαι;

ΘΕΑΙ. Πῶς γὰρ οὔ; |

ΞΕ. Μῶν οὖν ἐν ἐλάττονί τινι νῦν ἐσμεν ἀπορίᾳ περὶ τὸ ὄν;

ΘΕΑΙ. Ἐμοὶ μέν, ὦ ξένε, εἰ δυνατὸν εἰπεῖν, ἐν πλείου φαινόμεθα. |

5 ΞΕ. Τοῦτο μὲν τοίνυν ἐνταῦθα κείσθω διηπορημένον· ἐπειδὴ δὲ ἐξ ἴσου τό τε ὂν καὶ τὸ μὴ ὂν ἀπορίας μετειλήφατον, νῦν ἐλπὶς ἤδη καθάπερ ἂν αὐτῶν θάτερον εἴτε ἀμυδρότερον εἴτε σαφέστερον ἀναφαίνηται, καὶ
251a θάτερον οὕτως | ἀναφαίνεσθαι· καὶ ἐὰν αὖ μηδέτερον ἰδεῖν δυνώμεθα, τὸν γοῦν λόγον ὅπηπερ ἂν οἷοί τε ὦμεν εὐπρεπέστατα διωσόμεθα οὕτως ἀμφοῖν ἅμα.

ΘΕΑΙ. Καλῶς. |

5 ΞΕ. Λέγωμεν δὴ καθ᾽ ὅντινά ποτε τρόπον πολλοῖς ὀνόμασι ταὐτὸν τοῦτο ἑκάστοτε προσαγορεύομεν.

ΘΕΑΙ. Οἷον δὴ τί; παράδειγμα εἰπέ.

ΞΕ. Λέγομεν ἄνθρωπον δήπου πόλλ᾽ ἄττα ἐπονομάζοντες, τά τε χρώματα ἐπιφέροντες αὐτῷ καὶ
10 τὰ σχήματα καὶ μεγέθη | καὶ κακίας καὶ ἀρετάς, ἐν οἷς
b πᾶσι καὶ ἑτέροις μυρίοις οὐ μόνον | ἄνθρωπον αὐτὸν

Théétète — Quoi donc ?

L'Étranger — Que, interrogés sur ce à quoi on pouvait bien rapporter ce mot, « non-étant », nous nous sommes trouvés dans l'impasse la plus totale, tu te souviens[1] ?

Théétète — Comment ne pas m'en souvenir ?

L'Étranger — Est-ce que l'impasse où nous **e** nous trouvons à présent à propos de l'être est moins inextricable ?

Théétète — À mes yeux, Étranger, elle l'est, si l'on peut dire, encore plus.

L'Étranger — Tenons-nous en donc à cet exposé de nos impasses ; mais puisque l'étant et le non-étant se sont révélés être également embarrassants, nous pouvons désormais espérer que, si l'un des deux vient à se montrer sous un jour plus clair ou plus obscur, l'autre | en fera **251a** autant ; et si, en revanche, nous ne sommes capables de voir ni l'un ni l'autre, soyons-le au moins de frayer à notre raisonnement le chemin le plus convenable à travers les deux à la fois.

Théétète — Fort bien dit.

L'Étranger — Expliquons donc comment nous pouvons bien appeler de multiples noms une chose, la même chose, chaque fois que nous en parlons.

Théétète — Comme par exemple ? Dis-en un.

L'Étranger — « L'homme » : nous en parlons, sans doute, en lui appliquant nombre de dénominations, en lui donnant des couleurs, des figures, des tailles, des vices et des vertus ; et dans tous ces cas, comme dans des dizaines de milliers d'autres, nous ne nous bornons pas | à dire **b**

---

1. Voir 237c.

εἶναί φαμεν, ἀλλὰ καὶ ἀγαθὸν καὶ ἕτερα ἄπειρα, καὶ τἆλλα δὴ κατὰ τὸν αὐτὸν λόγον οὕτως ἓν ἕκαστον ὑποθέμενοι πάλιν αὐτὸ πολλὰ καὶ πολλοῖς ὀνόμασι λέγομεν.

ΘΕΑΙ. Ἀληθῆ λέγεις. |

5 ΞΕ. Ὅθεν γε οἶμαι τοῖς τε νέοις καὶ τῶν γερόντων τοῖς ὀψιμαθέσι θοίνην παρεσκευάκαμεν· εὐθὺς γὰρ ἀντιλαβέσθαι παντὶ πρόχειρον ὡς ἀδύνατον τά τε πολλὰ ἓν καὶ τὸ ἓν πολλὰ εἶναι, καὶ δήπου χαίρουσιν οὐκ

c ἐῶντες ἀγαθὸν λέγειν | ἄνθρωπον, ἀλλὰ τὸ μὲν ἀγαθὸν ἀγαθόν, τὸν δὲ ἄνθρωπον ἄνθρωπον. ἐντυγχάνεις γάρ, ὦ Θεαίτητε, ὡς ἐγῷμαι, πολλάκις τὰ τοιαῦτα ἐσπουδακόσιν, ἐνίοτε πρεσβυτέροις ἀνθρώποις, καὶ ὑπὸ πενίας τῆς περὶ

5 φρόνησιν κτήσεως τὰ | τοιαῦτα τεθαυμακόσι, καὶ δή τι καὶ πάσσοφον οἰομένοις τοῦτο αὐτὸ ἀνηυρηκέναι.

ΘΕΑΙ. Πάνυ μὲν οὖν.

ΞΕ. Ἵνα τοίνυν πρὸς ἅπαντας ἡμῖν ὁ λόγος ᾖ τοὺς

d | πώποτε περὶ οὐσίας καὶ ὁτιοῦν διαλεχθέντας, ἔστω καὶ πρὸς τούτους καὶ πρὸς τοὺς ἄλλους, ὅσοις ἔμπροσθεν διειλέγμεθα, τὰ νῦν ὡς ἐν ἐρωτήσει λεχθησόμενα.

ΘΕΑΙ. Τὰ ποῖα δή; |

qu'il est homme, mais qu'il est bon, ainsi qu'une quantité illimitée d'autres choses. Il en va de même pour toutes les autres choses et pour la même raison : ayant commencé par poser que chacune est une, nous la disons au rebours multiple et l'appelons de plusieurs noms.

Théétète — C'est vrai, ce que tu dis.

L'Étranger — Et ainsi, je crois, nous avons préparé un régal aussi bien pour les jeunes gens que pour les vieillards tard-venus sur les bancs ; car cela permet au premier venu de répliquer immédiatement qu'il est aussi impossible au multiple d'être un qu'à l'un d'être multiple ; et ils se font, tu penses bien, une joie de ne pas permettre que l'on dise | « l'homme est bon », c mais seulement que le bon est bon et l'homme homme. J'imagine, Théétète, que tu rencontres souvent des gens qui s'excitent à propos de pareils sujets ; ce sont quelquefois des hommes assez âgés, que leur manque de formation intellectuelle porte à s'émerveiller de telles sornettes et qui croient naturellement que leur découverte est le sommet du savoir.

Théétète — Parfaitement.

L'Étranger — Afin d'inclure dans notre argumentation tous ceux qui | jamais, et pour en dire quoi que ce soit, d ont discuté de la manière d'être de l'étant, faisons comme si nous leur adressions, à eux aussi bien qu'à ceux avec qui nous avons auparavant discuté[1], les questions qui vont suivre.

Théétète — Lesquelles ?

---

1. Les Amis des Idées : *cf.* 248a *sq.*

5 ΞΕ. Πότερον μήτε τὴν οὐσίαν κινήσει καὶ στάσει προσάπτωμεν μήτε ἄλλο ἄλλῳ μηδὲν μηδενί, ἀλλ᾽ ὡς ἄμεικτα ὄντα καὶ ἀδύνατον μεταλαμβάνειν ἀλλήλων οὕτως αὐτὰ ἐν τοῖς παρ᾽ ἡμῖν λόγοις τιθῶμεν; ἢ πάντα εἰς ταὐτὸν συναγάγωμεν ὡς δυνατὰ ἐπικοινωνεῖν ἀλλήλοις; e ἢ τὰ μέν, τὰ δὲ μή; τούτων, | ὦ Θεαίτητε, τί ποτ᾽ ἂν αὐτοὺς προαιρεῖσθαι φήσομεν;

ΘΕΑΙ. Ἐγὼ μὲν ὑπὲρ αὐτῶν οὐδὲν ἔχω πρὸς ταῦτα ἀποκρίνασθαι. Τί οὖν οὐ καθ᾽ ἓν ἀποκρινόμενος ἐφ᾽ 5 ἑκάστου τὰ | συμβαίνοντα ἐσκέψω;

ΞΕ. Καλῶς λέγεις. Καὶ[1] τιθῶμέν γε αὐτοὺς λέγειν, εἰ βούλει, πρῶτον μηδενὶ μηδὲν μηδεμίαν δύναμιν ἔχειν κοινωνίας εἰς μηδέν. οὐκοῦν κίνησίς τε καὶ στάσις οὐδαμῇ μεθέξετον οὐσίας; |

252a ΘΕΑΙ. Οὐ γὰρ οὖν.

ΞΕ. Τί δέ; ἔσται πότερον αὐτῶν οὐσίας μὴ προσκοινωνοῦν;

ΘΕΑΙ. Οὐκ ἔσται. |

5 ΞΕ. Ταχὺ δὴ ταύτῃ γε τῇ συνομολογίᾳ πάντα ἀνάστατα γέγονεν, ὡς ἔοικεν, ἅμα τε τῶν τὸ πᾶν κινούντων καὶ τῶν ὡς ἓν ἱστάντων καὶ ὅσοι κατ᾽ εἴδη τὰ ὄντα κατὰ ταὐτὰ ὡσαύτως ἔχοντα εἶναί φασιν ἀεί· πάντες γὰρ οὗτοι τό γε εἶναι προσάπτουσιν, οἱ μὲν ὄντως κινεῖσθαι λέγοντες, οἱ δὲ | ὄντως ἑστηκότ᾽ εἶναι.

10 ΘΕΑΙ. Κομιδῇ μὲν οὖν. |

1. e 4-5 BT Campbell Robin : Τί οὖν ... ἐσκέψω Ξένος, Καλῶς λέγεις Θεαι. Y Badham Burnet Diès Robinson.

L'Étranger — Devons-nous n'attacher l'être ni au mouvement, ni au repos, ni rien d'autre à rien d'autre, mais les poser dans les discours que nous tenons comme étant sans mélange et comme incapables de participation mutuelle ? Ou bien les ramènerons-nous toutes au même, en les disant toutes capables de se mélanger les unes aux aux autres ? Ou encore | dirons-nous, Théétète, que les ᵉ unes en sont capables et les autres non ?

Théétète — Je n'ai, quant à moi, rien à répondre en leur nom là-dessus. Alors pourquoi, en répondant tour à tour à chacune, n'examinerais-tu pas ses conséquences ?

L'Étranger — Tu as raison, et posons donc ˣˣᴵᴵᴵ qu'ils disent d'abord, si tu veux bien, que rien n'a la puissance de communiquer avec rien. En ce cas, mouvement et repos ne participent d'aucune façon à l'être ?

Théétète — Non, par conséquent.   **252a**

L'Étranger — Mais alors, est ce qu'ils existeront, s'ils n'ont aucune communauté avec ce qui est ?

Théétète — C'est impossible.

L'Étranger — Voilà un accord qui a vite fait de renverser, semble-t-il, aussi bien la thèse de ceux qui mettent en mouvement le Tout, que celle de ceux qui le tiennent pour un et en repos, ainsi que celle de tous ceux qui réduisent les étants à des Idées qu'ils affirment se comporter toujours selon les mêmes rapports ; car tous ajoutent « le fait d'être », les uns en disant qu'il est « essentiellement » en mouvement et les autres qu'il est « essentiellement » en repos.

Théétète — Parfaitement.

b ΞΕ. Καὶ μὴν καὶ ὅσοι τοτὲ μὲν συντιθέασι τὰ πάντα, τοτὲ δὲ διαιροῦσιν, εἴτε εἰς ἓν καὶ ἐξ ἑνὸς ἄπειρα εἴτε εἰς πέρας ἔχοντα στοιχεῖα διαιρούμενοι καὶ ἐκ τούτων συντιθέντες, ὁμοίως μὲν ἐὰν ἐν μέρει τοῦτο τιθῶσι 5 γιγνόμενον, | ὁμοίως δὲ καὶ ἐὰν ἀεί, κατὰ πάντα ταῦτα λέγοιεν ἂν οὐδέν, εἴπερ μηδεμία ἔστι σύμμειξις.

ΘΕΑΙ. Ὀρθῶς.

ΞΕ. Ἔτι τοίνυν ἂν αὐτοὶ πάντων καταγελαστότατα μετίοιεν τὸν λόγον οἱ μηδὲν ἐῶντες κοινωνίᾳ παθήματος 10 | ἑτέρου θάτερον προσαγορεύειν. |

c ΘΕΑΙ. Πῶς;

ΞΕ. Τῷ τε "εἶναί" που περὶ πάντα ἀναγκάζονται χρῆσθαι καὶ τῷ "χωρὶς" καὶ τῷ "τῶν ἄλλων" καὶ τῷ "καθ᾽ 5 αὑτὸ" καὶ μυρίοις ἑτέροις, ὧν ἀκρατεῖς ὄντες | εἴργεσθαι καὶ μὴ συνάπτειν ἐν τοῖς λόγοις οὐκ ἄλλων δέονται τῶν ἐξελεγξόντων, ἀλλὰ τὸ λεγόμενον οἴκοθεν τὸν πολέμιον καὶ ἐναντιωσόμενον ἔχοντες, ἐντὸς ὑποφθεγγόμενον ὥσπερ τὸν ἄτοπον Εὐρυκλέα περιφέροντες ἀεὶ πορεύονται. |

d ΘΕΑΙ. Κομιδῇ λέγεις ὅμοιόν τε καὶ ἀληθές.

L'Étranger — Il faut d'ailleurs ajouter aussi ceux qui b
tantôt unissent toutes choses et tantôt les divisent, soit
en réduisant à une unité leur nombre infini d'éléments,
soit par dérivation d'une infinité à partir d'une unité, soit
parce qu'ils la divisent en un nombre fini d'éléments et
recomposent une unité à partir d'eux, et pareillement
quand ils admettent que cela a lieu alternativement ou
éternellement – dire tout cela ne voudrait rien dire s'il
n'existe aucun mélange de rien avec rien.

Théétète — C'est juste.

L'Étranger — Mais ceux qui tiennent le langage
le plus ridicule de tous sont ceux qui poursuivent leur
raisonnement jusqu'à interdire que, du fait que cela
reviendrait à être affectée par une autre, une chose
reçoive un autre nom que le sien.

Théétète — Comment cela?   c

L'Étranger — Parce qu'ils sont forcés, j'imagine,
d'employer à l'égard de toutes choses les mots « étant »
et « à part », et « des autres » et « en soi-même », et des
milliers d'autres ; impuissants qu'ils sont à s'en abstenir
comme à ne pas opérer de liaison dans leurs discours,
ils n'ont pas besoin que quelqu'un d'autre les réfute,
puisque, comme on dit, « ils logent leur ennemi chez
eux » – celui qui les contredira – et ils cheminent en
emportant toujours avec eux une voix qui murmure au
dedans d'eux, pareille à celle du bizarre Euryclès[1].

Théétète — Ta comparaison est très exacte et très d
vraie.

1. Euryclès était un devin ventriloque, qui croyait loger dans
son ventre un démon qui lui révélait l'avenir et qui, lorsqu'il était en
transe, émettait des prophéties sans qu'on voie ses lèvres bouger (voir
Aristophane, *Les Guêpes*, v. 1014).

ΞΕ. Τί δ', ἂν πάντα ἀλλήλοις ἐῶμεν δύναμιν ἔχειν ἐπικοινωνίας;

ΘΕΑΙ. Τοῦτο μὲν οἷός τε κἀγὼ διαλύειν. |

5 ΞΕ. Πῶς;

ΘΕΑΙ. Ὅτι κίνησίς τε αὐτὴ παντάπασιν ἵσταιτ᾿ ἂν καὶ στάσις αὖ πάλιν αὐτὴ κινοῖτο, εἴπερ ἐπιγιγνοίσθην ἐπ᾿ ἀλλήλοιν.

ΞΕ. Ἀλλὰ μὴν τοῦτό γέ που ταῖς μεγίσταις ἀνάγκαις
10 | ἀδύνατον, κίνησίν τε ἵστασθαι καὶ στάσιν κινεῖσθαι;

ΘΕΑΙ. Πῶς γὰρ οὔ;

ΞΕ. Τὸ τρίτον δὴ μόνον λοιπόν.

ΘΕΑΙ. Ναί. |

e ΞΕ. Καὶ μὴν ἕν γέ τι τούτων ἀναγκαῖον, ἢ πάντα ἢ μηδὲν ἢ τὰ μὲν ἐθέλειν, τὰ δὲ μὴ συμμείγνυσθαι.

ΘΕΑΙ. Πῶς γὰρ οὔ;

ΞΕ. Καὶ μὴν τά γε δύο ἀδύνατον ηὑρέθη. |

5 ΘΕΑΙ. Ναί.

ΞΕ. Πᾶς ἄρα ὁ βουλόμενος ὀρθῶς ἀποκρίνεσθαι τὸ λοιπὸν τῶν τριῶν θήσει.

ΘΕΑΙ. Κομιδῇ μὲν οὖν.

L'Étranger — Mais qu'arrivera-t-il si nous concédons à toutes choses une puissance d'entrer en communication avec tout?

Théétète — Voici une question à laquelle je suis capable de répondre.

L'Étranger — Comment?

Théétète — En disant que le mouvement lui-même serait complètement en repos et qu'à son tour le repos lui-même serait en mouvement, s'ils pouvaient tomber l'un sur l'autre.

L'Étranger — Mais cela, je pense, est tout ce qu'il y a de plus nécessairement impossible, que le mouvement soit en repos et le repos en mouvement?

Théétète — Comment n'en serait-il pas ainsi?

L'Étranger — Il ne reste donc plus que la troisième possibilité.

Théétète — Oui.

L'Étranger — Or on est assurément contraint d'en e adopter une : ou tout se mélange, ou rien ne se mélange, ou certaines choses consentent à se mélanger et d'autres non.

Théétète — Comment n'en serait-il pas ainsi?

L'Étranger — Mais les deux premières ont été découvertes impossibles.

Théétète — Oui.

L'Étranger — Quiconque souhaite répondre correctement soutiendra celle des trois qui reste.

Théétète — Parfaitement.

ΞΕ. Ὅτε δὴ τὰ μὲν ἐθέλει τοῦτο δρᾶν, τὰ δ' οὔ, σχεδὸν
253a | οἷον τὰ γράμματα πεπονθότ' ἂν εἴη. καὶ γὰρ ἐκείνων τὰ
μὲν ἀναρμοστεῖ που πρὸς ἄλληλα, τὰ δὲ συναρμόττει.

ΘΕΑΙ. Πῶς δ' οὔ;

ΞΕ. Τὰ δέ γε φωνήεντα διαφερόντως τῶν ἄλλων οἷον
5 | δεσμὸς διὰ πάντων κεχώρηκεν, ὥστε ἄνευ τινὸς αὐτῶν
ἀδύνατον ἁρμόττειν καὶ τῶν ἄλλων ἕτερον ἑτέρῳ.

ΘΕΑΙ. Καὶ μάλα γε.

ΞΕ. Πᾶς οὖν οἶδεν ὁποῖα ὁποίοις δυνατὰ κοινωνεῖν, ἢ
τέχνης δεῖ τῷ μέλλοντι δρᾶν ἱκανῶς αὐτό; |

10   ΘΕΑΙ. Τέχνης.

ΞΕ. Ποίας;

ΘΕΑΙ. Τῆς γραμματικῆς. |

b   ΞΕ. Τί δέ; περὶ τοὺς τῶν ὀξέων καὶ βαρέων φθόγγους
ἆρ' οὐχ οὕτως; ὁ μὲν τοὺς συγκεραννυμένους τε καὶ
μὴ τέχνην ἔχων γιγνώσκειν μουσικός, ὁ δὲ μὴ συνιεὶς
ἄμουσος;

ΘΕΑΙ. Οὕτως. |

5   ΞΕ. Καὶ κατὰ τῶν ἄλλων δὴ τεχνῶν καὶ ἀτεχνιῶν
τοιαῦτα εὑρήσομεν ἕτερα.

ΘΕΑΙ. Πῶς δ' οὔ;

L'Étranger — Puisque donc certaines choses y consentent et d'autres non, il leur arrive │ à peu près 253a la même chose qu'aux lettres ; certaines, en effet, ne s'accordent pas entre elles, tandis que d'autres s'accordent.

Théétète — Comment le nier ?

L'Étranger — Mais les voyelles, elles, à la différence des autres lettres, circulent comme un lien à travers toutes, si bien qu'il est impossible que sans l'une d'elles aucune d'entre elles puisse s'accorder à une autre.

Théétète — Tout à fait.

L'Étranger — Mais est-ce que le premier venu sait quelles sont capables de communiquer avec quelles, ou n'a-t-on pas besoin d'un art si on veut le faire comme il faut ?

Théétète — D'un art, oui.

L'Étranger — Duquel ?

Théétète — De la grammaire.

L'Étranger — Et pour les sons aigus et graves, b n'en va-t-il pas ainsi ? Celui qui est compétent pour connaître lesquels se mélangent et lesquels non n'est-il pas musicien, alors que n'en est pas un celui qui n'y comprend rien ?

Théétète — Il en va bien ainsi.

L'Étranger — Et nous découvrirons les mêmes différences entre compétences et incompétences si nous considérons d'autres cas.

Théétète — Comment le nier ?

ΞΕ. Τί δ'; ἐπειδὴ καὶ τὰ γένη πρὸς ἄλληλα κατὰ ταὐτὰ μείξεως ἔχειν ὡμολογήκαμεν, ἆρ' οὐ μετ' ἐπιστήμης
10 τινὸς | ἀναγκαῖον διὰ τῶν λόγων πορεύεσθαι τὸν ὀρθῶς μέλλοντα δείξειν ποῖα ποίοις συμφωνεῖ τῶν γενῶν καὶ
c ποῖα ἄλληλα | οὐ δέχεται; καὶ δὴ καὶ διὰ πάντων εἰ συνέχοντ' ἄττ' αὔτ' ἐστιν, ὥστε συμμείγνυσθαι δυνατὰ εἶναι, καὶ πάλιν ἐν ταῖς διαιρέσεσιν, εἰ δι' ὅλων ἕτερα τῆς διαιρέσεως αἴτια;

ΘΕΑΙ. Πῶς γὰρ οὐκ ἐπιστήμης δεῖ, καὶ σχεδὸν γε
5 ἴσως | τῆς μεγίστης;

ΞΕ. Τίν' οὖν αὖ προσεροῦμεν, ὦ Θεαίτητε, ταύτην; ἢ πρὸς Διὸς ἐλάθομεν εἰς τὴν τῶν ἐλευθέρων ἐμπεσόντες ἐπιστήμην, καὶ κινδυνεύομεν ζητοῦντες τὸν σοφιστὴν πρότερον ἀνηυρηκέναι τὸν φιλόσοφον; |

10 ΘΕΑΙ. Πῶς λέγεις; |

d ΞΕ. Τὸ κατὰ γένη διαιρεῖσθαι καὶ μήτε ταὐτὸν εἶδος ἕτερον ἡγήσασθαι μήτε ἕτερον ὂν ταὐτὸν μῶν οὐ τῆς διαλεκτικῆς φήσομεν ἐπιστήμης εἶναι;

ΘΕΑΙ. Ναί, φήσομεν. |

5 ΞΕ. Οὐκοῦν ὅ γε τοῦτο δυνατὸς δρᾶν μίαν ἰδέαν διὰ πολλῶν, ἑνὸς ἑκάστου κειμένου χωρίς, πάντη διατεταμένην ἱκανῶς διαισθάνεται, καὶ πολλὰς ἑτέρας ἀλλήλων ὑπὸ μιᾶς ἔξωθεν περιεχομένας, καὶ μίαν αὖ δι'

L'Étranger — Étant donné que nous sommes tombés d'accord sur le fait que les genres eux aussi admettent de la même façon un mélange mutuel, celui qui chemine à travers les discours n'a-t-il pas forcément besoin d'une science s'il veut montrer d'une manière correcte quels genres consonnent avec quels et quels refusent | de se recevoir? et naturellement aussi, s'il y en a qui, c les traversant tous, les tiennent ensemble de façon à les rendre capables de se mélanger, et si inversement, dans leurs divisions, il y en a d'autres qui traversent des ensembles et sont causes de leur division?

Théétète — Comment n'y faudrait-il pas une science, et peut-être celle qui est presque la plus importante?

L'Étranger — Comment la nommerons-nous donc maintenant, Théétète, cette science? Par Zeus! serions-nous tombés, à notre insu, sur la science des hommes libres? et alors que nous sommes en quête du sophiste, aurions-nous par chance découvert d'abord le philosophe?

Théétète — Que veux-tu dire par là?

L'Étranger — Diviser selon les genres et ne pas d prendre pour autre une Idée qui est la même ni pour la même une Idée qui est autre, n'affirmerons-nous pas que c'est le propre de la science dialectique?

Théétète — Oui, nous l'affirmerons.

L'Étranger — Or celui qui du moins est capable de faire cela perçoit adéquatement : un aspect essentiel[1] unique traversant entièrement une multiplicité dont chaque élément demeure séparé; beaucoup d'autres caractères essentiels mutuellement différents enveloppés

---

1. « Idée » : *eidos*; « caractère, ou trait, essentiel » : *idea*.

ὅλων πολλῶν ἐν ἑνὶ συνημμένην, καὶ πολλὰς χωρὶς πάντη
e διωρισμένας· τοῦτο δ᾽ | ἔστιν, ᾗ τε κοινωνεῖν ἕκαστα
δύναται καὶ ὅπη μή, διακρίνειν κατὰ γένος ἐπίστασθαι.

ΘΕΑΙ. Παντάπασι μὲν οὖν.

5 ΞΕ. Ἀλλὰ μὴν τό γε διαλεκτικὸν οὐκ ἄλλῳ δώ|σεις, ὡς
ἐγᾦμαι, πλὴν τῷ καθαρῶς τε καὶ δικαίως φιλοσοφοῦντι.

ΘΕΑΙ. Πῶς γὰρ ἂν ἄλλῳ δοίη τις;

ΞΕ. Τὸν μὲν δὴ φιλόσοφον ἐν τοιούτῳ τινὶ τόπῳ
καὶ νῦν καὶ ἔπειτα ἀνευρήσομεν ἐὰν ζητῶμεν, ἰδεῖν μὲν
254a χαλεπὸν | ἐναργῶς καὶ τοῦτον, ἕτερον μὴν τρόπον ἥ τε
τοῦ σοφιστοῦ χαλεπότης ἥ τε τούτου.

ΘΕΑΙ. Πῶς;

ΞΕ. Ὁ μὲν ἀποδιδράσκων εἰς τὴν τοῦ μὴ ὄντος
5 σκοτει|νότητα, τριβῇ προσαπτόμενος αὐτῆς, διὰ τὸ
σκοτεινὸν τοῦ τόπου κατανοῆσαι χαλεπός· ἦ γάρ;

ΘΕΑΙ. Ἔοικεν.

ΞΕ. Ὁ δέ γε φιλόσοφος, τῇ τοῦ ὄντος ἀεὶ διὰ
λογισμῶν προσκείμενος ἰδέᾳ, διὰ τὸ λαμπρὸν αὖ
10 τῆς χώρας οὐδαμῶς | εὐπετὴς ὀφθῆναι· τὰ γὰρ τῆς

du dehors par un seul ; et à son tour un seul trait essentiel qui, traversant une multiplicité d'ensembles, est connecté en une unité ; enfin beaucoup qui sont séparés parce que complètement discriminés. Eh bien cela – être capable de percevoir comment chacun d'eux peut communiquer et comment il ne le peut pas – c'est savoir | discerner selon   e le genre.

Théétète — Absolument.

L'Étranger — Mais cette capacité dialectique, tu ne l'attribueras certainement, je pense, à aucun autre qu'à celui qui philosophe purement et justement.

Théétète — Comment l'attribuer à un autre ?

L'Étranger — Quant au philosophe, donc, c'est dans un lieu de cette sorte que maintenant ou plus tard nous le découvrirons, si nous venons à le chercher ; il est lui aussi difficile à voir | en pleine lumière, mais la difficulté qui   254a est la sienne est différente de celle qui rend le sophiste difficile à voir.

Théétète — Comment cela ?

L'Étranger — L'un se réfugie dans l'obscurité du non-être[1], s'en imbibant lui-même à force de la pratiquer : c'est à cause de l'obscurité de ce lieu qu'il est difficile à concevoir distinctement, n'est-ce pas ?

Théétète — Il semble.

L'Étranger — Mais le philosophe, lui qui poursuit perpétuellement dans ses raisonnements le caractère essentiel de ce qui est, c'est à cause de la lumière de la région où il réside qu'il n'est pas du tout facile à voir ;

---

1. *Cf.* 239b *sq.*

b τῶν πολλῶν ψυχῆς ὄμματα | καρτερεῖν πρὸς τὸ θεῖον ἀφορῶντα ἀδύνατα.

ΘΕΑΙ. Καὶ ταῦτα εἰκὸς οὐχ ἧττον ἐκείνων οὕτως ἔχειν.

ΞΕ. Οὐκοῦν περὶ μὲν τούτου καὶ τάχα ἐπισκεψόμεθα σαφέστερον, ἂν ἔτι βουλομένοις ἡμῖν ᾖ· περὶ δὲ τοῦ
5 σοφιστοῦ | που δῆλον ὡς οὐκ ἀνετέον πρὶν ἂν ἱκανῶς αὐτὸν θεασώμεθα.

ΘΕΑΙ. Καλῶς εἶπες.

ΞΕ. Ὅτ' οὖν δὴ τὰ μὲν ἡμῖν τῶν γενῶν ὡμολόγηται κοινωνεῖν ἐθέλειν ἀλλήλοις, τὰ δὲ μή, καὶ τὰ μὲν ἐπ' ὀλίγον, τὰ δ' ἐπὶ πολλά, τὰ δὲ καὶ διὰ πάντων οὐδὲν
c κωλύειν τοῖς | πᾶσι κεκοινωνηκέναι, τὸ δὴ μετὰ τοῦτο συνεπισπώμεθα τῷ λόγῳ τῇδε σκοποῦντες, μὴ περὶ πάντων τῶν εἰδῶν, ἵνα μὴ ταραττώμεθα ἐν πολλοῖς, ἀλλὰ προελόμενοι τῶν μεγίστων λεγομένων ἄττα, πρῶτον μὲν
5 ποῖα ἕκαστά ἐστιν, ἔπειτα | κοινωνίας ἀλλήλων πῶς ἔχει δυνάμεως, ἵνα τό τε ὂν καὶ μὴ ὂν εἰ μὴ πάσῃ σαφηνείᾳ δυνάμεθα λαβεῖν, ἀλλ' οὖν λόγου γε ἐνδεεῖς μηδὲν γιγνώμεθα περὶ αὐτῶν, καθ' ὅσον ὁ τρόπος ἐνδέχεται
d τῆς νῦν σκέψεως, ἐὰν ἄρα ἡμῖν πῃ | παρεικάθῃ τὸ μὴ ὂν λέγουσιν ὡς ἔστιν ὄντως μὴ ὂν ἀθῴοις ἀπαλλάττειν.

car chez la plupart des gens, les yeux de l'âme | n'ont **b**
pas la force de supporter une vision orientée vers ce qui
est divin.

Théétète — Ces explications ne sont pas moins
vraisemblables que les précédentes.

L'Étranger — C'est donc lui que nous examinerons
plus précisément bientôt, si nous le souhaitons encore ;
mais quant au sophiste, il est évident, je pense, que nous
ne devons pas le lâcher avant de l'avoir suffisamment
considéré.

Théétète — Tu as raison.

L'Étranger — Donc, puisque l'accord s'est fait entre
nous sur le point que certains genres se prêtent à une
communication mutuelle et d'autres non, que certains
n'acceptent de communiquer qu'avec peu d'autres
genres et d'autres avec beaucoup, et que rien n'empêche
même que | certains, les traversant tous, se trouvent **c**
communiquer avec tous[1], il nous reste après cela à
pousser ensemble notre argumentation en examinant de
la façon que voici – non pas toutes les Idées, de peur de
nous laisser troubler par leur multitude, mais en prélevant
celles dites les plus importantes : d'abord, une à une,
quelles elles sont, ensuite, ce qu'il en est de leur puissance
de communiquer les unes avec les autres, afin que, même
si nous nous trouvions incapables de saisir tout à fait
clairement l'étant et le non-étant, nous n'en soyons au
moins pas réduits (autant que le permet la tournure prise
par notre présent examen) à ne pas savoir du tout quoi en
dire, au cas où il nous serait de quelque façon | permis, **d**
à nous qui disons du non-étant qu'il est réellement non
étant, de sortir sans dommage de ce mauvais pas.

1. *Cf.* 254b8-c1.

ΘΕΑΙ. Οὐκοῦν χρή.

ΞΕ. Μέγιστα μὴν τῶν γενῶν ἃ νυνδὴ διῆμεν τό τε ὂν
5 | αὐτὸ καὶ στάσις καὶ κίνησις.

ΘΕΑΙ. Πολύ γε.

ΞΕ. Καὶ μὴν τώ γε δύο φαμὲν αὐτοῖν ἀμείκτω πρὸς
ἀλλήλω.

ΘΕΑΙ. Σφόδρα γε. |

10 ΞΕ. Τὸ δέ γε ὂν μεικτὸν ἀμφοῖν· ἐστὸν γὰρ ἄμφω που.

ΘΕΑΙ. Πῶς δ᾽ οὔ;

ΞΕ. Τρία δὴ γίγνεται ταῦτα.

ΘΕΑΙ. Τί μήν;

ΞΕ. Οὐκοῦν αὐτῶν ἕκαστον τοῖν μὲν δυοῖν ἕτερόν
15 ἐστιν, | αὐτὸ δ᾽ ἑαυτῷ ταὐτόν. |

e ΘΕΑΙ. Οὕτως.

ΞΕ. Τί ποτ᾽ αὖ νῦν οὕτως εἰρήκαμεν τό τε ταὐτὸν
καὶ θάτερον; πότερα δύο γένη τινὲ αὐτώ, τῶν μὲν τριῶν
ἄλλω, συμμειγνυμένω μὴν ἐκείνοις ἐξ ἀνάγκης ἀεί,
5 καὶ περὶ πέντε | ἀλλ᾽ οὐ περὶ τριῶν ὡς ὄντων αὐτῶν
255a σκεπτέον, ἢ τό τε ταὐτὸν | τοῦτο καὶ θάτερον ὡς ἐκείνων
τι προσαγορεύοντες λανθάνομεν ἡμᾶς αὐτούς;

ΘΕΑΙ. Ἴσως.

ΞΕ. Ἀλλ᾽ οὔ τι μὴν κίνησίς γε καὶ στάσις οὔθ᾽ ἕτερον
5 | οὔτε ταὐτόν ἐστι.

ΘΕΑΙ. Πῶς;

Théétète — Il nous faut donc le faire.

L'Étranger — Ceux que nous venons de passer en revue sont certainement les genres les plus importants : l'être lui-même, le repos et le mouvement.

Théétète — Certes, et de beaucoup.

L'Étranger — Nous affirmons de plus que ces deux derniers ne peuvent pas se mélanger entre eux[1].

Théétète — Tout à fait.

L'Étranger — Mais l'être peut se mêler à tous les deux, puisque les deux sont.

Théétète — Sans aucun doute.

L'Étranger — Cela fait donc trois.

Théétète — Hé oui !

L'Étranger — Chacun d'eux est donc autre que les deux autres, et chacun est lui-même même que lui-même.

Théétète — Bien sûr.   e

L'Étranger — Que pouvons-nous bien, à notre tour, vouloir dire maintenant par ce « même » et cet « autre » ? S'agit-il de deux genres en eux-mêmes différents des trois autres bien que toujours nécessairement mélangés avec eux, et est-ce sur cinq et non pas sur trois genres en tant qu'ils sont que doit porter l'examen ? ou bien est-ce que par ce « même » | et cet « autre » nous désignons 255a l'un des trois sans nous en apercevoir ?

Théétète — Peut-être.

L'Étranger — Mais mouvement et repos ne sont certainement ni « l'autre », ni le « même ».

Théétète — Comment cela ?

1. *Cf.* 250a, 252d.

ΞΕ. Ὅτιπερ ἂν κοινῇ προσείπωμεν κίνησιν καὶ στάσιν, τοῦτο οὐδέτερον αὐτοῖν οἷόν τε εἶναι.

ΘΕΑΙ. Τί δή; |

10　ΞΕ. Κίνησίς τε στήσεται καὶ στάσις αὖ κινηθήσεται· περὶ γὰρ ἀμφότερα θάτερον ὁποτερονοῦν γιγνόμενον αὐτοῖν ἀναγκάσει μεταβάλλειν αὖ θάτερον ἐπὶ τοὐναντίον

b τῆς αὑτοῦ | φύσεως, ἅτε μετασχὸν τοῦ ἐναντίου.

ΘΕΑΙ. Κομιδῇ γε.

ΞΕ. Μετέχετον μὴν ἄμφω ταὐτοῦ καὶ θατέρου.

ΘΕΑΙ. Ναί. |

5　ΞΕ. Μὴ τοίνυν λέγωμεν κίνησίν γ᾽ εἶναι ταὐτὸν ἢ θάτερον, μηδ᾽ αὖ στάσιν.

ΘΕΑΙ. Μὴ γάρ.

ΞΕ. Ἀλλ᾽ ἆρα τὸ ὂν καὶ τὸ ταὐτὸν ὡς ἕν τι διανοητέον ἡμῖν; |

10　ΘΕΑΙ. Ἴσως.

ΞΕ. Ἀλλ᾽ εἰ τὸ ὂν καὶ τὸ ταὐτὸν μηδὲν διάφορον σημαίνετον, κίνησιν αὖ πάλιν καὶ στάσιν ἀμφότερα

c εἶναι λέγοντες | ἀμφότερα οὕτως αὐτὰ ταὐτὸν ὡς ὄντα προσεροῦμεν.

ΘΕΑΙ. Ἀλλὰ μὴν τοῦτό γε ἀδύνατον.

ΞΕ. Ἀδύνατον ἄρα ταὐτὸν καὶ τὸ ὂν ἓν εἶναι.

ΘΕΑΙ. Σχεδόν. |

L'Étranger — Quoi que nous attribuions de plus en commun au mouvement et au repos, aucun des deux ne peut être cela.

Théétète — Pourquoi?

L'Étranger — Parce qu'alors le mouvement s'immobilisera et le repos se mettra en mouvement; car, dans les deux cas, quel que soit celui des deux qui en viendrait à s'identifier à l'autre, il forcera l'autre à devenir le contraire de sa propre | nature du fait de participer à **b** son contraire.

Théétète — Parfaitement.

L'Étranger — Pourtant, tous deux participent au même et à l'autre.

Théétète — Oui.

L'Étranger — Ne disons donc pas du mouvement qu'il est soit le même soit l'autre, pas plus d'ailleurs que du repos.

Théétète — Il ne faut pas, en effet.

L'Étranger — Et l'être? Est-ce qu'il doit être pensé comme ne faisant qu'un avec le même?

Théétète — Peut-être.

L'Étranger — Mais si « être » et « même » ne signifient rien de différent, alors, en disant une fois de plus du mouvement et du repos que tous les deux sont, | nous en redirons que tous deux sont une même chose. **c**

Théétète — Cela, c'est certainement impossible.

L'Étranger — Impossible donc que le même et l'être ne soient qu'un.

Théétète — Il se pourrait.

5 ΞΕ. Τέταρτον δὴ πρὸς τοῖς τρισὶν εἴδεσιν τὸ ταὐτὸν τιθῶμεν;

ΘΕΑΙ. Πάνυ μὲν οὖν.

ΞΕ. Τί δέ; τὸ θάτερον ἆρα ἡμῖν λεκτέον πέμπτον; ἢ τοῦτο καὶ τὸ ὂν ὡς δύ' ἄττα ὀνόματα ἐφ' ἑνὶ γένει
10 διανυεῖ| σθαι δεῖ;

ΘΕΑΙ. Τάχ' ἄν.

ΞΕ. Ἀλλ' οἶμαί σε συγχωρεῖν τῶν ὄντων τὰ μὲν αὐτὰ καθ' αὑτά, τὰ δὲ πρὸς ἄλλα ἀεὶ λέγεσθαι.

ΘΕΑΙ. Τί δ' οὔ; |

d ΞΕ. Τὸ δέ γ' ἕτερον ἀεὶ πρὸς ἕτερον· ἦ γάρ;

ΘΕΑΙ. Οὕτως.

ΞΕ. Οὐκ ἄν, εἴ γε τὸ ὂν καὶ τὸ θάτερον μὴ πάμπολυ διεφερέτην· ἀλλ' εἴπερ θάτερον ἀμφοῖν μετεῖχε τοῖν
5 εἰδοῖν | ὥσπερ τὸ ὄν, ἦν ἄν ποτέ τι καὶ τῶν ἑτέρων ἕτερον οὐ πρὸς ἕτερον· νῦν δὲ ἀτεχνῶς ἡμῖν ὅτιπερ ἂν ἕτερον ᾖ, συμβέβηκεν ἐξ ἀνάγκης ἑτέρου τοῦτο ὅπερ ἐστὶν εἶναι.

ΘΕΑΙ. Λέγεις καθάπερ ἔχει.

ΞΕ. Πέμπτον δὴ τὴν θατέρου φύσιν λεκτέον ἐν τοῖς
e | εἴδεσιν οὖσαν, ἐν οἷς προαιρούμεθα.

ΘΕΑΙ. Ναί.

L'Étranger — Devons-nous donc poser, en plus des trois autres Idées, le même comme une quatrième ?

Théétète — Parfaitement.

L'Étranger — Alors ? Est-ce qu'il nous faut dire que celle de l'autre en est une cinquième ? ou bien nous faut-il penser que celle-ci et l'être ne sont que deux noms se rapportant à un genre unique ?

Théétète — Peut-être bien.

L'Étranger — Mais je pense que toi tu accordes, que parmi les étants les uns sont dits eux-mêmes selon eux-mêmes, et les autres toujours relativement à d'autres.

Théétète — Comment ne pas l'accorder ?

L'Étranger — Ce qui est autre l'est toujours d'autre **d** chose, pas vrai ?

Théétète — Certes.

L'Étranger — Ce ne le serait pas, si l'être et l'autre n'étaient pas totalement différents. Si l'autre participait de ces deux Idées, comme fait l'être, il arriverait un moment où l'une des choses qui sont autres serait autre sans l'être d'une autre. Or il est maintenant pour nous incontestable qu'il ne saurait arriver à un autre quel qu'il soit de cesser d'être ce qu'il est, à savoir d'être nécessairement autre qu'un autre.

Théétète — Tu dis les choses comme elles sont.

L'Étranger — La nature de l'autre doit donc être comptée comme étant une cinquième Idée parmi celles | que nous avons prélevées.   **e**

Théétète — Oui.

ΞΕ. Καὶ διὰ πάντων γε αὐτὴν αὐτῶν φήσομεν εἶναι διεληλυθυῖαν· ἓν ἕκαστον γὰρ ἕτερον εἶναι τῶν ἄλλων οὐ
5 | διὰ τὴν αὑτοῦ φύσιν, ἀλλὰ διὰ τὸ μετέχειν τῆς ἰδέας τῆς θατέρου.

ΘΕΑΙ. Κομιδῇ μὲν οὖν.

ΞΕ. Ὧδε δὴ λέγωμεν ἐπὶ τῶν πέντε καθ᾽ ἓν ἀναλαμβάνοντες. |

10   ΘΕΑΙ. Πῶς;

ΞΕ. Πρῶτον μὲν κίνησιν, ὡς ἔστι παντάπασιν ἕτερον στάσεως. ἢ πῶς λέγομεν;

ΘΕΑΙ. Οὕτως.

ΞΕ. Οὐ στάσις ἄρ᾽ ἐστίν. |

15   ΘΕΑΙ. Οὐδαμῶς. |

256a ΞΕ. Ἔστι δέ γε διὰ τὸ μετέχειν τοῦ ὄντος.

ΘΕΑΙ. Ἔστιν.

ΞΕ. Αὖθις δὴ πάλιν ἡ κίνησις ἕτερον ταὐτοῦ ἐστιν.

ΘΕΑΙ. Σχεδόν. |

5   ΞΕ. Οὐ ταὐτὸν ἄρα ἐστίν.

ΘΕΑΙ. Οὐ γὰρ οὖν.

ΞΕ. λλὰ μὴν αὕτη γ᾽ ἦν ταὐτὸν διὰ τὸ μετέχειν αὖ πάντ᾽ αὐτοῦ.

ΘΕΑΙ. Καὶ μάλα. |

L'Étranger — Et nous dirons qu'elle circule à travers toutes ; chacune d'elles, en effet n'est pas autre que les autres en fonction de sa propre nature, mais parce qu'elle participe au caractère essentiel de l'autre.

Théétète — Parfaitement.

L'Étranger — Voici donc ce qu'il nous faut dire de ces cinq genres, en les reprenant par rapport à l'un d'eux.

Théétète — Comment ?

L'Étranger — Le mouvement, disons d'abord qu'il est complètement différent du repos – ou sinon, quoi ?

Théétète — Cela.

L'Étranger — Donc, il n'est pas le repos.

Théétète — En aucune façon.

L'Étranger — Il est pourtant, puisqu'il participe à **256a** l'être.

Théétète — Il est.

L'Étranger — Reprenons : le mouvement est autre que le même.

Théétète — Il se peut bien.

L'Étranger — Il n'est donc pas le même.

Théétète — Certes pas.

L'Étranger — Et pourtant, lui, il est le même puisque tous participent du même[1].

Théétète — Et comment !

---

1. *Cf.* 254d : tous les *genres* participent du même.

10 ΞΕ. Τὴν κίνησιν δὴ ταὐτόν τ᾽ εἶναι καὶ μὴ ταὐτὸν ὁμολογητέον καὶ οὐ δυσχεραντέον. οὐ γὰρ ὅταν εἴπωμεν αὐτὴν ταὐτὸν καὶ μὴ ταὐτόν, ὁμοίως εἰρήκαμεν, ἀλλ᾽

b ὁπόταν μὲν | ταὐτόν, διὰ τὴν μέθεξιν ταὐτοῦ πρὸς ἑαυτὴν οὕτω λέγομεν, ὅταν δὲ μὴ ταὐτόν, διὰ τὴν κοινωνίαν αὖ θατέρου, δι᾽ ἣν ἀποχωριζομένη ταὐτοῦ γέγονεν οὐκ ἐκείνῳ ἀλλ᾽ ἕτερον, ὥστε ὀρθῶς αὖ λέγεται πάλιν οὐ ταὐτόν. |

5 ΘΕΑΙ. Πάνυ μὲν οὖν.

ΞΕ. Οὐκοῦν κἂν εἴ πῃ μεταλάμβανεν αὐτὴ κίνησις στάσεως, οὐδὲν ἂν ἄτοπον ἦν στάσιμον αὐτὴν προσαγορεύειν;

ΘΕΑΙ. Ὀρθότατά γε, εἴπερ τῶν γενῶν συγχωρησόμεθα τὰ μὲν ἀλλήλοις ἐθέλειν μείγνυσθαι, τὰ δὲ μή. |

c ΞΕ. Καὶ μὴν ἐπί γε τὴν τούτου πρότερον ἀπόδειξιν ἢ τῶν νῦν ἀφικόμεθα, ἐλέγχοντες ὡς ἔστι κατὰ φύσιν ταύτῃ.

ΘΕΑΙ. Πῶς γὰρ οὔ; |

5 ΞΕ. Λέγωμεν δὴ πάλιν· ἡ κίνησίς ἐστιν ἕτερον τοῦ ἑτέρου, καθάπερ ταὐτοῦ τε ἦν ἄλλο καὶ τῆς στάσεως;

ΘΕΑΙ. Ἀναγκαῖον.

ΞΕ. Οὐχ ἕτερον ἄρ᾽ ἐστί πῃ καὶ ἕτερον κατὰ τὸν νυνδὴ λόγον. |

10 ΘΕΑΙ. Ἀληθῆ.

L'Étranger — Le mouvement est donc le même et pas le même, il faut en convenir sans s'en offusquer. Car lorsque nous disons qu'il est le même et pas le même, nous ne le disons pas les deux fois de la même façon. Chaque fois que nous disons qu'il est | le même, il l'est b parce qu'il participe au même relativement à lui-même, alors que chaque fois que nous nions qu'il soit le même, c'est en raison de sa communication avec l'autre, qui en le séparant du même le fait devenir non pas celui-ci mais autre, de sorte qu'il est correct de le dire cette fois, au rebours, non le même.

Théétète — Tout à fait.

L'Étranger — Si donc le mouvement lui-même participait en quelque façon au repos, il n'y aurait rien de déconcertant à le décrire comme « en repos » ?

Théétète — Ce serait certes tout à fait correct, étant donné que nous devions convenir que, parmi les genres, certains consentent à se mélanger entre eux et d'autres non.

L'Étranger — Et, avant d'en arriver où nous en c sommes, nous étions parvenus à le démontrer en prouvant que cela est bien conforme à leur nature.

Théétète — Comment en effet pourrait-on le nier ?

L'Étranger — Reprenons donc : le mouvement est autre que l'autre, tout comme il était autre que le même et que le repos.

Théétète — Nécessairement.

L'Étranger — Il est donc non autre sous un certain rapport, et autre selon notre raisonnement actuel.

Théétète — C'est vrai.

ΞΕ. Τί οὖν δὴ τὸ μετὰ τοῦτο; ἆρ᾽ αὖ τῶν μὲν τριῶν ἕτερον αὐτὴν φήσομεν εἶναι, τοῦ δὲ τετάρτου μὴ φῶμεν, d | ὁμολογήσαντες αὐτὰ εἶναι πέντε, περὶ ὧν καὶ ἐν οἷς προυθέμεθα σκοπεῖν;

ΘΕΑΙ. Καὶ πῶς; ἀδύνατον γὰρ συγχωρεῖν ἐλάττω τὸν ἀριθμὸν τοῦ νυνδὴ φανέντος. |

5 ΞΕ. Ἀδεῶς ἄρα τὴν κίνησιν ἕτερον εἶναι τοῦ ὄντος διαμαχόμενοι λέγωμεν;

ΘΕΑΙ. Ἀδεέστατα μὲν οὖν.

ΞΕ. Οὐκοῦν δὴ σαφῶς ἡ κίνησις ὄντως οὐκ ὄν ἐστι καὶ ὄν, ἐπείπερ τοῦ ὄντος μετέχει; |

10 ΘΕΑΙ. Σαφέστατά γε.

ΞΕ. Ἔστιν ἄρα ἐξ ἀνάγκης τὸ μὴ ὂν ἐπί τε κινήσεως εἶναι καὶ κατὰ πάντα τὰ γένη· κατὰ πάντα γὰρ ἡ θατέρου e | φύσις ἕτερον ἀπεργαζομένη τοῦ ὄντος ἕκαστον οὐκ ὂν ποιεῖ, καὶ σύμπαντα δὴ κατὰ ταὐτὰ οὕτως οὐκ ὄντα ὀρθῶς ἐροῦμεν, καὶ πάλιν, ὅτι μετέχει τοῦ ὄντος, εἶναί τε καὶ ὄντα.

ΘΕΑΙ. Κινδυνεύει. |

5 ΞΕ. Περὶ ἕκαστον ἄρα τῶν εἰδῶν πολὺ μέν ἐστι τὸ ὄν, ἄπειρον δὲ πλήθει τὸ μὴ ὄν.

ΘΕΑΙ. Ἔοικεν. |

L'Étranger — Et après, donc ? Allons-nous dire qu'il est autre que les trois autres mais nier qu'il le soit du quatrième, | alors que nous étions d'accord pour compter **d** qu'ils étaient cinq, les genres sur lesquels et parmi lesquels nous allions faire porter notre examen ?

Théétète — Comment le pourrions-nous ? Il est impossible d'en réduire le nombre au-dessous de ce qui vient de nous apparaître évident[1].

L'Étranger — C'est donc sans aucune inquiétude que nous bataillerons pour soutenir que le mouvement est autre que l'être.

Théétète — Sans la moindre.

L'Étranger — Il est clair, par conséquent, que le mouvement est réellement non étant, et qu'il est étant puisqu'il participe à l'être.

Théétète — Très clair.

L'Étranger — Il est donc inévitable qu'il y ait du non-étant dans le mouvement, et dans tous les genres. Car en se distribuant à eux tous, la nature de l'autre | fait **e** chacun d'eux autre qu'étant, donc le fait être non étant ; et de tous sans exception, nous serons en droit de déclarer qu'ils sont ainsi non étants, et à rebours, que parce qu'ils participent à l'être, ils sont et sont étants.

Théétète — C'est un risque à prendre.

L'Étranger — Autour de chacune de ces Idées, il y a à ce compte beaucoup d'étant et une quantité illimitée de non étant.

Théétète — Il semble.

_____

1. Accord conclu en 254d-255d.

257a   ΞΕ. Οὐκοῦν καὶ τὸ ὂν αὐτὸ τῶν ἄλλων ἕτερον εἶναι λεκτέον.

ΘΕΑΙ. Ἀνάγκη.

ΞΕ. Καὶ τὸ ὂν ἄρ᾽ ἡμῖν, ὅσαπέρ ἐστι τὰ ἄλλα, κατὰ
5 | τοσαῦτα οὐκ ἔστιν· ἐκεῖνα γὰρ οὐκ ὂν ἓν μὲν αὐτό ἐστιν, ἀπέραντα δὲ τὸν ἀριθμὸν τἄλλα οὐκ ἔστιν αὖ.

ΘΕΑΙ. Σχεδὸν οὕτως.

ΞΕ. Οὐκοῦν δὴ καὶ ταῦτα οὐ δυσχεραντέον, ἐπείπερ
ἔχει κοινωνίαν ἀλλήλοις ἡ τῶν γενῶν φύσις. εἰ δέ τις
10 ταῦτα | μὴ συγχωρεῖ, πείσας ἡμῶν τοὺς ἔμπροσθεν
λόγους οὕτω πειθέτω τὰ μετὰ ταῦτα.

ΘΕΑΙ. Δικαιότατα εἴρηκας. |

b   ΞΕ. Ἴδωμεν δὴ καὶ τόδε.

ΘΕΑΙ. Τὸ ποῖον;

ΞΕ. Ὁπόταν τὸ μὴ ὂν λέγωμεν, ὡς ἔοικεν, οὐκ
ἐναντίον τι λέγομεν τοῦ ὄντος ἀλλ᾽ ἕτερον μόνον. |

5   ΘΕΑΙ. Πῶς;

ΞΕ. Οἷον ὅταν εἴπωμέν τι μὴ μέγα, τότε μᾶλλόν τί σοι
φαινόμεθα τὸ σμικρὸν ἢ τὸ ἴσον δηλοῦν τῷ ῥήματι;

ΘΕΑΙ. Καὶ πῶς;

ΞΕ. Οὐκ ἄρ᾽, ἐναντίον ὅταν ἀπόφασις λέγηται
10 σημαίνειν, | συγχωρησόμεθα, τοσοῦτον δὲ μόνον, ὅτι
c   τῶν ἄλλων τὶ μηνύει | τὸ μὴ καὶ τὸ οὗ προτιθέμενα τῶν
ἐπιόντων ὀνομάτων, μᾶλλον δὲ τῶν πραγμάτων περὶ ἅττ᾽

L'Étranger — Donc l'être lui-même doit être dit autre 257a
que les autres.

Théétète — Nécessairement.

L'Étranger — Et ainsi, selon nous, autant de fois les
autres sont, autant de fois l'Être n'est pas ; car n'étant pas
les autres, il est son unique soi-même, et inversement, il
n'est pas les autres, qui sont infinis en nombre.

Théétète — Oui, c'est à peu près cela.

L'Étranger — Or nous ne devons pas le prendre mal,
puisque la nature des genres implique une communication
mutuelle. Quiconque se refuse à l'accorder, qu'il nous
persuade de rejeter nos raisonnements précédents avant
d'en faire autant pour leurs conséquences.

Théétète — Très juste.

L'Étranger — Voyons aussi ceci.   b

Théétète — Quoi ?

L'Étranger — Toutes les fois que nous disons « le
non-étant », nous ne voulons pas dire, semble-t-il,
quelque chose comme un contraire de l'étant, mais
seulement quelque chose d'autre que lui.

Théétète — Comment cela ?

L'Étranger — Ainsi, chaque fois nous disons par
exemple que quelque chose est « non grand », te
paraissons-nous montrer par cette expression plutôt le
petit que l'égal ?

Théétète — Comment le ferions-nous ?

L'Étranger — Par conséquent, lorsqu'on prétendra
que la négation signifie le contraire, nous ne l'accorderons
pas et nous en tiendrons seulement à ceci, que c'est l'un
des autres qu'indiquent | le « non » et le « ne pas » placés c

ἂν κέηται τὰ ἐπιφθεγγόμενα ὕστερον τῆς ἀποφάσεως
ὀνόματα.

ΘΕΑΙ. Παντάπασι μὲν οὖν. |

5   ΞΕ. Τόδε δὲ διανοηθῶμεν, εἰ καὶ σοὶ συνδοκεῖ.

ΘΕΑΙ. Τὸ ποῖον;

ΞΕ. Ἡ θατέρου μοι φύσις φαίνεται κατακεκερματίσθαι
καθάπερ ἐπιστήμη.

ΘΕΑΙ. Πῶς; |

10   ΞΕ. Μία μέν ἐστί που καὶ ἐκείνη, τὸ δ᾽ ἐπί τῳ
γιγνόμενον μέρος αὐτῆς ἕκαστον ἀφορισθὲν ἐπωνυμίαν
d ἴσχει τινὰ | ἑαυτῆς ἰδίαν· διὸ πολλαὶ τέχναι τ᾽ εἰσὶ
λεγόμεναι καὶ ἐπιστῆμαι.

ΘΕΑΙ. Πάνυ μὲν οὖν.

ΞΕ. Οὐκοῦν καὶ τὰ τῆς θατέρου φύσεως μόρια μιᾶς
5 | οὔσης ταὐτὸν πέπονθε τοῦτο.

ΘΕΑΙ. Τάχ᾽ ἄν· ἀλλ᾽ ὅπη δὴ λέγωμεν;

ΞΕ. Ἔστι τῷ καλῷ τι θατέρου μόριον ἀντιτιθέμενον;

ΘΕΑΙ. Ἔστιν.

ΞΕ. Τοῦτ᾽ οὖν ἀνώνυμον ἐροῦμεν ἢ τιν᾽ ἔχον
ἐπωνυμίαν; τοῦτο οὐκ ἄλλου τινὸς ἕτερόν ἐστιν ἢ τῆς
τοῦ καλοῦ φύσεως.

avant les mots qui suivent, ou plutôt avant les choses à propos desquelles sont institués les noms proférés après la négation.

Théétète — Absolument.

L'Étranger — Réfléchissons encore à cela, si tu veux bien.

Théétète — À quoi ?

L'Étranger — La nature de l'autre me paraît se morceler de la même façon que la science.

Théétète — Comment cela ?

L'Étranger — Elle aussi est une chose unique, sans doute, mais chaque partie qui vient à se détacher d'elle pour déterminer quelque chose possède une dénomination | qui lui est propre ; c'est pourquoi beaucoup de choses d sont dites être « arts » ou « sciences ».

Théétète — Parfaitement.

L'Étranger — Or les morceaux[1] de la nature de l'autre sont soumises au même processus.

Théétète — Peut-être bien, mais précise de quelle façon ?

L'Étranger — Il y a un morceau de l'autre qui s'oppose au beau ?

Théétète — Oui.

L'Étranger — Le dirons-nous anonyme, ou lui donnerons-nous un nom ?

Théétète — Il en a un, car chaque fois que nous prononçons « non beau », cela n'est autre de rien d'autre que de la nature du beau.

1. *Moria*, et non plus *merè*. En mathématique, *morion* signifie fraction.

ΞΕ. Ἴθι νυν τόδε μοι λέγε... |

e   ΘΕΑΙ. Τὸ ποῖον;

ΞΕ. ... ἄλλο τι τῶν ὄντων τινὸς ἑνὸς γένους ἀφορισθὲν καὶ πρός τι τῶν ὄντων αὖ πάλιν ἀντιτεθὲν οὕτω συμβεβηκέναι[1] τὸ μὴ καλόν; |

5   ΘΕΑΙ. Οὕτως.

ΞΕ. Ὄντος δὴ πρὸς ὂν ἀντίθεσις, ὡς ἔοικ', εἶναί τι[2] συμβαίνει τὸ μὴ καλόν.

ΘΕΑΙ. Ὀρθότατα.

ΞΕ. Τί οὖν; κατὰ τοῦτον τὸν λόγον ἆρα μᾶλλον μὲν
10 τὸ | καλὸν ἡμῖν ἐστι τῶν ὄντων, ἧττον δὲ τὸ μὴ καλόν;

ΘΕΑΙ. Οὐδέν. |

258a ΞΕ. Ὁμοίως ἄρα τὸ μὴ μέγα καὶ τὸ μέγα αὐτὸ εἶναι λεκτέον;

ΘΕΑΙ. Ὁμοίως.

ΞΕ. Οὐκοῦν καὶ τὸ μὴ δίκαιον τῷ δικαίῳ κατὰ ταῦτα
5 | θετέον πρὸς τὸ μηδέν τι μᾶλλον εἶναι θάτερον θατέρου;

ΘΕΑΙ. Τί μήν;

ΞΕ. Καὶ τἆλλα δὴ ταύτῃ λέξομεν, ἐπείπερ ἡ θατέρου φύσις ἐφάνη τῶν ὄντων οὖσα, ἐκείνης δὲ οὔσης ἀνάγκη δὴ καὶ τὰ μόρια αὐτῆς μηδενὸς ἧττον ὄντα τιθέναι. |

10 ΘΕΑΙ. Πῶς γὰρ οὔ;

---

1. e3 συμβεβηκέναι BTYW : συμβέβηκεν εἶναι Estienne Burnet Campbell Diès Robinson.
2. e6 τι BTY : τις Apelt Burnet Diès Cordero Robinson.

L'Étranger — Alors, maintenant, dis-moi ceci.

Théétète — Quoi?   e

L'Étranger — Quel que soit celui des étants que l'on distingue d'un genre déterminé et qui vient de plus se mettre en opposition avec quelqu'un des étants, n'est-ce pas ainsi que le non-beau arrive à être?

Théétète — Ainsi, oui.

L'Étranger— Une mise en opposition d'étant à étant, voici donc à ce qu'il semble, comment le non-beau vient à être quelque chose.

Théétète — Très juste.

L'Étranger — Mais quoi? est-ce que, selon ce raisonnement, le beau fait pour nous davantage partie des choses qui sont, et le non-beau moins?

Théétète — Pas du tout.

L'Étranger — Il faut donc affirmer que le non-grand   258a
et le grand lui-même existent tout autant.

Théétète — Tout autant.

L'Étranger — Donc, le non-juste aussi doit être placé au même rang que le juste, au moins dans la mesure où ils ne sont pas plus quelque chose l'un que l'autre.

Théétète — Certainement.

L'Étranger — Et c'est de cette même façon que nous parlerons des autres, puisque la nature de l'autre s'est montrée être au nombre des choses qui sont, et si elle est, on doit nécessairement poser que ses parties ne sont en rien moins qu'elle.

Théétète — Comment   pourrions-nous   faire autrement?

ΞΕ. Οὐκοῦν, ὡς ἔοικεν, ἡ τῆς θατέρου μορίου φύσεως
b | καὶ τῆς τοῦ ὄντος πρὸς ἄλληλα ἀντικειμένων ἀντίθεσις
οὐδὲν ἧττον, εἰ θέμις εἰπεῖν, αὐτοῦ τοῦ ὄντος οὐσία ἐστίν,
οὐκ ἐναντίον ἐκείνῳ σημαίνουσα ἀλλὰ τοσοῦτον μόνον,
ἕτερον ἐκείνου.

ΘΕΑΙ. Σαφέστατά γε. |

5   ΞΕ. Τίν᾽ οὖν αὐτὴν προσείπωμεν;

ΘΕΑΙ. Δῆλον ὅτι τὸ μὴ ὄν, ὃ διὰ τὸν σοφιστὴν
ἐζητοῦμεν, αὐτό ἐστι τοῦτο.

ΞΕ. Πότερον οὖν, ὥσπερ εἶπες, ἔστιν οὐδενὸς τῶν
ἄλλων οὐσίας ἐλλειπόμενον, καὶ δεῖ θαρροῦντα ἤδη
10 λέγειν ὅτι τὸ | μὴ ὂν βεβαίως ἐστὶ τὴν αὐτοῦ φύσιν ἔχον,
c ὥσπερ τὸ μέγα | ἦν μέγα καὶ τὸ καλὸν ἦν καλὸν καὶ τὸ μὴ
μέγα καὶ τὸ μὴ καλὸν¹ οὕτω δὲ καὶ τὸ μὴ ὂν κατὰ ταὐτὸν
ἦν τε καὶ ἔστι μὴ ὄν, ἐνάριθμον τῶν πολλῶν ὄντων εἶδος
ἕν; ἤ τινα ἔτι πρὸς αὐτό, ὦ Θεαίτητε, ἀπιστίαν ἔχομεν; |

5   ΘΕΑΙ. Οὐδεμίαν.

ΞΕ. Οἶσθ᾽ οὖν ὅτι Παρμενίδῃ μακροτέρως τῆς
ἀπορρήσεως ἠπιστήκαμεν;

ΘΕΑΙ. Τί δή;

ΞΕ. Πλεῖον ἢ ᾽κεῖνος ἀπεῖπε σκοπεῖν, ἡμεῖς εἰς τὸ
10 | πρόσθεν ἔτι ζητήσαντες ἀπεδείξαμεν αὐτῷ.

ΘΕΑΙ. Πῶς; |

---

1. c1-2 <μὴ μέγα> et <μὴ καλόν> add. Boekh et omnes post μὴ
μέγα et μὴ καλόν : sec. Campbell.

L'Étranger — Donc, à ce qu'il semble, quand un morceau de la nature de l'autre | et la nature de l'étant b entrent en opposition l'un avec l'autre, leur mise en opposition n'est, s'il est permis de le dire, en rien moins douée d'une manière d'être que celle de l'étant lui-même, car ce n'est pas le contraire de l'être qu'elle signifie, mais seulement son autre.

Théétète — C'est très clair.

L'Étranger — Quel nom alors lui donnerons-nous ?

Théétète — C'est évident : le non-étant que nous cherchions à cause du sophiste, le voilà, c'est lui !

L'Étranger — Mais si, comme tu l'as dit, sa manière d'être n'est nullement inférieure à celle des autres, ne faut-il pas avoir désormais l'audace de dire que le non-être possède sa propre nature d'une manière fermement assurée ? et qu'exactement, comme tout à l'heure le grand | était grand et le beau était beau et qu'étaient c ainsi le non-grand et le non-beau, le non-étant était et est en lui-même non étant, donc une Idée une à compter au nombre de celles qui sont ? Ou bien hésitons-nous encore, Théétète, à croire cela de lui ?

Théétète — Pas du tout.

L'Étranger — Vois-tu dès lors combien notre incrédulité à l'égard de Parménide nous a entraînés au-delà de ce qu'il avait interdit ?

Théétète — En quoi cela ?

d ΞΕ. Ὅτι ὁ μέν πού φησιν –

Οὐ γὰρ μή ποτε τοῦτο δαμῇ, εἶναι μὴ ἐόντα, ἀλλὰ
σὺ τῆσδ᾽ ἀφ᾽ ὁδοῦ διζήσιος εἶργε νόημα.

ΘΕΑΙ. Λέγει γὰρ οὖν οὕτως. |

5 ΞΕ. Ἡμεῖς δέ γε οὐ μόνον τὰ μὴ ὄντα ὡς ἔστιν
ἀπεδείξαμεν, ἀλλὰ καὶ τὸ εἶδος ὃ τυγχάνει ὂν τοῦ μὴ ὄντος
ἀπεφηνάμεθα· τὴν γὰρ θατέρου φύσιν ἀποδείξαντες
e οὖσάν | τε καὶ κατακεκερματισμένην ἐπὶ πάντα τὰ ὄντα
πρὸς ἄλληλα, τὸ πρὸς τὸ ὂν ἑκάστου[1] μόριον αὐτῆς
ἀντιτιθέμενον ἐτολμήσαμεν εἰπεῖν ὡς αὐτὸ τοῦτό ἐστιν
ὄντως τὸ μὴ ὄν.

ΘΕΑΙ. Καὶ παντάπασί γε, ὦ ξένε, ἀληθέστατά μοι
5 | δοκοῦμεν εἰρηκέναι.

ΞΕ. Μὴ τοίνυν ἡμᾶς εἴπῃ τις ὅτι τοὐναντίον τοῦ
ὄντος τὸ μὴ ὂν ἀποφαινόμενοι τολμῶμεν λέγειν ὡς
ἔστιν. ἡμεῖς γὰρ περὶ μὲν ἐναντίου τινὸς αὐτῷ χαίρειν
259a πάλαι λέγομεν, | εἴτ᾽ ἔστιν εἴτε μή, λόγον ἔχον ἢ καὶ
παντάπασιν ἄλογον· ὃ δὲ νῦν εἰρήκαμεν εἶναι τὸ μὴ ὄν,
ἢ πεισάτω τις ὡς οὐ καλῶς λέγομεν ἐλέγξας, ἢ μέχριπερ
ἂν ἀδυνατῇ, λεκτέον καὶ ἐκείνῳ καθάπερ ἡμεῖς λέγομεν,

1. e2 ἑκάστου BTYW Dixsaut O'Brien Cordero : ἕκαστον
Simplicius Burnet Campbell Diès Robinson.

L'Étranger — Il affirme, je crois :   **d**

Non, jamais ne sera dompté cet énoncé : des non étants sont
Mais toi, écarte ta pensée de cette voie de recherche[1].

Théétète — En effet, c'est ainsi qu'il parle.

L'Étranger — Or nous n'avons pas seulement démontré que les non étants sont, mais nous avons aussi mis en lumière ce qu'est l'Idée du non-être ; nous avons en effet démontré et l'existence de la nature de l'autre, | et qu'en s'éparpillant à travers tous les étants elle les **e** mettait en relation les uns avec les autres, et nous avons osé dire de chacun de ses petits morceaux qui entrent en opposition avec l'être de chaque chose[XXIV], que c'était *cela* qu'est réellement le non-être.

Théétète — Nous me semblons, Étranger, avoir dit des choses on ne peut plus vraies.

L'Étranger — Qu'on ne vienne donc pas nous dire que c'est après avoir déclaré que le non-étant était le contraire de l'être que nous avons l'audace de dire qu'il est. Car pour nous, il y a longtemps que nous avons dit adieu à je ne sais quel contraire de l'être, | qu'il soit ou **259a** ne soit pas, qu'on puisse en rendre raison ou qu'on ne le puisse absolument pas[2]. Quant à ce que nous disons à présent être le non-être, ou bien qu'on nous persuade que nous avons tort et qu'on le réfute ; ou, tant qu'on en sera incapable, qu'on dise à son sujet ce que nous en disons : que les genres se mélangent mutuellement, que

1. Déjà cité (237a), avec une modification rendue par « écarte » au lieu de « détourne ».
2. *Cf.* 237a *sq.*, repris en 257b.

5 ὅτι συμμείγνυταί τε | ἀλλήλοις τὰ γένη καὶ τό τε ὂν καὶ
θάτερον διὰ πάντων καὶ δι᾽ ἀλλήλων διεληλυθότε τὸ
μὲν ἕτερον μετασχὸν τοῦ ὄντος ἔστι μὲν διὰ ταύτην τὴν
μέθεξιν, οὐ μὴν ἐκεῖνό γε οὗ μετέσχεν ἀλλ᾽ ἕτερον, ἕτερον
b δὲ τοῦ ὄντος ὂν ἔστι σαφέστατα | ἐξ ἀνάγκης εἶναι μὴ
ὄν· τὸ δὲ ὂν αὖ θατέρου μετειληφὸς ἕτερον τῶν ἄλλων
ἂν εἴη γενῶν, ἕτερον δ᾽ ἐκείνων ἁπάντων ὂν οὐκ ἔστιν
ἕκαστον αὐτῶν οὐδὲ σύμπαντα τὰ ἄλλα πλὴν αὐτό, ὥστε
5 τὸ ὂν ἀναμφισβητήτως αὖ μυρία ἐπὶ μυρίοις οὐκ | ἔστι,
καὶ τἆλλα δὴ καθ᾽ ἕκαστον οὕτω καὶ σύμπαντα πολλαχῇ
μὲν ἔστι, πολλαχῇ δ᾽ οὐκ ἔστιν.

ΘΕΑΙ. Ἀληθῆ.

ΞΕ. Καὶ ταύταις δὴ ταῖς ἐναντιώσεσιν εἴτε ἀπιστεῖ
τις, σκεπτέον αὐτῷ καὶ λεκτέον βέλτιόν τι τῶν νῦν
c εἰρημένων· | εἴτε ὥς τι χαλεπὸν κατανενοηκὼς χαίρει
τοτὲ μὲν ἐπὶ θάτερα τοτὲ δ᾽ ἐπὶ θάτερα τοὺς λόγους
ἕλκων, οὐκ ἄξια πολλῆς σπουδῆς ἐσπούδακεν, ὡς οἱ νῦν
λόγοι φασί. τοῦτο μὲν γὰρ οὔτε τι κομψὸν οὔτε χαλεπὸν
5 εὑρεῖν, ἐκεῖνο δ᾽ ἤδη καὶ χαλεπὸν | ἅμα καὶ καλόν.

ΘΕΑΙ. Τὸ ποῖον;

ΞΕ. Ὃ καὶ πρόσθεν εἴρηται, τὸ ταῦτα ἐάσαντα ὡς
†δυνατὰ† τοῖς λεγομένοις οἷόν τ᾽ εἶναι καθ᾽ ἕκαστον
ἐλέγχοντα ἐπακολουθεῖν, ὅταν τέ τις ἕτερον ὄν πῃ ταὐτὸν

l'être et l'autre circulent à travers tous et l'un à travers l'autre, et qu'ainsi, en participant à l'étant, l'autre existe en raison de cette participation ; toutefois, il n'est pas ce à quoi il participe, mais autre, et, étant autre que ce qui est, il est très clair que, | de toute nécessité, il est n'étant **b** pas ; et à son tour, l'étant participant à l'autre sera autre que les autres genres : étant autre qu'eux tous, il n'est ni chacun d'eux ni la totalité des autres moins lui-même, de sorte qu'incontestablement, des milliers et des milliers de fois il n'est pas, et que les autres, pris chacun à part ou tous ensemble, sous de multiples rapports sont et sous de multiples rapports ne sont pas.

Théétète — C'est vrai.

L'Étranger — Alors, ou bien on refuse de croire à ces oppositions, auquel cas il faut examiner et dire mieux que ce qui vient d'être dit ; | ou bien, considérant qu'on a mis **c** le doigt sur une difficulté, on prend plaisir à tirailler les arguments tantôt dans un sens et tantôt dans un autre, ce qui revient à mettre tout son sérieux à des choses qui ne sont guère dignes d'un grand sérieux, comme viennent d'en témoigner nos arguments[1]. Car c'est là faire une découverte qui n'a rien de raffiné ou de difficile. Tandis que voici qui est difficile autant que beau.,.

Théétète — Quoi ?

L'Étranger — ... ce que j'ai déjà dit : être capable, tout en concédant que de telles arguties puissent intervenir dans les raisonnements, de les suivre de près une à une et de les réfuter, afin que, lorsque quelqu'un affirmera que, envisagé sous un certain angle, est autre ce qui est même

_____

1. Rappel de 240c-241b.

d | εἶναι φῇ καὶ ὅταν ταὐτὸν ὂν ἕτερον, ἐκείνῃ καὶ κατ᾽ ἐκεῖνο ὅ φησι τούτων πεπονθέναι πότερον. τὸ δὲ ταὐτὸν ἕτερον ἀποφαίνειν ἁμῇ γέ πῃ καὶ τὸ θάτερον ταὐτὸν καὶ τὸ μέγα σμικρὸν καὶ τὸ ὅμοιον ἀνόμοιον, καὶ χαίρειν

5 οὕτω τἀναντία | ἀεὶ προφέροντα ἐν τοῖς λόγοις, οὔτε τις ἔλεγχος οὗτος ἀληθινὸς ἄρτι τε τῶν ὄντων τινὸς ἐφαπτομένου δῆλος νεογενὴς ὤν.

ΘΕΑΙ. Κομιδῇ μὲν οὖν.

ΞΕ. Καὶ γάρ, ὠγαθέ, τό γε πᾶν ἀπὸ παντὸς ἐπιχειρεῖν

e | ἀποχωρίζειν ἄλλως τε οὐκ ἐμμελὲς καὶ δὴ καὶ παντάπασιν ἀμούσου τινὸς καὶ ἀφιλοσόφου.

ΘΕΑΙ. Τί δή;

ΞΕ. Τελεωτάτη πάντων λόγων ἐστὶν ἀφάνισις τὸ

5 δια|λύειν ἕκαστον ἀπὸ πάντων· διὰ γὰρ τὴν ἀλλήλων τῶν εἰδῶν συμπλοκὴν ὁ λόγος γέγονεν ἡμῖν.

ΘΕΑΙ. Ἀληθῆ. |

260a ΞΕ. Σκόπει τοίνυν ὡς ἐν καιρῷ νυνδὴ τοῖς τοιούτοις διεμαχόμεθα καὶ προσηναγκάζομεν ἐᾶν ἕτερον ἑτέρῳ μείγνυσθαι.

ΘΕΑΙ. Πρὸς δὴ τί; |

5 ΞΕ. Πρὸς τὸ τὸν λόγον ἡμῖν τῶν ὄντων ἕν τι γενῶν εἶναι. τούτου γὰρ στερηθέντες, τὸ μὲν μέγιστον, φιλοσοφίας ἂν στερηθεῖμεν· ἔτι δ᾽ ἐν τῷ παρόντι δεῖ λόγον ἡμᾶς διομολογήσασθαι τί ποτ᾽ ἔστιν, εἰ δὲ ἀφῃρέθημεν αὐτὸ μηδ᾽ εἶναι τὸ παράπαν, οὐδὲν ἂν ἔτι που λέγειν οἷοί τ᾽ ἦμεν.

et même ce qui est autre, on puisse voir comment et
relativement à quoi | ce qu'il déclarera est affecté par l'un   d
de ces deux termes. Mais montrer n'importe comment
que le même est autre et l'autre même, ou que le grand
est petit et le semblable dissemblable, et se délecter
d'opposer perpétuellement contraires à contraires dans
ses discours, ce n'est pas là de la réfutation véritable mais
manifestement le propre de celui qui, tout frais émoulu,
vient d'entrer en contact avec l'une des choses qui sont.

Théétète — Parfaitement

L'Étranger — En effet, mon bon, travailler à séparer
ainsi tout de tout, | c'est avant tout commettre une faute   e
de mesure, ce qui est naturellement le propre d'un homme
dépourvu de culture et de philosophie.

Théétète — Pourquoi?

L'Étranger — Parce que détacher une chose de toutes
les autres est la manière la plus radicale d'anéantir tout
discours; car c'est de l'entrelacement des Idées que le
discours nous est né.

Théétète — C'est vrai.

L'Étranger — Considère à quel point il était opportun   260a
de batailler contre de tels gens[1], et de les contraindre à
accepter qu'un genre se mêle à un autre.

Théétète — Opportun pour quoi?

L'Étranger — Pour que le discours soit mis pour
nous au nombre des genres qui sont. Car en être privés
ferait, ce qui est le plus grave, que nous serions privés de
philosophie. Il nous faut donc, à cet instant, nous mettre
d'accord sur ce que le discours peut bien être : s'il nous
avait été enlevé, au point de ne pas exister du tout, nous

1. En 252b-c.

b | ἀφῃρέθημεν δ᾽ ἄν, εἰ συνεχωρήσαμεν μηδεμίαν εἶναι
μεῖξιν μηδενὶ πρὸς μηδέν.

ΘΕΑΙ. Ὀρθῶς τοῦτό γε· λόγον δὲ δι᾽ ὅτι νῦν
διομολογητέον οὐκ ἔμαθον. |

5 ΞΕ. Ἀλλ᾽ ἴσως τῇδ᾽ ἑπόμενος ῥᾷστ᾽ ἂν μάθοις.

ΘΕΑΙ. Πῇ;

ΞΕ. Τὸ μὲν δὴ μὴ ὂν ἡμῖν ἕν τι τῶν ἄλλων γένος ὂν
ἀνεφάνη, κατὰ πάντα τὰ ὄντα διεσπαρμένον.

ΘΕΑΙ. Οὕτως. |

10 ΞΕ. Οὐκοῦν τὸ μετὰ τοῦτο σκεπτέον εἰ δόξῃ τε καὶ
λόγῳ μείγνυται.

ΘΕΑΙ. Τί δή; |

c ΞΕ. Μὴ μειγνυμένου μὲν αὐτοῦ τούτοις ἀναγκαῖον
ἀληθῆ πάντ᾽ εἶναι, μειγνυμένου δὲ δόξα τε ψευδὴς
γίγνεται καὶ λόγος· τὸ γὰρ τὰ μὴ ὄντα δοξάζειν ἢ λέγειν,
τοῦτ᾽ ἔστι που τὸ ψεῦδος ἐν διανοίᾳ τε καὶ λόγοις
γιγνόμενον. |

5 ΘΕΑΙ. Οὕτως.

ΞΕ. Ὄντος δέ γε ψεύδους ἔστιν ἀπάτη.

ΘΕΑΙ. Ναί.

ne serions plus, je pense, capables de rien dire ! | Or il **b**
nous serait bel et bien enlevé si nous accordions que rien
ne peut se mélanger avec rien.

Théétète — Tu as raison sur ce point, mais je ne
comprends pas pourquoi maintenant il nous faut arriver à
un accord à propos du discours.

L'Étranger — Tu le comprendras peut-être plus
facilement si tu me suis par ici.

Théétète — Par où ?

L'Étranger — Il nous est apparu que le non-être
était un genre déterminé parmi les autres et qu'il était
disséminé à travers tous les étants[1].

Théétète — Oui.

L'Étranger — Eh bien, après cela, il faut donc
examiner s'il se mêle à l'opinion et au discours.

Théétète — Pourquoi donc ?

L'Étranger — S'il ne s'y mêle pas, forcément tout est **c**
vrai, mais qu'il s'y mêle, alors viennent à être l'opinion
fausse et le discours faux ; car le fait de croire et de dire
des choses qui ne sont pas, c'est en cela, je pense, que
consiste la fausseté lorsqu'elle survient dans l'opinion et
le discours.

Théétète — En cela, oui.

L'Étranger — Dès qu'il y a fausseté, il y a tromperie,
et dès qu'il y a tromperie, tout se remplit inévitablement
d'images, de semblants et d'apparences illusoires.

Théétète — Comment pourrait-il en aller autrement ?

---

1. *Cf.* 258d-e.

ΞΕ. Καὶ μὴν ἀπάτης οὔσης εἰδώλων τε καὶ εἰκόνων ἤδη καὶ φαντασίας πάντα ἀνάγκη μεστὰ εἶναι. |

10 ΘΕΑΙ. Πῶς γὰρ οὔ;

ΞΕ. Τὸν δέ γε σοφιστὴν ἔφαμεν ἐν τούτῳ που τῷ τόπῳ
d | καταπεφευγέναι μέν, ἔξαρνον δὲ γεγονέναι τὸ παράπαν
μηδ᾽ εἶναι ψεῦδος, τὸ γὰρ μὴ ὂν οὔτε διανοεῖσθαί τινα
οὔτε λέγειν· οὐσίας γὰρ οὐδὲν οὐδαμῇ τὸ μὴ ὂν μετέχειν.

ΘΕΑΙ. Ἦν ταῦτα. |

5 ΞΕ. Νῦν δέ γε τοῦτο μὲν ἐφάνη μετέχον τοῦ ὄντος,
ὥστε ταύτῃ μὲν ἴσως οὐκ ἂν μάχοιτο ἔτι· τάχα δ᾽ ἂν
φαίη τῶν εἰδῶν τὰ μὲν μετέχειν τοῦ μὴ ὄντος, τὰ δ᾽ οὔ,
καὶ λόγον δὴ καὶ δόξαν εἶναι τῶν οὐ μετεχόντων, ὥστε
τὴν εἰδωλοποιικὴν καὶ φανταστικήν, ἐν ᾗ φαμεν αὐτὸν
e εἶναι, | διαμάχοιτ᾽ ἂν πάλιν ὡς παντάπασιν οὐκ ἔστιν,
ἐπειδὴ δόξα καὶ λόγος οὐ κοινωνεῖ τοῦ μὴ ὄντος· ψεῦδος
γὰρ τὸ παράπαν οὐκ εἶναι ταύτης μὴ συνισταμένης τῆς
κοινωνίας. διὰ ταῦτ᾽ οὖν λόγον πρῶτον καὶ δόξαν καὶ
5 φαντασίαν διερευνητέον | ὅτι ποτ᾽ ἔστιν, ἵνα φανέντων
261a καὶ τὴν κοινωνίαν αὐτῶν τῷ | μὴ ὄντι κατίδωμεν,
κατιδόντες δὲ τὸ ψεῦδος ὂν ἀποδείξωμεν, ἀποδείξαντες
δὲ τὸν σοφιστὴν εἰς αὐτὸ ἐνδήσωμεν, εἴπερ ἔνοχός ἐστιν,
ἢ καὶ ἀπολύσαντες ἐν ἄλλῳ γένει ζητῶμεν.

ΘΕΑΙ. Κομιδῇ δέ γε, ὦ ξένε, ἔοικεν ἀληθὲς εἶναι τὸ
5 | περὶ τὸν σοφιστὴν κατ᾽ ἀρχὰς λεχθέν, ὅτι δυσθήρευτον
εἴη τὸ γένος. φαίνεται γὰρ οὖν προβλημάτων γέμειν, ὧν

L'Étranger — Or nous avons dit, je crois, que c'est en ce lieu | que s'est réfugié le sophiste, en déniant d absolument l'existence du faux car selon lui personne ne peut ni penser ni dire ce qui n'est pas, puisque le non-étant ne participe en rien et d'aucune façon à l'existence.

Théétète — C'est ce que nous avons dit.

L'Étranger — Mais il renoncerait probablement à livrer cette sorte de bataille, le non-être étant apparu clairement participer à l'être ; peut-être alors dirait-il que, parmi les Idées, il y en a qui participent au non-être, et d'autres pas, et que le discours et l'opinion sont de celles qui n'y participent pas ; si bien qu'il bataillerait pour soutenir que c'est l'art eidôlopoïque et phantastique, que nous prétendons être son domaine, | qui n'existe e absolument pas[1], puisque l'opinion et le discours n'ont aucun rapport avec ce qui n'est pas ; or, si une telle communication ne s'instaure pas, il ne peut pas y avoir de fausseté du tout. C'est pourquoi il faut commencer par explorer à fond ce que peuvent bien être discours, opinion et imagination, afin qu'une fois cela mis en lumière, nous puissions observer comment ils communiquent | avec le non-être ; puis, cela étant fait, démontrer que 261a le faux existe, et cela démontré, y enchaîner le sophiste, si toutefois il est passible de ce traitement, ou sinon le détacher et aller le chercher dans un autre genre.

Théétète — Cela m'a tout l'air d'être vrai, Étranger, ce que nous disions du sophiste à nos débuts, que c'est un genre difficile à chasser[2] ; il semble avoir une réserve de défenses derrière lesquelles il se retranche, et sitôt

1. L'art « producteur d'images » et « d'apparences illusoires » ; *cf.* 236c et 239b-240c.
2. En 218c-e, 223b et 226a.

ἐπειδάν τι προβάλῃ, τοῦτο πρότερον ἀναγκαῖον
διαμάχεσθαι πρὶν ἐπ᾽ αὐτὸν ἐκεῖνον ἀφικέσθαι. νῦν γὰρ
μόγις μὲν τὸ μὴ ὂν ὡς οὐκ ἔστι προβληθὲν διεπεράσαμεν,
b ἕτερον δὲ | προβέβληται, καὶ δεῖ δὴ ψεῦδος ὡς ἔστι καὶ
περὶ λόγον καὶ περὶ δόξαν ἀποδεῖξαι, καὶ μετὰ τοῦτο ἴσως
ἕτερον, καὶ ἔτ᾽ ἄλλο μετ᾽ ἐκεῖνο· καὶ πέρας, ὡς ἔοικεν,
οὐδὲν φανήσεταί ποτε. |

5   ΞΕ. Θαρρεῖν, ὦ Θεαίτητε, χρὴ τὸν καὶ σμικρόν τι
δυνάμενον εἰς τὸ πρόσθεν ἀεὶ προϊέναι. τί γὰρ ὅ γ᾽
ἀθυμῶν ἐν τούτοις δράσειεν ἂν ἐν ἄλλοις, ἢ μηδὲν ἐν
ἐκείνοις ἀνύτων ἢ καὶ πάλιν εἰς τοὔπισθεν ἀπωσθείς;
σχολῇ που, τὸ κατὰ τὴν παροιμίαν λεγόμενον, ὅ γε
τοιοῦτος ἄν ποτε ἕλοι πόλιν. νῦν δ᾽ ἐπεί, ὦγαθέ, τοῦτο
ὃ λέγεις διαπεπέρανται, τό τοι μέγιστον ἡμῖν τεῖχος
ᾑρημένον ἂν εἴη, τὰ δ᾽ ἄλλα ἤδη ῥᾴω καὶ σμικρότερα. |

5   ΘΕΑΙ. Καλῶς εἶπες.

ΞΕ. Λόγον δὴ πρῶτον καὶ δόξαν, καθάπερ ἐρρήθη
νυνδή, λάβωμεν, ἵνα ἐναργέστερον ἀπολογισώμεθα
πότερον αὐτῶν ἅπτεται τὸ μὴ ὂν ἢ παντάπασιν ἀληθῆ μέν
ἐστιν ἀμφότερα ταῦτα, ψεῦδος δὲ οὐδέποτε οὐδέτερον.

10   ΘΕΑΙ. Ὀρθῶς. |

qu'il en dresse une, il faut l'emporter de haute lutte avant de pouvoir arriver à lui. En effet, à peine sommes-nous venus à bout de celle qu'il nous a opposée en niant le non-être, qu'il en dresse à présent | une autre et qu'il nous faut démontrer que le faux existe dans l'opinion et le discours ; après quoi il en dressera probablement encore une autre, et une autre après elle, et jamais, à ce qu'il semble, nous n'en verrons le bout.

L'Étranger — Il faut prendre courage, Théétète, et aller toujours de l'avant tant qu'on est capable d'avancer, si peu que ce soit. Si tu manques de cœur dans cette sorte de situation, que ferais-tu dans celles où tu n'aurais pas avancé d'un seul pas, ou même étais repoussé en arrière ? Comme dit le proverbe, | « on ne risque pas de voir guerrier de cette trempe jamais prendre la ville ». Puisque, mon bon, nous avons maintenant réussi à accomplir ce que tu as dit, c'est le rempart le plus imposant que nous avons enlevé ; le reste sera désormais plus facile et de moindre importance.

Théétète — Tu as raison.

L'Étranger — Prenons donc d'abord, ainsi qu'il a été prévu[1], le discours et l'opinion afin d'établir plus clairement si le non-être peut d'une façon ou de l'autre autre, s'attacher à eux, ou si les deux sont absolument vrais et aucun des deux jamais faux.

Théétète — Bien.

---

1. Selon le plan annoncé en 260e.

d ΞΕ. Φέρε δή, καθάπερ περὶ τῶν εἰδῶν καὶ τῶν γραμμάτων ἐλέγομεν, περὶ τῶν ὀνομάτων πάλιν ὡσαύτως ἐπισκεψώμεθα. φαίνεται γάρ πῃ ταύτῃ τὸ νῦν ζητούμενον.

ΘΕΑΙ. Τὸ ποῖον οὖν δὴ περὶ τῶν ὀνομάτων ὑπακουστέον; |

5 ΞΕ. Εἴτε πάντα ἀλλήλοις συναρμόττει εἴτε μηδέν, εἴτε τὰ μὲν ἐθέλει, τὰ δὲ μή.

ΘΕΑΙ. Δῆλον τοῦτό γε, ὅτι τὰ μὲν ἐθέλει, τὰ δ᾽ οὔ.

ΞΕ. Τὸ τοιόνδε λέγεις ἴσως, ὅτι τὰ μὲν ἐφεξῆς
e λεγόμενα | καὶ δηλοῦντά τι συναρμόττει, τὰ δὲ τῇ συνεχείᾳ μηδὲν σημαίνοντα ἀναρμοστεῖ.

ΘΕΑΙ. Πῶς τί τοῦτ᾽ εἶπας;

ΞΕ. Ὅπερ ᾠήθην ὑπολαβόντα σε προσομολογεῖν. ἔστι
5 | γὰρ ἡμῖν που τῶν τῇ φωνῇ περὶ τὴν οὐσίαν δηλωμάτων διττὸν γένος.

ΘΕΑΙ. Πῶς; |

262a ΞΕ. Τὸ μὲν ὀνόματα, τὸ δὲ ῥήματα κληθέν.

ΘΕΑΙ. Εἰπὲ ἑκάτερον.

ΞΕ. Τὸ μὲν ἐπὶ ταῖς πράξεσιν ὂν δήλωμα ῥῆμά που λέγομεν. |

L'Étranger — Alors, allons! Procédons de la même d
façon que lorsque nous parlions des Idées et des lettres[1],
mais procédons cette fois à un examen semblable à
propos des mots. Car c'est par là et de cette façon que se
laisse entrevoir ce que nous cherchons.

Théétète — Eh bien, que faut-il donc entendre par
ton « à propos des mots »?

L'Étranger — Qu'il faut savoir si tous s'harmonisent
les uns avec les autres, ou aucun, ou alors si les uns y
consentent et d'autres non.

Théétète — Mais c'est évident, que certains y
consentent et d'autres non!

L'Étranger — Voici peut-être ce que tu veux dire :
ceux qui montrent quelque chose | quand ils sont énoncés e
à la file s'harmonisent, alors que ceux dont la suite ne
signifie rien ne s'harmonisent pas.

Théétète — Qu'est-ce que tu veux dire?

L'Étranger — Ce que je croyais que tu avais compris
quand tu m'as donné ton accord[2]. Nous disposons en
effet, je pense, de deux genres de moyens de montrer par
la voix une certaine manière d'être.

Théétète — Comment?

L'Étranger — On appelle les uns des « noms », et les 262a
autres des « verbes ».

Théétète — Explique-moi chacun d'eux.

L'Étranger — Le moyen de montrer des actions, nous
l'appelons « verbe ».

1. *Cf.* 252d-253d.
2. En 261d.

5 ΘΕΑΙ. Ναί.

ΞΕ. Τὸ δέ γ᾽ ἐπ᾽ αὐτοῖς τοῖς ἐκείνας πράττουσι σημεῖον τῆς φωνῆς ἐπιτεθὲν ὄνομα.

ΘΕΑΙ. Κομιδῇ μὲν οὖν.

ΞΕ. Οὐκοῦν ἐξ ὀνομάτων μὲν μόνων συνεχῶς
10 λεγο|μένων οὐκ ἔστι ποτὲ λόγος, οὐδ᾽ αὖ ῥημάτων χωρὶς ὀνομάτων λεχθέντων.

ΘΕΑΙ. Ταῦτ᾽ οὐκ ἔμαθον. |

b ΞΕ. Δῆλον γὰρ ὡς πρὸς ἕτερόν τι βλέπων ἄρτι συνωμολόγεις· ἐπεὶ τοῦτ᾽ αὐτὸ ἐβουλόμην εἰπεῖν, ὅτι συνεχῶς ὧδε λεγόμενα ταῦτα οὐκ ἔστι λόγος.

ΘΕΑΙ. Πῶς; |

5 ΞΕ. Οἷον "βαδίζει" "τρέχει" "καθεύδει, " καὶ τἆλλα ὅσα πράξεις σημαίνει ῥήματα, κἂν πάντα τις ἐφεξῆς αὔτ᾽ εἴπῃ, λόγον οὐδέν τι μᾶλλον ἀπεργάζεται.

ΘΕΑΙ. Πῶς γάρ;

ΞΕ. Οὐκοῦν καὶ πάλιν ὅταν λέγηται "λέων" "ἔλαφος"
10 | "ἵππος", ὅσα τε ὀνόματα τῶν τὰς πράξεις αὖ πραττόντων
c | ὠνομάσθη, καὶ κατὰ ταύτην δὴ τὴν συνέχειαν οὐδείς πω συνέστη λόγος· οὐδεμίαν γὰρ οὔτε οὕτως οὔτ᾽ ἐκείνως πρᾶξιν οὐδ᾽ ἀπραξίαν οὐδὲ οὐσίαν ὄντος οὐδὲ μὴ ὄντος δηλοῖ τὰ φωνηθέντα, πρὶν ἄν τις τοῖς ὀνόμασι τὰ ῥήματα
5 | κεράσῃ. τότε δ᾽ ἥρμοσέν τε καὶ λόγος ἐγένετο εὐθὺς ἡ πρώτη συμπλοκή, σχεδὸν τῶν λόγων ὁ πρῶτός τε καὶ σμικρότατος.

ΘΕΑΙ. Πῶς ἄρ᾽ ὧδε λέγεις;

Théétète — Oui.

L'Étranger — Quant au signe vocal qui s'applique à ceux qui les font, c'est un nom.

Théétète — Parfaitement.

L'Étranger — Eh bien, des noms tout seuls énoncés à la file ne font jamais un discours, pas plus que des verbes énoncés sans être reliés à des noms.

Théétète — Voilà ce que je ne comprenais pas.

L'Étranger — Il est clair en effet que tu avais autre b chose en vue quand tu m'as donné ton accord. Car c'est précisément ce que je voulais dire, que les prononcer ainsi à la file, cela ne fait pas un discours.

Théétète — Comment cela ?

L'Étranger — Par exemple, « marche court dort », et tous les autres verbes signifiant des actions : même si on les dit tous à la file, cela n'en forme pas pour autant un discours.

Théétète — Non, c'est sûr.

L'Étranger — Et qu'on dise « lion cerf cheval », et tout autre nom désignant des agents, | leur suite ne c constitue pas là encore un discours, car pas plus dans ce cas que dans l'autre, les sons proférés ne montrent ni action, ni absence d'action, ni manière d'être de ce qui est ou de ce qui n'est pas, tant qu'on n'a pas mélangé des verbes avec des noms. C'est alors qu'ils s'harmonisent, et de ce premier entrelacement naît aussitôt un discours, presque le premier et le plus bref de tous.

Théétète — Que veux-tu dire par là ?

ΞΕ. Ὅταν εἴπῃ τις· "ἄνθρωπος μανθάνει", λόγον
10 | εἶναι φῂς τοῦτον ἐλάχιστόν τε καὶ πρῶτον; |

d ΘΕΑΙ. Ἔγωγε.

ΞΕ. Δηλοῖ γὰρ ἤδη που τότε περὶ τῶν ὄντων ἢ
γιγνομένων ἢ γεγονότων ἢ μελλόντων, καὶ οὐκ ὀνομάζει
μόνον ἀλλά τι περαίνει, συμπλέκων τὰ ῥήματα τοῖς
5 ὀνόμασι. διὸ | λέγειν τε αὐτὸν ἀλλ᾽ οὐ μόνον ὀνομάζειν
εἴπομεν, καὶ δὴ καὶ τῷ πλέγματι τούτῳ τὸ ὄνομα
ἐφθεγξάμεθα λόγον.

ΘΕΑΙ. Ὀρθῶς.

ΞΕ. Οὕτω δὴ καθάπερ τὰ πράγματα τὰ μὲν ἀλλήλοις
ἥρμοττεν, τὰ δ᾽ οὔ, καὶ περὶ τὰ τῆς φωνῆς αὖ σημεῖα
e τὰ μὲν | οὐχ ἁρμόττει, τὰ δὲ ἁρμόττοντα αὐτῶν λόγον
ἀπηργάσατο.

ΘΕΑΙ. Παντάπασι μὲν οὖν.

ΞΕ. Ἔτι δὴ σμικρὸν τόδε.

ΘΕΑΙ. Τὸ ποῖον; |

5 ΞΕ. Λόγον ἀναγκαῖον, ὅτανπερ ᾖ, τινὸς εἶναι λόγον,
μὴ δὲ τινὸς ἀδύνατον.

ΘΕΑΙ. Οὕτως.

ΞΕ. Οὐκοῦν καὶ ποιόν τινα αὐτὸν εἶναι δεῖ;

ΘΕΑΙ. Πῶς δ᾽ οὔ; |

10 ΞΕ. Προσέχωμεν δὴ τὸν νοῦν ἡμῖν αὐτοῖς.

ΘΕΑΙ. Δεῖ γοῦν.

L'Étranger — Quand on dit « l'homme apprend », c'est bien pour toi un discours, le premier et le plus minime ?

Théétète — Pour moi, oui.   **d**

L'Étranger — Car alors il montre déjà quelque chose à propos de choses qui sont, viennent à être, sont venues à être ou viendront à être : il ne se contente pas de nommer, mais il accomplit quelque chose en entrelaçant des verbes et des noms. Voilà pourquoi nous disons qu'il ne *nomme* pas seulement, mais qu'il *dit*, et pourquoi, naturellement, nous avons donné à cet agencement le nom de « discours ».

Théétète — À juste titre.

L'Étranger — Ainsi donc, de même que certaines choses s'harmonisent et d'autres non, de même certains signes vocaux | ne s'harmonisent pas, tandis que ceux **e** d'entre eux qui s'harmonisent constituent un discours.

Théétète — Absolument.

L'Étranger — Encore un petit quelque chose.

Théétète — Lequel ?

L'Étranger — Un discours, chaque fois qu'il y en a un, parle forcément de quelque chose, qu'il ne le fasse pas est impossible.

Théétète — Bien sûr.

L'Étranger — Mais ne faut-il pas aussi qu'il soit tel ou tel ?

Théétète — Comment ne le faudrait-il pas ?

L'Étranger — Portons donc notre attention sur nous-mêmes.

Théétète — Nous devrions, oui !

ΞΕ. Λέξω τοίνυν σοι λόγον συνθεὶς πρᾶγμα πράξει δι᾽ ὀνόματος καὶ ῥήματος· ὅτου δ᾽ ἂν ὁ λόγος ᾖ, σύ μοι φράζειν.

263a   ΘΕΑΙ. Ταῦτ᾽ ἔσται κατὰ δύναμιν.

ΞΕ. "Θεαίτητος κάθηται." μῶν μὴ μακρὸς ὁ λόγος;

ΘΕΑΙ. Οὔκ, ἀλλὰ μέτριος.

ΞΕ. Σὸν ἔργον δὴ φράζειν περὶ οὗ τ᾽ ἐστὶ καὶ ὅτου. |

5   ΘΕΑΙ. Δῆλον ὅτι περὶ ἐμοῦ τε καὶ ἐμός.

ΞΕ. Τί δὲ ὅδ᾽ αὖ;

ΘΕΑΙ. Ποῖος;

ΞΕ. "Θεαίτητος, ᾧ νῦν ἐγὼ διαλέγομαι, πέτεται."

ΘΕΑΙ. Καὶ τοῦτον οὐδ᾽ ἂν εἷς ἄλλως εἴποι πλὴν ἐμόν
10 | τ᾽ εἶναι[1] καὶ περὶ ἐμοῦ.

ΞΕ. Ποιὸν δέ γέ τινά φαμεν ἀναγκαῖον ἕκαστον εἶναι τῶν λόγων. |

b   ΘΕΑΙ. Ναί.

ΞΕ. Τούτων δὴ ποῖόν τινα ἑκάτερον φατέον εἶναι;

ΘΕΑΙ. Τὸν μὲν ψευδῆ που, τὸν δὲ ἀληθῆ.

ΞΕ. Λέγει δὲ αὐτῶν ὁ μὲν ἀληθὴς τὰ ὄντα ὡς ἔστιν
5 | περὶ σοῦ.

ΘΕΑΙ. Τί μήν;

---

1. a10 τ᾽εἶναι BYW Campbell : τε T Burnet Diès Robinson.

L'Étranger — Je m'en vais te discourir un discours associant une chose à une action grâce à un nom et un verbe ; à toi de me dire de quoi le discours parle.

Théétète — Je le ferai autant qu'il m'est possible.   **263a**

L'Étranger — « Théétète est-assis[1] ». Est-ce que c'est un long discours ?

Théétète — Non, il est bien modeste !

L'Étranger — À toi donc de m'expliquer à propos de qui et de qui il parle.

Théétète — Évidemment, de moi et à propos de moi.

L'Étranger — Et pour celui-ci ?

Théétète — Duquel ?

L'Étranger — « Théétète », avec qui à présent, moi, je discute, « vole ».

Théétète — Pour celui-là encore, la seule chose à dire est que c'est de moi et à propos de moi.

L'Étranger — Mais chacun est nécessairement, disons-nous, de telle ou telle sorte.

Théétète — Oui.

L'Étranger — Laquelle faut-il donc attribuer à l'un et **b** à l'autre ?

Théétète — L'un, je pense, est faux, et l'autre vrai.

L'Étranger — Celui qui est vrai dit à propos de toi des choses qui sont comme elles sont.

Théétète — Certainement

---

1. Il y a en grec un verbe « être-assis », d'où le trait d'union indiquant qu'il s'agit d'un verbe, donc d'une proposition verbale et non pas prédicative.

234 PLATON

ΞΕ. Ὁ δὲ δὴ ψευδὴς ἕτερα τῶν ὄντων.

ΘΕΑΙ. Ναί.

ΞΕ. Τὰ μὴ ὄντ᾽ ἄρα ὡς ὄντα λέγει. |

10 ΘΕΑΙ. Σχεδόν.

ΞΕ. Ὄντως δέ γε ὄντα ἕτερα περὶ σοῦ. πολλὰ μὲν γὰρ ἔφαμεν ὄντα περὶ ἕκαστον εἶναι που, πολλὰ δὲ οὐκ ὄντα.

ΘΕΑΙ. Κομιδῇ μὲν οὖν. |

c ΞΕ. Ὃν ὕστερον δὴ λόγον εἴρηκα περὶ σοῦ, πρῶτον μέν, ἐξ ὧν ὡρισάμεθα τί ποτ᾽ ἔστι λόγος, ἀναγκαιότατον αὐτὸν ἕνα τῶν βραχυτάτων εἶναι.

ΘΕΑΙ. Νυνδὴ γοῦν ταύτῃ συνωμολογήσαμεν. |

5 ΞΕ. Ἔπειτα δέ γε τινός.

ΘΕΑΙ. Οὕτως.

ΞΕ. Εἰ δὲ μὴ ἔστιν σός, οὐκ ἄλλου γε οὐδενός.

ΘΕΑΙ. Πῶς γάρ;

ΞΕ. Μηδενὸς γε ὢν οὐδ᾽ ἂν λόγος εἴη τὸ
10 παράπαν·| ἀπεφήναμεν γὰρ ὅτι τῶν ἀδυνάτων ἦν λόγον ὄντα μηδενὸς εἶναι λόγον.

ΘΕΑΙ. Ὀρθότατα. |

1. b11 Ὄντως BTYW Cordero : Ὄντων Cornarius Burnet Campbell Diès : Robinson add. "sed forte posses scribere Ὄντως δέ γε ὄντα ἕτερα τῶν ὄντων περὶ σοῦ".

L'Étranger — Et celui qui est faux dit des choses autres que celles qui sont.

Théétète — Oui.

L'Étranger — Il dit donc que sont des choses qui ne sont pas...

Théétète — Peut-être bien.

L'Étranger — ... donc des choses qui sont réellement autres à ton propos[XXV]. Car, autour de chaque chose, nous avons dit[1], je crois, qu'il y a beaucoup de choses qui sont et de choses qui ne sont pas.

Théétète — Parfaitement.

L'Étranger — Ainsi, le dernier discours que j'ai tenu c à propos de toi, étant donnée notre définition de ce que peut bien être un discours, est d'abord forcément l'un des plus brefs.

Théétète — C'est en effet ce sur quoi nous venons de tomber d'accord.

L'Étranger — Ensuite, il doit l'être de quelque chose.

Théétète — Oui.

L'Étranger — Or s'il ne parle pas de toi, il ne parle certes de personne d'autre.

Théétète — Assurément.

L'Étranger — Ne parlant de personne, ce ne serait pas du tout un discours. Car nous avons clairement montré qu'il était impossible qu'un discours soit un discours s'il ne parle de rien.

Théétète — C'est exact.

---

1. *Cf.* 256e et 259b.

d   ΞΕ. Περὶ δὴ σοῦ λεγόμεναμέντοι θάτερα ὡς τὰ αὐτὰ καὶ μὴ ὄντα ὡς ὄντα, παντάπασιν [ὡς] ἔοικεν ἡ τοιαύτη σύνθεσις ἔκ τε ῥημάτων γιγνομένη καὶ ὀνομάτων ὄντως τε καὶ ἀληθῶς γίγνεσθαι λόγος ψευδής. |

5   ΘΕΑΙ. Ἀληθέστατα μὲν οὖν.

ΞΕ. Τί δε δή, διάνοιά τε καὶ δόξα καὶ φαντασία, μῶν οὐκ ἤδη δῆλον ὅτι ταῦτά γε ψεύδη τε καὶ ἀληθῆ πάνθ' ἡμῶν ἐν ταῖς ψυχαῖς ἐγγίγνεται;

ΘΕΑΙ. Πῶς; |

10   ΞΕ. Ὧδ' εἴσῃ ῥᾷον, ἂν πρῶτον λάβῃς αὐτὰ τί ποτ'
e   ἔστιν | καὶ τί διαφέρουσιν ἕκαστα ἀλλήλων.

ΘΕΑΙ. Δίδου μόνον.

ΞΕ. Οὐκοῦν διάνοια μὲν καὶ λόγος ταὐτόν· πλὴν ὁ μὲν ἐντὸς τῆς ψυχῆς πρὸς αὑτὴν διάλογος ἄνευ φωνῆς
5   γιγνόμενος | τοῦτ' αὐτὸ ἡμῖν ἐπωνομάσθη, διάνοια;

ΘΕΑΙ. Πάνυ μὲν οὖν.

ΞΕ. Τὸ δέ γ' ἀπ' ἐκείνης ῥεῦμα διὰ τοῦ στόματος ἰὸν μετὰ φθόγγου κέκληται λόγος;

ΘΕΑΙ. Ἀληθῆ. |

10   ΞΕ. Καὶ μὴν ἐν λόγοις γε αὖ ἴσμεν ἐνὸν –

ΘΕΑΙ. Τὸ ποῖον;

ΞΕ. Φάσιν τε καὶ ἀπόφασιν.

ΘΕΑΙ. Ἴσμεν. |

L'Étranger — Or, quand sont dites de toi des choses **d**
autres comme étant les mêmes et des choses qui ne
sont pas comme étant, un pareil assemblage de verbes
et de noms, voilà ce que semble être réellement et
véritablement un discours faux.

Théétète — C'est très vrai.

L'Étranger — Que dire maintenant? **e** Pensée,
opinion et imagination : est-ce qu'il n'est pas désormais
évident que toutes sont des genres qui, en nos âmes,
peuvent y faire naître du faux aussi **b** bien que du vrai?

Théétète — Comment cela?

L'Étranger — Tu le saisiras plus facilement si tu
commences d'abord par écouter ce que sont ces genres et
| en quoi chacun diffère des autres.   **e**

Théétète — Tu n'as qu'à dire.

L'Étranger — Donc, pensée et discours, c'est une
même chose, sauf que c'est le dialogue intérieur et
silencieux de l'âme avec elle-même que nous nommons
« pensée ».

Théétète — Parfaitement.

L'Étranger — Mais le souffle qui émane de l'âme
et sort par la bouche en émettant un son est appelé
« discours ».

Théétète — C'est vrai.

L'Étranger — Nous savons que dans les discours, il
y a en outre…

Théétète — Quoi?

L'Étranger — … affirmation et négation.

Théétète — Nous le savons.

264a ΞΕ. Ὅταν οὖν τοῦτο ἐν ψυχῇ κατὰ διάνοιαν ἐγγίγνηται μετὰ σιγῆς, πλὴν δόξης ἔχεις ὅτι προσείπῃς αὐτό;

ΘΕΑΙ. Καὶ πῶς;

ΞΕ. Τί δ' ὅταν μὴ καθ' αὑτὸ ἀλλὰ δι' αἰσθήσεως παρῇ
5 τινι, τὸ τοιοῦτον αὖ πάθος ἆρ' οἷόν τε ὀρθῶς εἰπεῖν
ἕτερόν τι πλὴν φαντασίαν;

ΘΕΑΙ. Οὐδέν.

ΞΕ. Οὐκοῦν ἐπείπερ λόγος ἀληθὴς ἦν καὶ ψευδής,
τούτων δ' ἐφάνη διάνοια μὲν αὐτῆς πρὸς ἑαυτὴν ψυχῆς
διάλογος, δόξα δὲ διανοίας ἀποτελεύτησις, "φαίνεται" δὲ
b ὃ | λέγομεν σύμμειξις αἰσθήσεως καὶ δόξης, ἀνάγκη δὴ
καὶ τούτων τῷ λόγῳ συγγενῶν ὄντων ψευδῆ [τε] αὐτῶν
ἔνια καὶ ἐνίοτε εἶναι.

ΘΕΑΙ. Πῶς δ' οὔ; |

5 ΞΕ. | Κατανοεῖς οὖν ὅτι πρότερον ηὑρέθη ψευδὴς
δόξα καὶ λόγος ἢ κατὰ τὴν προσδοκίαν ἣν ἐφοβήθημεν
ἄρτι, μὴ παντάπασιν ἀνήνυτον ἔργον ἐπιβαλλοίμεθα
ζητοῦντες αὐτό;

ΘΕΑΙ. Κατανοῶ.

ΞΕ. Μὴ τοίνυν μηδ' εἰς τὰ λοιπὰ ἀθυμῶμεν. ἐπειδὴ
c | γὰρ πέφανται ταῦτα, τῶν ἔμπροσθεν ἀναμνησθῶμεν
κατ' εἴδη διαιρέσεων.

L'Étranger — Quand donc cela survient en l'âme, en 264a pensée et silencieusement, as-tu as un autre nom pour le désigner que « opinion » ?

Théétète — Comment en aurais-je un ?

L'Étranger — Et quand ce n'est pas d'elle-même que l'opinion se présente à quelqu'un mais par l'entremise d'une sensation, serait-il correct de dire qu'une affection de cette sorte est autre chose qu'une « image psychique » ?

Théétète — Non, rien d'autre.

L'Étranger — Puisque le discours peut être vrai et faux et qu'il nous est apparu que la pensée était un dialogue de l'âme avec elle-même, | que l'opinion était b un achèvement de la pensée, et que ce que nous désignons quand nous disons « j'imagine » est un mélange de sensation et d'opinion, il est inévitable, qu'étant ainsi apparentées au discours, certaines de ces activités soient fausses ou le soient quelquefois.

Théétète — Comment n'en serait-il pas ainsi ?

L'Étranger — Te rends-tu compte que nous avons découvert l'opinion fausse et le discours faux bien plus vite que nous ne nous y attendions, lorsque nous craignions, il y a peu, qu'en entreprenant cette recherche nous nous lancions dans une tâche que nous n'avions aucun espoir de mener jusqu'au bout[1] ?

Théétète — Je m'en rends compte.

L'Étranger — Alors, ne perdons pas courage pour ce qui nous reste à faire. Puisque | tout cela nous est apparu c clairement, remémorons-nous nos précédentes divisions par espèces[2].

1. *Cf.* 239b-241c.
2. *Eidè*, traduit ici par « espèces » et non par « Idées ».

ΘΕΑΙ. Ποίων δή;

ΞΕ. Διειλόμεθα τῆς εἰδωλοποιικῆς εἴδη δύο, τὴν μὲν
5 | εἰκαστικήν, τὴν δὲ φανταστικήν.

ΘΕΑΙ. Ναί.

ΞΕ. Καὶ τὸν σοφιστὴν εἴπομεν ὡς ἀποροῖμεν εἰς
ὁποτέραν θήσομεν.

ΘΕΑΙ. Ἦν ταῦτα. |

10   ΞΕ. Καὶ τοῦθ' ἡμῶν ἀπορουμένων ἔτι μείζων
κατεχύθη σκοτοδινία, φανέντος τοῦ λόγου τοῦ πᾶσιν
ἀμφισβητοῦντος ὡς οὔτε εἰκὼν οὔτε εἴδωλον οὔτε
d φάντασμ' εἴη τὸ παράπαν | οὐδὲν διὰ τὸ μηδαμῶς
μηδέποτε μηδαμοῦ ψεῦδος εἶναι.

ΘΕΑΙ. Λέγεις ἀληθῆ.

ΞΕ. Νῦν δέ γ' ἐπειδὴ πέφανται μὲν λόγος, πέφανται
δ' οὖσα δόξα ψευδής, ἐγχωρεῖ δὴ μιμήματα τῶν ὄντων
5 εἶναι | καὶ τέχνην ἐκ ταύτης γίγνεσθαι τῆς διαθέσεως
ἀπατητικήν.

ΘΕΑΙ. Ἐγχωρεῖ.

ΞΕ. Καὶ μὴν ὅτι γ' ἦν ὁ σοφιστὴς τούτων πότερον,
διωμολογημένον ἡμῖν ἐν τοῖς πρόσθεν ἦν.

ΘΕΑΙ. Ναί. |

Théétète — Lesquelles ?

L'Étranger — Nous avons divisé l'eidôlopoiétique en deux, en eikastique et phantastique[1].

Théétète — Oui.

L'Étranger — Et nous ne savions pas trop dans laquelle des deux ranger le sophiste.

Théétète — Hé oui !

L'Étranger — Et quand nous étions dans cette impasse, un vertige encore plus grand a obscurci notre vue, lorsque s'est présenté l'argument contestant que semblant, image, apparence illusoire, bref qu'absolument | rien de tout cela puisse exister, puisque de fausseté il n'y **d** en a jamais, en aucune façon, et nulle part[2].

Théétète — Tu dis vrai.

L'Étranger — Mais puisque l'existence du discours faux et de l'opinion fausse a été mise en lumière, il est à présent possible qu'existent des imitations des choses qui sont et que la disposition à les produire donne naissance à un art apatètique[3].

Théétète — C'est possible.

L'Étranger — Et nous étions d'accord pour dire que le sophiste appartient à l'une ou à l'autre.

Théétète — Oui.

---

1. eidôlopoiètique : « art de produire des images » ; eikastique : « de produire des semblants » ; phantastique : « de produire des apparences ». *Cf.* 236b-c.
2. Voir 239c-e.
3. Art de « tromper ».

10 ΞΕ. Πάλιν τοίνυν ἐπιχειρῶμεν, σχίζοντες διχῆ τὸ
e | προτεθὲν γένος, πορεύεσθαι κατὰ τοὖπὶ δεξιὰ ἀεὶ μέρος
τοῦ τμηθέντος, ἐχόμενοι τῆς τοῦ σοφιστοῦ κοινωνίας,
ἕως ἂν αὐτοῦ τὰ κοινὰ πάντα περιελόντες, τὴν οἰκείαν
265a λιπόντες | φύσιν ἐπιδείξωμεν μάλιστα μὲν ἡμῖν αὐτοῖς,
ἔπειτα καὶ τοῖς ἐγγυτάτω γένει τῆς τοιαύτης μεθόδου
πεφυκόσιν.

ΘΕΑΙ. Ὀρθῶς.

ΞΕ. Οὐκοῦν τότε μὲν ἠρχόμεθα ποιητικὴν
5 κτητικὴν | τέχνην διαιρούμενοι;

ΘΕΑΙ. Ναί.

ΞΕ. Καὶ τῆς κτητικῆς ἐν θηρευτικῆ καὶ ἀγωνίᾳ καὶ
ἐμπορικῆ καί τισιν ἐν τοιούτοις εἴδεσιν ἐφαντάζεθ' ἡμῖν;

ΘΕΑΙ. Πάνυ μὲν οὖν. |

10 ΞΕ. Νῦν δέ γ' ἐπειδὴ μιμητικὴ περιείληφεν αὐτὸν
τέχνη, δῆλον ὡς αὐτὴν τὴν ποιητικὴν δίχα διαιρετέον
b πρώτην. | ἡ γάρ που μίμησις ποίησίς τίς ἐστιν, εἰδώλων
μέντοι, φαμέν, ἀλλ' οὐκ αὐτῶν ἑκάστων· ἦ γάρ;

ΘΕΑΙ. Παντάπασι μὲν οὖν.

ΞΕ. Ποιητικῆς δὴ πρῶτον δύ' ἔστω μέρη. |

5 ΘΕΑΙ. Ποίω;

ΞΕ. Τὸ μὲν θεῖον, τὸ δ' ἀνθρώπινον.

ΘΕΑΙ. Οὔπω μεμάθηκα.

L'Étranger — Tentons donc une fois de plus de scinder en deux le | genre qui se présente à nous et, en avançant **e** toujours selon sa partie droite, de nous attacher ainsi à celle avec laquelle le sophiste communique, jusqu'à ce que, lui ayant enlevé tout ce qu'il a de commun avec les autres et ne lui ayant laissé que sa nature | propre, nous **265a** la révélions d'abord à nos propres yeux, et ensuite à tous ceux qui, de leur nature, ont le plus d'affinité avec ce genre de méthode.

Théétète — Correct.

L'Étranger — Est-ce que nous n'avons pas commencé par diviser les arts en poïètiques et ktètiques ?

Théétète — Si.

L'Étranger — Puis, lorsque nous divisions l'art ktètique, le sophiste ne nous est-il pas apparu dans l'art thèreutique, agônistique, emporique et dans d'autres espèces de cette sorte ?

Théétète — Parfaitement.

L'Étranger — Mais puisque le voici maintenant cerné dans l'art mimétique, il est évident que c'est l'art poïètique qu'il nous faut d'abord diviser en deux ; | l'imitation est en effet quelque chose comme une **b** production – production d'images et non pas des choses elles-mêmes, n'est-ce pas ?

Théétète — Absolument.

L'Étranger — Posons en premier qu'il y a deux parties de cet art poïètique.

Théétète — Lesquelles ?

L'Étranger — L'une divine, et l'autre humaine.

Théétète — Je ne comprends pas tout à fait.

ΞΕ. Ποιητικήν, εἴπερ μεμνήμεθα τὰ κατ᾽ ἀρχὰς
λεχθέντα, πᾶσαν ἔφαμεν εἶναι δύναμιν ἥτις ἂν αἰτία
10 γίγνηται τοῖς μὴ | πρότερον οὖσιν ὕστερον γίγνεσθαι.

ΘΕΑΙ. Μεμνήμεθα. |

ΞΕ. Ζῷα δὴ πάντα θνητά, καὶ δὴ καὶ φυτὰ ὅσα τ᾽ ἐπὶ
γῆς ἐκ σπερμ.....   ..αὶ ῥιζῶν φύεται, καὶ ὅσα ἄψυχα ἐν γῇ
συνίσταται σώματα τηκτὰ καὶ α....   ...ῶν ἄλλου τινὸς
ἢ θεοῦ δημιουργοῦντος φήσομεν ὕστερον γίγνεσθα.
5 πρότερον | οὐκ ὄντα; ἢ τῷ τῶν πολλῶν δόγματι καὶ
ῥήματι χρώμενοι –

ΘΕΑΙ. Ποίῳ τῳ;

ΞΕ. Τὴν φύσιν αὐτὰ γεννᾶν ἀπό τινος αἰτίας
αὐτομάτης καὶ ἄνευ διανοίας φυούσης, ἢ μετὰ λόγου τε
καὶ ἐπιστήμης θείας ἀπὸ θεοῦ γιγνομένης; |

d   ΘΕΑΙ. Ἐγὼ μὲν ἴσως διὰ τὴν ἡλικίαν πολλάκις
ἀμφότερα μεταδοξάζω· νῦν μὴν βλέπων εἰς σὲ καὶ
ὑπολαμβάνων οἴεσθαί σε κατά γε θεὸν αὐτὰ γίγνεσθαι,
ταύτῃ καὶ αὐτὸς νενόμικα.

5   ΞΕ. Καλῶς γε, ὦ Θεαίτητε. καὶ εἰ μέν γέ σε ἡγούμεθα
τῶν εἰς τὸν ἔπειτα χρόνον ἄλλως πως δοξαζόντων εἶναι, νῦν
ἂν τῷ λόγῳ μετὰ πειθοῦς ἀναγκαίας ἐπεχειροῦμεν ποιεῖν
ὁμολογεῖν· ἐπειδὴ δέ σου καταμανθάνω τὴν φύσιν, ὅτι καὶ
e | ἄνευ τῶν παρ᾽ ἡμῶν λόγων αὐτὴ πρόσεισιν ἐφ᾽ ἅπερ νῦν

L'Étranger — Si nous nous souvenons de ce qui a été dit pour commencer, nous appelons « poiètique » toute puissance qui est cause de la venue à être de choses qui n'existaient pas auparavant[1].

Théétète — Nous nous en souvenons.

L'Étranger — Donc, tous les animaux mortels, et *c* aussi tout ce qui pousse sur la terre à partir de semences et de racines, et enfin tout ce qui à l'intérieur de la terre s'agglomère en corps fusibles et non fusibles, dirons-nous que tout cela, qui antérieurement n'était pas, vient ultérieurement à être autrement que par l'action d'un artisan divin ? Ou bien, adoptant la croyance et le langage de la plupart des hommes...

Théétète — À savoir ?

L'Étranger — ... que c'est la Nature qui les engendre selon une causalité spontanée et dépourvue de pensée sage, ou bien avec le concours d'une raison et d'une science divines émanées d'un dieu ?

Théétète — Quant à moi, peut-être à cause de mon *d* âge, je passe souvent d'une opinion à l'autre. Mais maintenant, à te regarder, et comme je suppose que tu crois que c'est un dieu qui produit tout cela, je partage ta façon de voir.

L'Étranger — Tu fais bien, Théétète. Si je pensais que tu fais partie de ceux qui changeront plus tard d'avis, j'essaierais de te persuader en ayant recours à des arguments incontestables. Mais je connais ta nature, et je sais que, | sans qu'il soit besoin d'arguments, elle se porte *e* d'elle-même vers ce à quoi tu te crois à présent attiré de

1. *Cf.* 219a-d.

ἕλκεσθαι φῄς, ἐάσω· χρόνος γὰρ ἐκ περιττοῦ γίγνοιτ᾽ ἄν.
ἀλλὰ θήσω τὰ μὲν φύσει λεγόμενα ποιεῖσθαι θείᾳ τέχνῃ,
τὰ δ᾽ ἐκ τούτων ὑπ᾽ ἀνθρώπων συνιστάμενα ἀνθρωπίνῃ,
5 | καὶ κατὰ τοῦτον δὴ τὸν λόγον δύο ποιητικῆς γένη, τὸ
μὲν ἀνθρώπινον εἶναι, τὸ δὲ θεῖον.

ΘΕΑΙ. Ὀρθῶς.

ΞΕ. Τέμνε δὴ δυοῖν οὔσαιν δίχα ἑκατέραν αὖθις.

ΘΕΑΙ. Πῶς; |

266a ΞΕ. Οἷον τότε μὲν κατὰ πλάτος τέμνων τὴν ποιητικὴν
πᾶσαν, νῦν δὲ αὖ κατὰ μῆκος.

ΘΕΑΙ. Τετμήσθω.

ΞΕ. Τέτταρα μὴν αὐτῆς οὕτω τὰ πάντα μέρη γίγνεται,
5 | δύο μὲν τὰ πρὸς ἡμῶν, ἀνθρώπεια, δύο δ᾽ αὖ τὰ πρὸς
θεῶν, θεῖα.

ΘΕΑΙ. Ναί.

ΞΕ. Τὰ δέ γ᾽ ὡς ἑτέρως αὖ διῃρημένα, μέρος μὲν ἓν
ἀφ᾽ ἑκατέρας τῆς μερίδος αὐτοποιητικόν, τὼ δ᾽ ὑπολοίπω
10 | σχεδὸν μάλιστ᾽ ἂν λεγοίσθην εἰδωλοποιικώ· καὶ κατὰ
ταῦτα δὴ πάλιν ἡ ποιητικὴ διχῇ διαιρεῖται. |

force ; aussi, je m'abstiendrai, car ce serait perdre du temps. Je poserai pourtant en principe que les soi-disant œuvres de la Nature sont produites par un art divin, et que celles assemblées par les hommes en les prenant comme matériaux sont œuvres d'un art humain. Selon ce raisonnement, il y a donc deux genres de production, l'un humain et l'autre divin.

Théétète — Correct.

L'Étranger — Et puisqu'il y en a deux, coupe chacun en deux.

Théétète — Comment ?

L'Étranger — L'ensemble de l'art poiètique, tu viens **266a** de le couper en quelque sorte en largeur ; maintenant coupe le au contraire en longueur.

Théétète — Considère que c'est fait.

L'Étranger — Nous obtenons donc quatre parties en tout, deux qui se rapportent à nous et sont humaines, et deux relatives aux dieux qui sont divines.

Théétète — Oui.

L'Étranger — Et pour en revenir à celles divisées dans l'autre sens[1], nous dirons qu'une partie de chacune de ces deux sections est autopoiètique, tandis que les deux parties restantes doivent peut-être être dites, aussi précisément qu'il est possible, eidôlopoiques[2] ; c'est donc de cette façon que la poiètique se divise de nouveau en deux.

---

1. C'est-à-dire divisées « en longueur », verticalement et non plus horizontalement.
2. Autopoiètique : « productrice des réalités "elles-mêmes" », eidôlopoique : « d'images ».

b ΘΕΑΙ. Λέγε ὅπῃ ἑκατέρα αὖθις.

ΞΕ. Ἡμεῖς μέν που καὶ τἆλλα ζῷα καὶ ἐξ ὧν τὰ πεφυκότ᾽ ἐστίν, πῦρ καὶ ὕδωρ καὶ τὰ τούτων ἀδελφά, θεοῦ γεννήματα πάντα ἴσμεν αὐτὰ ἀπειργασμένα ἕκαστα· ἢ πῶς; |

5 ΘΕΑΙ. Οὕτως.

ΞΕ. Τούτων δέ γε ἑκάστων εἴδωλα ἀλλ᾽ οὐκ αὐτὰ παρέπεται, δαιμονίᾳ καὶ ταῦτα μηχανῇ γεγονότα.

ΘΕΑΙ. Ποῖα;

ΞΕ. Τά τε ἐν τοῖς ὕπνοις καὶ ὅσα μεθ᾽ ἡμέραν
10 φαντάσ|ματα αὐτοφυῆ λέγεται, σκιὰ μὲν ὅταν ἐν τῷ πυρὶ
c σκότος | ἐγγίγνηται, διπλοῦν δὲ ἡνίκ᾽ ἂν φῶς οἰκεῖόν τε καὶ ἀλλότριον περὶ τὰ λαμπρὰ καὶ λεῖα εἰς ἓν συνελθὸν τῆς ἔμπροσθεν εἰωθυίας ὄψεως ἐναντίαν αἴσθησιν παρέχον εἶδος ἀπεργάζηται. |

5 ΘΕΑΙ. Δύο γὰρ οὖν ἐστι ταῦτα θείας ἔργα ποιήσεως, αὐτό τε καὶ τὸ παρακολουθοῦν εἴδωλον ἑκάστῳ.

ΞΕ. Τί δὲ τὴν ἡμετέραν τέχνην; ἆρ᾽ οὐκ αὐτὴν μὲν οἰκίαν οἰκοδομικῇ φήσομεν ποιεῖν, γραφικῇ δέ τιν᾽ ἑτέραν, οἷον ὄναρ ἀνθρώπινον ἐγρηγορόσιν ἀπειργασμένην; |

Théétète — Explique-moi encore comment.   b

L'Étranger — Nous-mêmes, j'imagine, et le reste des vivants, et les éléments constitutifs des choses naturelles, le feu, l'eau et leurs congénères, sont autant de choses que nous savons probablement être engendrées et parfaitement exécutées chacune par un dieu, n'est-ce pas ?

Théétète — Si.

L'Étranger — Et chacune d'elles se trouve accompagnée d'images, qui ne sont pas des réalités mais qui sont elles aussi l'œuvre d'une machination divine.

Théétète — Quelles images ?

L'Étranger — Celles qui nous viennent dans le sommeil, et celles qui apparaissent « spontanément », comme on dit, pendant le jour : l'ombre projetée par le feu quand | il s'obscurcit, ou cette double apparence que   c produit chaque fois, sur des surfaces brillantes et lisses, la rencontre en un même faisceau de la lumière propre à l'objet et d'une lumière étrangère, ce qui offre de l'objet un aspect donnant lieu à une sensation inverse de celle dont nous avons l'habitude.

Théétète — Donc, les deux œuvres de la production divines sont, d'une part la chose-même, d'autre part l'image qui accompagne chaque chose.

L'Étranger — Qu'en est-il de notre art à nous ? Ne dirons-nous pas que l'art oikodomique produit la maison elle-même, tandis que l'art graphique[1] en produit une autre qui est comme une sorte de songe humain à l'usage des éveillés ?

1. Oikodomique : « l'art de l'architecte » ; graphique : « l'art du peintre et du poète ».

d ΘΕΑΙ. Πάνυ μὲν οὖν.

ΞΕ. Οὐκοῦν καὶ τἆλλα οὕτω κατὰ δύο διττὰ ἔργα τῆς ἡμετέρας αὖ ποιητικῆς πράξεως, τὸ μὲν αὐτό, φαμέν, αὐτουργική, τὸ δὲ εἴδωλον εἰδωλοποιική[1]. |

5 ΘΕΑΙ. Νῦν μᾶλλον ἔμαθον, καὶ τίθημι δύο διχῇ ποιητικῆς εἴδει· θείαν μὲν καὶ ἀνθρωπίνην κατὰ θάτερον τμῆμα, κατὰ δὲ θάτερον τὸ μὲν αὐτῶν ὄν, τὸ δὲ ὁμοιωμάτων τινῶν γέννημα.

ΞΕ. Τῆς τοίνυν εἰδωλουργικῆς ἀναμνησθῶμεν ὅτι τὸ μὲν εἰκαστικόν, τὸ δὲ φανταστικὸν ἔμελλεν εἶναι γένος,
e εἰ τὸ | ψεῦδος ὄντως ὂν ψεῦδος καὶ τῶν ὄντων ἕν τι φανείη πεφυκός.

ΘΕΑΙ. Ἦν γὰρ οὖν.

ΞΕ. Οὐκοῦν ἐφάνη τε καὶ διὰ ταῦτα δὴ καταριθμήσομεν αὐτὼ νῦν ἀναμφισβητήτως εἴδη δύο; |

5 ΘΕΑΙ. Ναί. |

267a ΞΕ. Τὸ τοίνυν φανταστικὸν αὖθις διορίζωμεν δίχα.

ΘΕΑΙ. Πῇ;

ΞΕ. Τὸ μὲν δι᾽ ὀργάνων γιγνόμενον, τὸ δὲ αὐτοῦ παρέχοντος ἑαυτὸν ὄργανον τοῦ ποιοῦντος τὸ φάντασμα. |

5 ΘΕΑΙ. Πῶς φής;

---

1. d4 αὐτουργική... εἰδωλοποιική BTYW Campbell Diès :
[αὐτουργική], [εἰδωλοποιική] Burnet : αὐτουργικῆς... εἰδωλοποιικῆς
Ast, Robinson : αὐτουργικῇ... εἰδωλοποιικῇ Heindorf : secl. Apelt.

Théétète — Tout à fait. **d**

L'Étranger — De la même façon, dans tous les autres cas, les œuvres de notre action productrice sont doubles : d'une part elle est autourgique – elle fait, disons-nous, la chose elle-même –, d'autre part elle est eidôlopoique, productrice d'image.

Théétète — À présent, j'ai mieux compris, et je pose deux espèces d'art poiétique, dont chacune est double : d'un côté, action divine et action humaine, de l'autre production de choses et production d'images.

L'Étranger — Or souvenons-nous que cette eidôlourgique devait comporter deux genres, l'art eikastique et l'art phantastique[1], dès lors que | le faux se **e** serait révélé être réellement faux et être, par sa nature, l'une des choses qui sont.

Théétète — Oui, c'était là ce que nous disions.

L'Étranger — Ces espèces nous étant apparues ainsi, ne les compterons-nous donc pas comme étant incontestablement deux ?

Théétète — Si.

| L'Étranger — Divisons encore à son tour l'art **267a** phantastique en deux.

Théétète — Par où ?

L'Étranger — D'un côté, il s'effectue au moyen d'instruments, de l'autre, celui qui produit le simulacre s'utilise lui-même comme instrument.

Théétète — Que veux-tu dire ?

1. *Cf.* 236d-e, 260d-e, 264a-b.

ΞΕ. Ὅταν οἶμαι τὸ σὸν σχῆμά τις τῷ ἑαυτοῦ χρώμενος σώματι προσόμοιον ἢ φωνὴν φωνῇ φαίνεσθαι ποιῇ, μίμησις τοῦτο τῆς φανταστικῆς μάλιστα κέκληταί που.

ΘΕΑΙ. Ναί. |

10 ΞΕ. Μιμητικὸν δὴ τοῦτο αὐτῆς προσειπόντες ἀπονειμώμεθα· τὸ δ᾽ ἄλλο πᾶν ἀφῶμεν μαλακισθέντες b καὶ παρέντες | ἑτέρῳ συναγαγεῖν τε εἰς ἓν καὶ πρέπουσαν ἐπωνυμίαν ἀποδοῦναί τιν᾽ αὐτῷ.

ΘΕΑΙ. Νενεμήσθω, τὸ δὲ μεθείσθω.

ΞΕ. Καὶ μὴν καὶ τοῦτο ἔτι διπλοῦν, ὦ Θεαίτητε, ἄξιον 5 | ἡγεῖσθαι· δι᾽ ἃ δέ, σκόπει.

ΘΕΑΙ. Λέγε.

ΞΕ. Τῶν μιμουμένων οἱ μὲν εἰδότες ὃ μιμοῦνται τοῦτο πράττουσιν, οἱ δ᾽ οὐκ εἰδότες. καίτοι τίνα μείζω διαίρεσιν ἀγνωσίας τε καὶ γνώσεως θήσομεν; |

10 ΘΕΑΙ. Οὐδεμίαν.

ΞΕ. Οὐκοῦν τό γε ἄρτι λεχθὲν εἰδότων ἦν μίμημα; τὸ γὰρ σὸν σχῆμα καὶ σὲ γιγνώσκων ἄν τις μιμήσαιτο.

c ΘΕΑΙ. Πῶς δ᾽ οὔ;

L'Étranger — Lorsque quelqu'un, j'imagine, se sert de son propre corps pour reproduire ton allure, ou de sa voix pour contrefaire la tienne, c'est surtout cette partie de l'art phantastique que l'on appelle « imitation » ?

Théétète — Oui.

L'Étranger — Mettons-la donc à part et appelons-la « mimétique »[1] ; quant à tout le reste de cet art, permettons-nous d'être un peu ramollis et abandonnons | à un autre le soin de le rassembler en une unité et de lui **b** donner un nom convenable.

Théétète — Séparons et laissons aller.

L'Étranger — D'autant que la première espèce, Théétète, mérite encore d'être considérée comme double. Mais examine pour quelles raisons.

Théétète — Dis-les-moi.

L'Étranger — Certains imitateurs le font en connaissant ce qu'ils imitent, mais d'autres sans le connaître : quel principe de division pourrait être plus radical que celui qui oppose connaissance à absence de connaissance ?

Théétète — Aucun.

L'Étranger — Or l'imitation mentionnée tout à l'heure était faite par des gens qui savent ? car c'est en te connaissant toi-même et ton allure qu'on pourrait t'imiter.

Théétète — Comment le nier ?   **c**

---

1. Voir 233d-236d.

ΞΕ. Τί δὲ δικαιοσύνης τὸ σχῆμα καὶ ὅλης συλλήβδην ἀρετῆς; ἆρ᾽ οὐκ ἀγνοοῦντες μέν, δοξάζοντες δέ πῃ, σφόδρα ἐπιχειροῦσιν πολλοὶ τὸ δοκοῦν σφίσιν τοῦτο ὡς
5 ἐνὸν αὐτοῖς | προθυμεῖσθαι φαίνεσθαι ποιεῖν, ὅτι μάλιστα ἔργοις τε καὶ λόγοις μιμούμενοι;

ΘΕΑΙ. Καὶ πάνυ γε πολλοί.

ΞΕ. Μῶν οὖν πάντες ἀποτυγχάνουσι τοῦ δοκεῖν εἶναι δίκαιοι μηδαμῶς ὄντες; ἢ τούτου πᾶν τοὐναντίον; |

10   ΘΕΑΙ. Πᾶν. |

d   ΞΕ. Μιμητὴν δὴ τοῦτόν γε ἕτερον ἐκείνου λεκτέον οἶμαι, τὸν ἀγνοοῦντα τοῦ γιγνώσκοντος.

ΘΕΑΙ. Ναί.

ΞΕ. Πόθεν οὖν ὄνομα ἑκατέρῳ τις αὐτῶν λήψεται
5 | πρέπον; ἢ δῆλον δὴ χαλεπὸν ὄν, διότι τῆς τῶν γενῶν κατ᾽ εἴδη διαιρέσεως παλαιά τις, ὡς ἔοικεν, ἀργία[1] τοῖς ἔμπροσθεν καὶ ἀσύννους παρῆν, ὥστε μηδ᾽ ἐπιχειρεῖν μηδένα διαιρεῖσθαι· καθὸ δὴ τῶν ὀνομάτων ἀνάγκη μὴ σφόδρα εὐπορεῖν. ὅμως δέ, κἂν εἰ τολμηρότερον
e εἰρῆσθαι, διαγνώσεως ἕνεκα τὴν | μὲν μετὰ δόξης μίμησιν δοξομιμητικὴν προσείπωμεν, τὴν δὲ μετ᾽ ἐπιστήμης ἱστορικήν τινα μίμησιν.

1. d6 αἰτία BTW Campbell Cordero : ἀργία Madvig Burnet Diès Robinson.

L'Étranger — Mais qu'en est-il de la justice, et en général de la vertu tout entière ? N'y en a-t-il pas beaucoup qui, sans la connaître, mais en s'en étant, on ne sait trop comment, formé une opinion, s'efforcent sans relâche de produire l'apparence de désirer ardemment que cette opinion qu'ils se sont faite soit réellement présente en eux, puisqu'ils la miment autant qu'ils peuvent dans leurs actes et dans leurs paroles ?

Théétète — Il y en a beaucoup, à coup sûr.

L'Étranger — Est-ce qu'ils échouent tous à sembler justes alors qu'ils ne le sont pas du tout, ou est-ce exactement le contraire ?

Théétète — Tout le contraire

L'Étranger — Il faut donc dire, je pense, que cet d imitateur-là diffère de l'autre comme l'ignorant diffère assurément du savant.

Théétète — Oui.

L'Étranger — Où prendre alors pour chacun d'eux le nom qui lui convient ? Il est évident que c'est difficile, car s'il y avait déjà, semble-t-il, chez nos prédécesseurs, une conception ancienne de la cause de la division en genres et en espèces, ils ne l'ont pas réfléchie, de sorte qu'ils n'ont même pas entrepris de diviser et que nos ressources en noms sont forcément très restreintes. Et pourtant (même si parler de cette façon peut sembler assez téméraire), donnons, afin de distinguer les deux, à | l'imitation qui s'accompagne d'une opinion le nom e de « doxomimétique », et à celle qui s'accompagne d'un savoir celui d'imitation « informée »[1].

---

1. Il n'était pas possible de traduire *historikè* par « historique »...

ΘΕΑΙ. Ἔστω.

ΞΕ. Θατέρῳ τοίνυν χρηστέον· ὁ γὰρ σοφιστὴς οὐκ ἐν
5 | τοῖς εἰδόσιν ἦν ἀλλ᾽ ἐν τοῖς μιμουμένοις δή.

ΘΕΑΙ. Καὶ μάλα.

ΞΕ. Τὸν δοξομιμητὴν δὴ σκοπώμεθα ὥσπερ σίδηρον,
εἴτε ὑγιὴς εἴτε διπλόην ἔτ᾽ ἔχων τινά ἐστιν ἐν αὐτῷ.

ΘΕΑΙ. Σκοπῶμεν. |

10 ΞΕ. |Ἔχει τοίνυν καὶ μάλα συχνήν. ὁ μὲν γὰρ εὐήθης
268a | αὐτῶν ἐστιν, οἰόμενος εἰδέναι ταῦτα ἃ δοξάζει· τὸ δὲ
θατέρου σχῆμα διὰ τὴν ἐν τοῖς λόγοις κυλίνδησιν ἔχει
πολλὴν ὑποψίαν καὶ φόβον ὡς ἀγνοεῖ ταῦτα ἃ πρὸς τοὺς
ἄλλους ὡς εἰδὼς ἐσχημάτισται. |

5 ΘΕΑΙ. Πάνυ μὲν οὖν ἔστιν ἑκατέρου γένος ὧν
εἴρηκας.

ΞΕ. Οὐκοῦν τὸν μὲν ἁπλοῦν μιμητήν τινα, τὸν δὲ
εἰρωνικὸν μιμητὴν θήσομεν;

ΘΕΑΙ. Εἰκὸς γοῦν.

ΞΕ. Τούτου δ᾽ αὖ τὸ γένος ἓν ἢ δύο φῶμεν; |

10 ΘΕΑΙ. Ὅρα σύ. |

b ΞΕ. Σκοπῶ, καί μοι διττὼ καταφαίνεσθόν τινε· τὸν
μὲν δημοσίᾳ τε καὶ μακροῖς λόγοις πρὸς πλήθη δυνατὸν
εἰρωνεύεσθαι καθορῶ, τὸν δὲ ἰδίᾳ τε καὶ βραχέσι λόγοις
ἀναγκάζοντα τὸν προσδιαλεγόμενον ἐναντιολογεῖν
5 αὐτὸν | αὐτῷ.

Théétète — Soit.

L'Étranger — C'est donc la première que nous devons utiliser, car si le sophiste se trouve assurément parmi les imitateurs, il ne fait pas partie de ceux qui savent.

Théétète — Certes pas.

L'Étranger — Examinons donc l'imitateur opinant comme s'il s'agissait d'un morceau de fer, pour voir s'il est compact ou s'il n'y a pas encore en lui quelque paille.

Théétète — Examinons.

L'Étranger — Eh bien, il en a, et pas qu'une ! L'un d'eux, en effet, | est naïf, il croit savoir ce dont il n'a 268a qu'une opinion ; quant au comportement de l'autre, avoir tant roulé dans les discussions lui inspire une bonne dose de méfiance : il craint d'ignorer les sujets où, devant les autres, il se donne figure de savant.

Théétète — Il en existe sûrement un pour correspondre à l'un et l'autre genre que tu viens de décrire.

L'Étranger — Nous poserons donc que l'un est un imitateur tout simple, l'autre un imitateur ironique ?

Théétète — C'est assez vraisemblable.

L'Étranger — Et de ce dernier, dirons-nous qu'il n'y a qu'un seul genre, ou deux ?

Théétète — Vois toi-même.

L'Étranger — J'examine,   et   voici   qu'ils b m'apparaissent être deux ; l'un, je le vois capable d'ironiser devant une assemblée et de développer de longs discours devant des foules, tandis que l'autre, c'est en privé qu'il opère et que, grâce à de brefs arguments, il contraint son interlocuteur à se contredire lui-même.

ΘΕΑΙ. Λέγεις ὀρθότατα.

ΞΕ. Τίνα οὖν ἀποφαινώμεθα τὸν μακρολογώτερον εἶναι; πότερα πολιτικὸν ἢ δημολογικόν;

ΘΕΑΙ. Δημολογικόν. |

10   ΞΕ. Τί δὲ τὸν ἕτερον ἐροῦμεν; σοφὸν ἢ σοφιστικόν;

ΘΕΑΙ. Τὸν[1] μέν που σοφὸν ἀδύνατον, ἐπείπερ οὐκ
c εἰδότα | αὐτὸν ἔθεμεν· μιμητὴς δ᾽ ὢν τοῦ σοφοῦ δῆλον ὅτι
παρωνύμιον αὐτοῦ τι λήψεται, καὶ σχεδὸν ἤδη μεμάθηκα
ὅτι τοῦτον δεῖ προσειπεῖν ἀληθῶς αὐτὸν ἐκεῖνον τὸν
παντάπασιν ὄντως σοφιστήν. |

5   ΞΕ. Οὐκοῦν συνδήσομεν αὐτοῦ, καθάπερ ἔμπροσθεν,
τοὔνομα συμπλέξαν τες ἀπὸ τελευτῆς ἐπ᾽ ἀρχήν;

ΘΕΑΙ. Πάνυ μὲν οὖν.

ΞΕ. Τὸν[2] δὴ τῆς ἐναντιοποιολογικῆς εἰρωνικοῦ
μέρους τῆς δοξαστικῆς μιμητικόν, τοῦ φανταστικοῦ
d γένους ἀπὸ | τῆς εἰδωλοποιικῆς οὐ θεῖον ἀλλ᾽ ἀνθρωπικὸν
τῆς ποιήσεως ἀφωρισμένον ἐν λόγοις τὸ θαυματοποιικὸν
μόριον, "ταύτης τῆς γενεᾶς τε καὶ αἵματος" ὃς ἂν φῇ τὸν
ὄντως σοφιστὴν εἶναι, τἀληθέστατα, ὡς ἔοικεν, ἐρεῖ[3]. |

5   ΘΕΑΙ. Παντάπασι μὲν οὖν.

---

1. b11 Τὸν BTYW : Τὸ Stephanus Burnet Robinson.
2. c9 Τὸν BTYW Campbell Cordero Robinson : Τὸ Schleiermacher Burnet Diès.
3. Pour le schéma et la traduction en langue ordinaire voir l'Annexe 1.

Théétète — Parfaitement exact.

L'Étranger — Alors, comment nous représenterons-nous l'homme aux trop longs discours? comme un politique, ou comme détenteur d'un art démagogique?

Théétète — Comme un démagogue.

L'Étranger — Mais que dire de l'autre : que c'est un savant, ou un sophiste?

Théétète — Le dire « savant » est impossible, puisque nous avons posé | qu'il ne sait pas; mais puisque c'est le savant qu'il imite, il est évident qu'il doit en dériver son nom – et peu s'en faut que je ne comprenne déjà que c'est de lui que nous devons dire, en toute vérité, que c'est réellement et totalement un sophiste.   c

L'Étranger — Nous lierons donc la chaîne autour de lui en entrelaçant, comme nous l'avons fait auparavant, tous les fils de son nom en remontant de la fin jusqu'au début.

Théétète — Très bien.

L'Étranger — Celui qui[XXVI] est expert en un art mimétique relevant de l'art enantiopoiologique, partie ironique de la doxastique, partie du genre phantastique, distingué du genre | eidôlopoïque, portion non pas divine mais anthropique de la production qui déploie dans les discours son art thaumatopoïique – quiconque déclarera « voilà la race, voilà le sang[1] » du sophiste dans son être même, dira, semble-t-il bien, la plus pure vérité[2].   d

Théétète — Hè oui, absolument.

---

1. Homère, *Iliade* VI, 211.
2. Pour un schéma et sa traduction en langage ordinaire, voir Annexe I.

NOTES À LA TRADUCTION

> *Il est vrai que n'importe quel texte obscur peut devenir "clair et distinct" si nous le modifions, mais le lecteur est désireux de connaître ce que Platon a dit ; les idées d'un brillant philologue (en général allemand) sont peut-être intéressantes, mais ce n'est pas lui l'auteur du Sophiste.*

Ces quelques lignes de Nestor Cordero ont constamment servi de principe et de guide aux notes qui vont suivre, et je tenais à marquer combien je lui suis redevable.

I. « Dans toutes les éditions modernes du *Sophiste* nous lisons que l'Étranger [...] est un compagnon (*hetairon*) de Parménide et de Zénon » écrit Nestor Cordero. Il propose de lire *heteron* (autre), au lieu de *hetairon* (compagnon). Ni Burnet ni D. B. Robinson ne jugent pourtant nécessaire de faire figurer cette leçon dans leur apparat critique, et si Campbell et Diès la mentionnent, c'est pour la rejeter. Il est vrai qu'avec elle, de familier ou partisan des thèses éléatiques, l'Étranger se métamorphose, sinon en adversaire, du moins en dissident car il « diffère » de ceux qui gravitent autour de Parménide et de Zénon. Pour justifier pareille mutation du personnage principal, Cordero développe les arguments suivants (voir l'Annexe I de son édition du Dialogue) :

1) plusieurs manuscrits portent la leçon *heteron* – en particulier le codex Y, dont Diès dit « qu'il a souvent le privilège de la bonne lecture ». Cette lecture a prévalu dans la

traduction latine de Ficin (1482), et dans l'édition du grec par
Henri Estienne (1578) l'étranger est dit « en vérité grandement
diffèrent et dissemblable de Parménide & de Zénon, ses
contemporains ». L'édition mettant en face le grec d'Henri
Estienne et la traduction latine de Ficin (1590) a « fait autorité »
jusqu'à la naissance de la philologie moderne. Laquelle opte
pour la correction de Cornarius (1561) et le témoignage
de Proclus (*In Parm.* col. 672 Cousin). Michel Narcy
(*Dictionnaire des Philosophes Antiques*, p. 701-702) objecte
à Cordero que l'histoire du texte du *Sophiste* au XVIᵉ siècle
« est plus complexe » et « ne lui donne pas raison », bien qu'il
admette que la lecture *heteron* y soit nettement prédominante.
Mais Narcy invoque alors un autre argument : même parmi les
tenants de la leçon *heteron*, la façon dont Cordero interprète
ce passage et par conséquent le personnage de l'Étranger reste
« minoritaire ». Face aux deux exemples qu'il donne – selon
Ficin, l'Étranger serait peut-être Melissos, et selon Grynæus,
il serait un « autre Parménide et un autre Zénon ». Qui ne
choisirait alors d'être minoritaire ? D'autant que (dans sa
note 5) Cordero ajoute que « la présence dès le début du mot
clé *heteron* ferait partie de « l'habitude de Platon » de suggérer,
« à l'intention des initiés, des solutions qu'il a l'intention de
présenter ». Passons sur le terme « initiés », qui conduit à voir
dans le *Sophiste* un Dialogue d'école, et entendons « ceux qui
ont appris à bien lire ». Il cite le prologue du *Timée*. – « Un deux
trois… » – où « les nombres joueront un rôle décisif ». Platon
a en effet pour habitude d'introduire dans une phrase banale un
ou plusieurs mots indiquant la question qui sera l'objet essentiel
du Dialogue. Qui pourrait contester que « l'autre » (*heteron*)
joue un rôle décisif dans le *Sophiste* ?

2) Le choix de la leçon *hetairon* conduit Fischer, dans une
note de son édition de Leipzig (1774), puis Burnet (1895) à
mettre en doute *hetairôn* (entre crochets droits [], donc plus
fortement qu'entre croix († †), et D. B. Robinson à le supprimer
carrément pour cause de redondance, alors qu'il figure dans
tous les manuscrits.

3) Enfin, cette lecture justifie que Théodore dise que ce visiteur est « pourtant un homme tout à fait philosophe » : pourquoi en effet le dire, s'il est un des « compagnons » de Parménide et de Zénon ?

C'est donc la lecture de Cordero qui a été adoptée

II. En 218a3 Diès opte pour la correction de Badham et traduit : « Agis (*Dra*) donc ainsi, étranger ; comme l'a dit Socrate c'est à nous tous que tu feras plaisir ». Campbell objecte que *kai* ("aussi") est séparé de « tu feras plaisir » par la clause « comme a dit Socrate » et traduit : « De cette façon (en me choisissant), feras-tu aussi, comme l'a dit Socrate, une faveur à tous les présents ? » Transformer, sans aucune justification textuelle, la question craintive de Théétète en affirmation revient en effet à ignorer l'épreuve que lui a hier infligée Socrate et qui a transformé un jeune mathématicien, sûr de sa science et disciple de Protagoras, en un interlocuteur digne des rôles que va lui attribuer l'Étranger.

III. Tous les éditeurs optent en 219c8 pour le verbe *diaprepô* « se faire remarquer, se distinguer » (Dictionnaire Bailly) ; pour le Dictionnaire LSJ ce verbe signifie « être convenable », sens dont l'unique occurrence serait cette phrase du *Sophiste*. Car la seule autre occurrence dans le corpus platonicien est une citation de l'*Antiope* d'Euripide, dont Calliclès se sert lorsqu'il reproche à Socrate de « travestir (*diaprepeis*) son naturel généreux sous un déguisement puéril » (*Gorg.* 486a). Il semble néanmoins confirmé par la réponse de Théétète : « Oui, ce serait convenable en effet (*Nai ; prepoi gar an*) ». Les manuscrits T²Y donnent cependant *an diagrapseien*, le verbe *diagraphô* signifiant « tracer une ligne, un plan, un dessin ». Il se retrouve, en ce sens (et non au sens de biffer, rayer comme en *Rép.* III 287b2), en *Rép.* VI, 500e3 et 501a1, et en *Lois VI*, 778a9. Sur la valeur du mss Y, voir note I, quant au mss T², c'est l'œuvre d'un correcteur du mss T, que l'identification de son copiste (en 1986) a permis de dater vers 950. T est donc le plus ancien codex contenant les sept premières tétralogies.

Outre la valeur de ces deux mss, de quoi s'agit-il dans cette phrase ? De « relier » tous les arts ayant affaire à des choses qui sont déjà là : « tracer une ligne à travers eux », ne serait-ce pas une bonne manière de les relier ?

IV. Le genre « chasse au genre inanimé » n'« est » (*on*, Heindorf) pas plus anonyme en lui-même que bien d'autres espèces pour lesquelles l'Étranger va forger quantité de néologismes. Les mss donnent *eàn* en 220a2, mais dans la phrase ce mot ferait double emploi avec *plèn* : « sauf seulement ». Changer l'accentuation et lire *eân* comme propose sans l'affirmer Campbell en se référant au fr. 73 de Parménide et aux *Lois* (IX, 878b) n'a rien d'une « correction », puisqu'à l'époque de Platon, les manuscrits ne comportaient aucune accentuation. Celle-ci résulte donc d'une interprétation, principalement de celle de l'édition d'Aristophane de Byzance (IIIᵉ siècle avant J.-C.). C'est donc une différence d'interprétation entre les différents copistes et éditeurs du texte de Platon que les philologues modernes doivent à leur tour interpréter. Selon quels critères ? Selon la différence de valeur qu'ils accordent aux familles de manuscrits, mais surtout selon le désir de rendre le texte le plus cohérent possible et le plus riche de sens. Ce n'est pas cela qui fait hésiter Campbell, mais la différence de temps avec le *khairein easai* qui suit. Cependant, si l'Étranger « abandonne » à son anonymat le genre « chasse aux vivants aquatiques inanimés » et juge inutile de forger un néologisme, c'est qu'il juge que sa division peut se poursuivre sans qu'il en fabrique un. Sa phrase ne reprend pas le « sont » tous deux (*eston*) de la phrase précédente, elle annonce le « dire adieu » (*khairein easai*) qui suit : l'infinitif aoriste a ici sa fonction « d'aspect verbal pur », il est le premier des adieux plus ou moins aimables prononcés par l'Étranger.

V. Il est possible, en 221d3, d'hésiter entre *pantos dei*, justifié par Campbell : « il s'en faut du tout au tout », et le *pantôs dei* donné par les manuscrits. Mais comme le terme *passophos*, « savant en tout », est récurrent chez Platon pour qualifier le sophiste, et comme la possibilité d'un savoir total va être récusée en 233b-234d), c'est la leçon *pantôs* qui a été adoptée. Lorsque Platon raisonne, il n'obéit pas à une logique déductive, il pratique une dialectique dynamique qui peut aussi bien retourner en arrière vers ce qui a été dit qu'anticiper ce qu'elle va dire.

VI. Pour justifier en 221d9 la lecture des mss, *touton*, Cordero renvoie à *Od.* XX, 377; mais le chœur dit alors, qu'en fait d'hôtes malheureux, il n'y a qu'à voir « quelqu'un comme (*hoion*) celui que voilà (*tina touton*) », qui a donc un sens démonstratif. Or Cordero lui donne un sens interrogatif, et traduit : « Quels individus? », car c'est bien une question que pose Théétète, celle de la parenté entre le sophiste et le pêcheur à la ligne. Mais la correction de Heindorf, *Tina toû*, anticipe l'accusatif, *ton aspalieutèn*, et le génitif, *toû sophistou*, présents dans la réponse de l'Étranger, et on peut la juger préférable au texte des mss.

VII. Les termes de cette récapitulation (223b1-6), donnés dans tous les mss, doivent être maintenus, car ils apportent des précisions nécessaires, contrairement à ce que pense Schleiermacher. Il supprime « ktètique », car oikeiôtique (art d'appropriation) suffit; « chasse à des animaux terrestres », superflue, puisqu'ils sont dits vivre sur la terre ferme; hémérothèrique, puisque c'est une chasse aux humains et que les hommes ne sont pas des animaux sauvages; et enfin « mistharnique » puisqu'elle a pour but de s'échanger contre de l'argent, donc contre un salaire, pas un salaire payé en travail comme c'est le cas des esclaves mais en belle monnaie. Schleiermacher estime sans doute améliorer le texte de Platon en éliminant ce qu'il juge être des répétitions inutiles, mais à y regarder de plus près, sont-elles véritablement inutiles?

VIII. Burnet et Campbell gardent en 226b6 « et » (*kai*), et supposent que l'énumération, interrompue par le « Et quoi donc? » de Théétète, est reprise par le « ...et en plus » de l'Étranger. Ce qui est fort possible, mais nullement nécessaire. Mais pourquoi supprimer *diakrinein*, donné par tous les manuscrits, et qui là encore prépare l'affirmation que tous les arts diairétiques sont diacritiques, autrement dit que toute division suppose un jugement capable d'arbitrer et de faire un tri ? Sa raison est que cela « anticiperait bizzarement ce qui suit », argument faisant encore prévaloir une logique déductive.

IX. Une correction de Cobet en 229a substitue *Dikèi* (*datif*), Idée ou déesse de la Justice, à *dikè*, peine, châtiment : elle fait de l'art correctif (kolastique) un art punitif convenant à la Justice. C'est en effet un même mot grec qui désigne la « Justice » qui prescrit et interdit, et la peine infligée à ceux qui refusent de s'y soumettre. Selon Campbell, cette correction serait justifiée « car de quel autre genre de justice la justice kolastique pourrait-elle être distinguée ici ? » Certains textes des *Lois* peuvent lui offrir des réponses. Par exemple, celui d'une justice qui ne serait pas punitive mais persuasive : l'Athénien stipule que sa loi prescrivant le mariage à tous les citoyens doit « joindre la persuasion à la menace » (*Lois* IV, 721e.); ou encore, celui d'une justice ré-éducative : si l'athée est incrédule mais possède un bon naturel, il se rendra pendant cinq ans dans une Maison de Rééducation (X, 907e-908a). L'Étranger conclut seulement que l'art kolastique, correctif « est néanmoins la peine (*dikè*) qui convient le mieux de toutes » lorsqu'il s'agit de démesure, d'injustice et de lâcheté.

X. La note de Robin à 234c3 est d'une concision qu'on ne peut que lui envier : « Texte controversé ; sens non douteux. » La principale difficulté viendrait du *è ou* donné par les mss : « ou n'est-il pas ? », car il introduit une rupture de construction : *prosdokômen* ne peut pas gouverner l'infinitif *tugkhanein* comme il gouverne *einai*. *Tugkhanein* ne peut dépendre dans cette phrase que de *ou dunaton <einai> aû* : « mais n'est-il pas possible aussi qu'il arrive […] d'ensorceler, *goèteuein*, des jeunes gens… ». Cette difficulté, ou « obscurité » comme dit Cordero, tient à un présupposé commun à tous les philologues, antiques ou modernes, concernant le rapport entre ces deux questions, rhétoriques puisqu'elles appellent toutes deux une réponse affirmative. *Le fait* qu'il soit possible d'ensorceler aussi par des images parlées est censé expliquer *la nature* de « l'autre technique » dont l'existence serait incontestable – d'où les corrections, et en particulier celle, en ce cas fort tentante, qui corrige *è* en *hêi*, comme fait Schleiermacher et faisait déjà Ficin (*quâ*) : une technique « grâce à laquelle ». Or cela ne conduit pas seulement à prendre le raisonnement à contre-sens, mais à se tromper sur la nature du problème posé. Car c'est bien *l'existence* d'une technique s'adressant aux oreilles et non pas aux yeux des jeunes gens, et avec elle celle « d'images parlées », que *confirme* le fait que cela arrive effectivement : *puisque* cela peut arriver aussi, *aû*, alors « nous devons nous attendre » à ce qu'il *existe* une technique différente de celle de la peinture, une technique discursive. *Tugkanein* permet de répondre affirmativement à *einai*, comme le prouve la réponse de Théétète (« pourquoi cette sorte de technique n'existerait-elle pas ? »). Il faut donc conserver la lecture des mss.

XI. En 235a7, la formulation de l'Étranger a donné lieu à une foule de corrections, car dire qu'il est désormais devenu clair « qu'il [le sophiste] est l'une des parties qui participent du jeu (*tôn tès paidias metekhontôn merôn esti tis*) » est loin d'être clair. La majorité des traducteurs estiment préférable de lire *tôn metekhontôn* comme un masculin, et suppriment *merôn*, comme Diès, ou lisent *muriôn* (de *murias* : « dix mille ») avec Apelt et Robinson : le sophiste serait « l'un des innombrable individus participant à la nature du jeu », « one of those tens thousands that have no share in anything serious » (Rowe). Sans les suivre sur ce point, Cordero conserve *merôn*, mais il opte pour la leçon *heîs* du mss. W, et comprend que le sophiste est « l'un (*tis heîs*) des individus qui participent aux parties en rapport avec le jeu ». On aurait donc une sorte de dittographie, le *tis heîs* de 235a7 revenant en 235b6. Devant ces multiples émendations, on ne peut qu'envier à Robin la brièveté répétée et catégorique de ses notes, en particulier ses notes 3 et 4 à la p. 285 : « Texte controversé. Je traduis le texte des manuscrits. » Mais comme n'est pas Robin qui veut, la simplicité magistrale de Campbell est également salutaire, car elle lève la principale difficulté : l'objection de Heindorf, à savoir que « garder *merôn* oblige à prendre *tôn metekhontôn* comme un neutre, de sorte que le sophiste serait alors l'une des parties qui participent du jeu », ce qui n'a pas de sens. Campbell réplique que la confusion entre l'homme et sa fonction (*ergon*), donc entre le masculin et le neutre, est un glissement qui s'est produit à maintes reprises dans le Dialogue (par exemple en 225a). Il comprend ici que le sophiste « relève d'une des portions (*merôn*) [car même s'il est bariolé son genre n'en comporte sans doute pas des myriades, *muriôn*] qui participent de la nature du jeu ». Quant à la conjecture *heîs* du mss W, il estime qu'en 235a7 l'accent doit être mis sur *paidias* et non pas, comme en 235b6, sur le fait que le sophiste est bien l'un de ceux qui appartiennent au genre des « sorciers ». D'autant que les mss B et T donnent *eis* et en font le premier mot de la réplique de l'Étranger : *Eis goèta men dè* : « c'est donc comme un sorcier [...] qu'il faut le poser (*theteon*). » Tout dépend donc de ce que l'on juge être l'objet de cette phrase : savoir dans quelle *partie du jeu* ranger le sophiste, ou mettre le sophiste *au nombre de ceux qui participent* au genre du jeu. Le passage s'achevant sur la méthode à suivre pour réussir à l'attraper : le suivre en « toutes les parties (*kata merè*) de la production d'images », il fournit une réponse claire à cette question.

XII. La dernière phrase de 236e a donné lieu à une note catégorique de Campbell et à une note hésitante de Cordero. Faut-il comprendre que « celui qui dit et pense des choses fausses ne peut pas éviter d'être de toute nécessité (*khrè*) réduit à s'auto-contredire du fait même de les proférer », ou décider avec Heindorf qu'en parler, c'est nécessairement « dire [addition de *phanai*] ou juger que ces choses fausses existent nécessairemment » ? Dans le premier cas, *khrè* porte sur *mè enantiologiai ... sunekhestai*, dans le second sur *ontôs einai*.

Est-ce de l'existence des chose fausses que parle l'Étranger, ou du fait que les dire ou les penser revient inévitablement à se contredire ? La suite portant sur la réfutation du logos de Parménide, alors que le problème de l'existence du faux ne sera examiné qu'à partir de 260a, il n'a pas semblé utile d'opter pour la correction de Heindorf.

XIII. La leçon *epi ti tôn ontôn* en 237c7 résulte de l'addition de *ti* par Burnet d'après une correction du Parisinus 1808 : il ne faudrait rapporter le non-étant « à quel qu'un des étants que ce soit ». L'Étranger vient de se demander sérieusement « à quoi » (*eis ti*) rapporter du non-étant, et il se répond qu'il ne faut le rapporter à *aucun* des étants. Cet ajout (l'accusatif *ti*) atténue le caractère absolu de l'interdiction et affaiblit le sens dynamique du verbe *pherô* (*oisteon*) construit avec la préposition *epi* + *génitif* : on ne doit « trans-porter » du non étant « vers » aucun des étants – ce qui peut sembler plus intéressant que de comprendre qu'il ne faut pas le faire porter *sur* eux (sens que possède aussi la préposition *epi* + *génitif*).

XIV. L'élision de *ti*, quelque chose, proposée par Schleiermacher en 237e5, passe à côté de la progression du raisonnement : dire « quelque chose » (*ti*) de ce qui n'est « même pas une chose » (*mèden*), le non-être, c'est dire rien (*mèden*) ; or ne pas dire « quelque chose », donc dire rien, ce n'est même pas « dire », c'est émettre des sons, « proférer ».

XV. Si l'on se rapporte aux quatre principaux manuscrits, en 238b3 B donne *hen*, W *to hen*, et T Y donnent *to on*. Mais ce n'est pas parce qu'ils donnent généralement la meilleure leçon que *to on* a été adopté. C'est pour rétablir la cohérence du raisonnement. La question posée en 238a7-8 est très claire : est-il possible qu'une chose qui est vienne s'adjoindre à ce qui n'est pas ? La réponse apportée en 238c5-6 ne l'est pas moins : « il n'est ni juste ni correct d'essayer d'attacher de l'étant à du non-étant. » Ce qui la justifie est que le nombre fasse en totalité partie des choses qui sont, et cette totalité ne sera divisée qu'ensuite en pluralité et unité. Les interprètes jugent l'opposition évidente et la font intervenir d'emblée, or, s'agissant des images, elle ne l'est pas car toute image peut sembler et paraître une, alors qu'elle est indéfiniment multipliée par les regards qui la perçoivent. Leur apparente logique perd ce qui est la logique de ce texte, et la question qu'il annonce.

XVI. En 240b7, le semblant est dit « non étant » (*ouk on*) dans les mss TY, et non « ne pas réellement ne pas être » (*ouk ontôs ouk on*), ce qui pour le coup anticipe exagérément la suite du raisonnement : cette double négation affirmerait que le semblant existe, comme le voit Burnet qui met le second *ouk* entre crochets droits. Pour l'instant, l'Étranger déduit seulement que, puisque Théétète affirme qu'un semblant n'est pas véritable, et que seul ce qui est véritable existe réellement (est *ontôs on*), un semblant ne peut pas selon lui exister.

XVII. En 240b8-12, lire « Donc » (*Oukoûn*), et pas « Non pas » (*Oûkoun*), répond à l'objection de Campbell concernant la distribution des répliques donnée par tous les mss. Si l'on attribue à l'Étranger, dit-il, une réplique s'achevant par « Mais il [le semblant] existe pourtant », et à Théétète la question « Comment ? », celle-ci ne recevrait pas de réponse. Dans sa note 166, p. 238 et dans son Appendice 2, Cordero rappelle d'abord que « Dans tous les mss du *Sophiste*, le changement d'interlocuteur est indiqué soit par un tiret, soit par deux points, soit par un espace vide » ; or dans tous les mss, l'intervention de l'Étranger se termine par la phrase « Mais il [le semblant] existe ». Théétète vient d'identifier ce qui existe et ce qui est vrai, et l'Étranger lui répond qu'alors un semblant existe « véritablement, à ce que tu dis ? » La réponse de Théétète, « Comment ? » permet à l'Étranger de conclure à la nature paradoxale de l'image : elle n'existe pas réellement, mais elle est réellement une image. Ne pas suivre les mss en 240b7-12, c'est être aveugle à ce tournant décisif, ce moment du Dialogue où s'enclenche l'entrelacement de l'étant et du non-étant.

XVIII. En 242d4, traduire par « chez nous » revient à confirmer que l'Étranger fait partie de « la gent (*ethnos*) éléatique », alors qu'il est seulement dit « venir d'Élée », sans faire nécessairement partie « des compagnons de Parménide et de Zénon ». Il est supposé être éléate et avoir pour « père spirituel » Parménide, puisque Platon nous le présente comme tel, mais il n'appartient pas pour autant à la « gent éléatique », qui peut d'ailleurs comprendre Melissos de Samos et quelques Mégariques

XIX. La formulation peut paraître si obscure qu'elle incite à supposer qu'en 244d11 le texte est corrompu. Le sens découle pourtant clairement de ce qui vient d'être dit, à condition de faire abstraction de ses multiples « améliorations » et de s'en tenir, comme Campbell, au manuscrit T. Si on pose que le nom est identique à la chose, alors, si l'un est l'unité de cette *chose* qu'est l'un, il n'est lui-même aussi que l'unité d'un *nom*, d'un mot.

XX. En 245b4 l'Étranger pose un problème difficile : quelle que soit la propriété (*pathos*) qu'on attribue à l'être, il cessera d'être absolument un et deviendra deux. Mais « tout entier » (*holon*) n'est justement pas une propriété comme les autres. Pour simplifier les choses, Schleiermacher frappe encore et corrige « le tout entier » (*holon*) par « l'être » (*to on*). Or ce n'est pas « l'être de l'un » qui, dans cette phrase, sera « un et tout entier » : c'est l'entièreté de l'un qui à la fois sera et sera tout entière. Le tout entier ne sera donc pas tout entier, s'il doit en plus être. Autrement dit, il se contredira lui-même. La spécificité de cette propriété englobante fera donc que, si on l'attribue à l'être, il deviendra deux, mais que *si on ne la lui attribue pas*, il manquera d'être, et qu'en en étant privé, il ne sera pas.

XXI. Devant le remplacement unanime de « tout-à-fait » (*panu*, mss) par « tous » (*pantas*, acc. masc.) en 245e7, on reste sans voix. Quelle différence entre « ne pas faire une revue tout à fait complète » et ne pas avoir examiné « tous ceux » qui discourent de l'être et du non-être pourrait bien justifier la correction d'une leçon présente dans les quatre principaux mss ? Aucune, à moins de recourir à une psycho-pathologie de l'expérience philologique, et y voir une volonté de rappeler l'existence des illustres prédécesseurs que Platon traite avec tant de désinvolture.

XXII. La réplique de l'Étranger (249d9-10) a fait l'objet d'un torrent de corrections, et il faut bien dire pour une bonne raison : le *ment'an ara* des mss, que Cordero décide de conserver, est syntaxiquement impossible, car *an* ne peut pas gouverner l'infinitif futur *gnôsesthai*. Campbell propose donc la solution la plus économique : supprimer *an*, qui se serait glissé là depuis le *Deinon ment'an* de 249a2.

XXIII. En 251e4-5, la distribution des répliques est en général commandée par le fait que « Tu as raison » ne pourrait s'attribuer qu'à Théétète. Mais alors, il faut faire comme Diès et supprimer le « et » de « et posons donc », un « donc » qui n'est en outre plus justifié par ce qui précède, comme l'ont bien vu Campbell et Robin.

XXIV. « Chacun des petits morceaux en lesquels la nature de l'autre s'éparpille et qui entrent en opposition avec l'être de chaque chose (*hekastou*) » : telle est la définition de « non étant » à laquelle la discussion arrive en 258e2. Lire « avec chaque portion (*hekaston morion*) de la nature de l'être », comme font tous les éditeurs, revient à penser que chaque partie de la nature de l'autre s'oppose chaque fois à un être déterminé : à une Idée. Or la formule de 258e ne répète ni celle de 257c11 qui parlait de partie (*meros*), ni celles qui depuis 257d4 parlent de « morceaux » (de *morion* et de *moria*) et qui avaient établi que chaque « morceau » de la nature de l'autre se focalisait sur l'un des étants et se déterminait par cette opposition. En 258e, il précise qu'en raison de cette opposition mutuelle, l'être se trouve aussi morcelé. Car à la différence du non-beau et du non-grand, un seul des deux termes mis en opposition, « un morceau de l'autre », est déterminé, et c'est lui qui détermine le terme auquel il s'oppose, « l'être de chaque chose », qui n'est que parce qu'elle participe à un être défini par sa puissance de faire être tout ce qui participe de lui et non pas à l'être en tant qu'il est universellement participé.

XXV. Dire que Théétète vole, est-ce, demande l'Étranger en 263b11, dire à son propos des choses qui sont réellement, ontiquement (*ontôs*) autres, ou des choses qui sont « autres que celles qui sont » (*ontôn*)? Dans ce passage abondamment controversé, la différence entre ces deux lectures est fondamentale. Car si les choses fausses qui sont affirmées à propos de Théétète diffèrent des « choses qui sont », comment justifier cette affirmation sinon en confrontant ces choses fausses à des choses qui sont à son propos, donc en les examinant l'une après l'autre? Inventaire non seulement impossible, puisqu'il y a autour de Théétète une quantité quasi-infinie de « choses qui sont », mais absurde. Et d'autant plus absurde que ce n'est pas ce que dit Platon. Ici, la philologie vient « réellement » au secours de l'interprétation.

XXVI. Schleiermacher n'allait pas se faire oublier, et en 268c8 il corrige l'article masculin des *mass* (*ton*) en article neutre (*to*). Ce qui revient à contredire les derniers mots de l'Étranger : c'est le sophiste, dans son être même, (*ton ontôs sophistèn*) que l'Étranger proclame avoir enfin défini. Robin dit « l'homme qui » mais Diès et Cordero adoptent *to* et le rapportent à l'accusatif neutre *mimètikon*, traduit par ce dernier « la technique de l'imitation ». En ce cas, la dernière définition aurait la même forme que les six premières, qui accordaient au sophiste d'être un *tekhnitès*, puisque c'est son art, la sophistique, qu'elles définissaient. Or l'ensemble de la recherche vient justement de démontrer que de *tekhnitès*, le sophiste n'avait que l'apparence.

COMMENTAIRE

LE PROLOGUE
(216A-218B)

Hier, le grand mathématicien Théodore de Cyrène a présenté à Socrate un de ses élèves, Théétète, jeune homme dont il a vanté la nature exceptionnelle, et Socrate s'est longuement entretenu avec lui. Bien qu'il vienne d'Élée, cet étranger est « autre », il diffère de ceux qui gravitent autour de Parménide et de Zénon. Comme il en a l'habitude, Platon introduit en ouverture parfois un mot et parfois une phrase qui gardent leur sens courant et banal, mais qui se révèleront avoir indiqué le problème essentiel du Dialogue. Par exemple, c'est le « bel et savant » Hippias qui lance un Dialogue sur la beauté (*Hipp. Maj.*), le « qui êtes-vous près de qui je viendrai » qui ouvre celui sur l'amitié (*Lysis*), et c'est un Socrate s'en allant « hors des murs » qui va explorer les délires du *Phèdre*. « Autre » (*Heteron*) figure dans les premiers mot du *Sophiste*[1], « Toi-même » (*Autos*) est le premier mot du *Phédon*, ce Dialogue « Sur l'âme »; ces deux mots se répondent : être même que soi-même n'exclut pas et en vérité implique le courage d'être différent.

Cependant, contrairement à ce qu'on aurait pu attendre, ce n'est pas avec Socrate que cet étranger va discuter. Dans le *Sophiste*, Socrate ne va en effet se faire entendre que pour annoncer son silence et charger

1. Voir la note I à la traduction, *supra* p. 261.

Théétète d'assurer entre « hier » et « demain » une continuité inédite dans le corpus platonicien.

HIER (216A1-C1)

> *D'un point de vue dramatique, nous autres, l'auditoire, nous sommes, le lundi, en compagnie d'Euclide et de Terpsion à Mégare en 369, alors que Théétète âgé d'une cinquantaine d'années est en train de mourir et que Socrate est mort depuis trente ans. Mais, le mardi matin, nous sommes, toujours d'un point de vue dramatique, à Athènes, en 399, en compagnie d'individus bien vivants, tels que Socrate, Théodore, l'Étranger et le jeune garçon prometteur qu'est Théétète.*
>
> Gilbert Ryle, *L'Itinéraire de Platon*

Les premiers mots du *Sophiste* sont prononcés par le mathématicien Théodore :

> THÉODORE — À la suite de l'accord d'hier, Socrate, nous voici nous-mêmes disposés comme il se doit, et nous amenons celui-ci, un étranger ; il est originaire d'Élée, mais bien qu'il soit différent des compagnons de Parménide et de Zénon, cet homme est on ne peut plus philosophe. (216a1-4)

Ils répondent évidemment à l'injonction formulée hier par Socrate à la fin du *Théétète* : « Mais tôt demain matin, Théodore, rencontrons-nous ici de nouveau[1] ». Une fois noté le caractère inhabituel du lien ainsi établi par Platon entre deux de ses Dialogues, il peut donc sembler inutile d'épiloguer. Et pourtant, dans cet étrange roman qu'est

---

1. *Théét.*, 210d4.

son *Itinéraire de Platon*, Gilbert Ryle s'interroge[1] : le
« jour d'hier » du *Sophiste* est censé être celui où Socrate
a discuté avec le jeune Théétète et fixé un rendez-
vous pour le lendemain matin. Mais si l'on en croit le
Prologue, trente années séparent la discussion transcrite
par Euclide de Mégare sous le nom de *Théétète* de son
« lendemain », le *Sophiste*. En réduisant ces années à
une nuit de sommeil, Platon ressuscite Socrate et ramène
Théétète à ses années d'adolescence.

<h3 style="text-align:center">HIER, LE RENDEZ-VOUS ?</h3>

Bien qu'aucun accord ne figure dans le *Théétète* tel
qu'il nous a été transmis, admettons qu'il allait sans
dire et que le *Sophiste* s'ouvre sur le rappel d'un accord
implicite portant sur un engagement tacitement conclu
trente ans plus tôt. Certains mots de sa phrase d'ouverture
méritent néanmoins un peu d'attention, d'autant qu'ils
trouvent un écho dans un autre prologue, celui du *Timée*,
seul autre Dialogue à être relié à un Dialogue ayant eu
lieu « hier »[2]. Dans leurs deux prologues, Socrate décide
de céder la parole à un étranger, venu d'Élée dans l'un
et de Locres dans l'autre, et il annonce que le Dialogue
qui va suivre sera le premier d'une trilogie – demeurée
inachevée dans les deux cas[3]. Le *Timée* prendrait en

---

1. G. Ryle, *Plato's Progress*, Cambridge U.P., 1966; trad. de
J. Follon, *L'Itinéraire de Platon*, présentation de M. Dixsaut, Paris,
Vrin, 2003, p. 27.

2. Il faut ajouter le *Politique*, mais il fait corps avec le *Sophiste*
et le Prologue du *Sophiste* vaut pour les deux Dialogues : voir
M. Dixsaut *et al.*, *Le Politique*, texte grec, trad. et commentaire, Paris,
Vrin-bilingue, 2018, p. 276-278.

3. *Sophiste, Politique, Philosophe* et *Timée, Critias, Hermocrate*
(cf. *Critias*, 108a).

effet la suite d'une *République* aussi réellement fictive que fictivement réelle[1], et s'il y est aussi question d'un rendez-vous fixé la veille, il s'agit d'un rendez-vous partiellement manqué. Mais ce ne sont pas seulement ces quelques points qui rapprochent les deux prologues, ils se distinguent de tous ceux du corpus platonicien par leur bizarrerie.

Deux prologues inhabituels

Lorsque Proclus réfléchit sur la « signification des préludes (*prooimia*) de Platon[2] », celui du *Timée* retient particulièrement son attention car il peut selon lui se prêter à deux modes d'interprétation : un mode éthique, s'attachant à dégager les « comportements appropriés » (*kathèkonta*), et un mode philosophique. C'est d'ailleurs de cette manière que Porphyre aurait selon lui commenté les premières lignes du *Timée* :

> SOCRATE — Un, deux trois : mais le quatrième, cher Timée, de nos convives d'hier et de nos hôtes d'aujourd'hui, où est-il ? TIMÉE — Quelque défaillance (*astheneia*) a dû s'abattre sur lui, Socrate, car il n'aurait pas manqué cette réunion de son plein gré. SOCRATE — Ce sera donc à toi et à ceux qui sont présents de tenir le rôle de l'absent ? (*Tim.*, 17a1-7)

1. Sur cette « *République* », dont les interlocuteurs seraient Hermocrate et Critias, la liste des similitudes avec la « vraie » *République* dressée par J. Moreau est instructive : elles s'arrêtent au livre V ; voir Platon. *Œuvres Complètes* (cité par la suite *OPC*), vol. II, trad. et notes par L. Robin avec la collaboration de J. Moreau, « Bibliothèque de la Pléiade », Paris, Gallimard, 1950, notes aux p. 432-433, p. 1484.

2. Proclus, 19.30 *sq*, dans *Commentaire sur le Timée*, t. I, livre 1, trad. A. J. Festugière, Paris, Vrin-CNRS, 1966. Voir le très stimulant article de M. Burnyeat, « First Words : a valedictory lecture », *The Cambridge Classical Journal* n°43, Cambridge U.P., 1998, p. 1-20.

Socrate commence par compter les présents, Timée, Critias et Hermocrate : tout le monde s'accorde sur ce point. Et tout le monde s'interroge : pourquoi Socrate se demande-t-il « où est le quatrième ? » puisque, lui compris, il y a bien aujourd'hui *quatre* présents comme il y en avait quatre hier ? En s'absentant de son dénombrement, il s'attribue le rôle d'un hypothétique et anonyme absent que devront remplacer les présents, à commencer par Timée. Trouver le moyen de s'absenter alors qu'on est présent est ce à quoi Socrate s'emploie aussi dans le Prologue du *Sophiste*, mais son silence ne va pas se faire entendre de la même façon, car il ne s'explique pas de la même façon.

L'absent du *Timée* souffre d'une « défaillance », seule raison décente de ne pas se rendre à une réunion à laquelle on a pris part et promis de se rendre de nouveau. Les règles générales de l'hospitalité sont la version éthique des décrets régissant le paiement d'une dette, et ne pas s'y plier est pour un Grec à la fois impie et ignoble[1]. Théodore a pour sa part manifestement à cœur de souligner que lui et ses compagnons se comportent comme il se doit; étant lui aussi un étranger, un invité, il doit se montrer reconnaissant envers l'hospitalité offerte. Or pour décrire dans quel état d'esprit ou d'âme lui et ses compagnons

1. Pour le riche vieillard Céphale, « n'avoir aucune dette, qu'il s'agisse d'offrir un sacrifice à un dieu, ou d'une créance à quelqu'un » est un impératif aussi absolu que ne pas tromper ou mentir : qui le transgresse ne saurait mourir en paix (*Rép.* I, 331b). Certaines traductions, A. Diès : « Fidèles au rendez-vous » (Platon, *Œuvres complètes*, t. VIII, 3 e partie, « Collection des universités de France », Paris, Les Belles Lettres, 1925), ou N.L. Cordero : « Fidèles à notre engagement » (Paris, GF-Flammarion, 1993) orientent vers un comportement éthique plutôt que vers une obligation sociale.

se trouvent en venant écouter une nouvelle discussion, il emploie l'adverbe *kosmiôs*. Lors de sa dernière intervention dans le prologue du *Timée*, Socrate déclare ceci : « Après avoir vous-mêmes examiné la question entre vous, vous vous êtes mis d'accord pour me rendre maintenant l'hospitalité des discours, et me voici donc disposé envers eux comme il se doit (*kekosmemeno*s) et très disposé à les recevoir tous[1]. » L'adverbe du *Sophiste* (*kosmiôs*) et le participe parfait passif du *Timée* ont la même racine, *kosmos*, « l'arrangement », la mise en ordre harmonieuse des éléments. La similitude des contextes permet de penser qu'ils qualifient tous deux une disposition de l'agent : être modéré, donc avoir une âme en bon ordre, capable de réfréner sa fougue, son ardeur (*thumos*) : son agressivité[2]. L'adverbe *kosmiôs* pousse donc à regarder à la fois en arrière, vers le *Théétète*, et de là vers la *République* et le *Charmide*, et en avant, vers la conclusion du *Politique*.

Comment donc le traduire ? Par « comme il se doit », comme des gens « bien élevés »[3] ? Pour se rendre à un

---

1. *Tim.*, 20b7-c2. L. Brisson (Platon, *Timée-Critias*, Paris, GF-Flammarion, 1992) traduit « mon festin oratoire » et dans sa note 32, p. 223, il renvoie à 17a1-3, où il est question de banquet, ce qui n'est pas le cas en 20b8.

2. La première éducation a pour but d'équilibrer ces deux tendances naturelles (*Rép.* III, 401d-412a), mais elles sont naturellement alliées chez Théétète (*Théét.*, 144a-b). L'action politique doit les « tisser » ensemble et faire coexister des faucons et des colombes (*Pol.*, 306a1-309a4).

3. Cet adverbe est très délicat à traduire (voir *supra*, p. 281, note 1 ; L. Robin (*OPC*) donne « comme il se doit », et les traducteurs anglais oscillent entre « As in duty bound », « duly », « in due order » et « Like well behaved people ». Le dictionnaire grec-anglais Liddel Scott Jones donne « regularly, decently » pour *ekhein kosmiôs* (avoir une

rendez-vous avec Socrate, il ne faut pas seulement être
« bien élevé », il faut s'y rendre de soi-même en étant
véritablement soi-même, et être prêt à devenir autre. Un
rendez-vous avec Socrate n'est pas un rendez-vous banal
et nul ne peut ignorer le risque qu'il court en s'y rendant :

> NICIAS — Tu m'as l'air de ne pas savoir que celui qui
> approche Socrate de tout près et qui, s'approchant, se
> met à discuter avec lui, est forcé, quel que soit le sujet
> sur lequel il a d'abord commencé à discuter, de se laisser
> sans répit tourner et retourner par l'argumentation
> (*logos*), jusqu'à ce que ce soit finalement de lui-même
> qu'il vienne à rendre raison, de la manière dont il vit à
> présent et de celle dont il a vécu par le passé ; ni que,
> une fois arrivé, Socrate ne le laissera pas partir avant
> d'avoir soumis bel et bien tout cela à la question[1].
> (*Lachès*, 187e6-188a3)

« Rendre raison » d'un acte ou d'une croyance
consiste à en exposer les motifs, donc à s'interroger sur
ce que l'on a fait de soi-même pour donner à ces motifs
leur puissance de mouvoir. « Nous venons "nous-mêmes"
(*autoi*) » déclare Théodore. Autre mot que beaucoup
s'abstiennent également de traduire, leur décision
s'appuyant sans doute sur le fait que « *Autos* est un mot si
commun en grec, si insignifiant en lui-même qu'il pourrait
être le premier mot de n'importe quel Dialogue »[2]. Il est

---

conduite bien réglée) en *Phédon*, 68c10, mais « as befits us » (comme
il est convenable pour nous) pour le *kosmiôs hekomen* de 216a. Le
dictionnaire voit juste : *kosmiôs* peut qualifier soit un comportement,
soit son sujet, et c'est bien ce dernier cas qui prévaut dans le *Sophiste*.

1. Cf. *Apol.*, 38a.

2. C'est ce que pensent les interprètes prudents auxquels Burnyeat
donne la parole pour les réfuter (« First Words », art. cit., p. 10).

en tout cas le premier mot du *Phédon*, et l'un des premiers du *Sophiste*[1]. Aussi insignifiant soit-il, le pronom réfléchi *autos* employé sans article a deux sens possibles : « de soi-même », auquel cas il distinguerait ici ceux qui viennent spontanément, à la différence de l'Étranger qui a été amené par Théodore ; ou « en personne », et il viserait cet étranger inconnu capable d'offrir deux visages : « homme qui est grandement un philosophe » et « dieu de la réfutation ». On apprendra peu après qu'il ne parlera ni spontanément ni en son nom[2], mais délivrera gracieusement au lieu de le garder jalousement pour lui un enseignement qu'il a reçu et n'a pas oublié. Reste à savoir de qui il l'a appris. Le *Sophiste* nous renvoie donc triplement en arrière : vers le passé proche d'un accord conclu la veille, à une discussion hors-récit ayant eu lieu entre Théodore et l'Étranger sur la même question que celle posée par Socrate, et enfin aux leçons de Parménide qu'un Socrate encore très jeune et que l'Étranger ont tous deux entendues dans un passé lointain et qu'ils n'ont pas oubliées. La séquence *Parménide-Théétète* fait du *Sophiste* le troisième Dialogue d'une trilogie nécessaire pour comprendre celle qui va être annoncée et dont le *Sophiste* devrait être le premier.

---

1. Voir l'introduction de M. Dixsaut à Platon, *Phédon*, trad., introd. et notes, Paris, GF-Flammarion, 1991, p. 68-69. L. Campbell (*The Sophistes and* Politicus *of Plato*, with a revised text and English notes, Oxford, Clarendon Press, 1867, note ad *Soph.*, P. 1,4, p. 3) rapproche utilement de *Rép.* IV, 427d : « examine cela toi-même (*autos*). »

2. « Il ne va pas improviser » dit Diès. La jalousie, *phthonos*, est l'envers négatif de la *kharis*, la faveur, la grâce, et le divin Démiurge en est exempt. Voir L. Brisson, « *Phthonos* chez Platon », dans *Lectures de Platon*, Paris, Vrin, 2000, p. 219-234.

HIER, L'ART MAÏEUTIQUE

Théodore ne parle pas de « rendez-vous » mais d'accord : est-ce sur-interpréter que se demander de quel accord (*homologia*) il veut parler ? Lorsqu'il s'agit d'un pacte, d'une convention ou d'un contrat, comme c'est le cas d'un « rendez-vous », son contenu objectif se dit en grec *sunthèkè* et l'accord (*homologia*) en est la face subjective. Les lois d'Athènes utilisent la formule rituelle complète, « en vertu d'un accord et d'une convention » (*homologia kai sunthèkè*), lorsqu'elles rappellent à Socrate la dette qu'il a contractée envers elles, ainsi que les devoirs qui s'imposent à lui dans les situations « banales » où il faut distinguer le juste de l'injuste[1]. Mais quand Hermogène détourne cette expression pour exposer sa théorie sur la rectitude des noms, Socrate regrette d'avoir à « recourir encore à cet expédient grossier, la convention »[2]. Si l'existence de langages techniques prouve que c'est bien une convention bénéficiant d'un accord général qui possède « une autorité suprême en matière de rectitude des noms », leur véritable rectitude ne saurait se fonder sur un principe aussi artificiel : elle repose « sur un accord et une convention avec soi-même »[3]. L'accord d'une âme avec elle-même est le seul fondement qui vaille, il est l'accord dont tous les autres dépendent pour être réellement des accords, comme le montrent la grande majorité des occurrences platoniciennes. Dans une discussion, le but visé n'est donc pas un accord entre interlocuteurs qui pourrait n'être qu'un compromis, c'est le plein accord donné par

1. *Criton*, 52d2, d8-e1, 54c3.
2. *Crat.*, 384d1, 435a-c.
3. *Théét.*, 183c7.

chacun à ce qui est affirmé ou nié : « Réellement donc, c'est désormais mon accord et ton accord qui mèneront la vérité à son terme » dit Socrate à Calliclès[1]. Lors de son dialogue de la veille avec Théétète, il est apparu que trois points « accordés » précédemment luttaient dans leurs âmes « les uns contre les autres ». S'ils étaient d'habiles sophistes, dit alors Socrate, ils s'affronteraient « discours contre discours », mais ce sont leurs pensées qu'ils désirent confronter elles-mêmes à elles-mêmes, afin de voir « ce qu'elles sont, et si elles consonnent ou se contredisent »[2]. De nombreux conflits de ce genre ont agité hier l'âme de Théétète : il s'est révélé incapable de définir la nature de la science mais a fini par reconnaître son ignorance, condition que, depuis le *Ménon*, nous savons être nécessaire pour se mettre à apprendre[3], et il craint de ne pas être digne du rôle qu'il va devoir assumer[4]. Peu importe alors que la recherche n'ait pas abouti à la définition cherchée, du moment qu'elle a réussi à purger l'âme de ses contradictions et de ses illusoires certitudes :

> SOCRATE — Eh bien, si tu entreprends de te trouver en gestation d'autres choses après celles-ci, Théétète, et si tu engendres, c'est de choses meilleures que tu seras plein grâce à l'examen auquel nous venons de procéder ; et si tu es vide, tu seras moins pesant pour ceux qui t'entourent, et plus modéré, puisque tu auras la sagesse de ne pas croire savoir ce que tu ne sais pas. C'est là seulement ce que peut mon art et rien de plus…
> (*Théét.*, 210c1-5)

1. *Gorg.*, 487e6-7.
2. *Théét.*, 154e-155d.
3. Voir *Ménon*, 84a-d.
4. Voir la note II à la traduction.

L'art maïeutique a hier fait son œuvre. A-t-il
« adouci », « allégé », « modéré » seulement l'âme de
Théétète? Ne pourrait-il pas avoir purifié de toute ardeur
belliqueuse comme de toute assurance dogmatique les
âmes des jeunes gens qui assistaient à la discussion?
Cela expliquerait pourquoi Socrate laisse l'Étranger libre
de choisir comme interlocuteur n'importe lequel d'entre
eux : aucun ne sera ni agressif ni rétif, tous seront au
contraire disposés « à parler et à écouter chacun à son
tour, selon un ordre bien réglé »[1]. Dit autrement, chacun
a été reconduit à soi-même, son âme a plus ou moins
intensément subi les effets purifiants d'une maïeutique
socratique[2]. À leurs âmes viennent aussi se joindre toutes
celles de ceux qui, grâce à Euclide de Mégare, pourront
lire ce Dialogue au cours des âges.

Euclide de Mégare auteur du Théétète

Qui en effet a écrit le Théétète que nous lisons?
Platon? Or il tient à nous faire savoir que le Théétète
n'est pas un dialogue direct, mais qu'il n'est pas non plus
le récit qu'en fait un interlocuteur. Théétète donne son
nom à un Dialogue qui ne lui doit pas sa transmission et
qui est doublement médiatisé : par la mémoire fervente,
bien que parfois défaillante, d'Euclide de Mégare, et
par la bonne mémoire de Socrate[3]. Dans un premier
prologue, Euclide raconte en effet à Terpsion qu'ayant
croisé Théétète (qui était alors mourant), il s'est rappelé
la discussion dont Socrate lui avait exposé au long

1. *Prot.*, 347d7.
2. Pour cette sorte de « purification » voir 230d-231b, et p. 408-412.
3. Voir *Théét.*, 142d4-143a9.

(*diègèsato*) les arguments[1]. Contrairement à l'Antiphon du *Parménide*, Euclide ne connaît pas le Théétète par cœur et il a jugé plus sûr de noter sur un livre (*biblion*) les « souvenirs » des paroles de Socrate[2]. Quant à « ce dont il n'avait pas gardé mémoire », il est allé interroger Socrate dans sa prison chaque fois qu'il se rendait à Athènes. Le Théétète jouirait donc d'un privilège exorbitant : ce serait le seul Dialogue que, sans aller jusqu'à l'écrire lui-même, Socrate aurait en quelque sorte dicté et dont il aurait contrôlé et approuvé la transcription. Mais son co-auteur l'aurait finalement biffé, Euclide ayant décidé de supprimer les incises narratives pour re-dialectiser le récit continu de Socrate[3]. Dotées d'une fonction « d'intermédiaire » (*metaxu*), ces incises interposent le « moi » (*egô*) du narrateur-auteur ainsi que celui de son répondant entre le texte et un public constitué lui aussi d'une pluralité de « moi ». Transformer la narration (*diègèsis*) en imitation (*mimèsis*) évacue cette forme d'égotisme pour laisser place à des « soi-même » (*autoi*) qui tous « dialoguent soi-même avec eux-mêmes »

---

1. Euclide et Terpsion font partie du cercle socratique et sont présents auprès de Socrate le jour de sa mort (*Phéd.*, 59c). Tous les interlocuteurs des Dialogues sont morts, mais en général Platon se garde bien de nous le dire, et ils reprennent grâce à lui éternellement vie.

2. Voir l'introduction de M. Narcy à Platon, *Théétète*, trad., introd. et notes, Paris, GF-Flammarion, 1994, p. 24. Antiphon ayant passé le reste de sa vie à s'occuper de chevaux (*Parm.*, 126c), on peut lui préférer le travail scrupuleux d'Euclide, fondateur de l'école socratique de Mégare (voir R. Muller, *Les Mégariques, Fragments et témoignages*, Paris, Vrin, 1985).

3. Il ne partage pas la foi moderne en l'auteur qui fait « comme si, lorsque tout l'agir a été soustrait de l'auteur, lui-même subsistait encore » (Nietzsche, *Fragments Posthumes*, dans *Œuvres Complètes*, vol. XII 7[1], trad. J. Hervier, Paris, Gallimard, 1978).

(*auton autois*)[1]. Euclide aurait donc intensifié de cette façon la dimension du questionner-répondre[2], ayant compris que lorsque Socrate s'absente, s'absente avec lui une certaine manière de chercher, d'inventer, de penser : il aurait supprimé le Socrate narrateur pour faire plus fortement entendre le Socrate dialecticien. Manière assez radicale de se conformer à une règle jamais transgressée de l'écriture platonicienne : un Dialogue écrit doit être donné comme étant la transcription d'une version parlée si l'on veut qu'y soit présent le mouvement d'une pensée en acte. Ce serait peut-être son refus de faire nombre avec les trois autres, son auto-suppression comme narrateur que diraient les premiers mots de Socrate dans le *Timée*.

En revanche, une règle tout aussi fondamentale, la règle de l'anonymat de « l'auteur »[3], n'est pas appliquée à celui qui a passé tous ses moments de loisir à copier et recopier des « souvenirs » : Platon nous dit qu'Euclide est l'auteur de ce Dialogue *écrit*, le *Théétète*. Qui le lit est donc invité à le lire autrement que les autres Dialogues. Il y une bonne raison à cela : le *Théétète* n'est pas un texte, c'est une épreuve, une épreuve infligée par Socrate, et quiconque la subit est atteint dans ses croyances et dans ses convictions. S'il se résigne à en abandonner certaines et à perdre quelques illusions,

1. Traduction littérale d'une expression bizarre. Cf. *Rép.* III, 393b7-c10. Euclide fait donc l'inverse de ce que fait Socrate lorsqu'il met sous forme diégètique (racontée) le début « mimétique » (dialogué) de l'*Iliade*.

2. *Théét.*, 143 b-c ; voir M.-A. Gavray, « Comment ne pas interpréter un fragment philosophique : le dialogue avec Protagoras dans le *Théétète* de Platon », dans D. El Murr (éd.), *La Mesure du savoir, Études sur le* Théétète, Paris, Vrin, 2013, p. 23-47.

3. « Il fut un temps où leur anonymat ne faisait pas difficulté », M. Foucault, *Dits et Écrits*, t. I, Paris, Gallimard, 1994, p. 799.

il deviendra plus intelligent et plus léger – mais il y a davantage de chances qu'il s'empresse de s'arranger pour en avoir de nouvelles. Impossible à résumer, à organiser linéairement, à reformuler déductivement, on peut, soit comme le mathématicien Théodore entendre dans le *Théétète* un « dialecte » (*dialektos*) étranger, soit tenter de se l'incorporer par morceaux et accepter que ses percées ne conduisent à aucune conclusion. Intégralement maïeutique, aucun autre Dialogue n'est plus profondément socratique ou, pour le dire autrement, c'est dans le *Théétète* que Platon a consigné ce que Socrate lui avait appris d'essentiel.

Faut-il s'arrêter là et renvoyer aux ténèbres néo-platoniciennes la seconde espèce d'interprétation des préludes de Platon proposée par Proclus ? Elle le mérite, puisqu'elle est « théologique », mais ne nous incite-t-elle pas aussi à y regarder de plus près, et à nous demander si les multiples éclats de mémoire et d'anticipation de ce prologue ne signifient pas quelque chose[1] ?

HIER, LE SAVOIR CHERCHÉ

Dialogue non conclusif, le *Théétète* n'est pourtant pas un dialogue « aporétique » – un chemin a été ouvert :

> Mais ce n'était pas dans ce but que nous avons entamé la discussion, découvrir ce que n'est pas la science, c'était pour trouver ce qu'elle est. Toutefois, nous voici assez avancés pour ne plus du tout la chercher dans la

---

1. Sur l'implication anti-straussienne de cette lecture, voir M. Burnyeat, « First Words », art. cit., p. 308 : ce n'est pas son prologue qui enseigne comment lire un Dialogue, pas plus que ce n'est son ouverture qui enseigne comment écouter un opéra. C'est la connaissance de l'opéra qui permet de percevoir dans l'ouverture l'annonce des moments qui vont suivre.

sensation, mais dans le nom, quel qu'il soit, que porte l'âme quand, elle-même et par elle-même, elle a affaire à des êtres qui sont. (*Théét.*, 187a1-6)

En avançant, les deux interlocuteurs sont retournés au livre VI de la *République* et à la division de la Ligne[1]. Poser la question de la science à des mathématiciens aurait dû conduire Socrate à reprendre la question alors à peine traitée de la différence entre les deux modes de connaissance distingués dans le second segment de la Ligne[2]; or dans le *Sophiste* il semble se désintéresser complétement de la différence entre un savoir dialectique et celui baptisé « dianoétique » dans la *République*. Il est vrai qu'après avoir suggéré de dénier le nom de « sciences » aux disciplines situées dans le premier segment de l'intelligible, il avait conclu « qu'il n'y a pas lieu de débattre sur le nom quand on doit examiner des choses aussi importantes »[3]. Il a « hier » fait preuve de la même désinvolture en concluant que la science peut fort bien se chercher dans un nom « quel qu'il soit »[4] – donc dans un autre nom que son nom propre? En réalité, ce nom, *epistèmè*, ne lui est justement pas « propre » car

1. M. Burnyeat conclut ainsi son Introduction au *Théétète* (*The Theaetetus of Plato*, transl. M. J. Levett, revised by M. B., Indianapolis and Cambridge, Hackett, 1990) : dès l'Antiquité, on a pensé que le Dialogue entier avait pour but « d'apporter un soutien indirect à l'épistémologie des deux mondes du *Phédon* et de la *République* où savoir et opinion (*doxa*) sont des capacités séparées et sont assignées à des domaines différents (…) Nous pourrions très bien lire le *Théétète* comme une longue méditation sur ce bref passage de la *République* ».

2. *Théét.*, 146a.

3. *Rép.* VII, 533d7-e2.

4. Si elle se dit *epistèmè* dans le livre VII de la *République*, elle était *noèsis* (intellection) au livre VI, après avoir été *sophia* (sagesse, maîtrise) dans le *Charmide*.

il confère au savoir le plus haut une positivité et une objectivité trompeuses. Des sciences à la science la déduction n'est pas bonne, l'erreur initiale de Théétète l'a prouvé. Le savoir cherché ne se différenciant ni par ses objets ni par son nom, la solution de Protagoras paraît être la plus lucide et la plus courageuse[1].

La solution de Protagoras

Dans sa *Rectitude des noms* (*Orthoepeia*), Antisthène, disciple de Protagoras (auteur d'un ouvrage portant le même titre), affirme que les noms ne désignent pas des « choses » mais des « phénomènes » correspondant à des opinions ; chaque science doit régler sémantiquement cette correspondance de façon à employer toujours les noms justes[2]. La science (*epistèmè*) est donc ajustement à la situation, compétence, habileté, maîtrise (*sophia*), et un Théétète admirateur de Protagoras propose comme définition de la science « une opinion droite accompagnée de sa justification (*logos*) »[3]. Il suffirait donc d'ajouter à une opinion droite la justification dont elle manque pour la transformer en savoir, justification par ailleurs entièrement relative au lieu, au moment et au sujet qui l'énonce. Démontrer en retour, comme le fait Socrate, que cette justification n'ajoute rien à des opinions qui ne peuvent être droites que si elles la contiennent déjà ne fait que reculer le problème : en fonction de quelle représentation du savoir affirme-t-on que ces opinions

1. Il est à noter que, dans le *Sophiste*, Protagoras est le seul sophiste dont le nom soit mentionné.
2. Pour cette « sémantique correspondantiste, et fortement normative », voir A. Brancacci, *Antisthène, Le Discours propre*, trad. S. Aubert, Paris, Vrin, 2005.
3. *Théét.*, 201c7-d3.

justifiées ne sont pas des savoirs ? Le *Théétète* aboutit
bien à une aporie, mais à une aporie au second degré :
le savoir ne peut être l'objet ni d'une opinion, car cette
opinion devrait affirmer sa différence d'avec l'opinion
pour être un savoir, ni d'un savoir, car on retomberait
sur l'argument du troisième homme[1]. Le savoir cherché
par Socrate n'est pas le savoir de ce que c'est que savoir,
c'est un savoir que l'âme puisse intérioriser. À défaut,
le relativisme pragmatique de Protagoras semble être la
solution la plus acceptable : la notion d'intérêt, de bénéfice
et d'utilité est mille fois plus déterminante que la notion
de vérité, car c'est le meilleur qui est la mesure du vrai,
non l'inverse. Socrate ne parvient à réfuter cette dernière
hypothèse qu'en renversant la question : s'agissant des
opinions, il ne faut pas se demander ce dont elles manquent
et qu'il faudrait leur ajouter pour en faire des savoirs,
mais découvrir au contraire de quoi il faut les purifier, les
débarrasser. L'image de la Ligne montre que ce qui leur
est présent à toutes est leur « confiance » (*pistis*) en elles-
mêmes, une confiance si digne de confiance qu'elle est
immunisée contre la pensée. Or à ce mal il n'existe qu'un
seul remède, l'art de Socrate, sa maïeutique. Il faut par
conséquent accepter de pâtir du terrible erôs de Socrate
et de sa *philologia* pour ne pas partager le scepticisme de
Protagoras et celui, momentané, de Théétète. Ce qui a été
établi la veille est donc le principe de toute dialectique
socratico-platonicienne : que savoir ne s'identifie pas à
avoir une opinion.

---

1. Cf. *Charmide*, 166b-169c.

HIER APRÈS-MIDI

Si la première phrase du *Timée* est prononcée par Socrate, la première phrase du *Sophiste* s'adresse à Socrate : quand il se taira, il ne disparaîtra pas, toute parole s'adressera à son silence. Un silence que rien ne laissait prévoir : à la fin de son entretien avec Théétète, Socrate avait expliqué pourquoi ils ne pourraient pas se retrouver l'après-midi mais seulement le lendemain matin :

> Sur ce, je dois à présent me rendre au portique du Roi pour répondre à l'accusation que Mélétos a intentée contre moi. Mais tôt demain matin, Théodore, rencontrons-nous ici de nouveau. (*Théét.*, 210d1-3)

Entre le *Théétète* et le *Sophiste* s'insère une convocation qui va conduire au procès et à la mort de Socrate. Lequel a expliqué « hier » ce qui lui paraît fonder sa réputation de dangereux sophiste[1] : à coup de questions, il instillerait le doute et l'incertitude chez ses interlocuteurs, en particulier chez les jeunes gens. S'il juge pourtant que certains d'entre eux en bénéficieront davantage, « il les donne en mariage » à Prodicos ou à « d'autres savants personnages »[2]. C'est donc parce qu'ils ont fréquenté d'autres « sages » qu'Alcibiade, Critias et Charmide ont été corrompus.

En revenant l'écouter dès l'aube, tous les assistants montrent leur désir d'entendre à nouveau Socrate, mais ce n'est pas lui qu'ils entendront. Quant à ce qui est advenu hier après-midi et à ses conséquences, il n'en

---

1. *Théét.*, 149a6-150b3, cf. *Apol.*, 20b, 21d *sq.*
2. *Théét.*, 150d6-151b6.

sera jamais question dans le *Sophiste*[1]. Ou ne sera-t-il au fond question que de cela ? Ne peut-on considérer le *Sophiste* comme une apologie de Socrate, une apologie non rhétorique qui à la fois démontre qu'il n'était pas sophiste et explique pourquoi il a pu être accusé de l'être ? Car il y sera question du pouvoir des apparences et des images, et il est peu vraisemblable que Platon fasse abstraction des tragédies qu'elles provoquent.

> C'est donc à bon droit que nous appellerions « divins » les diseurs d'oracles et les devins dont nous venons de parler, ainsi que tous les artistes (*poiètikoi*)[2], et que, pour ce qui est des politiques, nous affirmerions qu'ils ne sont pas moins qu'eux divins et habités par un divin délire s'ils sont inspirés par le souffle du dieu dont ils sont possédés, toutes les fois qu'en parlant ils réussissent quantité de grandes choses sans avoir aucun savoir de ce dont ils parlent. (*Ménon*, 99d)

Avec ces mots, Socrate avait retiré d'une main ce qu'il semblait accorder de l'autre, façon peut-être d'indiquer que son énumération parodie celle de Protagoras dans sa célèbre généalogie de la sophistique :

> PROTAGORAS — Pour moi, j'affirme que l'art sophistique est un art ancien, mais que ceux des Anciens qui l'ont exercé, craignant ce qu'il a d'insupportable, l'ont dissimulé sous un masque, les uns sous celui de la poésie, comme Homère, Hésiode et Simonide, les autres sous celui de initiations et des vaticinations, tels ceux de l'entourage d'Orphée et de Musée ; et quelques-uns,

---

1. Ni dans le *Politique*, où il est encore plus évident qu'il n'est au fond question que de cela (cf. *Pol.*, 299b-c).
2. Ou « créateurs », comme traduit Robin : tous ceux qui « produisent » une harmonie entre des mots, des sons, des formes, des couleurs ou des mouvements du corps.

> je m'en suis aperçu, ont choisi la gymnastique, par
> exemple Iccos de Tarente et encore cet autre, de nos
> jours pas moins sophiste qu'aucun, Hérodicos de
> Sélymbrie (anciennement Mégare); quant à votre
> Agathoclès, ce grand sophiste, c'est la musique qu'il
> a prise pour masque, ainsi que Pythoclès de Keos, et
> beaucoup d'autres. Tous, je le répète, c'est par crainte
> de la jalousie, qu'ils ont usé de ces arts comme d'écrans
> protecteurs[1]. (*Prot.*, 316d-e)

Tous sont « sophistes » parce qu'ils ont fait ou font
preuve d'une souveraine maîtrise en leur art, et qu'ayant
su le théoriser, ils peuvent le transmettre et l'enseigner
même en des domaines (celui du maître de musique ou
de gymnastique) où le langage articulé n'intervient pas.
Faire partie des hommes jugés divins par Théodore, ce
serait donc être ce que Protagoras appelle un « sophiste »,
un expert, mais pas un amateur de controverses, un
« éristique », leur différence tenant à un usage « plus
mesuré » du discours[2]. Socrate ne relève pas, mais
est-ce cela qui distinguerait selon lui ceux qu'il juge
être « réellement philosophes » ? Ne serait-ce pas au
contraire une certaine forme de démesure ? Non pas
celle qui consiste à pratiquer en toute occasion l'art de
contredire, mais celle impliquée par Socrate dans la seule

---

1. Pour les poètes : Simonide, « homme savant et divin » (*Rép.* I,
331e), Tyrtée, « divin poète » (*Lois* I, 629b9), bref toute « la gent
poétique qui est divine et possédée par un dieu quand elle chante
des hymnes » (*Lois* III, 682a3), mais aussi tous ceux qui ressemblent
à Phèdre, cet « être divin en matière de discours » : Ion, expert en
homérosophie » (*Ion*, 542a-b) ou Prodicos, « homme universellement
savant et divin » (*Prot.*, 316a1). Entrent dans la catégorie des politiques
Thémistocle, Aristide et Périclès (*Ménon*, 99b), et aussi Thucydide
(*ibid.*, 93c-e).

2. Cf. *Soph.*, 216b7-8.

phrase où il nomme « divin » l'homme qui passe sa vie dans la philosophie : « Ayant commerce avec du divin et du bien réglé (*kosmion*), le philosophe devient bien réglé (*kosmios*) et divin autant qu'il est possible à un homme de l'être[1]. » Étant donné que « les yeux de l'âme de la plupart sont incapables d'avoir la force de regarder vers ce qui est divin[2] », cet homme divin qu'est un philosophe serait plutôt un être surhumain – non par ses vertus, qui peuvent le pervertir, mais parce qu'il désire comprendre « ce qu'est en elle-même la nature de chaque être par la partie de l'âme qui convient, celle qui est apparentée ». Le philosophe n'est divin qu'en tant qu'il « regarde vers ce qui est divin »[3]. L'assimilation au divin (toujours accompagnée d'une clause restrictive[4]) n'a pas pour lui valeur d'impératif : tenter de se ressouvenir de réalités qu'il est seul à poser est son occupation coutumière :

> C'est pourquoi il est juste que seule conserve ses ailes la pensée de qui est philosophe ; car c'est à ces réalités que sa mémoire toujours s'applique autant qu'il est possible, celles mêmes auxquelles un dieu doit sa divinité. (*Phèdre*, 249c4-6.)

---

1. *Rép.* VI, 500c 9-d2.

2. *Soph.*, 254a10-b1. Allusion à la célèbre objection d'Antisthène « je vois le cheval, mais je ne vois pas la chevalité », rapportée par Simplicius dans son le *Commentaire* des *Catégories* d'Aristote (8b25) ainsi que la réplique de Socrate : « c'est que l'œil pour la voir, tu n'en es pas encore pourvu. »

3. Cf. *Rép.* VI, 490b1-7 et *Phédon*, 79d1-7.

4. Sur la clause *kata dunamin* chez Platon, voir D. Lefebvre, *Dynamis : Sens et genèse de la notion aristotélicienne de puissance*, Paris, Vrin, 2018, p. 174-176.

Semblable prétention peut assurément passer pour une forme suprême d'*hubris*, mais pour Socrate cela veut simplement dire penser.

LES TROIS APPARAÎTRES[1] DU PHILOSOPHE
(216C2-D2)

Les dieux ne leur ayant pas accordé la grâce de se montrer tels qu'ils sont, le genre des philosophes n'est guère plus facile à discerner que celui des dieux, ce qui explique le doute de Socrate face à un étranger présenté comme tel. Dieu protecteur des étrangers plutôt que simple visiteur, ou peut-être « dieu de la réfutation » (*theos elenktikos*) ? Théodore réplique que ce n'est pas ainsi que l'Étranger lui apparaît, il lui semble (*dokei*) avoir plus de mesure. Il l'a en effet présenté comme un « homme » étant tout à fait philosophe et il ne l'aurait pas amené s'il avait tenu des discours « éristiques ». Mais il lui paraît bien être « divin », car c'est le nom que méritent selon lui tous les philosophes[2]. Pour Socrate, cela ne fait que compliquer le problème, car le genre divin peut lui aussi donner lieu à discussion.

LEUR CAUSE : L'IGNORANCE

Faut-il accorder crédit à ceux qui prétendent comme Homère que les dieux ont la fâcheuse habitude de se montrer aux hommes sous des apparences diverses ? Socrate s'y est fermement opposé dans la *République* :

1. Puisque l'infinitif « être » peut se mettre au pluriel, pourquoi « apparaître » ne le pourrait-il pas ?
2. Pour le sens « emphatique » de ce mot, voir M. Dixsaut *et al.*, Platon, *Le Politique*, éd. cit., p. 286-287.

> Crois-tu que le dieu soit un magicien, capable à dessein
> d'apparaître sous des formes différentes, tantôt en
> échangeant sa propre forme contre de multiples figures
> différentes, tantôt en nous trompant rien qu'en nous
> faisant croire que cela lui arrive? N'est-ce pas plutôt un
> être simple, le moins capable de sortir de la forme qui
> lui est propre? (*Rép.* II, 380d1-6).

Estimer les dieux capables non seulement
d'apparaître sous des formes multiples et variées, mais
de nous en donner l'illusion sans même prendre la
peine de s'y incarner, c'est leur prêter, soit une nature
multiple que leurs divers apparaîtres manifesteraient
réellement, soit une nature délibérément trompeuse.
En bonne théologie platonicienne, la nature divine des
dieux et des philosophes exclut ces deux hypothèses
impies. C'est pourtant en citant des vers d'Homère que
Socrate dépeint les philosophes comme « étant des dieux
des étrangers apparaissant sous la forme de toutes sortes
de nationalités et faisant le tour des cités pour inspecter
d'en haut la démesure ou la conduite bien réglée des
hommes »[1]. Mais, à la différence des dieux d'Homère, ils
ne décident pas de se dissimuler pour ce faire. Si pourtant
la nature des dieux et des philosophes est simple, une,
bien honnête, à quoi tient la diversité des figures sous
lesquelles on croit les reconnaître et des opinions que
l'on peut avoir d'eux? La cause en est « l'ignorance
des hommes », c'est elle qui les fait prendre pour autres
qu'ils ne sont. S'agissant des dieux, Homère est de cette
opinion le génial interprète, il la redouble en quelque
sorte en divinisant poétiquement les choses et les êtres
les plus humbles, manière pour l'homme de se diviniser

---

1. *Od.* XVII, v. 485-487.

lui-même. Ce n'est pas cette ignorance créatrice de
transfigurations et de métamorphoses qui est à l'origine
du triple apparaître des philosophes, et ce n'est pas non
plus celle consistant « à ne pas savoir que telle chose est
ceci plutôt que cela (philosophe plutôt que sophiste, dieu
plutôt que mendiant), mais bien plus fondamentalement
dans le fait *d'ignorer que l'on ignore* qu'une chose est
plutôt ceci que cela »[1]. Ce n'est ni une absence de savoir,
ni un croire savoir ce qu'on ne sait pas, c'est la croyance
à une opinion fausse.

Les philosophes apparaissent (*phantazontai*)
différemment et ils « semblent » (*dokousin*) aux uns ceci et
autres cela : apparence et opinion sont liées. L'apparence
est inséparable d'une *doxa*, et elle a pour origine l'opinion
qui a interprété une affection sensible (visible ou audi-
tive); s'enclenche alors un processus allant en sens
inverse, de l'opinion *résultant* d'une apparence (« il me
semble ») à la *production* d'une opinion sur la valeur et la
nature de ce dont l'apparence est apparence[2]. Le propre
de l'opinion étant de pouvoir être vraie, c'est-à-dire vraisemblable, ou fausse, toute apparence possède le pouvoir
de susciter des opinions, de porter à juger, de juger sur des
apparences. Aux uns les philosophes « semblent ne rien
valoir, aux autres tout valoir » : l'opinion suscitée par des
apparences se double, comme c'est presque toujours le
cas, d'un jugement de valeur.

La seconde possibilité évoquée par Socrate est
que l'Étranger soit un « dieu de la réfutation » venu
lui reprocher la faiblesse argumentative dont, aidé de

1. *Rép.* III, 382a4-b9.
2. Ce sera l'objet du passage sur la possibilité des opinions fausses,
264a-b.

Théétète, il a largement fait preuve hier. Autrement dit, Socrate craint que cet invité ne se conduise comme l'ont fait jadis à son égard Parménide et Zénon[1], et comme Euthydème et Dionysodore, ces virtuoses de l'éristique, lui en ont offert la caricature. Mais pourquoi Socrate les craindrait-il, lui qui n'a jamais eu peur de réfuter et encore moins d'être réfuté, et qui déclare même s'en réjouir? Ce qui lui semble dangereux n'est pas que cet étranger puisse le réfuter, mais qu'il réfute pour triompher, sans se soucier de dire vrai.

À la faveur d'une petite plaisanterie, Socrate a introduit deux thèmes qui se vont se révéler essentiels : la question de la fausseté des apparences et celle de la différence entre une réfutation antilogique et une réfutation véritable.

LES OPINIONS DE LA FOULE

Ce ne sont donc pas les diverses manières d'apparaître du sophiste qu'annonce le Prologue, mais celles du philosophe. La cause en est l'ignorance de tous ceux qui, n'étant pas philosophes, n'en ont pas moins des opinions à leur égard. Or comment pourrait-on avoir une opinion vraie concernant ceux qui passent leur vie à refuser d'avoir des opinions? Les « ignorants » ne connaissent du philosophe que le nom, un nom que leur méconnaissance de la chose les conduit à attribuer de manière diverse, instable, changeante, et, s'agissant des jugements de valeur, contradictoire. Il en résulte des simulacres produits par les opinions littéralement aberrantes que certains

---

1. Le Parménide de Platon, celui de son *Parménide*, qui oppose dans la première partie du Dialogue une série de « mauvaises réfutations ».

individus ou certains peuples ont de lui. Il n'y a pas plus identification cohérente et constante du philosophe à une image qu'il n'y en a du sophiste. L'ignorant ne tient pas le philosophe pour un sophiste, ou un politique, ou un fou, mais tantôt pour l'un, tantôt pour l'autre, ou pour les deux ou les trois à la fois.

Pourquoi, après avoir mentionné leur diversité, privilégier ces trois images ? Parce qu'une image doit avoir quelque ressemblance avec son modèle, sinon ce n'en est pas une image. La plupart de celles nées de la méconnaissance de la chose sont projetées par des opinions aberrantes : ce ne sont pas des *images du philosophe*, ce sont des fantasmes propres à quelques individus ou à une foule. Trois images semblent pour leur part résulter d'opinions raisonnables et elles correspondent à des figures généralement associées à ce nom : philosophe. La première, « sophiste », est produite par le sophiste lui-même, cet illusionniste capable de persuader les ignorants qu'il sait ce qu'il ignore grâce à une maîtrise absolue du langage, du sien et de celui des autres : il affirme qu'il *est* le modèle, le savant (*sophos*) que le *philo-sophos* aspire à devenir. La deuxième image, le politique, est ambivalente, elle peut résulter aussi bien des manipulations de ces magiciens de sophistes que du gouvernement d'un bon politique, d'un roi philosophe. Quant à la troisième, le fou, on pourrait penser qu'en la mentionnant Socrate plaisante et qu'il n'y a guère lieu de s'attarder sur elle. Il est pourtant bien possible qu'une certaine sorte de folie appartienne à la nature même du philosophe.

Dans la digression du *Théétète*, Socrate reconnaît en effet au philosophe un comportement saugrenu : quand il entend les éloges dont d'autres se glorifient, le philosophe « ne fait pas semblant de rire, il rit pour de bon et de façon si éclatante qu'on le prend pour un égaré ». L'exemple le plus symbolique reste Thalès regardant le ciel et tombant dans un puits mais dans les Dialogues c'est le plus souvent Socrate qui encourt ce genre d'accusation. À force de se comporter comme un étranger dans sa cité, lui dit Calliclès, il est devenu littéralement « déplacé » (*atopos*), extravagant[1], mot utilisé par Agathon lorsqu'un petit esclave vient lui annoncer que Socrate, invité par lui à un banquet, est planté sous le porche des voisins : « C'est sûrement d'un extravagant que tu parles »[2]. Qui agit contre ses intérêts n'est pas non plus dans son bon sens, et c'est encore le cas de Socrate qui néglige ses propres affaires et se montre incapable de se défendre devant un tribunal. En son sens courant, la folie n'est pas une maladie, mais une figure qui conjugue en elle l'irrationnel, l'inadapté, le déréglé, l'excessif, le démesuré :

> SOCRATE — Comme il s'écarte de ce qui est l'objet des préoccupations des hommes et qu'il s'applique à ce qui est divin, la foule lui remontre qu'il a l'esprit dérangé ; mais il est possédé d'un dieu, et la foule ne s'en doute pas ! (*Phèdre*, 249c8-d3)

Le philosophe incarne une forme d'inhumanité, d'infra- mais aussi de supra-humanité, puisque les stéréotypes de la folie ordinaire se combinent sans peine avec une admiration pour ce beau nom, « philosophie »[3]. Si le sophiste n'est pas pour le philosophe une image

1. Pour Thalès, voir *Théét.*, 173d-174a, et pour Socrate le discours de Calliclès (*Gorgias*, 484d-486c).
2. *Banq.*, 175a10-11.
3. Voir M. Dixsaut, *Platon et la question de l'âme*, Paris, Vrin, 2013, « Figures de la folie », p. 100-110.

tolérable et si le politique est une image qu'il estime acceptable à condition d'en redéfinir le modèle, le fou est la seule image dans laquelle un philosophe puisse vraiment se reconnaître. Quand il est animé par une espèce de délire non pas humain, mais divin, il renverse déraisonnablement les valeurs et peut donner aux mots dont il s'empare une signification tout à fait insolite[1].

LA QUESTION POSÉE PAR SOCRATE
(216D3-217B9)

La question que Socrate souhaite poser à l'Étranger est de sa part assez déconcertante : il lui demande « ce que pensaient de ces choses les gens de là-bas, et quels noms ils leur donnent »[2]. « Quelles choses ? » demande à juste titre Théodore, mais la réponse laconique de Socrate, « Sophiste, politique, philosophe », est aussi peu claire que l'était sa question : donne-t-il à ces trois termes une valeur d'adjectif ou de substantif[3] ? Théodore et lui viennent d'employer « philosophe » comme un substantif, mais la question adressée par Socrate à l'Étranger peut s'entendre en deux sens. Si elle porte sur trois adjectifs, Socrate désirerait apprendre *à qui* les habitants d'Élée les attribuent, aucun des trois n'étant d'ailleurs exclusif des deux autres. Pourquoi diable s'en soucierait-il, lui qui ouvrait la discussion du *Phédon* par ces mots : « parlons-nous à nous-mêmes et disons adieu à tous ces gens-là » ? Qui demandait à Criton « est-ce

---

1. *Phèdre*, 249b-d ; *Théét.*, 174d-e.
2. *Soph.*, 216d3-217a1.
3. Ils peuvent être l'un ou l'autre, car en grec les noms « abstraits » prennent ou ne prennent pas l'article.

l'opinion du grand nombre que nous devons suivre et dont nous devons avoir peur? ou bien d'un seul homme, s'il y en a un qui s'y connaisse? » Ou encore qui, la veille, a dit à Théodore : « Si je me souciais davantage des gens de Cyrène, c'est sur les choses de là-bas et sur eux que je t'interrogerais [...] mais comme en fait j'aime moins les gens de ce pays que ceux d'ici, je te demanderais[1] [...] » On s'attendrait donc à ce qu'il congédie de la même façon les habitants d'Élée et leur opinion sur la question – si ce n'est que, ce jour-là, apprendre s'ils ont ou non la même opinion que ses compatriotes, cela intéresse Socrate au premier chef. Si l'on considère l'ancienne langue attique, dit Socrate dans le *Cratyle*, elle affirme des héros qu'ils l'ont été parce qu'ils déclarent être des experts (*sophoi*), des rhéteurs redoutables, ainsi que des dialecticiens habiles à questionner, car déclarer (*eirein*) c'est dire (*legein*), et c'est aussi interroger[2] :

> SOCRATE — Ce que précisément nous disons à cette heure est que, dans la langue attique, se trouvent être dits « héros » des rhéteurs et des questionneurs (*erôtètikoi*), de sorte que la race des rhéteurs et des sophistes, voilà ce qu'est le genre (*genos*) des héros. (*Crat.*, 398d5-e3).

Dans « l'ancienne langue attique », qui devient la langue attique tout court – en d'autres termes au regard des Grecs – sont des héros ceux qui savent parler, dire la formule, annoncer : les rhéteurs ainsi que ceux qui

---

1. *Criton*, 47d1-2, *Phédon*, 64c1-2, *Théét.*, 143d1-5.
2. Voir P. Chantraine, *Dictionnaire étymologique* de la langue grecque, vol. I, Paris, Klincksieck, 1990, *sv* 2 *eirô*, p. 325 : « Cette racine comportait une coloration juridique, religieuse et solennelle » ; il peut y avoir « contamination avec *ereô*, *eiromai*, demander, interroger », d'où le terme *erôtètikoi*. Voir H. Fournier, *Les Verbes « dire » en grec ancien*, Paris, Klincksieck, 1946.

savent questionner. Le texte passe de « dialecticiens » à
« questionneurs », identifiés finalement aux sophistes.
Les héros des Grecs, leurs demi-dieux, sont les rhéteurs
et les sophistes. La preuve en est que les Léontins avaient
envoyé Gorgias comme ambassadeur à Athènes, le
jugeant être « le plus apte à servir l'intérêt général », tout
comme l'ont fait les habitants de Céos pour Prodicos[1]. On
voit pourquoi Socrate préfère s'en remettre aux habitants
d'Élée, et pourquoi le dialecticien tel qu'il l'entend doit
décrypter ironiquement la langue attique dans le *Cratyle*,
et en inventer une autre (tout aussi ironiquement, vu sa
« barbarie ») dans la première partie et la conclusion du
Sophiste.

En réponse à la demande de précision de Théodore,
Socrate reformule sa question :

> Celle-ci : pensaient-ils que tout cela ne fait qu'une
> seule chose, ou deux, ou, comme il y a ces trois noms,
> distinguaient-ils aussi trois genres en attachant un genre
> à chacun, un pour chaque nom ? (217a6-8)

Il passe ainsi de sa série de trois images à une série de
trois genres, dans laquelle le philosophe vient prendre la
place du fou. Le philosophe était celui que des ignorants
ne peuvent saisir qu'à travers des images, mais le privilège
accordé à deux d'entre elles, politique et sophiste,
amène les trois noms à changer de statut : la question de
Socrate porte désormais sur l'existence d'une différence
entre « genres ». Or dans son *Contre les sophistes*,
Isocrate forge le genre « philosophe politique » et range
ceux que l'on déclare ou qui se prétendent « purement »
philosophes parmi les sophistes : il y a trois noms,
mais seulement deux genres. Persuadé par les thèses de

1. *Hipp. Majeur*, 282b-c.

Protagoras et de Gorgias, un Athénien peut en effet croire que tous les détenteurs d'un art, philosophes et politiques compris, sont des « experts », des « savants », des sophistes, et qu'il n'y a qu'un seul genre. Leur différence est au contraire évidente dans la cité d'Élée, mais les Éléates concluent-ils de l'existence de ces trois noms à l'existence de trois genres différents, ou est-ce parce qu'il y a trois genres distincts que ces trois noms sont présents dans leur langue ? L'Étranger ne juge « pas difficile » de répondre, sa réponse consistant à balayer la question : les Éléates vont évidemment des choses aux noms, pas l'inverse. Autrement dit, préservés grâce à Parménide du « tournant sophistique », linguistique, ils ne croient pas que le langage ait le pouvoir de produire les choses. L'Étranger estime cependant que la question de Socrate exige une recherche préalable de la définition de chacun des trois genres : ils feront donc l'objet un traitement égal ? Auquel cas, l'Étranger commettrait la même erreur que Théodore au début du *Politique* lorsqu'il multiplie par trois la gratitude que tous devront à l'Étranger à la fin de ses trois enquêtes. Ce mathématicien avait établi ainsi une égalité arithmétique entre des genres jugés être de mérite (*timè*) égal, alors que leur rapport défie toute mise en « proportion » (*analogia*) de type mathématique. Or deux d'entre eux sont disproportionnés, l'un par excès (celui du philosophe) et l'autre par défaut (celui du sophiste)[1]. L'incommensurable différence du sophiste n'aurait-elle pas dû être un principe de la recherche et justifier un traitement spécial ? L'Étranger pense, et a raison de penser qu'il ne faut pas la préjuger, mais la découvrir.

---

1. Voir *Pol.*, 257a3-b4, et M. Dixsaut *et al*, *Le Politique*, *op. cit.*, p. 284-287.

LA ROUTE À SUIVRE : L'ALTERNATIVE
(217C1-218B5)

Il faut dépouiller la dialectique de sa dimension érotique et privilégier la cohérence aux dépens de la vérité pour croire possible de choisir sa manière de parler : c'est ce dont Socrate tente toujours de convaincre le sophiste qu'il rencontre. Pour sa part, il ne peut pas parler autrement qu'il ne parle. Sa manière de discuter (*dialegesthai*) relève moins d'un art, *tekhnè*, que d'un « terrible éros », d'un acharnement à pâtir comme à faire pâtir ceux qui en sont capables de la force d'un logos qui « emporte où il veut » afin de « mettre à l'épreuve la vérité aussi bien que nous-mêmes »[1]. C'est pourtant lui qui demande à l'Étranger s'il préfère se lancer seul dans un long discours ou procéder par interrogations.

L'ALTERNATIVE SELON PROTAGORAS

L'alternative proposée par Socrate s'inspire des discours en usage dans l'institution judiciaire. Protagoras a justement théorisé hier cette rhétorique juridique et incité Socrate à adopter plutôt le second procédé :

> PROTAGORAS — Si toi, tu es capable de contester ma thèse dès son principe, conteste-la en lui opposant tout du long un discours ; ou si tu veux procéder par interrogations, use d'interrogations ; car ce n'est pas du tout une chose à fuir, c'est plutôt celle que doit poursuivre plus que toutes les autres celui qui a de l'intelligence. (*Théét.*, 167d4-7)

---

1. Terrible éros : *Phèdre*, 266b ; souffle du logos qui emporte où il veut : *Rép.* III, 394d ; mettre la vérité à l'épreuve : *Protag.*, 348a5-6.

La paternité de la méthode par interrogations revient selon lui à Parménide ainsi qu'à son disciple Zénon; Protagoras prétend être leur héritier, et à ce titre il reproche à Socrate de s'être rendu coupable du type d'excès propre à des éristiques tels qu'Euthydème et Dionysodore[1]. Lors de ce face à face entre Socrate et Protagoras, c'est plutôt ce dernier qui a le beau rôle, car il souhaite promouvoir « une herméneutique animée par un effort de compréhension et de rectification », non par un désir injuste, malhonnête, de triompher et de faire trébucher. Quiconque choisit de procéder ainsi devra s'attacher « à peser la validité des questions ainsi que l'adéquation des réponses »[2], et s'il lui faut corriger des erreurs, la bienveillance doit être érigée en principe et présider à toute mise en examen. Conduite de cette façon, la méthode par interrogations ne discréditera pas la discussion philosophique, elle conduira au contraire à la philosophie. Ainsi du moins en juge Protagoras[3]. Le renversement protagoréen n'en a pas moins pour but de désolidariser philosophie et dialectique socratique, car sa démesure, sa radicalité excessive exclut toute juste appréciation du pour et du contre, du bon et du mauvais, de sorte qu'au lieu de discréditer la sophistique, c'est la philosophie qu'elle déshonore.

---

1. *Théét.*, 167e3-168c2.
2. Voir M.-A. Gavray, *Platon, héritier de Protagoras. Dialogue sur les fondements de la démocratie*, Paris, Vrin, 2017, p. 282-283.
3. Dans le *Protagoras*, 329b, Socrate dit de lui qu'il a le talent de prononcer de longs et beaux discours mais aussi celui de répondre brièvement.

L'ALTERNATIVE SELON PARMÉNIDE

La question posée par Socrate rejoint selon Théodore celles posées à l'Étranger lors d'un entretien hors-champ, et il avait alors répondu qu'il avait entendu là-dessus autant de leçons qu'il faut et ne pas les avoir oubliées. Le Dialogue continue ainsi à se rattacher à un passé de plus en plus proche, jusqu'au moment où l'arrière-plan dialectique s'élargit à un passé encore plus lointain grâce à la mémoire, commune à Socrate et à l'Étranger, des leçons d'un très vieux Parménide[1] :

> SOCRATE — Qu'est-ce qui d'habitude est pour toi le plus agréable ? Développer tout seul par un long discours ce que tu souhaites montrer, ou procéder par interrogations, comme j'ai jadis entendu le faire Parménide quand il a déroulé des raisonnements de toute beauté en la présence du jeune homme que j'étais, lui qui alors était déjà très vieux ? (217c2-7)

À quels « raisonnements de toute beauté » Socrate fait-il allusion ? Dans la première partie du *Parménide*, Parménide oppose à Socrate les difficultés engendrées par sa manière de soutenir l'hypothèse des Idées. Son but n'est pas de réfuter cette hypothèse, puisqu'il incite pour finir Socrate à mieux la défendre[2] ; c'est l'inaptitude de ce trop jeune homme à rendre sa thèse acceptable que Parménide veut mettre en évidence. Être questionné et réfuté par Parménide a permis à Socrate (et devrait permettre aux interprètes de Platon) de comprendre quelle sorte de réalité *il ne faut pas* donner aux Idées intelligibles si l'on veut que l'intelligence s'y retrouve. Les arguments utilisés dans cette première partie sont

---

1. Scène déjà évoquée dans le *Théétète*, 183e.
2. *Parm.*, 135b5-c6.

efficaces, mais il n'est nullement évident qu'ils soient beaux : ils ressemblent plutôt à ceux reprochés à Protagoras par Socrate[1]. Une fois sa réfutation achevée, Parménide cède aux prières des assistants et se lance dans une longue démonstration de sa méthode dialectique[2]. Il en a développé les raisonnements, dit Socrate, alors que « tout jeune j'étais moi-même présent »[3]. Il est difficile de faire dire à cette phrase que c'est « en dialoguant avec » Socrate que Parménide aurait donné un échantillon de sa dialectique : Socrate dit qu'il était présent, pas qu'il répondait. Si l'on veut apprendre ce qu'une « méthode par interrogations » signifie pour un Éléate, ce n'est donc pas vers la seconde partie du *Parménide* qu'il faut se tourner, celle où Socrate assiste en silence au « jeu laborieux » de Parménide[4], mais vers la première partie et vers Zénon d'Élée. Il est cependant fort possible que ce soient certaines des hypothèses sur l'Un que l'Étranger a dit à Théodore « ne pas avoir oubliées ».

Fiction, assurément, et même « roman » que tout ce qui vient de nous être raconté, mais les romans de Platon veulent généralement dire quelque chose. En joignant le *Parménide* à la trilogie annoncée, il va pouvoir tuer son père tout en s'en proclamant le fils légitime. Car avant de se livrer à l'exploration exhaustive requise par sa

1. Voir par exemple *Parm.*, 131b-e : Parménide fait preuve d'une grossière mauvaise foi en substituant à la lumière, puissance diffuse, illimitée et d'intensité variable proposée par Socrate comme métaphore de la participation, le pouvoir enveloppant, spatial, corporel et limité d'un voile.
2. Cette « gymnastique » peut être qualifiée de « méthode », alors que cette traduction de *methodos* est à éviter s'agissant de l'art socratique de dialoguer.
3. *Soph.*, 217c6.
4. *Parm.*, 137b2.

méthode, son Parménide instruit son Socrate des règles présidant à un entraînement indispensable à la recherche du vrai :

> PARMENIDE — En un mot, pour tout ce que tu poseras par hypothèse comme étant ou non étant, ainsi que pour tout ce que tu supposeras affecté d'une autre détermination, il faut examiner quelles conséquences en résultent, d'abord relativement à lui-même, ensuite relativement aux autres – à l'un quelconque des autres, à ton choix, puis à plusieurs, puis à tous ; et pour les autres à leur tour, il faut examiner ce qui leur arrive relativement à eux-mêmes et, parmi eux, à la chose que tu auras chaque fois choisie, que tu aies pris comme hypothèse de la supposer étant ou non étant – si du moins tu as l'intention, t'étant pleinement entraîné, de discerner avec une parfaite maîtrise ce qui est vrai.
> (*Parm.*, 136b6–c5)

Le chemin dialectique tracé par Parménide permet de découvrir quelles espèces *existantes* de savoir, de discours et d'activité découlent du mode d'être ou de non-être conféré par hypothèse à un objet[1]. Dans une dialectique socratique la question doit persister en chaque réponse ; dans une dialectique parménidéenne, c'est l'hypothèse examinée qui commande chacune de ses conséquences, de sorte que la qualifier de « monologue dialogué » est bien le nom qui lui convient[2]. Car ce monologue n'est que fictivement dialogué, le questionneur posant des questions dans lesquelles les réponses sont déjà incluses. Effacer au maximum ce qui distingue formellement la méthode par interrogations d'un exposé monologique

1. Telle est la raison pour laquelle aucune des hypothèses sur l'Un développées par Parménide ne peut permettre la sorte de discours prêtée à Socrate par Platon.
2. Pour reprendre l'heureuse expression de Diès.

serait donc le meilleur moyen de la préserver de sa caricature éristique, mais c'est le caractère interrogatif de la méthode que cela risque alors d'effacer.

Alors que Socrate disait « plus agréable », l'Étranger entend « plus facile » : la méthode « par interrogations » lui semble en effet être « plus facile » à condition que l'interlocuteur ne soit pas de commerce pénible (*alupos*) et soit facile à conduire[1]. Si l'Étranger mise sur la docilité de son interlocuteur pour éviter le risque d'être condamné à « errer et se heurter à des impasses »[2], il se trompe, puisque c'est exactement ce à quoi nous allons assister. Ce serait donc plutôt parce que, face à un interlocuteur agressif et rétif, celui qui questionne peut se trouver contraint d'improviser ? En ce cas, il se tromperait encore quand il dit avoir entendu sur le sujet des leçons qu'il juge « suffisantes ». Il tient à préciser que ce n'est pas le désir jaloux (*phthonos*)[3] de garder pour lui ses leçons qui a motivé sa réticence à en faire part à Théodore, mais l'ampleur du discours qu'il va lui falloir prononcer. Or, pour qui a lu le *Sophiste*, ces leçons ne semblent pas du tout suffisantes si l'on en juge par la succession des apories auxquelles elles n'ont visiblement pas préparé les interlocuteurs et par le découragement qu'ils expriment à plusieurs reprises[4]. L'Étranger ajoute en outre qu'il ne procédera pas par un échange de brèves paroles (« mot

1. Cf. *Théét.*, 168b3 : de manière ni hargneuse ni agressive. En *Rép.* VI, 498a, Socrate déclarait : « Ce que j'appelle le plus difficile dans la philosophie, c'est ce qui concerne le dialogue. » Mais ce dialogue était celui de l'âme avec elle-même.

2. *Hipp. Maj.*, 304c1-2.

3. Sur cette absence de jalousie (*phthonos*) qui est (ou devrait être) une des principales caractéristiques des dieux (*Phèdre*, 247a7), voir *supra*, p. 284, note 2.

4. Voir 231c, 241c, 249e, 260a.

contre mot », *epos ant'epos*), or il n'en manque pas, de ces échanges, dans le *Sophiste*.

À quoi tout cela rime-t-il, sinon à annoncer que cette déclaration méthodologique va être doublement contredite, d'une part puisque ces leçons vont se révéler insuffisantes, d'autre part parce que la nature de l'objet traité en premier, le sophiste, va contraindre à employer une autre méthode, qui conduira à en donner plusieurs définitions ? Bref, l'Étranger voit juste, sa tâche ne va pas être facile, et c'est en dialoguant avec Théétète qu'il a le plus de chances de la mener à bien, non en développant un long discours.

Pourquoi, alors qu'on ne lui demandait rien, Socrate intervient-il une dernière fois pour conseiller un interlocuteur à l'Étranger ? Et pourquoi Théétète ? Tous ceux qui sont présents conviendraient, dit-il d'ailleurs, car c'est disposés ainsi que doivent l'être les participants à une discussion qu'ils sont arrivés dès l'aube : tous ont été purifiés la veille de leurs illusoires certitudes. Mais Théodore a présenté hier Théétète en insistant sur sa « bonne nature », bonne et même exceptionnelle, car elle allie deux traits ordinairement incompatibles, ce qui est le propre des naturels « philosophes ». Il va la confirmer en faisant siennes les questions qui se posent et en assumant tous les rôles qui vont lui être confiés[1], et l'Étranger fera même appel à elle pour se disposer d'argumenter[2].

Une fois cela réglé, Socrate ne parlera plus, mais c'est à sa question que le Dialogue va répondre, à celle qu'il a posée et à celle qu'il continue de poser à tous ceux qui veulent bien l'entendre.

---

1. Voir Introduction, p. **XXX**.
2. En 265d-e.

Première partie

LES FIGURES DU SOPHISTE
(218B-236D)

Théétète ne refuse pas de soutenir la discussion, mais n'est pas certain que ce choix fasse plaisir à tout le monde. La réplique de l'Étranger coupe court à ce genre de conversation :

> c'est en commun avec moi qu'il te faut mener l'examen, et, en partant à mon avis du sophiste, commencer en premier, là, tout de suite par chercher ce qu'il peut bien être et le faire clairement voir en le définissant. (218b6-1)

C'est donc par le sophiste que l'Étranger décide de « commencer en premier », sans juger nécessaire de justifier son choix ni d'expliquer en quoi il y a urgence. Il estime en revanche indispensable de prescrire à son jeune interlocuteur comment se comporter pour s'associer pleinement à cette recherche.

LA DIVISION DES ARTS
(218B6-219A3)

Quel est le premier obstacle que l'Étranger juge nécessaire de lever avant d'entreprendre leur recherche du sophiste ?

> pour l'heure, tout ce que toi et moi avons en commun à son propos est son nom, mais quant à l'activité (*ergon*) que chacun de nous deux désigne par ce nom, peut-être en avons-nous par-devers nous une représentation toute privée ; or, toujours et sur tout sujet, c'est sur la chose même (*pragma*) qu'il faut tomber d'accord en discutant, plutôt que s'accorder, sans discussion, sur le nom seul. (218c1-5)

S'agissant des trois genres énumérés par Socrate, c'est l'activité, l'*ergon* qui leur est propre, qui est la « chose » (*pragma*) à définir, et c'est sur cela qu'il faut s'accorder[1]. La transitivité de l'acte à la chose, au « fait » est présente dans le terme grec : toute chose, *pragma*, est le résultat d'une *action* (*praxis*), et comme telle elle est l'objet d'un soin, d'un souci ou d'une enquête, mais peut au contraire être source d'embarras et de désagrément : dans le

---

1. V. Goldschmidt traduit d'ailleurs « mais la chose (*ergon*) que nous appelons ainsi », (*Le Paradigme dans la dialectique platonicienne*, Paris, P.U.F., 1947, p. 4). Voir P. Hadot, « Sur divers sens du mot *PRAGMA* dans la tradition philosophique grecque » (*Concepts et catégories dans la pensée antique*, P. Aubenque (dir.), Paris, Vrin, 1980, *cf.* p. 309-310). *Pragma* désigne généralement « l'affaire » au sens rhétorico-judiciaire : la chose prêtant à discussion. Selon Diogène Laërce (IX, 51), Protagoras a été le premier à affirmer « qu'à propos de chaque *pragma*, il y a deux discours qui se contredisent mutuellement ».

vocabulaire judiciaire elle est « l'affaire »[1]. Ce principe, s'entendre sur la chose-même plutôt que sur « le nom tout seul », était celui conseillé par Socrate à la fin du *Cratyle*[2], mais il entendait par « chose » une réalité toujours même et saisissable seulement par une intelligence capable de s'affranchir des opinions fugitives, changeantes et contradictoires que le corps induit en l'âme. S'agissant de Théétète, la maïeutique socratique a « hier » fait le travail –, mais reste à vérifier que cette purification l'ait bien délivré de la représentation privée qu'il peut avoir de l'activité du sophiste.

Passer d'une représentation privée à une recherche commune (218b6-c5)

Que signifie ici « privée » ? Faut-il comprendre que chacun des deux interlocuteurs aurait de l'*ergon* – de l'activité, de la fonction, de la profession, du métier – de sophiste une « représentation » qui lui serait propre et absolument singulière ? En ce cas, elle ne serait pas seulement incommunicable, elle serait innommable : ce ne serait même pas un « nom » que les interlocuteurs auraient en commun, mais un son vide. Protagoras a raison, chaque homme est mesure de ce qu'il sent, mais il n'est pas la mesure des mots qu'il emploie car les mots ne nomment quelque chose qu'à la condition d'appartenir à une langue, et leur signification ne peut être modifiée que dans certaines limites. Si elle est linguistique, une sphère « privée » est aussi « commune » que l'est une sphère

---

1. H. Joly distingue entre une rhétorique qui se trouve entre les choses et les mots, et une sophistique qui se meut entre les mots et les choses (*Le Renversement platonicien, Logos, Epistèmè, Polis*, Paris, Vrin, 1994, p. 130-135).

2. *Crat.*, 439b *sq.*

publique, elle obéit au code sémantique et axiologique propre à une collectivité, si restreinte et si précaire soit-elle. C'est donc en tant qu'elle serait « particulière » et non pas « singulière » que la représentation correspondant à ce nom, « sophiste », pourrait ne pas être « commune ». Car certains noms, et en l'occurrence les trois mentionnés par Socrate, sont privés de toute relation immédiate, évidente, avec la chose qu'ils nomment. Leur rapport avec la chose est toujours médiatisé par la représentation qu'un sujet se fait de cette chose, ce qui fait que ces noms restent disponibles pour n'importe quelle opinion capable de leur faire signifier « quelque chose », qu'ils peuvent donc être « tiraillés au gré de notre phantasme » et véhiculer n'importe quelle image[1]. « Sophiste » est précisément un terme de cette sorte. Caractérisé par son ambivalence, il déclenche un curieux mélange d'admiration et de violent rejet, comme en témoigne le jeune Hippocrate, si avide de suivre l'enseignement de Protagoras mais qui rougit cependant de honte à l'idée de se présenter aux Grecs comme un sophiste[2]. Et si Hadès est qualifié de « sophiste accompli », comme l'est Éros – qui, « passant toute sa vie à philosopher » est « un sorcier habile », mais qui « en tant qu'il « invente des filtres magiques » est « un sophiste » – et comme l'est Diotime, le sophiste figure à l'avant-dernier rang de la hiérarchie d'Adrastée, juste avant le tyran[3]. Poussée à sa limite, la particularité indépassable de la représentation peut conduire à nier toute relation entre les noms et les choses au profit de leur relation au sujet qui nomme. En tout temps et en

---

1. *Crat.*, 386e.
2. *Prot.*, 310d-312b, cf. *Phèdre*, 257d.
3. *Crat.*, 403e3, *Banq.* 203d7-8, 208c1 ; *Phèdre*, 248e3.

tous lieux, des mots se trouvent ainsi détournés par un groupe d'individus qui imposent la représentation « privée » qu'ils en ont et vouent un autre groupe à une méfiance ou un mépris « publics », au point de les rendre parfois porteurs d'une charge meurtrière. Ce qui interdit de conférer cette toute-puissance à la représentation est, dans le *Cratyle* comme dans le *Gorgias*, dans le *Sophiste* comme dans le *Politique*, la notion d'*ergon* : en restituant aux noms leur *fonction* diacritique et iconique, elle attache chacun à la chose qu'il nomme, chose qui n'est elle-même définie que par sa fonction.

S'entraîner sur des choses plus faciles (218c5-d7)

> Or, quand on doit déployer des efforts pour traiter parfaitement de sujets importants, l'opinion partagée par tous et depuis longtemps est qu'il faut d'abord s'entraîner sur des choses plus petites et plus faciles avant de s'attaquer à celles qui sont très importantes. (218c7-d2)

Jusqu'ici, chaque fois qu'il a précisé sa tâche, l'Étranger l'a évaluée en termes d'une plus ou moins grande facilité[1]. L'adjectif « facile » s'est appliqué d'abord négativement à l'entreprise de définition requise par la question de Socrate, puis positivement à la méthode par interrogations, « plus facile » comparée à celle du monologue continu; il a qualifié ensuite négativement et superlativement l'objet de la recherche, la « race du sophiste », qui n'est pas « la plus facile de toutes » à saisir si on la compare à un petit objet « plus facile » choisi à titre d'exercice – tout cela permettant enfin d'affirmer que la chasse qui se prépare va être « difficile », « pénible ».

---

1. *Cf.* 216c3 (S.), 217b3, d1, 218c7, d2, opposé à difficile, d5.

L'Étranger se rattache ainsi à Socrate, qui ne cesse de faire l'expérience de la *difficulté* intrinsèque de ce qu'il cherche, et se distingue du sophiste qui se prétend capable aussi bien de discours longs que de discours brefs car ils sont pour lui également *faciles*[1]. Le choix de sa méthode est déterminé par la grandeur de la tâche (*ergon*) : par son ampleur et par son importance[2], et seul un « petit » art peut assurer une fonction paradigmatique. Mais que signifie pour un art le fait d'être « petit » ? N'être exercé que par un petit nombre de gens ? Personne ne dirait de la poésie ou de la divination que ce sont de « petits arts ». N'être utile qu'à un petit nombre de gens ? Même si le médecin ne soigne que quelques malades, nul ne pensera qu'il exerce un « petit art ». Il faut évidemment passer du quantitatif au qualitatif et entendre « petit » (*smikron*) au sens de « simple », sans complexité, peu difficile à apprendre et peu difficile à pratiquer, cette facilité rendant un art négligeable et insignifiant en lui-même, mais pas forcément dans ses conséquences. Il faut donner au couple « grand -petit » un sens qualitatif afin de pouvoir l'identifier au couple « difficile-facile », car la transition de l'un à l'autre est la condition nécessaire pour élever une règle empiriquement confirmée (commencer par ce qui est quantitativement « petit ») à la dignité de principe méthodologique : commencer par ce qui est « facile à pratiquer ».

1. Cf. *Prot.* 335b7- 8, *Gorg.*, 449c, *Phèdre*, 267b ; voir M. Dixsaut, *Métamorphoses de la dialectique*, Paris, Vrin, 2001, p. 16-28.
2. L'expression *mega kai thaumasta* (choses grandes et admirables) appartient au vocabulaire historiographique et désigne les « grands événements », ceux qui sont mémorables.

Un paradigme facile : la pêche à la ligne
(218D8-219A3)

L'art dont fait preuve le pêcheur à la ligne répond à cette condition, mais quant à le définir, il va falloir parcourir autant d'étapes pour y réussir que lorsque c'est le sophiste qu'il faudra tenter de capturer. Il y aura peut-être des surprises, mais c'est ce principe qu'il faudra suivre pour commencer. Commencer par ce qui est « facile et petit » est une règle accréditée « par tous et de tout temps » : être unanime et intemporelle suffirait donc à garantir la valeur d'une procédure de recherche ? Est-ce d'ailleurs là le sens de ce mot, paradigme ?

Dans la majorité des Dialogues, Platon donne à *paradeigma* soit son sens courant d'*exemple* (Robin traduit souvent par « échantillon ») servant à illustrer, confirmer ou réfuter une affirmation ou un raisonnement[1], soit celui de *modèle* sur lequel fixer son regard pour en produire ou en devenir une image ressemblante[2]. Le mot « paradigme » désigne donc ou bien *ce qui*, mis à côté (*para*), montre (*deiknusthai*) et fait voir, ou bien le *procédé* consistant à *mettre à côté* pour faire voir.

Rappelant « qu'en plusieurs endroits des Dialogues les Formes sont définies comme des paradigmes » par rapport aux choses sensibles, Victor Goldschmidt a raison d'ajouter que deux passages font exception : ceux qui figurent dans le *Sophiste* et dans le *Politique*. Selon lui, dans ces deux Dialogues, les choses sensibles ne seraient

---

1. Cf. *Lach.*, 187a6-8, *Ménon*, 79a, *Euthyd.*, 282d5-9, *Gorg.*, 525b2-5, c2-d6, etc. Calliclès reproche à Socrate la grossièreté de ses exemples (*Gorg.*, 490d-491a)

2. Voir par ex. *Rép.* V, 472c *sq.*, *cf.* VI, 500e-501c : le « peintre en constitution » ; en IX, 592b, la « cité en parole » imite « un paradigme céleste ».

plus « des images déficientes » des Formes, mais des
images parfaites qui « en reproduisent trait pour trait la
structure », et seraient donc « comme des paradigmes »
par rapport à des Idées. Ces passages renverseraient donc
l'ancien rapport paradigmatique et s'opposeraient à une
tradition dualiste « tenace et paresseuse ». Elle semble en
effet être bien plus tenace que Goldschmidt ne l'imagine
puisque le « renversement » dont il parle consiste à
dire qu'un paradigme n'étant pas une Idée, il ne peut
être qu'une chose sensible[1]. L'inversion supposée ne
pouvant être ni ontologique, ni méthodologique, elle ne
peut être que « terminologique », manière délicate de
dire qu'elle ne joue que sur des mots ; cependant, même
vidée ainsi de tout contenu, l'interprétation est à coup sûr
renversante. Or mettre Platon la tête en bas n'est peut-
être pas la meilleure façon de s'affranchir d'un dualisme
dogmatique dont on conserve en réalité l'essentiel, et
qui pousse un interprète respectable à ranger les arts, les
techniques (*tekhnai*), parmi les « choses sensibles »[2].

FONCTION DIDACTIQUE ET HEURISTIQUE
DU PARADIGME

Si le paradigme avait exclusivement une fonction
d'exercice, il serait possible de choisir pour s'exercer
n'importe quel objet, à condition qu'il soit « facile »,
c'est-à-dire « petit » et familier. Ainsi, puisque Ménon
n'arrive pas à saisir « cette vertu unique, qui s'étend

---

1. V. Goldschmidt, *Le Paradigme dans la dialectique platonicienne*,
op. cit., p. 11.
2. *Ibid.*, p. 112, et par exemple p. 60 : « En d'autres termes, le
passage du sensible à l'intelligible, problème capital de la logique (et
de l'ontologie) platonicienne, se fait ici sans heurt. »

à travers toutes les autres », Socrate tente de lui faire
voir ce qu'il cherche en prenant un cas plus simple. Il
demande à Ménon : « Quelle est cette chose dont le
nom est "figure" (*skhèma*) ? » et précise : « Essaie donc
de le dire, afin que cela te serve justement d'exercice
pour ta réponse au sujet de la vertu[1]. » Si Ménon arrive
à comprendre sur ce « petit sujet » qu'est la figure ce
qu'est une définition, il pourra le comprendre s'agissant
de ce « grand » sujet qu'est la vertu. Figure et vertu sont
ici les objets d'une même opération logique et il n'existe
aucun autre rapport entre elles : la compréhension d'une
règle universelle ne requiert ni communauté générique ni
analogie fonctionnelle ou structurelle entre petit et grand
sujet, alors que ce sont les deux conditions de leur « mise
en parallèle ».

Lorsque l'Étranger recourt dans le *Politique* à un
paradigme pour expliquer ce qu'est un paradigme[2],
il prend pour modèle un art « universel et ancien », la
grammatistique, l'apprentissage de la lecture et de
l'écriture. « Ni natation, ni écriture pour les ignorants »,
dit un proverbe : l'enseignement de ces deux arts
était obligatoire à Athènes. Tous deux permettent non
seulement de survivre à un engloutissement, – l'un de
ne pas sombrer dans l'eau des mers, fleuves ou rivières,
et l'autre dans l'océan de l'oubli – mais aussi d'acquérir,
dans un cas, la maîtrise d'un élément différent grâce à
une discipline corporelle, dans l'autre d'ouvrir, grâce au
« remède à la mémoire » inventé par le dieu Toth[3], un

1. *Ménon*, 74a9-75a9. Le trait commun avec ce que le *Sophiste* et
le *Politique* détermineront comme étant un « paradigme » est la notion
d'exercice sur un sujet plus aisé à définir que celui qu'on cherche.
2. *Pol.*, 277d-278c.
3. *Phèdre*, 274b-275b.

accès permanent à une dimension temporelle vouée à
anéantissement. Pour enseigner la lecture et l'écriture à
ses élèves le grammatiste (maître d'école) commence par
leur enseigner un très petit nombre de lettres, de façon à
ce qu'ils les reconnaissent aisément dans un ensemble
simple (ou « dissyllabe »). La difficulté est ensuite de
les rendre capables de les identifier dans un ensemble
plus complexe. Pour y réussir, il rapproche certaines
syllabes simples et déjà connues de syllabes complexes
comprenant les mêmes éléments[1]. Si une syllabe simple
est alors dite être un « paradigme », elle ne l'est pas en
elle-même, elle ne le devient que dans ce processus de
rapprochement qui peut seul être généralisé en modèle
méthodologique. Le paradigme syllabique peut alors
être métaphoriquement étendu à toutes les choses
« importantes », il permet de déchiffrer « les grandes
et malaisées syllabes des choses ». Il ne permettra pas
de découvrir d'autres éléments ou d'autres lettres, les
« choses » en question étant « bien connues » au départ[2],
mais il fournira le critère qui, à chaque étape d'une
division, permettra d'abandonner la partie incapable
de conduire vers l'objet cherché et de retenir la partie
qui en est capable. En sorte que pour finir, de flottante
et changeante, l'opinion qu'on a de cet objet deviendra

1. *Stoikheia* : éléments en général, d'où éléments phonétiques,
lettres de l'alphabet et notes de musique.
2. En *Rép.* IV, 434d6-8, la lecture est une métaphore, non
une méthode : « grand » et « petit » sont deux aspects quantitatifs
inessentiels des caractères d'écriture ; il faut commencer par apprendre
à lire le plus facile, mais « plus facile » veut dire « plus grand », et
« plus difficile » « plus petit ». La métaphore est renversante, puisque
les forces composant la cité sont écrites en gros caractères mais sont
moins importantes et plus faciles à déchiffrer que celles présentes en
l'âme humaine.

vraie et unique : il ne sera plus possible d'hésiter entre plusieurs « lectures ».

Bien choisi, un paradigme n'a donc pas seulement une utilité didactique[1], il a aussi un effet, sinon inventif, du moins heuristique, puisque c'est en épelant les éléments constitutifs de l'art possédé par le paradigme qu'il sera possible de les identifier dans l'art propre à celui dont il est le paradigme. Mais justement, comment bien le choisir ? L'Étranger n'a sur ce point aucune recommandation à faire, et il est clair que cela ne relève d'aucune méthode mais de l'intelligence du dialecticien. Comme son choix ne révélera sa pertinence qu'à ses résultats, on peut supposer que le dialecticien en savait forcément plus qu'il ne l'avouait sur la chose qu'il cherche, ce qui ne signifie nullement qu'il en aurait épelé tous les éléments mais qu'il avait besoin de ce paradigme pour réussir à les découvrir. S'il est évident que l'Étranger n'aurait pu choisir un meilleur paradigme que le tissage pour s'entraîner à définir l'action d'un bon politique[2], cela l'est nettement moins pour ce qui est de la pêche à la ligne. Après l'avoir définie, l'Étranger va pourtant affirmer solennellement (« Par les dieux ! ») qu'il faut se garder d'ignorer que ces deux hommes, le pêcheur à la ligne et le sophiste, sont « apparentés » (*sungenè*). Parenté implique ressemblance ; mais une ressemblance

---

1. Comme le prétend R. Robinson, *Plato's Earlier Dialectic*, Oxford U.P., 1953, p. 213.

2. Puisque celle-ci consiste à tisser l'unité de la cité, et malgré la coquetterie de l'Étranger qui prétend avoir pris ce « qu'il avait sous la main » (*Pol.*, 279b). Voir D. El Murr, « Paradigmatic Method and Platonic Epistemology », D. Nails, H. Tarrant (eds), *Second Sailing : Alternative Perspectives on Plato*, Helsinki, Societas Scientiarum Fennica, 2015, p. 1-20.

en rupture avec ce qu'elle implique de réciprocité et pensée hiérarchiquement, comme celle entre un fils et son père, et celle entre pêcheur à la ligne et sophiste. Cette parenté n'a d'abord été suggérée que par un adjectif fabriqué pour la circonstance : le sophiste risque fort de se montrer « difficile-à-chasser », *dusthèreutos*[1]. D'où ce premier impératif : « commençons par nous exercer à la poursuite (*methodos*) » d'un petit sujet « facile à connaître » et qui, sans réclamer beaucoup de sérieux, d'effort ou d'attention (*spoudè*), exige une définition comportant un aussi grand nombre de divisions que celles de sujets plus importants. La rigueur logique ne doit pas être proportionnée à la valeur communément reconnue. L'Étranger avertit ainsi Théétète de se garder d'une erreur reprochée par Parménide à un trop jeune Socrate qui avait « bronché devant l'obstacle » et n'avait pas osé affirmer que rien n'empêche boue, crasse ou cheveu de participer à une réalité intelligible[2]. Or, si elles étaient inintelligibles, ces choses seraient indéfinissables, alors que leur définition peut se révéler simplement plus aisée et plus rapide à formuler, tout dépendant du nombre d'espèces à distinguer.

FONCTION IRONIQUE DU PARADIGME

Puisque le sophiste est difficile à chasser, il faut choisir pour s'exercer un objet facile à chasser. Pourquoi choisir la pêche à la ligne parmi le grand nombre d'espèces de chasse et de pêche qui se pratiquaient à l'époque ? Parce qu'elle offre l'intérêt de ne pas en avoir ?

1. *Dus-thereuton* : seulement deux occurrences dans le corpus, et toutes deux dans le *Sophiste*, 218d3, 261a5.
2. Voir *Parm.*, 130c, et sur la boue, *Théét.*, 147a-c.

Elle doit pourtant bien en offrir un, d'intérêt, c'est-à-dire avoir quelque trait commun avec ce dont elle va être le paradigme. Les jeunes gens riches que le sophiste veut attraper pour les éduquer sont des proies que leur jeunesse, leur inexpérience et leur crédulité rendent vulnérables, et dont la capture est avantageuse. Ils peuvent néanmoins échapper à la prise, mais ils ne peuvent pas se défendre : ils sont incapables « de regarder plus loin que le bout de leur nez » – à l'instar des poissons décrits dans le mythe du *Phédon*.

Les poissons

Analogie ironique (Phédon, 109a-110a)

Selon le mythe du *Phédon*, nous, les hommes, habitons les creux pleins de vapeur et d'air d'une Terre sphérique et vivons groupés autour d'un grand nombre de cavités emplies d'eau (les mers, les lacs) tels « des grenouilles autour d'un marécage »[1]. La situation des hommes est analogue à celle des poissons : « le poids de leur faiblesse et de leur paresse » les rend prisonniers de leur milieu naturel, l'air étant pour les uns ce que l'eau est pour les autres. Mais nous, les humains, croyons vivre à la surface de la Terre, semblables en cela à des animaux qui, séjournant au milieu des profondeurs de la mer, prendraient sa surface pour un ciel. Socrate construit à partir de là une topologie hiérarchique à l'aide d'analogies rigoureusement décalées. La condition que l'homme s'imagine être la sienne est analogue à la situation réelle

---

1. Sur cet aspect « cinématographique » des mythes platoniciens, voir M. Dixsaut, « Myth and Interpretation », dans *Plato and Myth*, C. Collobert, P. Destrée, F.J. Gonzales eds, Leiden-Boston, Brill, 2012, p. 25-46.

qu'un poisson courageux, capable d'émerger et de lever la tête, aurait la force de découvrir. En voyant notre Terre à travers l'air et non plus à travers l'eau, ce poisson clairvoyant la prendrait pour un ciel, tandis qu'elle est un sol pour les hommes paresseux qui ignorent que la Terre « en elle-même, est pure et située dans la partie pure du ciel, celle même où sont les astres, et que les savants nomment *éther* ». Comme dans tout mythe platonicien, les lieux assignés aux vivants correspondent à leur degré d'intelligence, et comme dans l'allégorie de la Caverne, ils ne découvrent leur situation véritable qu'en en sortant. Le plus intelligent des poissons ne pourra pas lever son regard plus haut que « notre » terre, mais il apercevra à quel point la « région que nous [hommes] habitons » est mieux dessinée, plus variée et plus belle que la sienne. Ce que la terre et ses creux sont pour les moins paresseux des poissons, le ciel et ses astres le sont pour la majorité des hommes qui pataugent leur vie durant dans des marécages. Il n'est cependant pas impossible qu'existe parmi eux un homme comparable à ce poisson courageux :

> Car si l'un de nous parvenait jusqu'aux cimes de l'air, ou si, pourvu subitement d'ailes, il s'envolait, alors, de même que les poissons voient les choses d'ici-bas en levant la tête hors de la mer, il pourrait, en levant la tête, voir les choses de là-bas. (*Phédon*, 109e2-5)

Jusqu'à cette dernière analogie – terre, air et ciel sont pour les hommes ce qu'air, ciel et éther sont pour celui apte à percevoir « les choses de là-bas » – toutes les « réalités », toutes les illusions et toutes les supériorités sont relatives. Ce que la terre et ses marécages sont pour le poisson, le ciel et ses astres le sont pour l'homme. Si

un poisson doit traverser l'eau jusqu'à sa surface pour
connaître sa situation réelle en ce bas monde, un homme
doit prendre son élan et « traverser l'air jusqu'au bout »
pour connaître la sienne. Il faut devenir un peu oiseau
pour cesser de ressembler à un poisson, il faut devenir
philosophe pour être un homme divin autant qu'il est
possible.

Une fois les deux extrêmes, poissons et philosophes,
correctement identifiés, le *Phédon* met en place une
analogie ascendante tandis que les dernières lignes du
Timée parcourent une généalogie descendante.

Généalogie ironique *(*Timée*, 90a-92c)*

> C'est en suivant ces règles que, maintenant comme
> jadis, les vivants se transmuent les uns dans les autres :
> selon qu'ils gagnent ou perdent en intelligence et en
> sottise, ils subissent des métamorphoses. (*Tim.*, 92c1-3)

Le principe de cette transmutation hiérarchique est
que les particularités physiques des différentes espèces
vivantes résultent en premier lieu du mauvais usage
de la partie intelligente de l'âme, en second lieu de la
domination de l'une de ses deux autres parties.

– La première métamorphose dédouble le genre
humain en masculin et féminin : conséquence malheureuse
de la lâcheté et de l'injustice qui condamnent certains
hommes à se réincarner en femmes, elle est exigée par la
survie de l'espèce et la génération.

– Une seconde métamorphose (des plumes au lieu
de poils) suffit pour produire la race des oiseaux à partir
de « ces hommes sans malice, légers et curieux de
connaître les choses d'en haut, qui s'imaginent que c'est

en regardant en l'air, par la vue, que l'on en obtient les connaissances les plus fermes »[1].

– Les hommes qui ne s'occupent ni de philosophie ni de phénomènes célestes et qui sont guidés par la partie de l'âme résidant dans la poitrine donnent en troisième lieu naissance à des animaux pédestres, quadrupèdes ou dotés d'un plus grand nombre de pieds ; quant à ceux des humains qui sont encore plus insensés et sont davantage attirés vers la terre, ils naissent reptiles.

– Pour la quatrième et dernière espèce, l'aquatique, « elle est née des hommes tombés au dernier degré de la sottise et de l'ignorance » ; au lieu de respirer l'air pur, ils barbotent dans l'eau bourbeuse et profonde et « en châtiment de leur ignorance, le sort leur a donné les plus basses demeures ». La plus basse espèce de vivants réside dans l'élément le plus bas, et c'est elle qui est le gibier du pêcheur. De métaphores en métamorphoses et de métamorphoses en métemsomatoses, cette généalogie a elle-même incontestablement perdu en intelligence, notamment par rapport à ce que Socrate disait des femmes dans la *République*, mais nul n'est obligé de le prendre très au sérieux.

Sophiste et pêcheur à la ligne ont donc en commun de faire appel à la sottise d'un gibier qui ne demande qu'à mordre à l'hameçon qu'on lui tend.

La pêche : exhortation
*à l'indifférence (*Lois *VII, 822d-824a)*

Tous deux sont des chasseurs, et c'est « par-là » (*tèdè*) qu'il faut aller pour que le second puisse servir à attraper le premier. Mais bien qu'impliquant une série de divisions distinguant des espèces de techniques, la chasse

1. Cf. *Rép*. VII, 529 a-c.

ne peut pas faire l'objet d'un traitement exclusivement scientifique. Elle n'est pas seulement un genre à diviser mais une occupation qui réclame un autre type de discours : une rhétorique de l'exhortation.

À la fin de ses lois sur l'éducation, une fois énoncés les règlements relatifs à la place que doivent y occuper les sciences mathématiques, l'Athénien ajoute qu'il doit encore examiner un autre art, car il relève de la même tâche « intermédiaire » incombant au législateur. Un véritable législateur doit « mettre par écrit, en l'entrelaçant avec les lois, tout ce qui lui semble être beau ou ne pas l'être », il doit donner son avis sur des activités qui ne peuvent être laissées à la seule appréciation d'individus ou de groupes privés[1]. L'art de la chasse en fait partie, mais toutes les opinions le concernant n'auront pas force de loi car il est impossible de prévoir un nombre raisonnable de sanctions, tant sont multiples et variées les activités rassemblées « sous ce nom unique », la chasse. Que faire alors, sinon louer et blâmer les espèces de chasse selon ce seul critère : « convenir ou non aux travaux et aux occupations des jeunes gens » ? Ce seront donc les louanges, plus que les blâmes, qui devront inspirer leur conduite. On nommera plus tard « exhortation » la figure de rhétorique consistant « à exciter les sentiments qui doivent conduire à telle ou telle action »[2], et le discours de l'Athénien remplit exactement cette fonction. À ceci près que ce qui suit son préambule n'est pas une exhortation à pratiquer les chasses les plus nobles, celles qui auront donné lieu aux plus grands éloges. Mais comme le législateur n'est pas sûr qu'il faille sanctionner, il juge qu'il doit « tout de suite » au moins blâmer. Ce qu'il ne

1. *Lois* VII, 823a.
2. Littré, *sub voc.*

fait pas, préférant développer à la place une très curieuse exhortation : il n'incite pas les jeunes gens à éprouver certains sentiments, il souhaite solennellement qu'ils n'éprouvent *rien du tout* :

> Amis, puissiez-vous n'être pris ni d'appétit (*epithumia*) ni de passion (*erôs*) pour la chasse en mer, pour la pêche à l'hameçon, ou en général pour celle qui poursuit des animaux aquatiques[1]. (*Lois* VII, 823d7-e1)

Une parfaite indifférence serait donc la meilleure sauvegarde, et tout ce que la pêche mérite est d'être traitée par le mépris. Après quoi, l'Athénien arrivera malgré tout à la seule espèce de chasse dont il soit possible de faire l'éloge, celle aux marcheurs sauvages, à condition qu'elle se fasse à l'épieu et que la proie soit capturée à mains nues.

LA CHASSE

Son avis rejoint ainsi celui exprimé par Xénophon dans son traité de cynégétique.

Sens propre et sens métaphorique : le Cynégétique

Dans son *Cynégétique* ou *Traité de la chasse*, Xénophon commence par rappeler l'origine divine de l'art de la chasse : « d'Apollon et d'Artémis viennent les chasses et les chiens », puis précise que c'est à Chiron

---

1. Elle sera néanmoins pour finir l'objet d'une loi « écologique », qui l'autorisera « partout, sauf dans les ports et dans les fleuves, marais ou étangs consacrés, à condition de ne pas utiliser de produits qui empoisonnent les eaux ».

qu'ils en font présent « pour honorer sa justice[1] », récompense parfaitement justifiée si on constate que ceux qui pratiquent cet art « y développent leur santé, apprennent à mieux voir et à mieux entendre, et oublient de vieillir », et surtout si on comprend que la chasse est l'école de la guerre. Car en fidèle disciple de Socrate, Xénophon sait qu'avoir une vertu implique de les avoir toutes : puisque ceux qui pratiquent une chasse noble doivent être courageux, ils deviendront en outre « tempérants, justes et expérimentés », en particulier parce qu'ils auront acquis l'expérience « d'un plaisir bien différent des voluptés honteuses ». Comme dans les *Lois*, la chasse est une branche de l'éducation des jeunes gens, la valeur d'un chasseur se mesure à la nature du gibier chassé – de préférence, des animaux sauvages – et au fait de ne s'emparer de sa proie qu'avec ses mains, en ne s'aidant d'aucun instrument tel que pièges ou filets. Mais dans le *Cynégétique* la chasse peut être prise en son sens propre de chasse aux animaux, et en un sens figuré si elle désigne une poursuite visant à capturer des connaissances (§XII). C'est sur la division de cette chasse métaphorique que le *Traité* s'achève, introduite par ce préambule : « J'admire, en vérité, ces gens que l'on appelle sophistes, qui prétendent pour la plupart conduire les jeunes gens à la vertu, tandis qu'ils les mènent à tout le contraire. » Leur chasse ne demandant ni courage, ni endurance, ni juste appréciation de la réalité, les sophistes n'enseignent rien qui puisse conduire à devenir

---

1. Xénophon, *Cynégétique*, Paris, Les Belles Lettres, 1970, J. Jouanna (dir.), § I.

un homme de bien, et dans leurs écrits, « ils n'excellent
que dans tous les aspects de l'art de tromper. » Il y a donc
de quoi les admirer, puisqu'ils réussissent à faire croire
qu'ils éduquent alors qu'ils pervertissent. Ils s'opposent
ainsi en tous points aux philosophes, car bien que les uns
et les autres soient des experts, leur chasse « se fait ici
avec intelligence, là, avec une honteuse effronterie »[1],
mais cela ne conduit qu'à une exhortation négative : se
méfier des sophistes, ne pas dédaigner les philosophes.

Xénophon dans son *Cynégétique* et l'Athénien
dans les *Lois* soutiennent à peu près la même thèse et
s'accordent à la fois sur l'espèce de chasse à louer ou
blâmer et sur la nature rhétorique du discours que l'art de
la chasse impose. Philosophes et sophistes sont cependant
pour Xénophon des modèles parfaits, les uns d'une bonne
chasse et les autres d'une mauvaise, alors que dans le
Sophiste la situation est plus complexe. S'il veut réussir
à démontrer qu'il constitue un genre réellement distinct
de celui du sophiste, le philosophe doit le « capturer ».
Philosophes et sophistes ne sont donc pas deux espèces
résultant d'une même division de l'espèce « chasse
métaphorique », car cela impliquerait qu'ils se livrent à
une même activité : ils ne s'opposeraient alors que sur
la nature de leurs fins. Au beau balancement antithétique
de Xénophon, Platon préfère donc un rapport décalé : si
le philosophe est un chasseur, le sophiste est un chasseur
chassé.

1. Xénophon continue avec la mise en regard de deux types
d'homme voisine de celle des deux « paradigmes » de la digression
du *Théétète* : « les uns peuvent dédaigner la lâcheté du caractère, la
cupidité sordide, les autres ne le peuvent pas ; la parole de ces derniers
indique une âme généreuse », etc.

LA CHASSE : EMPLOIS
MÉTAPHORIQUES DANS LES DIALOGUES

Mis à part ce passage des *Lois* et le *Sophiste*, l'ensemble du corpus platonicien ne fournit que de rares exemples d'un usage métaphorique du vocabulaire de la chasse[1]. Il est en particulier totalement absent de la *République*, ce qui s'explique du fait que, telle qu'elle est décrite dans les livres centraux, la science dialectique ne saurait supporter qu'on la compare ou qu'on en fournisse une image. Les passages sont cependant décisifs à bien des égards. Dans le *Phédon*, ne sont authentiquement philosophes que ceux qui se servent de la pensée (*dianoia*) seule pour « se mettre en chasse des réalités qui sont », ils comprennent qu'ils doivent se séparer le plus possible d'un corps qui ne cesse de faire obstacle à leur « chasse à ce qui est ». Le corps n'est cependant pas le seul obstacle, comme Socrate en fait l'expérience dans le *Philèbe* : « puisque nous ne pouvons pas capturer (*thèreuein*) le bien grâce à un seul caractère (*idea*), attrapons-le grâce à trois »[2]. Toute chasse psychique est forcément métaphorique, mais par une sorte de double tour infligé à sa métaphore, Platon en infère dans l'*Euthydème* qu'il faut distinguer deux espèces de sciences, les disciplines qui découvrent de nouvelles connaissances et qui pratiquent donc une sorte

---

1. Si l'on prend en compte tous les termes formés sur la racine *thèr-* : *thèreuein*, chasser, *thèreutès* : chasseur, *dusthèreutos* : difficile à chasser : cf. *Phédon*, 66a3, *Phil.*, 65a1-2 ; mais aussi ceux formés sur la *kunègesia*, la chasse avec chiens : cf. *Prot.*, 390a2, *Lachès*, 194b5-9, *Euthyph.*, 13a10-b13, *Euthyd.*, 290b10-292d2, 299a5, et *Rép.* IV, 432b7-c2. Voir L. Brandwood, *A Word Index to Plato*, Leeds, W. S. Maney & Son Ltd, 1976.

2. C'est-à-dire « beauté, proportion et vérité » : *Phil.*, 65a1-2. Sur l'inventivité requise, cf. *Pol.*, 285d5-7.

de chasse, et celles aptes à leur prescrire le bon usage de
leurs « prises »[1]. Il revient aux philosophes de prescrire
aux « mathématiciens » le bon usage de leurs résultats,
ce qui laisse penser que les philosophes sont capables de
faire les deux[2]. Quand « apprendre » est comparé dans
le *Théétète* à une chasse ayant pour but d'acquérir et de
posséder des connaissances assimilées à des oiseaux,
cela n'apporte pas de réponse a l'aporie exposée dans
l'*Euthydème*, puisque les savoirs des différents nombres
voletant dans ce « ridicule colombier » n'ont aucun lien
entre eux ou avec l'âme qui les a acquis, et qu'il y a donc
fort à craindre qu'elle n'ait pas compris grand-chose à
ce qu'elle emmagasinait. Quant à la seconde espèce
de chasse, métaphore de l'acte de remémoration, elle
va à la poursuite de souvenirs dont la volatilité permet
d'expliquer les erreurs ou les absences de mémoire[3]. Il ne
suffit pas de n'*être* ni savant ni ignorant pour apprendre,
encore faut-il *désirer* et *aimer* apprendre, donc devenir
semblable à ce « terrible chasseur » (*thèreutès deinos*)
qu'est le démon Eros, tel que le *Banquet* nous le représente.
C'est lui qui est le passeur actif entre ignorance et savoir,
lui qui « philosophe » mais qui est aussi un magicien
habile, un fabricant de philtres, un sophiste[4]. Ce n'est

1. *Euthyd.*, 290c. Voir la définition que Socrate donne de
l'arithmétique en *Théét.*, 198a5-8 : « une chasse aux savoirs portant sur
tout ce qui est pair et impair. »
2. Qu'ils possèdent une science critique autoprescriptive, pour
utiliser les termes définis dans le *Politique*.
3. Deux vieillards, Euthydème et Dionysodore, ont découvert sur
le tard l'art des *Discours terrassants*, et ils commencent justement par
jouer sur l'ambiguïté sémantique du terme « apprendre » (*manthanein*,
Euthyd., 275d-278a).
4. *Banq.*, 203d-204b ; voir M. Dixsaut, *Le Naturel*, *op. cit.*,
chap. IV : Eros philosophe.

donc pas parce qu'elle est « psychique » qu'une chasse
aboutira à un étant véritable ; quant à la puissance d'erôs,
elle ne s'oriente pas infailliblement vers ce qui est beau
et bon. Il faut par conséquent distinguer, comme fait le
Gorgias, deux espèces de chasse, l'une poursuivant ce
qui est bon, l'autre ce qui est agréable, cette dernière
subdivisée en deux arts, sophistique et rhétorique. Les
deux prétendent viser le plus grand bien de l'âme, alors
que « c'est en agitant l'appât d'un plaisir extrême qu'ils
prennent au piège la bêtise (*anoia*) et que leur tromperie
est totale »[1]. Cette phrase du *Gorgias* fournit la clé de la
parenté entre le sophiste et le pêcheur à la ligne.

Les espèces de chasse sont donc distinguées tantôt
en fonction de la capacité (*dunamis*) psychique qu'elles
mobilisent, tantôt en fonction de la nature véritable ou
illusoire de leurs objets, et tantôt en fonction de la valeur
du but poursuivi. Tous ces critères se retrouvent dans la
division de la chasse proposée dans le *Sophiste*, mais la
question de la nature du chasseur chassé restera ouverte.

LE SOPHISTE DÉTENTEUR D'UN ART
(219A4-8)

L'ÉTRANGER — Allons, abordons la question par là et
dis-moi : est-ce comme détenteur d'un art (*tekhnitès*)
que nous le poserons, ou comme un homme dépourvu
d'art mais doté d'un autre pouvoir (*dunamis*) ?
THÉÉTÈTE — Certainement pas comme dépourvu
d'art. (219a4-8)

---

1. *Gorgias*, 464c7-d3, 500d9-10. Xénophon utilise le même verbe,
exapatan, dans le *Cynégétique* XIII 4 : voir p. 334.

Puisque le pêcheur à la ligne fait indéniablement preuve d'un certain savoir-faire, sa définition pourra servir de paradigme et permettre de dire ce que cela peut bien être, un sophiste. Le terme employé, *tekhnitès* : artisan, artiste, expert est un hapax dans l'œuvre de Platon, qui emploie habituellement *tekhnikos*, adjectif pouvant qualifier aussi bien le sujet habile dans la pratique de son art que l'objet fait avec art. Cet emploi unique signifie que ce n'est ni l'art en lui-même ni son objet qu'il importe de définir, mais celui qui en le pratiquant démontre sa puissance (*dunamis*).

LE SENS DU MOT TEKHNÈ ?

Le terme *tekhnè* désigne le « savoir-faire dans un métier », il signifie « "métier, technique, art", d'où parfois "ruse, tromperie" et plus généralement "manière de faire" »[1]. Cette précision s'impose, car « une notion ancienne rencontre rarement dans le vocabulaire moderne un terme fait exactement pour elle [...] elle déborde ici, laisse des vides ailleurs », et elle est unie à d'autres notions « par des liens d'associations, d'oppositions, d'évocations inconscientes ». Qui traduit son nom la situe « dans un autre paysage sémantique »[2]. Le paysage sémantique de la *tekhnè* n'a rien d'idyllique, il résulte de l'interaction et des conflits de multiples acteurs réels ou imaginaires, car la *tekhnè* est ontologiquement *dunamis*, puissance.

1. Chantraine, *Dictionnaire étymologique*, *op. cit.*, t. II, 1968, sv. *tekhnè*.
2. R. Schaerer, *Epistèmè et Technè, Étude sur les notions de connaissance et d'art d'Homère à Platon*, Mâcon, Protat frères, 1930. p. 5.

Ses ambivalences

Quand un Grec parle de *tekhnè*, l'ambivalence est la règle : activité rationnelle dans ses moyens, elle frappe par la magie de ses résultats[1] ; instrument ayant permis à l'espèce humaine de s'affranchir d'une existence animale, elle est aussi mortellement destructrice et elle asservit tout autant qu'elle libère.

« Nombreuses sont les choses merveilleuses, mais la plus grande des merveilles, c'est l'homme » chante le chœur dans l'*Antigone* de Sophocle : ce qui étonne en lui n'est pas ce qu'il est mais ce qu'il peut. La glorification de l'inventivité humaine dont témoigne la pluralité des techniques est chez les poètes un lieu commun, mais elle s'accompagne toujours de la crainte qu'inspire leur prolifération croissante. Le chœur d'*Antigone* conclut ainsi son chant : « Plus habile en inventions diverses qu'on ne peut l'espérer, l'homme fait tantôt le mal et tantôt le bien[2]. » Le problème posé par la multiplication croissante des arts renvoie à la question de leur origine.

---

1. Voir par exemple comment Homère nous montre le dieu forgeant le bouclier d'Achille (*Iliade* XVIII, vv. 424-431, 468). Chez Homère, « les secrets du métier, les tours de main du spécialiste rentrent dans le même type d'activité » que « les ruses du sorcier, la science des philtres » (M. Detienne et J. P. Vernant, *Les Ruses de l'intelligence. La Mètis des Grecs*, Paris, Flammarion, 1974). Mais bizarrement, selon eux, l'art de Dionysos n'en relève pas (p. 261).

2. Sophocle, *Antigone*, v. 334-335 et 365-366, voir l'Annexe II. Pour le mot *deinos*, ce concentré d'ambivalence, voir les « éclaircissements » de Prodicos en *Prot.*, 341b1-5, et W.K.C. Guthrie, *Les Sophistes* (trad. de J.-P. Cottereau, Paris, Payot, 1976), p. 38-40. Socrate refuse d'être dit *deinos* (*Apol.*, 17b3), « terrible » et dans cette mesure « admirable », mais ce terme lui convient fort bien.

Avant d'être conçue comme un savoir-faire humainement inventé et humainement transmissible, la *tekhnè* l'a été comme un pouvoir miraculeux dont seul le dieu qui en est le maître peut gracieusement faire don. Chez Homère, c'est Zeus, dieu sans *tekhnè* mais souverain des phénomènes atmosphériques, qui répartit les arts entre les dieux, chacun se chargeant de dispenser le sien aux hommes. Tout risque d'un accroissement incontrôlé est ainsi écarté, jusqu'à ce que Prométhée vole le feu aux dieux et le donne aux hommes, car « du feu, les éphémères apprendront des arts sans nombre »[1]. Ils apprendront surtout de lui à apprendre, car avec le feu Prométhée leur donne pensée vivace (*gnômè*) et mémoire. Désormais, les hommes ont besoin du feu, mais ils n'ont plus besoin des dieux. Polos peut alors proclamer : « Il existe beaucoup d'arts chez les hommes, découverts expérimentalement à partir d'expériences[2]. » Au livre II de la *République* Socrate voit dans la prolifération des arts l'effet de l'inflation maladive des besoins et des désirs, et son couplet vengeur est comme une parodie de la colère que suscite chez des dieux jaloux le spectacle de ce flot de techniques émancipées[3]. Car ce n'est pas seulement des dieux que les hommes prétendent ainsi se passer, mais de toute forme de divin.

---

1. Ce que, selon Xénophon, aurait affirmé Socrate : « Les dieux ne nous ont-ils pas donné le feu, qui nous défend du froid et de l'obscurité, auxiliaire de l'homme dans tous les arts, dans tout ce qu'il entreprend pour son bien-être ? Car, pour tout dire en un mot, sans le feu, les hommes ne font rien de remarquable, rien d'utile à la vie. » (*Mémorables*, IV. 3). Voir l'Annexe II : Les « sophismes » de Prométhée.

2. *Gorg.*, 448c4-5.

3. *Rép.* II, 372e-374d.

– Ainsi laïcisée, la technique n'a plus de limite, ou plutôt elle méconnaît la seule chose capable de lui en imposer une, la nature. Un art, la médecine, est pourtant bien forcé d'en tenir compte : pour pouvoir agir, les médecins doivent connaître le fonctionnement du corps humain et l'influence de son milieu naturel. Cette connaissance n'excluant ni les erreurs ni les échecs, il se trouve toujours des gens qui s'en servent pour contester que la médecine soit un art. Le traité hippocratique *De l'art* démontre par des arguments assez sophistiques que la médecine en est un, mais c'est dans le traité *De l'ancienne médecine* que se trouvent définis les critères valables pour tout art pratique : 1) ne laisser au hasard ni les lieux ni les moments d'agir, 2) savoir quels instruments utiliser en chaque cas et 3) se fixer une méthode qui réussit plus souvent qu'elle n'échoue. Ainsi soigneusement distinguée de toute puissance personnelle comme de toute puissance divine, l'art est une puissance transmissible par l'apprentissage et l'expérience.

La situation est évidemment plus complexe quand ce ne sont pas des arts pratiques mais des connaissances qu'il faut enseigner. Or les sophistes répondent à ce qu'ils jugent être une surévaluation du naturel en affirmant la toute-puissance de leur savoir, dans quelque domaine que ce soit. Il est certain que la frontière entre art et science, *tekhnè* et *epistèmè*, est spécialement difficile à tracer lorsqu'il s'agit de *paideia*. L'enseignant doit-il posséder un art distinct de l'art particulier qu'il souhaite enseigner, ou faut-il poser qu'il s'agit d'un art dans un cas, et de savoir dans l'autre ? Mais si la pédagogie est un art et non pas un savoir, comment un pédagogue pourrait-il enseigner un savoir qu'il ne possède pas ? Et si c'est inversement de son côté, du côté de l'art de transmettre et de persuader que se situe la science, tout art se trouve alors réduit à n'être que l'expérience acquise grâce à la fréquentation d'un objet particulier. La controverse sur le rôle respectif de la compétence scientifique et de la compétence technique (cette dernière indissociable de la nature de l'éducateur et de l'élève) dans l'éducation des jeunes gens a été le principal enjeu de la lutte contre les sophistes menée par Isocrate, le Socrate de Xénophon, et Platon[1], mais aussi par des poètes, tels Pindare et Aristophane, partisans d'une éducation « réactionnaire » et rudimentaire mais productrice de héros sportifs et militaires. Chacun d'eux donne alors à « sophiste » un sens apte à rassembler sous ce mot tous ceux qu'il combat au nom de la sorte de savoir qu'il défend.

Un problème d'auto-définition

La *tekhnè* n'est pas une chose facile à enserrer dans une définition, d'abord en raison de la variété quasi illimitée et parfois contradictoire des choses comprises sous ce nom, ensuite parce que l'on se heurte au problème de l'auto-définition. Abordé dans le *Charmide* et rencontré de nouveau dans la *République*, ce problème se confond avec celui de la nature de la dialectique. Alors que c'est aux livres VI et VII de la *République* que l'on attendrait l'expression « science dialectique », en particulier lorsque Socrate finit par refuser le nom de « sciences »

---

1. Voir par exemple Isocrate, *Contre les sophistes*, § 10 : « Ne prenant en considération (...) ni le naturel ni les expériences de l'élève, ils affirment qu'ils lui communiqueront la science des discours comme s'il s'agissait de celle des lettres de l'alphabet » ; *cf.* M. Dixsaut, « Isocrate contre des sophistes sans sophistique », dans B. Cassin (dir.), *Le Plaisir de parler, Études de sophistique comparée*, Paris, Les éditions de Minuit, 1986, p. 63-85.

aux disciplines mathématiques, la différence entre *epistèmè* et *tekhné* ne cesse d'y être relativisée, et même au moment où il s'agit de les séparer. N'y a-t-il vraiment là qu'une affaire de mots, comme le prétend Socrate[1]? Doit-on estimer négligeable le fait que lorsque l'Étranger s'efforce de définir le politique, il commence par diviser « toutes les sciences » pour trouver celle qui permettra à celui-ci d'agir le plus « techniquement » possible, alors qu'il divise « tous les arts » lorsqu'il s'agit de définir celui qui se prétend « omniscient », le sophiste? Dans le *Politique*, c'est l'existence d'une *science* politique qu'il faut affirmer et constituer contre ceux qui ne voient dans les politiques que des techniciens occasionnels ; dans le *Sophiste*, c'est une *science* sophistique qu'il faut nier en s'opposant à ceux qui la vendent comme étant capable de dispenser de toute compétence technique. Diviser tous les arts pour attraper le sophiste signifie que la toute-puissance qu'il revendique n'est pas celle d'une science, mais d'un art – avec les connotations de *mètis*, de ruse, qui sont propre à ce mot. Le sophiste posséderait donc un art, un art pervers et capable de se faire passer pour un savoir?

En réalité, la frontière entre *tekhnè* et *epistèmè* est presque impossible à tracer, car aucun art ne peut être totalement dépourvu de savoir, et réciproquement tout savoir est voué à adopter, de façon plus ou moins rigoureuse, une forme « technique ». Ainsi que Socrate dit à Protagoras : « puisque cette activité est métrétique [capable de mesurer quantitativement ou qualitativement], c'est de

---

1. Substantiver l'adjectif (*hè dialektikè* : *Rép.* VII, 534e3, 536d6) permet de ne pas préciser s'il qualifie une *tekhnè*, une *epistèmè*, ou les deux.

toute nécessité, je pense, un art et une science »[1] ; on peut en effet être aussi bien « savant » (*epistèmôn*) en « un art » qu'en une science[2]. C'est donc un Étranger philosophe, Platon pour ne pas le nommer, qui divise tous les arts dans le seul Dialogue où sont prononcés les mots « science dialectique » : le *Sophiste*. Quant aux divisions initiales du *Sophiste* et du *Politique*, elles se croisent, et tantôt se rencontrent, tantôt s'écartent. En conclusion : chez Platon, « les notions de *technè* et d'*epistèmè* font apparemment tous les métiers », car « elles se supposent et se côtoient toujours selon un jeu de substitution et d'échanges difficiles à saisir »[3].

LA MÉTHODE : DIVISER TOUS LES ARTS

L'Étranger a décidé d'adopter la méthode par interrogations issue du grand Parménide, mais s'il en garde le principe, interroger et répondre, il opte pour une méthode de division. Loin de constituer une autre méthode que la dialectique, elle en « ramasse toute la puissance », elle est la dialectique-même, mais délivrée de la tâche consistant à examiner et réfuter patiemment des opinions. Ressemblances et différences vont donc être saisies *immédiatement*, sans démonstrations ni preuves. C'est pourquoi la méthode de division, comme et plus que toute autre méthode dialectique, requiert le regard « juste et pur » d'un philosophe[4] et un interlocuteur

1. *Prot.* 357b4.
2. Voir par exemple, *Gorg.*, 448b4-c2.
3. H. Joly, *Le Renversement platonicien, Logos, Epistèmè, Polis*, Paris, Vrin, [1974[1]] 1994, p. 207 et p. 229. Voir K. Quandt, *The Phaedrus of Plato. A Translation With Notes and Dialogical Analysis*, Washington-London, Academica Press, 2020 ; il relève que le datif adverbial *technè* « au moyen de », revient 17 fois, tantôt au sens d'art et tantôt au sens d'artifice (*Phèdre*, 260a *sq.*).
4. *Cf.* 253e5-6.

qui n'y voie pas autant d'occasions de controverse.
Elle se déroule dans l'espace « des carrefours et des
bifurcations », « des directions et des orientations », « de
la droite et de la gauche »[1] : il faut donc savoir orienter
sa pensée et poursuivre librement le chemin qui s'ouvre,
sans avoir besoin de le justifier à chaque étape. Ainsi
qu'il est prescrit dans le *Phèdre*, si l'objet de la division
est simple, il peut cependant être divisé selon son mode
propre d'agir et de pâtir, car s'il a une nature, il possède
forcément cette double puissance[2]. Il pourrait sembler
que l'on se débarrasse ici de façon bien rapide et bien
désinvolte des discussions sans nombre soulevées par
cette méthode ; mais rappeler qu'elle doit être pratiquée
par un philosophe, le seul à posséder la « science des
hommes libres », et préciser que c'est la puissance propre
à cette espèce de science qui lui permet de distinguer
entre des puissances, cela ne suffit-il pas ? Ces deux
termes, philosophe et puissance, sont remarquablement
absents de presque toutes les analyses, interprétations et
discussions de la méthode de division[3] : n'est-ce pas cela
qui devrait paraître désinvolte ?

Que fait l'Étranger-Platon ? Il part du genre à
examiner : la *tekhnè*, l'ensemble des arts, et examine en
premier lieu quelles conséquences résultent pour eux de
leur existence. Celle-ci n'étant ni sensible ni intelligible,

---

1. H. Joly, *Le Renversement, op. cit.*, p. 85. Voir aussi D. EL Murr,
« Logique ou dialectique ? La puissance normative de la division
platonicienne », dans J.-B. Gourinat et J. Lemaire (éd.), *Logique et
Dialectique dans l'Antiquité*, Paris, Vrin, 2016, p. 107-133. Pour son
rapport avec la définition, voir *infra*, p. 421-422.

2. *Phèdre*, 270d.

3. À l'exception de H.G. Gadamer, *Dialogue and Dialectic : Eight
hermeneutical Studies on Plato*, translated and with an Introduction by
P. Ch. Smith, Yale-London, Yale U.P. 1980, p. 122-123.

les arts existent en tant que puissances[1]. Ils se définissent donc par ce qu'ils sont capables d'effectuer, par leur type d'activité, et par ce sur quoi ils sont capables d'agir : leur objet. C'est aussi selon leur puissance qu'il divise les activités appartenant à ce genre, soit qu'elles possèdent des puissances différentes, soit qu'elles agissent sur d'autres objets capables d'en pâtir.

LA PÊCHE À LA LIGNE
(219A8-221B5)

Le pêcheur à la ligne détient à l'évidence une capacité spécifique et clairement différenciée, mais pour le sophiste, la situation va se révéler nettement plus embarrassante.

DEUX ESPÈCES D'ARTS :
PRODUIRE ET ACQUÉRIR (219A8-C9)

La première ligne de partage entre tous les arts passe entre deux types de puissance, dont une première espèce est définie ainsi :

> Pour tout ce que l'on amène à une manière d'être (*ousia*) alors qu'il n'était pas auparavant, nous disons, je pense, que celui qui amène « produit » et que ce qui est amené « est produit. » (219b4-6)

La puissance de produire (poiètique)

Ce qui est commun à tous les arts rassemblés dans cette espèce est que tous font partie d'un *art poiètique*

---

1. *Rép.* V, 477b-d.

(*poiètikè tekhnè*). Diotime avait défini *l'action* de produire (*poièsis*) en des termes presque identiques :

> Tu sais que la production (*poièsis*) est quelque chose de
> fort multiple ; ce qui, pour quoi que ce soit, est cause
> de son passage d'un état de non étant (*ek tou mè ontos*)
> à celui d'étant (*on*), est une production, de sorte que
> toutes les opérations effectuées par tous les arts sont
> des « poèsies » et que ceux qui en sont les ouvriers sont
> tous des « poètes » (*poiètai*). (*Banq.*, 205b8-11)

L'Étranger est plus précis : il ne s'agit pas de tirer quelque chose du néant ou même du non-être, mais de faire passer d'un état où la chose en question n'existait pas *comme telle* à celui où elle existe d'une manière définie et définissable. L'art de produire ne produit pas « de l'être », mais des réalités ayant « une manière d'être », une *ousia*, qui leur est propre et est inséparable de leur puissance, laquelle peut être naturelle ou leur être donnée par l'art qui les produit. Car trois sortes d'art ne s'y prennent pas de la même façon :

> Il y a d'un côté l'agriculture ainsi que tout ce qui est
> soin apporté à un corps mortel comme à ce qui est
> assemblé et façonné – bref à tout ce que nous nommons
> « ustensile » – et aussi la mimétique, toutes choses qu'il
> serait parfaitement justifié d'appeler d'un nom unique.
> (219a10-b2)

La première espèce d'arts de produire comprend, semble-t-il, trois parties. Le premier art cité est le seul à avoir droit à son nom : *georgia*, l'agriculture. Celle-ci doit sans doute ce privilège à ce qui en avait été dit lors de la genèse de la « cité des cochons » : si elle est le premier art mentionné, c'est que « le premier, en tout cas, et le plus important des besoins est de se procurer de la nourriture en vue d'exister et de vivre »[1]. C'est pourtant dans la septième et dernière espèce de sa classification des arts pratiques que l'Étranger la rangera dans le *Politique*, et l'agriculteur sera juste nommé[2]. Il semble que, tout en la singularisant, l'Étranger ne tienne pas à s'étendre sur son caractère fondateur et sur sa noblesse. Elle n'est pas pour lui le premier art ayant impliqué calcul et stratégie, celui dont la pratique exige les conseils prodigués par Hésiode dans *Les Travaux et les Jours*; et elle n'a pas non plus le rôle de « mère de tous les arts » et d'école de toutes les vertus que lui attribue Xénophon[3]. La capacité de *produire* ce qui servira à sa nourriture est pourtant le premier signe de l'ingéniosité merveilleuse du bipède sans plumes : sans cet art nourricier, il n'aurait pas pu cesser d'être nomade, résider dans une ville (*polis*), et rester vivant. En d'autres termes, sans l'agriculture, l'homme n'aurait jamais été un animal « politique ».

Vient ensuite tout ce qui est soin (*therapeia*). Ce qui est d'ailleurs assez étonnant : prendre soin, n'est-ce pas s'occuper d'une chose déjà produite, l'entretenir, la maintenir dans le meilleur état possible ? Les arts du soin ne devraient-ils pas faire partie de la seconde espèce d'arts, puisqu'ils ont affaire à des réalités qui existent déjà ? La raison sera donnée dans le *Politique* : l'agriculture fait partie des arts capables « de prendre soin des parties du corps », car ils se mêlent avec elles ; or ces corps sont des « corps mortels » et l'agriculture doit les

1. *Rép.* II, 369d1-373d.
2. *Pol.*, 288e8-289a5.
3. « Il a eu bien raison, celui qui a dit que l'agriculture est la mère et la nourrice de tous les autres arts » (Xénophon, *Économique*, V 17), comme a raison celui qui s'écrie qu'elle est « non seulement la plus utile, la plus agréable, la plus belle, la plus chère aux dieux, mais aussi la plus facile à apprendre » (Xénophon, *Mémorables*, XX 2).

faire vivre, pas risquer de les faire mourir. Les opposer
aux artefacts signifie que ce sont des corps vivants, mais
pas nécessairement animés, capables d'automotricité
dans le temps mais pas dans l'espace : ce sont les réalités
qui poussent toutes seules, les végétaux. L'emploi de
l'adjectif « mortel » est éclairant quant à la nature de la
méthode : son but n'est pas de classer des données empiriques mais de décider des caractères qui situeront l'objet
dans tel ou tel genre, et dans le cas présent de celui qu'il
doit avoir pour pâtir de l'action de la deuxième partie de
l'espèce poiètique, le soin (*therapeia*). Cet objet doit être
« corporel » et « mortel », par opposition à être « assem-
blé » et « façonné », ces deux derniers étant distingués
selon que les matériaux travaillés sont durs ou malléables.

C'est plutôt leur hétérogénéité qui se dégage de
cette énumération : ce qui est « corps mortel » a une
certaine nature dotée d'un certain pouvoir que l'art doit
accompagner, accroître ou rétablir, tandis le soin apporté
à des objets fabriqués ou modelés n'a pour but et pour
guide que les besoins ou les désirs des hommes[1]. L'art de
produire n'est pas homogène : ses parties sont à la fois
hétérogènes et solidaires.

Dernière technique mentionnée, la mimétique l'est
comme en passant, comme s'il fallait juste prendre acte
de sa présence dans cette première espèce, avant de lui
donner un rôle central dans la définition du sophiste.

L'Espèce acquisitive ou « ktétique »

La ligne de partage passe entre deux types de
puissance : si le premier mène à plusieurs types d'existence, que peut le second ? La définition des modes
d'acquisition est si déroutante que ses traducteurs résistent

1. Voir *Rép.* II, 365b-c.

difficilement à la tentation de l'articuler et de la découper à leur façon, la solution la plus économique consistant à en dessiner le schéma[1]. Elle « trace pourtant une ligne à travers toutes les parties » de l'art ktètique.

Pourquoi ce refus délibéré de toute syntaxe raffinée, ou même audible ou lisible ? Que veut nous dire par là l'Étranger sur la seconde espèce d'arts ? Qu'elle comprend une première espèce, « mathématique », c'est-à-dire consistant à prendre connaissance ; puis trois autres qui relèvent de l'art d'accumuler des richesses, de l'art de la chasse et de l'art de la lutte. Toutes sont assorties comme la première du suffixe -ikon, et elles n'ont en commun que le fait de *ne pas* posséder la puissance précédente :

> Aucune d'elles n'agit comme fait un ouvrier, et c'est sur des choses qui sont et sont déjà advenues qu'elles mettent la main – sur les unes par des paroles et par des actes tandis qu'elles refusent d'en abandonner d'autres à ceux qui s'en sont déjà emparés (219c4-8)

Elles « n'œuvrent » rien, ne font rien exister, mais n'en sont pas moins des arts puisqu'elles sont désignées par des noms en -ique. Toutes « mettent la main sur », s'emparent et se cramponnent à ce qu'elles ont acquis. Leur mainmise sur du « déjà là » et leur obstination à ne pas s'en laisser déposséder est « improductif », « apoiétique » par définition. Il ne faut pas moins relier, en traçant une ligne à travers toutes[2], les parties qui relèvent d'un même art d'acquérir (ktètique).

---

1. Comme fait Diès, éd. cit., p. 36 note 1. Pour un schéma, et pour ceux de toutes les autres divisions, voir l'Annexe I.
2. Voir note III à la traduction.

Le premier critère employé pour partager la totalité des arts en deux espèces est donc la sorte de puissance propre à chacune. La division de l'ensemble des arts ne pose pas un problème logique : la première espèce possède la puissance de faire advenir, la seconde, celle de s'approprier des richesses intellectuelles et matérielles que l'on n'a pas produites – peut-être faudrait-il se tourner dans son cas vers Marx, ou à défaut saluer la perspicacité et la modernité de l'analyse. Puisque c'est dans l'espèce improductive que se situe le paradigme choisi, c'est donc elle qu'il faut à présent diviser.

Deuxième et troisième étapes

Il y a deux façons d'exercer sa puissance d'acquérir : par consentement mutuel ou par violence. Cette deuxième étape n'est pas consacrée seulement à scinder la précédente, elle annonce les trois parties de la définition de la pêche à la ligne : la première indique à quelle espèce d'acquisition elle participe, la deuxième détermine les réalités sur lesquelles elle porte et la troisième précise ses modes d'effectuation.

– Pour tout ce qui relève de l'échange, de la « métablétique » : don, location ou achat, le passage (provisoire ou définitif) d'un bien se fait d'un propriétaire à un acheteur qui deviendra propriétaire à son tour. Il suppose deux sortes d'égalité entre l'acquéreur d'une part, et le donateur, loueur ou vendeur d'autre part. L'échange requiert une égalité juridique ainsi qu'une capacité de décision égale. La plupart des échanges font appel à des biens ou à de l'argent, ils sont « khrématistiques ». Un échange ne mérite ce nom que s'il a lieu « de gré à gré », sinon il s'agit d'une « mainmise ». Le verbe qualifiant une partie de l'acquisition en général, « mettre la main sur », réapparaît, assorti de la même précision concernant ses deux instruments, paroles et actes, mais ce sectionnement fait de cette partie une espèce, définie par sa différence avec une autre espèce. Ce qui est de l'ordre de l'acquisition par violence effective ou verbale, l'art kheirôtique, s'oppose à ce qui est de l'ordre de l'échange, métablètique. Les jeunes gens naïfs ne répondant pas plus que les poissons aux conditions d'égalité requises par l'échange, c'est l'art de s'emparer par force, l'art kheirotique, qui doit être coupé en deux.

   – La troisième étape reprend les parties énumérées à propos de la khrématistique : l'art de la lutte, l'agonistique, s'oppose à l'art de la chasse ou théreutique. Mais pourquoi refuser à la chasse, ou au moins à certaines formes de chasse, d'être agonistiques ? Et pourquoi voir dans le fait d'agir sournoisement, « en se cachant », le critère qui distingue le théreutique de l'agonistique ?

   Le célèbre débat de l'*Héraklès* d'Euripide entre Lykos et Amphitryon peut fournir un début d'explication. Selon Lykos, Héraklès a acquis sa réputation de bravoure en luttant contre des bêtes sauvages, mais comme il portait « un arc, la plus lâche des armes, il était toujours prêt à la fuite. » Il n'a donc jamais lutté « d'homme à homme », corps à corps, il n'a jamais eu le courage « d'attendre, l'œil clair, en regardant bien en face, l'assaut que donne un champ de lances, et de rester là » : il s'est caché derrière la nuée de ses flèches. Amphitryon répond à cet éloge de l'hoplite par un éloge de l'art de l'archer, « invention toute de génie » (*pansophon heurèma*) qui permet « de se tenir à distance » et de « préserver son corps »[1]. Une joute suppose l'entrée en scène simultanée des lutteurs,

---

1. Euripide, *Héraklès*, vv. 157-203.

condition pour qu'elle puisse s'offrir en spectacle, tandis que le chasseur doit d'abord poursuivre sa proie sans l'alerter afin de l'amener à l'endroit le plus favorable pour l'affronter. La poursuite se fait à couvert, or la poursuite est l'essentiel de la chasse. Si même la chasse aux bêtes sauvages exige de la dissimulation, de la ruse, il doit en aller de même pour toutes les autres. Il s'agit donc de garantir la double application de la méthode et de justifier le choix du paradigme.

Quatrième, cinquième et sixième étapes

Il serait en conséquence *alogos*, dit l'Étranger, de ne pas continuer vers la droite afin de diviser la chasse en deux. Que signifie dans ce contexte l'adjectif *alogos*? Il est habituellement traduit par « absurde », mais outre que cette traduction a paradoxalement pour effet de le banaliser, elle ne fait pas entendre *logos* : « illogique » est donc préférable, à ceci près que *logos* ne désigne pas chez Platon un discours *logique*, mais un discours *rationnel*, capable de « rendre raison » de lui-même. « Rien de ce qui se fait "sans raison" » (*alogos*) ne peut être un art (*tekhnè*) »[1] ; il serait donc « irrationnel » de couper court et de ne pas délimiter clairement *sur quoi* l'art de la chasse exerce sa puissance. Ne serait-ce pourtant pas le nombre de divisions consacrées à le préciser qui pourrait paraître absurde, car qui pourrait douter que c'est à une chasse aux poissons que le pêcheur veut aller? Or on peut pêcher aussi des mollusques, des coquillages ou des éponges. Les étapes suivantes vont montrer la nécessité de procéder à trois nouvelles divisions pour passer

---

1. Pour *alogos*, voir M. Dixsaut, Platon, *Phédon, op. cit.*, p. 76-77.

de l'art de chasser, la théreutique, à celui de la pêche, l'halieutique, et de l'halieutique à la sophistique.

– Il faut en effet, en quatrième lieu, mettre d'un côté le genre inanimé, de l'autre le genre animé. En répondant « si toutefois ils existent tous les deux », Théétète ne conteste évidemment pas que ces deux genres existent, mais que les deux puissent être l'objet d'une chasse. Quels objets inanimés pourraient faire l'objet d'une poursuite, puisqu'ils sont par définition incapables de se déplacer ? L'Étranger se contente de dire qu'à quelques exceptions près, il ne faut pas se préoccuper de dénommer l'ensemble de cette partie gauche. Cela ne veut pas forcément dire qu'elle est sans nom, mais que la nommer n'est d'aucune utilité si c'est la pêche à la ligne que l'on cherche, car c'est à l'art législatif qu'il revient de distinguer et qualifier les multiples espèces d'acquisition de choses inanimées terrestres et aquatiques faites « en cachette », ce à quoi le « code civil » rédigé par l'Athénien suffira d'ailleurs à peine[1]. Mieux vaut donc abandonner le genre gauche à son anonymat[2], à l'exception d'une manière particulière d'acquérir des objets aquatiques inanimés : ceux dont l'appropriation requiert l'art des plongeurs. Leur chasse peut être appelée « kolumbétique » et lui donner un nom vient en quelque sorte sceller à la fois le caractère scientifique de la coupure et l'existence de l'art qui en découle. Existence loin d'être insignifiante au demeurant, puisque cet art est l'exemple choisi par Socrate dans le *Lachès* et le *Protagoras* lorsqu'il veut distinguer le courage véritable de la témérité irréfléchie[3].

---

1. Code qui occupe le livre IX des *Lois*.
2. Voir la note IV à la traduction.
3. Cf. *Lachès*, 193c2-4, *Prot.*, 350a *sq.*, *Rép.* V, 453d6-8.

La plongée est en soi un danger, mais n'est véritablement courageux que celui qui plonge en sachant nager. Socrate a le sentiment d'être dans une situation analogue au moment où, dans la *République*, il ose « aborder la loi concernant la possession des femmes et l'élevage des enfants » ; il a beaucoup hésité, mais « que l'on tombe dans un petit bassin ou au milieu de la plus vaste mer, on n'en a pas moins à nager ». Au propre comme au figuré, l'art kolumbétique allie courage de la plongée et science de la natation : il méritait donc de ne pas rester anonyme, mais il comporte des parties rares auxquelles il faut en revanche dire adieu, que ce soit après les avoir dénommées ou non[1]. Car pour arriver à la pêche à la ligne, c'est le genre « chasse-aux-vivants-animés » qu'il faut à présent diviser

Pour ce faire, la cinquième étape associe le critère du genre de locomotion au milieu qui le rend possible ou nécessaire. Un chasseur peut poursuivre soit des animaux qui, dotés de pieds, se déplacent sur terre, soit des animaux nageurs vivant en milieu humide. La chasse aux animaux pédestres comporte « une multitude d'espèces distinguées grâce à une multitude de noms » ; certaines seront analysées lors des premières définitions du sophiste, car celui-ci n'a affaire qu'à cette espèce d'animaux, ce qui n'est pas le cas du pêcheur à la ligne : il ne poursuit que des animaux nageurs[2].

---

1. La kolumbétique comprendrait l'art des pêcheurs d'éponges (L. Robin, *OPC II, op. cit.*, n. 1 à la p. 263, p. 1454) ; « les autres parties rares » feraient peut-être allusion aux arts des pêcheurs de coquillages, de perles, etc. (*cf.* A. Zucker, *Aristote et les classifications zoologiques*, Louvain-la-Neuve, Peeters, 2005, p. 118, n. 44 et p. 288, n. 24).

2. *Cf.* 221e7-8.

– Une sixième étape s'impose alors, certains animaux pourvus d'ailes pouvant aussi nager. L'eau est pour eux plutôt un élément qu'un milieu, puisqu'ils n'y vivent pas, et pour cette raison leur milieu est nommé « humide » (*enhugros*) plutôt que « aquatique » (*enhudros*). Ces volatiles nageurs font-ils l'objet de deux espèces de chasse, d'une seule ou d'aucune? Rien de plus ne nous est dit à leur sujet, ce qui peut être tenu pour une preuve supplémentaire que Platon ne procède pas à une classification des animaux mais à une distinction des capacités spécifiques propres aux différents objets chassés. Inanimés et aquatiques, ils n'échappent à une mainmise immédiate que grâce à la profondeur de l'eau ou à l'agitation des flots où ils se trouvent enfouis; animés et nageurs, ils peuvent s'enfuir en volant, en nageant, ou les deux. C'est d'eux que leur chasse tire son nom : ornitheutique (chasse-aux-oiseaux) pour l'une, et chasse qui n'est que « presque en totalité » chasse à des animaux aquatiques (puisqu'elle peut être en partie ornitheutique) : halieutique (pêche) pour l'autre[1].

Septième, huitième et neuvième étapes

Reste donc pour finir à préciser par quels moyens l'halieutique s'effectue.

– En emprisonnant ou en blessant. La septième étape ne donne pas de la pêche une image très séduisante : le pêcheur peut ramasser et retenir une quantité d'animaux aquatiques grâce à une diversité d'instruments qui rend hommage à l'astuce humaine. « Paniers, filets, lacets, nasses et choses semblables » n'ayant d'autre fonction que « clôturer » doivent être appelés « clôtures ». Certains,

---

1. N.-L. Cordero, *Le Sophiste*, *op. cit.*, p. 218-219, n. 34.

paniers ou filets par exemple, peuvent remplir une autre fonction, protéger contre des agressions extérieures par exemple, ou transporter ce qu'ils contiennent : là encore, la localisation de l'espèce est instable. Mais en tant qu'outils de pêche, tous sont des pièges mortels. Cette chasse à la clôture, l'herkotérique, n'endommage pas le corps des animaux qu'elle capture, mais elle n'est pas moins féroce que celle dont il faut la séparer et qui est ouvertement violente : la pêche à la frappe, la plektique[1]. La brutalité de ce dernier nom pousse d'ailleurs l'Étranger à demander à Théétète s'il n'en aurait pas un meilleur à proposer, ce qui lui attire cette réponse : qu'on l'appelle de celui-là ou d'un autre, cette espèce de chasse consiste à frapper, à coups « d'hameçons ou de tridents ». La variété des moyens d'enclore conduirait à distinguer plusieurs espèces de chasses à la clôture, mais la chasse à la frappe peut être divisée en deux.

– On s'attendrait à ce que ce soient les deux sortes d'instruments utilisés, hameçons ou tridents, qui jouent un rôle discriminant, mais la huitième étape introduit un critère inattendu : elle sépare chasse de nuit et chasse de jour. La première se fait « à la lueur d'un feu (*pur*) » ; la division n'a pas à forger son nom car il existe déjà dans la langue, cette pêche ayant été nommée « purétique » par les gens du métier[2]. La pêche à la ligne s'en distingue

---

1. Voir Eschyle, *Les Perses*, v. 424-426 : « Comme des thons ou autres poissons pris au filet, ils sont frappés, massacrés à coups d'épave ou de tronçons de rame. » Une scène de *Stromboli*, le film de Roberto Rossellini, donne de cette plektique une image très précise, et presque insoutenable.

2. Pour une description de la ruse qu'elle pratique et de la « psychologie » de ses proies, voir P. Gouret, *La Provence des pêcheurs*, Serre, [1896[1]] 1995 : « Les pêcheurs grecs antiques ayant remarqué que, dès le lever du soleil, les sardines et les anchois montent

parce qu'elle est diurne, mais comme cela vaut pour presque toutes les autres espèces de chasse, la coupure a un résultat totalement déséquilibré. Elle est d'ailleurs si bancale qu'elle est omise lors de la définition récapitulative. Pourquoi alors avoir introduit ce critère, « de jour » ou « de nuit », pour l'en bannir aussitôt ? Une hypothèse possible est que l'inégalité quantitative qui en résulte est telle qu'elle valide *a contrario* la règle de la dichotomie en deux moitiés autant que possibles égales[1]. Ce sera l'objet d'une des leçons de dialectique que l'Étranger infligera à Socrate le jeune dans le *Politique*, mais il se contente ici de sauter sans crier gare d'un critère à l'autre : « Mais celle qui se fait de jour, étant donné que les tridents ont aussi des hameçons au bout de leurs pointes, elle est dans son ensemble "chasse à l'hameçon". » Entre le fait de pêcher de jour et l'inclusion des tridents dans le genre des hameçons, le rapport est pour le moins difficile à saisir, et il n'est pas facile de donner tort à Aristote : l'Étranger semble bien procéder par « n'importe quelle différence », toutes les coupures sont faites « par accident » et se succèdent en s'additionnant sans s'enchaîner[2]. D'autant que, immédiatement après avoir fait de la pêche au trident une partie de la pêche à l'hameçon, il les pose comme

à la surface, avaient imaginé la pêche au flambeau pendant les nuits obscures. La lumière trompant ces poissons attirés par sa clarté, qu'ils prenaient pour les premières lueurs de l'aurore, ils venaient s'emmailler dans les filets. Le même expédient réussissait aussi pour la récolte de quelques poissons de roche dont l'éclat du feu excitait la curiosité. Ils devenaient ainsi la proie du pêcheur, lequel les atteignait de son harpon ou les entourait de ses filets. »

1. Voir sur ce point la leçon donnée dans le *Politique*, 262e3-263a1.

2. Voir P. Pellegrin, *La Classification des animaux chez Aristote*, Paris, Les Belles Lettres, 1982, p. 25-72.

mutuellement exclusives. Sans doute parce que, une fois arrivé à ce point, le but du dialecticien n'est pas d'établir une taxinomie exhaustive des espèces de pêche, car si c'était le cas, la « pêche au flambeau », la purétique, devrait figurer en bonne place. L'en expulser montre la spécificité de cette méthode de division : elle décide de ses critères en fonction de leur capacité d'acheminer à la définition cherchée. Mais quand ce sera le sophiste que la division devra enclore dans ses filets, peut-être faudra-t-il ne pas oublier le jeu d'ombre et de lumière qui permet à un art de tromper son gibier en lui faisant prendre la nuit pour le jour. Pour l'heure, la huitième décision de l'Étranger est que la partie de la chasse à la frappe qu'il va falloir diviser est la chasse à l'hameçon.

– La neuvième étape met donc d'un côté la partie de la chasse à l'hameçon qui se fait... avec des tridents. Cette dernière est appelée « quelque chose comme "tridentielle" » (*triodontia*) : elle se voit privée du suffixe *–ikè* qui aurait pu garantir qu'elle est bien un art et pas un massacre. Ne reste donc de l'autre côté qu'une seule espèce, différenciée par l'orientation des coups : elle aussi frappe, mais ne frappe pas de haut en bas sur n'importe quelle partie du corps, elle ne vise que la tête et la bouche pour tirer sa proie de bas en haut. C'est sur l'acte (*praxis*) de traction ascendante désignée par le verbe *anaspô*, « tirer vers le haut », que cette espèce de pêche a modelé son nom, « l'aspalieutique ». En quoi cette sorte de traction, d'extraction des poissons hors de leur milieu est-elle décisive, s'agissant non seulement de l'activité du pêcheur à la ligne, mais de celle du sophiste ? Protagoras l'explique à Socrate :

> En effet, quand un homme qui est un étranger vient dans des cités puissantes, et qu'il y persuade les meilleurs

> des jeunes gens de quitter leurs autres fréquentations,
> celles de leurs proches comme celles des étrangers
> et celles des plus âgés comme celles des plus jeunes,
> pour s'attacher uniquement à lui dans la pensée que sa
> fréquentation les rendra meilleurs, cet homme-là doit
> prendre garde… (*Prot.*, 316c5-d1)

Protagoras sera finalement condamné à mort, s'enfuira et brûlera tous ses livres ; il ne pouvait pas contester être ce dont on l'accusait puisqu'il avait lui-même revendiqué le nom de sophiste. Mais comment soutenir que Socrate n'en est pas un, alors qu'il produit des effets comparables sur le même gibier ? En démontrant qu'il y a au moins un jeune garçon qu'il aura rendu meilleur, celui qui n'a pas supporté d'assister à sa mort et a préféré le rendre immortel en écrivant le *Phédon*, et le défendre deux fois, dans l'*Apologie* et dans le *Sophiste*.

Remarques méthodologiques

La division de l'art du pêcheur à la ligne permet de déduire quelques particularités méthodologiques propres à une division portant sur des puissances :

– une puissance doit comprendre toutes les parties en lesquelles elle est divisée, ce qui ne signifie pas que toute entreprise de division d'un même genre aura pour résultat les mêmes parties, comme le montrent les deux divisions des arts pratiques présentes dans le *Sophiste* et dans le *Politique* ; cela tient à ce que les critères sont choisis en fonction de la perspective imposée par la puissance à définir.

– une même puissance pourra se trouver incluse dans une autre puissance puis lui être opposée en fonction d'un changement de critère, donc de perspective : la chasse au trident est une partie de la chasse à l'hameçon si on la considère du point de vue de l'instruments utilisé, mais c'est une espèce différente si on envisage la direction des coups ;

– séparer une partie devrait la « purifier » logiquement de tous les éléments compris dans la partie dont on la sépare ; or si un prédicat peut et doit en ce cas être exclusif, une puissance peut en revanche parfaitement coexister avec une puissance différente dans une même espèce – comme c'est le cas des volatiles-nageurs ou des tridents-hameçons ;

– une même puissance peut poursuivre des fins opposées donc agir contradictoirement sur ce qu'elle affecte, par exemple chasser pour capturer ou chasser pour tuer ;

– pour pouvoir bien s'exercer, ou tout simplement s'exercer, une puissance doit tenir compte des lieux, entendus comme éléments, milieux, espaces orientés ou morceaux d'un tout, et des moments, donc des différences de clarté.

Toutes ces particularités sont les conséquences d'une même différence principielle : chaque étape doit permettre d'avancer d'un pas sur le chemin menant vers l'activité à définir. Comme ce principe n'est pas strictement logique, cette méthode de division n'exclut ni l'instabilité des genres et des espèces, ni le caractère déconnecté – pour ne pas dire aléatoire – des critères choisis. C'est l'intérêt que les interlocuteurs prêtent à ce qu'ils cherchent qui oriente la recherche, non leur désir de saisir ce qui est en vérité. La cohérence de la division est donc « formelle » au sens où elle doit valider une opinion et saisir une activité, une fonction, pas une essence.

Remarques linguistiques

Ce caractère formel se manifeste par l'absence de deux termes qu'il semble pourtant difficile de ne pas prononcer lorsque l'on parle de pêche à la ligne. L'Étranger s'abstient en effet de nommer « poisson » (*ikhtus*) le gibier du pêcheur, et ce faisant, il l'abstrait de l'expérience perceptive et quotidienne pour le transporter dans un contexte où cette sorte de vivants aquatiques n'existera que comme objet des techniques inventées pour la chasser. L'Étranger s'abstient tout aussi soigneusement de parler d'appât (*delear*)[1], car l'hameçon n'est pas un leurre mais un outil de frappe au même titre que le trident. Le pêcheur ne chercherait-il donc à tromper que lorsqu'il pêche au flambeau ? Puisque la pêche est une espèce de chasse, et puisque, à la différence de la lutte, la chasse ne se fait pas à découvert mais « en se cachant », il faut en déduire que même quand il pêche de jour un pêcheur se cache en quelque sorte derrière sa ligne et reste invisible aux proies dont il cherche à exciter la curiosité. Car ce n'est pas leur gourmandise qui cause la perte des animaux aquatiques, c'est leur curiosité qui les pousse à mordre à l'hameçon. Le pêcheur à l'hameçon n'utilise donc pas une forme de flatterie analogue à celle du cuisinier, autre chasseur d'enfants riches, son art est la forme aquatique de l'art sophistique consistant à promettre des découvertes excitantes du seul fait d'être nouvelles[2]. Il ne fallait pas

1. S. Benardete est, sauf erreur, le seul à l'avoir remarqué : voir *The Being of the Beautiful* II, Chicago-London, Chicago U.P., 1984, II. 81.
2. En matière de législation, donc de mode général de vie, voir le célèbre passage du *Gorgias* (464c *sq.*, *cf.* 500a1 *sq.*) où sophistique et rhétorique sont les deux parties de la flatterie (*kolakeia*) ayant trait à l'âme ; l'issue du procès du médecin et du cuisinier devant un tribunal d'enfants ne fait alors aucun doute. Appât (*delear*) et flatterie (*kolakeia*) apparaîtront en 222e6-7, lors de la première définition du sophiste.

prononcer ces deux mots, « poisson » et « appât » qui appartiennent à la langue commune, si l'on voulait que la pêche à la ligne joue son rôle paradigmatique de petite technique apparentée à une plus grande.

Les différentes techniques ont successivement « acquis un nom qui leur est propre » parce qu'il « se conforme à la nature de leurs activités »[1]. La créativité terminologique est exigée par la méthode de division, créativité qui est ici passablement répétitive puisqu'elle se limite à ajouter toujours la même désinence aux différentes activités. Dans ce cas précis, le nomothète n'a pas fait preuve d'une technique beaucoup plus savante que celle qu'il dénomme, et il s'est appuyé pour finir sur une image et sur une assonance. En outre, chaque langage technique invente son lexique mais emprunte sa syntaxe à une langue naturelle, qui doit par conséquent être réduite au minimum. Le strict minimum syntaxique, c'est l'énumération, et l'Étranger en abuse dans un texte écrit qui ne bénéficie même pas des scansions de l'oralité[2].

DÉFINITIONS DE L'ART SOPHISTIQUE (221C-233B)

Il se trouve que le rapport du pêcheur à la ligne avec celui doté du grand nom de « sophiste » n'est pas seulement paradigmatique : tous deux sont de la même lignée. Le pêcheur à la ligne détient indiscutablement un art, si humble soit-il, ce n'est pas un « profane » ; c'est à ce titre qu'il pouvait servir de paradigme à la recherche de ce qu'est « vraiment » un sophiste, qui pour sa part, étant

---

1. *Pol.*, 305d9-10.
2. Les manuscrits grecs étaient faits pour être lus à haute voix et le lecteur était chargé de les découper et de les scander.

donné le nom qu'il porte se doit d'être complétement[1], et pas à moitié, un savant, un expert. L'Étranger peut donc espérer que leur parenté – leur appartenance à un même *genos*, famille naturelle et genre logique – « leur fournira une méthode de définition qui ne sera pas sans utilité ». De là à réduire l'ensemble du Dialogue à un « manuel de division » à l'usage des étudiants de l'Académie, donc à en faire un Dialogue « scolaire », comme le font certains de ses interprètes, il y a un pas que rien n'autorise à franchir[2].

> L'ÉTRANGER — Jusque-là donc, sophiste et pêcheur à la ligne cheminent ensemble à partir de l'art ktètique. THÉÉTÈTE — Ils en ont l'air, en tout cas. L'ÉTRANGER — Mais à partir de la zôothèrique leurs sentiers divergent car l'un c'est vers la mer, j'imagine, et les fleuves et les lacs, qu'il va pour chasser les animaux qui s'y trouvent... THÉÉTÈTE — Mais bien sûr. L'ÉTRANGER — .... alors que l'autre, c'est vers la terre et des fleuves d'une autre sorte, vers, dirons-nous, des pâturages où abondent richesse et jeunesse afin de mettre la main sur les créatures (*thremmata*) qui s'y trouvent. » (222a2-11)

La première opposition, celle entre la mer et la terre, « garde le sens propre, la deuxième suggère vaguement un sens figuré de *potamous* [fleuves]; la troisième, s'aidant de l'allitération *limnas* [lacs] – *leimônas* [prés] interprète ce dernier mot, *leimônas*, en un sens figuré »[3]. De fait, ce n'est pas à la chasse qu'il faut donner un sens

1. Voir la note V à la traduction.
2. Que franchit même Diès : après l'avoir nommé « didactique » dans son Introduction, il le dit « scolaire » dans sa note 1 à 242d (éd. cit., p. 381).
3. V. Goldschmidt, *Le Paradigme, op. cit.*, p. 34, n. 2.

métaphorique, c'est au gibier, ainsi qu'aux lieux où il abonde. Ces lieux n'ont rien d'humide ou d'aquatique, rien non plus de rural, de naturel, ils ne se trouvent qu'en de riches cités, toutes celles qui savent comprendre le grec et le parler. Leur parenté n'exclut pas leur différence, la communauté et la circulation de la langue grecque est la condition des quatre (ou cinq) premières définitions de celui qui l'a pour seule patrie : le sophiste.

PREMIÈRE DÉFINITION : SOPHISTES ET SOCRATE VUS PAR DES IGNORANTS (222A5-223B7)

La chasse aux marcheurs, laissée à gauche lorsqu'il fallait définir la pêche à la ligne, est maintenant reprise, placée à droite et divisée en deux très grandes parties[1] : celle des marcheurs « apprivoisés » et des marcheurs sauvages. À première vue, cette opposition bien connue ne pose aucun problème, mais il n'en va pas de même lors de la division suivante, quand c'est la nature de leur gibier qui servira de critère à la division de deux espèces de chasse.

Première étape : animaux sauvages et « apprivoisés » ?

La partition des espèces vivantes en animaux sauvages et animaux « apprivoisés » devrait soulever quelque difficulté, si l'on voulait bien prêter attention aux traductions généralement données de l'adjectif *hèmeros*. Les meilleurs dictionnaires sont d'accord : « apprivoisé » est le premier sens de ce mot, et l'autorité

---

1. *Cf.* 220a-b ; sur cette permutation, voir S. Delcomminette, *L'Inventivité dialectique*, *op. cit.*, p. 91-92.

de Chantraine le confirme[1]. Tous vont comme lui de
ce sens premier, « apprivoisé » ou « domestiqué » en
« parlant d'animaux », à « cultivé » si l'on parle « de
terre et de plantes », et à « de mœurs cultivées, civilisé,
doux, poli » si l'on parle d'hommes et de pays. Avec
quelques variantes, ils nous invitent tous à adapter nos
traductions au genre d'objets auquel l'adjectif s'applique.
Or le verbe « apprivoiser » signifie « rendre moins
farouche, plus traitable, plus docile un animal sauvage,
le domestiquer »[2] : qu'est-ce qui peut « apprivoiser »
un animal, sinon une intervention humaine ? Le terme
véhicule ainsi une distinction implicite entre bêtes et
hommes, et la surévaluation que l'homme fait ainsi de sa
propre nature donnera plus tard lieu à une sévère leçon
de dialectique[3]. À cela s'ajoute le fait que, attribué à
« homme », *hèmeros* voudrait dire « civilisé » : qui peut
civiliser les hommes si tous sont sauvages par nature ?
Des dieux ? Un dieu ? Des sages divins ? Si un dictionnaire

1. Anglais : *tame*, allemand : *tahme*, italien : *addomesticato*.
Voir Bailly, *Dictionnaire grec-français*, *sv* ; Chantraine, *Dictionnaire
étymologique*, I, *sv*. p. 412-413.
2. Dictionnaire Larousse. Sa traduction latine, « domestiqué »,
ajoute le fait d'être rendu utilisable. Benardete (*Plato's Sophist*, *op. cit.*,
II. 84-85) signale l'implication de cette traduction : « la distinction
entre *tame* (apprivoisé) et *savage* semble être identique à celle entre
domestiqué ou non par l'homme ». Il ne va pas jusqu'à la contester,
mais reproche à l'Étranger de tenir pour identiques « apprivoisé, avoir
été apprivoisé et apprivoisable » (*tame, tamed and tamable*). Rosen
répète après lui qu'être « domestiqué » et « vivre en troupeau » n'est
pas une qualité naturelle mais « imposée par l'homme », et en ce sens
politique (*Plato's Sophist. The Drama of Original and Image*, Yale U.P.,
1986, p. 103), mais il ne va pas plus loin non plus. Il faut bien dire que
parler d'animaux « doux » n'est pas supportable, d'où sa traduction ici
par « paisible ».
3. Voir *Pol.*, 262d10-263a1 ; M. Dixsaut *et al.*, *Le Politique*,
op. cit., p. 313-314.

peut trancher les problèmes de ce genre sans les poser, et différencier ainsi les résultats d'une même activité sans se croire tenu de préciser qui, ou ce qui, l'effectue, les traducteurs de Platon ne peuvent ignorer que ce sont précisément ces questions que Platon pose dans la *République* et dans le *Politique*. Or il se trouve que la première occurrence du terme *hèmeros* dans la *République* ne peut justement pas se traduire par « apprivoisé », car il s'agit de l'une des deux tendances *naturelles* en l'âme que la première éducation doit préserver et renforcer : la « douceur » est propre à la partie « philosophe » de l'âme, alors qu'elle doit corriger la « sauvagerie » native de sa partie « énergique ». Il en va ainsi dans les conseils donnés par Socrate à Théétète : même s'il reste vide de pensées, il sera plus doux (*hemerôteros*) envers ceux qui le fréquentent[1]. Dans le *Politique*, la première leçon de dialectique donnée par l'Étranger est en même temps une leçon lexicale. La partie prescriptive de la science cognitive ne pouvait concerner que le genre des animaux vivant en troupeaux :

> Or cela revenait dès lors à diviser la totalité du genre animal en apprivoisés (*tithasôn*) et sauvages (*agriôn*). Car ceux dotés d'une nature qui se prête à être apprivoisée (*tithaseuesthai*) sont dits « paisibles » (*hèmera*) alors que ceux qui n'y consentent pas sont dits « sauvages » (*agria*). (*Pol.*, 264a1-3)

Quand il veut dire « apprivoisé », Platon emploie *tithasos*, pas *hèmeros*. Or c'est précisément la « douceur » qui importe ici à l'Étranger, le fait que cette qualité soit aussi naturelle à certains animaux marcheurs que peut

---

1. Voir *Rép.* III, 410e1-3 (sur ce passage, voir M. Dixsaut, *Le Naturel philosophe*. p. 113-126) et *Théét.*, 210c3.

COMMENTAIRE

l'être l'agressivité. Comment la distinction entre sauvages et paisibles pourrait-elle constituer un critère distinctif de l'espèce humaine puisque ce clivage est *intérieur* à sa nature ? Celle de l'homme est en effet aussi indécise que son devenir est incertain[1] : « humain » ne saurait être ni un prédicat essentiel, ni un prédicat générique. La seule originalité des hommes sera pour l'Athénien des *Lois* qu'ils puissent aller plus loin que n'importe laquelle des espèces animales dans la férocité comme dans la douceur : « Si par hasard l'éducation se trouve être droite et le naturel heureux, l'homme peut devenir le plus doux des animaux, c'est-à-dire le plus divin ; mais si la culture n'est ni suffisante ni convenable ce sera l'animal le plus féroce que la terre ait porté »[2]. Entre les bêtes fauves, tyrans et incurables, et les hommes divins, les philosophes, il n'y a pas de juste milieu, pas d'hommes, seulement des degrés variables et précaires d'humanisation qui sont des degrés d'animalité, car l'homme, animal mimétique, peut en mimer toutes les figures. Il est donc une contradiction vivante, une alliance d'inhumain et de surhumain : pour Platon « tout le monde, le philosophe excepté, est sur le point de devenir sous-humain » dit Dodds[3], ou pour le dire comme Nietzsche, l'homme est « une corde tendue entre deux abîmes ».

---

1. Cf. *Phèdre*, 230a3-6 : Socrate se demande s'il « se trouve être une bête sauvage beaucoup plus complexe et fumant de rage que Typhon, ou un animal plus doux et plus simple participant par nature d'une destinée divine et paisible ». Sur le bestiaire humain de Platon et les catégories zoologiques de l'anthropologie platonicienne voir M. Dixsaut, *Le Naturel, op. cit.*, p. 76-78 et *Platon et la question de l'âme. Études platoniciennes II*, Paris, Vrin, 2013, p. 252-253.

2. *Lois* VI, 766a1-4.

3. E.R. Dodds : *Les Grecs et l'irrationnel*, trad. M. Gibson, Paris, Champs Flammarion, 1965, p. 213.

Les multiples traductions des dictionnaires ont néanmoins le mérite d'inviter à penser dynamiquement – en termes de devenir et non pas d'être ; de tendance, de capacité, et non pas de nature figée ; de degrés et non pas d'opposition tranchée – le rapport entre cette espèce animale et toutes les autres. Mais elles nous barrent l'accès à la signification de cet adjectif à « l'étymologie ignorée », et qui a deux dérivés, le substantif *hèmerotes* et le verbe, *hèmerô*, que les dictionnaires eux-mêmes ne se risquent pas à traduire autrement que par « douceur » et « adoucir »[1]. Pour conclure : *hèmeros* signifie doux, paisible, et non pas apprivoisé.

L'alternative

Les deux très grandes parties de la chasse aux marcheurs sont donc « l'une, celle aux animaux paisibles, et l'autre celle à ceux qui sont sauvages ». En entendant cela, Théétète s'étrangle : « Il y aurait une chasse aux animaux paisibles ? », car la chasse, *thèra*, semble avoir forcément pour objets des bêtes sauvages, *thèria*. En répliquant : « Oui, si du moins c'est un animal paisible que l'homme », l'Étranger introduit un mot, « homme », dont tout Grec sait que, loin d'être la solution d'une énigme, il est l'énigme par excellence. À Théétète alors de choisir : qu'a-t-il voulu dire en jugeant visiblement impossible l'existence d'une chasse aux animaux paisibles ?

---

1. C'est à leur propos que Chantraine juge utile de préciser que leur sens « est franchement différent de celui de *damnemi* qui signifiait "réduire, soumettre dompter" » (*op. cit.*, I, p. 413). Le verbe *hèmerô* décrira le résultat produit par une dialectique « purgative » en 230b9-10 ; lorsque Platon veut dire « apprivoiser », il emploie le verbe *tithaseuô*.

– Voulait-il dire qu'aucun animal marcheur n'est paisible, ou que certains le sont mais que l'homme n'en fait pas partie ? Car il n'est pas nécessaire d'affirmer que *tous* les marcheurs sont sauvages si l'on veut voir en l'homme un animal sauvage, il suffit de juger possible que *quelques-uns* le soient. Rien n'empêche alors qu'il y ait une chasse aux hommes, puisque les chasser ne serait pas une chasse aux paisibles mais une chasse aux sauvages.

– Voulait-il dire au contraire que tout homme est un marcheur paisible et que, comme il n'existe certainement pas de chasse aux paisibles, il n'y a pas de chasse aux hommes ?

Dans la première hypothèse, celle affirmant qu'il n'y a de chasse qu'aux animaux sauvages et que l'homme en est un, la chasse aux jeunes gens riches serait justifiée : ces petits animaux sauvages gagneraient sûrement à être les objets de l'enseignement d'un sage expert, d'un « sophiste ». Dans la seconde hypothèse, celle selon laquelle il n'y a pas de chasse aux hommes puisque tous font partie des marcheurs paisibles, on ne risquerait pas de découvrir le sophiste puisque l'on nierait l'existence de l'espèce de chasse qu'il pratique.

Le choix de Théétète est une preuve de sa nature « miraculeuse », ou peut-être de sa récente habileté dialectique, puisqu'il va éviter l'une et l'autre conclusion, car toutes deux priveraient de sens la recherche entreprise. S'il « pense » que nous – ce « nous » composé de tous les interlocuteurs réels ou imaginaires acceptant de se mettre en chasse pour dépister le sophiste – sommes un animal paisible (optant ainsi pour une version très limitée de la seconde hypothèse), cela ne l'empêche pas de « dire » qu'il y a une chasse aux hommes, mais que ce seraient les chasseurs, pas les chassés, qui auraient une nature sauvage, comme le prouve l'appellation : « chasse aux paisibles », hèmerothèrique.

Deuxième et troisième étapes : espèces d'hèmerothèrique ? (222c3-222d6)

Nous, animaux paisibles entre les animaux humains, nous livrerions donc à une chasse à d'autres animaux paisibles, les sophistes ? Ce n'est pas la chasse aux paisibles, l'hèmerothèrique, mais la chasse aux *hommes* qui est divisée en chasse violente (*biaia*) – comme le brigandage, la chasse aux esclaves, la tyrannie ou la guerre sous toutes ses formes[1] – et chasse persuasive, « pithanourgique », pratiquée devant des tribunaux, dans des assemblées publiques ou lors d'entretiens privés. De cette deuxième division résulte donc une espèce dans laquelle une fonction (*ergon*), persuader, se fait entendre. Or l'art de persuader n'est pas un art d'acquérir : c'est donc un art de produire qu'il faudrait accorder au sophiste ? Ce serait méconnaître le fait que ce « gros animal » qu'est une foule, ainsi que les jeunes gens riches et imbus d'eux-mêmes, ne sont persuadés que si on leur dit ce qu'ils veulent entendre et que si on leur conseille de faire ce qu'ils ont au fond toujours déjà décidé[2]. Comme les sophistes ne confirment que ce qui

---

1. L'Athénien reprend en *Lois* VII, 823b la série de distinctions établies dans le *Sophiste* en fonction du type d'objet chassé, mais termine sur une subdivision de la guerre (espèce de chasse aux hommes) en guerre contre des ennemis extérieurs et guerre contre des ennemis intérieurs, tels que les auteurs de vols, brigandages et attaques groupées.

2. Comme le dit Socrate à Calliclès, *Gorg.*, 481e-482b. Pour « le gros animal », voir *Rép.* VI, 493a6-9 : « Chacun de ces hommes privés, qui réclament un salaire et que le plus grand nombre appelle "sophistes"

était déjà acquis, ils ne font rien exister de nouveau donc ne produisent rien. Ils souhaitent certes exercer un certain pouvoir sur ceux qui les écoutent, mais ils ne l'exercent pas par force, puisqu'ils ne persuadent que ceux qui sont déjà convaincus. La chasse persuasive n'est donc divisée ni par le couple « de gré ou de force », ni par le couple « en paroles ou en actes », mais par la distinction entre « à couvert ou à découvert ». Ce qui s'oppose à une chasse violente est une chasse rusée, astucieuse, faite de manœuvres cachées. Théétète a donc eu raison de n'inclure *a priori* l'espèce humaine ni dans les espèces incapables de violence, ni dans les espèces naturellement sauvages.

La chasse pithanourgique (persuasive) est ensuite divisée selon qu'elle se pratique en public, comme font les orateurs politiques, les avocats (les logographes), ou en privé. Être « privée » (« idiothèreutique ») ne se mesure pas au nombre d'auditeurs mais au fait que la chasse a lieu chez des particuliers et non pas dans un lieu institutionnel comme le tribunal ou l'Assemblée[1]. On se rapproche alors beaucoup du sophiste avec cette chasse privée, mais l'Étranger estime qu'il faut encore la diviser grâce à un critère assez inattendu : elle peut être dôrophorique, se faire en offrant des cadeaux, ou au contraire mistharnètique si le chasseur (homme ou femme) est capable de persuader que son activité mérite salaire. L'Étranger n'a pas eu jusqu'ici à rectifier les erreurs de Théétète comme Socrate a dû le faire la veille, ni à dissiper ses doutes comme il devra le faire face au

en les considérant comme des rivaux, n'enseigne en fait que les opinions du plus grand nombre, que ce que la foule décrète lorsqu'elle s'assemble, et c'est cela que ces individus appellent leur *sophia*. »

1. Voir W.K.C. Guthrie, *Les Sophistes, op. cit.*, p. 49-52.

Jeune Socrate[1], mais pour la première fois Théétète ne comprend pas. Il n'a visiblement pas encore d'expérience en ce domaine bien particulier : la chasse érotique, qui est aussi « intéressée » que l'espèce salariée. Le désir érotique est un appétit tourné vers un beau corps, qui n'est beau que dans la mesure où il est convoité et durant le temps où il l'est ; faire des cadeaux pour obtenir ses faveurs est un moyen plus raffiné que de les payer en belle monnaie. Mais c'est une même sorte de plaisir qui est attendu, et mignonnes et mignons n'ont pas besoin de Ronsard pour savoir qu'on ne leur offre pas des roses pour rien. Même l'inexpérimenté Théétète juge d'ailleurs que ce que dit l'Étranger est « très vrai ». « Que cette espèce soit celle de l'art d'aimer (*erôtikè tekhnè*) » proclame solennellement l'Étranger.

Digression : la science des choses d'amour

La troisième étape va laisser cette espèce à gauche, mais si on suivait l'espèce dôrophorique de la chasse privée, à quoi, ou à qui, aboutirait-on ? Au seul art que Socrate ait reconnu posséder : « Je ne vaux rien et ne suis bon à rien dans les autres domaines, mais, en vertu de quelque don divin, je sais immédiatement reconnaître qui aime et qui est aimé[2]. » Il ne saurait donc refuser de prononcer un éloge de l'amour, lui qui « déclare ne rien savoir, sauf sur les choses qui relèvent d'Éros », et ajoute qu'il y est « redoutable » (*deinos*)[3]. Dans le *Phèdre* il conclut sa palinodie en suppliant Éros de ne

1. Sur les cinq leçons de dialectique qu'il lui inflige dans le *Politique*, voir M. Dixsaut, *Métamorphoses de la dialectique, op. cit.*, chap. v.
2. *Lysis*, 204b4-c2.
3. *Banq.*, 198d1-2.

pas lui enlever « la science des choses d'amour » et de lui accorder d'être « encore plus que maintenant, bien vu des beaux garçons »[1]. Par quels moyens cet homme si laid pouvait-il s'attacher les plus beaux jeunes gens de la cité – Alcibiade, Charmide, Euthydème et bien d'autres ? Parce que, habité par la puissance démonique d'Eros, il est « l'entremetteur de soi-même » comme le dit Antisthène ? Ou parce qu'il use de philtres, de discours dont le sens grossier, voire même obscène, renferme une puissance divine et si inspirée qu'il réussit à inverser le rapport amant-aimé, ainsi que le constate Alcibiade[2] ? De quoi ce personnage à la pauvreté et la frugalité légendaires pouvait-il bien faire cadeau à ces riches et beaux garçons pour les attirer ? C'est peut-être l'Athénien qui le résume le plus clairement : « l'âme est notre bien le plus divin et le plus propre, mais aucun d'entre nous n'honore comme il le faut son âme[3]. » En ne cessant de rappeler à tous ceux, jeunes ou vieux, qui le fréquentent d'avoir à honorer leur âme, en les incitant à s'affranchir de la fascination répétitive et décevante qu'exerce la multiplicité des beaux corps, Socrate leur offre la possibilité de s'unifier et de devenir ce qu'ils sont capables d'être : « beaux et bons ».

1. *Banq.*, 177d7-8 ; *Phèdre*, 257a6-9.
2. *Banq.*, 222b.
3. *Lois* V, 726a-727a. G. Vlastos a une interprétation assez édulcorée des deux sens « socratiques » – silénique et divin – du verbe aimer : « Au sens banal où l'on entend l'amour pédérastique, Socrate n'éprouve pas d'amour pour Alcibiade, ni pour aucun des jeunes garçons qu'il pourchasse. Et pourtant il les aime au sens que le verbe aimer (*eran*) peut prendre dans le contexte théorique et pratique de l'*erôs* socratique : leur beauté physique donne une saveur particulière au commerce affectueux qu'il entretient avec leur esprit » (*Socrate. Ironie et philosophie morale*, Paris, Aubier, trad. de C. Dalimier, 1994, p. 63-64).

Il redonne ainsi chacun à lui-même en l'obligeant à se ressouvenir de la puissance de son âme. C'est donc vers Socrate que conduirait cette espèce de chasse, mais vers un Socrate philosophe puisque c'est de la philosophie qu'il se dit amoureux et que c'est cet amour qu'il désire faire partager[1]. Le philosophe se profile en arrière-plan de cette première définition du sophiste, comme il le fera lors de l'avant-dernière[2].

Quatrième et cinquième étapes : espèces d'idiothèrique (222d7-223a11)

Comme c'est le sophiste qu'il faut définir, c'est l'espèce droite, l'espèce salariée de chasse privée qu'il faut diviser. Vient alors une description précise de l'art de faire commerce de ses charmes « en faisant du plaisir un appât » afin d'assurer sa subsistance. Cet « art de procurer du plaisir », « d'agrémenter », « d'assaisonner », « de pimenter » l'acte sexuel, est un art que nous appellerions « pornographique », mais que selon l'Étranger tous appelleraient « art de flatter » (*kolakiké*) ou de « racoler »[3]. Pour se faire une idée du rapport ambigu et « extra-moral » que Socrate entretenait avec les possesseurs de cet art, comme avec le rapport au salaire en général, il faut se tourner vers les *Mémorables*. Xénophon résume au livre I trois entretiens que Socrate aurait eus avec Antiphon sur ce sujet. Dans le premier (I 6.2-10), le sophiste reproche à Socrate de mener une

---

1. *Gorg.*, 482a.
2. Voir M. Dixsaut, *Le Naturel, op. cit.*, p. 549-556, et le tableau de la p. 557.
3. Voir *Gorg.*, 464b-466a, 517b-522e : la sophistique est à la « cosmétique » (maquillage, parure) ce que la rhétorique est à l'art culinaire.

vie misérable alors qu'il fréquente des jeunes gens dont il pourrait recevoir de l'argent; or il est agréable d'en gagner car « sa possession permet de vivre avec plus de liberté et de plaisir ». Socrate a une opinion exactement contraire : « ceux qui gagnent de l'argent sont dans l'obligation d'exécuter ce pour quoi ils touchent un salaire, alors que moi, qui n'en touche pas, je ne suis pas tenu de discuter (*dialegesthai*) avec qui je ne désire pas. » L'indépendance financière garantie par le salaire est dans certains cas appréciable, mais pas si elle se paie d'une prostitution de la parole. Lors d'un second entretien (6.11-14), Antiphon utilise un meilleur argument : il ne reproche plus à Socrate de préférer mener une existence misérable, mais dit qu'il pense sincèrement que Socrate est juste, mais non qu'il est sage (*sophos*) car en refusant de se faire payer, il montre le peu de valeur qu'il accorde au fait de le fréquenter et de s'entretenir avec lui. A quoi Socrate répond en assimilant le lien éducatif à un rapport érotique. Un jeune garçon peut soit vendre son corps, soit se faire un ami d'un amant vertueux, et « il en va de même pour le savoir : ceux qui le vendent pour de l'argent à qui le désire, on les appelle des sophistes », tandis que « l'homme qui se fait un ami de celui dont il a reconnu le bon naturel en lui enseignant ce qu'il sait de bon » en tire un profit immense en tissant une société d'amis fidèles et vertueux[1]. Dans un autre passage des *Mémorables*, Socrate explique à la belle et riche courtisane Théodote comment pratiquer sa chasse aux hommes riches, en prenant pour paradigme la chasse au lièvre : le chasseur doit connaître les mœurs de cet

---

1. Xénophon, *Mémorables*, trad. L.-A. Dorion, Paris, Les Belles Lettres, 2019, t. I, 6.13-14.

animal afin de se procurer les chiens appropriés et tendre ses filets dans les sentiers qu'ils prennent pour s'enfuir. Mais le plus important est que les hommes riches une fois capturés deviennent de bons amis. L'éloge des bénéfices que l'on en tirerait est si persuasif que Théodote aurait prié Socrate de lui en procurer, de bons amis[1], lequel se serait contenté de lui déconseiller la flatterie, dont une autre courtisane, Aspasie, lui aurait enseigné les effets négatifs[2]. Tout flatteur vit aux dépens de celui qui l'écoute, mais faire payer ce petit plaisir est bien moins condamnable que promettre à de naïfs jeunes gens de les amener à l'excellence et faire payer très cher un faux-semblant d'éducation, une doxopaideutique.

RÉCAPITULATION DÉFINITIONNELLE (223B1-6)

> Pour récapituler ce dernier raisonnement, Théétète, il semble que l'art oikeiôtique, partie de l'art ktètique, thèreutique, à des animaux pédestres vivant sur la terre ferme, hémerothèrique, à des humains, en privé, mistharnique, nomismatopôlique, doxopaideutique soit la chasse aux jeunes gens riches et de bonne réputation qui doit, comme le raisonnement se trouve nous l'imposer maintenant, être appelée « sophistique »[3]. (223b1-6)

Les différences entre les étapes de la division précédente et celles mentionnées dans ce résumé sont évidentes, quand les éditeurs successifs ne décident pas d'appliquer le principe de charité et de corriger « des

---

1. Sur ce « passage scandaleux », voir Xénophon, *Mémorables*, t. II, 1re partie, livre III, 11.7-8.
2. Xénophon, *Mémorables*, éd. cit., livre II, 6.33-39.
3. Dans les termes en -ique, le η est translittéré par è et le ω par ô.

erreurs de mémoire » ou la désinvolture de Platon. Mieux
vaut peut-être en examiner les termes de plus près. Cet
art de la chasse part du genre « appropriation », spécifié
comme étant une partie de l'art « ktètique » parce que la
chasse peut aussi *produire* de quoi se nourrir ; c'est une
chasse à des animaux pédestres, car vivent aussi sur la
terre fermo certains volatiles ; une chasse hèmerothèrique,
qui poursuit des animaux paisibles et non pas sauvages,
les hommes, objets de cette *anthrôpothèria*, pouvant
être l'un ou l'autre ; et elle reçoit un « salaire » payable
en monnaie (elle est nomismatopôlique) et non pas en
travail, comme la chasse aux esclaves. Pour que cette
définition puisse s'appliquer à la sophistique, il fallait
mentionner tous ces termes, et non pas en supprimer
certains sous prétexte qu'ils sont inutiles.

En marquant cependant une légère différence entre
le raisonnement qui vient juste d'être parcouru – et qui
comme tel est devenu un énoncé détaché des sujets de
son énonciation – et celui qui se trouve s'imposer à
nous maintenant, l'Étranger indique que, si récent soit-
il, le passé n'a pas figure de loi. Répéter identiquement
met en jeu une bonne mémoire, alors que dire la même
chose une autre fois conduit forcément, si du moins on ne
s'arrête pas de penser, à la retoucher un peu, ou parfois
à la bouleverser carrément. La récapitulation de cette
première définition comporte à la fois un bon nombre
« d'omissions » par rapport aux divisions précédentes[1],
comme si la distinction entre l'accessoire et le nécessaire
se dessinait plus nettement.

1. Sur les « corrections », voir la note VI à la traduction ; quant aux
« compressions », elles sont relevées par Benardete, *The Being of the
Beautiful, op. cit.*, II, p. 86-87 et S. Rosen, *Plato's Sophist : The Drama
of Original and Image*, New-Haven and London, Yale University Press,
1983, p. 105-106.

1) Première compression :
La division des arts avait distingué :

poiètique   ktètique

        metablètique   kheirôtique

                agônistique   thèreutique

Le résumé ne garde comme partie droite que l'oikeiôtique, « l'art d'appropriation », qui conjugue acquisition et mainmise, ktètique et kheirôtique. On ne peut s'approprier et utiliser que ce qui est déjà là, et les humains ont l'art de se sentir « chez eux », « à la maison (*oikos*) », dans leur environnement : l'homme se conduit en maître et possesseur de tous les lieux qu'il habite.

2) Deuxième et troisième compressions :

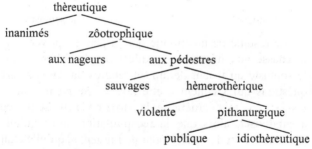

            thèreutique

inanimés   zôotrophique

        aux nageurs   aux pédestres

                sauvages   hèmerothèrique

                        violente   pithanurgique

                                publique   idiothèreutique

Dans le résumé, la chasse a d'emblée pour objets des « vivants pédestres » – compression de pédestres et de terrestres qui sont paisibles, donc humains, compression conforme à l'hypothèse de Théétète. En sorte que, la technique pithanurgique faisant partie d'hèmerothèrique, elle s'oppose à « violente ». La persuasion ne saurait donc être que douce ? La ruse, et tout son jeu de dissimulations, pièges, calculs, calomnies ou tentatives de séduction, serait néanmoins un moyen paisible ? Elle devrait l'être, mais ferait-elle alors partie de l'art sophistique ?

Avant d'en arriver aux trois dernières étapes de la division précédente, le résumé semble donc briller par son infidélité, une infidélité peut-être significative. D'autant que l'on n'avait rien rencontré de tel lors de la définition récapitulative de la pêche à la ligne : la nature de l'objet à définir doit y être pour quelque chose

3) D'autres arts et de nouveaux noms :

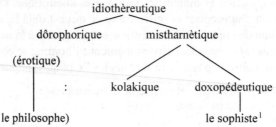

Le résumé ne mentionne que la partie « privée » de la chasse aux hommes : ce n'est pas le rhéteur, c'est le sophiste qu'il faut définir, et telle est la réponse aux questions qui viennent d'être posées. Se nomme alors « salariée », mistharnètique, la partie de la chasse privée à subdiviser, alors que la récapitulation disait qu'elle pratique « l'art de vendre pour de l'argent », qu'elle était « nomismatopôlique ». L'argent, la monnaie (*nomisma*), est le degré zéro de l'appréciation des valeurs, il ne fait aucun cas des différences qualitatives et ne prend en compte que celles qui sont quantitatives. Une première critique adressée à l'art du sophiste se laisse deviner dans le résumé, mais plus frappante encore est l'irruption

1. Pour un schéma de cette première définition et de toutes les autres, voir l'Annexe I.

finale de la doxopédeutique. Lors de la division, c'est « en ayant en vue leur excellence (*aretè*) » que le sophiste prétend s'entretenir avec des jeunes gens ; dans le résumé, ce qui est vendu pour de l'argent est l'opinion (*doxa*) que le sophiste a de l'excellence et ce qu'il enseigne en est un faux-semblant. Le terme qui permettra de serrer au plus près le sophiste, *doxa*, arrive ainsi sans crier gare à la fin de sa première définition. Entre les deux, entre la récapitulation et son résumé, sa reprise, il y a une différence qui est loin d'être négligeable : la première définit la sophistique, et la seconde le sophiste. Théétète peut alors estimer évident qu'ils ont enfin attrapé le sophiste, mais pour la foule et pour Aristophane, c'est Socrate qu'ils ont attrapé.

DEUXIÈME ET TROISIÈME/QUATRIÈME DÉFINITIONS : L'ART SOPHISTIQUE VU PAR SOCRATE (223B7-224E4)

L'art « rudimentaire » du pêcheur à la ligne pouvait servir de paradigme à une définition que sa récapitulation a pu réduire sans dommage à ses traits principaux. Selon la première définition, le sophiste semble être « à la recherche d'un marché pour une éducation nouvelle »[1]. Cette image a ainsi laissé transparaître un autre aspect du personnage : son incapacité à donner « gratuitement ». Recevoir de l'argent est le seul « cadeau » que le sophiste attende de son gibier, et pour cela il lui faut mettre au point, non pas une, mais plusieurs techniques, et pratiquer un art qui « n'a rien de simple ». S'il se livre à une seule espèce de chasse, il pratique en revanche deux ou trois sortes de commerce. Comme Socrate le dit à un jeune

---

1. F. Wolf, « Le chasseur chassé. Les définitions du sophiste », *Études sur le* Sophiste, *op. cit.*, p. 32.

garçon riche et de bonne réputation, c'est en tout cas
ainsi que le sophiste lui apparaît :

> Un sophiste, Hippocrate, est-ce que ce ne serait pas un
> négociant, ou un commerçant, qui vend les denrées dont
> l'âme se nourrit ? C'est en effet ainsi qu'il m'apparaît à
> moi. (*Prot.*, 313c4-6)

« Allons donc voir aussi par là »

DEUXIÈME DÉFINITION (223B7-224D3)

L'Étranger commence par rappeler la division de l'art
d'acquérir, mais il « réarrange » les raisonnements passés
de façon à les adapter à ses changements de perspective.
Il ne divise plus l'art ktètique en metablètique (échange)
et kheirôtique (mainmise), qui peuvent être tenus pour
contraires ; il ouvre un autre chemin, qui distingue deux
choses différentes. Le « changement » de propriétaire,
la metablètique, n'est plus que l'une des espèces d'un
échange réglé par l'équivalence monétaire. L'opposition
thèreutique-allaktique oriente la recherche vers un mode
d'acquisition contractuel où prévaut une persuasion
agressive concernant la valeur de la marchandise en vue
d'en obtenir le meilleur prix. L'échange contractuel,
l'allaktique, comporte à son tour deux espèces, l'art
dorétique, le troc, et l'agorastique ou art de conclure un
marché sur la place publique. Cette dernière espèce se
divise en fonction de l'origine de la marchandise : vente
directe (autopôlique) par le vendeur des résultats de son
propre travail, ou revente de ceux du travail d'autrui,
et c'est bien alors de « métablètique », d'échange commercial, qu'il s'agit. Presque la moitié des échanges
commerciaux s'effectue sur place grâce à vendeur servant
d'intermédiaire entre producteur et acheteurs : cette

sorte d'échange se nomme « kapélique ». Mais si achats et ventes circulent d'une cité à l'autre en un va-et-vient d'import-export, on appellera ce négoce, ou commerce en gros interurbain, « emporique »[1]. Il peut vendre des nourritures destinées soit au corps, soit à l'âme, et dans ce dernier cas il se nomme psychemporique.

On peut se demander à quoi tendent ces divisions : à préciser les termes du vocabulaire commercial afin qu'ils puissent s'appliquer à des sophistes historiques[2] ? C'est possible, mais l'Étranger arrête alors sa division : cette espèce psychique mérite qu'on s'y attarde, parce qu'il serait possible d'en contester l'existence. Puisque cette définition range les sophistes dans l'espèce des négociants itinérants, malgré leurs différences, que vendent-ils tous ?

Une analogie scandaleuse

Vendre « tout ce qui peut nourrir ou être utile à l'âme », est le fondement qui pourrait être inaperçu de tout enseignement sophistique. Si le trafic de biens corporels (objets, aliments etc.) suscite des problèmes d'organisation, de transport et d'évaluation à peu près connus de tous, il n'en va pas de même pour ceux ayant

---

1. Cf. *Rép.* II, 371d5-7 : « N'appelons-nous pas "commerçants" (*kapèloï*) ceux qui, se chargeant de la vente et de l'achat, s'installent sur la place du marché (*agora*), et "négociants" (*emporoï*) ceux qui errent de ville en ville ? » Ceux-ci gardent leur nom habituel, mais les « diaconiques », intermédiaires entre les producteurs et acheteurs locaux, relèvent ici de la « metablètique ».

2. Elles auraient pour but de « recenser toutes les classes d'activités qui ont valu à ceux qui les pratiquaient le *nom* de sophiste », « classes historiquement déterminées et distinctes » n'ayant en commun que ce nom ; voir F. Wolf, « Le chasseur chassé », *Études sur le Sophiste, op. cit.*, p. 31-37.

trait à l'âme, du moins jusqu'à ce que les sophistes inventent le « psychotraffic » (*psychemporikè*). Socrate ne refuse pas d'accompagner le jeune Hippocrate auprès de Protagoras, mais il veut que le garçon sache « ce qu'un sophiste peut bien être ». Et c'est alors comme un négociant (*emporos*), ou un commerçant (*kapèlos*), non comme un chasseur, qu'il le définit[1]. Dans le *Sophiste*, cet aspect fait à lui seul l'objet de trois définitions bien qu'il puisse sembler ne pas être le plus dangereux ou le plus important[2]. Or juger acceptable l'analogie entre nourriture (*trophè*) de l'âme et nourriture du corps, c'est méconnaître la nature de l'âme, celle des savoirs, et celle de leur enseignement. Ce n'est donc pas par moralité que Socrate ne se fait pas payer, mais parce qu'aucune valeur marchande ne doit et ne peut selon lui leur être attribuée : l'enseignement relève de la sphère politique, pas de la sphère économique. Dans la mesure où les nourritures que le sophiste vend ne sont pas nourrissantes, où il ne se soucie ni de leur utilité, ni de l'usage que peut en faire une âme, que leur fournit-il? Sont alors énumérées la « musique » (culture musicale et littéraire), l'art graphique et celui des montreurs de phénomènes extraordinaires. L'Athénien donne une énumération plus détaillée des nourritures de l'âme ne visant qu'à la divertir : dans la musique sont englobées les différents genres de poésie colportées par le rhapsode, le chant, la tragédie et la

1. *Prot.* 313c-314d. Pour leurs profits « mirifiques », voir *Hipp. Maj.*, 282c-e.
2. Selon Diogène Laërce (*Vies et doctrines des philosophes illustres* trad. et dir. M.-O. Goulet-Cazé, Paris, La Pochothèque, 1999, II, § 65), Aristippe fut « le premier des socratiques à exiger un salaire » ; *cf.* Xénophon, *Mémorables*, I, 2, 60.

comédie, et les montreurs de marionnettes[1]. Tout cela se transporte et se vend, preuve que le psychotrafic est bien une réalité et que tous ces « artistes » sont des négociants. L'art psychemporique se divise en mathèmatopôlique, art de faire commerce de sciences sérieuses, et épidictique, art de « l'étalage ». Le discours épidictique était la conférence d'apparat prononcée par un sophiste afin de donner un échantillon de sa marchandise aux notables de la cité où il se rendait, comme fait Lysias de passage en ville dans la maison du riche Morychos[2]. Ce discours était généralement destiné à défendre une thèse et à écarter des objections passées ou à venir, le but n'étant pas de la faire adopter mais de mettre en valeur la virtuosité de l'orateur et la subtilité des moyens employés pour la rendre convaincante. Procurer un échantillon de l'art que l'on cherche à vendre et faire ainsi la démonstration de ses possibilités sont des techniques commerciales éprouvées. Cet art « épidictique » est dit pour finir aussi ridicule que son nom, formé sur le verbe *epideiknumi* : exhiber, faire montre, faire étalage[3].

La coupure suivante doit donc répondre à la question : « quels savoirs vendez-vous ? » Protagoras répond : non pas des techniques spécialisées « telles que le calcul, l'astronomie, la géométrie et la musique », mais l'art de bien décider de ses affaires domestiques et de celles de la cité et « d'y acquérir le plus de puissance par l'action

1. *Lois* II, 678b-e.
2. Cf. *Phèdre*, 262c *sq.*
3. Selon Ch. Perelman et L. Olbrechts-Tyteca (« Logique et rhétorique », dans *Rhétorique et Philosophie, Pour une théorie de l'argumentation en philosophie*, Paris, P.U.F., 1952), les Anciens étaient enclins à considérer les discours épidictiques « comme une sorte de spectacles visant au plaisir des spectateurs et à la gloire de l'orateur » parce qu'ils n'en saisissaient pas bien le but. Pas bien, ou trop bien ?

comme par la parole »[1]. Déclarer qu'acquérir une culture
générale procure à l'âme une excellence, une « vertu »
ne semble avoir *a priori* rien de sophistique. C'est pour
acquérir « cette sorte de culture (*paideia*), comme il
convient à un simple particulier et à un homme libre »
que le jeune Hippocrate veut bénéficier des leçons de
Protagoras, bien qu'il rougisse de honte à la seule idée
que l'on puisse croire que c'est pour devenir lui-même
un sophiste. Il est vrai que les sophistes cherchaient
un marché pour leur enseignement, mais il est vrai
aussi qu'ils remplissaient un vide, car passé, disons
l'école élémentaire, les jeunes gens ne recevaient aucun
enseignement capable de les préparer aux fonctions
privées et publiques qu'ils devront assumer. Les sciences
qu'ils proposent procurent à l'âme une vertu politique,
donc un pouvoir de bien délibérer et arbitrer, ce qui là
encore n'a rien en soi de condamnable, si ce n'est qu'il
s'agit de s'adapter, sans les critiquer, aux institutions
politiques en vigueur dans la cité. Ménon précise par
ailleurs que « ce qu'il admire le plus chez Gorgias, c'est
que jamais tu ne l'entendrais, justement, promettre cela,
mais bien plus, il se moque des autres quand il les entend
promettre cela ; lui pense qu'il faut rendre ses élèves
redoutables quand ils parlent »[2]. Reste que leur distinction
entre enseignement technique et enseignement général
est parfaitement acceptable. C'est en fait leur conception
de l'échange qui ne l'est pas : dans le *Phédon*, Socrate
oppose l'échange horizontal « du même contre le même »
à celui qui n'a que la pensée pour unique monnaie[3]. En

1. *Prot.*, 318e-319a ; Protagoras se distingue donc d'Hippias, qui
prenait à la lettre le fait d'exceller en toute technique.
2. *Ménon*, 95c1-4 ; sur la question de savoir si la vertu s'enseigne,
cf. 95b1-d4.
3. *Phédon*, 69a6-c3.

faisant commerce de leurs sciences, les sophistes les rendent « monnayables », équivalentes à l'argent contre lequel ils les échangent, comme le sont les nourritures corporelles. Ce faisant, ils dévaluent leurs sciences « sérieuses », car comment une science et une vertu pourraient-elles l'être si elles ne font pas penser, si elles ne conduisent pas à se poser des questions sur la nature de la science et sur celle de la vertu ? Le jeune Hippocrate avait au fond très bien compris ce qu'il pouvait espérer de l'enseignement de Protagoras : qu'il le rende habile à parler, sur tout sujet, partout et toujours. Cette *sophia* peut se vendre de toutes les façons dont se vendent des marchandises, et ce sera toujours de la sophistique. Vendant du savoir portant sur des discours, le sophiste ne peut pourtant annuler totalement la différence de ce dont il fait commerce. Car de cette *sophia* par essence *importée* puisqu'elle vient toujours du dehors et va de celui qui sait à celui qui ignore – l'âme garde qu'elle le veuille ou non l'empreinte. Apprendre de Protagoras ou de Gorgias, c'est donc acheter à bon prix une « voix étrangère » et se condamner à ne jamais trouver, ni chercher, la sienne propre[1].

RÉCAPITULATION (224C9-D3)

Donc allons-y, récapitulons maintenant, et disons que, de l'art ktètique, cette partie metablètique de l'agorastique, de ce qui est emporique, pychemporique en matière de discours et de vente d'enseignements relatifs à l'excellence, est l'aspect sous lequel est apparue pour la deuxième fois la sophistique.

---

1. Cf. *Prot.*, 347b-348a, voir en part. 347d1 ; *Lachès*, 186b-e.

Enseigner aux jeunes gens l'*aretè*, la vertu, l'excellence, finalement oui, c'est possible, mais à condition d'opter pour le long et progressif programme éducatif de la *République* qui aboutit à une dialectique conçue comme un perpétuel désir d'apprendre, et qui n'identifie pas l'excellence à une capacité de délibérer rapidement et de parler efficacement en vue d'acquérir un statut socialement enviable et une puissance politique[1].

TROISIÈME, OU TROISIÈME
ET QUATRIÈME DÉFINITIONS ? (224D4-E4)

Cette définition est extrêmement brève, et elle continue de situer le sophiste dans le lieu de l'échange commercial. La première phrase consiste justement à préciser ce qui se passe lorsque l'échange est local, « agorastique » : c'est le genre marchand (*kapèlos*), non le genre négociant (*emporos*), qu'il faut diviser. À côté de grands sophistes « internationaux » comme Protagoras, Gorgias et Hippias, il y en a de plus « petits », qui sont « locaux » : il s'agirait de « maîtres » fondant sur place une « école » de rhétorique, de dialectique oratoire ou de musique, « tous ayant en commun de se faire payer leurs leçons »[2]. L'art kapèlique, la vente du marchand établi dans sa cité comporte deux espèces : vente d'une marchandise achetée, qui lui a donc été vendue et qu'il revend, et vente « de savoirs relatifs aux mêmes sujets, qu'il fabrique lui-même et met en vente car il s'est promis d'en tirer de quoi vivre ». Il les « fabrique », il ne les « produit » pas, et le verbe *tektainô* peut avoir la connotation péjorative de machiner, comploter. En

---

1. Voir *Prot.*, 317b-320c ; *Lachès*, 186c-d.
2. Dit Robin dans sa note 1 à la p. 270 ; il cite à entre autres Zénon à Elée, Damon, et peut-être Antisthène. Sur Damon, cf. *Lachès*, 197d.

d'autres termes, il s'est livré à un bricolage trompeur destiné à faire de l'effet donc à être vendable, mais qui n'apporte rien de nouveau. A-t-on affaire à deux ou trois espèces de sophistique ? Le problème vient de ce que l'Étranger dit « troisièmement », ce qui peut annoncer aussi bien une troisième division du genre metablètique qu'une troisième espèce. C'est Théétète qui compte comme une quatrième l'espèce suivante, mais lors de sa récapitulation générale, l'Étranger parle de six définitions : celle qui suit est alors la cinquième. Faute d'inattention ou mauvaise mémoire de Théétète, peu importe, il y a bien une troisième division qui distingue deux genres de métablétique[1], comme le montre la récapitulation.

RÉCAPITULATION (224E1-4)

> Et donc, la partie metablètique, agorastique, kapèlique ou autopôlique, les deux, de l'art ktètique, quel que soit le genre de mathèmatopôlique portant sur des choses de cette sorte, tu te diras toujours que c'est, selon toute apparence, une chose sophistique. (224c9-d2)

Trois ou quatre brèves définitions, donc, mais qui résument ce qui était pour Socrate le but essentiel du prétendu art sophistique, et ce à quoi le sophiste mesurait la valeur de son savoir[2]. Or elles ont toutes pour particularité linguistique le remplacement progressif des suffixes féminins en -*ikès*, par des suffixes en -*ikon*, et il devient systématique dans la dernière. De telle sorte qu'en 224e4, ce n'est plus « la » sophistique qui se trouve définie, mais « la chose sophistique ». Quand

---

1. Cf. *Soph.*, 225e3-5, mais 231d9-10.
2. Voir *Hipp. Maj.*, 282b-283d ; *Apol.*, 19d-20c ; *Prot.*, 312a-314b, 317b-320c.

elle se situe dans la région de « l'échange commercial » (metablètique), premier terme à être mis au neutre[1], la sophistique n'est plus une *tekhnè* mais une « chose », une affaire se bornant à échanger des marchandises contre de l'argent. Ce qu'il est bon d'avoir à l'esprit, non seulement lorsque l'on commente ces trois ou quatre premières définitions de l'Étranger, mais aussi la sixième.

CINQUIÈME DÉFINITION : LA SOPHISTIQUE
VUE PAR LE SOPHISTE (224E6-225E5)

Les trois (quatre) définitions précédentes définissaient la sophistique comme l'art de faire commerce d'une certaine marchandise. Mais qu'en est-il de son vendeur ? L'exploration du lieu de l'échange a permis de voir que le sophiste y était partout. L'Étranger en conclut visiblement qu'il est inutile de justifier son passage à une autre définition, puisque chaque fois que la pensée l'a traversé de regarder ailleurs, de suivre un autre chemin, il a trouvé le sophiste. Il va donc reprendre une piste laissée à gauche en étant sûr de le rencontrer. Mais sous quel aspect son art va-t-il cette fois apparaître ?

Arrivé à cette cinquième définition, l'Étranger affirme que le sophiste possède un art qu'ils avaient jugé faire partie du genre cherchant à mettre la main sur des choses existantes. Dans quelle autre espèce d'art d'acquérir pourrait-il s'être réfugié ? De quelle autre façon peut-il s'y prendre pour capturer son gibier ? En luttant cette fois ouvertement, en pratiquant un art agonistique[2]. L'*agôn*

---

1. Voir la note VII à la traduction. C'est aussi ce qu'en pense Isocrate, *Contre les sophistes*, dans *Discours*, t. I, texte établi et traduit par G. Mathieu et E. Brémond, Paris, Les Belles Lettres, [1929], 1963, XIII, 18.
2. *Cf.* 219c2-7, e1-2.

désigne une compétition sportive, un concours artistique ou un débat oratoire, toutes formes de lutte se déroulant entre des adversaires. C'est une rivalité ouverte, une joute, qui obéit à des règles – chez les anciens Grecs, dit Nietzsche, l'envie d'être le meilleur « trouve dans la joute à s'enflammer, et par là elle est refrénée et soumise à des règles »[1]. Ces règles leur ont permis de passer de « l'état de bêtes cruelles » à celui de citoyens : la société grecque n'est devenue civilisée que parce qu'elle était agonistique. Jalousie et rivalité régissent à la fois les rapports entre cités et ceux entre citoyens à l'intérieur d'une même cité – l'institution de l'ostracisme ayant pour but de préserver cette énergie dynamique, comme en témoigne le bannissement d'Hermodore prononcé par les Éphésiens : « Chez nous, personne ne doit être le meilleur; mais si quelqu'un le devient, que ce soit ailleurs et chez d'autres. » La lutte n'est pas la guerre, elle a pour condition l'équilibre des forces et pour théâtre la Grèce entière, chaque cité grecque forgeant son unité à travers une pluralité de conflits qu'une supériorité incontestable rendrait sans objet. L'art agonistique n'est donc pas le propre du sophiste, mais ce peut être le cas de l'une de ses espèces. La première a pour but d'acquérir ce mode d'existence « surhumain » qu'est la gloire – sortie de l'anonymat, entrée dans la lumière et survie dans la mémoire des hommes. Ce n'est pas pour cela que le sophiste lutte, mais pour assurer sa subsistance en participant à des « controverses » où ne s'affrontent pas des corps mais des discours. Elles ne prennent pas une

---

1. Nietzsche, « La Joute chez Homère », *Cinq préfaces à cinq livres qui n'ont pas été écrits*, dans *Œuvres philosophiques complètes I** : Écrits posthumes 1870-1873*, Paris, Gallimard, 1975, p. 192-200, sur Platon, p. 198.

forme publique et judiciaire : les sophistes ont en effet
étendu ce genre de débats à des controverses *privées*
portant sur des sujets généraux tels que le vrai et le faux
ou le juste et l'injuste. Pouvant traiter « de toutes les
choses dont parlent les hommes », ces discours sont en
outre capables de faire apparaître les mêmes choses aux
mêmes auditeurs comme possédant tantôt un prédicat et
tantôt un prédicat contraire voire contradictoire. Devenue
privée, cette espèce de controverse ne se limite pas à
opposer à tout discours un discours contradictoire, son
mode d'argumentation peut aussi se fragmenter en un
échange de questions-réponses : le nom habituellement
donné à cette espèce de controverse est « antilogique ».
Elle se divise à son tour : l'espèce qui procède sans art est
anonyme et laissée à gauche, mais celle qui est technique,
« nous l'appelons ordinairement "éristique" ».

L'habileté éristique : l'Euthydème

« Éristique » n'est pas un adjectif fabriqué pour
nommer une espèce issue d'une série de divisions, c'est
le nom de l'art grâce auquel les sophistes se vantaient
de pouvoir triompher de n'importe quel adversaire lors
d'une discussion privée[1]. Hippias se fait fort d'enseigner
à Socrate l'art de « terrasser » quiconque l'interrogerait
en répondant d'une façon telle que personne ne puisse
le réfuter[2]; car comment ceux qu'il prétend instruire
pourraient-ils reconnaître comme leur maître celui
dont le savoir peut être mis en défaut ? C'est cet art
« terrassant » qu'un Socrate plein d'admiration se dit
désireux d'acquérir auprès de deux frères, Euthydème et

---

1. Dans le catalogue incomplet des traités de Protagoras (Diogène
Laërce, *op. cit.*, IX 55) figure un *Art de l'éristique*.
2. *Hipp. Maj.*, 287e5-288a5.

Dionysodore, vieillards devenus savants « en un rien de temps ». Aussi leur promet-il de se plier sans protester aux règles de leur *sophia*. La première enjoint de respecter la distinction entre les rôles de questionneur et de répondant – mais Dionysodore se voit forcé de réprimander Socrate : « Tu n'en finis pas de bavarder sans te soucier de répondre. Allons ! puisque, mon bon, tu ne contestes pas mon savoir, obéis-moi et réponds[1] ! » Ctésippe fera de même un peu plus tard : « N'as-tu pas honte, Socrate quand on te questionne, de répondre par une question[2] ? » Celui qu'ils interrogent doit en effet répondre et se contenter de répondre s'ils veulent lui infliger leurs double-tours, de sorte qu'il se trouvera obligé de se contredire en raison de leur savoir de l'équivocité des noms. Ainsi, « devenir » c'est ne plus être ce qu'on était, or « ne plus être » signifie aussi « périr ». La seconde règle interdit de réclamer qualifications ou spécifications telles que « toujours ? », « à quel moment ? » ou « sous quel rapport ? », car elles introduisent des « ajouts » qui « détruisent l'argument » et relativisent la contradiction, c'est-à-dire le principe fondamental de l'éristique. « N'en finiras-tu pas, dit Ctésippe à Socrate, d'émettre cette fois encore des ajoutés[3] ! »

Socrate explique cependant à un Clinias exaspéré ce que ce jeu peut avoir de sérieux, donc en quoi l'éristique est « technique ». Pour ces savants vieillards, ressemblances et relations signifient identité et excluent toute différence (« si ton chien est père, c'est en étant tien qu'il est père, de sorte que ce chien est ton père ») ;

1. *Euthyd.*, 287d3-4.
2. *Euthyd.*, 295b6.
3. *Euthyd.*, 296a8 ; *paraphtengomenos* : litt. « proférer des sons en plus de ».

réciproquement toute différence est absolue et ne tolère aucune spécification (« vouloir que quelqu'un devienne sage, c'est vouloir qu'il ne soit plus, donc qu'il périsse »). Ce qu'ils ont néanmoins révélé à Socrate est « son ignorance à l'égard du mot apprendre » : il peut être employé par des gens se trouvant dans deux situations opposées, par ceux qui savent comme par ceux qui ne savent pas[1]. Or ce problème est un vrai problème et Platon ne le résoudra, si cela peut s'appeler « résoudre », qu'avec sa théorie de la réminiscence. Outre son exploitation des ambiguïtés de la langue, l'éristique fait appel à la possibilité de renverser tout argument « pour » en argument « contre » – art que Socrate imite magistralement tout au long du *Lysis* et qu'il récupère dialectiquement dans le *Phèdre*[2]. Une autre technique permet enfin d'étourdir et de vaincre un interlocuteur assimilé d'emblée à un adversaire : elle consiste à improviser un discours hors de propos et interminable afin de lui faire perdre son fil et de le réduire au silence[3]. C'est dans *l'Euthydème* que se rencontre trois fois cette injonction : « il faut philosopher »[4].

1. *Euthyd.*, 298d-e, 284c-e ; 275d-277c.
2. *Cf.* l'allusion aux « savants controversistes », *Lys.*, 216a, qui voient dans toute amitié (*philia*) une attraction des contraires, ce qu'elle ne peut pas plus être… que le contraire, à savoir l'attraction des semblables. Voir comment, dans le *Phèdre*, Socrate interprète son premier discours sur éros et sa palinodie.
3. *Cf.* le discours prêté à Protagoras, *Prot.*, 333e-334c, et la réaction de Socrate, 334c-336c.
4. En 275a5-6 : « il faut », 282d1-2 : « il est nécessaire de », et 288d6-7 : « nous nous sommes accordés pour finir que philosopher était la chose à faire » (*philosophèteon*). Voir M. Dixsaut, *Le Naturel*, *op. cit.*, p. 156-161 et l'entrée « Euthydemus » dans *The Continuum Companion to Plato*, G. Press (ed.), Bloomsbury Publisher, 2012.

RÉCAPITULATION (225E6-226A6)

Théétète se demandant alors qui pourrait dire, sans se tromper, autre chose de ce prodigieux personnage, l'Étranger lui répond en récapitulant sa définition :

> Rien d'autre, sinon qu'à ce qu'il semble, le genre khrèmatistique est une partie de l'art éristique, partie de l'art antilogique, espèce de l'art amphisbètètique, makhètique, agônistique relevant de l'art ktètique : voilà, tel qu'à présent le raisonnement nous le signale une fois encore, le sophiste. (*Soph.*, 226a1-4)

Sa conclusion utilise le verbe *ménuô*, traduit par « signale », car cette définition ne montre pas un « aspect » du sophiste, elle indique dans quelle direction le chercher[1] : les définitions précédentes en révélaient un aspect pouvant être tenu pour accessoire, alors qu'avec la cinquième, on apprend que c'est dans un certain usage du discours qu'il faut le chercher.

L'Étranger part alors du dernier critère ayant servi à distinguer le personnage pour remonter au genre initial dont son art relève. Gagner de l'argent serait donc le caractère décisif pour remonter au genre d'art qu'il faut attribuer au sophiste : un art d'acquérir, non de produire. Or cet aspect khrèmatistique, omniprésent dans les cinq définitions, disparaît de la récapitulation générale : « Dans le lieu agonistique, c'était un athlète en paroles puisqu'il s'est réservé l'éristique[2]. » C'est sous cet aspect d'athlète en paroles, aspect qu'il s'est réservé en se réservant l'éristique, que le sophiste se fait voir. Mais c'est aussi pour cela qu'il peut prendre Socrate pour un

---

1. Voir *infra*, p. 631-633.
2. *Soph.*, 231e3.

sophiste. Leur différence, ou plutôt leur opposition est brièvement indiquée : « Quand donc, à cause du plaisir de débattre de ces sujets [des choses justes et injustes en elles-mêmes], on se désintéresse de ses affaires personnelles et que sa manière de parler est écoutée sans aucun plaisir par la plupart des auditeurs, cela à mon avis, ne s'appelle pas autrement que bavardage (*adoleskhia*)[1] » Une lutte, donc un débat argumenté, est un beau spectacle et peut être regardé avec plaisir, à condition que les combattants ne donnent pas l'impression de couper les cheveux en quatre et de perdre de vue « la réalité », celle des affaires de la vie privée, à commencer par la leur. Socrate s'était plaint hier d'avoir « l'esprit lent », de tirer les arguments en sens contraire et d'être ainsi ennuyeux et « bavard », reprenant à son compte une des accusations d'Aristophane[2]. Ce « bavard » sacrifie ses affaires et le plaisir des auditeurs à son propre plaisir, il préfère le plaisir à l'argent, un curieux plaisir qui consiste à interroger inlassablement. Le philosophe se laisse ainsi apercevoir à l'ombre du sophiste, il est le dialecticien dont l'éristique est la caricature.

SIXIÈME DÉFINITION : SOPHISTE ET SOCRATE
VUS PAR L'ÉTRANGER (226A7-231B2)

Les quatre premières définitions définissent *la sophistique* et leur multiplicité a été attribuée à la diversité des *arts* pratiqués par le sophiste. Mais la cinquième

1. C'est ainsi que le philosophe apparaît au plus grand nombre : *Crat.*, 401b, *Rép.* VI, 488e, *Phèdre*, 270a, *Parm.*, 135d, *Théét.*, 195b-c.
2. Aristophane, *Nuées*, v. 1480 ; Isocrate pense de même, mais pour d'autres raisons : toud discours ne contenant pas des opinions politiquement utiles n'est que « bavardage et macrologie (*adoleskhia kai makrologia*) », *Contre les Sophistes*, op. cit., XIII, 18.

a pris un tournant et c'est *le sophiste* qui a été défini par son usage « agressif » du discours. Vu sous cet angle, ce n'est plus son art qui est dit être bariolé, c'est le sophiste lui-même qui est dit l'être[1]. C'est donc par son usage du discours qu'il apparaît comme une bête sauvage dont il faut continuer à suivre la trace. Encore une chose dont il faudra se souvenir en interprétant cette sixième définition.

Préalables

Le retour à la métaphore de la chasse rappelle une dimension que les autres définitions auraient risqué de faire oublier. Elles impliquaient l'existence d'une chasse non violente à des animaux paisibles, et à s'en tenir à elles, le sophiste paraissait être une sorte de chasseur-chassé. Mais s'il est une « bête sauvage » (*thérion*), il faut s'y prendre autrement pour l'attraper et « y mettre les deux mains ». Il va en effet falloir parcourir beaucoup plus d'étapes avant d'arriver à cette sixième définition. L'animal à capturer ne va pas se montrer plus « féroce » qu'il ne l'a été[2], mais, comme tout animal non domestiqué, il va paraître plus noble donc dangereusement plus semblable au savant qu'il imite. Pour le dire plus clairement, son art va se révéler plus efficace, or cet art est le genre dont l'éristique vient d'être dit être une espèce : l'antilogie. Définir le genre après l'espèce est assez déconcertant, mais cela devra être pris en compte lorsqu'il s'agira de savoir *à qui* cette sixième définition s'applique.

---

1. *poikilè* (*tekhnè*) : 223c2 ; *poikilos* : 226a6.
2. *thèrion* peut vouloir dire « animal en général » ou « bête sauvage », non domestiquée.

Un art diacritique (226a7-230e5)

Comme chaque fois qu'il a entrepris de définir la puissance d'un art, l'Étranger commence par en énumérer les exemples les plus caractéristiques. En l'occurrence, les exemples ne sont pas des arts mais des activités, et, contrairement à ce qu'annonçait le terme « animal sauvage », des activités « domestiques » qui nous ramènent à la maison (elles sont *oikètiques*)[1]. À la différence de la chasse, de la lutte ou du commerce, elles nous tournent vers des « myriades » de pratiques connues de tous. Or toutes sont diairétiques[2] : l'art à diviser pour tenter de saisir encore une fois le sophiste est l'art de diviser lui-même, – un art au second degré puisqu'il est applicable à tous les autres arts.

Deux espèces d'art diacritique (226c10-d8)

Empirique ou logique, chaque processus diairétique aboutit à une série de diérèses produites par un art « diacritique », qui consiste à discerner, trier, porter un jugement, trancher, décider, arbitrer, émettre un diagnostic[3]. Dans les Dialogues, le terme « dièrèses » (*diairèseis*) ne s'applique qu'à des divisions faites par le logos sur du logos, par exemple à celles faites sur les noms de la langue

---

1. Heidegger, *Platon : « Le Sophiste »*, *op. cit.*, p. 338-340, insiste sur ce « retour à la maison » : il s'apparenterait à la purification au sens où, en débarrassant une chose des obstacles l'empêchant d'advenir à elle-même, on la reconduit à ses possibilités propres.

2. *Prot.*, 358a6, *Crat.*, 424b7, *Rép.* VII, 534a6, *Phèdre*, 266b1.

3. Ce qui explique la présence du terme *diakrinein* dans cette énumération ; (*cf.* note VIII à la traduction). Voir le très utile livre de V. Longhi, *Krisis ou la décision génératrice*, Villeneuve d'Ascq, Presses Universitaires du Septentrion, 2020, partie III : « *Krisis* dans les dialogues de Platon : vertus de la distinction et du tri ».

par Prodicos, par Socrate lors des sectionnements de la Ligne de la *République* ou par les opérations dialectiques s'opposant au « rassemblement » dans le *Phèdre*. Dans le *Sophiste*, *diairesis* est employé au singulier pour désigner une procédure, plus souvent l'un de ses résultats, et une fois, en conclusion, les deux[1]. « C'est de division que parlent tous les exemples » d'activités diacritiques, mais certaines – comme carder, dévider ou passer la navette – séparent le semblable du semblable, tandis que d'autres – filtrer, cribler, vanner, trancher, discriminer – ont pour but de dissocier le meilleur du pire. Tous impliquent donc un jugement, une *krisis*, une capacité de trancher : l'art diairétique est forcément diacritique. Autrement dit, pour diviser, il faut savoir arbitrer entre deux possibilités.

Théétète, qui reconnaît avoir jugé un peu rapide l'assimilation de diairétique à diacritique, estime en revanche évidente la distinction des deux espèces d'art diacritique. La première dissocie le semblable du semblable ; elle est laissée à gauche et reste anonyme. La seconde ouvre en quelque sorte le *Sophiste*, puisque les philosophes sont jugés « divins » par Théodore, mais il semble que ce soit leur difficulté à être discernés qui les rend semblables aux dieux[2]. Pareille justification est évidemment très insuffisante et Heidegger insiste sur le fait que, comme tout jugement de valeur, celui-ci doit « mettre en relief contrastant le propre à toute activité diacritique ». Ce « relief contrastant » est un danger que l'Étranger dénoncera dans le *Politique* : « presque toujours » goûts, caractères, vertus sont incapables de se mélanger, chaque naturel loue ce qui lui est proche et

---

1. *Soph.*, 235c8 ; 229d6, 253c3, 264c2, 267b8 ; 267d5-6.
2. Voir 216c3.

blâme ce qui est différent. Si la valorisation du semblable devient exclusive, et systématique la dévalorisation du différent, il peut arriver que « le sort les fasse s'affronter en une guerre civile (*stasis*) »[1], maladie la plus terrible qui puisse frapper des cités. Sans aller jusqu'à cette extrémité, trier implique qu'un tout ne deviendra ce qu'il doit être que si certains éléments sont séparés et dissociés de certains autres. Le tri effectué par l'espèce gauche de l'art diacritique peut donc dissimuler une violence qui n'est pas moindre que celle, plus flagrante, de l'espèce droite, et revenir « à la maison » signifie revenir à la sorte de brutalité familière propre à toutes les espèces qui vont suivre.

La purification : ses espèces (226d9-227d1)

Le nom habituellement donné à l'espèce qui sépare le pire du meilleur est « katharme » (*katharmo*s). Les *katharmes* sont des pratiques de purification (*katharsis*) qui, alliées à des rituels religieux tels que celui du « bouc émissaire », sont chargées d'expulser symboliquement de la cité toute forme de criminalité avant les fêtes dédiées à Artémis et à Apollon, ce dernier étant le dieu de toutes les sortes de purification[2]. Il en existe deux espèces, que l'Étranger juge évidentes mais que Théétète ne voit pas, probablement en raison de l'emploi du terme « katharme » dans les hymnes didactiques des anciens poètes, et d'Empédocle en particulier. Pour le lui

---

1. *Pol.*, 307c6-7.
2. *Crat.*, 405a-b. L'étymologie vient soutenir la pertinence du nom du dieu : Apollon est le dieu qui lave (*apolouseis*) des souillures en présidant aux bains et aspersions lustrales, qui délivre (*apoluseis*) des maux capables d'affecter le corps grâce à la médecine et la divination, et qui purifie (*apolouôn*) l'âme dans la mesure où il est le patron des arts des Muses.

faire voir, l'Étranger commence par diviser l'espèce de purification qui a pour objets des corps :

> Pour les corps vivants, leur purification interne consiste à distinguer correctement en eux ce qui relève de la gymnastique ou de la médecine, et leur purification externe est empiriquement assurée par la balaneutique, pour en donner un exemple trivial ; quant aux corps inanimés, ce sont la gnapheutique et toute la cosmétique qui en prennent soin ; tout cela s'émiette en une multiplicité de petites parties et portent des noms qui semblent ridicules. (226e8-227a5)

Comme le marque l'usage de termes en -ique, l'Étranger vient de faire une division en règle des techniques de purifications corporelles. Est-on en droit d'estimer qu'il vient de perdre son temps et de nous faire perdre le nôtre, puisqu'il est le premier à dire que tous ces arts sont ridicules ? Certes non : les arts divisés ont beau être ridicules, leur division ne l'est pas. Car elle poursuit un même but : « acquérir l'intelligence de tous les arts en s'efforçant de réfléchir sur leur parenté ou leur absence de parenté ». De ce point de vue, elle les estime et doit les estimer tous également. La parenté est un lien naturel[1], mais, comme l'appartenance à un même genre, elle doit être reconnue, et cela ne peut se faire que *dia logôn*[2], en discutant ou dialectisant afin de récuser des parentés fictives (dont l'homonymie est très souvent l'artisan), mais afin surtout de faire apparaître des parentés paradoxales et de les défendre sans se soucier du ridicule.

---

1. Cela, contrairement à ce qu'affirment les sophistes qui, comme le montre le *Lysis*, détachent la parenté (*suggeneia*) de l'amitié (*philia*), conçue comme un rapport conventionnel fondé sur le calcul des bénéfices à en tirer.

2. Cf. *Pol.*, 258a2-3 : « Or nous devons toujours avoir à cœur de reconnaître ceux qui nous sont parents en parlant avec eux. »

La parenté entre le sophiste et le pêcheur à la ligne, ou entre les jeunes gens riches désireux de suivre les leçons des sophistes et les poissons avides de gober l'hameçon en sont de bons exemples, mais l'Étranger illustre son principe de neutralité par celui, plus provocant, qui identifie l'art du tueur de poux à celui du général. Pour discerner les parentés, il faut oser être paradoxal : il ne s'agit pas d'une règle méthodologique mais d'un principe déontologique, semblable à celui que, dans le *Gorgias*, Zeus imposait aux juges des Enfers : juger les hommes « nus », dépouillés de tous les attributs qui, de leur vivant, témoignaient de leur richesse ou de leur puissance[1]. C'est la prétention incluse dans les noms qu'on leur donne ou qu'ils se donnent qu'il faut rabattre si l'on veut réussir à diviser l'art des purifier, et c'est une méthode analogue à celle des purifications corporelles qu'il faut employer[2]. Car la purification préconisée par le sophiste s'applique à une pensée rationnelle (*dianoia*), qu'il veut distinguer de toutes les autres. Si l'on en croit ce qui précède, il veut donc la purifier des jugements de valeur véhiculés par l'opinion commune et le langage commun, et en montrer l'instabilité. L'analogie entre purgations corporelles et purifications psychiques permet de prendre les premières comme fil conducteur[3], en raison de leur évidence et de l'appartenance de leurs noms à la langue commune – « si

---

1. *Gorg.*, 524e. « Juge » n'était pas une profession à Athènes : les juges étaient tirés au sort parmi les citoyens, d'où l'importance de leur fixer certains principes.

2. Le choix de « petits » paradigmes y contribue ; dans sa diatribe, Lysistrata conseille aux magistrats de prendre exemple sur le trempage des laines, qui sert à trier le bon du mauvais, et le cardage, qui sépare les touffes de fils (v. 572-586).

3. L'analogie fonctionne de la même façon dans le *Gorgias*, lors de la division de l'art de flatter : la division des arts corporels sert de fil conducteur aux arts psychiques.

du moins nous comprenons bien ce qu'il [le sophiste] veut. » Cette sixième définition diffère ainsi sensiblement de toutes les autres, car selon elles le sophiste ne voulait qu'une seule chose : de l'argent.

Deux espèces de maux psychiques (227d2-228e5)

Théétète comprend, et il assure qu'il suivra sans réserve les étapes de la division. L'espèce de triage dont la purification fait partie est celle qui sépare le bon du mauvais : purifier signifie rejeter ce qui est mauvais et garder ce qui est bon. Ce qui est mauvais en l'âme, sa perversion (*ponèria*), est analogue aux maladies survenant dans le corps, elles-mêmes politiquement décrites comme des dissensions « issues d'une désintégration des accords existant entre ce qui est naturellement apparenté »[1]. Le *Charmide* nous en offre un inventaire. Socrate y tient le rôle du faux médecin et use constamment de procédures comme l'examen, l'auscultation, l'interrogatoire afin de détecter les signes cliniques, d'établir un pronostic et de prescrire des remèdes. Ses patients sont le jeune Charmide, qui a mal à la tête – la « lourdeur de tête » est un des symptômes de « démence » mentionnés par le *Corpus hippocratique* – Chéréphon, qui a un comportement d'agité, et Critias qui, outre qu'il ne peut plus se contenir, semble souffrir d'un « trouble de la connaissance », du manque de lucidité (*gnômè*) de la part du malade dont se plaignent les médecins[2]. Et sous l'effet d'un transport

1. *Soph.*, 228a4-7. La *stasis*, guerre civile, dissension, est dans la *République* distinguée de la guerre (*polemos*) : la dissension est une haine « envers un ennemi intérieur », proche (*oikeion*) et de la la « même famille », la guerre une haine envers un agresseur du dehors, étranger (*allotrion*).

2. Pour ces symptômes, voir le traité hippocratique des *Epidémies*, VI, 8, 1, et J. Pigeaud, *Folie et cures de la folie chez les médecins de l'Antiquité gréco-romaine*, Paris, Les Belles Lettres, 1981.

érotique, Socrate lui-même cesse un instant d'être maître
de lui : en proie à un délire de paroles, il se trouve dans
un état « d'aporie », sentiment de « ne pas pouvoir s'en
sortir » décrit dans le huitième cas du troisième livre des
Épidémies[1]. La conclusion est que « tous les mauvais
(*kakoi* : vicieux, méchants) que nous sommes le devenons
par l'action de deux causes tout à fait involontaires : une
disposition corporelle maligne et une éducation mal
réglée ». L'analyse psycho-physiologique ne conclut pas
à un déterminisme physiologique des maladies psycho-
logiques, et il en va de même dans le *Timée*[2]. Les vices
de l'âme sont des états pathologiques dont, outre les
désordres physiologiques, il faut tenir pour responsables
les parents plutôt que les enfants, les éducateurs plutôt que
les éduqués et les gouvernants plutôt que les gouvernés[3].
Nul n'est mauvais de son plein gré.

L'autre mal pouvant affecter l'âme est l'ignorance
(*agnoia*), analogue en l'âme de ce que la laideur est pour
le corps. La laideur corporelle réside dans la disproportion
(*ametria*) de certaines parties ou de certains organes
(les yeux globuleux et le nez proéminent de Socrate et
de Théétète, par exemple). Celle de l'âme résulte du
déséquilibre entre la force des pulsions (appétits, plaisirs,
peines) et celle de certaines instances régulatrices :
opinions droites, énergie (*thumos*) ou raison (*logos*).
Leurs désaccords croissent et se multiplient en dépit de
leur parenté originelle, et cette disproportion généralisée
fait que chaque élan de l'âme vers la vérité oblique et
manque son but, de sorte que s'installe en elle un état de

1. Pour l'ignorance (*agnoia*), cf. *Tim.*, 87b.
2. Voir M. Dixsaut, *Platon et la question de l'âme*, *op. cit.*,
« Figures de la folie », p. 99-114.
3. *Tim.*, 86b-87b. Pour le « nul n'est mauvais de son plein gré », on
le trouve du *Protagoras* (352b *sq.*) jusqu'au livre V des *Lois*.

« déviance mentale » (*paraphrosunè*). Dans le *Théétète*, Socrate avait examiné plusieurs causes de l'erreur et montré qu'elle ne pouvait pas avoir de sujet puisque nul ne se trompe volontairement. L'Étranger s'attache ici à la définir, non pas logiquement, comme un contraire de la vérité, mais dynamiquement comme un mouvement qui dérape en raison du déséquilibre entre son désir d'apprendre – qui oriente l'âme vers la vérité – et les forces pulsionnelles qui l'empêchent chaque fois d'y parvenir. Nul n'est ignorant de son plein gré.

Théétète admet que ces deux espèces de maux peuvent affecter l'âme, mais reste encore à le convaincre que purifier l'âme consiste à laisser en elle le meilleur et à en éjecter le pire – un « pire » qui, une fois reconnu involontaire, a cessé de l'être pour devenir simplement « mauvais ».

Les remèdes (228e6-230a10)

« Alors, du moins dans le cas du corps, est-ce que deux techniques ne sont pas venues remédier à ces deux espèces d'affections ? » L'art relatif à la laideur corporelle est la gymnastique, celui relatif aux maladies est la médecine. Le meilleur équivalent psychique de l'art médical, le plus apte à débarrasser l'âme de vices tels que démesure, injustice ou lâcheté, est l'art kolastique[1]. Pour guérir l'âme humaine de ses maladies mauvaises, il faut donc agir sur le corps et instaurer une bonne politique[2] – ce qui rend sa guérison assez improbable. Mais pour

---

1. Voir la note IX à la traduction. Sur les deux sortes d'ignorance et leurs sanctions, cf. *Lois* IX, 862d, 864b (avec la note 3 de Robin à la p. 972), et *Phil.*, 48e-49c.
2. Cf. *Tim.*, 87b.

la débarrasser de sa laideur, l'ignorance, c'est sur l'âme elle-même qu'il faut agir, en la cultivant et en l'éduquant.

L'art d'enseigner est un art multiple, puisqu'il existe une multitude d'arts à enseigner. Le plus sûr est donc de commencer par voir s'il est possible de partager en deux l'ignorance qu'il vise à supprimer. Si « ignorance » (*agnoia*) désigne un défaut de connaissance ponctuel et nettement localisé, tout ce qui est enseignement technique et professionnel (démiurgique) servira de remède. Mais il en existe une autre espèce, à la fois plus importante, plus envahissante et plus rebelle, l'*amathia* ou « refus d'apprendre et de comprendre (*manthanein*) »[1]. En tant qu'elle réclame une purification, l'ignorance ne pouvait en effet être seulement un vide à remplir. Comprise comme un obstacle positif, le nom donné à l'enseignement apte à l'expulser ou la surmonter est *paideia* – nom dont l'athénien Théétète attribue la paternité à ses compatriotes mais que l'Étranger d'Élée octroie à « presque tous les Hellènes ». La *paideia*, formation, culture[2], porte un nom grec parce que cette sorte d'éducation centrée sur un idéal d'excellence a été et continue à être le propre des Grecs.

Elle peut à son tour se diviser, sa première espèce étant la forme ancestrale d'éducation utilisée par les pères à l'égard de leurs fils. Généralement nommée « nouthètique » (admonestation) ou plus précisément « art d'inculquer un peu d'intelligence (*noûs*) » à ceux qui en sont encore dépourvus grâce à une alternance de sévères réprimandes et d'avertissements bienveillants. Protagoras

1. Sur le sens du préfixe α- pensé dynamiquement comme un « refus d'entrer en relation avec », *cf.* M. Dixsaut, Platon, *Phédon*, *op. cit.*, Introd., p. 160-161.

2. Le livre monumental de W. Jaeger, *Paideia, La Formation de l'homme grec* (trad. A. et S. Devyver, Paris, Gallimard, 1965), reste l'ouvrage de référence.

s'en fait habilement l'avocat quand il décrit la *paideia* comme un dressage continu, effectué successivement par la nourrice, la mère, le père, le pédotribe, le grammatiste, les « professeurs » de musique et autres arts ainsi que par l'ensemble des institutions démocratiques[1]. Tous ces soins privés et publics ont selon lui pour but d'enseigner « la vertu propre de l'homme », c'est-à-dire sa capacité de devenir un citoyen. L'éducation est donc assurée par la cité tout entière, mais à chaque âge certains y contribuent plus que d'autres. « Parce que tout le monde enseigne de son mieux l'excellence », conclut-il, Socrate croit qu'il n'y a personne pour l'enseigner, or il ne trouverait « pas non plus le maître qui nous a enseigné à parler grec »[2]. Ce discours est superbement convaincant, mais ce qui inquiète l'Étranger à ce moment du *Sophiste* n'est pas le « petit quelque chose » qui tourmentait Socrate dans le *Protagoras* – le fait que tout le monde enseigne une vertu que personne n'est capable de définir –, c'est le peu d'efficacité du remède proposé, dont Socrate recense les insuffisances dans le *Charmide*. Les injonctions delphiques à la mesure – sorte de nouthètique adressée par les dieux aux humains – n'ont jamais empêché les Grecs de se massacrer ; l'interprétation raffinée qu'avance Critias du « connais-toi toi-même » ne le gardera pas de devenir le pire des tyrans, et la réserve naturelle de Charmide est impuissante à réduire son angoisse et à guérir son mal de tête. Comment alors amener l'âme « à penser qu'elle sait juste ce qu'elle sait, mais pas plus » ?

1. Cf. *Prot.*, 324c-326e et Gavray, *Platon héritier de Protagoras*, *op.cit.*, p. 175 et 203-229.
2. *Prot.*, 327e3-4.

L'autre méthode (230b1-e5)

Certains, après en avoir discuté avec eux-mêmes, avoir constaté le peu d'efficacité de l'admonestation, avoir admis que nul n'est ignorant de son plein gré et avoir démontré que celui qui croit savoir ne consentira jamais à apprendre, ont mis au point une autre méthode pour expulser de l'âme cette croyance (*doxa*). Comment expulser de l'âme d'un homme l'*amathia*, le fait qu'il croit savoir donc refuse d'apprendre ? D'abord en interrogeant cet homme pour que quelque chose soit dit, même si ce qui est dit ne veut rien dire ; en examinant ensuite ses opinions une à une, puis, en les rassemblant dans un même discours, les confronter et montrer qu'elles divaguent et sont contradictoires en même temps, sur les mêmes objets, sous les mêmes points de vue et les mêmes rapports.

La plus grande partie de l'exposé n'est pas consacrée à la méthode, mais à ses effets. Sont mentionnés d'abord la colère qu'elle provoque chez le répondant et le plaisir que procure le spectacle de sa déroute chez ceux qui y assistent. Qu'un ou plusieurs de ses interlocuteurs se mettent en colère, cela peut arriver quand Socrate interroge ceux qui sont censés savoir dans l'*Apologie*, Thrasymaque dans la *République*, ou Polos dans le *Gorgias*. Mais jamais quand il est face à des « éristiques » (c'est Ctésippe qui est en colère contre eux dans l'*Euthydème*) ou à de « grands » sophistes comme Protagoras ou Gorgias[1]. Le réfutateur est ensuite assimilé à un médecin : de même qu'il faut évacuer les obstacles internes afin que le corps puisse profiter de la nourriture

---

1. Voir M. Dixsaut, *Métamorphoses de la dialectique*, chap. I, Paris, Vrin, 2001.

qui lui est apportée, il faut délivrer l'âme de ses opinions fausses afin qu'elle puisse bénéficier des connaissances (*mathèmata*) qui vont lui être apportées. Apporter des connaissances à l'âme, ce serait donc lui faire avaler des sciences qui lui sont aussi étrangères que sont étrangères au corps les nourritures qu'il ingère. La méthode serait donc le préalable, indispensable certes mais négatif, à un enseignement de disciplines positives et possibles à consigner dans des manuels. Si elle combat une ignorance qu'elle définit comme le fait de prétendre savoir ce qu'on ne sait pas, celui qui pratique cette méthode a la même représentation du savoir que l'ignorant : il pense que le savoir peut être administré à l'âme du dehors.

Celui qui a subi la méthode définie par l'Étranger est dit avoir été « réfuté », or la réfutation est « la plus importante et la plus puissante des purifications[1] ». Cette traduction ne va pas sans problème[2]. À s'en tenir aux Dialogues, ils présentent un éventail à peu près complet des sens de ce terme. Il peut désigner une « preuve », et même une preuve extra-discursive[3], mais si le verbe réfuter signifie souvent « prouver », il s'agit toujours de prouver discursivement, donc de « soumettre à

---

1. *Cf.* 230d7-8.
2. L.-A. Dorion, (Platon, *Apologie de Socrate*, introd., trad. et notes, Paris, GF-Flammarion, p. 72-3) se méfie de la traduction d'*elenkhos* par « réfutation » : à la différence de sa définition aristotélicienne, « prouver la vérité de la contradictoire » (*Réf. Soph*, 5, 167a27), elle a une dimension éthique. C'est aussi la raison pour laquelle Léon Robin préfère lire ce passage comme un « remarquable raccourci de la méthode socratique » : se connaître soi-même » (*OC*, n. 1 à la p. 278, p. 1256-1257) ;
3. Cf. *Banq.*, 220a6, *Théét.*, 157e-158a; *Phil.*, 52d10-e4, pour « l'épreuve » à laquelle on soumet connaissances et plaisirs, et, en *Lois* I, 648b le courage des citoyens.

examen »[1]. Tout dépend du contexte. C'est bien une méthode de « réfutation » qu'emploie Socrate dans son *Apologie* lorsqu'il renverse les rôles et questionne son accusateur Mélétos. Des traités d'art oratoire montrent que la réfutation ainsi que « la réfutation de la réfutation » faisaient partie de techniques rhétoriques s'inspirant de l'interrogatoire juridique, au cours duquel l'accusateur avait le loisir d'interroger l'accusé pendant son procès. Cette sorte de contre-interrogatoire ne consiste ni à réfuter ni à contredire, mais à *faire se contredire* de façon à ôter toute valeur aux arguments avancés. L'Étranger semble se référer à ce genre de procédure, puisqu'il parle d'opinions « contradictoires » sans préciser si elles étaient fausses ou vraies : les opinions doivent être réfutées du seul fait d'être contradictoires. C'est d'ailleurs pourquoi il n'est pas très difficile de les mettre en fuite. L'exposé de la méthode s'achève sur un éloge où les superlatifs pullulent, renforcés par la figure d'un Grand Roi qui, s'il n'a pas subi l'épreuve purificatrice, serait condamné à ne jamais jouir de la beauté et du bonheur que cette méthode dispense. On se demande alors si ce remède « méthodique » est vraiment différent de l'autre, du nouthétique, d'autant que menace et exhortation finale sont destinées à un jeune garçon : « Pour toutes ces raisons, Théétète… » Ce brusque changement de registre rappelle que, dans le *Gorgias*, Socrate juge bon de donner à des conclusions dites pourtant « adamantines » ce

---

1. Voir par exemple *Prot.*, 331e1, *Rép.* VII, 534c3 ; en *Soph.*, 238d et 239b l'Étranger ne dit pas qu'il a été battu dans sa « réfutation » mais dans son « examen » du non-être, comme en 256c, il ne dit pas avoir « réfuté » mais avoir « prouvé » que certains genres se prêtent aux mélanges et d'autres non.

supplément de force qu'est l'effrayant mythe terminal[1].
Un supplément nouthétique est peut-être nécessaire pour
éviter à un remède antilogique de virer à la misologie.

Si l'on s'en tient à leur visée purificatrice, la
différence entre Socrate et les sophistes est insaisissable.
Ils administrent le même remède : « ce sont les images
psychiques (*phantasiai*) et les opinions (*doxai*) de
l'interlocuteur qu'il faut entreprendre de réfuter [ou
d'éliminer] »[2]. De ce point de vue, Socrate et les
sophistes remplissent la même fonction et s'allient dans
un même combat. Ils se comportent en médecins de
l'âme, diagnostiquent l'instabilité de l'opinion et utilisent
le même remède[3]. Ce faisant, ils courent le même risque :
engendrer des disciples semblables à de « jeunes chiens »
qui, « à force de réfuter et d'avoir été réfutés », ne croient
plus en rien. L'*antilogia* est contagieuse, l'antilogique
engendre des antilogiques, or « prendre ainsi plaisir
à offrir perpétuellement ces contradictions dans les
discours, ce n'est pas là de la réfutation véritable »

1. Les conditions et les bienfaits d'une réfutation véritable
sont l'objet du *Gorgias* : une mauvaise réfutation est une réfutation
rhétorique, car, au lieu de débarrasser l'âme de son vain bavardage, elle
lui fournit en abondance des occasions de s'y livrer, donc de ne jamais
revenir à elle-même, de ne jamais s'engager dans ce qu'elle affirme.
Après la déclaration liminaire de Socrate (458a), les conditions d'une
bonne réfutation scandent ensuite la discussion avec Polos, *cf.* 462a,
470c, 472b-c, 475e-476a, et introduisent celle avec Calliclès, (487a-b).
2. *Théét.*, 161e7-162a2.
3. « De même que par ses remèdes le médecin remplace les
symptômes de la maladie par ceux de la santé, de même le *sophos* saura,
par ses discours, remplacer un apparaître sans valeur et sans utilité par
un autre meilleur et plus profitable », dit Protagoras (*Théét.*, 167a-b).
« Identique est le rapport du langage sur la disposition de l'âme et la
prescription des remèdes sur la disposition du corps » répète Gorgias
(*Éloge d'Hélène*, § 14).

déclare l'Étranger quand il reprend la question de
l'*elenkhos* après la partie dite ontologique du *Sophiste*[1].
Il y aurait donc une sophistique « ignoble », l'éristique,
qui se livre à une réfutation purement verbale, tiraille les
discours tantôt dans un sens et tantôt en sens contraire,
et impose ainsi l'image d'un logos incapable de résister
aux contradictions. Le sophiste peut alors s'attribuer la
science des discours victorieux. Car jouer du principe de
non-contradiction pour produire de la contradiction est
aussi une technique propre à la « réfutation véritable » :
la différence ne tient pas au moyen utilisé mais au sens
donné à son résultat. Grâce à un art de réfuter il devient
en effet évident qu'aucune chose, y compris la vérité, y
compris l'être, ne peut se soutenir du simple fait d'exclure
son contraire, car il suffit de faire entrer deux termes en
contradiction pour qu'ils s'équivalent. Or la sophistique
est justement un art d'équilibrer les forces, de rendre
faible ce qui est fort et fort ce qui est faible[2]. Zénon a
appris cela de Parménide et c'est de leur art souverain de
la contradiction et de leurs paradoxes que la sophistique
tient son « noble lignage ». En tant qu'elle force l'âme à
avoir honte de son impureté et l'amène « à penser qu'elle
sait juste ce qu'elle sait, mais pas plus », elle est « la plus
importante et la principale des purifications ».

1. En 259b-d ; pour les « jeunes chiens », voir *Rép.* VII, 539b.
2. *Phèdre*, 267a 8, et en 273b-c, voir l'exemple du « gringalet hardi »
de Tisias. Zénon d'Élée se serait même entretenu avec Protagoras, voir
Diels-Kranz, *Die Fragmente der Vorsokratiker*, Zurich, Hildersheim,
1903, 6ᵉ éd. 1951, trad. de J.-P. Dumont, Paris, « Bibliothèque de la
Pléiade », NRF, Gallimard, 1988, voir le frag. A 29.

QUI LA PRATIQUE ? (230E6-231B2)

Quel nom donner à ceux qui emploient cette méthode ? Pour moi, dit l'Étranger, je crains de dire que ce sont des sophistes, de peur de leur faire trop d'honneur en leur prêtant la *sophia* impliquée par leur nom. À quoi Théétète objecte : « Et pourtant, ce que nous venons de dire a bien de la ressemblance avec quelqu'un de cette sorte. » Comme entre chien et loup, réplique l'Étranger. Pour dire « se faire l'avocat du diable », un Grec disait « se faire l'avocat du loup »; terrifié par l'entrée en scène de Thrasymaque, Socrate le compare à une bête sauvage (*therion*)[1], assimilée ensuite à un loup car Socrate se dit que « si c'était lui, et non pas moi, qui l'avait regardé en premier, j'en aurais perdu la voix », suivant la croyance populaire que, si un loup vous regarde avant que vous ne le regardiez, vous en deviendrez muet. Le loup est un animal d'autant plus dangereux qu'il ressemble tant au chien que l'on peut s'y laisser prendre et qu'il s'attaque aux animaux, aux tendres agneaux en particulier, dont le chien a la garde. Après avoir dit que la ressemblance était « un genre extrêmement glissant » et qu'il fallait bien surveiller ses frontières, l'Étranger décide de ne pas décider : admettons pour l'instant que Théétète a raison et que ceux qui pratiquent cette méthode ressemblent à des sophistes. Quant à cette querelle de frontières, qui de fait est l'objet de l'ensemble du Dialogue, il y reviendra une fois qu'elles auront été tracées et pourront être bien gardées.

1. *Rép.* I, 336b.

RÉCAPITULATION (231B3-8)

En attendant, il récapitule sa sixième définition comme il l'a fait pour les précédentes :

> Que l'art cathartique soit donc une partie de l'art diacritique, et qu'en soit séparée la partie de l'art cathartique ayant trait à l'âme, et d'elle, la partie didascalique, et de la didascalique la paideutique ; et de la paideutique, que la réfutation portant sur un vain semblant de savoir – comme notre raisonnement vient juste de nous le montrer à l'improviste – soit dite n'être pour nous rien d'autre qu'une sophistique noble et de noble lignage. (231b3-8)

L'emploi d'un impératif actif suivi d'impératifs passifs en lieu et place d'indicatifs présents marque sa nature normative : ses divisions ne s'imposent pas d'elles-mêmes, elles *doivent* être faites et faites par *nous*, parce que c'est à nous de reconnaître la valeur de ce remède à une laideur qui pourrait affecter « notre » âme. Croire savoir, c'est ne pas se connaître soi-même : avoir été réfuté serait donc un accès à la connaissance de soi ? Pareille sophistique serait donc une médecine de l'âme, telle que Socrate la pratique quand il affirme pouvoir guérir Charmide de son mal de tête ? Oui, mais les médecins ne sont pas à l'abri des maladies qu'ils soignent. La sixième définition aboutit donc à cette conclusion : cette sorte de réfutation n'est « pour nous rien d'autre qu'une sophistique noble et de noble lignage ».

Une « noble sophistique » ?

Cet oxymore a fait couler beaucoup d'encre : doit-on attribuer cette méthode de purification au sophiste, ou à Socrate ? À poser le problème ainsi, sous forme d'alternative – il s'agirait *ou* de la réfutation socratique, *ou* de la réfutation sophistique – on se retrouve dans la situation suivante : s'il y a une noble sophistique, ce ne peut être que celle de Socrate, mais alors, même s'il ajoute « noble », l'Étranger fait de Socrate un sophiste. Or non seulement il décide de ne pas décider, mais il insiste sur la ressemblance et reste muet sur la différence. Pourquoi Platon le fait-il agir ainsi? Sans doute parce que l'alternative est une fausse alternative. Mais serait-elle fausse simplement parce qu'il faudrait substituer au « ou bien…ou bien » un « et aussi »[1]?

À quelle occasion y a-t-il en effet hésitation sur la dénomination? Seulement lorsqu'il s'agit de l'espèce de purification visant à débarrasser l'âme de son ignorance entendue comme un croire savoir, donc de son ignorance au sens socratique. Un même mal, une même laideur, appelle un même remède, et le noble sophiste emploierait une méthode socratique, à moins que Socrate n'emploie une méthode sophistique. Ce qui ne signifie pas que Socrate *est* un sophiste, simplement qu'il *opère comme* un sophiste opère ou que le sophiste *opère comme* lui. Si l'on s'en tient à cette tâche purificatrice, la différence entre eux est indiscernable : tous deux déstabilisent l'opinion, tous deux utilisent pour ce faire la mise en contradiction et tous deux se comportent comme des médecins. De même que, par ses remèdes, le médecin remplace les symptômes de la maladie par ceux de la santé, le sophiste saura, par son discours, remplacer un

1. Dans son article de 1954, « Plato's Noble Art of Sophistry » (*Classical Quarterly* n.s. 4, 1954, 84-90), G.B. Kerferd, estimait qu'elle décrit plutôt celle de Protagoras. Mais trente ans après (« Le sophiste vu par Platon : un philosophe imparfait », dans *Positions de la sophistique*, B. Cassin (éd.), Paris, Vrin, 1986, p. 25), il écrit : « le texte caractérise une procédure que non seulement les sophistes emploient, mais aussi Socrate. »

apparaître sans valeur et sans utilité par un autre meilleur et profitable, dit Protagoras. Et Gorgias : « Identique est le rapport du langage sur la disposition de l'âme, et la prescription des remèdes sur la disposition du corps[1]. » Il existe donc un noble usage de la sophistique, l'antilogie, qui s'oppose à son usage « ignoble », l'éristique. Cette sixième définition nous ferait alors comprendre ce que la sophistique aurait pu être : une prise de conscience des pièges du langage, de l'équivocité de ses mots, de sa capacité à les faire prendre pour des choses et du caractère instable et infondé des opinions non soumises à réfutation. Tout comme Socrate, le sophiste sait que pour la plupart des hommes penser veut dire avoir une opinion, et il sait comme lui que les opinions sont des statues de Dédale. Seulement, si le sophiste les réfute et les met en déroute, c'est pour les remplacer par d'autres, remplacer celles qu'il juge nuisibles ou inutiles par des utiles ou des profitables. La méthode n'a alors qu'une fonction négative, ce n'est un préalable nécessaire. Car si un noble sophiste vide l'âme de ses opinions, c'est pour la remplir de ses « enseignements », c'est-à-dire d'opinions qu'il estime être plus avantageuses. Tel n'est pas le but que Socrate donne à sa didactique : après avoir montré à un petit esclave qu'il ne savait pas ce qu'il s'imaginait savoir, Socrate dit à Ménon : « Considère alors ce qu'il va découvrir en conséquence de cet embarras en cherchant en commun avec moi, qui ne ferait rien d'autre que de *le questionner sans rien lui enseigner*[2]. » Tout sophiste partage, à sa manière, la stérilité de Socrate, mais celle de Socrate découle de la dimension « maïeutique » qui doit

1. *Théét.*, 167 a-b ; *Éloge d'Hélène*, § 14.
2. *Ménon*, 84c10-d1.

être présente en tout art d'enseigner : délivrer une âme de
son ignorance ne vise pas à la rendre capable de devenir
savante, mais à lui ouvrir un avenir, à éveiller en elle un
désir de comprendre et d'apprendre[1].

Certains interprètes, et non des moindres, pensent
pourtant que c'est la méthode socratique que l'Étranger-
Platon vient d'exposer[2]. La sorte d'ignorance combattue
est bien, dans les deux cas, un croire savoir, mais délivrer
une âme de ses opinions fugitives et contradictoires, est-
ce la délivrer de sa croyance qu'avoir une opinion, c'est
savoir ? Pour la maïeutique socratique, purifier l'âme
signifie la purger de l'opinion qu'elle a de l'opinion,
l'affranchir de la certitude obstinée et obtuse que l'opinion
a de sa valeur, car c'est elle qui est à l'origine de son refus
de se mettre à chercher et à apprendre. S'il *opère* comme
un sophiste opère, Socrate n'en *est* pas pour autant un
noble sophiste car, dans son rôle de médecin de l'âme,
il émet toujours le même diagnostic quant à la racine
profonde des opinions : ce qui pousse à les défendre et

---

1. Voir *Ménon*, 84b-d : ce texte fournit toutes les raisons de ne pas
voir dans cette méthode une méthode socratique.
2. Selon Diès, « c'est la méthode socratique, qu'on retrouvera
partout dans les dialogues de Platon. Xénophon, *Mémorables*, IV, 2,
15-21, en donne une illustration très développée. » (éd. cit., note 2,
p. 324). Surprenant renvoi, et aveu manifeste : mieux vaut se tourner vers
Xénophon que vers Platon pour avoir une illustration de la « méthode
socratique ». Léon Robin adopte une perspective chronologique : ce
« remarquable raccourci » de la méthode d'examen critique est mis en
œuvre dans les dialogues de la première période, et « même encore »
dans le *Théétète* (*OC*, notes 1 et 2 à la p. 278). N.L. Cordero (*Le Sophiste*,
op. cit., note 71) renvoie pour sa part à l'enquête de l'*Apologie*, où rien
n'est précisé quant à la méthode sinon qu'elle met en colère tous ceux
supposés savoir, et à l'*Euthyphron*, où c'est la « *question* socratique »
qui est posée : « illustration », « raccourci », « enquête » sont de bien
curieux équivalents du terme « méthode ».

s'y cramponner aussi déraisonnablement est l'absence de connaissance de soi, autrement dit, l'impuissance de l'âme à se ressouvenir de sa puissance. Pourtant, codifiée comme elle vient de l'être, la « méthode » ne peut que s'appliquer à Socrate, et le même ne peut que prendre la figure d'une mauvaise répétition. Or, y compris lorsqu'elle est noble et antilogique, la sophistique n'est pas un chemin vers la réminiscence, elle n'entraîne pas un retour de l'âme à sa puissance de penser, de chercher, de découvrir et d'inventer, puisque le seul désir que souhaite éveiller le sophiste est celui de suivre ses leçons, et de les payer comme il estime qu'elles doivent l'être.

LANGAGE TECHNIQUE OU PARODIE ?

Dans la définition récapitulative, l'art trivial du pêcheur à la ligne est défini par une avalanche de termes dont le cliquetis hermétique semble peu approprié au modeste et trivial objet que cette définition définit. En d'autres termes, celle-ci prend une tournure parodique en se récapitulant. Parodier, c'est « chanter à côté », sur un autre ton, contrevenir au principe de la convenance entre ce dont on parle et le langage utilisé pour en parler[1]. Si l'intention parodique peut sembler évidente s'agissant de la formule définitionnelle de la pêche à la ligne, peut-on l'étendre à toutes les définitions de la sophistique ? Chacune de ses espèces est définie comme un art identique à la somme des espèces d'arts issues de la division d'un genre donné – d'où la cascade de néologismes fabriqués pour les désigner, exprimés par des génitifs féminins partitifs (en *-ikès*) ou par des accusatifs neutres (en *-ikon*). Ils sont destinés à assurer

---

1. *Cf.* Horace, *Art poétique*, v. 87-118.

une univocité sémantique aux termes d'un lexique qui, à la différence de celui du langage ordinaire, ne doit pas prêter à discussion et requiert une mémoire logique semblable à celle requise pour comprendre une démonstration mathématique. Car l'Étranger ne parodie pas le langage technique en général : celui des arts mathématiques est totalement justifié car il parle des objets qu'il *commence* par construire en les définissant et qui doivent être tenus pour des *principes*. Quant aux opérations que ces objets autorisent, ce langage *commence* aussi par les définir. Or selon la méthode de division telle qu'elle a été employée jusqu'ici, une définition ne vaut au contraire qu'en tant qu'elle est le *résultat final* d'un parcours dont la récapitulation énumère les étapes, désignées chacune par un néologisme en -ique. Peut-on voir dans leur accumulation une preuve de la nature « parodique » de ces définitions ? Elle tendrait alors à faire prendre conscience du décalage existant entre leur forme technico-scientifique et la nature de l'objet à définir. Cette hypothèse n'a en tout cas rien de fantaisiste puisqu'elle peut se réclamer de l'autorité de Campbell[1].

Ces formules définitionnelles ne doivent-elles cependant leur caractère parodique qu'à l'abondance des néologismes fabriqués par Platon ? Ils répondent à l'exigence propre aux langages mathématiques : purifier leurs termes de toute exubérance iconique comme de toute référence empirique. Outre les néologismes

---

1. Voir Campbell, *The* Sophistes *and* Politicus *of Plato*, *op. cit.*, ad 220c8 p. 24 : « There is a tinge of satirical humour obvious in almost every line. » Humour, certes, mais alors que la satire est une attaque frontale, la parodie joue sur le décalage entre deux langages. Voir M. Dixsaut *et al.*, *Le Politique*, *op. cit.*, introd., p. 22-23.

désignant les éléments dont ce lexique définitionnel est presqu'exclusivement composé, ces formules ont comme autre particularité leur absence d'articulation syntaxique, une énumération successive étant censée en tenir lieu[1]. Si la définition finale de la pêche à la ligne relie par une particule tous les arts mentionnés[2], aucune particule ne figure dans les cinq premières définitions du sophiste; cinq particules réapparaissent dans la sixième, accompagnées de verbes à l'impératif et de phrases du langage courant, ce qui n'arrive dans aucune des autres. Les cinq premières définitions ridiculisent chaque fois une nouvelle prétention de la sophistique à être un art capable de rivaliser avec la rigueur syntaxique et la précision sémantique des langages mathématiques. Mais si un déferlement de néologismes joint à une absence d'articulation syntaxique rend ces définitions doublement inintelligibles – et laissent peu de doute sur leur caractère parodique – en fournir des traductions explicatives et introduire les articulations logiques dont elles sont dépourvues va à l'encontre du but poursuivi par Platon. Car ce langage totalement et délibérément artificiel ne nous donne-t-il rien à comprendre? Faut-il s'en débarrasser en optant pour un impératif de fluidité,

---

1. Dans la langue grecque, les articulations se marquent par des particules (*men, dè, de, ge*, ...) que leur légèreté monosyllabique ne dispense pas d'avoir les différentes fonctions et nuances étudiées par Denniston au long de cinq cent quatre-vingts pages (J.D. Denniston, *The Greek Particles*, Bristol Publishing, Company, (1934) 1996. La logique ne pouvant par ailleurs remplacer la grammaire que dans un système de signes, il convient de porter attention aux catégories grammaticales (féminin /neutre, indicatif/ impératif).

2. Passé le *men...de* (d'une part, d'autre part) initial, on compte sept fois la particule *de*, qui signifie aussi bien « et en effet » que « au contraire ».

ou en en rejetant la responsabilité sur la méthode de division ?

Ce point a été et est toujours abondamment débattu[1], mais parler d'erreurs à propos de ces définitions de la sophistique semble assez peu défendable. Car le sophiste possède effectivement tous les arts qu'il prétend avoir, mais il les pratique à sa façon. C'est un chasseur qui pratique une chasse qui n'existe pas, une chasse aux animaux paisibles ; un commerçant qui vend, de toutes les façons possibles, une marchandise qui n'en est pas une ; un lutteur qui déploie une habileté sans pareille lorsqu'il jongle avec les mots, pour en arriver à ce que rien ne soit dit. Éducateur de jeunes gens riches, trafiquant de biens culturels en tous genres, virtuose inégalable du langage, le sophiste à la fois l'est et ne l'est pas, car en éduquant il pervertit, en diffusant la culture il la corrompt, et quant à sa maîtrise du discours, elle ne lui sert qu'à démontrer l'incapacité du langage à dire ce qui est vraiment. Ses « images définitionnelles » doivent être d'autant plus prises en compte qu'en faisant sortir le sophiste de sa boîte et en en démontrant l'ubiquité, elles se rapprochent chaque fois un peu plus de leur point d'émergence et de convergence. Quant à la méthode de division, elle ne contraint pas seulement à réfléchir sur la différence entre un langage qui doit prendre ses définitions pour des principes et un langage voué à les chercher sans jamais être certain que c'est bien des définitions qu'il doit

---

1. C'est ce que démontre involontairement Mary Louise Gill dans son article « Division and Definition in Plato's *Sophist* and *Statesman* » (dans D. Charles (ed.), *Definition in Greek Philosophy*, Oxford U.P., 2010, p. 172—201) : considérer que toute division a, et n'a pour but qu'un énoncé définitionnel conduit forcément à une conclusion négative concernant la valeur de cette méthode.

chercher. Elle permet aussi d'entrevoir de quel genre la sophistique tient sa fascinante puissance, et cela, que le sophiste acquière ou qu'il produise.

PAUSE ET RÉCAPITULATION GÉNÉRALE
(231B9-232B2)

Il faut en effet s'arrêter de définir, faire une pause, et récapituler « pour nous-mêmes sous combien d'aspects » le sophiste est apparu. Pause nécessaire, puisque jusque-là, c'est la sophistique qui a été définie, le sophiste n'étant défini que par l'art qu'on lui prêtait, et chaque définition étant solidaire du point de vue adopté par ceux qui en sont les spectateurs-auditeurs. Mais le point de vue adopté « en commun » par Théétète et l'Étranger est différent, puisqu'ils ont pour but de répondre à la question posée par Socrate : philosophe, sophiste et politique sont-ils trois genres distincts ? C'est donc comme un « objet à définir » que le sophiste doit leur apparaître, afin de pouvoir en distinguer le *genre*. Or, dans tout ce qui précède, le genre du sophiste n'a été mis en relation avec aucun des deux autres, si ce n'est furtivement et par accident. La conséquence est, qu'à présent, Théétète et l'Étranger ne savent plus trop avec combien de définitions du *sophiste* ils se retrouvent. Aussi leur faut-il prendre le temps de les recompter.

Jusque-là, rechercher la définition du sophiste s'est imposé comme un but en soi. Mais comme c'est la maîtrise d'un art qui définit l'artisan, c'est la sophistique qui définit le sophiste, et c'est la sophistique qu'ils ont définie. Or ils l'ont découverte comme étant une contrefaçon possible de tous les arts qu'ils ont examinés. Ses définitions doivent donc être reformulées de manière à devenir des définitions du *sophiste*, de ses différentes figures : adieu donc aux néologismes requis par la science qu'il revendique, et retour au langage ordinaire. La première et la deuxième définitions sont introduites par « il a été trouvé que » : elles sont présentées comme étant les résultats d'une recherche. La troisième et la quatrième disent comment « il s'est montré », ce qui attribue au sophiste la responsabilité de ces aspects. Le verbe « être » figure discrètement et à l'imparfait dans la cinquième : parce qu'il s'est réservé l'art éristique, le sophiste « était » un athlète en matière de discours ; il n'accède donc à un semblant d'existence qu'en se livrant à des combats de parole. Mais c'est avec la sixième « que nous lui (*autôi*) avons reconnu le fait d'être lui-même (*auton einai*) » capable de purifier l'âme de ses opinions : l'objet de cette définition ne possède être et identité que lorsqu'il n'est pas certain que la tâche qu'on lui attribue puisse avoir le sophiste pour sujet.

Une fois exprimées dans une langue compréhensible par tous ceux qui la parlent, c'est le problème posé par leur pluralité qui passe au premier plan : donner six définitions différentes d'un objet que l'on appelle d'un même nom n'a évidemment rien de sain. L'Étranger décide donc de « respirer », d'abandonner le champ où ses définitions ne pouvaient être que parodiques et recevoir un statut descriptif, ce qui les soustrait doublement au principe de contradiction.

Des descriptions définies à la sphère du symbolique

Il est en effet tentant de leur donner le statut de « descriptions définies ». Les définitions successivement formulées par Platon-l'Étranger seraient pour ainsi dire vides de dénotation, donc de référence, dans la mesure où « le sophiste » n'est connu que par les descriptions que nous et d'autres en faisons. Son nom n'est ainsi pas un nom qui lui soit « propre » puisqu'il renvoie à des descriptions de ses manières « d'apparaître à » et qui sont par conséquent entièrement relatives. « Le sophiste » serait ainsi une description camouflée soit en sujet soit en objet défini, sujet et objet étant tous deux des imposteurs abrités dans les ambiguïtés du langage ordinaire, que la méthode analytique permettrait de démasquer. Cette transposition grammatico-logique d'une chasse à la poursuite d'un gibier insaisissable peut sembler éclairante, mais regardons l'exemple pris par Russell : « Scott est l'auteur de *Waverley* »[1]. Si l'on affirme par exemple « le sophiste est un athlète en parole », ou bien « le sophiste » ne signifie rien d'autre que « athlète en parole », et on a selon Russell une tautologie et pas une définition ; ou bien « le sophiste » signifie autre chose qu'athlète en parole, et la définition est invalidée comme définition. Sans entrer dans une discussion de ces affirmations, ce qui ressort de cette analyse est la capacité du « sophiste » à la déjouer, en démontrant l'incapacité dont elle fait preuve face à un professionnel de l'usurpation d'identité et à un objet complexe par nature. Le sophiste est un athlète en parole *et aussi* un chasseur de jeunes gens riches, *et aussi* un vendeur au détail de marchandises intellectuelles, etc... Pris comme sujet, « sophiste » n'est pas une expression qui n'a pas de référence, c'est une expression qui en a

---

1. L'exemple donné par Russell dans *Histoire de mes idées philosophiques*, trad. G. Auclair, Paris, Gallimard, p. 106, est remarquablement analysé par J.-F. Malherbe, « La théorie russellienne des descriptions. Exposé et critique. », *Revue philosophique de Louvain*, n°12, 1973, p. 735-749, p. 736-738.

trop, puisque son apparaître est toujours en excès sur son être. Et pris comme objet, ses multiples images étant des images, elles ne sont pas soumises au principe de contradiction. Son nom est d'ailleurs en lui-même une image : le sophiste s'avance masqué, il se présente comme un homme qui sait (*sophos*). Si ce n'est pas ce nom qui a conduit Russell à sa théorie des descriptions définitionnelles puis à la modifier et à voir en elles des expressions symboliques, il est en tout cas celui qui plus que tout autre aurait pu l'y contraindre.

Le mot « sophiste » n'a en effet qu'une existence symbolique : c'est un signifiant flottant, privé même de la consistance dont bénéficie tout personnage imaginaire, un signifiant qui se trouve chaque fois en attente du point de vue capable de lui donner sens et existence. Dépourvu de manière d'être et de puissance propres, le sophiste est un être qui possède tous les pouvoirs que le langage dispense et qui souffre de toutes les servitudes que le langage implique. Le but des divisions précédentes était « d'acquérir l'intelligence de tous les arts en montrant ce qui est ou n'est pas apparenté ». Or si le sophiste s'est imposé sous plusieurs aspects et s'est vu désigner par plusieurs noms, ce n'est pas en raison d'une inadaptation ou d'une imperfection de la méthode. Celle-ci a au contraire réussi à montrer au-delà de toute espérance que le caractère bariolé du personnage relevait entièrement de la diversité des regards portés sur lui. « Le sophiste » n'a donc qu'une existence relative et relationnelle : il ne fait qu'apparaître et sembler sans être.

DE L'OMNISCIENCE À LA DÉCOUVERTE DU GENRE (232B2-237A1)

L'une de ses apparitions a toutefois semblé à l'Étranger le révéler mieux que les autres : sa pratique de « l'antilogie ». Et pour cause. Le logos est présent dans toutes les définitions, il est le moyen de capturer les jeunes gens riches, la marchandise dont le sophiste fait commerce en gros et en détail, en en fabriquant ou en colportant, et il est aussi son moyen de combattre et d'enseigner. Mais il se fait surtout entendre dans l'art propre à la sixième, l'anti-*logie*[1].

L'OMNISCIENCE (232B2-234E7)

Sur quoi le sophiste prétend-il savoir contredire et enseigner à contredire ? Sur tout :

> En outre, celui qui connaît l'art des discours saura parler correctement de tout. Mais celui qui a à parler correctement doit parler de ce qu'il sait : il devra donc tout savoir. Il connaît l'art de tous les discours, et tous les discours sont des discours sur toutes les réalités. [...] Ainsi, il est capable de dialoguer brièvement, s'il a à répondre à des questions, et sur tous les sujets. Il doit donc tout savoir. (*Doubles Dits*, fr. VIII, 3-5, 13, DK)

« Mais, j'y pense, cet art antilogique ne se résume-t-il pas à disposer d'une certaine puissance lui suffisant à soulever une controverse sur tous les sujets ? »

---

1. Selon Diogène Laërce, Protagoras aurait écrit un livre intitulé *Antilogies*, livre contenant au dire d'Aristoxène (*Vies et opinions*, *op. cit.*, III, 37), à moins que ce ne soit de Favorinus (III, 57), la totalité de la *République*. Façon comme une autre de refaire de Socrate un sophiste.

Pouvoir discuter sur tout ? (232b2-233d2)

Tous[1] ? L'inventaire des parties de ce « tout » va ordonner tous les domaines de connaissance selon une hiérarchie descendante, fonction de la dignité décroissante reconnue à leurs objets et de la hiérarchie croissante de leur utilité. Elle va donc de discussions « spéculatives » et désintéressées sur les choses divines invisibles et sur les phénomènes météorologiques visibles, aux batailles législatives et politiques. Ces dernières sont les plus rémunératrices, car personne ne se mettrait à l'école des sophistes s'ils ne s'engageaient à former de redoutables débatteurs en ces matières, puisque c'est de cela que dépend l'obtention de fonctions éminentes au sein de la cité. Entre ces deux extrêmes s'insèrent les controverses privées sur des couples de notions générales comme le juste et l'injuste ou le devenir et l'être, et pour finir la rédaction de manuels permettant d'avoir le dessus sur les spécialistes en n'importe quel art[2].

« Mais toi, par les dieux, mon enfant, penses-tu cela possible ? Peut-être en effet que vous, les jeunes, avez sur ce point un regard plus perçant, et nous plus émoussé. » En incluant Théétète dans une classe d'âge, l'Étranger rattache la question de la possibilité d'une pareille omniscience à celle de la possibilité que « les jeunes » y voient sur ce point plus clair que « nous », les gens d'âge mûr. Théétète ne serait donc plus le jeune mathématicien génial doté d'une nature exceptionnelle,

1. Le terme *passophos*, « savant en tout », est récurrent chez Platon pour qualifier le sophiste, du *Protagoras* (315e) au *Théétète* (149d, 152d) en passant par le *Lysis* (*216a*), l'*Euthydème* (271c, 287c) et *République* X (598d).

2. Pour ces controverses « spéculatives », voir Antiphon et surtout Gorgias ; pour les « manuels », voir par exemple *Phèdre*, 266d-267d.

ou l'interlocuteur docile, mais le représentant d'une classe d'âge ? Pourquoi l'Étranger fait-il en outre semblant de croire que le regard des jeunes gens, et celui de Théétète en particulier, est plus aigu que celui des gens de son âge, alors qu'il sait pourtant fort bien, et va le dire aussitôt après, que ce sont les jeunes gens qui sont les plus fascinés par la puissance de l'antilogie sophistique ? La vision ainsi que toutes les capacités sensorielles sont diminuées par l'avancement en âge, mais Théétète pourrait objecter sans trop de difficulté qu'il existe une autre sorte de vision. En outre, avoir le même âge serait-il un lien plus fort et plus « naturel » que celui né d'une recherche commune[1] ? Si l'Étranger en décide ainsi avant d'aborder un problème beaucoup plus épineux, c'est parce qu'il a besoin de s'assurer que Théétète acquiesce « en connaissance de cause » et non « parce que le courant de l'argumentation » et l'habitude l'ont « entraîné à le faire aussi vite ». L'Étranger a souhaité un partenaire jeune et docile, non un interlocuteur indifférent.

Le véritable savoir que Théétète possède l'empêche de croire qu'un savant puisse être savant en tout. Il a suivi sans trop de mal l'élaboration de chaque définition, mais leur énumération lui donne le sentiment d'être dans une impasse. Face à six définitions mathématiques du cercle ou du nombre pair, l'alternative serait en effet qu'une, ou peut-être deux, sont vraies et les autres fausses, ou qu'elles sont toutes fausses[2]. Or les six premières définitions ne sont ni toutes fausses, ni toutes vraies, ni les unes vraies et les autres fausses : elles sont toutes *possibles*, et plus ou

1. *Cf.* 218b6-8 : « mais c'est en commun avec moi… »
2. Du moins si l'on se réfère à l'état des mathématiques du temps, mais aussi au postulat que Théétète n'abandonnera que plus tard, à savoir que le faux est le contraire du vrai.

moins semblables au vrai, *vrai-semblables*. Le problème posé par la pluralité de définitions du sophiste n'est justement ni que certaines ou toutes soient fausses, ni que certaines ou toutes soient vraies : il oblige à se demander comment il est possible qu'un même personnage paraisse et semble expert en tous ses arts sans l'être. Être omniscient « est apparu (*ephanè*) impossible » et pourtant les sophistes « paraissent » (*phainontai*) posséder tous ces savoirs. L'Étranger peut alors conclure que le sophiste « a donc fini par nous apparaître » comme le détenteur d'un semblant (*doxastikè*) de savoir universel, et Théétète estime que c'est ce qui a été dit de plus correct à son sujet.

Un paradigme pourtant : le peintre (233d3-234c1)

Pouvoir contredire sur tout sujet est une chose, pouvoir tout fabriquer en est une autre. Que répondre en effet au cas où quelqu'un affirmerait savoir, non pas « dire et contredire », mais produire « et faire grâce à un seul art toutes choses sans exception » ? Cette fois, l'Étranger n'énumère pas des domaines de savoir mais des réalités, en remontant des plus proches au plus lointaines. « Tout » veut dire « toi et moi », et tous les animaux, les végétaux, « la mer, le ciel, la terre, les dieux et tout le reste ». Qu'est-ce qui peut bien rester ? L'énumération de l'Étranger citant presque mot pour mot celle de Socrate au livre X de la *République*, ce doit être « et tout ce qui est dans le ciel, et tout ce qui est chez Hadès sous la terre » :

> Car c'est le même artisan qui est capable de produire (*poiein*) non seulement tous les objets fabriqués, mais de produire aussi toutes les plantes qui poussent de la terre, et qui façonne tous les vivants, y compris

> lui-même, et en plus de cela c'est terre, ciel et dieux, et tout ce qui est dans le ciel, et tout ce qui est chez Hadès sous la terre qu'il façonne. (*Rép.* X, 596c4-9)

Dans ce passage du livre X, les verbes sont soigneusement calculés pour que la production soit dans tous les cas une fabrication, et la fabrication une production d'apparences. Les vivants y perdent la vie, et les œuvres qui seront attribuées plus loin à une production divine sont mises ici à la portée du premier venu, à condition qu'il ait un miroir à faire tourner ou qu'il dispose d'un « art graphique »[1]. Artisan ou artiste, celui qui est visé est celui qui est apte à « (re-)produire » sans trop d'effort et en un rien de temps tous les objets fabriqués, et de « façonner » tout ce qui vit sur, sous, et au-dessus de la terre. L'éloignement spatial brouille la perception visuelle – « quand nous voyons les choses à grande distance, cela trouble et embrume, pour ainsi dire, la vision chez tout le monde[2] » – mais il suffira « d'aller y voir » pour que le brouillard se dissipe. Si l'enfance et la jeunesse tiennent les dures réalités de la vie à distance, grandir et mûrir dissiperont ce brouillard, contraindront à changer d'opinions et entraîneront un renversement des valeurs : ce qui jadis était tenu pour négligeable devient important et ce qui était jugé difficile semble facile. L'art graphique peut donc servir paradoxalement de paradigme à une technique discursive capable « de montrer des images parlées de toutes choses ». De même que le peintre doit montrer ses œuvres « de loin » à des enfants naïfs et bêtas pour leur faire croire que ce sont des choses réelles, le sophiste ne fera illusion qu'à la condition

---

1. Cf. *Rép.* X, 598b-d, *Lois* II, 669a6-8.
2. *Lois* II, 663b-c.

d'adresser ses « images parlées » à des garçons que leur jeunesse éloigne « de la vérité des choses ». Le peintre est un excellent paradigme, reflets, dessins et peintures sont des apparences (*phainomena*) qui n'existent pas en vérité (596e1), et quand elles ne se contentent pas de se montrer mais ont pour but de faire illusion, il faut parler d'apparences illusoires, de *phantasmata*. La possibilité d'ensorceler des jeunes gens crédules en s'adressant, non pas à leurs yeux mais à leurs oreilles et en utilisant des « images parlées » est à la fois la preuve de l'existence et de la puissance d'un art différent, discursif et non pas graphique, et de l'existence d'images parlées[1]. Quand elles sont utilisées avec art, elles peuvent sembler (*dokein*) vraies, être tenues pour telles, et celui qui les fabrique peut sembler être « le plus savant de tous ». Cet art différent, la sophistique, permet donc d'exploiter la puissance de l'opinion (*doxa*), et le sophiste sait au moins cela : que pour la plupart de hommes savoir consiste à se faire une opinion. Ce qui ne laisse aucun doute sur l'espèce de « vérité » à laquelle il nous fait croire : à la vérité fugitive, changeante et absolument relative de la *doxa*, qui pour sa part est toujours dupe de la puissance des images.

Parenthèse nouthétique (234c2-e7)

Lorsqu'il passe de la « vérité » à laquelle donnent à croire les simulacres visuels à l'illusion que peuvent produire ces simulacres de *logoi* (de discours capables de rendre raison de ce qu'ils disent) que sont les controverses, le ton de l'Étranger devient de plus en plus nouthétique, et

---

1. Voir la note X à la traduction. En 239d7-9, Théétète n'énumérera que des images visuelles, ce qui permettra au sophiste d'affirmer que sa technique n'a rien à voir avec une production d'images.

diffère sensiblement de celui que Socrate avait employé
la veille pour achever l'examen auquel il avait soumis
Théétète. L'expression de cet accès de bienveillance
paternelle souffre alors d'un certain flou : quelles sont les
épreuves (*pathèmata*) que l'Étranger souhaite éviter le
plus possible à Théétète ? quels sont ceux qui se joignent
à lui pour y arriver[1] ? Le plus déconcertant est qu'il se
rende coupable de deux dangereux glissements.

Le premier est qu'il semble croire qu'il suffirait
d'avancer en âge pour « entrer en contact avec les
êtres ». Il y aurait donc une vérité des faits, une évidence
de la vérité dans les choses qui s'oppose aux discours
trompeurs des sophistes ? Le second est que l'Étranger
oppose les actes, seuls moyens d'acquérir l'expérience
des choses, aux paroles, qui ne font que du bruit ou
véhiculent des fictions. Le général Lachès ne reconnaît
le droit de parler qu'à ceux qui auront prouvé par des
actes la réalité qu'ils accordent à ce qu'ils disent : si
Socrate a selon lui le droit de parler du courage, c'est
parce qu'il s'est montré « courageux » au sens qu'un
homme de guerre donne à ce mot[2]. Opposer « en acte »
(*ergô*) à « en parole » (*logô*) équivaut à couper l'action
de toute délibération raisonnable, et Lachès va jusqu'à
penser que celui qui est descendu dans un puits sans
savoir comment en remonter commet un acte d'autant
plus courageux qu'il est irréfléchi[3]. Valoriser les actes
se double forcément du mépris envers toute parole

---

1. L'éducateur le plus compétent ne saurait préserver ses élèves des
accidents de l'existence, seulement de leurs erreurs de jugement, d'où
l'hypothèse de Diès : il s'agirait ici de la « misologie ».
2. *Lach.*, 188e-189b, cf. *Criton*, 46c-d.
3. *Lachès*, 195c-d, et *Phédon*, la misologie : 90b-e.

n'aboutissant pas à des conséquences pratiques[1], mais le plus grave est que Lachès et ses pareils abandonnent aux discoureurs qui les ont rendus misologues une parole qu'ils estiment n'être « que des mots » et un vain bavardage. Mais de quoi change-t-on quand on tombe sur (*prospiptô*) et touche (*prosaptô*) les choses qui sont ? D'opinions, c'est-dire de discours, de ceux que nous nous tenons à propos des choses[2]. L'avancement en âge a donc pour seul effet de substituer des opinions droites, tempérées et raisonnables à des opinions fausses, et les « réalités » qu'une perception claire et correcte permettra de saisir et qui dissiperont illusions, erreurs et rêves sont donc des réalités empiriques.

Distance spatiale et distance temporelle sont des causes naturelles dont les conséquences peuvent être annulées naturellement par l'avancement en âge mais aussi par des moyens techniques (le calcul) si l'éloignement est spatial, et s'il est temporel par l'apprendre : apprendre peut servir de raccourci et abréger le temps nécessaire. Ainsi, lorsque Lysis invoque son jeune âge pour expliquer à Socrate pourquoi ses parents ne l'autorisent à intervenir dans aucune de leurs affaires et ne le laissent pas agir comme il veut, Socrate réplique : « Peut-être n'est-ce pas cela qui t'en empêche ». Il y a en effet des cas où ses parents s'en remettent à lui, lire ou jouer de la lyre par exemple, et malgré son jeune âge, l'enfant se montre capable de répondre : « c'est parce que ces choses-là, je les connais[3]. »

---

1. *Lachès*, 188c-e.
2. Voir l'analyse de ce texte par G. Casertano, « Parménide, Platon et la vérité » dans *Platon Source des Présocratiques, Exploration*, textes réunis par M. Dixsaut et A. Brancacci, Paris, Vrin, 2002, p. 72-75.
3. *Lysis*, 208d-209c.

Cependant, à la distance spatiale qui empêche naturellement la vision des yeux d'être claire et distincte et à la distance temporelle qui empêche l'enfance et la jeunesse d'avoir une expérience suffisante des dures réalités, il faut ajouter la distance artificielle et artificieuse que projette tout magicien et tout imitateur, et dont il joue. Qui, ou qu'est-ce qui, en est responsable ? Nul autre que le sophiste. C'est lui l'imitateur capable de « produire par jeu » des « imitations et des homonymes des êtres »[1], les premières étant données à voir et les seconds à entendre. Or, qu'il veuille les respecter ou les transgresser, tout joueur doit connaître les règles du jeu auquel il joue, et le sophiste joue en virtuose de l'espèce mimétique la plus technique mais aussi la plus charmante, son charme (*kharis*) tenant au plaisir qu'elle procure[2].

C'est une autre sorte d'expérience qui peut permettre de résister à son ensorcellement, ou à se désensorceler. Elle ne consiste pas à agir et à pâtir des choses, elle doit questionner et répondre, démontrer et réfuter, progresser puis tout reprendre de nouveau et non pas, comme l'expérience sensible, simplement advenir. Cela, parce que c'est cet état de l'âme que l'on appelle savoir qu'elle recherche, et le savoir n'est pas acquis au cours du temps, il n'est pas soumis « au temps qui s'avance » inexorablement et suivant un rythme identique. Il impose d'apprendre et de comprendre les choses qui sont en vérité, et leur temps à tout deux est « le temps de toujours ».

---

1. *Soph.*, 234b7. Les « jeunes chiens » de la *République* (VII, 539b-c) imitent « celui qui dans la controverse joue un jeu pour le plaisir de jouer ».
2. Voir *Lois* II, 667c9-d2.

LA DÉCOUVERTE DU GENRE (234E7-236C8)

Hier, Socrate avait jugé que sa maïeutique suffisait à orienter correctement Théétète, mais lorsque c'est comme un magicien que le sophiste apparaît, comme un sorcier capable de faire croire à la vérité des « simulacres parlés » qu'il déverse dans les oreilles des jeunes gens, l'Étranger doute de l'efficacité de ce contrepoison. Ce n'est pourtant pas de méthode qu'il faut changer, il faut au contraire continuer à diviser toujours plus rigoureusement.

Magicien et imitateur (234e7-235c8)

« N'est–il pas désormais à peu près clair, d'après ce que nous avons dit », que le sophiste est « un magicien (*goètos*), un imitateur (*mimètès*) des choses qui sont (*tôn ontôn*)? » Il est par conséquent devenu impossible de lui accorder l'omniscience à laquelle il prétend. Leur raisonnement ayant réussi à envelopper leur gibier dans un filet dont il ne pourra plus s'échapper, c'est dans le genre des producteurs de choses merveilleuses, extraordinaires (*thaumatopoioi*), qu'il doit être rangé[1]. Il faut par conséquent définir au plus vite le genre de la production d'images, l'eidôlopoiètique.

Ranger le sophiste dans un art de produire a comme effets notables de contredire la définition du genre poiètique et de le faire exploser. D'en contredire la définition, car non seulement le sophiste ne fait rien venir à « être » (*on*), mais il fait encore moins venir quoi que ce soit à « une manière d'être propre » (*ousia*). Or il est dit à présent appartenir « au genre de ceux qui produisent des choses merveilleuses, étonnantes (*thaumatopœi*) ». Le

1. Voir la note X à la traduction.

terme *thaumatopoioi* est employé dans la *République* pour désigner les montreurs de marionnettes, marionnettes qu'ils fabriquent et manœuvrent au-dessus d'un petit mur[1] qui s'élève entre le feu qui brille dans la caverne et projette des ombres sur le mur auquel des prisonniers enchaînés font face. De plus, ces manipulateurs ne se contentent pas de leur faire voir leurs tours d'adresse, ils parlent. De sorte que les prisonniers ne sont pas seulement fascinés par un spectacle dont ils ne peuvent détourner leur regard, mais, s'il leur arrive de parler les uns avec les autres, leurs paroles ne portent que sur les ombres qui défilent sous leurs yeux et qu'ils tiennent pour des réalités. De plus, ils croient aussi entendre parler ces ombres alors que leurs paroles ne sont que les échos de celles proférés par des manipulateurs dont ils ignorent l'existence. Quant à celles qui sortent de leurs bouches lorsqu'ils se parlent entre eux, elles font écho à celles qu'ils croient sortir de la bouche des ombres, qui elles-mêmes ne profèrent que ce qu'on a mis dans leurs bouches. Ce texte bien et trop connu est à coup sûr le plus radical que Platon ait jamais écrit sur la puissance de la sophistique, puissance redoutable en ce qu'elle consiste à en exploiter magistralement une autre : celle des images graphiques ou sonores, immobiles ou en mouvement. Or qu'est-ce qui permet de la dénoncer avec tant de force ? Une image.

Quand le verbe produire a le sophiste pour sujet, il signifie par conséquent faire *apparaître* quelque chose qui n'apparaissait pas auparavant, et qui possède la puissance de faire croire à son existence. Lorsqu'il avait divisé (en 219a8-b1) le genre de production, l'Étranger avait distingué le soin des corps vivants, la fabrication d'objets,

1. *Rép.* VII, 514b6.

et la *mimétique*, cette dernière espèce n'ayant alors donné lieu à aucun examen. C'est aussi dans la *République* que cette espèce a été définie : après avoir banni de la « belle cité » tout ce qui est poésie imitative, Socrate demande à Glaucon : « Pourrais-tu me dire ce qu'est en général l'imitation[1] ? » Sa question appelle l'exemple des trois lits qui aboutira à une définition de l'art imitatif (*mimèsis*). Le premier lit est celui que fait pousser un jardinier divin, paradigme de celui sur lequel l'artisan menuisier fixe son regard pour fabriquer le second, le lit sensible, dont le troisième est une image qu'un imitateur « fait exister, n'importe où et instantanément ». Sa *mimèsis* ne vise donc pas à imiter « ce qui est (*to on*), mais ce qui apparaît (*to phainomenon*) comme il apparaît », et apparaît à des regards différents adoptant des perspectives différentes[2]. Mais quand l'Étranger affirme que le sophiste est « un imitateur », il dit de lui qu'il imite « des choses qui sont (*tôn ontôn*) ». Cette apparente contradiction s'explique par la mise entre parenthèses du premier des trois genres de lit, du lit intelligible, seul véritable paradigme. Le lit réel devient alors celui, sensible, du menuisier ; c'est lui qui est imité par les arts des peintres et des poètes, qui sont à ce moment du *Sophiste* des paradigmes de l'art du sophiste.

À l'instar du Grand Roi, l'Étranger déclare à présent qu'aucun genre « ne pourra se vanter d'avoir échappé à une méthode applicable aussi bien à chaque genre qu'à leur totalité ». Ce n'est donc pas de méthode qu'il faut changer, il faut au contraire continuer à diviser toujours plus rigoureusement, en appliquant aux arts de produire une technique analogue à celle appliquée aux arts d'acquérir,

1. *Rép.* X, 595c.
2. *Rép.* X, 598b1-3.

technique comparée par l'Étranger au quadrillage
ordonné par « le Grand Roi » Darius. « Lorsqu'ils
s'emparaient d'une île, les Barbares en prenaient la
population au filet ; voici comment la chose se passe : les
hommes se prennent par la main pour former une chaîne
déployée de la rive nord à la rive sud de l'île, puis ils
avancent en rabattant devant eux les habitants du pays[1]. »
Après l'avoir exposée, Aspasie-Périclès conclut que « la
puissance des Perses n'est point imbattable et que tout le
nombre, toute la richesse qu'on voudra, cèdent le pas à la
vaillance », comme le prouve la bataille de Marathon. La
référence est donc à double-tranchant : efficace lorsque
cette stratégie est pratiquée sur un terrain qui s'y prête et
face à des adversaires manquant de courage, elle échoue
quand ces deux conditions ne sont pas remplies. Si une
stratégie analogue a réussi à débusquer le sophiste chaque
fois qu'elle s'appliquait à un art d'acquisition, restera-
t-elle efficace une fois assignée à cette espèce de l'art de
produire qu'est la mimétique ?

Deux espèces de mimétique (235c9-236c8)

La mimétique étant « un art de production d'images »,
c'est cet art qu'il faut à présent diviser, et s'il en existe
plusieurs espèces, voir dans laquelle inscrire le sophiste.
Théétète ne s'en trouvera pas plus capable de dire ce
qu'est « réellement » le sophiste – en d'autres termes, de
définir son essence – mais de cela, le sophiste est seul
responsable car il n'a pas d'essence ou, pour le dire de
manière plus sophistiquée, car il a pour essence de ne

---

1. *Cf.* Hérodote VI, 31, qui limite cette battue aux îles et ne la
mentionne pas lors de la conquête de l'Érétrie (VI, 100-104), alors que
selon Aspasie (*Ménexène*, 240b-d) cette méthode aurait été employée
pour conquérir le pays d'Érétrie.

pas en avoir et d'exister malgré tout. C'est pourquoi il
n'y a pas d'autre moyen de le capturer que de définir la
puissance commune à ses multiples arts.

L'Étranger ne juge pas utile de s'étendre ici sur la
nature des images, mais il ressort de l'analyse qui suit
qu'elles sont triplement relatives : à la nature de leur
modèle, à la nature de celui qui les produit et au but qu'il
poursuit, et à la nature de celui qui les perçoit et à ce qu'il
en attend. Pour distinguer entre les deux manières de les
produire, c'est leur différence d'orientation qui compte.
La première espèce de mimétique est l'art de produire
des images aussi conformes que possible à leur modèle.
Cette espèce soucieuse d'en restituer les proportions et de
ne lui donner que des qualités convenables, l'eikastique,
diffère de l'art phantastique, art de produire des images
qui ne se soucie que de l'effet à produire sur le spectateur-
auditeur[1]. Sont des « semblants », des « copies » (*eikones*),
les images respectueuses de la structure du modèle, de
son mode d'unification d'une multiplicité, ce respect
les rendant naturelles, vraisemblables, convenables[2]. La
seconde espèce n'a pour but que de paraître harmonieuse
et de séduire. Elle n'implique pas nécessairement l'ignorance du modèle, mais elle exige un savoir-faire différen
puisqu'il lui faut tenir compte de l'observateur-auditeur

1. Ce sur quoi insiste l'article de Maria Villela-Petit, « La question
de l'image artistique dans le *Sophiste* », *Études sur le Sophiste, op. cit.*,
p. 53-90.
2. Dans son article, Suzanne Saïd (« Deux noms de l'image en grec
ancien : idole et icône », *Comptes rendus de l'Académie des Inscriptions
et Belles Lettres*, 131ᵉ année, n°2, 1987, p. 309-330), affirme que
l'*eidôlon* « n'implique pas sa comparaison avec le modèle », elle vaut
ce qu'elle paraît être visiblement alors que « l'*eikon* force toujours à
comparer ». De fait, c'est le *phantasma*, non l'*eidôlon*, qui n'implique
pas cette comparaison.

et calculer en conséquence[1]. Un « but » persuasif exige donc le sacrifice du vrai, défini comme « droit, exact », à un « utile » ou à un « beau » entièrement relatif à celui qui le perçoit. Ce sacrifice est au principe de toute rhétorique, mais c'est la rhétorique silencieuse des sculpteurs et des peintres que l'Étranger prend comme paradigme pour expliquer comment une même et unique réalité peut donner lieu à une pluralité d'images dont certaines « paraissent (*phainetai*) mais ne ressemblent (*eoike*) pas »[2].

L'imitation qui en résulte ne s'en trouve pas pour autant simplifiée, car elle est « la reproduction d'un modèle dans un ordre différent », ou plus exactement, elle est « plus transcription que reproduction ou même transposition »[3]. Il importe donc de distinguer entre l'imitation productrice du sophiste qui ne se donne pas pour une production d'images mais de « réalités », lesquelles n'existent qu'en paraissant être, et l'imitation, disons artistique, si toutefois celle-ci ne prétend pas abolir la distinction entre image et modèle. Dans une partie du

---

1. O. Apelt, *Platonis Sophista*, Lipsiae, 1897, donne comme exemple du « sacrifice à l'utile » celui du copiste qui grava les fragments de Diogène sur le mur d'Œnoanda en donnant à la partie supérieure de ses lettres une taille plus grande que celle de leurs parties inférieures pour les rendre plus lisibles à leurs lecteurs. Selon M. Villela-Petit (« La question de l'image artistique dans le *Sophiste* », art. cit., p. 80), Polyclète serait un bon exemple de ce sacrifice du vrai au beau.

2. La traduction habituelle d'*eikôn* est « copie », mais « semblant » (Robin), permet d'indiquer qu'il s'agit d'une différence entre deux verbes, « sembler » et « paraître » dont la différence d'orientation est manifeste : *eikô*, sembler, ressembler, renvoie au modèle, alors que *phantasma*, formé sur le verbe *phainomai* (moyen) : paraître, se montrer, avoir l'air, est à l'évidence orienté vers le spectateur.

3. *Cf.* V. Goldschmidt, *Le Paradigme*, *op. cit.*, p. 99, et M.-L. Desclos, « Une façon platonicienne d'être une image : le *mimèma* », *Classica*, Sao Paulo, 2000-2001, p. 205-217, voir p. 212-214.

livre X de la *République*, Socrate distingue entre l'art de produire des semblants qui procure un plaisir inoffensif, comme celui des peintres, à la condition qu'ils « imitent l'apparent tel qu'il apparaît » et ne prétendent pas le faire prendre pour une réalité. Or c'est ce que fait la peinture en trompe-l'œil, la *skiagraphia*, qui, en distribuant l'ombre et la lumière, donne aux peintures une troisième dimension, une profondeur, une « perspective » illusoire. Quant aux poètes, à eux de démontrer en vers, d'une part que ce qu'ils font est véritablement un jeu différent du jeu nocif du sophiste, et d'autre part que la poésie peut être utile si elle ne cherche pas seulement à exciter la partie émotive de l'âme (le *thumos*)[1]. Ce qui peut se formuler ainsi : « deux questions servent habituellement de principes à la connaissance de ce type d'êtres que l'on appelle images : la première est celle de leur rapport à l'original, la seconde celle du but qu'elles poursuivent »[2]. Telles sont les deux questions auxquelles l'Étranger répond en divisant deux espèces du genre mimétique.

Faut-il cependant en conclure qu'il existe de bonnes et de mauvaises images ? Si l'on considère « les images (*eidôla*) discursives » en général ou « les apparences (*phantasmata*) inscrites dans les discours », ces images seraient vraies si elles sont la transposition d'un discours vrai. Comme seule l'opinion peut être vraie ou fausse, « vraie » signifie « correcte », « vérifiable », puisque le seul discours, *logos*, qui selon Platon soit vraiment vrai et jamais faux est celui qui procède par questions et réponses et porte sur des réalités auxquelles seule peut accéder la pensée intelligente. Selon Socrate, tout

---

1. *Rép.* X, 598a-608a, repris en *Lois* II, 667c-669b.
2. Voir J. Rancière, *Le Partage du sensible, esthétique et politique*, Paris, La Fabrique éditions, 2000, p. 27.

jugement sur la valeur d'une image imitative « aussi bien en peinture qu'en musique et en quel qu'art que ce soit » doit avoir pour critères, premièrement la connaissance du modèle, ensuite sa rectitude, sa conformité au modèle, et enfin son utilité. L'imitation esthétique ne doit pas tendre seulement à faire plaisir, à produire un charme (*kharis*), ce qui la conduirait à sacrifier la rectitude et à ne plus ressembler à rien[1].

À quelle occasion s'impose donc le recours à l'image (dont le Socrate de Platon ne se prive pas)? Le plus souvent lorsqu'il s'agit d'en détruire d'autres, celles, par exemple, de dieux trop humains, ou du misérable bonheur dépeint dans l'âge d'or, ou de l'âme-harmonie, ou encore d'une cité démocratique qui préférera toujours le cuisinier au médecin. Peut-on cependant estimer que, puisqu'elles détruisent de mauvaises images, celles produites à cet effet doivent être tenues pour être de bonnes images, c'est-à-dire des « semblants » fidèles de leurs modèles? La position de Platon ne varie guère sur ce point : aucune image n'est vraie, mais il existe un bon usage des images, usage que certaines autorisent et d'autres non. Toutes les figures géométriques sont fausses et aussi toutes les images phonétiques, mais elles autorisent leur rectification par l'art du géomètre ou par celui du dialecticien; les hymnes aux dieux et les éloges des hommes nobles sont également empreints de fausseté, mais ils sont utilisables par le bon politique qui sait que tout éducation doit en passer par la musique et par des mythes. Mais ce bon usage n'est possible qu'à l'égard de certaines images, produites d'une certaine façon.

1. Cf. *Rép.* X, 498c-508c, repris dans *Lois* II, 668b-669b, où se trouve un examen développé de l'eikastique.

Il en existe donc bien deux espèces : l'*eikôn*, le semblant doit son nom à son caractère *eikos* – vraisemblable, et non pas vrai, il s'efforce de ressembler à son modèle, tandis que, n'imitant pas un modèle, le simulacre ne peut imiter qu'une *doxa* : peintres et poètes « fabriquent phantastiquement des images (*eidôla*) »[1]. L'image graphique est « comme un songe humain œuvré à l'usage des éveillés »[2], et cela vaut aussi pour la parole inspirée des poètes : elle exprime la manière dont ils rêvent le monde et tout ce qu'il contient, et c'est cette vision de rêve, rêve heureux ou tragique, qu'ils nous imposent. S'ils peuvent le faire, c'est parce que les spectacles qu'ils façonnent, emplis d'opinions, d'émotions et de sentiments, trouvent des échos dans la partie irrationnelle, déraisonnable, humaine et trop humaine de notre âme et non pas dans sa part divine. Les *phantasmata*, apparences et apparitions, se traduisent dans un langage solidaire à la fois d'une civilisation, d'une espèce de *tekhnè* et de la vision d'un artiste. Celui que tiennent poètes, peintres et sculpteurs se solidifie en monde, et leurs images, éléments de ce langage, n'ont de sens que pour et par ce langage : c'est un monde de cette sorte, un monde homérique, que s'appliquent à détruire systématiquement les livres II et III de la *République*. En revanche, les métaphores, analogies ou allégories platoniciennes ne sont pas, comme les images des poètes, le produit d'un « enthousiasme », elles résultent de la découverte d'un point de vue capable de faire percevoir une ressemblance éclairante dont l'effet est le plus souvent (mais pas toujours) réducteur. L'exemple le

1. *Rép.* X, 605c3.
2. Cf. *Soph.*, 266c7-9.

plus évident est celui de la Caverne, mais c'est aussi ce qui arrive lorsque Platon installe son lecteur aux Enfers pour qu'il puisse juger les âmes et les vies des hommes. L'image possède une puissance d'illusion qu'elle tient d'un regard dont la valeur est déterminée par la puissance des convictions et des affects de celui qui la produit. C'est pourquoi « les poètes mentent trop », et surtout pourquoi leurs mensonges possèdent la puissance de s'incorporer aux choses, de les façonner, de se faire passer pour elles, bref d'engendrer un monde capable d'imposer son inconsistante réalité. L'art phantastique peut donc réussir à dissimuler l'altérité et à produire des ressemblances illusoires : sa fausseté s'en trouve redoublée.

Pour que l'apparence puisse se faire passer pour ce dont elle est un faux-semblant, il lui faut se faire passer pour « étant ». Comment l'Étranger peut-il alors hésiter à loger le sophiste dans l'une ou l'autre espèce de mimétique? Sans doute parce que, outre sa puissance d'ensorceler, le sophiste possède aussi celle de contredire, et contredire peut parfaitement être une manière efficace de désensorceler – mais désensorceler est aussi une manière d'ensorceler, comme Alcibiade a su le percevoir chez Socrate[1]. Sans doute aussi parce que le terme « mimétique » n'a pas encore perdu son ambiguïté : ce terme désigne-t-il une véritable technique de production d'apparences illusoires, ou un faux-semblant d'art incapable de produire autre chose que des contrefaçons? Le sophiste possède-t-il la puissance du faussaire, contrefaire en acte ou en paroles les produits de n'importe lequel des autres arts? Ou celle du magicien, apte à persuader de la réalité des mirages qu'il fait

1. Cf. *Banq.*, 215b-216a.

miroiter ? L'Étranger dit qu'il n'a pas encore le moyen de répondre à ces questions. Pourquoi ne s'explique-t-il pas davantage ? Et pourquoi Théétète ne lui demande-t-il pas de le faire ? Parce qu'il faut attendre d'être arrivé au terme du parcours et avoir posé et résolu la question de la fausseté, donc du non-être.

D'Aporie en aporie (236C9-237A1)

Pour l'instant, il est apparu qu'une capacité antilogique illimitée alliée à une puissance d'enchantement irrésistible est « l'espèce sans issue » (*aporon eidos*) dans laquelle le sophiste s'est réfugié, et l'impasse est alors égale pour la proie et pour le chasseur. L'impasse, l'aporie, est une expérience paralysante : celui qui y est en proie est tiré en avant par son désir de continuer, mais il est cloué sur place par son impuissance à découvrir la voie à suivre. « Par Zeus, je n'en sais rien, mais je suis réellement pris de vertige devant l'impasse où se trouve la discussion » dit Socrate dans le *Lysis*. Ce vertige est celui qu'éprouve le prisonnier sorti de la Caverne : « ne penses-tu pas qu'il se trouverait dans une impasse (*aporein*) et tiendrait pour plus vraies les choses qu'il voyait tout à l'heure que celles qu'il voit maintenant ? »[1]. L'Étranger-Platon partage dans le *Sophiste* le « sort démonique » de son Socrate, il semble bien se trouver condamné « à une errance et une aporie perpétuelles ».

Théétète aurait donc tort de continuer à donner immédiatement et facilement son accord, car il faut

---

1. *Lysis*, 216c4-6 ; *Rép.* VII, 515d6-7. Sur la nature « mélancolique de l'état d'aporie », voir P. Christias, *Platon et Paul au bord de l'abîme*, Paris, Vrin, 2014, p. 250-255.

réorienter la chasse et ne plus s'attaquer à ce que le sophiste fait, mais à ce qu'il dit :

> C'est que réellement (*ontôs*), mon très cher, nous voici engagés dans un examen extrêmement difficile. Car paraître et sembler sans être, dire des choses, mais qui ne sont pas vraies, tout cela est chaque fois cause de multiples impasses, autrefois comme aujourd'hui. Comment en effet réussir à formuler que cela doit exister réellement, dire des choses fausses et avoir des opinions fausses, sans se retrouve empêtré dans une contradiction du fait même de le proférer, c'est là, Théétète, une question extrêmement difficile. (236d9-e1)

Pourquoi se trouverait-on « empêtré dans une contradiction » ? « Parce qu'on aurait l'audace de sup-poser que ce qui n'est pas », le faux, « existe réellement ». Ce que l'on doit donc réussir d'abord à faire entendre est l'ébranlement de la langue grecque produit par ces trois verbes, paraître, (*phainomai*), sembler (*eikô*), donc donner à croire, et être (*einai*) – l'ébranlement produit par eux et en eux du seul fait de mettre les deux premiers en rapport avec le troisième, bref le combat que cette langue se livre à elle-même lorsqu'elle devient « la langue de l'être ».

DEUXIÈME PARTIE

PARAÎTRE ET SEMBLER SANS ÊTRE

Le sophiste peut paraître être ce qu'il n'est pas et il peut sembler dire ce qui est en disant ce qui n'est pas. Il chemine donc sur la voie que Parménide a jugée impossible, et en conclut logiquement que, si elle est impossible, on ne peut pas l'accuser de la prendre. Comment en effet prétendre que le sophiste dit faux, si dire faux c'est dire ce qui n'est pas et si ce qui n'est pas n'est pas ?

L'INTERDICTION DE PARMÉNIDE (237A2-239A12)

Pourquoi Platon choisit-il alors de citer les deux premiers vers du fr. VII du *Poème* :

> *Car jamais ceci ne sera dompté : que des non-étants sont ;*
> *Toi qui cherches, détourne ta pensée de cette voie*[1]

---

1. Traduction D. O'Brien, J. Frère dans *Études sur Parménide*, t. I, *Le Poème de Parménide*, texte, traduction, essai critique, Paris, Vrin, 1987. Sur la traduction de ces deux vers, voir M. Dixsaut, « Platon et le logos de Parménide », art. cit., Note complémentaire I, p. 242-246.

de préférence aux deux derniers du fr. II, par exemple[1] ?
Parce que Parménide contredit au fr. VIII ce qu'il avait
affirmé au fr. II. Alors que la déesse avait annoncé « les
seules voies que l'on puisse concevoir », elle déclare
maintenant « inconcevable » la seconde voie, celle que
« n'est pas » : il n'y en a donc plus qu'une seule[2]. Or
c'est précisément sur ce point que l'Étranger juge la
rupture nécessaire si l'on veut sortir des difficultés
où le « grand Parménide » nous plonge. Car c'est de
l'impossibilité que soit ce qui n'est pas que découle
l'interdiction d'emprunter une impossible voie. En outre,
Parménide parle ici une langue qui « n'est plus tout-
à-fait naturelle », un langage (*logos*) qui rompt avec
l'usage spontané de la « langue (*glôssa*) bruissante »
des mortels à deux têtes et qui, soumis par une déesse
aux exigences de la pensée, conduit vers ce qui est et
vers la vérité : « Sans l'étant (*tou eontos*) dans lequel la
pensée trouve son expression, tu ne rencontreras pas la
pensée. » (VIII, 35). « On attendait plutôt l'inverse »,
remarque Pierre Aubenque[3] ; mais c'est Platon qui nous
a habitué à attendre de la pensée, au sens fort, qu'elle

1. II, 1-2 : « en effet, le non-être, tu ne saurais ni le connaître – car
il n'est pas – ni le faire comprendre » (O'Brien-Frère). Cordero traduit :
« car tu ne saurais connaître ce qui en tout cas n'est pas (puisque c'est
impossible) ni l'expliquer » ; voir son commentaire (*By Being, it is,
The Thesis of Parmenides*, Las Vegas, Parmenides Publishing, 2004,
p. 117-124).

2. Voir D. O'Brien, « Non being in Parmenides, Plato and
Plotinus », dans *Modern thinkers and ancient thinkers*, The Stanley
Victor Keeling memorial lectures, ed. by R. W. Sharples, University
College London, 1993, p. 1-25, voir p. 1-10.

3. Dans son article subtil « Syntaxe et sémantique de l'être dans le
Poème de Parménide », *Études sur Parménide*, t. II, Paris, Vrin, 1987,
p. 122.

nous fasse rencontrer ce qui est, l'étant, pris lui aussi en son sens fort. Pour Parménide, c'est au contraire la possibilité de substantiver le participe présent du verbe être grâce à l'article défini au neutre (*to on*), donc d'en « neutraliser » sans l'exclure l'aspect temporel (comme le ferait l'infinitif *einai*), qui distingue entre ceux qui sont capables de penser et ceux qui en sont incapables. « C'est la structure du grec qui prédisposerait la notion d'être à une vocation philosophique[1]. » Pour s'en tenir à Platon, Socrate dit dans la *République* qu'il faut appeler « philosophes » et non pas « philodoxes » ceux qui aspirent à saisir en chaque chose cela-même qui est, « ceux qui connaissent chaque étant (*hekaston to on*) »[2]. Codifiée par Aristote, la question de l'être se pose sous la forme « qu'est-ce que l'étant ? » Quant à Parménide, sa préférence ne va pas au participe mais à la forme conjuguée, « est » (*estin*), la plus apte à dire sans la réifier l'évidence d'une présence permanente[3]. C'est seulement en un second temps que, doté d'un sujet, le verbe obéit dans le *Poème* à son usage syntaxique, copulatif, usage qui le rend plus systématiquement « véritatif » que tout autre verbe : la voie de l'être ne fait qu'un avec la voie de la vérité. L'être et l'étant sont alors les seuls sujets acceptables de « est ». Parménide témoigne ainsi de l'éclatante présence d'un être absolument étant qui, parce qu'il démontre par lui-même sa possibilité, a comme contrepartie « qu'il n'est pas possible de ne pas être ». S'il arrache le fait d'être à sa banalité et signe « l'acte de naissance de la métaphysique occidentale », en niant

1. E. Benveniste, *Problèmes de linguistique générale*, Paris, Gallimard, t. I, 1966, p. 73.
2. *Rép.* V, 480a11, VI, 484d5.
3. Voir B. Cassin, *Parménide, Sur la nature, op. cit.*, p. 30-48.

sa contradictoire et en interdisant que des non étants soient, il fait de ce non-étant, de ce néant impensable et indicible, le fond sur lequel se détache l'absolue vérité de ce qui est.

La première aporie dénoncée par l'Étranger en découle. L'ontologisation parménidéenne du discours comme discours de vérité entraîne l'ontologisation du non-étant, impliquée par la négation de sa possibilité[1]. « C'est donc de Parménide que nous vient ce témoignage, mais c'est le discours lui-même qui, plus que n'importe quoi, le montrera, une fois mis avec mesure à la question. » Mettre le discours de Parménide à la question est ce que l'Étranger et Théétète doivent faire, s'ils ne veulent pas être convaincus de la toute-puissance créatrice du mot, de la grammaire et de la syntaxe, et parler le langage qui en résulte.

PARLER DU NON-ÊTRE (237A3-239A12)

L'Étranger signifie alors à Théétète qu'il ne s'agit pas de « jouer », ni d'entrer dans une controverse, mais de quelque chose de sérieux. Qu'il ne s'agit pas, ou plus ? S'ils avaient pu jusque-là jouer un peu et parfois retourner sa propre habileté contre le sophiste, la difficulté change à présent de nature et impose une autre sorte de discours. Car accorder à Parménide que dire faux consiste à dire ce qui n'est pas, donc que c'est impossible, revient à fournir un refuge imprenable au sophiste. Pour trois raisons.

---

1. « Que ceux qui veulent s'entêter sur la différence de l'être et du néant s'engagent donc à indiquer en quoi elle consiste ! », Hegel, *La Science de la Logique*, trad. B. Bourgeois, Livre I : *L'Être*, Paris, Vrin, 1986, chap. I, Remarque 2, p. 117. Démocrite leur répond par son étymologie de *mèden* et *ouden* : pas même une chose (*cf.* B156 D.K.).

Dire « ce qui n'est pas » ? (237a3-e7)

À en croire Parménide, « il est évident » que ce qui n'est pas ne peut s'orienter vers (*eis*), aller jusqu'à (*epi*+ accusatif) aucun étant, donc en tirer sa référence et sa signification[1]. Nul ne saurait donc « avoir l'audace de proférer » quelque chose qui soit dépourvu des deux. Or il n'est pas moins évident que c'est le sens donné au terme « étant » (*on*), c'est-à-dire le sens absolu que lui a donné Parménide, qui est responsable de cette double absence de sens et de référence. Ne pourrait-on alors référer « ce qui n'est pas » non à « un étant » mais à « quelque chose », *ti*, (accusatif neutre du pronom-adjectif indéfini *tis*)? Ce quelque chose est forcément quelque chose qui est, quelque chose d'étant : *ti on*. Rapporté à un « quelque chose » équivalant à n'importe quoi, « ce qui n'est pas » n'acquiert qu'une référence indéterminée, mais qui suffit à lui conférer un sens distinguant « ce qui n'est pas » de « rien ». Il faut noter ici que traduire le *ti* grec par « quelque chose » risque de rendre ce pronom indéfini plus défini qu'il ne faut, de le dépouiller de la légèreté du « presque rien » qui fait qu'en grec, placé après un nom, un pronom ou un adjectif pronominal, il en atténue le sens ou le rend approximatif (comme en français « un certain »); lorsqu'il s'agit d'opposer « quelques choses » à « quelques autres choses », son pluriel n'est pas *tines*, ce qui le rendrait définissable (ce pronom indéfini *ti* pouvant toujours être repris par le pronom interrogatif (*tí* : quel?), mais *enioi*, « pas aucun ». L'être absolu de

---

1. Selon Heidegger, *Le Sophiste*, *op. cit.*, p. 391 ; mais selon lui *epi* ne se construirait qu'avec le datif, alors que la préposition se construit avec le génitif, le datif et l'accusatif, ce dernier offrant l'avantage d'impliquer un mouvement « jusqu'à ».

Parménide refuse à *ti* cet être, ce degré presque zéro qu'il est possible d'insérer entre l'être et le non-être :

> *[L'autre voie] que n'est pas (*ouk esti*) et qu'est nécessaire de n'être pas (*mè einai*),*
> *Celle-là, je t'indique que c'est un sentier dont rien ne se peut apprendre*
> *Car tu ne saurais ni connaître ce qui [est] assurément n'étant pas (*to mè eon*), parce que c'est inaccessible, ni l'indiquer.*

(fr. II, 5-7)

Ces derniers vers du fragment II contiennent la négation simple et objective de la forme conjuguée, « n'est pas », la négation subjective de l'infinitif, « n'être pas », et celle apodictique du participe substantivé, « ce qui assurément [est] n'étant pas ». Ces négations ne sont pas patiemment extraites d'un raisonnement, mais résumées et entrechoquées sur trois vers elles additionnent leur violence[1], une violence inaugurale qui interdit toutes les façons possibles de nier grammaticalement « est », que ce soit à l'indicatif, à l'infinitif ou au participe. À quoi tend-elle, cette violence ? À forcer la sauvagerie des non-étants à être, ou à obliger l'étant à se multiplier en non étants ? L'hypothèse d'un énoncé qui ne peut pas être apprivoisé, pas se dire, parce qu'il contient une contradiction absolue – chaque terme impliquant l'anéantissement de l'autre – semble la plus compatible avec l'interprétation avancée par Platon : ce qui n'est absolument pas est sauvagement « imprononçable, informulable et indicible »[2].

1. Voir B. Cassin, *Sur la Nature*, *op. cit.*, p. 302, et N.L. Cordero, *Le Sophiste*, *op. cit.*, note 122, p. 230-231.
2. C'est leur entrelacement paisible qui va apaiser cette contradiction indomptable et sauver le logos. Voir M. Dixsaut, « Platon et le logos de Parménide », dans *Études sur Parménide*, *op. cit.*, Note complémentaire I, « La citation du fragment VII1-2 », p. 242-246.

Dire « le » non-être (238a1-c11)

Théétète les croit alors arrivés « au bout de l'impasse », à moins que ce ne soit « au comble de l'aporie » (*telos aporias*). Si parler du non-être n'est parler de rien donc ne pas parler du tout, ils n'ont qu'à ne pas en parler, et parler d'autre chose. Penser qu'il suffit de ne pas poser la question du non-être pour s'en débarrasser ne les empêchera pourtant pas d'aller de contradiction en contradiction chaque fois qu'ils parleront d'erreurs, d'imitations et de faux-semblants. Or la contradiction principielle, source de toutes les autres, était présente dans tous leurs énoncés précédents, et elle constitue une aporie encore plus insurmontable. En proférant « *le* non-être », « *les* non-étants », ils ont en effet entrelacé l'être du nombre à ce qu'ils affirmaient ne pas être, en disant que « *le* non-étant (*to mè on*) en lui-même est (*estin*) impensable, informulable, imprononçable Ce qui certes est ridicule, mais ce qui surtout met le non-être, et avec lui le sophiste, à l'abri de toute attaque. L'expérience dont peut se prévaloir l'Étranger ne lui est d'aucun secours, puisque de son propre aveu il toujours été battu dans son examen du non-être. Faut-il voir là une référence à Socrate et à ses tentatives de réfutation de la thèse sophistique, telles qu'on les trouve dans l'*Euthydème* et dans le *Cratyle*? Étant donné que c'est son père Parménide que Platon-l'Étranger s'apprête à tuer, c'est bien plutôt la dernière hypothèse du *Parménide* qu'il répète ici, celle qui rejoint Gorgias : « Mais si pourtant le ne pas être (*to mè einai*) est, l'être (*to einai*), dit-il, son opposé, n'est pas. En effet, si le ne pas être est, il convient que l'être ne soit pas[1]. » Gorgias a mis de l'être

---

1. Gorgias, *Sur la nature et sur l'étant*, 979a 29-31, trad. B. Cassin, *Sur la nature, op. cit.*, p. 255. Voir l'Annexe III.

dans le non-être et de la négation dans l'être, mais pour lui, être et non-être sont des mots vides, des mots qui ne désignent rien. « Si ne sont, dit à son tour le Parménide de Platon, ni l'un, ni les autres, [en conséquence] rien est[1]. » « Rien » n'est pas équivalent à « non-être », il signifie la possibilité de répéter indéfiniment la négation de chacun des deux termes constituant une disjonction exclusive. Ce n'est donc pas, comme être et non-être, un nom trop plein ou en manque de détermination, c'est le résultat d'une opération : si tout tiers est exclu, et si nécessairement A ou non A, comme l'affirme Parménide (le vrai), alors rien. Or l'unité du non-être lui conférerait une signification rendant possible d'affirmer que dire « quelque chose », ce n'est pas rien dire du tout[2]. Mais, en en dénonçant la contradiction, l'Étranger ne vient-il pas de démontrer que le non-être est indicible ?

Il demande alors l'impossible à Théétète : tenter de parler du non-être en ne lui attribuant ni manière d'être propre (*ousia*), ni l'être compris dans tout nombre[3]. Théétète déclare forfait, car il s'avère que le problème

1. Platon, *Parménide*, 166c1-2.
2. Dans son article des *Études sur le Sophiste*, p. 379-383, P. Aubenque parle à ce propos « d'occasion manquée ». Platon passerait ici à côté de ce qui lui aurait permis de dépasser son dualisme et d'englober être et devenir, vérité et fausseté dans un genre commun, celui du *ti*, du « quelque chose », genre qui selon les Stoïciens intègre corps et incorporels spécifiques, ces derniers étant « très exactement un quelque chose non étant ». Platon n'inclurait donc le devenir et la fausseté dans l'être qu'à partir du *Sophiste*, où « [l'être] loge en son sein son contraire, le principe antagoniste d'altérité » Voilà qui certes est renversant, et par là-même instructif, de la part d'un tel spécialiste de la philosophie grecque : Platon ne resterait platonicien qu'à la condition de ne pas avoir écrit le *Sophiste*.
3. Voir la note XV à la traduction.

n'est pas une affaire d'expérience ou d'intrépidité et qu'aucun des deux interlocuteurs n'est plus apte que l'autre à le résoudre. En lui donnant et en se donnant congé, l'Étranger amorce un tournant décisif.

« Dire » le non-étant (238d1-239a12)

La parole est alors au sophiste, qui semble du coup être le sauveur imprévu que l'Étranger prétendait attendre. Prétendait, car son but est en réalité de reprendre leur chasse au sophiste. Lorsqu'ils l'ont défini comme un « producteur d'apparences », ils lui ont permis de « retourner leurs formules contre elles-mêmes » : tout sophiste est littéralement payé pour savoir que l'image entrelace ce qu'ils avaient jugé impossible, et qu'en elle ce qui est se noue toujours à ce qui n'est pas. Il ne faut donc pas sous-estimer sa capacité de poser de bonnes questions lorsque c'est de « dire » qu'il s'agit. Car dans les images parlées, ce n'est pas seulement l'être du nombre qui se lie grammaticalement à du non-étant, c'est ce qui n'est pas qui se fait prendre pour ce qui est. Dire ce qui n'est pas, sans pourtant ne rien dire et sans dire faux, est la seule voie qui reste à suivre, à supposer qu'elle soit possible. Pour sortir de l'impasse où le sophiste les accule en niant l'existence du faux dans tout ce qui relève du discours, l'Étranger va le déloger de sa position de contradicteur bien à l'abri dans sa cage de producteur de discours nécessairement tous vrais, et lui attribuer celle d'interrogateur. Il va faire ce que Socrate n'a cessé de faire : dialoguer avec le sophiste.

DIALOGUE AVEC LE SOPHISTE (239B1-242B5)

Le sophiste leur demande alors « ce que, en gros, ils peuvent bien vouloir dire par "image" ».

Première contre-prise :
  que veut dire « image » ? (239b1-240c6)

À Théétète de répondre, et il commet la même erreur que celle qu'il avait commise hier dans sa première réponse à Socrate : il fournit une énumération à la place d'une définition[1]. Elle n'en est pas moins intéressante, en elle-même et par la réplique qu'elle s'attire. L'incorrigible Théétète commence en effet par citer deux lieux d'apparition des images : la surface des eaux, qui correspondra à la production divine d'images, et les miroirs, moyens humains de produire des images de toutes choses[2]. Il donne ensuite deux exemples de fabrication « artistique », sculpture et peinture. La réponse du sophiste à ces exemples est celle d'un homme « qui n'y connaît rien en matière de vision » et sa question ne portera que « sur ce qui vient d'être dit ». Le sophiste n'a pas d'yeux, et s'il en a, il les ferme obstinément : il prétend n'avoir que des oreilles. Non seulement Théétète semble n'avoir jamais vu de sophiste, mais il semble n'avoir non plus jamais écouté ce qu'ils disent, en particulier Gorgias : « car celui qui dit dit, mais non pas une couleur, ni une chose[3]. » Le dire ne dit que du dire,

---

1. Cf. *Ménon*, 72a-75a, *Phèdre*, 265d-e, *Théét.*, 146e-148d.
2. Sur ce miroir voir *Rép.* X, 576d-e.
3. Gorgias, *Sur le non-étant ou sur la nature*, 980b2-3, trad. B. Cassin dans *Sur la Nature*, *op. cit.*, p. 265 ; voir la version de Sextus Empiricus dans *Les Présocratiques* (« Bibliothèque de la Pléiade », Paris, Gallimard, 1988) : « ce ne sont pas les étants que nous révélons (*mènuomen*) à ceux qui nous entourent, nous ne leur révélons qu'un

sa limite est infranchissable, on ne peut donc rien *dire* de ce qui est, c'est-à-dire de ce que l'on perçoit. Ombres et reflets dans l'eau ou dans les miroirs, mais aussi portraits ou statues sont perçus comme des *choses* et situés « dehors », parmi tous les autres objets du monde, or ces objets n'ont littéralement rien à dire. C'est seulement si on les nomme « reflets » ou « ombres » ou « portraits » qu'ils acquièrent une existence d'image. Pour le sophiste, il n'y a donc d'images que les images parlées puisque toutes les autres sont perçues comme des choses. De fait, pour lui il n'y a ni choses ni images, il n'y a que des mots qui, grâce à leur puissance feront exister des choses que chacun comprendra à sa façon, des choses dont l'existence est entièrement relative à la langue qu'il parle, comme le prouvent autant qu'il en est besoin les différentes langues et leurs termes « intraduisibles ». C'est donc le langage qui fait apparaître des « choses » et les fait apparaître en autant de façons qu'on se montre capable d'en parler. Car outre les mots, il y a la manière de les associer, et ce sont les discours qui font exister de façon plus ou moins convaincante les « choses » dont ils parlent. Le discours est le maître de leurs apparitions, et le sophiste est le maître du discours. Protagoras peut donc affirmer que la perception est infaillible, non pas en tant qu'elle est perçue mais parce qu'elle est déterminée par chacun comme il la perçoit. Les noms qu'on lui attribue (« homme » ou « cheval », « méchant » ou « bon ») ne correspondent donc pas à ce qu'on perçoit, mais à ce que chacun décrète être le nom d'une chose en fonction de

discours » (84) … S'il en va ainsi, le discours n'exprime pas ce qui lui est extérieur, c'est au contraire l'objet extérieur qui se révèle dans le discours (85) » (Gorgias, fr. B 3 DK, trad. J.P. Dumont).

la manière dont elle lui apparaît. Chacun étant la mesure de ce qui lui apparaît, chose et image sont donc pour le sophiste une même chose, car si la « chose », n'existe qu'en étant perçue, elle est nommée d'un nom appartenant à une langue arbitrairement conventionnelle : elle n'est donc ni plus ni moins « image » que la seconde[1].

Théétète ayant appelé d'un même nom, « images », tous les exemples qu'il a énumérés, le sophiste l'a réfuté en montrant que ce sont les noms qui en eux-mêmes *font images*, donc que les images n'existent qu'en étant parlées et qu'en étant parlées elles produisent les choses dont on parle puisqu'il n'est pas possible de communiquer ce qu'on est seul à percevoir. Pour réfuter cette réfutation, Théétète doit préciser ce qu'il entendait par ce mot. Il définit alors l'image comme ce qui est « pareil » (*toiouton*), ce qui est pareil comme ce qui semble (*eoikos*), ce qui semble comme ce qui n'est pas véritable, ce qui est véritable comme ce qui est réellement (*ontôs on*) et ce qui n'est pas véritable comme le contraire du vrai (*enantion alèthous*). Il devrait donc conclure que ce qui apparaît à la surface des eaux, dans les miroirs ou à l'intérieur de l'âme n'est pas, puisque ce n'est pas véritable. Mais le garçon recule devant cette évidente contradiction :

> L'ÉTRANGER — Tu dis donc que ce qui semble n'est pas, puisque tu dis qu'il n'est pas véritable ? Et pourtant, il existe[2]. THÉÉTÈTE — Comment ? L'ÉTRANGER — Pas vraiment, à ce que tu dis ? THÉÉTÈTE — Certainement pas, bien qu'il soit réellement un semblant.

1. *Cf.* la thèse soutenue sans conviction par Hermogène, *Crat.*, 384c-386e.
2. Voir les notes XV et XVI à la traduction.

L'ÉTRANGER — Ainsi donc, ce que nous disons être réellement un semblant n'existe pas réellement?

THÉÉTÈTE — Cette sorte d'entrelacement risque fort d'être celle qui entrelace le non-être à l'être, et elle est tout à fait déroutante. (240b7-c2)

Le sophiste les a donc contraints, en quelque sorte malgré lui et malgré eux, à accorder que ce qui n'est pas *est*, d'une certaine façon : à entrelacer étant et non étant.

Seconde contre-prise :
l'opinion fausse (240c7-241b3)

Grâce à sa conscience de la puissance du langage, Gorgias a tiré du discours du grand Parménide une autre conséquence, qui permet au sophiste de se livrer à une seconde contre-prise, plus réussie que la première. Car le sophiste a raison d'attribuer au discours la puissance de faire apparaître des choses qui ne sont pas mais qui semblent être et semblent être vraies, parce que conformes à l'opinion véhiculée par la langue propre à ceux qui l'écoutent. Par principe, dire c'est toujours dire quelque chose, donc c'est dire ce qui est, et dire ce qui est est dire vrai. Cette suite d'équations procure à tout sophiste son refuge, elle lui permet de déclarer impossible de dire ce qui n'est pas, et c'est à elle qu'il faut maintenant s'attaquer.

Socrate avait donné la veille cette définition : dire, c'est « manifester sa pensée par le moyen de la voix, avec des discours et des noms, en figurant son opinion dans les paroles qui sortent de la bouche, comme dans l'eau ou comme dans un miroir »[1]. Lorsque le discours offre une image de l'opinion, cette image est structurée comme un

---

1. *Théét*, 206d.

discours[1], et en ce sens le sophiste n'a encore une fois pas tort. Mais il n'a pas raison d'en déduire qu'il n'y a pas de discours faux, ce qui revient à définir éléatiquement le faux comme le contraire de ce qui est. Puisqu'il ne peut se réfugier dans le non-étant qu'à cette condition, il faut donc commettre un « parricide » pour le débusquer, et définir une nouvelle fois l'art du « sophiste aux cent têtes » comme un pouvoir de pousser l'âme à concevoir des opinions fausses.

Qu'est-ce qu'une opinion fausse, et est-elle le contraire d'une opinion vraie ? À la fin du livre V, au tournant dialectique de la *République*, Socrate affirme l'existence d'un autre « genre d'êtres », celui des puissances. Connaissance et opinion sont deux puissances, or définir une puissance consiste à en spécifier l'opération et en délimiter le champ d'application. Si l'on veut parler droitement, il faut appeler connaissance (*gnômè*) la pensée de celui qui connaît en tant qu'il connaît, et opinion (*doxa*) celle de celui qui opine en tant qu'il opine[2]. *Gnômè* : ce terme dit aussi la « vivacité d'esprit », donc l'implication du sujet connaissant dans ce qu'il connaît et du sujet de l'énonciation dans ce qu'il énonce : la distinction entre connaissance et opinion est à prendre à la fois du côté de l'objet et de celui du sujet. « La science s'applique par nature à ce qui est, pour connaître comment est ce qui est. » Ce n'est pas une définition puisque ce qui est à définir y est inclus, mais cela suffit à établir que, par définition, la science ne peut pas se tromper, alors que l'opinion le peut. « C'est donc sur une chose autre que chacune d'elles est par nature capable de quelque chose

1. Cf. *Rép.* VI, 510a9-10, *Tim.*, 29a-c.
2. Voir *Rép.* V, 477a-479.

d'autre ». Puisque l'activité (*ergon*) des deux puissances
diffère, leurs effets diffèrent et leurs objets doivent aussi
être différents : « Connaissable et opinable, est ce que
ce sera la même chose, ou est-ce impossible ? — C'est
impossible ». En conséquence, « l'objet de l'opinion
est quelque chose d'autre que ce qui est »[1]. L'opinion
ne peut cependant pas porter sur ce qui n'est pas, car ce
serait alors une non-connaissance et elle s'identifierait à
l'ignorance (*agnoia*) ; étant une puissance, elle ne peut
pas être identifiée à ce qui n'a pas de puissance. Il est
impossible d'avoir une opinion qui n'opine rien et sur
rien[2], mais l'opinion ne peut pas davantage s'appliquer
à ce qui est puisque ce qui est est le domaine de la
connaissance. Étant acquis que ce qui est pleinement est
pleinement connaissable, et que ce qui n'est en aucune
façon est absolument inconnaissable, il ne reste qu'une
possibilité :

> SOCRATE — S'il y a quelque chose (*ti*) qui soit capable
> d'être et de ne pas être, il tiendrait le milieu (*metaxu*)
> entre le purement étant et l'absolument non-étant.
> GLAUCON — Le milieu. SOCRATE — Donc si c'est à ce
> qui est que s'applique l'acte de connaître et l'ignorance
> nécessairement à ce qui n'est pas, il faut chercher
> pour ce milieu un milieu entre science et ignorance, à
> supposer qu'il s'en trouve un. (*Rép.* V, 477a6-b1)

Ce « milieu entre science et ignorance » ne peut
exister que si quelque chose « participe de chacun des
deux, de ce qui est et de ce qui n'est pas » et « si cela
apparaissait, nous pourrions légitimement l'appeler
du nom de "opiné", restituant ainsi les extrêmes aux

---

1. *Rép.* V, 478a10-b4.
2. *Rép.* V, 478b-c ; ce passage est paraphrasé en *Théét.*, 189a-b.

extrêmes et le milieu à ce qui est au milieu »[1]. C'est donc cela que veut dire se situer au milieu : participer à l'étant et au non-étant. Que dire de toutes ces choses qui sont sans être vraiment ? Ou plutôt que nous disent-elles ?

Elles tiennent un langage ambigu. Toutes les choses sur lesquelles portent les opinions présentent une autre manière d'être que celle des êtres qui sont toujours ce qu'ils sont ; étant différentes d'eux, elles ne sont pas, mais leur manière de ne pas être diffère de celle de ce qui n'est absolument pas. Quelle signification donner ici à « être » et à « ne pas être » ? Ces termes-là aussi disent deux choses en même temps. En un sens « existentiel », ils disent que les objets de l'opinion existent sans exister, et n'existent pas tout en existant quand même. L'opinable tient donc le milieu entre le pleinement étant et l'absolument non-étant. Mais quand la notion de participation intervient, interviennent deux infinitifs, *einai* et *mè einai*, et le sens existentiel se trouve complété par un autre : le milieu se situe alors entre la « manière d'être » propre (*ousia*), et le « ne pas être » quelque chose de déterminé. Cette double participation signifie que les objets de l'opinion ne sont jamais déterminables de façon ferme et univoque et qu'ils peuvent par conséquent toujours contredire la connaissance qu'on prétendrait en avoir, donc démentir la définition qu'on prétendrait en donner. Puissance de capter ce qui « roule » et « erre dans un lieu intermédiaire », l'opinion n'est ni à la fois connaissance et non-connaissance et pas davantage ni l'une ni l'autre : elle est réellement une manière de connaître qui ne connaît pas réellement. Puisque son objet tient le milieu « entre l'étant pur et l'absolument non étant », l'opinion

---

1. De même pour *Rép.* V, 478e-480a en *Théét.*, 190a-b.

est la puissance intermédiaire cherchée. Ceux qui ont des opinions « ne connaissent aucune (ou rien : *ouden*) des choses sur lesquelles ils opinent ». Ils ne le pourraient d'ailleurs pas même s'ils le voulaient, puisque l'opinion s'applique à ce dont il n'y a pas de science possible. Dans sa duplicité, l'opinion dit une vérité qui n'est jamais vraiment vraie puisqu'elle peut cesser de l'être, mais qui n'est jamais non plus absolument fausse puisqu'un événement du monde peut ou pourra toujours venir transformer sa fausseté en vérité. Vérité et fausseté sont pour l'opinion des déterminations extrinsèques, elles signifient adéquation ou inadéquation à ce qui devient et advient. Mais comme elles sont intégralement soumises aux variations du devenir, et comme elles dépendent de la puissance de persuasion qui les fait advenir, adéquation et inadéquation sont provisoires et relatives. C'est de son pouvoir d'en jouer que le sophiste tire sa magie. Non content de tromper, de faire prendre ses mots pour des choses et ses jeux de mots pour des arguments, le sophiste incite nos âmes à *se* tromper, à faire erreur, à croire des choses contraires à celles qui sont, à préférer ce qui paraît être à ce qui est.

Oser parler du non-étant (241b4-c6)

L'opinion fausse juge être en quelque façon les choses qui ne sont absolument pas, et estime que celles qui sont pleinement ne sont absolument pas. « Comprenons-nous, Théétète, ce que le sophiste dit ? » Mieux vaut en effet comprendre l'efficacité de ses contre-prises (*antilèpseis*) et le bien fondé des impasses où il enferme ses adversaires si on espère pouvoir le capturer. Le nerf de l'argumentation d'Euthydème est que « parler, c'est agir et produire » : personne ne peut donc énoncer ce qui n'est pas, car alors il produirait quelque chose, et comme personne ne peut faire exister ce qui n'est pas, personne ne peut dire faux[1]. Hier, Socrate est arrivé à la même conclusion : « Par conséquent, il n'est pas possible d'avoir une opinion sur ce qui n'est pas, ni au sujet des choses qui sont, ni en soi et par soi[2]. » Mais, quand elle est envisagée du point de vue du sujet, l'opinion fausse est une erreur, elle est explicable comme méprise, comme le fait de prendre une chose pour une autre. L'altérité suffit : la question du non-étant ne se pose que si on considère l'opinion du point de vue de son objet, or c'est de ce point de vue que la considère le sophiste. Pour lui, le problème n'est pas psychique, il est ontologique. Telle est la raison pour laquelle il faut comprendre ce qu'il a à nous dire. Platon-l'Étranger comprend alors que, tant qu'ils n'auront pas réfuté le discours paternel et ne se seront pas mis d'accord pour affirmer que « ce qui n'est pas est sous un certain rapport, et que ce qui est en quelque façon n'est pas », il sera difficile « de parler de discours faux ou d'opinions fausses, ou d'images, de semblants, d'imitations ou même d'apparences illusoires ». L'heure « est donc venue de délibérer sur ce qu'il faut faire à propos du sophiste », car lui attribuer l'art de produire des faux-semblants ne fera que lui permettre d'aligner contre-attaque après contre-attaque tant qu'il pourra s'abriter derrière la majestueuse et profonde parole de Parménide.

De quelle sorte d'étant et de non-étant l'Étranger vient-il en effet d'affirmer que leur conjonction est la « plus impossible de toutes »? L'adverbe « en aucune manière » (*mèdamôs*) ne laisse pas de doute : il s'agit de

1. *Euthyd.*, 284b-c.
2. *Théét.*, 188d-189b.

l'être et du non-être tels que les conçoit Parménide. C'est en vertu d'une hypothèse éléatique que l'Étranger passe sans crier gare de « l'autre (*heteron*) chose pareille » dont parle Théétète, c'est-à-dire d'une chose semblable à la chose véritable mais différente d'elle, à des équations assimilant « le non-véritable au contraire du vrai », donc au faux, et « les choses qui ne sont pas » à des « choses contraires à celle qui sont ». Or en cela Platon-l'Étranger s'accorde non seulement avec son père Parménide, mais avec celui qu'il veut débusquer, le sophiste. Lequel joue habilement double-jeu. Car s'il tire la force de son discours de celle d'une parole divinisée par Parménide, c'est aux conséquences tirées par Gorgias qu'il doit sa conception d'un logos pouvant tout dire à propos de l'être et du non-être, mais incapable de dire ce qui est. Le sophiste parle bien, il questionne bien, de sorte qu'il ne reste plus qu'une seule manière possible de répondre : passer d'une perspective exclusivement onto-logique à une approche sémantique. Inscrire le logos dans l'être conduira à celui qui seul est capable de définir le non-être sans emprunter la voie interdite par Parménide : au philosophe, à Platon.

LES TROIS PRIÈRES DE L'ÉTRANGER (241C7-242B5)

Avant de poursuivre, l'Étranger adresse une première prière à Théétète : se contenter « du peu qu'on pourra gagner, par quelque biais que ce soit, sur un *logos* d'une telle force », puis une deuxième, encore plus pressante : ne pas le considérer comme un parricide. Enfin une troisième, qui n'est que « peu de chose » (*smikron ti*) : comme cela suppose qu'il se juge capable de réfuter une parole aussi irréfutable que celle de son père Parménide, il demande à Théétète de ne pas croire qu'il est devenu fou. Du sens que l'on accorde à cette manière d'annoncer l'entreprise – comme la mise à l'épreuve d'un logos fort, paternel et sacré – et de l'importance que l'on attache, ou pas, à cette manière de l'introduire, dépend l'interprétation de tout ce qui suit. Ces trois prières ouvrent en effet la partie dite « ontologique » du *Sophiste* : devrait-elle être comprise comme le « noyau », le cœur du Dialogue, dont l'écorce – l'ensemble de ce qui précède – serait une partie superficielle dont, comme toute écorce, on devrait dépouiller le Dialogue pour en savourer l'essentiel[1] ? Il est vrai que dans le *Politique*, l'Étranger assimile la « macrologie » de son discours portant sur la manière d'être du non-être à celle de son mythe sur la rotation de l'Univers, et les appelle des « digressions » (*perierga*)[2]. Or chez Platon, les digressions ne sont pas des flâneries inutiles, mais des détours absolument nécessaires. En l'occurrence, c'est bien ladite digression qui va permettre de capturer le sophiste, capture qui est le véritable et permanent noyau du dialogue.

Théétète le rassure alors sur tous ces points : l'Étranger peut être certain qu'il ne lui semblera pas commettre une faute de mesure. En matière de faute de mesure, on pourrait pourtant penser que rien ne surpasse un parricide. Pour « faire plaisir » à Théétète, l'Étranger lui indique

1. Distinction faite par Th. Gomperz, *Les Penseurs de la Grèce*, vol. 2, trad. A. Reymond, Paris, Payot, 1905, p. 592, qui revient à faire de la chasse au sophiste un « prétexte », un « déguisement » ; pour les discussions des anciens commentateurs concernant le véritable but du Dialogue, voir N. Notomi, *The Unity of Plato's Sophist*, Cambridge UP, 1999, p. 10-19.

2. *Pol.*, 286b7-c3 ; voir M. Dixsaut, « Macrology and Digression », *The Platonic Art of Philosophy*, ed. by G. Boys-Sones, D. El-Murr and Ch. Gill, Cambridge UP, 2013, p. 10-26.

alors « la route (*hodos*) à prendre de toute nécessité »
– version moins poétique des paroles adressées par la
déesse Justice au jeune homme parvenu à sa demeure[1].
Et, poursuivant sa paraphrase laïcisée, il déclare qu'il
faut d'abord faire porter l'examen sur tous les points qui
leur semblent (*ta dokounta*) actuellement être clairs : ils
doivent donc examiner d'abord « les opinions de mortels
où ne se trouve pas de conviction vraie ».

LES LÉGENDES DE L'ÊTRE (242B6-245E5)

Il se trouve que ces opinions vont inclure celles de
Parménide, en dépit de la splendeur persuasive de sa
parole. Car tous ceux qui jadis ont pris leur élan pour
décider « combien il y a d'êtres et quels ils sont » semblent
à l'Étranger s'y être pris avec beaucoup de légèreté.
L'enquête est ainsi mise tout entière sous le régime de
l'opinion, qu'il s'agisse des doctrines critiquées ou de
leurs critiques.

CROYANCES VÉNÉRABLES
OU MYTHES BON POUR DES ENFANTS ?

« C'est une histoire que chacun d'eux me semble
nous raconter, comme si nous étions des enfants. »
S'il n'y a pas grand-chose de sérieux à attendre de ces
contes fantastiques, pourquoi en parler ? La doxographie
retracée par l'Étranger peut offrir aux érudits des
indications géographiques et chronologiques qui ne sont
pas négligeables, mais faut-il aller jusqu'à y voir « une

---

1. *Cf.* Parménide, fr. I. 28-30 ; voir J.-Fr. Mattéi, « La Déesse de
Parménide, Maîtresse de philosophie », dans *La Naissance de la raison
en Grèce*, Paris, P.U.F. 1990, p. 207-217.

véritable histoire de la Philosophie ancienne, mais aussi le premier texte connu d'histoire de la philosophie, tout court »[1]? Outre le fait qu'il faudrait alors attribuer plutôt la priorité à un passage du *Théétète*[2], ne convient-il pas de se demander d'abord si ce que Platon nomme *philosophia* peut faire l'objet d'une histoire[3]? Dans tous ses Dialogues, comme dans la Lettre VII, la *philosophia* est pensée par Platon en termes de désir et d'occupation et jamais comme une discipline définissable par ces objets et ses méthodes[4]. Car cela reviendrait à faire du philosophe un ouvrier, expert certes mais « continuant toujours dans la même direction ». Si ce n'est pas ainsi que Platon le conçoit, c'est parce que ce n'est pas ainsi qu'il conçoit la philosophie. Serait-ce d'ailleurs de la philosophie que l'Étranger nous raconterait alors les commencements, ou de la métaphysique, comme le pense Heidegger? Philosophie ou métaphysique, son histoire devrait se développer de manière à peu près cohérente et continûment progressive, alors que nous allons assister à une série d'irruptions aléatoires, qualifiées de *muthoi*, « d'histoires », et ainsi disqualifiées. L'Étranger va donc nous raconter l'histoire des histoires sur l'être, et raconter une histoire n'est pas faire de l'Histoire.

1. N.L. Cordero (*Le Sophiste, op. cit.*, n. 189 p. 240); il affirme cependant un peu plus loin (n. 213 p. 244) que « Platon, malgré ses références très abondantes aux philosophes précédents, n'est pas un historien de la philosophie ». Ce qui est une juste rectification.

2. *Théét.*, 155e3-157c3.

3. Voir M. Dixsaut, *Le Naturel philosophe, op. cit.*, « L'impossible histoire », p. 15-22.

4. Pour le désir (*erôs*), voir par exemple *Phédon*, 82d-83b, *Rép.* VI, 485b-e, *Phil.*, 59c-d, *Lettre VII*, 341c-e; pour l'occupation (*epitèdeuma*), voir *Rép.* VI, 490e4-495b2, et en fait, l'ensemble de la *République*.

LE NOMBRE DES ÉTANTS (242B6-244B5)

Un paragraphe d'introduction donne le ton. Le visiteur d'Élée prend un plaisir manifeste à déverser pêle-mêle des doctrines dont, à une exception près, il ne nomme pas les auteurs, selon une chronologie aussi capricieuse que les Muses qui les inspirent.

Le tout est plus que un (242b5-243d2)

Peu importe qui parle, et peu importe qu'il parle de trois, deux ou un seul être, les « êtres » dont parle chacun de ces vénérables Anciens sont soit des forces génératrices (Zeus, Terre et Cronos), soit des couples de qualités contraires (humide et sec, chaud et froid) arbitrairement privilégiées. En les totalisant en « un seul être », la tribu éléatique accomplit ce qui est malgré tout un progrès (valant à Xénophane de voir prononcé son nom). Il se poursuit quand les Muses d'Ionie et de Sicile jugent « plus sûr » d'entrelacer pluralité et unité et d'affirmer que « l'étant (*to on*) est aussi bien multiple que un », mais on avance alors cahin-caha. Les Ioniennes sont en effet plus sévères : elles soutiennent que tout accord de deux contraires est simultanément un perpétuel désaccord – elles sont, dirions-nous, héraclitéennes. Les Siciliennes sont plus douces car elles préfèrent imaginer une alternance cyclique, selon que Philia, l'Amitié, l'Attraction, maintient l'unité du tout, ou que Neikos, la Haine, la disperse en une multiplicité belliqueuse – celles-ci sont manifestement empédocléennes[1]. Ces

---

1. Sur ces Muses, voir A.G. Wersinger Taylor, « Muses d'Ionie, Muses de Sicile (*Sophiste* 242d6-243a2) », *Philosophia* 27-28, 1997-1998, p. 99-110. Les Siciliennes sont trop « relâchées », les Ioniennes sont « surtendues » ; « tendu » qualifie une harmonie fondée sur la dissonance (*diaphônia*) et non une absence d'harmonie.

Muses chantent sur des modes vraiment trop différents : aucune sorte d'accord ne peut régner entre elles. Leur recours à des métaphores biologiques (mariages, enfantements, nourrissages) ou psychiques (haine et amitié) pour décrire des rapports entre forces cosmiques et météorologique achève de les ridiculiser.

Ce qui était supposé introduire une série d'examens critiques se déroule sans viser presque aucun de ces illustres Anciens, ni exposer aucune de leurs doctrines. Il vaut mieux en effet s'abstenir de se demander « quelles disent vrai et quelles disent faux » conclut l'Étranger. À la différence d'Isocrate, il ne conseille pas aux jeunes gens d'y consacrer un certain temps et il ne classe pas leurs théories en fonction du nombre d'étants qu'elles admettaient : « l'un prétendait que les étants sont en nombre infini, tandis qu'Empédocle n'en voyait que quatre avec la discorde et l'amour entre eux, Ion n'en comptait pas plus de trois, Alcméon deux seulement, Parménide et Mélissos un, Gorgias absolument aucun »[1]. Ce que Platon souhaite montrer en procédant comme il le fait est justement que leurs « histoires » ne peut pas constituer une histoire, parce que chacun de ces illustres météorologues a poursuivi sa spéculation solitaire, sans se soucier de s'expliquer ou d'être compris. S'étant de plus montrés semblablement incapables de poser la seule question qu'il fallait poser, celle du sens de ce mot, « est », ils ne nous ont offert à propos de ce qui est que des « mythes », des légendes. Il ne suffit pas de dénombrer pour être intelligible, et sur ce point Platon

---

1. Isocrate, *Sur l'échange*, § 268, trad. G. Mathieu, Paris, Les Belles Lettres, 1966. Diès voit dans ce texte une « doxographie banale », mais elle répond bien à ce que Platon veut démontrer, à savoir que ce sont tous en effet des « sophistes ».

s'accorde avec Isocrate : les questions qu'ils ont posées à propos des étants, « combien » et « quels », ne pouvaient engendrer que des cosmogonies fantastiques ou des « ontologies » aussi dogmatiques qu'arbitraires.

Le rappel de ces doctrines intervient juste après que l'Étranger a déclaré : « L'heure est venue de délibérer sur ce qu'il faut faire à propos du sophiste ». Car c'est bien cela que les sophistes ont compris, et c'est pour cela qu'il faut comprendre ce qu'ils nous disent[1]. En particulier Gorgias :

> Que la persuasion qui transit le discours imprime aussi dans l'âme les marques qu'elle veut, besoin est de s'en rendre compte avec, d'abord, les discours des météorologues, eux qui, opinion contre opinion, dissipant celle-ci, produisant celle-là, font que des choses incroyables et inapparentes brillent aux yeux de l'opinion ; (*Éloge d'Hélène*, § 13)

La désillusion de Socrate lorsqu'il a entendu « les discours des météorologues » l'a poussé à formuler la question qui lui est propre[2] : « qu'est-ce que cela peut bien être ? » Théétète et l'Étranger doivent eux aussi justifier leur décision (*krisis*) de rompre avec ces opinions « incroyables et inapparentes », autrement dit, ils doivent énoncer sur l'être un *logos* et non pas un *muthos*, ce qui les oblige à commettre un parricide.

Socrate, qui écoute en silence, peut-il avoir oublié ce qu'il a dit la veille à Théodore[3] ? Platon, lui, ne l'oublie

---

1. Le sophiste a imposé « de faire la différence entre un objet d'érudition et une chose pensée » (Heidegger, « L'Expérience de la pensée », dans *Questions III*, Paris, Gallimard, 1966, p. 23).

2. Pour cette désillusion, voir *Phédon*, 96a-100a.

3. *Théét.*, 180c-181b ; *cf.* G. Cambiano, « Tecniche dossografiche in Platone » dans *Storiografia e Dossografia nella filosofia antica*, a cura di G. Cambiano, Torino, 1986.

pas. La bataille entre les partisans d'un mobilisme universel et ceux qui soutiennent que le tout est un et en repos a amené son Socrate à se demander si, au lieu de prendre parti, ils ne devraient pas estimer que ni les uns ni les autres ne disent vrai. Mais il ajoute aussitôt que « c'est nous qui serons ridicules si nous croyions, nous gens de rien, dire quelque chose qui compte, après avoir refusé la dokimasie à des personnages on ne peut plus antiques et on ne peut plus savants (*passophoi*)[1]. » Feinte humilité ou véritable respect : quand il s'agit d'ironiser, Socrate s'y connaît mieux que personne. Ironise-t-il lorsqu'il dit à Phèdre : « le vrai, ce sont les Anciens qui le savent : si c'était quelque chose que nous fussions capables de trouver par nous-mêmes, aurions-nous encore, en vérité quelque souci des croyances passées de l'humanité[2] ? » Ces croyances ne méritent pas d'être crues, encore moins d'être prises pour des connaissances, mais, « symboles d'une sagesse perdue », elles méritent d'être interprétées.

Ceux qui élèvent la voix pour affirmer que toutes choses (*ta panta*) sont deux choses du genre du chaud et du froid[3], que veulent-ils dire par ce terme, « être » (*einai*) ? S'il est appliqué au couple, c'est comme un troisième terme qu'il s'ajoute aux deux autres, et on a

1. *Théét.*, 181b2-4. La « dokimasie » était la procédure à laquelle étaient soumis tous les candidats (en particulier les éphèbes) à l'investiture civique, afin de savoir s'ils remplissaient les conditions légales.
2. *Phèdre*, 274c1-3 ; pour leur nature « symbolique » voir Robin, *OPC*, n. 4 p. 1423.
3. « Tous font des contraires (τἀναντία) des principes (ἀρχὰς) », y compris ceux qui allèguent que le tout est un (ὅτι ἓν τὸ πᾶν) et immobile. « Car même lui (Parménide), dans les passages sur l'opinion, fait du chaud et du froid des principes : il appelle ces choses "feu, terre, lumière et nuit ou obscurité" ». (Aristote, *Physique*, 188a19-22).

trois et non plus deux. Mais si c'est à l'un et à l'autre des deux qu'on l'applique, on aurait deux étants, donc deux manières d'affirmer l'être, et par conséquent, encore une de trop, car si on affirme de ce couple que c'est lui qui est « ce qui est », on dira de deux qu'il est un.

La voie à suivre (243d3-e7)

Comment extraire de ces mythes vénérables leur intelligence de la réalité, ou d'un aspect de la réalité ? « Je veux parler de la route que doit suivre notre recherche, et de la façon dont elle doit se dérouler : en nous informant auprès d'eux comme s'ils étaient là en personne. » C'est ce que Platon fait pour la plupart de ses interlocuteurs, il les rappelle du royaume des morts, et hier encore, Socrate a justifié sa méthode par interrogations et en a prescrit les règles[1]. Mais au moment de critiquer Protagoras, Socrate demande à Théodore de bien vouloir remplacer Théétète, car certains pourraient mettre en doute le sérieux de sa critique. Puisque « Protagoras n'est pas lui-même présent (*autos parôn*), lui dit-il, ce sera « à toi et à moi d'échanger questions et réponses pour examiner son discours (*logos*) », et « c'est de son discours à lui que nous devrons tirer de quoi arriver rapidement à un accord »[2]. Ce discours, Protagoras l'a écrit dans son *Sur la Vérité*, et quand il en arrive à l'être-tout-entier dont parle Parménide, l'Étranger cite des vers de son *Poème*. Qu'il questionne les auteurs de ces écrits en les

1. *Théét.*, 169d10-171a1.
2. *Théét.*, 168d10-13. Si l'on tient à parler de « méthode », puisque l'Étranger dit *methodos*, on en trouverait plutôt une chez l'antilogique, et constater ce qu'il en coûte de l'attribuer à Socrate (voir p. 408-413). Hegel regrette de ne pas trouver chez Platon d'exposé systématique de sa méthode, et en ce sens, il a tout à fait raison.

supposant fictivement présents, ou qu'il soumette leurs écrits à une discussion entre deux interlocuteurs tout aussi fictifs, le rapport reste fondamentalement le même : il n'est pas historique, il est dialogique. Oser soumettre les anciennes doctrines de l'être à un examen dialectique qui, comme tout examen de cette nature, se déroule dans un présent atemporellement en acte, va avoir pour conséquence prévisible de révéler l'opacité propre à ces affirmations majestueuses et inspirées, opacité qui permet de les qualifier de *muthoi*, d'histoires, de légendes. Cette opacité tient à ce qu'aucun d'eux n'a posé la question de ce « qu'ils peuvent bien entendre par ce terme "être" ».

Le tout ne fait que un :
de muthos *à* logos. *(244b6-d13)*

La même question doit être posée à ceux qui affirment que le tout (*to pan*) est seulement un (*hen monon einai*) : est-ce la même chose que désignent ces deux noms, un et étant ? Tous ne doivent donc pas être traités de la même façon, car cette fois, ce n'est plus le sens qui fait problème, c'est la référence, le rapport entre le nom et la chose. Et ce ne sont plus d'anciennes croyances qui sont en cause, c'est le logos paternel, celui de Parménide. Ce n'est donc pas en un champ de bataille opposant partisans de la multiplicité des étants à l'affirmation de l'étant-un que Platon en vient à affronter Parménide, car en ce champ de bataille le mythe vient succéder au mythe sans que l'on puisse discerner lesquels sont vrais et lesquels sont faux. Lorsqu'il énonce en effet la thèse de ceux qui affirment que toutes choses sont un, l'Étranger ne prononce pas le nom de Parménide, et leurs « histoires » (*muthoi*) sont attribuées à la « gent éléatique » issue de Xénophane et

« de plus haut encore »[1]. Même si, dans le *Théétète*, il est question « des Melissos et des Parménide »[2], dans le *Théétète* comme dans le *Sophiste* le « grand Parménide » mérite qu'on lui consacre un examen différent de celui auquel on soumet tous ceux qui affirment que « le tout est un et en repos »[3]. Quand l'unité de l'étant est quantitativement affirmée, Parménide est intégré dans une troupe, son nom même est mis au pluriel et sa parole est un *muthos* au même titre que celle de ses adversaires. « Toutes les fois que l'un d'eux vaticine en proférant que est, est devenu ou devient du multiple, du deux ou de l'un … ». Il s'agit dans ces trois cas de « doctrines pluralistes »[4], car la différence entre pluralistes et monistes n'est pas numérique : les « pluralistes » peuvent eux aussi affirmer que « un », mais la manière de concevoir cet un les distingue. Unité unificatrice pour les « pluralistes », il est unicité « complète » (*holon*) donc totale (*pan*) et principielle pour les monistes. Or, dans le premier temps de l'examen, non seulement Parménide n'est pas supposé « présent en personne », mais il est placé au nombre de « ceux qui disent un le tout ». À partir de 244e, il est directement visé, mais sans être mis en situation d'interlocuteur : il est questionné à travers

1. 242d4-8. De cette phrase, on peut retenir que l'Étranger *ne fait pas* remonter ces *muthoi* à Parménide. Pour le problème historique qu'elle pose, voir N.L. Cordero, *Le Sophiste*, *op. cit.*, n. 193-194 : le groupe éléatique ne comprend pas que des Éléates (Melissos de Samos par ex.), et pour ceux qui vinrent « même avant Xénophane », qui naquit à la fin du VIIe siècle, Homère, les Orphiques ou les Pythagoriciens sont des candidats possibles.
   2. *Théét.*, 180e2.
   3. *Théét.*, 183e-184a et *Soph.*, 242d4.
   4. Comme les nomme Diès, à juste titre (éd. cit., p. 345).

un écrit, une citation des vers 43-45 du fragment VIII du Poème. La démarche adoptée ensuite par l'Étranger n'est pas très claire : prend-il cette citation comme point de départ de sa réfutation – auquel cas il s'agirait tout au long de Parménide – ou comme simple exemple de doctrines « monistes » ?

Si la « méthode » est moins lumineuse qu'il n'y paraît, la finalité, elle, est clairement affirmée : l'Étranger va questionner pour réfuter. Faut-il en déduire pour autant qu'il ne cherche pas réellement à comprendre ce qu'il réfute[1] ? Les doctrines précédentes ont été renvoyées fermement, mais « sans insolence », à leur statut de contes à dormir debout, et l'Étranger semble interpréter leur impuissance à y répondre comme une incapacité à se poser de telles questions. Mais Parménide est abordé d'une manière bien différente : c'est contre lui qu'il est nécessaire de « se défendre », et l'on ne peut se défendre contre lui qu'en l'attaquant. Telle est la façon qu'a Platon de nous signifier qu'entre sa pensée et celle de Parménide le rapport ne saurait être de simple critique. « J'aurais honte certes, a dit hier Socrate, d'infliger un examen brutal à Melissos et à ceux qui disent un et immobile le Tout, mais moins de honte qu'à traiter ainsi cet être unique, Parménide. C'est que Parménide, m'apparaît à moi, pour citer Homère, "vénérable autant que

---

1. « Platon n'était pas un historien de la philosophie et ce que Parménide voulait dire exactement en affirmant que l'être est tout ce qui existe ne l'intéressait pas » (L. Tarán, *Parmenides*, a text with translation, commentary, and critical essays, Princeton, 1965, p. 276, ma traduction). On peut penser néanmoins que le sens parménidéen de l'être « l'intéressait » au moins autant que Tarán : les « craintes » du *Théétète* (184a) comme les « prières » du *Sophiste* témoignent assez de la force qu'il reconnaissait à la pensée du « Père ».

redoutable »[1]. » Le logos de Parménide a quelque chose d'imprenable, d'inviolable. Peut-être y a-t-il alors lieu de craindre que, trop conscient de la force de cette pensée dont « la profondeur lui semble absolument géniale », Platon l'altère afin de pouvoir en triompher ? En ce cas, la réfutation tomberait à côté, et rien ne serait vraiment gagné sur Parménide.

De son propre aveu, l'Étranger interroge pour réfuter, mais pour réfuter quoi ? Sur ce point les commentateurs n'ont, dans leur ensemble, pas l'ombre d'une hésitation : il s'agit de réfuter « le vrai et original principe de la pensée parménidéenne », à savoir : « l'être est et le non-être n'est pas »[2]. Pourtant, quand il a défini son but, l'Étranger a dit ceci :

> il sera nécessaire, pour nous défendre, de mettre à la question (*basanizein*) le logos de notre père Parménide, et d'user de violence (*biazesthai*) pour établir du non-étant qu'il est sous un certain rapport, et de l'étant, à son tour, que d'une certaine façon il n'est pas. (241d5-7)

Il « sera nécessaire » commande non pas une mais *deux* démarches : la mise à l'épreuve d'un *logos*, et une contrainte violente portant sur l'étant et le non-étant. Pour ramener ces deux démarches à une seule, il faut traduire *logos* par « thèse » dans les trois prières de l'Étranger. Or une thèse doit pouvoir être résumée, développée, reformulée sans dommage afin d'être analysée, améliorée

---

1. *Théét.*, 183e3-184a1, cf. *Iliade* III, 172.
2. A. Diès, éd. citée, Notice, p. 285-286. Pour Cornford (*Plato and Parmenides, Parmenides'* Way of truth *and Plato's* Parmenides, translated with an introduction and a running commentary, Routledge, London [1939], 2010) : « ce qui barre la route est la conception rigide propre à Parménide de l'Être Réel Unique comme étant seul à avoir quelque sorte d'existence que ce soit. » (ma traduction).

ou critiquée : la traduction par « thèse » ou « théorie » préjuge que le *logos* de Parménide va être examiné dans son contenu, non dans son mode d'énonciation. « Mettre le logos paternel à la question » voudrait donc dire « réfuter son opinion, sa doctrine » après l'avoir réduite à cette brève formule : « l'être est et le non-être n'est pas ». Or non seulement elle est absente du *Poème*, mais Platon ne l'attribue jamais sous cette forme à Parménide. Admettons qu'il la présuppose : on ne peut, sans absurdité, croire que la violence infligée par Platon à l'étant et au non-étant laissera intact leur *sens* parménidéen. Si la réfutation avait comme unique objet un coup de force ontologique, elle devrait commencer par une entreprise de redéfinition, or celle-ci n'est entreprise que lorsqu'est posé le problème des très grands genres, donc bien après le « parricide »[1]. En outre, au terme du passage consacré à Parménide et à l'issue de la revue complète des doctrines de l'être, il est dit que l'embarras concernant l'être et le non-être est toujours aussi grand et que l'on n'a fait que « parcourir des apories » (250d-e). Mais puisque l'étant et le non-étant participent de ces apories à part égale, il est au moins possible d'espérer que, si un terme arrive à devenir plus clair, il en sera de même pour l'autre :

> et si en revanche, nous ne sommes capables de voir ni l'un ni l'autre, soyons-le au moins de frayer à notre raisonnement (*logos*) le chemin, quel qu'il puisse être, qui sera le plus convenable à travers les deux à la fois. (251a1-3)

---

1. À partir de 254b7.

On ne saurait affirmer plus clairement que la « thèse » de Parménide sur l'étant n'a pas été « réfutée », qu'aucun argument n'a démontré que ce qui est n'était pas (même sous un certain rapport) et que le ce qui n'est pas était (même en quelque façon). Car, à ce moment du Dialogue, ni l'Étranger ni Théétète ne savent rien de l'être, sinon qu'il semble aussi difficile à saisir, aussi obscur que le non-être[1]. Qu'il demeure obscur n'implique pour l'étant rien quant au fait d'être ou de ne pas être, mais prouve seulement que l'opposition de l'impensable et du pensable n'a pas l'évidence irrécusable que Parménide lui prêtait.

Réfuter Parménide
(244D14-245E5)

Le coup de force ontologique n'est donc ni le seul ni le premier objet du parricide. Il est nécessaire, puisque c'est à ce prix que la possibilité du discours trompeur, de l'opinion fausse, de l'image et de l'apparence illusoire pourra être établie, mais il a pour condition préalable une mise à la question du *logos* de Parménide. À prêter quelque attention à la manière dont la réfutation de Parménide est introduite, se conclut et se prolonge, il semble donc discutable de la lire comme une critique externe opposant thèse vraie à thèse fausse et ontologie à ontologie[2]. Il convient par conséquent d'essayer de la lire autrement.

---

1. *Cf.* 243b7-c5, 245e8-246a2, 250d5-251a4.
2. Tout au long de son livre sur *Le Non-Être* (*Deux études sur le Sophiste de Platon*, Sankt Augustin, Academia Verlag, 1995), Denis O'Brien a bien vu que réfuter Parménide ne signifie pas pour Platon réfuter que le non-être soit un contraire de l'être, car ce contraire, étant

PARMÉNIDE ET LE LOGOS (244D14-245E5)

Le terme « autre » (*heteron*) intervient une première fois dans cette entreprise de réfutation quand il s'agit de la possible altérité de la chose et du nom. Pour l'Étranger, toute la question – cette question que Parménide n'a pas posée – est là : si la parole n'est pas différente de l'être qu'elle profère, comment l'être pourrait-il différer de la parole ? Et quel statut accorder à une telle parole ? Est-elle en marche « vers l'éclaircie même de l'étant » (être que menace la « contre-possibilité du néant »), « parole essentielle », « gardienne » de l'inouï, qui nous « déloge de toute position de sécurité » et protège le silence « dans le don du Poème »[1] ? Ou, simple démonstration appliquant « rigoureusement le principe du tiers-exclu », conclut-elle « que ce qui existe ne peut avoir d'autre caractéristique que l'étant »[2] ? Entre ces deux modes de lecture, la manière dont Platon va conduire sa réfutation ne pourra pas permettre de trancher. Et cela pour la raison que, selon Platon, Parménide s'y est pris de telle façon avec le logos que ce ne peut en vérité, pour lui, être que tout un. C'est donc le « héros tutélaire et fondateur » (*arkhegos*) qu'il faut examiner en premier[3]. Parménide, ou l'étant ? Les deux.

Si l'objet de la réfutation n'est pas d'abord ontologique, et si elle peut s'effectuer quoi qu'il en soit par ailleurs de ce qui est, c'est parce qu'elle porte, comme ne cesse de le répéter Platon, sur le *logos* de Parménide.

---

contraire, serait : Parménide et Platon s'accordent donc sur le fait que ce non-être, entendu comme néant, est inconcevable et imprononçable.

1. J. Beaufret, *Parménide, Le Poème*, Paris, P.U.F., 1955, p. 41-42, *cf.* p. 14.

2. L. Tarán, *Parmenides, op. cit.*, p. 193.

3. 243d1-2.

Que signifie alors *logos*? Qu'il faille, pour penser ce qui est en vérité, décider, et dans cette décision prendre, non pas le témoignage des sens, mais la raison (*logos*) pour unique critère, cela n'est pas propre à Parménide[1]. Mais ce qui fait de la parole parménidéenne un *logos*, un discours entièrement rationnel, est que, disant ce qui est, elle refuse pour cet étant tout mode d'engendrement et de disparition. C'est en ce sens que le logos de Parménide vaut, au regard de l'Étranger, pour un logos : il constitue véritablement le premier discours sur l'étant, la première *ontologie*. Et pourtant, la voie qui s'impose avec « le plus de nécessité » n'est pas celle qu'il a à la fois prise et prescrite comme étant la seule voie[2]. Pourquoi? Parce que Parménide s'y est engagé « sans faire de difficulté », *eukolôs*. Cet adverbe qualifie par exemple la façon dont Socrate avale la ciguë[3], sans faire de difficulté, comme négligemment :

> C'est sans trop y voir de difficulté (*eukolôs*), me semble-t-il, que Parménide a argumenté pour nous, lui et quiconque se lança vers une décision portant sur la détermination des étants, quant à leur nombre et quant à leur nature. (242c4-6)

Tout comme les anciens savants en science de la Nature, Parménide nous a raconté, sur l'étant, une « histoire ». En qualifiant successivement la parole du Poème de *logos* et de *muthos*, l'Étranger ne fait

---

1. Sur le *logos* (la raison opposée aux sens) comme « critère », voir par exemple les textes d'Empédocle, Héraclite et Démocrite cités par Sextus Empiricus, *Adversus Dogmaticos*, I, 122-141
2. En 242b1-c2 la constellation *logos-elenkhos-krisis* et la liaison avec la « voie à prendre de toute nécessité » (*tèn hodon anankaiotatèn*) font écho aux vers 5 du fr. VII, et 15-18 du fr. VIII.
3. *Phédon*, 117c.

d'ailleurs que reprendre les mots mêmes du Poème. Mais si la déesse elle-même désigne indifféremment son dire comme *muthos* et comme *logos*[1], Platon, lui, différencie. Comment expliquer alors qu'il applique l'un et l'autre nom à des cosmogonies jugées fantastiques et au discours de Parménide ? De fait, le texte met en œuvre un double-jeu d'oppositions :

– Entre les principes physiques des cosmogonies des Anciens Physiciens qui sont des *muthoi*, et le critère logique mis en œuvre dans l'ontologie de Parménide, qui est un *logos*.

Et entre la cosmogonie du *Timée*, qui est l'image d'un modèle intelligible et se trouve qualifiée d'*eikos muthos*, et son ontologie dialectique qui est un *logos*.

– Entre des cosmogonies qui ne sont ni vraies ni fausses et sont des *muthoi*, et la cosmogonie vraisemblable du *Timée* qui est un *eikos logos*.

Et entre l'ontologie facile de Parménide, qui mérite alors d'être rangée parmi les *muthoi*, et l'ontologie difficile de Platon, qui parce qu'elle est l'œuvre de la science dialectique est un *logos*.

Si les discours en position extrême, les cosmogonies des Anciens Physiciens et l'ontologie difficile Platon ne changent pas de qualification, les discours en position moyenne, la cosmologie du *Timée* et l'ontologie de Parménide peuvent, selon l'opposition dans laquelle ils se trouven, être nommés *logos* ou *muthos*. Parménide est

1. *Muthos* : II, 1 et VIII, 1 : *logos* : VIII, 50. Sur les deux interprétations de ce dernier terme chez Parménide, voir B. Cassin (*Parménide, Sur la nature, op. cit.*, p. 19-23 et n. 1 p. 21-22) : « parole dans sa hautaine plénitude », ou « récit de la route […] offerte au voyageur qui part en quête, à l'aventure » ? C'est au fond ainsi que comprend Platon, et il leur oppose son propre usage du logos.

le Père dans l'exacte mesure où il a rompu, pour parler de ce qui est, avec un type de pensée dont les principes sont physiques et le mode d'explication généalogique. Les anciens penseurs de la Nature racontaient des histoires, « c'est-à-dire se mouvaient naïvement dans la dimension de l'étant, sans jamais entrer dans la dimension de l'être de l'étant » écrit Heidegger[1]. Aux dissociations et associations (*diakriseis kai sunkriseis*) de ces anciens penseurs s'oppose la « décision » (*krisis*) inaugurale de Parménide quand il affirme, non pas « toutes choses sont un », mais « il y a seulement un ».

Les mythes des anciennes cosmogonies ne méritaient pas beaucoup plus qu'un « au revoir » désinvolte ; ils ont cependant conduit l'Étranger à découvrir que l'être est un concept aussi vague et aussi obscur que le non-être. Il croyait pourtant le comprendre, et quand on lui disait que l'être est, il ne l'entendait pas comme une tautologie mais comme une évidence. Or n'est-il pas plutôt évident que lorsque ce mot, « être », est prononcé, le langage se projette hors de lui-même dans un mouvement d'auto-transcendance, qui est du même coup une découverte de la barrière du langage, puisqu'une existence extra-discursive est visée, une existence existante ? Cette pré-compréhension est nécessaire pour admettre que ceux qui racontent des histoires sur l'être ne veulent peut-être pas ne rien dire du tout, comme le soutiendrait Wittgenstein : il fallait les interroger, ne serait-ce que pour prouver que l'être est un terme qui perd sa trompeuse clarté dès qu'on l'interroge.

---

1. *Le Sophiste*, *op. cit.*, p. 416.

QUE SIGNIFIE CE MOT « EST » ?

L'élan qui a emporté Parménide « aussi loin que son ardeur peut atteindre » l'a conduit à affirmer deux voies, « l'une que est, et que n'est pas ne pas être »[1], en finissant ainsi avec le problème du nombre et de la nature des étants, problème auquel les anciennes cosmogonies avaient cru pouvoir répondre. L'importance d'une pensée aussi « unique » que l'être qu'elle profère devait rendre impossible de l'assimiler à des fables qui ne relèvent ni du vrai ni du non-vrai. Le terme *muthos* ne peut pas avoir exactement le même sens lorsqu'il s'applique à Parménide et à tous les autres[2]. Qu'est-ce qui autorise pourtant à nommer ainsi son discours ? Le texte, sur ce point, est clair : une négligence, une incapacité à « faire des difficultés », et en particulier le fait qu'il n'ait pas soulevé celle-ci :

> Donc puisque, pour notre part, nous nous trouvons dans une impasse, à vous de nous faire voir suffisamment clairement ce que vous pouvez bien vouloir signifier chaque fois que vous prononcez ce mot "être"[3]. (244a4-6)

1. Voir Parménide, fr. I et II.
2. Selon Y. Lafrance (« Le sujet du Poème de Parménide : l'être ou l'univers ? », *Elenchos*, 1999, p. 265-308), le sujet du *Poème* serait l'univers, mais Platon et Aristote « ont dû donner à l'être et au non-être [...] un sens ontologique qu'ils n'avaient pas dans l'esprit de Parménide » (p. 304). À noter que « l'esprit de Gorgias » est soigneusement omis.
3. Phrase (243d 4-5) mise par Heidegger en exergue d'*Être et Temps* pour marquer la nécessité de rouvrir la question du sens de l'être (trad. E. Martineau, Paris, 1985, p. 23). Dans son commentaire du *Sophiste* (p. 420-424), Heidegger écrit que « l'un n'est pas ce qui lui [à Platon] importe vraiment » : « ce qui lui importe, c'est de montrer que le *legein* implique l'*on* comme un être-dit en souffrance, mais constitutif », et il cite la même phrase du *Sophiste*.

« Par ce mot "être", que devons-nous comprendre de votre part ? » a demandé l'Étranger (243e2), et il se posera à nouveau cette question : « que peuvent-ils bien dire en le disant "étant" ? » (244b7). Or sur ce point, Parménide n'est pas différent des autres. Ce n'est donc pas l'ontologie du *Poème* qui est visée par Platon, mais ce qu'elle implique quant à la nature même du discours. On ne peut reprocher à Parménide de ne pas savoir ce qu'il dit, mais on peut lui reprocher de ne pas avoir conscience qu'il dit. C'est pourquoi, disant le mot, ce logos inconscient de lui-même croit dire la chose même, sans se soucier du sens qu'il lui donne. Le reproche est d'autant plus fort quand il s'adresse à Parménide que cette « chose » est l'être et qu'elle est d'emblée posée comme unique (et non pas simplement comme une)[1]. On ne peut donc la dire sans interdire d'emblée toute possibilité pour le langage de signifier autre chose que la même chose. Tous les termes en acquièrent fonction « d'indices », de signes (*sèmata*) – ou, pour employer les termes de Platon, ce sont des noms privés et non pas pourvus de *logos*, de sens.

De Platon à Gorgias et retour

La revue des « histoires » racontées sur l'être par ses prédécesseurs a conduit Platon à réitérer la question de sa signification. Or ce sont les opinions contradictoires des « météorologues » à propos des étants (*peri tôn ontôn*)[2]

---

1. « Vous affirmez donc qu'il n'existe qu'une seule chose (*hen monon einai*) ? Nous l'affirmons en effet, diront-ils, n'est-ce pas ? » (244b9-10). L'interlocuteur imaginaire visé par l'Étranger pourrait, selon Cordero (*Le Sophiste*, *op. cit.*, n. 208, p. 244) être Melissos et son *hen monon estin* (fr. 8, 1 DK).

2. Son *Éloge d'Hélène* (13.7) dit « incroyables » celles racontées par les « penseurs de la Nature ».

qui servent de point de départ au traité de Gorgias *Sur la nature ou sur l'étant*. Voici les deux versions de son premier argument[1] :

– Version de l'Anonyme :

> Car si le ne pas être est ne pas être, le non-étant serait non moins que l'étant : en effet, le non-étant est non étant tout comme l'étant étant ; de sorte que sont, pas plus que ne sont pas, les choses effectives[2]. (*MXG*, 979a 25-28)

– Version de Sextus Empiricus :

> Et certes le non-étant, quant à lui, n'est pas. Car si le non-étant est, alors il sera et en même temps ne sera pas ; en effet, dans la mesure où, d'une part, il est pensé comme n'étant pas, il ne sera pas ; mais dans la mesure où il est non étant, à rebours il sera. (*Adv. Math.*, VII, 67. 1-4).

Qu'en est-il de l'être ? Il n'est pas si le non-être est, puisqu'il est son contraire.

L'Anonyme commence par montrer que, si l'étant doit et peut s'identifier (il est étant), le non-étant doit le pouvoir aussi. Car si l'on dit de l'étant qu'il est étant, il faut dire aussi que le non-étant est ce qu'il est, à savoir non-étant. Mais alors, prédiqué à lui-même, le non-étant est. Dans cette version, la contradiction semble suffisamment évidente, alors que Sextus explique que c'est parce *qu'il est pensé* comme n'étant pas que le non-étant n'est pas, et parce *qu'il est dit* être non étant, qu'il est.

Quoi qu'il en soit, on ne peut dire du non-étant *ou bien* il est, *ou bien* il n'est pas, on peut dire seulement : *ni* il est, *ni* il n'est pas (Gorgias), il est *tout en* n'étant pas,

---

1. Traduction de B. Cassin dans *Sur la Nature*, *op. cit.*, p. 255.
2. *MXG*, 979a 28-30 ; S.E., 67, 5-8. Voir l'Annexe III.

il n'est pas *tout en* étant (Platon). L'étant comme le non-étant peuvent en effet être tous deux sujets de « est » et « n'est pas » : « est », pas plus que « n'est pas » ne peut servir à les départager. Gorgias et Platon contredisent ainsi la *krisis* parménidienne, car « est » est un terme sans référence – on ne sait pas plus à quoi rapporter ce mot, être, qu'on ne sait à quoi rapporter le non-être[1]. Être n'est pas en effet le mot d'un certain discours, celui de Parménide, c'est le grand mot de tout discours. Quand il dit être, est, étant, le discours se projette hors de lui-même : l'ambiguïté première de l'être, c'est d'être et de n'être qu'un mot, et pourtant d'impliquer sa propre existence, son existence extra-discursive. Dire l'être est étant, ce qui est est, ce n'est pourtant pas seulement poser son existence nécessaire, son extériorité par rapport au discours, c'est aussi poser son identité par rapport à lui-même. Mais comme le discours comporte des négations, comme il peut dire « n'est pas », il ruine cette illusion-là. Le vrai problème est que « être » a dans le discours *tous* ces sens, et que, même si on les distingue, ils continueront à jouer. L'équivocité du mot « être » n'est pas accidentelle donc « guérissable », mais constitutive.

Être, non-être, sont des mots qui font se heurter aux limites du langage, des mots vides de contenu que telle ou telle détermination peut venir remplir, sans pour autant réussir à leur donner sens. Ils ne désignent pas quelque chose de façon fausse ou inappropriée, ils ne désignent pas du tout. Gorgias et Platon disent de ceux qui discourent sur les étants ce que Wittgenstein dit des philosophes en général : « Ce qui se passe dans ce cas n'est pas qu'ils veulent dire autre chose que ce qu'ils

---

1. *Cf.* 250 d-e.

disent, mais qu'ils ne voient pas qu'ils ne veulent rien dire du tout[1]. » Sans aller comme lui jusqu'à dire que, quelle que soit la description qu'on donne de l'être, elle ne correspondrait à aucun objet déterminé et déterminable, il est certain que le discours fonctionne selon les modalités du possible et de l'impossible, mais pas selon la modalité du nécessaire. Car le propre de la nécessité logique, quand elle fonctionne toute seule, est d'aboutir à propos de l'être à des conséquences illogiques, et aucune autre sorte de nécessité ne peut intervenir pour la régler du dehors.

C'est cela que Platon a d'abord compris de Gorgias : la nécessité de dénoncer ces illusions, ce qui en outre ne peut se faire qu'à la manière de Gorgias, en faisant jouer cet étrange terme, « non-être ». Si le non-étant *n'est pas moins* que l'étant, comme dit Gorgias et comme va le répéter l'Étranger[2], l'étant *n'est pas plus* que le non-étant. Rien en lui ne fait obstacle à l'attribution de prédicats contraires; et si aucune nature ne le contraint plutôt à être qu'à ne pas être, aucune nature ne le contraint non plus à être ceci plutôt que cela. Jamais une expérience de l'être ne viendra donc contredire ce que l'on en dit, et c'est précisément pourquoi on peut tout en dire, et que ce faisant on ne dira rien – tant qu'on ne réussira pas à définir ce qu'il peut bien *signifier*, et tant qu'on ne fera pas intervenir le même et l'autre comme deux genres d'être différents de l'être.

---

1. L. Wittgenstein, *The Big Typescript*, p. 192.
2. MXG, 979 25-26, *Soph.*, 258a-b.

La route et l'errance

En affirmant à propos de l'être qu'avant de se demander s'il est et ce qu'il est (combien et quel), il faut se demander ce qu'il *signifie*, l'Étranger rappelle donc que « être » est aussi un mot de la langue et un terme du discours. Pour l'avoir négligé, le logos du Père est au regard de Platon un mythe, une parole trop proche de ce qu'elle dit pour pouvoir s'interroger sur ce qu'elle veut dire : elle est réifiée et comme transie par son message. En ce qu'elle a omis la fonction sémantique du logos, ne lui reconnaissant que sa fonction onto-logique, la parole du Poème profère et réfère, mais sa rigueur même la fait vaciller. Il ne suffit pas en effet d'objecter à Parménide qu'il est bien obligé de dire ce qui ne doit pas être dit sous prétexte qu'il est impossible de le dire : condamné qu'il est à tourner autour de son unique référence, son logos s'immobilise, et se ferme à toute signification possible. La conclusion de l'examen vient confirmer que tel est bien le véritable enjeu du parricide – rompre avec une parole oraculaire et solitaire, ouvrir ce que le discours paternel a fermé, donner au logos un espace où se déployer et se mouvoir, et non pas transgresser ce que Parménide a interdit. Parce que le logos du père est un mythe, il va, comme tous les autres, déboucher sur des « myriades d'apories dont il est impossible de voir le bout ». Pourtant, Parménide a argumenté, dialectisé (*dielekhthai*). Mais la logique du tiers-exclu est une logique trop forte et trop simple qui ouvre une voie trop « unique » et trop évidente. Elle va payer le prix de sa « facilité », de son univocité, de sa trop immédiate conviction. Faute de s'être questionné, le discours inviolable aboutit à une cascade de contradictions. La seule voie possible, celle que « est », se révèle alors tout aussi impossible que la voie interdite :

> L'ÉTRANGER — Et c'est à coup sûr par milliers et sans qu'on puisse en voir la fin que surgiront d'autres impasses pour quiconque définit ce qui est soit comme un couple, soit comme étant seulement un. THÉÉTÈTE — C'est évident, il n'y a qu'à voir celles qui viennent d'être soulevées, elles s'enchaînent, l'une sortant de l'autre et emportant (*pheron*) chaque fois tout ce qui a été dit dans une errance (*planè*) encore plus divagante et plus difficile à surmonter. (245d12-e5)

Le premier verbe (*pherô*) du *Poème* de Parménide est aussi le dernier verbe du passage qui lui est consacré dans le *Sophiste*[1]. Parménide déporté par les apories est comme le mauvais symétrique du jeune homme emporté par son élan. De plus l'examen s'achève sur un mot, un dernier mot qui résonne et n'est certes pas mis là par hasard : l'errance (*planè*). Après tout, l'aporie, même multipliée, ne constitue pas en soi une réfutation, mais dans le cas de Parménide les apories induisent une *errance*, et ce terme représente tout ce que le Père, en argumentant, a prétendu exclure. Que la voie prescrite par Parménide n'empêche pas d'errer, et qu'elle se mette elle-même à divaguer révèle l'insuffisance non pas d'une thèse, mais d'une méthode.

À la parole du Poème, parole de conviction servante de vérité, Platon oppose son propre maniement du logos, usage difficile en ce que le logos « s'expose aux dangers ». La réfutation a commencé par opposer voie à voie et méthode à méthode. Il faut donc analyser ce qui

---

1. Voir fr. I, v. 1-4 : le verbe est présent quatre fois en quatre vers (*pherousin*, v. 1, *pherei*, v. 3, *pheromèn, pheron*, v. 4).

se concentre dans ce terme, « errance », pour comprendre pourquoi Platon juge qu'il suffit de le retourner contre Parménide pour le réfuter. Dans le Poème, ceux qui « errent » sont les mortels à deux têtes : « l'impuissance en leur cœur dirige leur pensée errante (*plakton noûn*) et leur chemin, revenant sur lui-même, se parcourt dans les deux sens (VI, 5-9) ; ils sont dans l'errance (VIII, 54) parce qu'ils ont choisi de nommer deux formes ; enfin, si la naissance et la mort sont « bannies » dans l'errance (VIII, 27), c'est parce que la vraie persuasion les a chassées au loin. La voie de l'errance est la voie suivie par les mortels, leur errance est la conséquence de leur impuissance à discerner par le logos, à obéir à la Parole[1]. Errer ne signifie pas prendre une mauvaise route (puisqu'il n'y a qu'un chemin possible), mais méconnaître le terme vers lequel la route conduit : divaguer par ignorance du but. L'errance est donc assimilée, et de manière univoque, à l'erreur.

Elle relève, dans les Dialogues, d'un maniement plus complexe. En ce qu'elle participe d'une stratégie socratique face à cette image positive du savoir qu'est la *sophia* des doctes, l'errance est le meilleur moyen d'éviter l'erreur et de sortir de l'état d'ignorance, du non-désir d'apprendre, l'*amathia*. Elle peut, certes, désigner aussi l'égarement de l'âme dans le sensible, le changement, le désordre : lorsqu'elle a recours au corps pour examiner des choses en perpétuel devenir, il peut lui arriver « d'errer, d'être troublée, de tournoyer comme si elle

---

1. Sur la liaison avec le thème homérique de la *planè*, et en particulier avec les deux routes conseillées par Circé (*Odyssée* XII, 55 *sq.*), voir E.A. Havelock, « Parmenides and Odysseus », *Harvard Studies in Classical Philology* 63, 1958, p. 133-143, et A.P.D. Mourelatos, *The Route of Parmenides*, Yale U.P., 1970, p. 24-25.

était ivre »[1]. Mais, même alors, elle n'est pas identifiée à
l'erreur puisque le sensible n'égare pas toujours et qu'il
peut y avoir des opinions droites[2]. Enfin, quand c'est
dans l'intelligible qu'on divague, errer ne signifie pas
davantage se tromper, mais explorer : cela n'équivaut
donc pas à prendre le chemin qui, par indécision, revient
sur ses pas, la voie des mortels de Parménide. Cela
signifie prendre *tous* les chemins possibles et prendre le
temps de les prendre. Diachronique, dioptique, le logos
selon Platon ne peut discerner et comprendre le vrai que
si, dans son mouvement même, il le rencontre. La sûreté
du discernement intelligent est le fruit de l'errance, car
elle ne préjuge pas du bon chemin et ne juge des chemins
qu'après les avoir parcourus. L'économie de la voie
droite n'est pas le plus sûr moyen de se tromper, mais
elle constitue le plus sûr moyen de ne jamais acquérir
l'intelligence, même si par hasard on tombe sur le vrai.
Dans la perspective des Dialogues, sortir de la forêt n'est
pas pour la pensée une représentation adéquate de sa
démarche ou de son but[3]. Car si je peux, par opinion droite
ou par inspiration, prendre la bonne route pour Larissa,
le but pour la pensée n'est pas d'arriver par le plus court
chemin à Larissa, à la vérité ou à l'être. L'opinion droite
peut aller droit au but, mais ce but ne sera jamais que le
contenu d'une opinion. L'intelligibilité n'est accessible

---

1. *Phédon*, 79c2-8.
2. Pour l'errance « socratique » voir *Hipp. Maj.*, 304c, *Apologie*
22a ; pour l'errance-égarement, voir par exemple *Phédon*, 81a, *Rép.* IV,
444b.
3. *Cf.* Descartes, *Discours de la méthode*, Troisième partie. Pour
l'infériorité de la voie courte par rapport à la voie longue, voir Platon,
Pol., 286b-287a.

qu'à l'intelligence, et sans cette « gymnastique » qu'est l'errance, l'intelligence ne peut pas surgir.

Il existe un autre Dialogue dans lequel l'errance est liée directement au nom de Parménide. Dans celui qui porte son nom, le grand Parménide, questionné par Socrate sur la nature de cette « gymnastique » que lui paraît être sa méthode, répond en lui conseillant de prendre la dialectique de Zénon pour modèle, mais sous cette réserve, reformulée par Socrate et qui a « ravi » Parménide :

> tu ne permets pas non plus que l'errance [s'égare] au sein des choses qui sont vues, ni qu'elle porte son examen sur elles, mais sur les objets que par excellence on peut saisir par le *logos*, et que l'on peut tenir pour être des Idées. (*Parm.*, 135e1-4)

Outre l'étrangeté de l'expression qui fait de « errance » le sujet « d'examiner », c'est elle qui se tourne vers « ce que l'on peut tenir pour être des Idées ». Platon confie donc à son Parménide le soin d'articuler clairement la distinction entre deux errances, l'une liée à la multiplicité visible, l'autre à la multiplicité intelligible et aux apories que celle-ci engendre tout autant, sinon davantage, que la première. De plus, lorsque Zénon renvoie à Parménide l'honneur de procéder à l'examen des hypothèses, il affirme :

> La foule en effet ignore que sans cette exploration en tous sens et sans cette errance, il est impossible, rencontrant le vrai, d'en acquérir l'intelligence. (*Parm.*, 136e1-3)

Il y a certes quelque ironie à confier à Parménide le soin de diviser l'errance en deux espèces et à mettre dans la bouche de son disciple l'éloge de la divagation. Mais l'ironie est loin d'être sans portée et elle joue, ici encore, sur l'ambiguïté de l'héritage et du parricide. Dans le *Parménide*, l'errance devient la condition de l'appréhension des étants saisissables par le logos comme de l'intelligence du vrai : en ce sens, la méthode même. Le paradoxe n'est pas mince puisque l'errance semble être la notion la plus incompatible avec l'idée même de méthode, l'image renvoyant par excellence à l'absence de toute décision quant au chemin à prendre (et c'est bien ainsi que la concevait Parménide). Liée chez Platon à la saisie de différences et de ressemblances multiples, jamais données ni assurées d'emblée, elle entraîne le logos dans un parcours interminable ; car, même atteint, le but n'implique jamais pour le logos intelligent la fin et le terme de son exercice. À la différence de la parole de Parménide : « Où que je commence cela m'est indifférent, car je retournerai à ce point de nouveau » (fr. V) – le logos platonicien n'est ni continûment linéaire, ni tellement droit qu'il en deviendrait circulaire : il ne peut pas se clore pour se réitérer. Lorsqu'on cesse d'identifier l'errance à l'égarement et à l'erreur, l'errance est alors un autre nom de la liberté de la science dialectique. Pour avoir l'intelligence de ce que l'on découvre, il faut d'abord avoir cheminé dans toutes les directions, possibles et impossibles : l'examen n'a pas qu'une fonction négative, il ne sert pas seulement à éliminer tout ce qui pourrait obscurcir l'évidence ou nous en détourner, il est la condition de l'intelligence véritable de ce qu'on rencontre – qui n'est pas un moment d'illumination ou de certitude ponctuelle, mais ce moment où tout finit par s'articuler, s'approfondir, se charger de sens. On ne peut certes vouloir l'errance pour elle-même, mais c'est seulement parce que l'on y consent, parce que l'on multiplie librement les voies d'accès, les hypothèses, sans en interdire aucune, que l'on peut acquérir, à la lumière de la vérité, l'intelligence d'un être qu'aucun signe ne balise, mais qu'il faut, grâce à toutes les ressources du logos, chasser, trier, questionner, s'apprendre, s'enseigner.

LA SPHÈRE (244D13-245D11)

Bien loin d'opposer thèse à thèse, il s'agit donc d'abord de montrer que même la plus forte et la plus vénérable des thèses peut, quand elle est interrogée, être emportée par l'aporie et se mettre à errer. Pour l'Étranger, pour Théétète et surtout pour Platon, l'errance ne constitue pas un échec, mais c'en est un pour Parménide. Ni l'exploration en tous sens, ni même l'aporie ne peuvent s'interpréter comme des échecs de la puissance dialectique : elles en font partie. Si la dialectique doit surmonter les difficultés qu'elle rencontre, ce n'est pas en excluant d'emblée certaines hypothèses mais en les soumettant successivement à examen. La conclusion perfide de ce passage nous montre le logos de Parménide emporté par l'examen dans une errance que Parménide n'a pas voulue, qu'il a condamnée et exclue, et débouchant sur des apories qu'il n'a pas vues. L'errance, objection contre Parménide, n'est objection que parce qu'il ne l'a pas reconnue comme « route ». Le logos paternel va se mettre à errer d'aporie en aporie précisément parce qu'il n'a pas *assez* erré.

Les signes de l'être

À partir de là, l'Étranger va examiner la compatibilité des signes (*sèmata*) énoncés au début du fr. VIII : unique (v 4), entier en sa membrure (v. 4), tout-ensemble (v. 5) et un (v. 6).

> L'ÉTRANGER — Mais le tout-entier (*to holon*)[1], affirmeront-ils qu'il est autre que l'un-qui-est, ou même que lui ? THÉÉTÈTE — Comment leur sera-t-il, et leur est-il possible d'affirmer autre chose ? L'ÉTRANGER — Si donc l'un-qui-est est tout entier, comme le dit Parménide :
>
> « *Plein de semblance à la masse d'une sphère de partout bien arrondie,*
> *Du centre, en tous sens également tendu : car lui n'a pas besoin d'être en rien plus fort*
> *Ou en rien plus faible, là ou bien là.* »
>
> un tel être a milieu et extrémité, et puisqu'il en a, il a de toute nécessité des parties, n'est-ce pas ? (244d14-e7, citant le fr. VIII, 43-45)

Pourquoi, là encore, Platon choisit-il, entre toutes les citations possibles, de citer cette comparaison ? De prélever, non pas quelques vers « dialectiques » du fragment VIII, mais la seule image de l'étant qui s'y trouve ? Si l'on se souvient que c'est le problème de l'image qui a conduit à la « digression ontologique », le choix de la citation prend une singulière importance. L'image de la sphère est-elle une « bonne » image ? Et même si c'en est une, comment cette image s'articule-t-elle à l'ensemble du fragment ?

---

1. En traduisant comme Robin *holon* par « tout entier », quelquefois par « complet » et *to holon* par « le tout-entier » ou « la complétude », afin de distinguer *holon* de *pan* (« tout, total »).

Avant d'en arriver au commentaire de l'Étranger, de quelle façon comprendre ces vers dans le *Poème*? Il paraît d'abord bien inutile de discuter pour savoir si l'image de la sphère, du globe, de la masse, offre des connotations géométriques pures, ou plutôt physiques, ou encore cosmologiques. D'abord, parce qu'il ne pouvait y avoir, du temps de Parménide, que contamination de tous ces domaines les uns par les autres. Mais surtout parce que toutes ces connotations s'additionnent, et qu'il n'est ni plus vrai ni plus faux de mettre l'accent sur les propriétés abstraites et géométriques du volume sphérique que sur les propriétés physiques de sa masse et de son équilibre, ou sur l'aptitude (exploitée par Platon dans le *Timée*) que présente cette forme parfaite à figurer le monde[1]. L'image de la sphère joue sur toutes ces connotations, autorise toutes ces interprétations, et bien d'autres encore. Mettant l'accent sur la plénitude – l'imagerie « matérielle » de la boule bien façonnée, de la balle bien remplie – la comparaison fait aussi appel à l'image mathématique de l'égalité des rayons (*isopalès*), qui renvoie à l'image de deux forces, de deux armées luttant à force égale, donc immobilisées par leur tension même. La sphère est « de partout », également résistante, consistante. Elle ne donne pas prise, elle n'offre aucune déclivité, aucune aspérité; la perfection de la courbure

---

1. *Tim.*, 33b4-c1. S. Tugwell (« The Way of Truth », *Class. Quart.*, n.s. 14, 1964, 36-41), récuse la notion de plénitude, assimilée par lui à la divisibilité, et pense que la sphère renvoie à l'image de l'équilibre, de ce qui ne peut rouler hors de son axe. Cependant, l'allitération du vers 43 (Πάντοθεν εὐκύκλου σφαίρης ἐναλίγκιον ὄγκῳ) : n/k. kl./n.l.nk.n./nk /, avec la prédominance des nasales et de l'occlusive vélaire, « la plus pleine de toutes les consonnes », irait dans le sens de la densité de la boule tout autant que dans celui de la « transparence » de la sphère géométrique.

sphérique est précisée par « en rien plus fort », « en rien plus faible », par la négation de toute différence quant à la plénitude, à l'intensité d'être, car une telle différence dans la *manifestation* de l'être viendrait conforter les illusions des mortels.

L'être de Parménide ne se donne donc pas plus qu'il ne se dérobe, ne s'épanouit pas plus qu'il ne se retire : toujours là, reposant lui-même en lui-même pour qui sait le voir, il englobe, s'englobe, comme il englobe la pensée qui le pense et la parole qui le profère. Il ne résiste pas plus faiblement là, plus fortement là : il n'existe pas de voie d'accès partielle ou progressive, pas d'autre chemin que celui qui consiste à affirmer « être » d'un coup, dans sa consistance, sa plénitude et sa totalité. Il n'est jamais plus être ou moindre être, là ou bien là : l'être n'est fondement que de lui-même, il n'est principe d'aucune hiérarchie ontologique. Un étant du monde (une sphère) sert donc de métaphore à l'être, et cette métaphore (ce qui dans le langage poétique est la règle) est aussi une métonymie. L'image est une belle image, et elle a eu la postérité que l'on sait[1]. Mais ce n'est pas pour cela que Platon a choisi de la citer.

Quand on constate à quel point, dans les Dialogues, l'image est inséparable d'une problématique de la ressemblance et de la différence, inséparable aussi d'une réflexion sur sa légitimité et son usage, et si l'on tient compte du fait que le premier vers de Parménide cité à ce moment précis du *Sophiste* contient le terme « plein de semblance », on se dit que le choix est stratégiquement plus que pertinent. L'Étranger prend l'image littéralement, comme si elle était identique et non pas semblable à la

---

1. Voir G. Poulet, *Les Métamorphoses du cercle*, Paris, 1961.

chose même, mais ce n'est pas qu'il feigne de croire que pour Parménide l'étant est réellement une sphère et qu'il a centre et limites, c'est pour nous faire comprendre que Parménide ne peut pas, s'il est cohérent, faire autrement. Quel statut en effet donner à cette image, si l'étant ne peut différer de lui-même? L'image de la sphère n'est pas une image produite par l'ignorance des mortels, c'est la Déesse elle-même qui « compare » l'être à une sphère pour en confirmer la complétude et affirmer qu'il ne peut souffrir d'aucun manque. Comment ne pas ajouter foi au discours de Vérité proféré par une Déesse, et au nom de quoi établir, à l'intérieur de ce discours, une différence entre le dit et le dire, ou entre les manières de dire[1]? Les deux critiques avancées par l'Étranger – celle portant sur le nom et celle portant sur l'image – se conjuguent pour mettre en évidence l'ambiguïté de l'usage parménidien du logos. On pourrait alors aller jusqu'à dire que, dans le Poème, l'étant a comme unique statut d'être le référent de la parole de Parménide. Loin d'inclure la parole qui le profère, il est tout entier inclus dans cette parole.

Dans la parole de Parménide, ou dans celle de la déesse? Dans le *Poème* en effet qui parle? Et qui écoute : le jeune homme, le *kouros*, Parménide, ou le

---

1. Cette volonté de prendre le *Poème* à ses mots suscite l'indignation des interprètes de Parménide : voir N.L. Cordero, *Le Sophiste, op. cit.*, n. 217 p. 245 et Annexe III, p. 295-297. Les défenseurs ne sont cependant pas d'accord entre eux : ils accusent tantôt Platon d'avoir surévalué un « terme marginal » du Poème : « un », et tantôt d'avoir donné trop d'importance à « tout entier ». Quant à son interprétation de la sphère, B. Cassin (qui suit celle de J. Bollack et H. Wissmann, « Le Moment théorique », *Revue des sciences humaines* 154, 1974 2, 203-212) y voit « la représentation physique que construit et qu'imagine la pensée de l'étant » et qu'ainsi « tout au bout de la route », elle « ouvre sur la *doxa* » (*Sur la Nature, op. cit.*, p. 58-59).

lecteur ? À ce message ambigu, à double sens – parole
qui achemine vers l'être, être qui s'achemine comme
parole – correspondent un locuteur dédoublé, dont la
parole parle dans la parole qu'il parle, et un destinataire
dédoublé, écoutant celui qui a entendu[1]. L'ambiguïté est
partout, mais elle n'est pas réfléchie, elle est seulement
utilisée pour renforcer l'autorité du dire et faire naître
la persuasion. Cette parole qui ne peut pas répondre
quand on l'interroge parce qu'elle ne s'est pas elle-même
questionnée constitue alors, au sens platonicien du terme,
un écrit, qu'il faut commenter, prendre à la lettre, non
pour l'acculer éristiquement à se contredire, mais parce
qu'elle ne permet pas qu'on la prenne autrement. L'image
de la sphère ne fait que confirmer le double-jeu d'une
parole qui prétend se nier au profit de l'être qu'elle dit et
d'un être qui ne se soutient que de cette parole. Si l'on
veut saisir la fonction conférée à une image, c'est toujours
son but qui est le plus instructif : celui de la Sphère n'est
pas de permettre de se représenter spatialement l'étant,
mais de rendre visible la façon dont, selon Parménide,
l'étant subsiste dans sa pure égalité à soi. C'est seulement
lorsqu'elle occulte son intention qu'elle réussit à
s'identifier à ce dont elle est l'image : c'est l'étant, et
non pas la Sphère, que la déesse dit « également tendu »
(*isopales*, au neutre et non au féminin) à partir du
centre. Le glissement est patent, indéniable, et lorsque
Platon en conclut que l'étant doit avoir un centre et des
extrémités, ce n'est pas parce qu'il a mal lu Parménide,

---

1. Sur cette ambiguïté propre au langage poétique, voir
R. Jakobson, « Linguistics and poetics », dans *Style in Language*, repris
dans les *Essais de linguistique générale*, Paris, Les éditions de Minuit,
1963, p. 218-239.

mais parce qu'il le lit trop bien. Assez bien en tout cas pour vérifier que la dialectique est la science qui doit se passer d'images, parce que la ressemblance est un genre glissant. C'est donc la contradiction entre le dire et le dit qui est mise ici en évidence : Parménide dit l'être continu, indivisible, mais il le dit à travers une image qui nous le représente comme étendu, donc divisible.

L'étant, un et tout-entier (245a1-d10)

Si l'on raisonne à partir de l'image, on doit conclure que « l'être qui est tel a un milieu et des extrémités, et, qu'ayant cela, il a de toute nécessité des parties » (244e6-7). Complet, entier (*holon*), veut alors dire total (*pân*), et « tout » devient un terme relatif qui ne signifie qu'en se distinguant des parties dont il est la somme. Mais la divisibilité n'exclut ni l'unité, ni la totalité, ni la complétude :

> Or assurément rien n'empêche qu'une unité vienne se surimposer à ce qui est ainsi divisé et affecte toutes ses parties, de manière à ce qu'il soit à la fois un et tout-entier. (245a1-3)

Dans le *Parménide*, lorsque Parménide expose sa première hypothèse, « si l'Un est un », il affirme que cet Un ne peut pas avoir de parties, donc ne peut être ni droit ni circulaire, « car ce qui est un et sans parties ne participe en aucune façon du cercle » : il ne saurait être enveloppé circulairement sans avoir avec ce cercle une multiplicité de contacts[1]. L'être un de Parménide ne peut pas plus avoir de figure circulaire, donc avoir de parties, que l'Un du Parménide de Platon ne peut en avoir, mais

---

1. *Parm.*, 137e-138b.

le second Parménide est plus cohérent que le premier. Car le vrai Parménide ne peut même pas répondre que son image n'est qu'une image : de quoi et en quoi pourrait-elle en effet différer? Platon ne prend pas, par pure perfidie, au sens propre ce que le vrai Parménide aurait dit « au figuré »[1]. Il se contente de montrer qu'une telle différence n'aurait, dans le discours de Parménide, ni statut, ni sens, et il répète dans le *Sophiste* le refus qu'il a prêté à son Parménide dans le *Parménide*.

L'étant-un et l'un véritable (245a1-b10)

Si l'être doit être unifié par l'un, c'est qu'il est divisible en parties : son unité est une unité surimposée qui s'impose à un être composé par conséquent de parties. On a ainsi, d'une part, l'être unifié donc affecté d'un, et d'autre part l'un unifiant, affectant un être qui ne peut pas être « l'un lui-même », car selon le « discours droit », « l'un véritable » est dit « absolument sans parties ». L'Un en lui-même, le véritable Un, est donc distinct de l'être qu'il unifie, qui lui est composé de parties, *memerismenon*. La sphère le représente ainsi, ce qui ne l'empêche nullement d'être dit un. Mais son unité résulte d'une unification. L'unité conférée par l'Un véritable n'est donc pas de même nature que l'unité qui est propre à l'Un.

Si être un = être + un
l'un (unifiant) ≠ l'un (unifié)
et l'être ≠ l'être un

1. F.M. Cornford se refuse à croire à la perfidie de Platon (*Plato and Parmenides, op. cit.*, p. 44, n. 3). Il conclut donc que la métaphore de la sphère n'en est pas une. Mais c'est se tromper de stratégie : ce que Platon dénonce est moins la représentation de l'être comme sphère que l'emploi par Parménide d'une image que son logos aurait dû exclure.

L'Un véritable et sans parties *unifie* l'être divisé, mais il ne le rend pas « véritablement » un, c'est-à-dire sans parties. De sorte leur somme fera nécessairement plus que un.

Le discours droit qui s'oppose ici à l'image n'est pas celui de Platon, c'est celui de Parménide. Car c'est Parménide qui, lorsqu'il argumente, dit l'étant indivisible et d'un seul tenant (VIII, 22-25), et qui exige que « un » (signe de vérité de cet étant) soit sans parties. Le logos aurait dû servir d'unique critère, et exclure l'image : « correctement défini, ce qui est véritablement un doit sans doute être dit absolument sans parties [...] Or cet un, tel que le voici constitué de multiples parties, ne consonnera pas avec cette définition (*logos*) ». Cet un, c'est l'être-un dont la sphère est une image, mais ce n'est pas vraiment l'un. Pour s'accorder avec le logos, l'être comme l'un doivent donc être sans parties.

La complétude (245c1-d10)

Le problème est que le logos ne s'accorde pas non plus avec lui-même :

> L'ÉTRANGER — Alors, est-ce que ce tout entier, ainsi affecté d'unité, sera un et tout entier, ou refuserons-nous absolument de dire que l'étant est tout entier ?
>
> THÉÉTÈTE — Elle est difficile, ta question.
>
> L'ÉTRANGER — Rien de plus vrai. Car si ce qui est (*to on*) n'est un (*hen*) que parce qu'il est affecté de cette façon, il ne peut pas paraître être même (*tauton*) que l'un, et du même coup, leur somme (*ta panta*) fera plus que un. (245b4-9)

La question ne peut être que difficile, puisqu'en articulant l'être à l'un, et au non-même, elle transforme « le tout entier » et le met au pluriel : l'être étant « toutes ces choses » (*panta*), il ne peut être que leur somme. Cette version du parricide doit se jutifier pas à pas.

2a) Puisque l'étant-un ne peut pas être l'un véritable, comme on vient de le montrer, supposons que ce soit le tout-entier, en lui-même, qui soit. « Le tout-entier » passe de la position de prédicat (de l'étant) à la position de sujet (du verbe être). Il acquiert du même coup une réalité indépendante, il devient « le tout-entier en lui-même ». Il arrive alors que « l'étant est en manque de lui-même » puisque le tout-entier a pris une partie de son être, pris un être qui manque alors à l'étant, lequel se retrouve de nouveau ne pas être un[1].

Si ce qui est tout entier = être + entier

entier ≠ être

donc :   être entier ≠ être un

2b)

> L'ÉTRANGER — Et en vertu de ce raisonnement, privé qu'il est de lui-même, l'étant sera non-étant. THÉÉTÈTE — Hé oui ! L'ÉTRANGER — Et cette fois encore, leur somme fait plus que un, puisque l'étant et le tout entier ont acquis chacun leur nature propre et séparée. (245c5-9)

L'expression « l'étant sera non-étant » ne signifie pas qu'il sera absolument non-étant, donc qu'il n'existera absolument pas, mais qu'il le sera relativement, puisqu'il

---

1. Ce qui contredit le « il n'est pas en manque (*ouk epidées*) » de Parménide (fr. VIII, 33).

manquera de cette part de lui-même que lui a arrachée le tout-entier.

Si être = être + être entier
être = être − être entier

2c) Si, pour éviter l'aporie précédente, on refuse l'être à la complétude, et suppose alors que le tout-entier, la complétude, « n'existe absolument pas, les mêmes conséquences s'ensuivent pour l'étant qui, en plus de ne pas être, ne peut à aucun moment devenir étant (*genesthai on*) » (245c11-d2). Non seulement il lui manquera cette fois complétement, si l'on peut dire, la complétude, et en ce sens il ne sera pas ; mais même si l'on prétend compenser ce défaut d'être dans l'être en disant que l'être, qui n'est pas complétement, peut venir à être, et au terme de ce devenir finir par être complétement étant, cela ne résoudra pas la difficulté, car c'est « toujours » complétement, « en son entier, qu'est devenu (*gegonen*) ce qui devient (*to genomenon*) ». Le devenir peut faire se développer et croître une existence, mais il ne peut pas ajouter l'être à ce qu'il aurait fait advenir. En ce sens Parménide a raison : l'être est, il ne peut ni advenir ni devenir. Car si l'on dit que l'être « vient à être », il pouvait ne pas être auparavant, donc il n'était pas et n'était pas même un : [il était] rien. L'être qui ne tolère pas la *genesis* est forcément l'être auquel l'être tout-entier ne manque pas. Seul un tel être peut avoir une quantité déterminée, quelle qu'elle soit, car avoir une quantité est nécessairement l'avoir en entier. Si l'être n'est pas tout-entier, il ne pourra être dit ni un, ni deux, ni plusieurs.

Au cours de cette argumentation l'Étranger a pris *tout-entier* (*holon*) en trois sens différents[1], afin de voir lequel pourrait s'accorder avec un être dont on affirme qu'il est seul et unique :

– comme somme de parties. L'étant ne sera plus alors absolument mais relativement un. Car l'un se distingue de l'un-étant sans pourtant s'en séparer ou se poser comme être ; il inflige simplement un *pathos*, une qualité, un état à l'être, qui, puisqu'il doit pâtir de l'un pour être un, n'est pas l'un véritable (l'un sans parties, dont parle Parménide). L'étant est totalisé, mais il n'est pas le tout puisqu'il lui manque l'un véritable. Le tout-somme de étant-un + un (véritable) est plus grand que un, et que l'étant-un ;

– comme tout entier. Le tout-entier se sépare de l'étant, acquiert sa nature propre, son être, un être dont manquera alors l'être, comme le tout-entier manquera de totalité, puisqu'il sera plus petit que la somme tout-entier + étant ;

– comme complétude opposée à l'incomplétude. L'hypothèse n'exclut pas seulement l'existence de l'être complet mais la possibilité qu'il le devienne, puisque ce qu'un être devient, il le devient nécessairement tout entier.

Lors de l'examen de ces trois sens, Platon ne cesse de se mettre dans l'hypothèse de Parménide et tente de voir comment elle peut résister à l'épreuve dialectique.

---

1. Pour l'accent mis sur la totalité, voir H. Tarrant, « The conclusion of Parmenides'poem », dans *Apeiron* 17, 1983, p. 73-84 : « La vue de l'être comme totalité, si méprisée par Tarán, était celle de Platon et d'Aristote qui disposaient du texte du *Poème*. Tarán préfère celle de Colotes et de Philodème, qui pourraient fort bien ne jamais avoir étudié le *Poème*. »

Le premier sens n'est envisagé que pour souligner la contradiction entre l'image et le logos. Car c'est l'image utilisée par Parménide qui impose la distinction entre l'un véritable, indivisible, continu et sans parties, et l'unité infligée à une multiplicité de parties. La sphère, avec sa courbure englobante, peut bien constituer la meilleure image d'un monde complet, suffisant, centré, lié, égal en tous sens, mais elle ne peut pas être l'image de l'étant, *ou plutôt l'étant-tout n'existe plus alors qu'en image.* Il importe d'insister sur le fait que, dans ce texte du *Sophiste*, Platon ne donne, ne présuppose, ni même n'entreprend de définir ce qu'il entend lui-même par *tout*. C'est dans l'hypothèse de Parménide que l'étant unique, mais figuré, représenté, imaginé comme somme de parties, ne peut pas être l'étant absolument un et entier[1].

Puisque dire de l'étant qu'il est tout entier revient à en donner une image, faut-il s'en tenir à un logos qui dit l'étant un et absolument complet? En ce cas, une multitude d'apories surgissent. L'un absolument un ne peut se dire, puisque tout dire implique l'altérité de la chose et du nom, et il ne peut rien unifier, car cela

---

1. Dans sa *Définition de l'être et nature des idées dans le* Sophiste *de Platon* (Paris, 1909, 2ᵉ éd. 1963, p. 33-34), Diès pense que Platon chercherait ici à montrer « que l'être n'est pas définissable par un seul terme », et que « le Tout n'est pas, lui non plus, réductible à un seul terme » (*ibid.*, p. 34). S'il ne l'est pas, ce n'est pas en raison de son parallélisme avec l'être, mais parce que, pour qu'un tout soit véritablement un tout, il doit selon Platon comporter liaison et proportion. Quant à la question de savoir si Platon fait ici une critique logique, alors que, dans sa *Métaphysique* (1089a2-6), Aristote se livrerait à une critique physique, elle n'est pas déterminante : dans les deux cas, l'image projette ce « tout » dans un espace (physique ou mental) qui le représente forcément comme divisible – la question : en quoi ? devenant alors insignifiante.

implique la dualité d'un unifiant et d'un unifié. Peut-être alors faut-il affirmer que le tout-entier est. *To holon* vient prendre la place de ce sujet absent des premiers vers du fragment VIII, qui ne devient l'étant (*to eon*) qu'après que Nécessité la puissante l'a encerclé de ses liens, et une fois recensés tous ses prédicats[1]. L'étant absolument « sans manque, car alors il manquerait de tout » semble pouvoir s'identifier au tout-entier, puisque manquer si peu que ce soit d'être est identique à manquer si peu que ce soit de complétude. Comme les signes de complétude sont à coup sûr les signes les plus insistants du fragment ontologique, Platon n'interprète peut-être pas si mal en faisant de « tout-entier » le sujet possible de « est ». Ce sujet serait même le sujet le plus compatible avec tous les prédicats puisque, les englobant tous, il ne risquerait pas d'être divisé par eux. Mais « englober » relève encore du vocabulaire de l'image. Le tout-entier n'arrive pas plus ici à totaliser ses déterminations que l'un, dans le *Parménide*, n'arrivait à les unifier : ou bien dans la première hypothèse, il les unifie au point de ne plus en avoir, devenant ainsi inconnaissable, informulable, indéterminable ; ou bien, un-qui-est dans la seconde, il se divise et entre dans une multiplication indéfinie, au point de ne plus en exclure aucune. Le tout-entier, s'il est, doit se scinder de la même manière en tout-qui-est (en soi) et tout (somme) de l'étant et du tout-qui-est. Il devient ainsi alternativement partie et tout de lui-même, à l'infini. Il ne peut pas plus être et rester entier, que l'un ne pouvait être et rester un.

---

1. Selon le texte de Simplicius, l'étant (*to eon*) n'apparaît pas avant VIII, 32.

Si pourtant on s'imagine surmonter les apories précédentes en posant l'inexistence de toute complétude et en pensant l'étant mais sans le poser comme entier, on réintroduit, à la faveur de cette incomplétude, le devenir (*genesis*), et on nie ce qui, pour Parménide constitue le signe principiel : inengendré (*ageneton*, VIII, 3). En ce cas Parménide a encore raison : rien ne peut plus être, ni être un, et alors il n'y a rien qui soit capable de devenir. Comme dans le *Parménide*, c'est l'hypothèse négative qui justifie la nécessité de poser ce que Parménide a posé. Pourtant, contrairement à ce qu'il a trop facilement pensé, ce qui découle de cette nécessité n'est pas une unique possibilité mais une série de difficultés innombrables.

Quelle que donc soit la façon dont Parménide détermine le sujet de « est » (l'étant) – comme un, comme tout entier, ou pire encore comme un et tout entier – les signes mêmes qui devraient en montrer la consistance, l'empêcher de se disperser et de s'éparpiller, ne peuvent selon Platon que le multiplier ou le vider de lui-même.

UNE INTERPRÉTATION SUPERFICIELLE ?

La mise à l'épreuve du logos de Parménide porte bien sur le logos de Parménide. L'examen qu'en fait Platon ne privilégie pas abusivement, pour des raisons de symétrie (les théories pluralistes, les théories monistes), un seul des signes du Poème : l'un (comme on l'a tant dit). La pensée de l'étant comme un, mais surtout l'unicité de cet un, sont les hypothèses à partir desquelles l'Étranger examine les conséquences de la position d'un unique un, et se demande ensuite ce que signifie pour l'être sa complétude. Le terme qu'il dialectise, c'est « tout-entier » (*holon*), et il n'en varie le sens que pour voir lequel serait compatible, non pas avec l'Idée d'Un, mais avec l'unicité de l'un. De bout en bout, l'un est pris comme l'un unique de Parménide, jamais comme Idée.

Or, Parménide ne peut pas plus répondre à ces questions que les savants en science de la Nature ; comme la leur, sa parole est un « mythe », un mythe logique, ontologique, mais un mythe. En effet, et pour résumer l'argumentation de l'Étranger, Parménide emploie une image qui finit par se confondre avec ce dont elle est l'image et des noms qui ont tous la même référence – une référence telle qu'elle leur interdit de signifier. Et quand il argumente, il ne s'interroge pas sur la possible équivocité de ses termes, il ne la soupçonne même pas. Car le seul discours qu'il puisse légitimement tenir est que : est. Mais ce n'est pas un logos, c'est un oracle qui n'a que lui-même pour contenu et qui doit être déchiffré et obéi.

S'il est certain que ce parricide ne s'accomplit pas au nom d'une autre ontologie, il est tout aussi certain qu'il y achemine :

> de telle sorte qu'on ne doit parler ni de manière d'être (*ousia*) ni de venue à être si on ne compte pas l'un ou le tout-entier au nombre des étants. (245d4-6)

La manière propre d'être de l'être – son *ousia* – impose qu'on le pense comme réellement un et réellement entier, mais il faut alors poser que l'unité et la complétude *existent*, ce qui implique la pluralité des êtres. Or cette pluralité est la condition de l'existence du logos. Puisque la question est finalement celle de la signification du mot « être », l'examen doit porter sur le rapport que le logos peut, ou ne peut pas, entretenir avec lui. Mais « il est évident, Théétète, que pour qui pose cette hypothèse [celle d'un être absolument un], il n'est pas du tout facile de répondre à la question qui est à présent posée, ni d'ailleurs à toute autre question que ce soit ». Ce qu'un étant est en vérité (son *ousia*) ne peut ni se proférer ni s'affirmer ou se nier immédiatement.

Avant pourtant d'être parricide, le fils est héritier, et dans le cas présent l'héritage est considérable, car c'est ce qui lui a permis de se débarrasser rapidement de toutes les « légendes de l'être ». Il ne commet son parricide que pour autant qu'il philosophe, et son délire (*mania*) consiste bien plus à subordonner l'être à « la science, la pensée et l'intelligence » et au discours qui les exprime, qu'à plier de force le non-être à être, et réciproquement. Que ce coup de folie, ce coup d'audace, ait été interprété comme l'entrée dans une pensée superficielle et oublieuse de l'être, ou dans une topologie paresseuse de l'ici-bas et du là-haut (dont le dernier des philosophes sait à présent qu'il faut sortir) est un curieux renversement de l'accusation de facilité. Platon en effet n'a cessé d'attaquer les sophistes, les anciens physiciens et, dans ce texte du *Sophiste*, Parménide, pour leur usage trop facile – insuffisamment pensé donc insuffisamment interrogatif – du logos.

Mais lorsqu'on lit son commentaire de la Sphère, cette « masse bien arrondie » et, à la suite, celui fait par Heidegger de ce même passage dans *Chemins*, on comprend pourquoi on n'a jamais vraiment accepté que Platon, à ce moment du *Sophiste*, parlât bien de Parménide (on pense que, lorsqu'il dit « Parménide », il faut entendre Mélissos, Zénon, Antisthène ou n'importe qui d'autre[1]). Le décalage de ton semble en effet proprement indécent. La hauteur et la profondeur

---

1. C'est ce que pense, par exemple, N.L. Cordero, *Le Sophiste*, *op. cit.*, n. 208, p. 244 et p. 292.

de la parole du Poème sont évacuées d'emblée, comme insensibles, et Platon se livre à une dialectique saccadée et sèche, au cours de laquelle chaque réponse se retourne aussitôt en une nouvelle question. Rien n'est médité, ou, pour reprendre le mot de Heidegger (qui ne s'applique pas spécialement à Platon, mais qui le vise néanmoins dans le « toujours ») : « la sphéricité de l'être est pensée trop négligemment et toujours superficiellement »[1]. L'impression de superficialité n'est pas fausse. On pourrait même dire que le parricide n'a que ce seul but : ouvrir au logos un espace. Or pour cela, il faut désacraliser la parole, la couper de son centre, en accepter l'errance et les divagations. Platon n'est jamais plus dialecticien que lorsqu'il fait parler Parménide dans le *Parménide* ou que lorsqu'il parle de lui – jamais plus dialecticien et apparemment jamais moins inspiré. Cependant, « les grandes choses ne périssent que par elles-mêmes » et Parménide n'est tué par Platon que grâce à la dialectique qu'il lui aurait lui-même transmise. Il n'est d'ailleurs pas certain que l'élan solennel qui porte tout droit et le signe qui indique sans signifier soient plus profonds que le courage et la jubilation d'un langage qui, ne cessant de s'interrompre pour mieux se déployer, rend tous ses termes à la fois précis et lourds de sens[2].

---

1. Heidegger, « Pourquoi des Poètes », *Holzwege*, trad. de W. Brokmeier, *Chemins qui ne mènent nulle part*, Paris, Gallimard, 1962, p. 245.
2. « Celui qui ne perçoit pas la jubilation constante qui traverse tout propos et toute réplique d'un dialogue platonicien, la jubilation que procure la découverte nouvelle de la pensée rationnelle, que comprend-il de Platon, que comprend-il de la philosophie antique ? », Nietzsche, *Œuvres Philosophiques Complètes*, t. IV, *Aurore*, trad. J. Hervier, Paris, Gallimard, 1970, § 544.

QU'EST-CE QUI EST ? UNE GIGANTOMACHIE
(245E8-248E6)

Une fois accompli son parricide, l'Étranger n'a plus affaire aux paroles solitaires et grandioses de ses prédécesseurs, il se trouve face à deux groupes d'interlocuteurs anonymes, dont les réponses à une même question sont strictement contradictoires. Fils de la Terre et Amis des Idées ne se demandent plus « qu'est-ce que "être" », mais « qu'est-ce qui est » ? Sont-ils coupables du glissement constamment dénoncé par Socrate, depuis *l'Hippias Majeur* jusqu'au *Théétète* ? Définir la beauté ne consiste pas à énumérer de belles choses, définir le savoir pas à énumérer des sciences et fournir des espèces d'images ne peut répondre à la question « qu'est-ce qu'une image ? »[1].

UNE GIGANTOMACHIE (245E8-246E1)

Les définitions avancées par les Fils de la Terre et les Amis des Idées ne relèvent cependant pas d'un glissement involontaire mais d'une décision radicale : la question de l'être s'identifie selon eux à celle de l'être de l'étant, donc à la sorte d'*ousia* qu'il faut avoir pour être dit véritablement étant, *on*. En la déterminant exclusivement, chaque groupe détermine du même coup la manière d'être de ce qui n'est pas comme contraire. Puisque l'être des uns voue l'être des autres à ne pas être, le principe implicite de la « gigantomachie » est que le non-être est le contraire de l'être. Ce que Platon met alors en scène n'est pas une controverse, c'est une bataille

---

1. Cf. *Hipp. Maj.*, 287d10-289d5, *Théét.*, 146c8-d3, *Soph.*, 239d6-8 ; voir aussi sur ce glissement, les « essaims » du *Ménon*, 72a.

« qui s'est toujours déroulée », qui a pour enjeu l'essence (*ousia*) de ce qui est, et qui oppose des « Fils de la Terre » à des Amis des Idées[1].

Semblables aux Géants Otos et Ephialtès, qui entassèrent sur le mont Olympe le mont Ossa et par-dessus le mont Pélion pour escalader le ciel, s'emparer de Zeus et de tous les dieux et les faire descendre sur la Terre[2], les Fils de la Terre ne reconnaissent comme étant que ce qui est corporel, tangible, et se prêtant à toute forme de prise. Avec leurs mains, « ils attirent tout du ciel et de l'invisible sur la Terre » (*Gè*, dont ils sont les fils). Quant à leurs adversaires, « c'est du haut de quelque lieu invisible qu'ils se défendent », comme l'ont fait les dieux de l'Olympe. Théétète a entendu hier Socrate parler « de ceux qui croient qu'il n'est rien d'autre que ce qu'ils pourront tenir solidement avec leurs mains : actions, genèses et tout ce qui ne se voit pas, ils n'admettent pas que cela fasse partie de ce qui est (*ousia*) [...] ils sont pour ainsi dire, mon enfant, tout à fait incapables d'une culture raffinée (*amousoi*) »[3]. Il estime

---

1. Il n'y a pas lieu de distinguer entre les anciennes doctrines qui traiteraient de la question « combien » il y a d'êtres (242c-245e) et celles des Fils de la Terre et des Amis des Idées (246a-249b) qui détermineraient « quels ils sont », car les premières en déterminent aussi les « qualités » (« chaud et froid »), et les secondes sont farouchement « monistes ». C'est la nature de la question posée, non plus « qu'est-ce que être » mais « qu'est-ce qui est », qui les distingue.

2. *Od.* XI, 305 *sq.* F. Vian (*La Guerre des Géants, le mythe avant l'époque hellénistique*, Paris, Klincksieck, 1952, p. 221-222) a reconstitué une version archaïque convaincante de la Gigantomachie à partir du récit tardif du Pseudo-Apollodore. Dans la Titanomachie d'Hésiode, les Géants ne sont mentionnés que dans le Chant des Muses, v. 50 *sq.*

3. *Théét.*, 155e3-156a2.

que « de ce point de vue »[1], la « doctrine secrète » de Protagoras est une « histoire » (*muthos*) que l'on peut ranger parmi les doctrines de l'être. C'est sans doute pourquoi Théétète dit aujourd'hui à l'Étranger qu'il a déjà rencontré beaucoup d'hommes de cette sorte. Ils méprisent le langage, le raisonnement, l'argumentation et affirment comme une évidence incontestable que « corps et manière d'exister (*ousia*) sont une même chose ». Aristophane dit dans le *Banquet* que « leur force et leur vigueur étaient extraordinaires, et grand leur orgueil[2] » : face à ces « terribles hommes », mieux vaut donc être prudent. C'est donc « d'en haut » que leurs adversaires leur opposent que la manière d'être propre à certaines Idées intelligibles et incorporelles est la seule véritable, et objectent que, loin d'être aussi solide que leurs adversaires le prétendent, tout corps est voué à être dissous, pulvérisé, par l'action du devenir.

Ces deux thèses ont paradoxalement un caractère commun : elles sont mutuellement exclusives et aussi dogmatiques l'une que l'autre. Tels que l'Étranger vient de les présenter, les belligérants ne risquent pas de mettre fin à leur combat. Il va donc demander à chaque parti de rendre raison de sa thèse, et les interroger « comme s'ils étaient là en personne ». Mais ce qui suit offre deux particularités qui rendent assez difficile de parler de dialogue. La première est qu'il confie le rôle d'interprète des Fils de la Terre (qui pour leur part refusent de dialoguer) à Théétète, c'est-à-dire à l'interlocuteur choisi

---

1. « De ce point de vue », parce que ce sont des partisans du mobilisme universel, ce que ne sont pas forcément les Fils de la Terre.
2. *Banq.*, 190b5-c1.

par l'Étranger. Donner comme avocat à des accusés le collaborateur du procureur est pour le moins inédit.

À la différence des premiers, les amis des *Idées* ne sont pas sourds à toute contradiction, mais on rencontre dans leur cas une autre difficulté : Platon (par le biais de son Socrate, ou de son Timée) ne réfute jamais un interlocuteur vivant. Les amis des Idées seraient-ils tous morts ? Mais il est vrai que lorsque c'est à eux que Platon-l'Étranger s'attaque, il ne dialogue plus qu'avec lui-même.

Les Fils de la Terre (246e2-247d4)

Il n'est possible d'obtenir une réponse des Fils de la Terre qu'à la condition de les rendre « meilleurs », c'est-à-dire de leur prêter une version moins brutalement naïve de leur thèse, « car nous ne nous soucions pas d'eux[1], nous cherchons ce qui est vrai ». À l'impossible, l'Étranger ne se sent pas tenu. Quand il dit que l'accord des meilleurs a plus de force que celui des « pires », « meilleurs » désigne ceux capables d'entendre une objection, de se poser la question qu'elle les force à se poser et de faire l'effort d'y répondre. Il doit d'ailleurs les supposer vraiment traitables, puisque leur réfutation est rapidement expédiée. Ils sont d'abord contraints de reconnaître que, puisqu'ils admettent l'existence d'un animal (*zôon*) mortel, ils admettent celle d'un animal vivant. Pour comprendre ce point de départ, il faut se référer au sens premier du terme grec *sôma*. Chez Homère, « corps » (*sôma*) signifie toujours cadavre, charogne, qu'il s'agisse d'un animal ou d'un homme[2], et

---

1. C'est-à-dire des pires d'entre eux, puisqu'ils refusent de discuter.
2. Chez Homère, *sôma* a toujours ce sens, et s'oppose à *demas*, corps vivant, en parlant d'un animal comme en parlant de l'homme : *Il.*, 7. 79, 22. 342, *Od.*, 11. 53, 12. 12, 67, 24. 187, ou de Zeus et de tous

le sens de « corps » en général finira par l'emporter sur ce sens originel sans le faire disparaître, car c'est justement le sens que lui accordent les matérialistes : les rendre plus « traitables » consistera à leur faire accepter l'évolution de leur langue.

Mais l'Étranger va plus loin quand il leur oppose que, puisqu'ils admettent l'existence d'un vivant mortel, ils ne peuvent pas refuser celle d'un corps animé. Les deux expressions, « vivant mortel » et « corps animé », supposent en effet une même sorte de devenir, mais allant en sens inverse. On a donc :

zôon (vivant)	*thnèton* (mortel)
sôma (corps inanimé)	*empsukhon* (animé)

La première expression, « vivant mortel », est le renversement de la seconde, « corps animé », censée lui être équivalente. L'avoir accepté est exactement ce qui rend les Géants « meilleurs », au point qu'ils cessent d'être des Fils de la Terre. L'identification de vivant (*zôon*) à corps animé (*empsukhon*) les oblige à reconnaître l'existence de l'âme (*psukhè*). Or un matérialiste ne trouve rien à redire à cela : l'âme peut fort bien être dite « corporelle » dès lors qu'on la conçoit comme un « souffle ou une fumée » qui, séparée du corps, se disperserait et « ne serait absolument plus rien »[1]. Le véritable piège tendu par l'Étranger réside dans un argument implicite : s'il y a des corps animés, ceux qui ne le sont pas doivent être dits « inanimés », donc morts. Or selon les Géants, être un

les dieux : *Il.* 3, 23, 18.161 (voir aussi Hésiode, *Bouclier D'Héraklès*, 426) ; de même chez Simonide, v. 119, Pindare, *Olympiques*, 9.34, Hérodote, 7.167. etc. ; et Platon, *Rép.* V, 469d, *Gorg.*, 524c1-5, ainsi qu'évidemment *Phédon*, en particulier en 115d-e, lorsque Socrate reproche à Criton de « ne pas parler comme il convient » et de croire que c'est lui, Socrate qu'il ensevelira, alors que c'est son corps (*sôma*), son cadavre (*nekros*).

1. *Phédon*, 70a et 79a-b.

corps est le seul mode d'existence réelle (*ousia*) et le seul
critère acceptable de l'existence, mais les corps ne sont
pour eux ni vivants, ni mortels ni morts : ils ne peuvent
pas « mourir » puisqu'ils ne sont pas vivants, ils peuvent
seulement s'agréger et se désagréger. Poussant encore
plus loin, l'Étranger suppose ces matérialistes capables
de reconnaître l'existence d'*âmes* justes et injustes. Ne
parleraient-ils pas plutôt d'*hommes* justes ou injustes,
dont la justice et l'injustice se liraient dans un effet
tangible et visible (*horaton*) ? Poursuivons, et admirons
la façon dont l'Étranger va transformer ces Géants en
Amis des Idées : « N'est-ce pas, leur demande-t-il, par
la possession et la présence (*parousia*) de la justice que
chacune d'elles [de ces âmes] devient telle ? » *Eidos,
horaton, aoraton, parousia*, ce vocabulaire renvoie à un
passage du *Phédon* :

> — Posons donc, tu veux bien reprit Socrate, deux
> espèces (*eidè*) de choses qui sont (*tôn ontôn*), l'une qui
> est visible (*horaton*), et l'autre invisible (*aides*) […]
> Avec laquelle de nos deux espèces pouvons-nous donc
> affirmer que le corps a le plus de ressemblance et de
> parenté ? — Cela au moins est évident pour tout le monde
> répondit Cébès : avec le visible. — Alors, l'âme ? c'est
> une chose qu'on peut voir ou qu'on ne peut pas voir
> (*aoraton*) ? — Visible ? Pas par des hommes en tout cas,
> Socrate, dit-il ! — Mais les choses visibles et les non-
> visibles, pas de doute, c'est bien par rapport à la nature
> humaine que nous les disions, nous autres ! À moins
> que tu n'aies une autre nature en tête ? — Non, la nature
> humaine. — Bon. Donc, pour l'âme, que disons-nous ?
> Qu'elle est visible (*horaton*) ou qu'on ne peut pas la voir
> (*aoraton*) ? — Qu'on ne peut pas la voir. — Invisible
> (*aidès*), par conséquent ? — Oui. — Alors une âme,
> cela ressemble plus qu'un corps à l'invisible ; lui, en

revanche, ressemble plus à ce qu'on peut voir? — De
toute nécessité, Socrate. (*Phédon*, 79a7-8, b4-c1)

Ce qui est surprenant dans ce texte est l'emploi des
comparatifs « plus semblable » et « plus apparenté »[1].
Deux espèces de réalités sont affirmées et déterminées
de façon antinomique comme visibles ou invisibles, et
reste à faire entrer l'âme et le corps dans l'une ou l'autre
espèce. Cela ne se fera pas en fonction de la nature de
cette âme, mais de « la nature des hommes », car c'est par
rapport à elle que « nous, nous avons parlé de ce qu'on
ne peut et ne peut pas voir ». Pour une âme unie à son
corps, le non-visible (*aoraton*) est ce qu'elle « ne peut
pas voir » avec ses yeux, tandis que pour une âme qui
s'en est séparée autant qu'il est possible, « l'invisible »
(*aides*) est une manière d'être, celle des êtres incorporels.
Chacune aura avec ce qui est « invisible » un degré de
similitude proportionnel à son effort pour la penser et s'y
apparenter. La parenté n'est pas une relation logique, elle
implique une connaturalité qu'il est possible d'ignorer
ou de nier. Ressemblance et parenté comportent en ce
sens des degrés, et la ressemblance ne devient parenté
que chez ceux qui sont désireux d'apprendre[2], donc de
pâtir de réalités intelligibles. Ces réalités intelligibles,
invisibles et immuables sont les véritables causes des
propriétés des choses, et l'âme n'acquiert elle aussi ces
propriétés qu'en y participant. Socrate refuse alors « de
compliquer les choses », et s'en tient à cette formule :

1. Point soulevé par G. Casertano dans son indispensable *Fedone,
o dell'anima, Dramma etico in tre acti*, trad., commentario e note,
Napoli, Loffredo, 2015, p. 408-409.
2. *Phédon*, 82d9-e1 : qui disposent de toutes les ressources,
tous les expédients du logos, chasser, trier, questionner, s'apprendre,
s'enseigner.

c'est par le beau et rien d'autre que les belles choses sont belles, « qu'il y ait de sa part présence (*parousia*) ou communauté (*koinônia*), ou encore qu'il survienne peu importe par quelles voies et de quelle manière »[1]. Il n'est même pas sûr que la présence de l'idée à la chose ou que la communication qu'elle entretienne avec elle soient les deux seuls modes de participation possibles.

Face aux Fils de la Terre, l'Étranger opte pour la présence : une âme devient juste lorsque la justice vient à lui être présente, et injuste quand elle s'en absente. Les matérialistes sont encore prêts à l'accorder, mais quelle sorte d'existence accordent-ils aux vertus, vices etc. ? Ils ne peuvent dire de « presque » aucune de ces choses qu'elle est visible, mais lui est-il possible d'être invisible et corporelle ? L'âme leur semble être telle, mais pour ses vertus et ses vices, ils auraient honte de les dire incorporelles et de leur refuser ainsi l'existence, mais ils n'oseraient pas non plus dire que ce sont des corps. C'est en tout cas l'avis de Théétète, mais l'Étranger doute finalement de la possibilité d'une conversion aussi radicale, et il est difficile de ne pas lui donner raison. Lui pense que les vrais autochtones « soutiendraient au contraire obstinément que tout ce qu'ils ne peuvent pas étreindre de leurs mains, n'existe absolument pas ». Ils ne croient ni à ce qu'ils voient, ni à ce qu'ils entendent, seulement à ce qu'ils touchent, or si l'âme en pensant peut voir l'invisible et entendre le sens à travers les mots, elle ne peut pas toucher des corps si son corps ne les touche pas. Elle semble bien alors ne jouer aucun rôle, ou un rôle si minime qu'il n'est même pas besoin d'admettre

---

1. *Phédon*, 102d4-8. Voir M. Dixsaut, *Phédon*, *op. cit.*, n. 283, p. 377-380.

son existence et d'en faire un corps. Si tous les hommes possèdent en droit la puissance de pâtir de l'intelligible, capacité dont le nom est « pensée » (*phronèsis*), tous donc ne l'exercent pas puisque certains peuvent n'accorder à leur âme que la puissance de les faire vivre et se contenter de n'être qu'une espèce particulière d'animaux[1]. Il suffit néanmoins que certains Fils de la Terre acceptent la réalité de quoi que ce soit d'incorporel, pour reposer de cette façon la question de ce qui est, « car ils doivent nous dire ce qu'ils ont en vue qui puisse être commun à des choses par nature incorporelles et à celles qui sont corporelles, et qui leur permette de dire que les deux sont ? » Il faut donc les interroger de nouveau, et s'ils n'ont pas de réponse, leur en proposer une.

UNE DÉFINITION DE L'ÊTRE ? (247D5-248A3)

Théétète estimant que les matérialistes ont été très suffisamment interrogés, l'Étranger propose cette définition :

> Je dis donc que tout ce qui possède une puissance soit d'agir sur quoi que ce soit d'autre, quelle qu'en soit la nature, soit de pâtir, même de la façon la plus minime sous l'effet de l'agent le plus infime, et même si ce n'est qu'une seule fois, cela existe réellement ; car je pose comme définition qui définisse les étants, qu'ils ne sont rien d'autre que puissance (*dunamis*). (247e1-4)

Cette déclaration pose à la fois le problème de sa forme, de son contenu, et de sa valeur – sans parler de la construction, donc de la traduction, donc de la compréhension, du second membre de la phrase.

---

1. *Phédon*, 79d6-7, 81e-82b.

Que signifie le verbe *horizein*? À l'actif, il signifie fixer une limite (*horos*), spatiale quand elle détermine les frontières d'un territoire, ou temporelle quand il faut par exemple établir la durée de validité d'une loi ; c'est seulement à la voix moyenne que ce verbe appelle sa traduction par « définir ». La voix moyenne indique que le sujet est intéressé dans l'action – des verbes comme pouvoir, croire, souhaiter n'existent qu'au moyen : *dunamai, oiomai, boulomai*. Employés dans un énoncé définitionnel, ils signalent que cet énoncé est inséparable du sujet qui l'énonce. Ainsi, dans le *Phédon*, Socrate demande à Cébès : « Veux-tu donc, si toutefois nous en sommes capables, que nous définissions quelles sont les Idées en question[1] ? » Le « nous » se décompose aussitôt en un « moi » : « Ce que j'appelais "définir" », et un « toi » : « mais vois si c'est bien ainsi que tu définis »[2]. L'acte de définir dépend d'un ou de plusieurs sujets qui s'auto-définissent comme étant capables de définir, et ce sont eux qui décident que la définition est valide. *Horos* ne signifie d'ailleurs « définition » que lorsque le mot est associé au verbe *horizomai*, et il peut alors avoir aussi le sens de *critère* permettant de *reconnaître* un objet quelconque et de le *distinguer* en traçant une ligne de démarcation entre lui et d'autres objets ou notions qui pourraient paraître identiques ou semblables. Dans les Dialogues, il s'agit le plus souvent des *mauvais critères* proposés par les interlocuteurs de Socrate : selon l'Hippias de l'*Hippias Majeur*, par exemple, le plus expert (*sophos*) se reconnaît au prix qu'on est prêt à payer son savoir, pour Céphale être juste signifie être loyal et rendre

1. *Phédon*, 104c11.
2. *Phédon*, 104e7,105a2.

ce qu'on vous a donné en dépôt, et ainsi de suite[1]. Fils de la Terre et Amis des Idées font partie du lot. Chaque groupe trace une frontière excluant soit l'invisible soit le visible de la sphère des étants, mais les deux vont se montrer également incapables de tenir cette frontière (la ressemblance est décidément un genre très glissant). De mauvais critères conduisent forcément à de mauvaises définitions. Mais a-t-on ici affaire à l'énoncé d'un *bon* critère? Outre le fait que l'activité définitionnelle est toujours relative à la nature de son sujet, le critère définitionnel, c'est-à-dire la limite à tracer, est fonction de l'objet à définir. On ne définit pas de la même manière une Idée, une puissance ou un processus illimité : l'objet d'une définition ne saurait donc être représenté par une simple *inconnue* : x.

Le seul mérite de la définition de l'être comme puissance est-il d'assurer la double réfutation des Fils de la Terre et des Amis des Idées, et l'Étranger l'abandonne-t-il par la suite[2]?

Une définition provisoire?

Pourquoi définir l'être comme une puissance (*dunamis*) d'agir ou de pâtir? La question se pose d'autant plus que Timée s'y prend tout autrement lorsqu'il s'applique à réfuter une position identique à celle des Fils de la Terre. La question de savoir si les Idées « ne sont pas que des mots » exigerait selon lui

---

1. *Hipp. Maj.*, 282e, *Rép.* I, 330b.
2. C'est l'avis de L. Brisson (*Platon*, *Phèdre*, Paris, GF-Flammarion, note 400 p. 229) : « Mais la définition de l'être par la puissance (*dunamis*) en *Soph.*, 247e n'est que provisoire et stratégique. » Cherniss et Heidegger (*Le Sophiste*, *op. cit.*, p. 445-446) estiment que la définition de l'Étranger ouvre tout ce qui suit.

un trop long développement, et pourtant il n'est pas possible de la laisser « sans en décider ». Il faut donc, en « définissant une limite » entre deux sortes de réalités, « rendre évident beaucoup de choses en peu de mots ». Timée, alors, ne propose pas une marque distinctive des réalités pour l'existence desquelles il « vote », il « pose » que leur existence est suspendue à la différence entre intellection et opinion même vraie. Si cette différence n'existe pas, les Idées n'existent pas non plus. Ayant dégagé les trois critères prouvant qu'intellection et opinion vraie sont distinctes, il en déduit que leurs objets sont nécessairement différents, et que deux sortes de réalités existent bel et bien[1]. À la fin du livre V de la *République*, c'était au contraire la différence entre êtres qui sont véritablement et êtres en devenir qui fondait la distinction entre connaissance et opinion, ce qui évitait de confondre le philodoxe, pour qui la diversité changeante du devenir est un beau spectacle, avec le philosophe, qui ne s'attache qu'aux êtres qui sont vraiment. Opinion et connaissance, dit alors Socrate, sont deux puissances distinctes : qu'entend-il par « puissance (*dunamis*) » ?

> Nous affirmerons que les puissances sont un certain genre d'étants (*genos ti tôn ontôn*), grâce auxquelles nous pouvons ce que nous pouvons, et en général, toute chose peut ce qu'elle peut [...] Une puissance n'a selon moi ni couleur, ni figure, ni aucune des qualités de même sorte comme il y en a dans beaucoup d'autres choses et dont il me suffit de considérer en moi-même quelques-unes afin de distinguer les unes des autres. Alors que dans une puissance, je considère seulement ceci : à quoi elle s'applique et ce qu'elle accomplit,

1. *Tim.*, 51d-52a.

et c'est pour cette raison que j'ai nommé chacune
« puissance » ; à celle qui s'applique à la même chose
et accomplit la même chose je donne le même nom, et
un nom différent à celle qui s'applique à autre chose et
accomplit autre chose. (*Rép.* V, 477c1-d4)

Si c'est une définition de la puissance, elle a bien l'air
d'être tautologique : mettre une puissance à l'origine
d'un pouvoir n'est pas très éclairant. Il faut néanmoins
retenir de cette formule apparemment vide, d'abord
qu'elle ne dit pas « nous pouvons ce que nous *voulons* »,
comme le prétend Hippias[1], et pas non plus « nous
pouvons ce que nous pouvons *faire* », ce qui exclurait
l'existence d'une puissance de pâtir. Ensuite, qu'elle
affirme que « nous pouvons ce que nous pouvons »
parce que nous possédons une puissance. Or dans le
Théétète (seul autre texte avec celui du *Phèdre* où figure
l'expression complète : « puissance d'agir et de pâtir »),
les « raffinés » considèrent que tout est mouvement, mais
ils en reconnaissent deux espèces, l'une qui a « puissance
d'agir, l'autre de pâtir », chacune illimitée en quantité.
La différence entre agent et patient varie selon eux au gré
des rencontres, mais comme ils ne se différencient que
relativement, instantanément et momentanément, rien
de ce qu'ils font ou subissent ne peut être rapporté à la
présence en eux d'une puissance. C'est ce que la formule
« vide » permet de réfuter : ce ne sont pas leurs actes ou
leurs passions qui déterminent et distinguent agent et
patient, mais la présence en eux d'une puissance définie
par l'objet ou le domaine d'objets auquel elle s'applique,
et par ce qu'elle accomplit. Le verbe « accomplir »
(*apergazetai*) pourrait indiquer qu'il n'existe de

1. *Hipp. Min.*, 366a-c.

puissances qu'actives. Or, parmi celles énumérées par Socrate il y en a deux, vision et audition, qui semblent renvoyer à une simple réceptivité : pour ce qui est des sensations, la puissance paraît devoir être attribuée plutôt aux actions et excitations extérieures. Mais la possibilité pour un corps vivant d'être affecté sans pour autant sentir permet à Platon de montrer que seul un corps animé possède cette *puissance do pâtir* appelée « sensation », et de donner un sens à cet apparent oxymore. En outre, dans ce verbe *apergazetai*, il y a *ergon* : activité, fonction, tâche, travail. Dans le *Sophiste* comme dans le *Politique*, il faut distinguer des genres déterminés par leur capacité d'accomplir la ou les fonctions appropriées à leur nature. Le principe qui gouverne les divisions est donc la relation nécessaire existant entre *dunamis*, pouvoir, force, aptitude, compétence, et *phusis*, nature – par exemple lorsque la puissance dialectique ne doit être accordée qu'à la nature du philosophe[1] – et les critères adoptés pour opérer les coupures successives doivent suivre la règle énoncée par Socrate : « à celle qui s'applique à la même chose et accomplit la même chose je donne le même nom, et un nom différent à celle qui s'applique à autre chose et accomplit autre chose. »

Le *Gorgias* énonce deux règles qui déterminent le rapport entre agir et pâtir. La première est celle de leur corrélation nécessaire, la seconde affirme la transmission de la modalité de l'agir : « telle est la puissance d'agir de l'agent, telle est celle de pâtir du patient[2]. » La transmission ne s'opère automatiquement que s'il s'agit de corps inanimés ; quand elle passe par la médiation d'une âme humaine, elle dépend de la puissance que

1. *Cf.* 253d-e et 265e-a.
2. *Gorg.*, 476d3-4.

possède ou non cette âme de reconnaître la véritable modalité de ce qu'elle subit (celui qui subit un châtiment objectivement juste le ressent rarement comme tel). Toute action ne transmet pas nécessairement sa modalité, et elle ne produit pas non plus nécessairement un effet. Elle rencontre sa limite dans la nature de la chose sur laquelle elle tente d'agir. Leur puissance propre d'agir et de pâtir nous informe donc sur la *nature* de l'agent et sur celle du patient. Cette dimension gnoséologique de la puissance est affirmée explicitement dans le *Phèdre*, où la liaison est faite entre essence et puissance. Une citation d'Hippocrate procure à Socrate l'occasion d'énoncer la manière dont il faut procéder pour réfléchir à la nature de quoi que ce soit. Il faut d'abord, a) voir si elle est simple ou multiforme ; b) si elle est simple, examiner quelle puissance elle possède naturellement à l'égard de quoi sous le rapport de l'agir, et laquelle sous le rapport du pâtir et sous l'effet de quoi ; c) si elle est multiforme, procéder de même pour chacune de ses parties. Cette méthode permet de montrer avec précision « l'essence de la nature de la chose », et le *Théétète* en fournit un exemple : s'interroger sur ce que peut bien être un homme, sur ce qui différencie sa nature, revient, du moins si on est philosophe, à se demander ce qu'il convient à un homme de faire ou de subir[1].

---

1. *Phèdre*, 270d-e ; *Théét.*, 174b3-6. Pour Hippocrate, voir *De l'ancienne médecine* et *De l'art* dans Hippocrate, éd. et trad. de J Jouanna, Paris, Les Belles Lettres, CUF, [1992] 2012. Pour cette définition, voir M. Dixsaut, « Les dimensions platoniciennes de la puissance : agir, pâtir, différencier », dans *Dunamis, Autour de la puissance chez Aristote*, textes réunis par M. Crubellier, A. Jaulin, D. Lefebvre et P.-M. Morel, Louvain-La-Neuve, Peeters, 2008, p. 224-249.

De posséder à être ?

La même méthode devrait donc permettre de définir la nature de l'être. Or, dans la première partie de sa définition, « je dis que ce qui possède par nature une puissance [...] existe réellement », l'Étranger fait de la puissance le critère le plus général de l'existence d'un étant. La seconde partie prétend en tirer la conséquence : a) je pose comme définition (*horon*) pour définir (*horizein*) les étants que ceux-ci ne sont rien d'autre que puissance (*dunamis*).

L'Étranger passe donc sans crier gare de « posséder » une puissance à « être une puissance ». Pour éviter ce saut scandaleux, certains ont proposé des traductions alternatives :

b1) « car je ne pose comme *critère* (*horon*), pour définir les étants *en tant qu'ils sont*, rien d'autre que « puissance »

et b2) : « car ce que je pose comme *critère* (*horon*), pour définir les étants, *n'est* rien d'autre que puissance. »

C'est alors le *critère* qui n'est rien d'autre que puissance. Malheureusement, bien que plus conformes à ce que l'on souhaiterait – la seconde partie de la définition ne ferait que répéter avec un peu plus de force ce que disait la première et n'impliquerait plus de passer d'avoir à être – ces traductions sont syntaxiquement peu défendables. Si on les préfère néanmoins, reste que le passage du singulier (dans la première partie de la phrase) au pluriel (dans la seconde partie) force à comprendre que *chaque* étant se définit comme *possédant* une puissance. Mais alors, *qu'est-ce* qui la possède ? Quel en serait le support ? La nature de cet étant ? La nature d'un étant ne le fait pas *être*, exister, elle le fait être *ce qu'il est*, de sorte que les puissances qu'il possède sont multiples et lui sont particulières et propres. Mais si on considère un étant en tant seulement qu'il est, « abstraction » (*epokhè*) faite de *ce qu'il* est, on ne voit pas quel substrat donner à sa puissance. On ne peut pas non plus la spécifier : agir et pâtir sont des mots qui disparaissent de la seconde partie de la définition de l'être.

Est-il alors possible d'accepter la traduction (a) : « les étants ne sont rien d'autre que puissance » et sa radicalisation toute nietzschéenne ? Quel peut en être le sens ? Peut-être tout simplement que l'existence s'épuise entièrement dans sa puissance d'exister, de ne pas être rien, et que chaque étant, si minime, insignifiant et fugitif soit-il, participe d'elle, *en tant qu'il existe et tant qu'il existe*. Ce qui possède la puissance de parler *n'est pas que* cette puissance ; ce qui possède la puissance de vivre, en revanche, *est* un vivant, et *en tant que* vivant il n'est rien d'autre que puissance de vivre. La transition de posséder à être est justifiée dès lors qu'il ne s'agit pas de posséder une qualité, mais l'existence. En d'autres termes, l'existence n'est pas un prédicat : ce qui possède la puissance d'être n'est, en tant qu'il est, rien d'autre que cette puissance. Ce passage de posséder à être se concentre et se consacre dans le terme même *d'ousia*[1] : « biens, fortune, richesse » pour la langue commune, il devient « essence, manière d'être » chez Platon et « substance » chez Aristote.

QUE DISENT DES IDÉES LEURS AMIS ? (248A4-E6)

L'examen des Fils de la Terre a permis de définir l'être par la puissance, et face aux Amis des Idées l'Étranger rappelle en l'abrégeant sa définition : « nous posions, je crois, qu'il suffisait de définir les étants

1. Voir Chantraine, *Dictionnaire étymologique*, *op. cit.*, t. I *sv. eimi.*

comme ce à quoi est chaque fois (*otan*) présente (*parèi*) une puissance de pâtir de et d'agir sur la chose la plus infime[1] ». La puissance d'un étant est relative à ce qui s'offre « chaque fois » comme occasion d'agir ou de pâtir, et précédemment l'Étranger avait ajouté (en 247e) « et même si ce n'est qu'une seule fois ». Ces notations temporelles vont, selon les Amis des Idées justifier leur refus de cette définition. Si la puissance s'inscrit ainsi dans le temps du *devenir*, elle ne peut valoir dans la sphère de l'*être*, domaine des seules essences, des Idées atemporelles et immuables. Selon leurs très dogmatiques Amis, les Idées doivent en effet être éternellement en repos, immobiles, pour être immuablement mêmes qu'elles-mêmes. Par le corps, disent-ils, nous pouvons communiquer avec le devenir grâce à la sensation, et par l'âme avec une manière d'être réelle (*ontôs ousia*) grâce au raisonnement. L'Étranger vient d'arriver à un accord avec les Géants sur une définition de l'être comme puissance parce qu'il a contraint les meilleurs d'entre eux à accepter, non pas une, mais deux façons de « communiquer » avec ce qui est. Le corps entre en relation avec ce qui est corporel grâce à la sensation, l'âme avec les réalités incorporelles qu'ils veulent bien reconnaître grâce au raisonnement. Dans les deux cas, cette entrée en communication (*koinônia*) signifie « passion (*pathèma*) ou action (*poièma*) résultant d'une certaine puissance, à partir de leur rencontre mutuelle ». Les Amis des Idées seraient-ils moins conciliants ?

---

1. En 248c4-6, la syntaxe (*otan* + subjonctif) indique une répétition, alors qu'en 247e1-4 il était précisé « même si cela n'arrive qu'une seule fois ».

L'Étranger dit alors qu'à la différence de Théétète cette énigmatique formule lui est familière. Théétète l'a pourtant entendue hier, et en a même entendu plusieurs versions. L'une d'elles concernait tous les sages[1] qui, d'Homère à Protagoras mais à l'exception de Parménide, ont adopté la thèse d'un « mobilisme universel », en sorte qu'à les écouter, le mot « être » ainsi que tout terme stabilisant devait être proscrit[2]. Les Amis des Idées paraissent donc avoir quelque raison d'objecter qu'aucune de ces deux puissances, agir et pâtir, ne peut convenir à la manière d'être essentielle (*ousia*) des Idées, car lui donner une puissance revient à la mettre en mouvement. La manière d'être, l'*ousia*, est l'enjeu de leur discorde avec les Géants, pour lesquels il n'y a qu'une seule et même manière d'être, c'est d'être un corps, à quoi les Amis des Idées répliquent que la seule et véritable manière d'être est propre à des Idées intelligibles et incorporelles[3]. Alors que les meilleurs des Géants pourraient à la rigueur accepter la définition de l'être comme puissance, les Amis des Idées y voient une menace à l'encontre du clivage qu'ils veulent radical entre l'être et le devenir.

Or, dans le Dialogue où l'espèce de causalité exercée par les Idées sur les choses en devenir est le plus précisément analysée, le *Phédon*, Socrate utilise un

---

1. *Théét.*, 152d, 157a, répété en 182b.
2. *Théét.*, 157a-c. La contre-théorie se trouve dans le *Timée* (64b6) : la rencontre n'est pas un choc aléatoire, il faut qu'il y ait *summetria*, commensurabilité entre les deux natures, et de cette *summetría* naîtront deux sortes de *pathèmata* : les *propriétés* sensibles de l'agent, liées à sa nature physique, et les *affections* du patient, fonctions de sa nature physiologique. Lors de la rencontre de deux puissances, celle du patient transmet et fait connaître celle de l'agent.
3. Pour cet enjeu, *cf.* 246a 4-6, expliqué en 246a10-b9.

vocabulaire « dynamique » qui devrait exclure définitivement la possibilité de prêter à Platon cette forme de
dualisme. L'action de l'Idée sur la chose et la réaction de
la chose à cette action causale appellent pour se dire des
verbes guerriers : les Idées « s'avancent », « marchent
sur », « s'emparent » de la chose, qui peut soit *accepter
de les recevoir*, soit *ne pas consentir* à leur mainmise.
L'Idée confère à la chose son nom (elle est éponyme),
son essence (*ousia*) et ses propriétés, mais si la chose se
trouve confrontée à l'agression d'Idées directement ou
indirectement contraires, elle « refusera » de recevoir
et « périra ou s'enfuira ». Par exemple, ce qui est trois
préférerait « d'abord périr et subir n'importe quoi plutôt
que de rester là, et, tout en restant trois, de devenir pair ».
Dans ce passage du *Phédon*, c'est le verbe « recevoir »
(*dekhomai*) qui dit la participation et la dit comme
consentement à *l'action* d'une Idée[1]. Quand l'action est
celle d'une Idée, c'est-à-dire d'une cause intelligible –
d'une cause qui rend intelligible, ce qui est pour Platon le
modèle de toute causalité véritable – elle ne s'exerce que
sur des choses qui « consentent » à en pâtir. Les Amis des
Idées pourraient cependant estimer que le vocabulaire
militaire du dernier argument du *Phédon* n'est qu'une
suite de métaphores et que Socrate n'y fait que balbutier
dans une langue inadéquate ce dont l'expression adéquate
serait logico-ontologique.

Réponse de l'Étranger aux objections de Parménide

Le problème est qu'en privant les Idées de leur
puissance causale, leurs Amis condamnent le devenir à
être totalement inintelligible, donc à ne pas véritablement

---

1. *Phédon*, 104e-105b ; Voir M. Dixsaut, Platon, *Phédon, op. cit.*,
introd., p. 160-161.

« être ». Parménide avait soulevé cette difficulté dans le *Parménide* lorsqu'il opposait à Socrate que, si les Idées ne peuvent communiquer qu'avec des Idées, leur science, l'Idée de science, sera science de l'Idée de « Vérité » mais ne connaîtra rien des choses de chez nous puisqu'elle leur est absolument transcendante. Il y aura donc une science d'en-haut et une science d'en-bas, sans que l'une puisse avoir aucun rapport avec l'autre[1]. La science d'en-bas ignorera tout ce que sait la Science d'en-haut, mais il faudra aussi admettre que la Science d'en-haut, ne disposant pas de la puissance d'entrer en relation avec les choses d'en-bas, sera à leur égard ignorante et impuissante. À la différence du trop jeune Socrate, l'Étranger-Platon vient d'arriver à une définition de l'être impliquant que poser des Idées ne signifie pas poser des choses dotées d'une existence préservée de toute espèce de devenir, mais poser des réalités intelligibles dotées du pouvoir de rendre intelligibles les choses auxquelles elles sont présentes. Il va donc répondre aux Amis des Idées ce que Socrate aurait dû répondre aux objections du Parménide de Platon[2]. Mais pour qui n'est pas sophiste, répondre ne veut pas dire contredire ou réfuter, mais questionner pour comprendre, poser la question qui permettra de remonter à la source du désaccord. Avant de la leur poser, l'Étranger rappelle de quoi les Amis sont amis : des Idées, certes, mais entendues à partir d'une opposition entre devenir et être (*ousia*) : une Idée ne peut pas *devenir*, « elle est toujours semblablement elle-même selon elle-même », tandis que le devenir ne cesse d'être autre. Action et passion sont alors selon eux des catégories applicables au devenir, mais pas à l'être. Ce qui

---

1. *Parm.*, 132b-134e.
2. Voir M. Dixsaut, *Le Naturel, op. cit.*, chap. VI, p. 469-470.

nous en informe, car il faut bien que quelque chose nous en informe, est selon eux notre corps, qui communique avec le devenir par la sensation, tandis que c'est par le raisonnement que notre âme communique avec l'être essentiellement étant. Comment se représentent-ils cette « communication » ?

S'ils consentent à répondre, ils seront forcés d'abandonner leur éléatisme rigide. Car ce qu'on appelle « communiquer », c'est « connaître ». La question à leur poser est donc celle-ci : qu'en est-il de connaître (*gignôskein*) et d'être connu (*gignôskesthai*) ? Abstraction y est faite à la fois des objets de ce verbe et de leur sujet, puisqu'il s'agit de deux infinitifs : la question porte donc sur un verbe, « connaître », à l'infinitif actif et passif. *Gignôskein* ne signifie pas « posséder une connaissance » mais « apprendre à connaître »[1] : il faut donc y entendre une action, et si c'en est une, elle « inflige » à son objet une espèce de passion : être connu. Cet argument grammatical n'est pas absolument convaincant, puisqu'il est possible que des verbes à la voix « active » désignent une « passion », le verbe « pâtir » (*paskhein*) étant évidemment du nombre. Si les Amis des Idées repoussent avec indignation la possibilité d'appliquer la relation action-passion (*poièma-pathèma*) à la connaissance des Idées, c'est d'abord parce qu'elle implique un devenir. L'Étranger rappelle alors sa définition des étants (au pluriel) comme possédant une puissance d'agir et de pâtir, et il leur propose de choisir entre deux hypothèses. « Connaître (*gignôskein*) ou être-connu

---

1. Le verbe est « synonyme de *epistèmèn labein*, *Théét.*, 209e » : Narcy : « s'assurer d'un savoir », et C.S. Rowe, *Theaetetus and Sophist*, Cambridge U.P., 2015 : « get hold of a knowledge ».

(*gignôskeisthai*) »[1], ces deux termes renvoient-ils tous deux à une action ? ou tous deux à une passion ? » Ces deux hypothèses peuvent paraître absurdes, et pourtant :

1) si « connaître » est assurément une action puisque c'est une activité de l'âme, comme le mode de connaissance est déterminé par la nature de l'objet cherché, pour l'âme, connaître c'est aussi pâtir de la nature de son objet ;

2) si pour un objet, « être-connu » signifie être « découvert », « révélé » par la connaissance, donc en pâtir, comme c'est lui qui guide et oriente l'âme dans sa recherche, pour cet objet, être connu, c'est aussi agir.

Chacun des deux termes, connaître et être-connu, est ainsi à la fois action et passion, selon que l'on adopte le point de vue du sujet, l'âme, ou celui de l'objet. Connaître est donc à la fois l'un et l'autre, action et passion, et il en va de même pour ce qui est connu. L'évidence de la grammaire est une évidence trompeuse, car elle prive l'âme de sa puissance de pâtir, de s'apparenter aux réalités intelligibles et de s'assimiler au divin, et prive ces réalités de leur puissance d'agir, d'éveiller l'intelligence en l'âme humaine et de l'orienter.

Les Amis des Idées devraient par conséquent, sous peine de se contredire, refuser une troisième hypothèse, à savoir que

3) connaître est une action et être-connu une passion. Et ils doivent opter obligatoirement pour la quatrième :

4) connaître et être-connu, aucun de ces deux termes ne peut participer (*metalambanein*), ni à l'action, ni à la passion.

---

1. Le trait d'union, « être-connu », indique qu'en grec il n'y a que deux termes, d'où la combinatoire du duel grammatical : voix active-voix passive avec le duel puissance d'agir-puissance de pâtir.

Théétète acquiesce : « ni l'un, ni l'autre, avec ni l'une, ni l'autre. »

L'Étranger reprend alors sa troisième hypothèse : à supposer que connaître soit « faire quelque chose », il arrivera nécessairement à ce qui est-connu qu'il pâtisse. Par conséquent, la manière d'être qui s'oppose au devenir, l'*ousia*, se trouvera, du fait de pâtir, être mue (*kineisthai*). Or selon les Amis, « cela n'arrive jamais à ce qui est en repos »[1]. Ce « saut » d'être-connu à être-mû tient à la nature paradoxale de la puissance de pâtir. La conclusion du premier raisonnement : toute *ousia* pâtit du fait d'être connue, devient la mineure d'un second raisonnement, dont la majeure surgit de manière totalement inopinée : pâtir signifie être-mû, or être-connu c'est pâtir, donc être-connu c'est être-mû. Si besoin est, Platon peut avoir recours à un syllogisme, quand l'adversaire commet une erreur logique. 4) La conclusion est donc qu'en déniant à leurs Idées la possibilité jugée scandaleuse d'être-mues, leurs Amis leur donnent pour aspect essentiel le fait de se tenir en repos (puisque selon eux le mouvement est propre au devenir) et ils les vouent à une immobilité « solennelle et sacrée » qui les empêche d'être connues.

Un mouvement intelligible?

Ils n'ont cependant pas tort de craindre l'insertion de devenir dans l'être, car l'effort fait pour connaître une Idée est bien un mouvement qui pourrait risquer de l'affecter. Admettons qu'en étant participées par des choses en devenir ou même par d'autres Idées, les Idées ne pâtissent pas. Faut-il en conclure que pour rester fidèles à leur nature, elles doivent se garder de tout rapport avec le genre d'être des puissances ? En refusant

1. 248e3-5.

qu'agir et pâtir puissent s'ajointer (*harmottein*) à la manière d'être des Idées, c'est leur rapport avec la pensée que leurs Amis leur refusent. Car la pensée intelligente ne se comporte pas envers une Idée comme on se comporte face à la statue d'un dieu : elle ne la contemple pas, et ce n'est pas en tournant autour qu'elle apprendra à la connaître. Penser une Idée signifie la questionner, la diviser, la rassembler, l'articuler ou l'opposer à d'autres Idées. Quand elle est questionnée autrement, une idée répond autrement, quand on la relie à d'autres Idées, elle se précise, s'enrichit ou s'approfondit. Elle devient donc moins, plus ou autrement intelligible, mais c'est toujours la même *ousia* qu'elle donne à penser – et « même » ne veut pas dire immobile. Toute Idée doit rester même qu'elle-même, il est besoin de lui supposer cette manière d'être pour pouvoir la penser, mais plusieurs chemins peuvent conduire à en avoir l'intelligence. Elle se présentera alors sous différents aspects, et en ce sens, en ce sens seulement, elle sera mue, mais pas d'un mouvement physique, d'un mouvement intelligent qui n'entraîne ni translation, ni altération[1]. L'Étranger donnera une description définitionnelle très éclairante de cette sorte de mouvement quand il dira de l'être et

---

1. Voir H. Cherniss, *L'Énigme de l'Ancienne Académie*, trad. L. Boulakia, Paris, Vrin, 1993, p. 157 (Liverpool, 1945); l'article de C. de Vogel, « Platon a-t-il ou n'a-t-il pas introduit le mouvement dans son monde intelligible ? » (1953), dans *Philosophia*, Part I : *Studies in Greek Philosophy*, Assen, 1969, p. 176-192, reste le plus convaincant à ce sujet. La traduction du verbe *kineîn* par *changer* exclut *a priori* cette interprétation. Or l'Athénien (*Lois* X, 893c-894e) distingue six espèces de *mouvement* et les sépare des deux qui désignent des *changements* : le changement fait partie du mouvement, et non l'inverse. Si le changement est dans les *Lois* un mouvement par accroissement et diminution, dans le *Parménide* ce n'est pas un mouvement mais une interruption, une rupture (156c-157b).

du non-être que l'espoir est désormais permis « que si l'un des deux se montre (*anaphainètai*) sous un jour plus clair, l'autre se montrera (*anaphainesthai*) aussi de la même façon ». C'est la perspective adoptée qui changera et pourra être plus ou moins éclairante, pas l'Idée[1]. Elle restera *immuable*, mais elle n'a pas besoin pour cela d'être *immobile*. Le refuser au nom d'une conception transcendante, figée et absolue de l'être, c'est doter les Idées d'une existence inintelligible.

LE PHILOSOPHE S'INDIGNE (248E7-249D5)

Au tour de l'Étranger, alors, de s'indigner :

> Nous laisserons-nous si facilement persuader que mouvement, vie, âme et pensée (*phonèsis*) ne sont pas présents dans ce qui est totalement étant (*pantelôs on*), que cela ne vit ni ne pense, mais que, solennel et sacré, dépourvu d'intelligence, il se tient là planté sans bouger ? (248e6-249a2)

Dans cette question, la pensée est associée à une première trilogie : mouvement, vie, âme. Mais pour commencer, que désigne ici l'être « totalement étant » (*pantelôs on*) dont ils seraient tous trois absents ? Encore un alléchant sujet de controverse, et pourtant, il suffit de considérer dans quels contextes s'inscrivent les deux autres occurrences figurant dans les Dialogues, car il n'y en a que trois en tout. L'une renvoie incontestablement à l'être intelligible, qui est « à tout point de vue connaissable » (*pantelôs gnôston*) parce que « totalement étant » (*pantelôs on*) ; il doit donc être distingué de ce qui « n'est pas du tout » et est totalement inconnaissable, ainsi que de ce qui est, mais pas « totalement » : cette manière

1. 250e6-251a1.

d'être intermédiaire (entre être absolument et ne pas être absolument) n'est connaissable que « d'une façon intermédiaire » : par l'opinion[1].

L'autre occurrence renvoie tout aussi incontestablement à la totalité « des êtres » qui ne peuvent pas être « totalement inanimés », donc à un univers qui ne peut pas être le résultat d'une nature œuvrant au hasard[2]. Puisque c'est de science, de pensée et d'intelligence que parle à ce moment l'Étranger, et non de terre, de lune et de soleil, c'est le sens qu'a cette expression dans la *République*, pas celui qu'il a dans les *Lois*, qui convient : celui « d'être absolument, totalement, étant »[3]. Les Amis des Idées n'ayant rien à faire non plus des astres et ne se souciant que du mode d'existence de ces êtres qu'ils appellent « Idées », c'est à leur manière d'être qu'ils refusent la vie, celle dont les animent la pensée et l'intelligence. Par quoi en effet leurs Idées intelligibles et immobiles pourraient-elles être connues, si ce n'est par l'intelligence? Or l'intelligence n'existe que dans une âme, et si l'âme existe, existent aussi le mouvement et la vie. L'existence de l'âme joue le même rôle dans leur réfutation que celui qu'elle jouait dans la réfutation des Fils de la Terre, mais les Amis des Idées se révèlent être plus obstinément intraitables qu'eux. Ils n'ont peut-être pas tort, car cette première trilogie, mouvement, vie, âme inscrit la pensée dans un devenir psychique ne pouvant avoir accès qu'à du devenir – un devenir qui est selon eux le contraire de l'être même s'il consiste à devenir plus ou autrement intelligible.

1. *Rép.* V, 477a2-4.
2. *Lois* X, 889b.
3. Plotin (*Ennéades* VI, 2(43)) était aussi de cet avis, mais à sa manière : voir L. Brisson, « De quelle façon Plotin interprète-t-il les cinq genres du *Sophiste*? », *Éudes sur le Sophiste, op. cit.*, p. 449-473.

C'est eux que vise l'exhortation finale :

> L'ÉTRANGER — Or s'il est quelqu'un qu'il faut
> combattre avec toutes les ressources du *logos*, c'est celui
> qui, de quelque façon que ce soit, sur quelque sujet que
> ce soit, bataillerait pour abolir la science (*epistèmè*), la
> pensée (*phronèsis*) et l'intelligence (*noûs*). (249c6-8)

La pensée (*phronèsis*) n'est pas ici *associée* à une
trilogie, elle *fait partie* d'une trilogie différente. Pensée
d'une âme qui en pensant lui insuffle mouvement et vie,
ou pensée intelligente requise par toute science : quel
sens faut-il donc donner à ce mot, *phronèsis* ?

Le beau nom de phronèsis

Dans la partie étymologique du *Cratyle*, la *phronèsis*
est rangée au nombre des « beaux noms » de vertus,
qui sont beaux parce qu'ils nomment de belles choses,
« justice » (*dikaiosunè*) par exemple, et dans le *Philèbe*,
intelligence et pensée (*noûs* et *phronèsis*) sont les noms
qu'on devrait « honorer au plus haut point »[1]. Pourtant,
dit Socrate dans son *Apologie*, la plupart des hommes ne
se soucient que de la gloire et de la fortune, alors que
« de la pensée, de la vérité et de l'amélioration de leur
âme ils n'ont cure ni ne se soucient »[2]. Cette dernière
phrase inscrit encore la *phronèsis* dans une trilogie de
valeurs : pensée, vérité et vertu. Platon n'a jamais varié
sur un point : ce nom, *phronèsis*, est celui d'une des
valeurs les plus hautes, et chaque fois qu'il en parle il
contrevient à l'impératif dialectique voulant qu'une
chose ne doit pas se voir conférer une valeur avant qu'on

---

1. *Crat.*, 411a1-4, *Phil.*, 59d1-2.
2. *Apol.*, 29e1-3.

l'ait définie[1]. Car, comme le dit le mythe du *Phèdre*, la pensée ne possède pas comme la beauté le privilège de resplendir dans ses images, car si elle l'avait, elle éveillerait « d'inimaginables amours ». Mais bien qu'ils ne la voient pas, c'est d'elle que les philosophes se déclarent amoureux, comme c'est d'elle que les *Lois* affirment qu'elle est le premier des biens divins[2]. Absente de la Ligne de la *République* comme de son commentaire au livre VII, elle n'est ni un état de l'âme ni une espèce de connaissance[3]. Le terme semble ne pas avoir de sens propre, il est pris dans un jeu variable d'associations, qui se lit dans ses multiples traductions : pensée, sagesse, réflexion, bon sens, conscience[4]. La *phronèsis* ne s'allie à la science et à l'intelligence et ne devient « *pensée* » que dans certains contextes.

En apparentant l'âme à la nature des êtres vers lequel elle se tourne, la *phronèsis* confère à ces êtres le seul mouvement dont ils soient capables : être connus. Un être intelligible est immuable, exempt de tout changement, il n'est mû qu'en tant qu'il se prête aux mouvements de l'intelligence, aux mouvements dialectiques tels qu'ils sont précisés quelques pages plus loin[5]. Quand elle dialectise et articule ressemblances et différences, la pensée ne se nomme pas *phronèsis*, elle est intelligente et n'est qu'intelligence (*noûs*). Elle ne prend le beau nom de *phronèsis* que lorsqu'il faut dire l'effet de l'intelligence en

---

1. C'est, par exemple, un argument récurrent du *Gorgias* : impossible de savoir si la rhétorique est le plus beau des arts tant qu'on n'a pas déterminé ce qu'elle est.
2. *Phèdre*, 250d5 ; *Phédon*, 66e2-3 ; *Lois*, 631c5-6.
3. *noûs* : *Rép.* VI, 511d4 ; *noèsis* : 511d8 ; *epistèmè* : VII, 533e8.
4. Pour se limiter au français.
5. En 253d-e.

l'âme, car cet effet *est* la *phronèsis*. C'est donc seulement lorsqu'il faut rappeler à l'âme qu'elle est capable de pâtir d'êtres qui demeurent toujours mêmes qu'eux-mêmes que l'on rencontre quelque chose comme une définition de la *phronèsis* : elle désigne l'état de l'âme lorsqu'elle pâtit d'êtres véritablement étants, et s'efforce d'en avoir l'intelligence et d'en acquérir la science.

Si la *phronèsis* en était absente, l'être réellement étant serait inconnaissable et les réalités immuables seraient à jamais séparées du mouvement de l'âme qui cherche et apprend à les saisir ; sans elle, nous serions livrés à l'opinion et à ses maîtres, les sophistes. Pour ainsi dire à l'autre extrême, si la *phronèsis* en était absente, ce mouvement qu'est la vie serait radicalement étranger à la pensée, la vie ne se sentirait pas sentir, elle ne pourrait pas jouir de ce qu'elle sent et ne jouirait pas d'elle-même : nos pulsions aussi lui seraient étrangères et l'amour pour la vérité ne serait qu'un mot vide. Quand, au lieu de les prouver en pensant, la pensée parle d'elle-même, de son action et de sa valeur, elle ne les donne à saisir et à mesurer qu'aux conséquences de son absence

> L'ÉTRANGER — Au philosophe donc, lui qui honore ces choses par-dessus tout, nécessité est, semble-t-il, à cause d'elles de ne pas accepter l'immobilité du tout de la part de ceux qui le disent un ou même affirment la pluralité des Idées ; et de rester absolument sourd aux arguments de ceux qui meuvent l'être en tous sens ; mais, imitant les petits enfants, il doit choisir « les deux », et dire que l'être et le tout sont toutes les choses qui sont immobiles et toutes celles qui sont en mouvement. (249c10-d4)

L'Étranger en appelle au philosophe tel qu'il le conçoit, et il le définit ici par sa hiérarchie des valeurs. Il est convoqué pour proclamer que l'être doit être ce qui convient à la pensée et à l'intelligence, et que c'est d'elles qu'un philosophe doit avant tout se soucier. Cet aspect littéralement renversant du parricide est si audacieux qu'il n'a pas été souvent relevé, la majorité des interprètes s'étant plutôt attachée à sa conséquence : si Parménide, alors Protagoras, Gorgias et tous les sophistes. Mais il convient d'ajouter aussi tous ceux qui posent des Idées qu'ils ne pensent pas de peur d'en altérer l'être, un être si plein de lui-même qu'il en absorbe la pensée. Le parricide d'un Parménide anonymement inclus dans « ceux qui affirment l'un » se répète à propos des Amis des Idées qui n'ont fait que multiplier son être un, lequel ne peut se rattacher qu'à lui-même[1]. Pourtant, l'être qui convient à la pensée intelligente est un être en qui elle peut se reconnaître, pas une « chose en soi » conçue sur le modèle de la chose mais en plus solide et plus consistant. Si c'est penser qu'on veut, il faut certes se tourner vers des étants qui existent en vérité, mais qui sont avant tout entièrement intelligibles. Loin de constituer l'être comme le référent transcendant devant lequel toute pensée devrait s'humilier, tout langage se répéter, toute science se borner à l'affirmer, le philosophe est celui qui donne à « être » un sens tel que la pensée, l'intelligence et la science en soient possibles, et qui les met au-dessus de tout. Au-dessus de tout, et quoi qu'il puisse en être par ailleurs de ce qui est ? Mais la juste détermination de ce qu'il peut bien en être de l'être revient à une pensée intelligente, capable d'apprendre et

---

1. Parménide, VIII, 25.

de questionner. Subordonner l'être à la pensée n'est pas lui conférer un être de moindre dignité, c'est au contraire lui conférer la seule dignité qui fasse de l'être autre chose que l'objet d'une réitération obstinée. La partie dite « ontologique » du *Sophiste* doit donc être rattachée à la finalité du Dialogue et comprise en fonction d'elle, car si l'être était tel qu'en avoir l'intelligence soit impossible ou inutile, le sophiste serait le seul à « philosopher », ainsi que l'affirme Gorgias :

> En troisième lieu, considérons les discussions philosophiques : c'est un genre de discours dans lequel la vivacité de la pensée se montre capable de produire des retournements dans ce que croit l'opinion. (*Éloge d'Hélène*, § 13)

Il serait le seul à philosopher car il est le seul à savoir qu'une opinion peut toujours se « retourner » et le seul à savoir comment s'y prendre pour, quelle qu'elle soit, la retourner. Or deux opinions symétriques, « tout ce qui est est en mouvement » et « tout ce qui est se tient en repos », rendent également impossibles la science, la pensée et l'intelligence. Les Fils de la Terre ont opté pour la première, les Amis des Idées pour la seconde. Mais l'Étranger, lui, répond comme font les petits enfants quand on leur donne à choisir, il souhaite « les deux » : « l'être et le tout sont toutes les choses immobiles et toutes les choses mues, les deux à la fois ».

D'UNE APORIE À UNE AUTRE (249D5-251A4)

Il semblerait donc que l'être soit maintenant bien circonscrit dans une définition. Théétète en est convaincu, mais pas l'Étranger, qui va lui monter que, comme en 238a2, il a parlé trop haut, et trop vite. La définition de l'être par la puissance donne en effet au mouvement autant d'être qu'au repos, car si tout ce qui existe est nécessairement soit en repos, soit en mouvement, ce serait en additionnant les choses qui sont en mouvement ou celles qui sont en repos que ce mot, « étant », aurait une référence, mais toujours pas de signification. Mais si les contraires sont vraiment contraires, ils s'excluent : comment les intégrer dans une même totalité comme le souhaite l'Étranger ?

C'est possible, et sur ce point les exemples abondent, à condition que chacun des deux contraires reste distinct à la fois de son contraire et de l'ensemble :

> Est-ce donc comme un troisième terme en plus des deux autres que tu poses l'être dans l'âme, et est-ce en les prenant ensemble (*sullabôn*), et en considérant de ce point de vue la manière dont ils communiquent avec l'être, que tu en es arrivé à dire que tous les deux sont ? (250b7-10)

Cette aporie-là serait donc traitable, et c'est même elle qui permettrait de diviser un même genre en deux genres non seulement différents mais contraires. Car elle a conduit à énoncer une règle valant pour n'importe quel couple de contraires : il suffit que leur couple ait une manière d'être distincte de celle propre à chacun des deux contraires, et qu'elle soit acceptable par eux puisque chaque contraire doit la posséder *en plus* de la sienne. L'être serait donc le point de vue universel que l'on peut toujours adopter sur tout et sur n'importe quoi, sans que l'on sache ce que l'on veut dire quand on dit que *c'est*. La sorte de puissance possédée par l'être a ceci de particulier qu'elle doit être universellement acceptable pour qu'il y ait, aussi petit et aussi fugitif que l'on voudra, un « quelque chose » que l'on puisse percevoir et dont on puisse penser et parler. Mais pour ce qu'il en est du sens que l'on donne à ce mot, être, lorsqu'on le considère comme ce tiers « enveloppant du dehors » toutes choses, on est toujours « au comble de l'ignorance » à son propos. Il a donc été seulement établi que « par sa nature propre, ce qui est n'est ni en repos ni en mouvement ».

L'Étranger décide alors d'abandonner ses précédents interlocuteurs, et, pour répondre aux mêmes questions que celles qu'il leur a posées, il va les poser à Théétète, « pour que, en même temps, nous avancions aussi un peu »[1]. Théétète affirme alors avec conviction l'être du mouvement, du repos et de l'ensemble des deux. Mouvement et repos sont contraires, et l'Étranger croit bon de préciser que Théétète ne leur « accorde » et « ne veut dire » ni qu'ils sont tous les deux mus ni qu'ils sont tous les deux en repos[2], et que c'est bien comme un troisième terme « que tu poses l'être dans l'âme ». Quand donc Théétète l'a-t-il fait ? Pas explicitement, mais « accorder » et « signifier », il n'y a qu'une âme qui puisse le faire. Les activités dénotées par ces verbes fournissent à l'Étranger le biais nécessaire pour introduire de nouveau l'âme dans des questions qui sans elles seraient « métaphysiques ». Que les Idées soient « dans l'âme » est ce qu'avait répliqué Socrate à Parménide, lorsque celui-ci avait objecté qu'il est absurde de croire possible de participer à une chose dont on est distinct,

---

1. 250a3-5. De 249e3 jusqu'à 251e3, les verbes sont soit à la première personne du pluriel (nous) soit à la deuxième personne du singulier (tu).

2. *Cf.* « je l'affirme très certainement » (*phèmi gar oûn*) répond Théétète, et « tu accordes » (*sunkhôrèis*), tu veux dire (*sèmaineis*), en déduit l'Étranger (250b1-6).

donc séparé. Et Socrate avait eu raison de juger que ce serait absurde *si* « participer » voulait dire prendre sa part d'une *chose* située dans un *lieu* qu'une frontière infranchissable sépare d'un autre *lieu* où résident des *entités* d'une nature totalement différente. Afin d'échapper à cette réification de l'Idée, amenant en outre à concevoir la participation comme une présence de l'Idée *dans* les choses, Socrate avait dé-spatialisé le lieu de résidence des Idées : « À moins que chacune des Idées ne soit une pensée (*noèma*) et ne doive advenir nulle part ailleurs que dans des âmes[1]. » « Nulle part ailleurs », autant dire nulle part, mais Parménide n'avait pas eu grand mal à réintroduire des termes « spatiaux » : toute pensée étant pensée de quelque chose, l'objet pensé sera alors un certain aspect unique (*idea*) « s'étendant sur » toutes les choses (*epi pasin*) qui le possèdent. Car « ce qui est ainsi pensé comme étant toujours même en *s'étendant sur* du multiple, n'est-ce pas cela, une Idée (*eidos*) une ? » L'Idée pouvant alors être dédoublée en forme pensante et contenu pensé, y participer consisterait soit à prendre part à sa forme pensante, et tout pensera, soit à s'identifier à un contenu pensé que *rien* ne pensera. *Idea* ou *eidos* auraient donc même puissance et même fonction : s'étendre au-dessus d'une multiplicité et l'unifier « d'en haut », donc « du dehors », grâce à un aspect commun. Un « petit quelque chose » éait alors assez évidemment escamoté par Parménide : ce n'est pas la pensée (*noèma*) qui est pensante, c'est l'âme, et pour une pensée, être « *dans* » l'âme c'est être pensée *par* elle. L'âme n'est pas le lieu des Idées, elle est la puissance capable de les

---

1. *Parm.*, 132b3-5 ; *noèma* est le terme employé par Parménide en VIII, 34.

penser, donc d'y voir des êtres intelligibles et donateurs d'intelligibilité. Ce n'est d'ailleurs pas seulement le Parménide de Platon, c'est Parménide lui-même qui est coupable de cette « censure », de cette expulsion de l'âme pensante, et les Amis des Idées l'ont suivi[1].

Théétète juge toutefois qu'ils n'ont fait que « deviner » que l'être était un troisième terme surajouté au mouvement et au repos. Il vient en effet d'apprendre seulement que « non étant » ne peut s'attribuer ni à l'être ni à « quelque chose »[2], et qu'à son tour l'étant n'est ni le mouvement, ni le repos, ni aucun couple de contraires. Quant à l'Étranger, il se demande « vers quoi tourner sa pensée », et c'est à sa *mémoire* qu'il fait confiance. Puisqu'ils ne savent toujours pas à quoi rapporter ce nom, « non-être », et qu'ils savent encore moins à quoi rapporter ce mot « être », il estime désormais possible d'*espérer* que, si l'un devient moins obscur, l'autre deviendra plus clair. Il a deux raisons de garder espoir. La première est que son dialogue avec tous ceux qui ont tenté et tentent de répondre à la question de l'être lui a montré qu'ils n'ont fait que le postuler : pour questionner l'être sans le postuler, ne faut-il pas cesser de s'interroger sur ce qu'il est et sur ce qui est, mais se demander ce que « est » peut bien signifier ? La seconde raison d'espérer est qu'il ne s'est pas contenté de dire ce que le non-étant n'était pas, il l'a dit « autre » (*heteron*) que l'être. « Ne pas être » et « être différent », serait-ce donc la même chose ?

---

1. C'est ce dont traite le problème, toujours discuté, de la place et du sens du fr. III : « C'est en effet une même chose que penser (*noein*) et être. » Voir D. O'Brien, *Études sur Parménide, op. cit.*, t. I, p. 20 : ce peut être « une adaptation du Fr. VIII 34 ».

2. *Cf.* 237c.

Sur ces deux questions, le philosophe va définitivement faire son entrée[1], car pour sauver la philosophie et se sauver lui-même, il doit sauver le logos, et afin de le sauver, démontrer la possibilité d'une communication entre genres.

LA COMMUNICATION DES GENRES (251A5-259C)

La traversée accélérée et dévastatrice d'une histoire dont les protagonistes sont anonymes, donc expulsés, a pour but de montrer que toutes les possibilités de parler de l'être ont été épuisées. De ses dialogues avec d'anciens sages et avec leurs disciples, l'Étranger n'a jusqu'à présent tiré qu'une seule conclusion, à savoir que, s'agissant de ce qui est et de ce qui n'est pas, l'aporie est égale. Il est néanmoins possible de reconnaître à certaines thèses le mérite d'une grandeur hautaine, mais il fallait ajouter pour mémoire celles qui ne sont que dérisoires. Car ce sont elles qui vont orienter l'examen dans une autre direction : examiner, non pas comment parler de l'être, mais se demander à quelles conditions il est possible d'enraciner le discours dans ce qui est.

---

1. L'obstination mise à distinguer chez Platon les sens de l'être – son sens de copule, d'identité et son sens existentiel – les trois correspondant à trois sortes différentes de participation (voir J.L. Ackrill, « Plato and the Copula » [1957] dans Allen, *Studies on Plato's Metaphysics*, p. 207-210), revient au fond à faire comme si Platon n'avait jamais écrit le *Sophiste*. Voir D. O'Brien, *Le Non-Être. Deux études sur le* Sophiste *de Platon*, Sankt Augustin, 1995, et M. Dixsaut, *Platon et la question de la pensée*, *Études platoniciennes* I, Paris, Vrin, 2000, p. 280-295.

Les « tard-venus » et le logos (251a5-253c7)

L'être est donc un « troisième » terme dont la nature diffère de celle du mouvement comme de celle du repos[1], mais s'ensuit-il qu'il soit impossible de le dire en mouvement ou en repos, ou, réciproquement, d'affirmer que mouvement et repos existent ? Certains, néophytes et tard-venus, prennent en effet plaisir à jouer de cette double impossibilité, et accusent le discours d'incapacité à fournir une voie d'accès (*méthodos*) à l'unité de la chose dont on parle : son unité une fois posée « par hypothèse » devrait interdire de l'appeler de multiples noms. Qui sont ces « tard-venus » ? Il n'est pas inutile de les identifier si l'on veut comprendre le problème qu'ils posent à l'Étranger.

Qui sont ces « tard-venus » ? (251a5-c7)

Au début de sa *Physique*[2], Aristote utilise une expression semblable : il se demande ce que veulent dire ceux qui prétendent « que le tout est un », et en arrive rapidement aux « derniers des Anciens », lesquels étaient eux aussi (comme Melissos, Parménide et Héraclite) « fort tourmentés » par la crainte « de faire revenir au même l'un et le multiple ». Admettre qu'une même chose est une et multiple revient aux yeux de leurs successeurs à « admettre qu'elle est deux choses contradictoires ». Si on se fie à Aristoclès, Aristote avait en vue la doctrine de Xénophane, de Parménide, de Zénon et de Mélissos, et *plus tard*, « celle de l'école de Stilpon et des Mégariques »[3].

1. 250c1-2.
2. Aristote, *Phys.* I, 2, 185b25-I, 3, 186a22.
3. Dans Eusèbe, *Préparation évangélique*, XIV, 17, 1 ; fr. 27 dans R. Muller, *Les Mégariques, Fragments et témoignages, op. cit.*, p. 24.

Ce serait donc à ces Éléates attardés, les philosophes de Mégare, qu'Aristote reproche un rationalisme excessif qui les amène à ne pas comprendre « que ce n'est pas en tant qu'il est séparé que le blanc diffère de ce à quoi il appartient comme attribut, mais du fait qu'il est autre ». Pour eux, comme pour Socrate et Platon et à la différence d'Aristote, il s'agirait donc de participation, donc de communication des genres, et non de prédication. Leur conception radicale de la « séparation » (*khôrismos*) des Idées ne rend pas seulement impossible la participation du sensible à l'intelligible, mais une participation mutuelle des Idées. L'Idée n'étant pensable que dans son absolue identité à soi, sa manière d'être (*ousia*) interdit toute relation et toute communication.

Avec cette séparation radicale, les Mégariques font passer au premier plan le problème de l'un et du multiple, et le résolvent par une double interdiction. La première, ne jamais attribuer un même nom à des objets différents, a pour but de sauvegarder la pureté de l'Idée, sa parfaite et complète identité à soi que menace sa relation à des choses sensibles. La seconde, l'interdiction d'attribuer des noms différents à un même objet, tend à en préserver l'unité, car cette attribution sépare l'objet de lui-même puisque toute altérité signifie selon eux séparation. De sorte que les seuls jugements acceptables sont des jugements d'identité, des tautologies telles que « l'homme est homme » et « le bon est bon ». Ces thèses « sont dangereuses et malfaisantes », dira Plutarque, car ce qu'elles séparent n'est pas seulement « homme » de « bon », mais Zeus de « protecteur de la famille », Déméter de « législatrice », etc.[1]. Elles auraient pour

---

1. Plutarque, *Adv. Colotem*, 22, 1119c-1120b ; voir R. Muller sur le fr. 197, p. 171-174.

conséquence insolite de ruiner le respect dû aux attributs divins, et par-delà aux divinités elles-mêmes. Ce n'est pas cette conséquence que l'Étranger juge « dangereuse et malfaisante », mais le fait que leur effort pour transposer linguistiquement les deux voies de Parménide donne à l'intelligence des objets dont il lui est interdit de rien dire, condamnée qu'elle est à réaffirmer inlassablement leur inaltérable unité et leur absolue séparation. En faisant de l'autre non pas l'autre du même, mais son contradictoire, ils font du non-étant le contraire de l'étant et atomisent le logos. Les Mégariques ont donc beaucoup en commun avec les Amis des Idées[1], et comme eux ils privent le logos de sa puissance sémantique.

S'il n'y a donc guère de doute que les philosophes de Mégare fassent partie des « tard-venus », Antisthène ne serait-il pas une autre cible possible, d'autant qu'il fut l'élève de Gorgias et s'occupa longtemps de rhétorique avant d'en venir à la philosophie ? Il est vrai que, contrairement aux Mégariques, il exclut d'emblée l'existence d'Idées séparées et ne peut donc être compté au nombre de leurs Amis. Mais il s'appuie lui aussi sur l'équation éléatique : dire = dire une chose une = dire une chose qui est. Conscient de la différence entre l'*onoma* et le *logos*, Antisthène cherche le moyen de passer de l'unité simple du premier à la complexité du second. Sa solution est qu'il faut partir d'un « examen du nom (*onoma*) » ayant la forme socratique d'une alternance rapide de questions-réponses[2], avec comme point d'arrivée un

1. Dont l'Étranger vient d'évoquer le refus de donner à un objet un nom autre que le sien (252a-c).
2. Tel que celui attribué à Socrate par Xénophon dans les *Mémorables* IV, 6 selon A. Brancacci (*Antisthène, le Discours propre*, Paris, Vrin, 2005, p. 115-116).

énoncé définitionnel (*logos*) du trait caractéristique :
la définition doit en quelque sorte être absorbée et
comprimée dans le nom auquel le raisonnement (*logos*)
a abouti. Selon Heidegger, Antisthène et les Mégariques
auraient en commun de concevoir le « dire » au sens
de « nommer », et pour Antisthène, il n'y aurait que
« la pure et simple *phasi*s : l'un et le même rapporté à
soi-même, "homme à homme" », donc pas de *logos*, de
définition possible, « d'abord discursif » de la chose qui
est » (Heidegger, Cette exigence normative s'affirme
dans la formule abrégée de la thèse : « dire un de l'un »
(*hen eph'henos*), dire une seule chose de ce qui est un[1].
Antisthène n'a donc pas besoin de la solution tautologique
que Stilpon de Mégare juge inévitable, mais il pose à sa
manière le même problème, celui de l'un et du multiple.
Bien que sa conception du logos diffère, sa position d'un
« un » absolu excluant toute espèce de multiplicité peut,
aux yeux de Platon, faire d'Antisthène un Éléate attardé
au même titre que les philosophes de Mégare.

Leurs hypothèses sur l'être (251c8-253b8)

Ces tard-venus partent d'hypothèses sur l'être pour
justifier leurs conceptions du discours : ce sont ces
dernières qu'il faut examiner afin de remonter à leurs
principes.

1. Heidegger, *Le Sophiste*, *op. cit.*, § 73, « Excursus : La logique
des mégariques et d'Antisthène (d'après Aristote) », p. 474-478). C'est
à cette image d'un Antisthène théoricien de la légitimité exclusive du
jugement d'identité que s'attaque Brancacci.

INTRODUCTION : LE CHOIX À FAIRE ET LA MÉTHODE
(251C8-E7)

« Nous parlons de l'homme, je pense, en lui ajoutant de multiples dénominations », dit l'Étranger, et c'est « un même discours que nous tenons à propos de toutes les autres choses : nous posons par hypothèse que chacune est une et nous la disons à rebours multiple en l'appelant de multiples noms ». Parménide, le Parménide de Platon, avait averti pour finir que celui qui n'accorderait pas à chacun des étants de rester toujours essentiellement même que lui-même, ne saurait pas « où tourner sa pensée (*dianoia*) ». Cette sorte de pensée est définie dans la *République* par son « incapacité à aller vers un principe car elle est incapable de remonter plus haut que des hypothèses ». Les deux sections de l'intelligible différenciées par le sectionnement de la Ligne se distinguent par le fait que l'âme parcourt deux mouvements de sens contraires. Dans la partie supérieure de l'intelligible, la puissance de dialectiser va d'une hypothèse à un principe, alors que dans la partie inférieure, dianoétique, elle part d'hypothèses pour aller vers une conclusion. Cette pensée rationnelle (*dianoia*) est propre « aux spécialistes de géométrie et à leurs semblables »[1]. Le dialecticien et le mathématicien hypothétisent l'existence intelligible et toujours même de l'objet sur lequel ils s'interrogent, mais les mathématiciens prennent comme principe quelque chose dont ils n'ont pas de savoir, comme fait Socrate dans le *Ménon* à propos de la vertu, et comme l'Étranger vient de dire que nous faisons « à propos de l'homme et de toutes les autres choses ».

---

1. *Rép*. VI, 511a-d ; cette section de la Ligne pose un problème de traduction mais pas de définition : la *dianoia ne* « pose » pas pour s'élancer mais pour calculer les conséquences.

Commencer par poser quelque chose que l'on sait ne pas savoir afin d'en déterminer les conséquences, et d'être alors à même de choisir entre une hypothèse positive et une hypothèse négative, ou de se voir contraint d'en proposer une autre, est exactement ce que va faire l'Étranger à propos de la communication mutuelle des genres.

> Afin d'inclure dans notre argumentation tous ceux qui jamais, et pour en dire quoi que ce soit, ont discuté de la manière d'être de l'étant (*ousia*), faisons comme si nous leur adressions, à eux aussi bien qu'à ceux avec qui nous avons auparavant dialogué, les questions qui vont suivre. THÉÉTÈTE — Lesquelles? (251c8-d3)

L'Étranger explique qu'il va leur demander de choisir entre trois hypothèses possibles concernant la communication des genres : aucun avec aucun, tous avec tous, ou certains avec certains? Théétète décide alors d'en finir avec son rôle d'interprète et se déclare incapable de répondre, mais il ne se contente pas de suggérer à l'Étranger de faire lui-même les questions et les réponses, il lui conseille de procéder méthodiquement, en prenant les hypothèses une par une et en examinant leurs conséquences. « Insolence » qui a évidemment suscité une répartition différente des répliques dans les différents manuscrits, mais si on adopte une autre distribution et attribue sa réponse à l'Étranger, pourquoi celui-ci prescrirait-il à Théétète de faire ce dont il va immédiatement se charger lui-même? Changement du rôle de l'interlocuteur et changement de méthode marquent plutôt l'importance du tournant pris, car l'Étranger rompt ainsi avec la méthode qui était la sienne depuis 242c : elle cesse d'être historique, doxographique et réfutative et renoue avec la forme par excellence du discours dialectique : l'examen. Mais c'est alors sa possibilité même qui se trouve être mise en question, puisqu'elle dépend d'une hypothèse dont la possibilité doit elle aussi être examinée, celle de la communication des genres. C'est cela qu'il faut désormais opposer au sophiste, une conception du discours capable de l'ancrer dans ce qui est, tout en lui permettant de dire ce qui n'est pas.

L'hypothèse négative (251e8-252d1)

L'Étranger commence par prêter une *hypothèse négative* concernant la *communication* mutuelle des genres à trois des doctrines dont il vient de parler.

Sa première question s'adresse à tous ceux qui affirment du tout (*to pan*) qu'il est en mouvement – disons aux héraclitéens – aussi bien qu'à ceux qui assimilent le tout à un « un » unique et immobile – disons aux parménidéens – auxquels on peut rattacher le pluralisme éléatique des Amis des Idées. Tous ajoutent l'être comme un « troisième » terme à leur « tout-en mouvement » ou « tout-en repos » – un être qui doit alors communiquer exclusivement soit avec l'un, soit avec l'autre. Ce qui revient, soit à affirmer l'existence du mouvement et à nier celle du repos, soit à affirmer celle du repos et à nier celle du mouvement. Ce que les tard-venus attribuent à leur « tout » n'est donc pas un « prédicat », c'est son essence, sa manière d'être propre (être tout entier en mouvement ou tout entier immobile), et elle suppose une communication qui, pour être exagérément exclusive (entre être et mouvement, ou être et repos), n'en est pas moins une communication. Si poser un unique tout permet d'y intégrer tous ses prédicats, sa manière d'être (*ousia*) n'est pas quant à elle un prédicat : que leur être soit tout entier mouvement ou tout entier immobilité, ils doivent forcément l'ajouter à leur « tout »[1].

L'Étranger se tourne en deuxième lieu vers ceux pour lesquels le « tout » est une totalité (*panta*) comprise comme somme d'une infinité d'éléments finis et homogènes dont ils reconduisent l'infinité à l'unité, ou dont ils divisent l'unité en en extrayant l'infinité de ses composants – que cette unification et cette division soient par ailleurs éternelles ou alternées[2]. Qu'il aille du multiple à l'un ou de l'un au multiple, ce mouvement inscrit cette sorte de totalité dans un devenir où elle ne peut venir à être qu'en communiquant avec l'être, à compter encore comme le troisième terme dont leur totalité manquait.

Enfin, après le démenti infligé aux premières et aux secondes par la nécessité d'admettre une communication supplémentaire avec l'être, donc de nier implicitement que leur tout soit total, restent les doctrines qui sont les plus ridicules de toutes : celles qui n'admettent *aucune* communication, mais qui pour établir qu'il en va ainsi sont bien obligés de parler : de faire communiquer des mots. Parler *du* non-étant obligeait insidieusement à affirmer l'unité de ce dont on prétendait nier catégoriquement l'existence, mais le cas de ces Éléates attardés est bien pire : un *discours* accompagne, double et réfute tout ce qu'ils affirment *ne pas pouvoir se dire* : tous sont ventriloques.

1. Là encore, Platon reprend ce qu'il a démontré dans la première hypothèse du *Parménide* : l'Un sans parties ne peut souffrir ni translation, linéaire ou circulaire, ni altération, « or il n'y a pas d'autres mouvements que ceux-là », et ne peut pas davantage être immobile, en même place, car alors « il serait en autre que soi » (*Parm.*, 138b-139b).
2. Coexisteraient, comme chez Démocrite et les atomistes ; alterneraient, comme chez Empédocle, mais aucun nom propre n'est prononcé.

De l'hypothèse positive
à l'hypothèse sélective (252d2-253b8)

L'Étranger passe ensuite à une hypothèse aussi radicale que l'hypothèse opposée, celle selon laquelle tous les genres communiquent avec tous. Elle ne réclame que quelques lignes, et Théétète se déclare capable de répondre, tant il est évident que des contraires tels que mouvement et repos ne sauraient communiquer sans que chacun cesse d'être ce qu'il est[1].

Ne reste donc que la troisième, l'hypothèse d'une communication sélective : « Puisque donc certaines choses y *consentent* et d'autres non, il leur arrive à peu près la même chose qu'aux lettres. » Cette formule réintroduit le vocabulaire utilisé dans le *Phédon* pour parler de la participation sélective des choses sensibles aux Idées[2], ainsi que la puissance d'agir et de pâtir qu'elle implique.

Chaque hypothèse a des conséquences sur la vérité des discours. La première, la négative, a été précisée au cours de l'histoire des doctrines de l'être : il en découle que seule l'assertion tautologique est vraie ; c'est la thèse des philosophes de Mégare et elle pulvérise le logos. Selon la deuxième, celle selon laquelle tous les genres communiquent avec tous, une affirmation même contradictoire est vraie (par exemple « le mouvement reste en repos et le repos se meut »). Cette fois, c'est la puissance du logos que cette thèse sophistique pervertit en l'affirmant toute-puissante, puisqu'elle attribue au discours la puissance de soutenir et de réfuter indifféremment n'importe quelle opinion. Reste

1. Leur contrariété a été affirmée en 250d5-8.
2. Déjà utilisé en 242d-e.

donc la troisième, celle d'une communication et non-communication sélectives des genres, que « quiconque souhaitant répondre correctement » est forcé d'adopter, car elle garantit la distinction entre discours vrai et discours faux[1] en la fondant sur la puissance d'agir et de pâtir des termes en présence, et pour cela elle fait appel à deux paradigmes.

Deux paradigmes

L'analogie avec les lettres de l'alphabet fournit des exemples de ces accords et désaccords sélectifs. Un lien doit en effet circuler à travers les lettres, car « il est impossible que, sans l'une d'entre elles, aucune des autres puisse s'ajuster à une autre ». Elle offre en outre l'avantage de poser cette question : « est-ce que le premier venu sait quelles sont capables communiquer avec quelles, ou n'a-t-on pas besoin d'un art si on veut le faire (*drân*) comme il faut ? » En grammatique comme en musique, et en fait partout où se rencontre le problème des accords et désaccords entre éléments, il faut une *tekhnè*, une compétence, un art. Musique et grammatique sont deux arts qui s'appliquent à des éléments monœidétiques et indivisibles, les sons et les lettres, et il ne s'agit pour aucun d'eux de prédication, mais de combinaison, de mélange. La différence est cependant qu'en musique on peut mesurer les sons les uns par rapport aux autres et mesurer aussi leurs intervalles, ce qui permet de les répartir de façon continue sur une même échelle[2]. Graves et aigus ne sont approximativement contraires qu'à

---

1. Aucun genre avec aucun : 251e7-252d1 ; tous avec tous : 251d2-e11 ; sélective : 252d12-e8.
2. *Rép*. VII, 531a.

l'oreille, mais la transition des premiers aux seconds est en réalité ininterrompue, comme l'est celle de l'obscurité à la lumière. Il est donc possible à la fois de *calculer* quels sons consonent et quels sons dissonent, comme le fait l'harmonie, qui est une science mathématique, et de préserver « la qualité des intervalles, la différence des consonances et des dissonances, leur genre et leurs nuances, leur densité et leur espacement, et le "tissage" entre les harmonies, la modulation »[1]. La musique fournit ainsi un paradigme intermédiaire entre un art issu d'une expérience particulière à chaque langue, consignée dans la grammaire, et une science universellement et atemporellement valable, la dialectique[2].

De même que, s'agissant des lettres, les voyelles circulent comme un lien à travers toutes les autres et qu'il faut au moins une voyelle pour que d'autres lettres, les consonnes, se combinent, de même il est possible que certains genres « relient » tous les genres, « de telle sorte qu'ils soient capables de se mélanger ». Cela ne signifie évidemment pas qu'en traversant tous les genres, ces genres-voyelles permettraient à tous de communiquer avec tous. L'analogie entre voyelle et genre universellement participé par tous les autres n'est qu'une analogie de *fonction* : la formation de syllabes, donc de mots, exige que certaines lettres aient une fonction de lien, comme le mélange des genres exige que certains aient cette même fonction. Et pas plus qu'il n'est possible

1. Voir A.G. Wersinger-Taylor, « Le Parménide de Platon, une cosmologie sans Cosmos » (*Études platoniciennes*, Le Parménide de Platon, 16, 2019, n. 58) : Platon récuserait le modèle musical des disciples d'Eratoklès, « modèle combinatoire monotone et rigide fondé simplement sur un multiple de sept qui privilégie la différence de grandeur des intervalles mesurée sur une règle d'unités homogènes »,

2. Voir S. Rosen, *Plato's Sophist, op. cit.*, p. 254-258.

à une seule et même voyelle de lier toutes les consonnes, il n'est possible à un seul et même genre de faire communiquer tous les autres (c'est l'une des hypothèses qui vient d'être rejetée). Lorsqu'il reprend les points sur lesquels un accord a été trouvé, l'Étranger dit alors : « rien n'empêche même que certains, les traversant tous, se trouvent communiquer avec tous. » L'alternative : ou bien s'accueillir mutuellement, ou bien s'exclure, ne suffit pas à épuiser la possibilité ou l'impossibilité des mélanges entre genres.

À leur fonction analogique, les paradigmes de la grammaire et de la musique ajoutent une fonction heuristique : ils révèlent l'existence de relations entre genres plus lâches que des participations essentielles, et de formes de non-communication moins radicales que celle de l'exclusion des contraires. Il est clair que ces genres sont ceux qui sont universellement participés. Ils communiquent avec tous les autres sans pour autant les faire se mélanger tous avec tous.[1]. *Certains* genres ont donc pour fonction de rendre *tous les genres capables de communiquer*, mais cette communication n'est effective qu'entre *certains genres*. Les genres qui courent à travers tous les autres sont les conditions générales de possibilité de toute communication entre genres, mais ils ne sont la condition suffisante d'aucune communication en particulier[2].

---

1. *Cf.* 254b8-c1.
2. Voir R.S. Bluck, *Plato's Sophist*, a commentary, ed. by G.C. Neal, Manchester U.P., 1975, p. 121 : « L'"être" des choses est tout simplement la condition *sine qua non* de toute caractérisation, et n'a rien à voir avec la question de savoir si deux formes particulières communiquent ou non. » (ma traduction). Mais selon Bluck, « caractérisation » signifie « prédication ».

Les genres-voyelles

L'Étranger passe ainsi de la fonction assumée en général par toute voyelle à *la voyelle particulière* « sans laquelle il est impossible que les autres [*sc.* les consonnes] s'ajustent une à une ». Il ne faut pourtant pas forcer l'analogie et comprendre que toutes les communications entre genres exigent que viennent s'insérer *entre eux* un genre-voyelle. Mais ce sont les genres-voyelles qui justifient la *recherche* dialectique, puisque leur existence fait qu'en droit le mélange entre deux ou plusieurs genres différents est possible, ou plutôt n'est pas *a priori* impossible.

Quels sont ces genres-voyelles ? Quels sont les genres qui tiennent ensemble tous les autres et leur permettent de se mélanger ? De même pour ceux responsables de la division : plusieurs ou un seul, et lesquels ou lequel ? Il est tentant de penser « qu'il n'y a en fait qu'une seule Idée qui soit évidemment une Idée-voyelle, l'être, et une seule qui soit évidemment responsable des divisions, l'autre »[1]. L'ennui est que la question portant sur ces genres les met au pluriel – donc pas au singulier, mais pas non plus au duel : il doit y en avoir plus de deux. Pour soutenir que cela n'empêche pas l'être d'être la seule Idée-voyelle, suffirait-il de lui refuser toute signification ontologique ou métaphysique et de le prendre comme un mot qui, comme la plupart des mots, a *plusieurs* significations ? « Ces Idées qui traversent toutes les autres sont évidemment les significations de certains mots utilisés dans des énoncés positifs. Ce sont, en fait, les significations du mot

---

1. R.S. Bluck, *Plato's Sophist, op. cit.*, p. 124.

"est"[1]. » Cette solution est largement répandue, elle peut même sembler s'imposer avec évidence, une évidence que vient pourtant contredire une phrase de l'Étranger (259a5-6) : « qu'on dise [...] que les genres se mélangent mutuellement, que l'être et l'autre circulent à travers tous et l'un à travers l'autre. » Or le genre-voyelle qu'est l'être ne peut avoir que son sens « existentiel » : en participer, pour une Idée comme pour un genre, comme d'ailleurs pour n'importe quoi, c'est tout bonnement avoir la puissance d'exister. L'être permet à toutes les Idées et à tous les genres de communiquer avec d'autres Idées et d'autres genres parce que, pour pouvoir communiquer, il faut bien d'abord qu'elles et ils existent. Les genres, les Idées, *existent*, ce sont des réalités intelligibles ayant leur puissance propre, ce ne sont pas des abstractions ou des concepts dont il conviendrait d'abord d'examiner l'équivocité. On voit à quel point l'approche logico-linguistique inverse la problématique, mais quiconque avance une solution aussi peu logiquement raffinée se sent presque tenté de s'excuser. Pourtant, toutes les autres hypothèses ne tiennent qu'à la condition, encore et toujours, de substituer aux Idées, aux essences, aux genres, des concepts réduits à n'être que la signification de termes abstraits et généraux, bref de termes que l'on peut logiquement combiner mais qui n'exigent nullement d'être pensés.

---

1. F.M. Cornford, *Plato's Theory of Knowledge*, The *Theaetetus* and the *Sophist* of Plato, Londres, Routledge and Kegan Paul, 1935, p. 327.p. 261-262 (ma traduction). J.M.E. Moravcsik constitue une exception notable : l'être, l'autre et le même seraient les Idées ayant pour fonction première de rendre possible les connections (« Being and meaning in the *Sophist* », *Acta philosophica Fennica* 14, 1962, 23-78, p. 42).

En dépit de l'affirmation qui lie explicitement le mélange mutuel des genres au fait que l'être et l'autre les traversent tous, il a été soutenu que l'autre ne peut pas être un genre tenant ensemble Idées et genres, puisqu'il est celui qui permet de les diviser[1]. Or l'autre n'intervient pas seulement dans des jugements négatifs du type « le grand n'est pas le petit », ou « le mouvement n'est pas l'être », mais aussi bien dans les jugements positifs. Car sans l'autre, l'être, même que lui-même et non travaillé par la différence, ne serait pas multiple. Responsable des différences entre les étants, l'autre garantit l'existence d'une multiplicité d'Idées et de genres à relier : sans différence, pas de multiplicité, et sans multiplicité la dialectique ne serait ni utile ni même possible. Mais l'autre est aussi ce qui relie, et dans le passage sur les cinq plus grands genres, l'autre apparaît comme l'instance même de la relation : « nous avons en effet démontré et l'existence de la nature de l'autre et qu'en s'éparpillant à travers tous les étants elle les mettait en relation les uns avec les autres (*pros allèla*) … » (258d7-e2). Il est besoin que chaque être participe à l'autre pour être autre, non pas seulement autre que tous les autres, mais aussi autre que *ses* autres, qui à leur tour sont autres que lui. Les Idées sont *mutuellement* reliées par une relation d'altérité et il en va de même des genres. En outre, être autre, c'est certes être autre que (non identique à) tous les autres, mais c'est aussi être autre que *tel* ou *tels* autres. L'autre, le genre de l'autre, confère à toutes les choses

1. Cornford a une interprétation plus subtile, mais qui revient au fond au même : les Idées disjonctives « sont les sens du mot "n'est pas" *dans les jugements vrais négatifs* » (*Platos Theory.*, p. 262, ma traduction).

qui en participent une *existence distincte*, une simple non-identité, mais il leur confère également une essence différente qui leur permet de se *différencier mutuellement*. Déterminer dialectiquement leurs ressemblances comme leurs différences est la seule manière de savoir si elles peuvent, ou non, communiquer. Autrement dit, si « la triade est paire » est une proposition contradictoire, « la triade est vertueuse » est *peut-être* une proposition absurde traduisant un effort pour faire communiquer deux genres qui n'ont *a priori* aucun rapport entre eux – dire que les genres triade et vertu ne communiquent pas voulant alors seulement dire que le dialecticien n'a pas trouvé le moyen d'établir entre eux la moindre relation[1]. Une prédication peut fort bien être transgénérique et trans-catégorielle (au sens aristotélicien), mais seul un examen dialectique (et non pas le recours aux pythagoriciens) peut en décider. Au dialecticien donc de s'interroger sur les conditions de possibilité de la science dialectique, et de montrer qu'elles résident dans *l'existence et la différence* de chacune des réalités qu'il examine.

---

1. Voir G. Vlastos, « The Unity of the Virtues in the *Protagoras* », repris dans *Platonic Studies*, 2ᵈ ed. with corr., Princeton, Princeton UP, 1981, p. 254. Il remarque que nous pouvons juger absurde de prédiquer des qualités morales à des nombres, mais qu'un pythagoricien en déciderait probablement autrement.

566 COMMENTAIRE

LA DIALECTIQUE DES GENRES (253B9-254B7)

QUATRE PROBLÈMES (253B9-C2)

La possibilité d'une communication sélective entre genres ayant été établie, la science qui s'applique à des genres *pose* quatre *problèmes* :

– quels genres consonnent (*sumphônei*) avec quels genres,

– et quels genres ne se reçoivent (*dekhetai*) pas mutuellement,

– et en particulier, en existe-t-il certains qui les relient en les traversant tous de façon à les rendre capables de se mélanger (*summeignusthai*),

– et, inversement, lors des divisions, en existe-t-il d'autres qui, en traversant des ensembles (*di'holôn*), sont cause de division (*diairesis*) ?

La phrase introduisant la science des genres est tout entière *interrogative*, elle ne prescrit pas de règles de la méthode. Aucune règle ne peut en effet fournir un critère absolu des accords et des désaccords entre genres. Les deux premières questions (quels genres communiquent et quels non) associent une métaphore musicale – quand certains genres s'accordent avec certains autres, leur accord est une « consonance » (*sumphônia*) – au vocabulaire guerrier du dernier argument du *Phédon* : certains genres refusent d'en « recevoir » certains. Il s'agit donc d'accords et de désaccords dynamiques, qui doivent être pensés en termes de puissance, comme le montre Socrate quand il fait déferler sa « première vague » dans le livre V de la *République*. Il peut sembler en effet indiscutable, si indiscutable qu'il ne soit même pas besoin de le préciser, que la différence entre genre féminin et genre masculin doive intervenir dans le choix des gouvernants. Socrate réplique pourtant à ceux qui soutiennent que cette différence doit y jouer un rôle, qu'en ce cas « il nous est possible, à ce qu'il semble, de nous demander à nous-mêmes » s'il faut interdire le métier de cordonnier « aux chevelus ou aux chauves ». Il est tout aussi ridicule de se demander s'il faut interdire de gouverner à des femmes, donc d'admettre la pertinence de la différence sexuelle en matière politique, que de supposer que celle entre chauves et chevelus peut jouer un rôle dans leur habileté à fabriquer des chaussures. La seule espèce « de dissemblance et de ressemblance » qui soit pertinente est « seulement celle qui se rapporte aux occupations ». La pertinence de la différence générique doit être évaluée par rapport à la nature de la fonction à exercer, et elle seule doit servir de critère[1]. Aucun accord ou désaccord entre genres ne doit donc être posé *a priori* : les principes servant à diviser doivent toujours être choisis en fonction du genre à diviser *car ils doivent appartenir au même genre que celui qu'ils divisent.* Lorsque l'on oublie que la division a pour fonction de répondre à une question posée, on en fait un procédé technique qui viendrait, chez le dernier Platon, se substituer au *dialegesthai* socratique. Or, si on divise certes pour définir, on ne cherche à définir que ce qui a d'abord fait l'objet d'une question. La division n'est donc pas une procédure logique dont l'emploi serait universellement valable et applicable, elle est et restera pour Platon une démarche dialectique essentiellement

---

1. *Rép.* V, 453b-456c; pour les étapes de ce raisonnement, voir l'Appendice de D. El Murr à son article « Éristique, antilogique et égale aptitude des hommes et des femmes (Platon, *République* V, 453b-454c) » p. 214-216, dans S. Delcominette et G. Lachance (éd.), *L'Éristique. Définitions, caractérisations et historicités*, Bruxelles, Ousia, 2021.

comprise en termes d'interroger et de répondre. À omettre cette médiation interrogative, on prive la division de sa finalité platonicienne et on lui donne pour finalité d'arriver à une définition. Tout ce qu'on aura dès lors à opposer à l'antilogique est une logique, or rien n'est plus apparemment logique qu'un discours antilogique. Affirmer que, même quand elle adopte la forme d'une division des genres, la dialectique n'est pas une procédure logique est une précaution nécessaire « étant donné le mal dont le *dialegesthai* est à présent affecté ». Or il existe deux pratiques des *logoi*, de l'argumentation et du raisonnement (méthode de division comprise) : une bonne, qui étant orientée vers la recherche de la vérité des êtres mérite d'être appelée puissance de dialoguer[1], et une mauvaise, qui est logique ou antilogique. Ces dernières étant en effet aussi formelles l'une que l'autre, elles permettent toutes deux de se dispenser de chercher et de désirer penser « ce qui est en vérité »

Le même principe s'impose au choix des genres capables de relier et à celui des genres à introduire pour diviser. Le genre capable de relier est le genre dont participent tous les genres distingués par la division (par exemple, chasse, lutte, échange commercial participent tous de l'art d'acquérir) ; tous sont, pour parler comme Aristote, des *espèces* d'un même genre. Quant à savoir si, « lors des divisions, il en existe d'autres qui, en traversant des ensembles, sont causes de division », cette question porte sur les genres qui sont causes des divisions *à l'intérieur* d'un même genre. Que la division s'opère grâce à un couple de genres contraires ou à un couple de genres différents, ces genres doivent appartenir au même

---

1. *Rép.* VII, *dialegesthai*, 537e1, 539c6.

genre que celui qu'ils divisent. Il faut donc diviser « en fonction des genres (*kata genè*) ».

UNE SCIENCE DES GENRES

Le passage de *logos* au sens de définition à *logos* au sens de raisonnement ou discours s'est marqué (en 253b10) par la réapparition du terme « genres » (*genè*). Le terme figurait dans la question d'ouverture du Dialogue : philosophe, sophiste et politique sont-ils trois genres distincts ? L'Étranger avait alors estimé que pour répondre à cette question il fallait définir chacun d'eux, mais le premier genre examiné, celui du sophiste, a une nature telle qu'il a été possible de le découvrir dans tous les genres d'arts successivement divisés. À la différence d'une Idée, un genre (*genos*) contient dans son nom la multiplicité d'une famille[1], d'une communauté (*koinônia*) dont tous les éléments (sensibles ou intelligibles) sont naturellement apparentés[2]. Or une parenté ne doit pas seulement exister, elle doit être reconnue et acceptée[3]. Car le genre n'est pas, comme l'est une classe, un groupement conventionnel définissable par le tableau systématique de ses éléments, il se fonde sur la *nature* des êtres qu'il rassemble, êtres « qu'il ne s'agit pas d'identifier, mais

1. Comme l'a bien vu S. Delcominette (*L'Inventivité de la dialectique dans le* Politique *de Platon*, Bruxelles, Ousia, 2000, p. 67). L. Mouze (*Le Sophiste*, Paris, Le Livre de Poche, 2019) traduit *genos* par « famille », mais ce mot a un sens empirique trop fort pour être métaphorisé, outre qu'en biologie, les genres sont les groupes morphologiques en lesquels une famille se subdivise.

2. Comparer avec la définition d'Aristote : « Le genre est ce qui est attribué essentiellement à des choses multiples et différant spécifiquement entre elles » (*Topiques*, I, 5, 102a2).

3. Cf. *Pol.*, 258a.

d'authentifier[1]. » Certes dans le *Sophiste*, il ne s'agit pas (comme dans le *Politique*) d'éliminer des prétendants, mais de les démasquer. De sorte que, si les premières divisions ont en effet capturé des « semblants », ce n'est pas dans l'intention de cerner le prétendant authentique mais pour montrer que leur objet était protéiforme. L'ironie qu'elles ont pratiquée était en ce sens une ironie au carré. Si une Idée (*eidos*) peut être simple, et par conséquent être définie sans être divisée, « la nature des genres implique une communauté mutuelle ».

Dans le *Sophiste* (et dans le *Politique*) l'Étranger pratique une méthode qui l'oblige à s'interroger d'abord sur la *possibilité* d'une communication entre genres, ensuite sur l'espèce de communication à laquelle il a affaire. On constate qu'elle est tantôt dite être une « participation » (*methexis, metekhein*), et tantôt métaphoriquement assimilée à une consonance (*sumphônein*) ou à un mélange (*meixis, summeignusthai*)[2]. Or le sens platonicien du verbe participer (*metekhein*) est tout autant métaphorique, et ce verbe ne risque pas seulement d'induire l'image de la partie et du tout (donc de conduire à l'aporie du voile exposée dans le *Parménide*[3]), mais de faire interférer son contexte d'origine, celui de la participation des choses sensibles à une Idée. Les termes « métaphoriques » de

1. G. Deleuze, *Différence et répétition*, Vendôme, P.U.F., 1968, p. 84-85. La division platonicienne est pour lui la forme ironique donnée à une « méthode » dont le but est de sélectionner les rivaux et de déterminer une lignée : « la recherche de l'or, voilà le modèle de la division ».

2. Participation, participer : *methexis, metekhein*, consoner : *sumphônein*, mélange, se mélanger : *meixis, summeignusthai*. car alors qu'un mélange est une relation symétrique, la participation n'en est évidemment pas une.

3. *Parm.*, 131a-b.

mélange et de consonance viennent justement corriger la dénivellation ontologique entre participants et participé impliquée par cette sorte de participation : « consoner » et « se mélanger » exigent des éléments de même nature qui n'agissent pas sur les autres et n'en pâtissent pas de la même façon. Or les termes les plus fréquents dans le passage sur la communication des genres sont ceux désignant un mélange. On peut alors objecter que la participation d'une chose sensible à une Idée est asymétrique, alors qu'un mélange est forcément symétrique[1] ; mais c'est oublier la sorte de puissance que tout genre à diviser exerce sur les genres en lesquels on le divise, chaque genre subordonné « pâtissant » de tous les genres qui l'ont précédé. On peut également objecter que tout mélange corrompt la pureté de ses éléments, mais Socrate y répond dans le *Philèbe* : c'est seulement s'il « se trouve privé de mesure (*metrou*) et de proportion naturelle (*summetrou*) » qu'un mélange corrompt nécessairement ses composants et en premier lui-même ; mais ce n'est pas alors un mélange, c'est une sorte de magma confus »[2].

Pour trancher cette question, le plus simple est de renvoyer au « supplément désinvolte » du *Phédon*, 100d3-7 : il y a deux manières possibles de participer, présence, *parousia*, ou communication, *koinônia*, chacune étant la cause de deux effets différents : rendre le sensible intelligible ou garantir la possibilité du logos.

---

1. N.L. Cordero, *Le Sophiste*, éd. cit., note 279, p. 255.
2. *Phil.*, 64d9-e2 : c'est un mélange « impuissant à se mélanger » (*akratos*). Sur la notion platonicienne de mélange dans son opposition avec la notion hippocratique, voir L. Ayache, « Le fonds médical du *Philèbe* », dans *La Fêlure du plaisir, Études sur le Philèbe de Platon*, M. Dixsaut (dir.) avec la collaboration de F. Teisserenc, vol. 2, Paris, Vrin, 1999, p. 35-60, en particulier p. 43.

LA SCIENCE DES HOMMES LIBRES (253C3-C9)

La réplique de Théétète, qui juge évident que, tout comme l'expert en science des lettres ou des sons, ils ont bien besoin d'une science[1], et sans doute de « la plus grande » (*megistè*), pour répondre à ces questions, suscite une nouvelle envolée de l'Étranger :

> Comment la nommerons-nous donc, Théétète, cette science? Par Zeus! serions-nous tombés à notre insu sur la science des hommes libres? et alors que nous sommes en quête du sophiste, aurions-nous par chance découvert d'abord le philosophe? (253c7-9)

Elle est sans aucun doute provoquée par l'expression « la plus grande science », mais aussi (ce qui n'est pas sans rapport comme la suite va le prouver) par une question qui n'a pas été posée. Pas plus que son Socrate, Platon ne formule le genre de règles méthodologiques que beaucoup souhaiteraient lui voir énoncer : l'introduction des genres aptes à relier et des genres aptes à diviser semble avoir été laissée à la discrétion de celui qui rassemble et divise. Aucune science rigoureuse ne saurait comporter un facteur aussi subjectif et aussi aléatoire. Il le serait en effet s'il était « personnel » et c'est pourquoi le philosophe doit de nouveau entrer en scène[2], et y entrer comme un homme libre. Pourquoi « libre »? Platon-l'Étranger se « souvient » ici de l'expression employée par Socrate pour introduire la digression du *Théétète* (172d), lors d'un entretien auquel il est censé ne pas avoir assisté[3]. Pourquoi la science dialectique serait-elle

1. Sur ce « besoin », cf. *Rép.* I, 342a1-b2.
2. L'Étranger avait fait appel à lui avec la même solennité en 249c10.
3. Cf. *Théét.*, 172c-d, « inadvertance » relevée par Campbell, *The Sophistes and Politicus of Plato, op. cit.*, p. XXIII.

réservée à des hommes « libres », et de quelle sorte de liberté s'agit-il ?

« Je suis toujours dans l'errance et dans l'aporie » déclare ce dialecticien de Socrate, et il accorde à Zénon que pour avoir l'intelligence de ce que l'on découvre il faut avoir parcouru en tous sens toutes les directions possibles et impossibles. L'examen n'a pas qu'une fonction négative, il ne sert pas seulement à éliminer tout ce qui pourrait obscurcir l'évidence ou nous en détourner, il est la condition de l'intelligence véritable de ce que l'on rencontre. L'errance n'est pas égarement et erreur, elle est exploration[1] ; l'intelligence de la vérité ne se concentre pas en un instant d'illumination ou de certitude finale, elle se déploie tout au long jusqu'au moment où tout finit par s'articuler, s'approfondir, se charger de sens. On ne peut certes pas vouloir l'errance pour elle-même, mais c'est seulement parce que l'on y consent, parce que l'on multiplie librement les voies d'accès et les hypothèses sans en interdire aucune, que l'on peut acquérir l'intelligence d'un être qu'éclaire la lumière de la vérité mais qu'aucun signe ne balise, et qu'il faut, grâce à toutes les ressources et tous les expédients d'un discours intelligent, chasser, trier, questionner, s'apprendre, s'enseigner. Hier, Socrate a tracé le portrait de cet homme libre, c'est-à-dire d'un homme pour lequel le loisir et la liberté ne sont pas des conditions empiriques mais les conditions de ce qui s'appelle « penser »[2]. Libre vis-à-vis des autres, de leur verdict, de tout ce qui peut se tenir devant lui « comme un maître », celui qui a passé son temps dans la *philosophia* l'est aussi vis-à-vis de

1. Voir *supra*, p. 489-495.
2. Voir T. Benatouïl, *La Science des hommes libres, la digression du* Théétète, Paris, Vrin, 2020, chap. v et vi.

lui-même, alors que les autres donnent presque toujours à ce qu'ils disent la forme d'un plaidoyer pour eux-mêmes. Forçant toujours à conclure, le temps de la cité ne laisse jamais le loisir de comprendre ; en détournant son regard de la clepsydre, le philosophe se donne le *loisir* d'errer en tous sens, il se libère du temps, de son écoulement et de sa scansion sociale, en libère du même coup le temps, car sa pensée se meut dans « le temps de toujours », que l'on peut si l'on y tient nommer éternité, mais qui n'en est pas moins un temps.

Libre d'errer tout le temps qu'il faudra, le dialecticien est libre aussi d'établir parentés, ressemblances et différences sans se plier aux témoignages sensibles et aux opinions qui en résultent, et sans se fier aux significations et aux découpages des mots de sa langue. Il veut au contraire découvrir jusqu'à quel point la pensée est capable de s'en affranchir. Il faut « apprendre les étants sans les noms » dit Socrate dans le *Cratyle*[1], ce qui veut dire et ne veut rien dire d'autre que, pour apprendre « si ces réalités sont apparentées et comment », ainsi que pour déterminer « ce qui d'une certaine façon est autre qu'elles », il ne faut pas prendre les noms comme points de départ (cela contre Prodicos et Antisthène, entre autres), mais « les choses mêmes ». Si l'on nous demandait, par exemple, si un philosophe est plus proche d'un devin ou d'un amoureux que d'un musicien ou d'un peintre, nous répondrions probablement que non. Et nous aurions tort. Un sophiste prétendrait certainement ressembler plus à un savant qu'à un commerçant, un mathématicien plus

---

1. *Crat.*, 438e-439a ; avant de commencer la discussion, l'Étranger dit à peu près la même chose à Théétète : « il faut toujours et sur tout sujet s'accorder plutôt sur la chose (*pragma*) elle-même que sur le nom seul, sans définition » (218c4-5).

à un dialecticien qu'à un chasseur de cailles, un général serait indigné de se voir rangé dans le même genre qu'un tueur de poux – et ils auraient tort eux aussi. Le dialecticien a le courage d'être paradoxal : la dialectique qu'il pratique est imprévisible parce qu'inventive et paradoxale parce que radicalement interrogative. En cela réside essentiellement sa liberté.

Mais elle a une signification encore plus profonde. L'Athénien déclare :

> Il n'y a en effet ni loi ni ordonnance qui soit plus puissante que la science, et il n'est pas permis non plus de soumettre l'intelligence à quoi que ce soit, ni d'en faire une esclave, elle qui gouverne toutes choses, à cette condition toutefois qu'elle soit une intelligence véritable, une intelligence réellement libre comme il est conforme à sa nature. (*Lois*, IX, 875c6-d 3)

L'intelligence est libre aussi bien d'inventer les procédés qu'elle met en œuvre que de les modifier et d'envoyer promener ses propres résultats. En portant sur des genres, la science la plus haute subit certes une métamorphose, mais cela ne modifie en rien le fait qu'elle a affaire à des êtres qui sont réellement et que celui qui la possède doit avoir avec eux une affinité dont seul un philosophe est capable, parce qu'il est seul capable d'être affecté par eux et de les poser. Pour autant que sa liberté rencontre une limite, celle-ci lui vient du dedans, non du dehors : ce qu'une intelligence n'est pas libre de faire, c'est renoncer à se tourner vers ce qui est intelligible. Or n'est intelligible, au sens platonicien, qu'un terme où l'intelligence se retrouve. Quels que soient les mots dont l'intelligence s'empare (et s'en emparer, pour elle, c'est dialectiser), elle les altère, puisqu'elle les réfère à leur réalité intelligible, qu'on peut appeler Idée ou Genre, à condition que l'intelligence se retrouve aussi dans ces termes-là. Comprendre la nécessaire différenciation que la puissance dialectique introduit dans les instruments qu'elle utilise pour rendre intelligibles et pour se rendre intelligibles à elle-même les êtres qu'elle cherche, cela devrait interdire de chercher dans les Dialogues une méthodologie, c'est-à-dire des règles séparables du mouvement de la pensée qui, simultanément, les invente, les réinvente et les applique. Tout comme le savoir d'un bon médecin ou d'un bon politique ne doit pas être l'esclave de lois codifiées une fois pour toutes, la science des genres ne doit pas se soumettre à des règles méthodologiques définitivement prescrites.

Ce qu'il y a d'irremplaçable dans la division platonicienne est qu'elle opère sans médiation, sans moyen terme et apparemment sans raison ; elle arbitre dans l'immédiat, ne se préoccupant que de comprendre – de se faire comprendre – la nature qu'elle cherche, et non pas de lever l'équivocité du concept à définir. Aristote n'a donc pas tort d'y voir une démarche capricieuse qui saute d'une singularité à une autre, d'un éclair à un autre. Mais n'est-ce pas là sa force ? Loin de n'être qu'un procédé logique parmi d'autres, n'est-ce pas la division, au moment où elle s'impose, qui ramasse et exploite toute la puissance dialectique des autres procédés au profit d'une « véritable philosophie de la différence »[1] ? Cette véritable philosophie confie à l'intelligence d'un philosophe le choix des genres à introduire pour rassembler et diviser, car en questionnant il se mesure à quelque chose de plus haut que lui, et qu'il appelle « vérité ».

---

1. G. Deleuze, *Différence et Répétition, op. cit.*, p. 83.

La prétention de la dialectique à être une science semble pourtant avoir été sérieusement ébranlée dans deux Dialogues faisant partie de la quadrilogie à laquelle appartient le *Sophiste* : le *Parménide* et le *Théétète*. Quelle puissance accorder à la dialectique dès lors que l'existence de ses objets est mise en question dans le *Parménide*, et que dans le *Théétète* les Idées brilleront par leur absence ?

Les objections avancées par Parménide dans la première partie du Dialogue avaient toutefois abouti à cette conclusion :

> En revanche, Socrate, si vraiment on refuse qu'existent des Idées des êtres, parce qu'on a en vue toutes les difficultés qui viennent d'être exposées et d'autres de même genre, et si on ne détermine pas une Idée (*eidos*) de chacun d'eux, on n'aura plus alors où tourner sa pensée, puisqu'on refuse que l'aspect essentiel (*idea*) de chacun des êtres soit toujours le même, et ainsi, c'est la puissance de dialectiser toute entière qui sera abolie [...] Que feras-tu alors de la philosophie ? (*Parm.*, 135b4-c5)

Socrate et Théétète se sont montrés incapables de définir la science, mais ils ont montré que la science n'était pas une Idée mais une puissance ; montré aussi que, si sa différence tient essentiellement à la nature de ce qu'elle se donne pour objets, elle tient tout aussi essentiellement à la nature de son sujet :

> Ce n'était pas dans ce but, découvrir ce que ne peut pas être la science, que nous avons entamé la discussion, c'était pour trouver ce qu'elle est. Nous voici pourtant au moins assez avancés pour savoir qu'il ne faut pas du tout la chercher dans la perception, mais plutôt dans

> l'état de l'âme, quel que soit son nom, quand elle a
> affaire à des êtres qui sont. (*Théét.*, 187a1-7)

Le sujet du savoir, c'est l'âme, et quand elle a affaire à des êtres qui sont véritablement, l'état dont ces êtres l'affectent a pour nom « intelligence ». Avoir la science, c'est avoir l'intelligence de la chose dont on parle, ce qui ne se produit que lorsque l'âme exerce sa puissance de dialectiser[1].

En cela, est-il besoin de le dire, le philosophe diffère de celui dont Socrate a dessiné hier le portrait antithétique : son ombre, son double, son autre, le sophiste.

La science dialectique (253c9-d4)

L'Étranger donne alors à la science des hommes libres le nom que Socrate lui donne dans la *République*, un nom qui manquait dans la langue et que Platon a inventé : c'est la « science dialectique » (*dialektikè èpistèmè*)[2]. Désignée par un autre nom, elle occupe au livre VI la dernière section de Ligne : « Comprends alors que par la seconde section de l'intelligible, je veux désigner ce à quoi le discours s'attache par la *puissance de dialoguer* », puissance qu'il exerce lorsque « sans du tout faire usage d'aucun élément sensible, c'est par des Idées elles-mêmes, en passant à travers elles pour n'atteindre qu'elles, qu'il trouve sa conclusion dans des

---

1. *Rép*. VI, 511b3-4, 511c4-6.
2. L'adjectif féminin *dialektikè* ne s'applique à la science que dans cette phrase du *Sophiste* (253d2) : dans la *République* il qualifie d'abord un cheminement (*poreia*, 532b4), puis une « voie de recherche » (*methodos*, 533c7), enfin la nature (*phusis*) de ceux aptes à poursuivre une telle étude (537c6) ; dans le *Phèdre*, il qualifie un art (*tekhnè*, 276e5). Il n'est substantivé qu'en *Rép*. VII, 254e3 et 256d6.

Idées¹ ». La dialectique subit des métamorphoses parce qu'elle ne se pose pas toujours les mêmes questions et ne donne pas toujours les mêmes réponses, mais elle chemine toujours de la même façon, en questionnant et en répondant. Théétète ose dire qu'elle est la plus grande science, approuvant ainsi ce que disait Socrate dans les livres centraux de la *République*.

Quel sens en effet donner à « la plus grande »? Superlatif absolu ou superlatif relatif? Au livre VI de la *République*, Socrate explique pourquoi il place la dialectique dans la partie supérieure d'une Ligne où se situent toutes les espèces de connaissances. S'il est possible d'affirmer que les chemins qu'elle suit ont tous la vérité pour but, on ne peut pourtant pas dire ce qu'elle est, car une puissance ne peut exercer sur elle-même sa propre puissance² : il n'y a pas de définition dialectique possible de la dialectique. Socrate peut néanmoins expliquer pourquoi il la « place en haut » et la tient pour être la seule science véritable : parce qu'elle « rend capable d'interroger et de répondre de la façon la plus compétente »³. Elle n'est donc pas seulement la plus haute, elle est aussi la plus étendue, puisqu'elle peut porter sur tous les genres de réalités intelligibles, à la différence des sciences mathématiques qui se fondent sur une restriction préalable. Et comme elle se situe « au faîte » des enseignements dispensés aux gardiens de la cité, elle est aussi la plus importante. La puissance dialectique devient au livre VII la prérogative du philosophe tel qu'il a été longuement défini au livre VI,

1. *Rép.* VI, 511b3-c2.
2. *Charm.*, 168 d-169 a.
3. *Rép.* VII, 534d8-535a1.

car seul un naturel philosophe ne risque pas de verser dans l'éristique et l'antilogie.

Une fois pourvue par l'Étranger de son nom propre, la science dialectique des genres consiste à savoir les diviser; celui qui en est capable doit de plus être capable de « ne pas prendre pour même l'*eidos* qui est autre et pour autre celui qui est même ». Que signifie *eidos* dans cette phrase? Jusque-là ce mot signifiait plutôt « espèce », et l'Étranger vient de définir une science portant sur des genres. *Genos* et *eidos*, sont-ils des termes synonymes? En philosophie, la synonymie n'a pas bonne réputation, surtout quand cette philosophie est dialectique. L'Étranger ne voudrait-il pas plutôt réintroduire l'Idée, et nouer ainsi un lien entre dialectique des Idées et dialectique des genres? Il se peut, mais il n'est pas encore possible de répondre à cette question, il faut continuer à avancer.

DE LA SCIENCE DIALECTIQUE
AU DIALECTICIEN (253D4-E3)

L'Étranger va maintenant parler de celui qui est capable de « faire cela », donc du dialecticien, et le texte qui lui est consacré est célèbre en raison de sa difficulté et de son obscurité. Ritter déjà (après Bonitz) avoue honnêtement qu'il n'a pas trouvé d'explication qui à la fois rende compte des mots employés par Platon et qui confère à ses pensées une clarté suffisante[1]. Beaucoup trop concis pour être clair, le lien de cet exposé avec ce qui précède (la science des genres) et avec ce qui va suivre (le choix de cinq plus grands grands genres) paraît si peu évident que Cornford estime qu'il s'agit « presque

---

1. C. Ritter, *Neue Untersuchungen über Platon*, München, 1910, p. 57 (ma traduction).

d'une digression ». À la perplexité portant sur son objet, s'ajoutent une syntaxe réduite au minimum tolérable ainsi qu'un lexique dominé par l'omniprésence du terme *idea*, dont le moins qu'on puisse dire est qu'il est sujet à discussion.

Que dit l'Étranger? « Or celui qui du moins est capable de faire cela » : de faire quoi? Sur ce point, aucun doute n'est possible : la dialectique vient d'être définie comme la science qui rend apte à « diviser selon les genres », et la capacité de distinguer ce qui est même et ce qui est autre lui a été adjointe. C'est de cela qu'un bon dialecticien doit être capable. Mais alors, que doit-il faire d'autre? Eh bien, rien.

C'est le premier aspect déconcertant d'un texte qui en compte beaucoup[1]. Le dialecticien étant capable de diviser, on pourrait s'attendre à ce qu'il soit aussi capable de rassembler, or il ne fait que « percevoir adéquatement ». Bien que « discernante » (le verbe est *di-aisthanetai* et non pas *aisthanetai*), sa perception n'en est pas moins une perception et les autres occurrences de ce verbe dans le corpus platonicien la conçoivent comme procédant d'un savoir et *débouchant sur* une action[2]. Or, dans la phrase consacrée à un expert en

---

1. L'Étranger utilise beaucoup plus le terme *drân* que Socrate : 14 fois dans le *Sophiste* et 14 fois dans le *Politique*. Diès entend « voir » (*horan*) dans « faire » (*drân*) : « celui qui en est capable, *son regard* est assez pénétrant... ».

2. À une exception près (*Phèdre*, 250a6-b), les sujets de ce verbe possèdent un savoir, ils perçoivent correctement la situation et agissent en conséquence, qu'ils soient pilotes, médecins ou juges (*Rép.* II, 360e7-361a1, III, 409b7-c1, *Tim.*, 87c6-7), ou soient de bons élèves face à des syllabes complexes (*Pol.*, 277e6-7), ou encore fassent partie de ces orateurs capables d'identifier leur auditoire et d'y adapter leur discours (*Phèdre*, 271e3-a1).

science dialectique, le verbe percevoir commande quatre noms à l'accusatif, mais aucun verbe à la voie active ou moyenne. Le dialecticien, si c'est bien de lui qu'il s'agit, doit à proprement parler ne rien faire (*drân*).

QUE SIGNIFIE *IDEA* ?

Que doit-il alors percevoir adéquatement? Une *idea* et des *ideai*. Avant d'entrer dans une tentative d'explication détaillée de ce passage, il convient donc de tenter d'éclaircir d'abord le sens donné ici au terme *idea*, car les rares précisions de ce texte sont apportées par des verbes, tous au participe *féminin* présent *passif*, qui qualifient l'*idea* ou les *ideai* propres à la nature de chaque multiplicité. L'*idea* unique ou unificatrice n'est donc déterminée que par la façon dont elle manifeste sa présence, une présence exprimée par des participes *passifs*.

Les différentes traductions de ce mot suffisent à montrer l'embarras où la chose plonge ou devrait plonger les interprètes, mais pour la plupart d'entre eux *idea* et *eidos* seraient synonymes. Certains passages des Dialogues permettent néanmoins d'en douter. Pour commencer, le *Sophiste* : en 235d l'Étranger croit apercevoir deux espèces (*eidè*) de mimétique, l'eikastique et la phantastique, mais quant à savoir « dans laquelle pourrait bien se trouver l'*idea* cherchée », il n'est pas encore capable de le découvrir. Espèce ou Idée, *eidos* n'est pas ici synonyme d'*idea*.

Continuons. Socrate rappelle ainsi Euthyphron à l'ordre :

> Souviens-toi que ce n'est pas sur cela que je t'invitais à m'instruire, sur l'une ou deux des multiples choses pieuses, mais sur cette Idée (*eidos*) elle-même par

laquelle toutes les choses pieuses sont pieuses ; car tu disais, je crois, que c'est par une *idea* unique que sont impies toutes les choses impies et que sont pieuses toutes les choses pieuses. (*Euthyphron*, 6d10- 6e6)

À lire vite, les deux termes semblent ici interchangeables, mais si on est moins pressé, on voit que ce sont les deux erreurs commises par Euthyphron que Socrate formule et dénonce, avant d'expliquer au prêtre en quoi il s'est trompé : il n'a pas voulu définir l'Idée (*eidos*) qui rend pieux tout ce qui participe d'elle, il n'en a fourni qu'une propriété (*pathos*), qu'il a en outre eu tort de juger essentielle : « être aimé des dieux ». En donnant à l'*idea* une puissance causale, le prêtre l'a confondue avec l'*eidos*, l'Idée du pieux, et il a de plus pris pour *essentiel* un aspect dont Socrate démontre qu'il n'est qu'accidentel.

La possibilité d'une double participation essentielle conduit Socrate à préciser dans le *Phédon* la différence entre *eidos* et *idea*. Certaines Idées, par exemple celles des nombres entiers ou de la neige, « obligent chacune des réalités dont elles s'emparent à posséder, non seulement son *idea* propre, mais à avoir toujours en plus celui d'un autre contraire ». Par exemple : « Jamais le caractère essentiel (*idea*) du pair ne surviendra à ce qui est trois ? — Non, c'est sûr. – Ainsi, au pair, ce qui est trois n'a aucune part ? — Aucune. — C'est donc que la triade (*trias*) est impaire ? — Oui[1]. » Ce qui participe à l'idée (*eidos*) de triade a pour aspect essentiel d'être trois, mais comme la triade participe nécessairement à l'imparité, ce qui est trois possède, en plus du nom et de l'*idea* que lui confère la triade, l'*idea* d'être essentiellement contraire à

1. *Phédon*, 104e1-6.

la parité. Ce qui est trois est *essentiellement* trois, impair et contraire à ce qui est pair. « Les cas de ce genre » démontrent qu'*idea* ne désigne pas une simple qualité mais un état (*pathos*), une capacité de pâtir essentielle à la chose. Dans tous ces cas, l'*idea*, ni Idée, ni chose, est l'instance qui relie des choses à leurs Idées[1].

Dans le passage du *Phèdre* tenu pour canonique dès lors qu'il s'agit de dialectique, Socrate réfléchit rétrospectivement sur les discours qu'il a tenus à propos d'éros ; ils l'ont « par un heureux hasard » conduit à découvrir « deux espèces (*eidoin*) de procédés dont il ne serait pas sans profit d'acquérir la puissance ». La première espèce consiste à « saisissant d'un seul regard des éléments disséminés un peu partout, les mener vers une *idea* unique ». L'*idea* n'est plus mentionnée ensuite, et *eidos* continuera à signifier indiscutablement « espèce » : « l'autre espèce (*eidos*) » de procédé est capable, à l'inverse, de « diviser en espèces (*kat'eidè*) selon les articulations naturelles ». L'*idea* est donc le caractère commun qui permet d'unifier une multiplicité dispersée, mais comme on supporte mal l'absence d'*eidos* dans ce passage, on donne à l'*idea* le sens qu'*eidos* n'y a manifestement pas[2].

Lorsque le problème de la transitivité des propriétés des éléments à l'ensemble se trouve soulevé dans le *Théétète*, la langue grecque permet de traiter d'un coup le problème général de l'un et du multiple et le cas particulier des syllabes et des lettres : *stoikheion* veut dire à la fois élément en général et élément sonore et

1. Voir M. Dixsaut, « *Ousia, eidos* et *idea* dans le *Phédon* », *Revue philosophique*, n° spécial Platon, n°4, 1991, p. 479-500.
2. *Phèdre*, 265c-e.

lettre, et *sullabè* signifie « ce qui tient ensemble » et
« syllabe » : « Eh bien, allons : la syllabe, la disons-nous
comme somme de lettres (ou s'il y en a plus que deux,
de toutes), ou comme une certaine *idea* unique venue à
être une fois les éléments assemblés ? » Lorsque Socrate
s'interroge peu après, c'est l'Idée, *eidos*, qui prend la
place d'*idea* dans la seconde branche de l'alternative :
« Peut-être fallait-il en effet poser que la syllabe n'est
pas les lettres, mais une certaine Idée (*eidos*) une, venue
à être à partir d'elles, et possédant elle-même une *idea*
unique qui lui appartient en propre et diffère donc de
celle de ses éléments[1]. » Il fallait en effet distinguer
l'*idea* unique résultant de la somme des éléments, de
l'*idea* propre à l'Idée de l'ensemble. Si l'on considère
par exemple l'assemblage de deux éléments, 2 +3 : de
cet assemblage vient à être la somme, 5, et son *idea*,
être cinq. Cette *idea* n'appartient ni au 2, ni au 3, ni à la
somme qui les additionne sans supprimer leur séparation,
donc sans les unir par une *idea mia*, différente de celle
de chacun des éléments. Socrate éprouve ensuite le
besoin de rectifier : ce qui vient à être à partir de ces deux
éléments, c'est l'Idée, donc dans notre exemple, l'Idée de
cinq, la pentade, qui possède en propre une *idea* distincte
de celle de chacun de ses éléments et de celle de leur
somme – *idea* unique que la pentade peut communiquer
sans qu'il faille passer par eux. Un quintette existe « en
lui-même » sans qu'il soit nécessaire que cinq musiciens
le jouent : c'est une structure, une forme musicale
ayant ses propres normes, ses propres possibilités et
ses propres limites, et par là capable d'harmoniser cinq
instruments, pas un de plus et pas un de moins, et de leur

1. *Théét.*, 203c6-8 et 203e3-5.

imposer une unité en quelque sorte sublimée. Pourtant, s'interroge Socrate, si l'on donne ainsi à l'ensemble une *idea*, un aspect essentiel indécomposable, n'y a-t-il pas lieu de craindre que l'ensemble relève « du même *eidos* que [l'élément], puisqu'il n'a pas de parties, et qu'il n'y a alors qu'une seule *idea* », la même pour l'élément et pour un ensemble considéré comme indivisible[1] ? Qu'il participe à la même *Idée* (*eidos*) que l'élément ou relève de la même *espèce* (*eidos*), l'ensemble aurait alors le même caractère essentiel, la même *idea*, que l'élément : l'indivisibilité. Difficile de montrer plus clairement le lien entre ces deux sens d'*eidos*, et que, pour appartenir à une même « espèce », il faut participer à une même Idée, mais difficile aussi de montrer plus clairement la différence entre *eidos* et *idea*.

Pour finir, cette citation qui devrait paraître décisive, mais qu'il est possible de reléguer à une « période » différente de l'œuvre de Platon :

> Et quant au beau lui-même, et au bien lui-même, et ainsi pour toutes les réalités que nous posions alors comme multiples, nous les posons cette fois-ci à l'inverse, d'après l'*idea* unique de chacune, comme étant chacune unique et nommons chacune « ce que c'est »[2] (*Rép.* VI, 507b5-7)

Toutes les réalités, les Idées, ne participent évidemment pas à la même Idée, mais elles ont toutes le même aspect essentiel : chacune est unique et n'est qu'une seule Idée.

---

1. *Théét.*, 205d4-5.
2. Par le terme « dynamique » j'entends la puissance propre à l'*idea* de pâtir de l'*eidos* et d'agir sur les choses qui en participent.

Tous ces textes disent la même chose : *eidos* et *idea* ne sont pas synonymes parce que c'est à l'Idée, à *ce que c'est*, à l'*eidos*, que doit être attribuée une puissance causale et éponyme, l'*idea* désignant à la fois *l'action et la conséquence de l'action de cette puissance* sur les objets capables d'en pâtir. Elle est le lien dynamique entre l'Idée et ce qui en participe, dynamique au sens où elle désigne l'effet que produit l'Idée sur ce qui en participe et où elle est le signe *visible* pointant dans sa direction[1]. Il faut par ailleurs se souvenir que dans la *République*, l'*idea* se voit attribuer une fonction supplémentaire : c'est un joug (*zugon*) qui soumet les objets à la faculté de connaissance qui leur correspond[2]. C'est pourquoi, lorsque l'on cherche le bien ou la vérité, on ne cherche pas à saisir des Idées, mais deux puissances qui, « par-delà » les Idées, ne sont saisissables qu'à travers leur *idea*. L'*idea* n'est donc ni un simple synonyme d'Idée (*eidos*, sens que ce terme ne prend que dans les dernières pages du *Phédon*, juste avant le mythe), ni la propriété F que la Forme (F) imposerait à une chose particulière x[3] – ce qui se rapproche du lien existant entre *eidos* et *idea*, mais qui omet de préciser que la propriété F n'est pas un attribut quantitatif ou qualitatif, et qu'elle possède elle aussi une puissance : rendre saisissable, visible, l'essence (*eidos*) dont elle est l'*idea*[4].

---

1. *Eidos* et *idea* ont le même radical indo-européen *weid-* qu'on retrouve dans l'infinitif aoriste *idein* du verbe *oraô*, voir.

2. *Rép.* VI, 508a1.

3. Pour la première affirmation, voir les citations précédentes ; pour la deuxième, voir par exemple R.S. Bluck, *Plato's Sophist, op. cit.*, p. 5.

4. Cela vaut-il pour le *Sophiste*, qui comporte 44 occurrences de ce terme ? Ce point doit être tranché (et si nécessaire discuté) cas par cas.

Dans le *Sophiste*, c'est la puissance unificatrice de l'*idea* que le dialecticien doit percevoir adéquatement, car elle varie. En fonction de quoi ?

Unité et multiplicité : leurs espèces

> Or celui qui du moins est capable de faire cela perçoit adéquatement : un aspect essentiel (*idea*) unique complétement étendu à travers une multiplicité dont chaque élément demeure séparé ; beaucoup d'autres caractères essentiels (*ideai*) mutuellement différenciés enveloppés du dehors par un seul caractère essentiel (*idea*) ; et à son tour un seul trait essentiel (*idea*) qui, traversant une multiplicité d'ensembles, est connecté en une unité ; enfin beaucoup de caractères essentiels (*ideai*) séparés [parce que] complétement discriminés, cela – être capable de savoir comment chacun d'eux peut communiquer et comment non – c'est savoir discerner selon le genre. (253d5-e2)

Ces quelques lignes parlent d'un et de multiple. La pensée ne peut pas se satisfaire de l'un, et le parricide de Parménide comme la critique des Éléates attardés ne signifiaient rien d'autre. Diviser, scinder, distinguer sont autant de manières de refuser que l'un puisse contraindre la pensée à ne plus penser, mais le mode de division doit s'adapter à ce qu'il divise : une Idée, un genre, une puissance... Ces termes sont ontologiquement synonymes puisqu'ils désignent tous des êtres réellement étants, mais ils sont dialectiquement différents.

Si la pensée ne peut pas se satisfaire de l'un, elle ne peut pas davantage se satisfaire du multiple, tel est le sens de cette phrase étrange. Qu'elle soit celle de réalités sensibles ou de réalités intelligibles, toute multiplicité se présente comme un foisonnement de différences et de dissemblances qui peut brouiller le regard du dialecticien et faire obstacle à son discernement. Il doit arriver malgré tout à y reconnaître du *même* – même nom, même caractère essentiel ou même essence. Faut-il parler de rassemblement ? Pour les Idées, le problème de leur division et de leur rassemblement a été traité dans la *République* et dans le *Phèdre*[1], et quant à la division des genres, il vient de l'être. Dans les deux cas, une science est nécessaire, la science suprême, la dialectique, une science qui, faut-il encore une fois le rappeler, consiste à savoir interroger et répondre.

Le problème ou la question n'interviennent pas seulement lorsque, à un certain moment, le sujet connaissant prendrait conscience des insuffisances de sa connaissance. L'instance questionnante ou problématisante est un aspect essentiel de la connaissance dialectique, comme le montre la nécessité de *comprendre*, *apprendre* et *examiner* des objets qui sont *en eux-mêmes* problématiques. Le responsable de cette relation nécessaire entre l'être et la question, c'est Socrate et la question qui porte son nom : « qu'est-ce que cela peut bien être ? » Elle vise l'être de ce qui, quoi que ce soit, est mis en question. C'est donc un « ce que c'est », une manière d'être, une essence (*ousia*), qui doit « répondre » à toute question dialectiquement posée. La nature interrogative de la pensée dialectique fait de l'être une question à laquelle elle est seule à pouvoir répondre, et lui refuse ainsi son immédiate évidence.

L'omission de la dimension interrogative ne laisserait subsister que cette alternative concernant la nature des

---

1. Mais dans le *Phèdre*, ce sont les éléments de la définition qu'il faut rassembler.

lignes qui vont suivre : logique, ou métaphysique[1] ?
Le dialecticien sait quelles *questions* il doit se poser,
en cela consiste sa science des genres, et il doit aussi
savoir distinguer le même et l'autre – question à ajouter
aux précédentes. La différence entre les espèces de
multiplicité n'est pas pour lui un problème, elle est le
principe dont il doit percevoir les conséquences. Cela
ne réclame de sa part qu'une « décision génératrice »
puisqu'il ne doit ni diviser, ni rassembler, ni *faire* quoi
que ce soit. Il est admis *a priori* que, puisqu'il sait
diviser selon les genres (*kata genè*), il est aussi capable
de discerner, « genre par genre » (*kata genos*), lesquels
correspondent aux différents modes d'unification propres
aux différentes espèces de multiplicités. Chacun de ces
modes est défini par quatre verbes, tous au participe
passif : le rapport entre le multiple et l'un est un rapport
dynamique, un rapport d'agir de l'*idea*, c'est-à-dire de
l'aspect, du trait, du caractère unique, sur la multiplicité
capable d'en pâtir.

C'est donc une méta-division des genres qui nous
est donnée à lire[2], et il vaudrait mieux écarter d'emblée
un type de lecture qui chercherait dans ce passage des
« règles pour la direction de l'esprit » du dialecticien.
Mais il vaudrait mieux en écarter aussi un second type
de lecture : les différences entre genres n'impliquent

1. Voir par exemple, Ch. Griswold, « Logic and Metaphysics in
Plato's *Sophist* », *Giornale di Metafisica* 32, 1977, 555-570. Il opte
pour une logique.
2. Pour P. Seligman (*Being and not-Being : An Introduction
to Plato's* Sophist, La Haye, Martinus Nijhoff, 1974, p. 64-72),
être et non-être sont des « méta-Idées » (*meta-Forms*) ; transposée
méthodologiquement, cette expression est la plus apte à éclairer le but
de ce passage.

aucune différence ontologique, et si succession il y a, il ne peut s'agir que d'une progression dialectique. Il faut d'ailleurs noter qu'un traducteur de ce passage n'a pas souscrit au verdict d'obscurité, et en a donné une traduction et une interprétation convaincantes. Voici en effet ce que dit Victor Cousin : « J'ajoute que *diakrinein kata genos* qui précède ce passage et que *diakrinein kata genè* qui le résume prouvent suffisammant qu'il y est question de la subordination des genres, des espèces et des individus. » Si on fait abstraction d'un vocabulaire parfois incohérent, reconnaissons-lui qu'il comprend que « celui qui est capable de faire ce travail, démêle comme il faut l'idée unique répandue dans une multitude d'individus qui existent séparément les uns des autres ; puis une multitude d'espèces différentes renfermées dans l'extension d'un même genre ; puis encore une multitude de genres contenus dans un genre plus élevé, et une multitude de genres qui ne peuvent pas se subordonner à d'autres[1]. »

QUATRE GENRES DE GENRE

Les quatre propositions composant la phrase elliptique de l'Étranger vont être examinées l'une après l'autre, en prenant pour règle que, chez Platon, la méthode et les procédés dialectiques ne s'éclairent que par leur application. Vont donc être distingués quatre genres de genres, nommés par commodité G1, G2, G3 et G4.

---

1. Victor Cousin, note 276 à sa traduction du *Sophiste* dans *Œuvres complètes de Platon*, tome XI.

Une multiplicité d'éléments séparés

G1 Le dialecticien perçoit d'abord « un aspect essentiel unique complétement étendu à travers de multiples éléments (*pollôn*), chacun restant séparé (*khôris*) ».

Les éléments sont perçus comme étant séparés, stabilisés en quelque sorte dans leur fonction d'éléments, et leur séparation persiste en dépit de l'*idea* unique qui les traverse. L'autre n'exerce ici que sa fonction de non-identité, il est la condition d'existence d'une multiplicité numérique. Possédant tous un caractère commun et posés comme les parties ou morceaux d'un même genre, ces éléments ne communiquent pas entre eux. L'emploi du neutre (*henos hekastou*) rend inévitable le problème de la référence : puisque l'Étranger emploie le féminin quand il veut parler d'une multiplicité d'*ideai*, on pourrait en déduire que, s'il emploie alors le neutre, c'est qu'il se réfère à une multiplicité de choses sensibles. Or, si l'on se rapporte au *Ménon*, on constate que la différence entre sensible et intelligible ne joue aucun rôle dans l'espèce de genre dont il est question en G1. Après que Ménon lui a fourni un « essaim » de vertus, Socrate souhaite qu'en dépit de la multiplicité des abeilles, Ménon lui dise quelle réponse il donnerait à cette question : que peut bien être l'essence (*ousia*) de l'abeille ? Mais puisque Ménon n'arrive toujours pas à saisir « cette vertu unique, qui *traverse* toutes les autres », il va prendre un exemple[1]. Le terme *idea* est absent du *Ménon*, mais on y retrouve la difficulté rencontrée par Socrate dans presque tous les Dialogues et par l'Étranger dans le *Sophiste*[2] : faire comprendre à son interlocuteur que la question qu'il

1. Cf. *Ménon*, 72a-73c et 79a10-c2.
2. Cf. *Théét.*, 146c-e, *Soph.*, 239d7-9.

pose est celle du caractère commun autorisant à donner le même nom à une multiplicité d'éléments distincts. Le mode d'unification est le même si une multiplicité se compose d'individus numériquement distincts : sensibles ou intelligibles, ils peuvent n'être que « de petits morceaux » pulvérisés et éparpillés[1]. L'opposition entre sensible et intelligible n'est pas plus pertinente que celle entre morceau et partie dès lors qu'il s'agit des éléments appartenant à un même genre : l'aspect essentiel est présent à chacun et à leur somme, et il leur est coextensif, étant « complétement étendu à travers » tous (*diateinô* est le verbe employé pour signifier l'acte de tendre un arc au maximum), quelle qu'en soit la nature, mais à condition qu'ils « consentent » à se laisser unifier par un caractère commun. L'extension d'un genre peut être indéfinie ou même infinie, mais elle est dénombrable (« en puissance », dirait Aristote), comme l'est celle des lits, des abeilles ou des vertus, et comme l'est plus évidemment celle des nombres pairs ou impairs. Il ne servirait à rien d'essayer d'en embrasser l'*extension*, car c'est sa puissance d'*inclusion* qui définit ce genre de genre. Terme ultime d'une division, il n'est pas divisible en espèces, il est ultime justement parce que ses parties ou ses morceaux ne sont pas des espèces, mais des éléments séparés uns et indivisibles.

Abeilles et vertus, couleurs et sciences, sons perçus et nombres, ainsi qu'images passées, présentes et à venir

1. *Katakermatizô*; c'est ce que fait Ménon (79c) : il met la vertu en morceaux ; dans la deuxième hypothèse du *Parménide*, si l'un est, l'un et l'être seront « éparpillés » en une infinie pluralité (144b4, e4); dans le *Sophiste*, le même verbe a caractérisé l'art antilogique qui « morcelle » questions et réponses (225b7-9), puis c'est la nature de l'autre qui va se trouver « morcelée » (257c7, 258c1).

forment des « essaims » tant qu'ils font l'objet d'une énumération, et que n'est pas saisi « l'aspect unique » qui les traverse tous. Mais cet aspect unique n'est rien d'autre que le caractère commun conféré par l'Idée à tout ce qui en participe et qui, de ce fait, a droit au même nom : telle est la « méthode coutumière » dont Socrate parle dans la *République*. Elle consiste à « poser une certaine Idée (*eidos*), une pour chacune des multiplicités (*hekasta ta polla*) auxquelles nous donnons un même nom ». Socrate s'explique ensuite en prenant cet exemple : « N'avons-nous pas coutume de dire » que l'artisan qui fait des choses multiples, par exemple des lits ou des tables, les fabrique « en portant son regard vers l'aspect essentiel (*idea*) des lits, pour l'un, et pour l'autre, des tables ». L'artisan n'est pas dialecticien, il n'a pas accès à l'Idée, mais à ce par quoi elle se fait voir[1].

Quand la multiplicité se compose d'unités posées les unes à part des autres, celui qui en est capable perçoit qu'elle ne peut être unifiée que par un aspect essentiel unique qui les traverse toutes en préservant leur séparation. Ce mode minimal d'unification définit une espèce de genre qui est à la fois la dernière étape d'une dialectique cheminant d'Idées en Idées et la première étape d'une division des genres en ses espèces.

De multiples caractères essentiels mutuellement autres

G2. Le dialecticien perçoit ensuite « de multiples caractères essentiels (*ideai*) mutuellement différenciés, enveloppés (*periekhomenas*) du dehors (*exôthen*) par un caractère essentiel (*idea*) unique ».

---

1. *Rép.* X, 596a-b.

Les éléments composant cette multiplicité ne sont plus posés « à part » comme en G1, ils sont mutuellement « autres ». Ce sont alors des *ideai* qui sont enveloppées par une seule *idea*, des caractères essentiels uniques qui sont enveloppés du dehors par un caractère unique. Le verbe envelopper (*periekhein*), au participe présent passif, vient d'être prononcé à propos de l'être, qui « enveloppe » mouvement et repos en leur restant « extérieur » : « le repos étant enveloppé par l'être comme l'est le mouvement », on peut dire « que tous deux sont »[1]. Comme l'explique abondamment l'Étranger, affirmer que mouvement et repos existent ne signifie ni que l'un des deux soit identique à l'être, ni que l'être soit l'ensemble des deux moins lui-même. L'être reste ainsi « extérieur (*ektos*) aux deux autres » : il y a peu de doute que le « du dehors » (*exôthen*) employé en G2 fasse écho à cette sorte d'extériorité. Envelopper par un aspect essentiel différent (celui de l'être) des caractères essentiels mutuellement différents et même contraires (ceux du mouvement et du repos) n'entraîne nullement qu'ils perdent les leurs. Un caractère générique unique, celui de l'être, vient s'ajouter à leurs caractères mutuellement opposés qui en deviennent subordonnés sans être altérés pour autant. Quels sont en G2 les caractères essentiels qu'un caractère essentiel unique doit unifier en les enveloppant ? Très probablement ceux issus des traversées d'une multiplicité par un aspect unique. Il ne suffit plus que les éléments à unifier soient distincts, ils doivent être *mutuellement* différenciés. Pour le dire avec Hegel, il n'y a pas entre eux une « différence indifférente », une simple non-identité,

1. Voir 250b7-10.

mais une « différence différente » qui les différencie positivement[1]. Ainsi, de multiples arts sont enveloppés par l'art d'acquérir : on peut acquérir par échange ou par capture, échange et capture comprenant eux-mêmes de multiples genres mutuellement différenciés ; et si on s'attache par exemple à l'art de capturer, il se divise en lutte et en chasse, or la chasse à des êtres animés peut se mettre en quête d'animaux marcheurs et d'animaux autres que marcheurs ; marcheurs ou non, ce sont tous des réalités sensibles que la première espèce de genre, G1, a réussi à unifier. Tous les genres d'art de capturer sont enveloppés du dehors par un genre, l'art d'acquérir, qui impose *son* caractère essentiel, le même, aux caractères essentiels propres à chacun des genres qu'il enveloppe.

En enveloppant du dehors par un caractère générique les caractères essentiels résultant de la division d'un même genre, et par là mutuellement différenciés, cette espèce de genre les inclut ; son extension est la somme de toutes les extensions propres aux genres qu'il enveloppe.

Connecter des ensembles

G3. Le dialecticien perçoit adéquatement « d'autre part un trait essentiel unique (*idea*) connecté (*sunèmmenèn*) en une unité à travers de multiples ensembles (*di'holôn*)[2] ».

À la différence des trois autres, reliées simplement par « et », l'énoncé de ce troisième genre de genre

---

1. Ce qui correspond, note D. O'Brien (*Le Non-être*, *op. cit.*, p. 76), au non-être « illimité » de 256e5-7, et au non-être « multiple » de 263b11-12.

2. *Hen heni* : en un seul *eidos*, ou en un seul ensemble ? En fait, cela ne fait pas grande différence si l'on supplée *eidos*, *holos*, ou rien.

comporte une particule de liaison (*aû*)[1]. Sa présence conduit de nombreux commentateurs à séparer G1 et G2 (censés correspondre au rassemblement) de G3 et G4 (qui correspondraient à la division ou à ses résultats)[2]. D'autres jugent qu'elle sert au contraire à articuler G3 à G2, comme Robin qui traduit « de tels touts », c'est-à-dire les touts constitués par l'opération précédente, ou Rosen qui voit lui aussi en G3 la combinaison des multiplicités décrites en G2[3]. Mais G2 se rapportait aussi aux genres unifiés par G1, ce qui autorise à parler de *progression continue* plutôt que de rupture entre genres destinés à rassembler et genres destiné à diviser. « D'autre part » ou « au contraire », c'est en tout cas une multiplicité composée d'ensembles (*holôn*) et non plus d'éléments qui doit être unifiée. Or, par définition un ensemble est complet, donc clos sur lui-même : il ne peut avoir aucun aspect essentiel commun avec un autre ensemble, et il ne peut pas se voir imposer du dehors un caractère essentiel qu'il ne comprendrait pas en lui-même. Il doit de plus être bien lié : même si toutes ses parties ne consonnent pas nécessairement, toutes doivent néanmoins tenir ensemble. Pourquoi un caractère essentiel unique devrait-il unifier ce qui est déjà si bien unifié ? S'il traverse un ensemble, il le traverse en toutes ses parties :

1. Cette particule, *aû*, indique une succession (« d'autre part, encore, à son tour »), ou possède un sens adversatif : au contraire. Elle servirait peut-être à marquer une opposition entre G3 et G2, entre un genre qui subordonne et un genre qui coordonne, mais « au contraire » risque d'amener à nier qu'il s'agit toujours d'une espèce d'unification.

2. Voir par exemple Cornford, qui traduit « and again » (« et d'autre part ») et divise le passage en deux moitiés (*Plato's Theory, op. cit.*, p. 267).

3. S. Rosen, *Plato's Sophist, op. cit.*, p. 260.

il est forcément immanent à la fois aux parties et au tout.
Faut-il supposer que les genres enveloppés se trouvent
alors *subordonnés* au genre qui les enveloppe ? Quand il
s'applique à attacher des ensembles les uns aux autres,
l'aspect unique doit circuler à travers tous (comme en
G1) pour les connecter, mais certains ensembles peuvent
l'accaparer au passage, au point d'empêcher de percevoir
qu'il en existe un autre, ou l'ayant perçu, de l'oublier,
comme cela arrive à la partie mimétique de l'art de
produire, « oubliée » ou négligée lors des six premières
définitions du sophiste. L'aspect unique ne peut plus
alors traverser tous les ensembles et revenir à lui-même.
Or la traversée de ce trait essentiel doit être circulaire, le
trait essentiel doit faire retour à lui-même s'il est le trait
essentiel d'un seul ensemble (par exemple, de la *tekhnè*,
dont tous les ensembles enveloppés sont des *tekhnai*). Le
trait essentiel unique est connecté, ajointé en une unité
(*sunaptô* : lier par contact, attacher ensemble, articuler[1]) :
ce n'est donc pas une totalité englobante, elle n'inclut
pas, elle met en rapport, relie, elle est la *synapse* de ce
qu'elle traverse. Pour prendre une métaphore politique,
un genre enveloppant des ensembles n'est pas analogue
à un État enveloppant une pluralité de communautés
différentes et parfois mutuellement hostiles, c'est une
confédération, une coordination, pas une subordination.

1. En *Euthyd.*, 298 c 6, Socrate cite le proverbe : « tu n'attaches
pas le fil avec le fil ». Dans les Dialogues, le terme désigne aussi bien
des opérations concrètes (voir *Tim.*, 70e4, 75d5, 78e4 et la fable du
Phédon, 60b), que des opérations symboliques où s'adjoignent les
cycles de la génération (*Rép.* VIII, 546a-b), les trois parties de l'âme
(*ibid.*, IX, 558d 7-9), les deux cercles de l'âme (*Tim.*, 36c1) et la nuit et
le jour (*Lois* VI, 758a). Dans le *Sophiste*, le verbe a été employé pour
des opérations discursives : 245e3, 252c5 ; il s'agit toujours d'établir ou
de rétablir une connexion.

Or aucune confédération de cités n'a, dans la Grèce ancienne, réussi à résoudre ce problème, en raison de l'hégémonie immanquablement revendiquée par l'une d'entre elles ; *mutadis mutandis*, c'est aussi le problème que la confédération européenne ou le gouvernement fédéral des États-Unis doivent constamment affronter. L'extension du trait essentiel doit coïncider avec celle de la totalité des ensembles qu'il relie, et, à la différence de celle de G1, son extension est comme en G2 totalement déterminée, elle est le résultat exact de l'addition des extensions propres à chacun des ensembles enveloppés.

En G3, le lien qui connecte des ensembles n'est pas lui-même un ensemble, il ne les *inclut* pas, il *relie* des ensembles qui se contentent d'accepter d'en pâtir, à condition de rester fermés, auto-suffisants et indépendants.

C'est la préposition devenue préverbe qui dit la nature de ces trois genres de genres : *dia*, à travers (G1), *peri*, autour, tout autour (G2), *sun*, avec, en réunissant (G3). C'est donc en elles que se trouvent successivement indiquées les trois fonctions de l'*idea* : elle unifie en traversant, c'est un « aspect unique » ; elle enveloppe sous un même nom : c'est un « caractère commun » ; elle réunit grâce à un même « trait essentiel », celui de l'*eidos* dont elle est l'*idea*[1].

Une multiplicité d'ideai séparées ?

G4. Restent quatre mots grecs : *pollas khôris pantèi diôrismenas*, dont voici deux traductions possibles :

---

1. Je tente de justifier ici mes différences de traduction du même terme, *idea*, que D. El Murr a eu raison de me reprocher. Il m'a donc forcée à réfléchir un peu plus à ce qui était en jeu dans ce passage.

« à part, de multiples [*ideai*?] *totalement*
discriminées » /
« de multiples [*ideai*?] séparées disséminées *partout* »

La situation semble assez désespérée : que faire
de ces quatre mots dont chacun pose problème, eux
aussi « complètement à part » les uns des autres – la
structure syntaxique étant laissée au bon vouloir du
lecteur-auditeur – et qu'aucun aspect essentiel unique
ne vient unifier de quelque façon que ce soit ? Puisque
la multiplicité est mise au féminin et qu'*idea* est le seul
mot féminin de l'ensemble de la phrase, il est probable
qu'il s'agisse de multiples *ideai*. En revanche, l'adverbe
pantè, « en tous points, partout », ou « totalement »,
peut porter, soit sur l'autre adverbe : « à part », soit sur
le verbe, « discriminées », ce qui semble plus naturel
mais qui ne donne pas forcément un meilleur sens. Enfin,
que signifie le verbe *diorizô*, mis comme tous les autres
au participe présent passif ? Le préverbe *dia* marque en
ce cas « une idée d'achèvement » de « renforcement
d'un verbe simple »[1], le verbe simple *horizô* signifiant
délimiter, définir.

Pour répondre prudemment à cette question, il est
nécessaire de se référer de nouveau aux emplois de ce
verbe dans les Dialogues, si fastidieux que cela puisse
paraître. Ils offrent six occurrences de ce verbe au même
temps et au même mode. Lorsque nous considérons trois
doigts de notre main, dit Socrate, la vue nous informe
qu'ils sont à la fois grands et petits. Pour la vue le grand
et le petit ne sont pas quelque chose de séparé mais de
mélangé, alors que l'intelligence voit un grand et un petit
qui, intelligemment compris comme relatifs, peuvent

---

1. Bailly, *Dictionnaire grec-français*, sv. *diorizô*, IV.

coexister tout en étant discriminés. Dans le *Politique*, l'Étranger adresse cette mise en garde à Socrate le Jeune : il ne devra jamais prétendre avoir entendu de sa part une « claire discrimination » entre espèce et partie. Car si toute partie n'est pas une espèce, chaque espèce en revanche est une partie : espèce et partie ne peuvent donc pas être « totalement discriminées ». Un peu plus loin, l'Étranger déclare qu'il ne suffit pas de dire que le tissage « est l'art le plus important et le plus noble de tous ceux qui regardent la confection des tissus de laine » pour qu'il soit suffisamment discriminé, c'est-à-dire distingué des arts auxiliaires. Enfin, dans le *Philèbe*, Socrate juge qu'il serait utile de récapituler les quatre genres (limite, illimité, mélange et cause du mélange), à présent qu'ils se trouvent tous les quatre « discriminés »[1]. Dans le premier texte, l'opération est effectuée par l'intelligence, et dans les trois suivants par un dialecticien. Deux autres Dialogues l'attribuent aux dieux : estimant que l'avant est plus honorable que l'arrière, les dieux subalternes du *Timée* collent le visage à l'avant de la tête, car pour se mouvoir plus honorablement, il fallait que « le devant de l'homme soit discriminé et dissemblable ». Dans les *Lois*, nous sommes des marionnettes entre les mains de dieux et les fils qu'ils tirent « nous traînent en sens contraire vers des actions contraires : c'est en cela que vice et vertu se trouvent discriminés »[2].

À quelle opération correspond donc ce verbe, discriminer ? Que ses agents soient des hommes ou des dieux, elle a toujours pour but de reconnaître et faire reconnaître l'existence distincte d'une ou plusieurs

---

1. *Rép.* VII, 524c3-8, *Pol.*, 263b, 281c-d, *Phil.*, 27b.
2. *Tim.*, 45e4-45a7 ; *Lois* I, 644e1-4.

réalités dignes d'être discernées, mais qu'on a ou aurait pu confondre avec une autre ou tout simplement ignorer. Or il est grand temps de discriminer les plus grands des genres, car pour les avoir ignorés, d'anciennes doctrines de l'être ont identifié être et mouvement (Héraclite) ou être et repos (Parménide); quant aux Amis des Idées, ils ont confondu être et même, et les sophistes être et autre[1]. « Discriminer » est donc un procédé dialectique qu'il faut identifier, distinguer et définir, un procédé qui doit s'auto-discriminer.

CONCLUSION : DU DIALECTICIEN AU PHILOSOPHE
(253E4-254B7)

« Eh bien, cela – être capable de percevoir comment chacun d'eux (*kekasta*) peut communiquer, et comment il ne le peut pas – c'est savoir discerner (*diakrinein*) selon le genre (*kata genos*). » La question était donc de discerner *comment* chaque espèce de genre peut communiquer avec d'autres espèces, et non pas de découvrir *quels genres* peuvent ou non communiquer avec quels : ce problème est différent de ceux qui se posent à la science des genres. Déterminer quels sont dans l'absolu les Genres qui communiquent et ceux qui ne communiquent pas reviendrait à soumettre la science des hommes libres à l'inflexibilité d'une logique assimilant les genres à des catégories ou à des classes. C'est pourquoi l'exposé

1. Voir 252a6-8, où sont tenues pour réfutées « à la fois les doctrines de ceux qui meuvent le Tout, et de ceux qui, l'estimant un, le mettent en repos, et celle de tous ceux qui, distribuant les êtres selon des Idées, affirment qu'ils sont toujours mêmes et se maintiennent dans le même état ». Pour l'identification sophistique de l'être et de la relation, voir *Théét.*, 160b.

de la science des genres se présentait sous une forme uniquement interrogative : si les questions à poser sont toujours les mêmes, les réponses varient évidemment en fonction de la nature du genre à diviser. Il n'y a pas d'autre moyen de répondre à la question posée par l'action propre à la nature de chaque genre que la puissance d'une âme naturellement portée vers l'aspect essentiel de chaque être, et dont l'élan ne dévie pas[1]. Le dialecticien doit percevoir « comment chacun peut et ne peut pas communiquer », car « c'est cela, savoir discerner selon le genre » : son discernement doit plus qu'ailleurs et plus que jamais intervenir. Dans *diakrinein*, discerner, il y a *krisis*, et c'est bien à une *krisis* des genres que l'Étranger s'est livré. Ce nom, *krisis*, et ce verbe, *krinô*, ont pris avec Parménide un sens métaphorique – ontologique puisque cette *krisis* décide entre « est et n'est pas » – et c'est à son pouvoir de « discrimination » que la déesse Justice (*Dikè*) fait appel lorsqu'elle exhorte le jeune homme à choisir entre les deux voies[2]. Dans le *Parménide*, Socrate dit à Zénon qui vient de démontrer que « cailloux, bouts de bois et choses pareilles » sont à la fois uns et multiples :

> mais si on fait ce que je disais tout à l'heure, qu'on commence par diviser et mettre à part les Idées elles-mêmes, telles que ressemblance, dissemblance, multiplicité, unité, repos et mouvement, et qu'on les démontre ensuite capables entre elles-mêmes de se mélanger et de se distinguer, je serais pour ma part ravi et émerveillé, Zénon. (*Parm.*, 127d7-e4)

---

1. *Rép.* VI, 486d10-11, *Soph.*, 228a-d.
2. *krisis* : fr. VIII, 15-16 ; *krinein* : fr. VII, 5, VIII, 16, 55.

Distinguer et faire communiquer, séparer et mélanger sont les deux tâches fondamentales de la science dialectique. Zénon a néanmoins eu le mérite de reconnaître que discerner dialectiquement suppose des parcours plus ou moins accidentés, des étapes, des retours en arrière, des impasses dont il faut réussir à sortir et des conclusions pouvant toujours être remises en question : il a reconnu la valeur de l'errance. Discerner ne signifie pas se prononcer, juger au plus vite : la science dialectique est la science des hommes libres, et elle l'est aussi pour Zénon d'Elée, qui comme tout dialecticien sait que cette sorte de temporalité est la condition essentielle de sa liberté.

Diakrinein, ce n'est donc pas seulement distinguer, c'est choisir, et ce n'est pas seulement juger, mais arbitrer entre les possibilités offertes[1]. Pour ce qui est de bien juger, celui qui en est capable n'est pas un sage (*sophos*), mais un philosophe, car les trois instruments d'un bon jugement sont l'expérience, la pensée et le logos. Or celui qui philosophe a acquis son expérience en pensant, en raisonnant sur des réalités véritables et non pas sur des mots, et il est capable de rendre raison du jugement qu'il prononce : en ce qui le concerne, ces trois dimensions n'en font qu'une[2]. Si dans le *Cratyle* le nom est « un instrument qui sert à instruire et discerner ce que c'est (l'*ousia*), tout comme fait la navette pour

1. Comme l'a fait Pâris (*Krisis* : traduit par *Le Jugement de Pâris*, c'est le nom d'une tragédie de Sophocle) ; or Pâris n'a pas « jugé » les trois déesses, il a « décidé de choisir » celle à laquelle il allait donner la pomme, ce qui a « engendré » la guerre de Troie.

2. *Rép.* IX, 582a-e ; voir M. Dixsaut, « Le plus juste est le plus heureux », dans *Études sur la République de Platon*, M. Dixsaut, avec la collaboration de F. Teisserenc, vol. 1, Paris, Vrin, 2005, p. 327-352.

confectionner les tissus »[1], cette fonction diacritique suppose qu'il a été correctement institué – et là encore, le philosophe doit intervenir puisqu'il est seul à savoir bien user de la langue. Lorsqu'il dénomme, il distingue et fait exister une chose que la perception ou l'expérience sensible auraient pu ignorer ou confondre, comme fait le tisserand lorsqu'il démêle fils de la chaîne et fils de la trame[2]. Ce dialecticien philosophe a d'abord divisé les genres de genres, et en remontant en quelque sorte de bas en haut, de G1 à G4, il est arrivé aux portes de l'être et du non-être et à des décisions (*kriseis*) permettant de surmonter à propos des genres les difficultés soulevées par Parménide à propos des Idées : immanence ou séparation (en G1), symétrie ou asymétrie (en G2), partie ou tout (en G3). Parvenu à des genres nettement séparés, il va alors procéder horizontalement, et c'est à deux des plus grands genres, l'être et l'autre, qu'il va demander leur titre à être rangés parmi les plus grands.

« Cette capacité dialectique, conclut alors l'Étranger, tu ne l'accorderas, selon moi, à nul autre qu'à celui qui philosophe purement et justement. » Il ne suffit pas d'être philosophe, il faut l'être « purement » : l'adverbe est récurrent dans le *Phédon*, il signifie la nécessité de connaître par l'âme seule et de dialectiser sans recourir

1. Cf. *Cratyle*, 388b10-c1
2. Ainsi, dans le *Philèbe*, il lui faut commencer par discerner les composants de la vie bonne avant de les déverser dans le mélange (52c1-d4), procédé clairement décrit par L. Robin : « Dans cette unité confuse on distinguera des éléments, et à chacun d'eux on demandera ses titres à occuper le *rang* auquel il aura été amené. Grâce à cette *diakrisis*, nous parvenons jusqu'à l'antichambre du bien, et sommes à même d'opérer les *kriseis* finales, en allant, progressivement cette fois, du Bien, le fini, […] jusqu'à l'infini dont nous étions partis » (*La Pensée hellénique des origines à Epicure*, Paris, 1942, p. 359-360).

à rien de sensible; discuter « purement » signifie discuter sans introduire dans l'examen des termes dont on ignore le sens[1]. Il faut aussi philosopher « justement (*dikaiôs*) », mais cet adverbe-là parle de justesse et de justification, conditions de toute véritable justice. L'âme d'un philosophe est une âme purement pensante, une âme qui ne pense que par elle-même, et il doit choisir des mots justes et pouvoir justifier ce qu'il dit : il obéit lui aussi à la déesse Justice. Mais il en est capable parce qu'il est apparenté à ce qu'il cherche : flairant les parentés, frappé par les dissemblances, il a toujours assez d'élan pour recommencer et voir autrement, ce qui signifie interroger autrement, devenir plus inventif et découvrir une autre manière de poser la même question ou une autre manière d'y répondre, comme Platon ne cesse de le faire dans le *Sophiste*. Cependant, si le dialecticien doit être philosophe, et si le philosophe doit être dialecticien, lequel de ces deux termes est la condition de l'autre ? Le dialecticien philosophe, c'est Socrate, ce dialecticien qui l'est si « purement » qu'il refuse toute autre détermination. Le philosophe dialecticien, c'est Platon, qui sait que philosophe on l'est par nature, que ce n'est pas un prédicat qu'il faut acquérir et mériter en s'exerçant à dialectiser, mais un naturel qu'il ne faut pas pervertir. Il doit donc sortir « pur » de toutes les épreuves que la vie, l'ignorance des autres et la difficulté des questions qu'il se pose lui infligent « comme l'or qu'on met à l'épreuve du feu »[2] : ces épreuves sont pour lui autant

---

1. *Phédon*, 66d7-10, 68b2-4, 81d3, 83d9; discuter purement : *Théét.*, 196d11-e1 ; (503a). Ce qui t'a échappé, dit Socrate à Alcibiade, est que « je ne suis rien (*ouden ôn*) » (*Banq.*, 219a2) – rien, donc pas même philosophe..

2. *Rép.* VI, 503a.

de « katharmes ». Mais en opérant ce renversement, l'Étranger-Platon conserve ce qu'il renverse puisque, avec lui, la dialectique reste socratique, elle reste une manière d'interroger et de répondre; il l'a seulement définie, redéfinie, perfectionnée et diversifiée tout au long de ses Dialogues. Dans le *Sophiste*, c'est dans sa manière de dialectiser et dans les objets vers lesquels sa passion de la vérité le porte qu'il faut chercher sa différence avec le sophiste. Car ce n'est pas sur le philosophe que la lumière de la vérité répand son éclatante clarté, mais sur les êtres[1], et en ce qui le concerne, elle le rend aussi difficile à voir que les dieu – ce qui n'est pas du tout un cadeau, car cela permet d'avoir de lui toutes les opinions qu'on veut. L'image utilisée alors par l'Étranger n'est qu'une image, elle sert moins à localiser le philosophe dans une lumière qui le rendrait perpétuellement invisible qu'à enfoncer dans des ténèbres – qui ne sont pas plus le contraire de la lumière que le non-être n'est le contraire de l'être – celui qui n'est pas plus son contraire que le philosophe n'est le sien, qui n'est même pas son semblant comme le sage auteur de maximes réglant la conduite humaine, mais son autre, son simulacre : le sophiste.

L'Étranger ferme alors la fenêtre ouverte sur cette éclatante clarté et sur le philosophe en différant, ou excluant, la recherche de sa définition. Rejoignant ainsi ce qu'un autre philosophe nous dit : « ce qu'est un philosophe, il est difficile de l'apprendre parce qu'il est impossible de l'enseigner : il faut le savoir par expérience, ou avoir la fierté de l'ignorer »[2].

---

1. *Rép.* VI,   508c4-509a5 ; voir   M. Dixsaut,   « L'analogie intenable », *Rue Descartes* (*Revue du Collège International de Philosophie*, n. 1-2 : « Des Grecs », avril 1991, p. 93-120.
2. Nietzsche, *Par-delà bien et mal*, § 213.

LES PLUS GRANDS DES GENRES (254B8 -256D4)

Aussi elliptique et controversée qu'elle soit, en débouchant sur la dernière espèce de genres, leur méta-division a pris par un autre bout la question de l'être et du non-être. Avec les plus grands des genres la dialectique subit sa dernière métamorphose et devient une science capable de traiter du problème de l'un et de multiple sous l'angle du même et de l'autre. Une fois admise l'hypothèse de la communication sélective des genres, il a été démontré que cette communication comportait des degrés : certains genres communiquent avec peu (les genres G3), d'autres avec beaucoup (les genres G2), et d'autres avec tous (très probablement certains genres G4). L'Étranger annonce alors, d'une façon inhabituelle et qu'on pourrait dire scolaire, le plan de ce qu'il va examiner. Scolaire ou non, ce que l'Étranger espère de cet examen est décisif : « réussir en quelque façon à affirmer que le non-être existe réellement » et sortir ainsi de l'impasse où il se trouvait concernant le sophiste. Il va préalablement extraire les Idées (*eidè*) que l'on dit être les plus grandes », en raison de leur extension, et les plus importantes en raison de leur puissance, afin de ne pas « se laisser troubler par leur multitude ». Après quoi, il dira « quelles elles sont ».

LEUR NOMBRE (254B8-256D4)

« Ceux que nous venons de passer en revue sont certainement les genres les plus importants » dit l'Étranger[1]. Le terme « genres » remplace le terme

1. En 254d4, *megista*, pourrait être tenu pour un superlatif absolu, « des genres *très* grands », ou « *très* importants » (Robin), puisqu'il n'y a pas d'article. Mais comme *megista* est implicitement attribué à

« Idées »[1], la continuité entre une dialectique des Idées et une dialectique des genres est ainsi assurée et justifiée grâce à la nature essentielle, l'*ousia*, des êtres auxquels elle s'applique. Mais si Idées et genres sont ontologiquement semblables, l'Idée n'a qu'une seule signification, celle que la dialectique doit définir, et une seule fonction, rendre intelligible ce qui en participe, alors que le genre peut être ambigu comme en témoignent l'eunuque et la chauve-souris, et ambivalent comme le montre celui de la *technè* : art ou artifice ? La science des genres est donc plus complexe et sa dialectique peut donner lieu a plus de controverses que la science dialectique qui ne va que d'Idées en Idées.

Les cinq genres les plus importants (254b8-255e7)

Les genres dont « nous venons de parler » sont d'abord ceux qui ont été mentionnés lors de la revue des légendes de l'être et de la réfutation de la thèse des Amis des Idées : l'être, le repos et le mouvement. Mouvement et repos forment un couple de contraires et ne peuvent pas se mélanger, mais l'être se mêlant à tous les deux, les deux sont. Pour que cela fasse trois, il faut que chacun diffère des deux autres, et pour qu'ils soient distincts, chacun doit rester même que lui-même.

---

genè et qu'un attribut ne prend pas d'article, comme il est suivi d'un complément au génitif, *tôn genôn*, et comme en 254c3-4 on avait *tôn megistôn eidôn* : « les Idées les plus importantes », il y a tout lieu de trancher en faveur d'un superlatif relatif « les plus grands des genres ».

1. En 254c3 ; de 254d4 à 255c5, l'Étranger parle de genres (*genè*) et de mélange (*summeignumenô*), puis revient, de 255c6 à 256b8, aux Idées (*eidos, eidesin*) et à leur participation (*methexis*) ; en 256b9 Théétète réintroduit les genres et leur mélange, jusqu'à ce que, à partir de 256e5, l'Étranger parle, semble-t-il indifféremment, d'Idées et de genres.

« Que pouvons-nous bien à notre tour dire maintenant avec ce même et cet autre ? » L'irruption de ce nouveau couple est en effet inattendue, littéralement bouleversante, et elle va être justifiée *a contrario*. Si même et autre diffèrent des trois premiers genres « tout en étant toujours nécessairement mêlés à eux », il faut considérer qu'il y a cinq genres, *à moins que* « même » et « autre » ne soient des noms supplémentaires donnés à l'un de ceux-là, c'est-à-dire à l'un ou l'autre des trois genres déjà distingués[1]. Or mouvement et repos ne sont certainement ni « l'autre » ni le « même ». Supposons en effet qu'ils aient en commun d'être chacun même que lui-même, ce « même » ne peut être ni un autre nom du mouvement, car alors le repos devra se mouvoir pour être « lui-même », ni un autre nom du repos, car en ce cas, c'est le mouvement qui devra se tenir en repos pour être « lui-même ».

Pour l'hypothèse selon laquelle « autre » serait un autre nom du mouvement, un raisonnement analogue permet de la réfuter : le repos ne sera autre que tous ses autres qu'à la condition d'être en mouvement, et si on fait du mouvement un autre nom du repos, c'est le repos qui devra se mouvoir pour différer de tout ce dont il diffère. Chacun échangera donc sa nature contre la nature contraire, et le mouvement s'immobilisera ou le repos sera mû. Le couple mouvement et repos ne peut donc pas avoir la même fonction que le couple même et autre parce que c'est un couple de contraires. Chacun des

---

1. Comme font ceux qui distinguent entre deux genres de genres, les uns servant à rassembler (selon le semblable, le même), et les autres à diviser (selon l'autre) : voir p. 597, n. 2. Quant au problème « donner deux noms à une même chose », il a été posé à propos des Mégariques (voir p. 551-553).

deux peut participer au même et à l'autre, mais aucun des deux ne peut s'identifier à l'un des deux.

Reste une troisième possibilité : que « l'être et le même ne fasse qu'un », mais elle est impossible. « Pourquoi ? » demande Théétète. Parce que s'ils « ne signifiaient rien de différent », en disant du mouvement et du repos qu'ils *sont*, on dirait qu'ils sont une « même chose », ce qui n'est assurément pas possible. « Peut-être » répond alors Théétète, soit parce qu'il n'est guère convaincu de la nécessité d'introduire deux genres dont il n'a jamais entendu parler, soit qu'il pressente (que Platon le lui fasse et nous le fasse pressentir) que l'être a avec le même une certaine affinité[1]. En tout cas, il accorde que l'Idée de même doit être ajoutée aux trois précédentes comme une quatrième Idée. Et rien d'autre n'en sera dit. Douze lignes, dont chacune est fort brève, voilà tout ce que l'Idée de « même » semble mériter.

Qu'en est-il de l'autre ? Doit-on dire que c'est une cinquième Idée, ou l'autre et l'être ne sont-ils que les noms d'un genre unique ? Il n'est pas possible de répondre à cette question comme l'Étranger l'a fait jusqu'ici, en déduisant les conséquences impossibles ou absurdes de leur identification. Car identifier l'être et l'autre aurait pour conséquence que tout ce qui est serait différent : cette conséquence-là n'est ni impossible ni absurde, puisque l'Étranger n'a pas cessé d'affirmer (contre Parménide) qu'il existe réellement une multiplicité de genres, d'Idées et d'êtres, et que toute multiplicité

---

1. Le même et l'autre n'ont jusque-là jamais été dits être des « genres », mais le dialecticien a été dit capable « de discerner le même et l'autre ». Pour les répliques dubitatives de Théétète, voir « peut-être » (*isôs*, 255a3, b10, *takh'an*, 255c11), « à peu près » (*skhedon*, 255c4, 256a4).

implique une altérité, qu'elle soit quantitative, qualitative ou essentielle. L'être et l'autre sont donc indissociables, mais faut-il en conclure qu'ils sont identiques ? Si ce qui est autre n'est précisément ce qu'il est que « relativement à un autre (*pros heteron*) », faut-il alors admettre que *tous les êtres* se disent toujours relativement à d'autres (*pros alla*) êtres, et que pour eux, être soi-même c'est être autre que les autres ? Pour traiter cette question, mieux vaut d'abord écarter la catégorie aristotélicienne des termes relatifs (maître-esclave, par exemple), d'abord parce qu'il ne s'agit pas de « termes », de mots, mais « d'êtres » dotés d'une *existence* absolument relative. Ensuite parce que chez Platon l'autre ne se dit pas relativement *à quelque-chose* (*pros ti*), il se dit toujours relativement à « de l'autre », « du différent » (*pros heteron*), ou à des autres (*pros alla*)[1]. L'altérité ne peut qu'être réciproque, et tout être doit en participer pour différer des autres puisqu'il est précisé que ce n'est pas en raison de sa propre nature que chaque Idée diffère d'une autre, mais parce que « l'Idée d'autre est étendue à travers toutes ». Affirmer qu'il ne suffit pas à une Idée ou aux choses qui en participent d'avoir leur propre essence pour différer des autres n'est pas seulement surprenant : cela revient à conférer à l'autre une puissance égale à celle de l'être, puissance qu'il diffuse comme lui à tout ce qui est. Or l'autre possède effectivement cette puissance,

---

1. C'est pour Aristote que le relatif se dit *pros ti* ; Platon dit *pros heteron* (255d1, 6) (et jamais *pros allo* lorsqu'il s'agit d'indiquer la réciprocité de la différence), et *pros alla* (255c13) quand il s'agit pour « quelque chose » de différer d'une pluralité « d'autres choses ». Participer du genre de l'autre est bien suffisant, puisque « être autre » est forcément « être autre que », donc avoir un *être* relatif ; à la différence d'Aristote, « relatif » n'est pas chez Platon une catégorie linguistique.

mais aussitôt après avoir ajouté l'être comme cinquième
grand genre, l'Étranger pose cette question à Théétète :
« Mais je pense que toi tu accorderas que parmi les
étants, certains sont dits eux-mêmes selon eux-mêmes, et
certains toujours relativement à d'autres (*pros alla*)? » Il
ne divise pas l'être, il distingue deux espèces d'étants, et
cette division va lui permettre de sortir de l'impasse où
l'enferme la puissance universelle de l'autre[1]. Que l'autre
se dise toujours relativement à d'autres serait en effet
impossible « si l'être et l'autre n'étaient pas totalement
(*pampolu*) différents », car si *tous* les étants étaient *en
tous points* soumis à la puissance de l'être, ils seraient
tous, de ce point de vue, mêmes.

Or l'être et l'autre ne seraient pas complétement
différents si l'autre avait en commun avec l'être de
participer comme lui à deux Idées. Lesquelles? Le
mouvement et le repos étant exclus puisque ce sont
eux qui participent à l'être et non l'inverse, et l'autre
ne pouvant pas s'auto-participer, c'est donc à l'être et
au même que l'autre participerait. En ce cas, l'altérité
ne serait plus toujours réciproque, car il pourrait arriver
« un moment où quelque "autre" serait autre sans l'être
d'un autre ». Cet autre existerait, puisqu'il participerait
à l'être, et il serait même que lui-même puisque, comme
l'être, il participerait au même. Mais en participant au
même, cet être autre serait si absolument *lui-même*,
donc si *absolument* autre, que sa différence deviendrait
transcendance absolue, impensable et ineffable. Cette

---

1. Voir l'article très complet de D. El Murr, « Αὐτὸ καθ᾽ αὐτό. La
genèse et le sens d'un philosophème platonicien », dans *Autos idipsum,
Aspects de l'identité dHomère à Augustin*, D. Doucet et I Kosh (dir.),
p. 39-58.

différence absolutisée, c'est l'Un Imparticipable, simple, transcendant, indéterminable et qui exclut la possibilité de toute multiplicité comme de toute altérité des théologies néoplatoniciennes[1]. La rejeter en réaffirmant que toute altérité est forcément réciproque suffit à montrer que l'autre ne peut pas participer au même, comme fait l'être : pour lui, être soi-même, c'est être autre.

C'est de l'autre ainsi compris que dépendent exclusivement toutes les réalités qui, comme lui, ne sont elles-mêmes qu'en étant autres. Certaines ne sont pas des « choses » mais des processus, des modulations indéfinies dont le mouvement transgresse perpétuellement toute limite en allant sans cesse du plus au moins, comme la voix et ses infinies modulations, ou le plaisir[2]. Certaines d'entre elles jouent un rôle aussi décisif dans le *Sophiste* que celui attribué aux réalités illimitées dans le *Philèbe*. Quelles sont donc les choses qui relèvent exclusivement de l'autre ? Toutes les sortes « d'imitations (*mimèmata*) et d'homonymes des réalités », toutes les images visibles ou parlées. Elles *sont*, mais quelle qu'en soit l'origine, elles n'existent que relativement à un quelque chose d'autre dont elles peuvent s'efforcer d'être les fidèles images, à moins qu'elles n'en usurpent le nom et la réalité. Quant aux choses sensibles, elles restent mêmes

1. Elle aurait son origine dans la première hypothèse du *Parménide* : *cf.* E.R. Dodds, « The *Parmenides* of Plato and the origin of the neoplatonic One », *The Classical Quarterly* 22 3-4, 1928. Voir aussi L. Lavaud, *D'une métaphysique à l'autre : figures de l'altérité dans la philosophie de Plotin*, Paris, Vrin, 20008.
2. La question des réalités relevant de l'*apeiron* – de l'illimité, l'indéfini, l'infini – était déjà implicitement posée dans le *Cratyle* et le *Théétète*, et elle se trouve au cœur du *Philèbe*, puisque le plaisir fait partie de ce genre de réalités.

qu'elles-mêmes tout le temps qu'elles existent, mais elles ne sont pas mêmes *selon elles-mêmes*, comme le sont les Idées et les genres. Ce n'est donc pas à l'être que tous les êtres doivent leur *manière d'être*, mais au même, à son absence ou à la puissance de sa présence. Le genre le plus silencieux et le plus secret est aussi le plus réellement discriminant. Avoir la puissance de résister à celle d'un devenir inlassablement changeant et continuer à être « soi-même » selon un soi-même intelligible pour « soi-même », n'est-ce pas le fondement dynamique d'une différence trop souvent interprétée comme un dualisme dogmatique de l'être et du devenir, de l'intelligible et le sensible ? Être soi-même selon soi-même, cela ne signifie pas se soustraire au devenir, c'est avoir la puissance de s'y inscrire et de lui résister en lui opposant celle du même.

N'est-ce pas justement cela que le sophiste ne veut pas savoir ? S'il ne veut rien entendre de la différence qui sépare l'autre du contraire, il veut encore moins accorder celle existant entre le même et l'autre. Il est toujours déconcertant de voir à quel point l'accent est déplacé par certaines lectures du *Sophiste*, comme si tout l'effort de Platon s'y réduisait, grâce à l'identification du non-être à l'autre, à juxtaposer aux étants d'autres étants, baptisés par une espèce de jeu de mots « étants »[1]. Ne pourrait-on alors aller jusqu'à penser que la question essentielle du Dialogue n'est peut-être pas celle de l'être et du non-être, mais celle de la nature et des effets du même et de l'autre ? Car ce qui constitue la différence véritable entre les étants, ce n'est ni leur participation à l'être, ni

1. Voir par exemple l'analyse du discours faux par M. Narcy, *op. cit.*, p. 90-93.

leur participation à l'autre, c'est leur participation ou non-participation au même. Chaque Idée, chaque genre participe nécessairement au même et cette indéfectible participation au même selon eux-mêmes leur est réservée. Ce qui différencie leur mode d'être (*ousia*) n'est pas leur participation à l'être, pas davantage leur participation au repos, c'est leur manière de rester mêmes en étant pourtant différemment connus et multiplement participés – leur participation au même, ce genre qui n'est pas, comme l'être et comme l'autre, un genre universellement mais *sélectivement* participé.

L'Étranger a donc réussi à démontrer que les genres les plus importants étaient au nombre de cinq et que l'autre en faisait partie, et cela en définissant la nature et l'extension de leurs puissances. Mouvement et repos possèdent la puissance de rendre mutuellement contraires toutes les choses qui participent de l'un des deux ; la puissance de l'autre est tout aussi universelle que celle de l'être alors que celle du même divise tous les étants en deux espèces. Mais l'Étranger n'en a cependant pas fini avec le genre de l'autre, car dès lors qu'ils en participent, les contraires deviennent autres : cessent-ils pour autant d'être contraires ? Et si le non-être n'est pas le contraire de l'être, qu'en est-il du sophiste qui trouve en lui son refuge ? S'il n'est pas le contraire du philosophe, en quoi consiste sa différence ? L'Étranger n'a toujours pas répondu à la question posée par Socrate, mais il a enfin compris que, pour répondre à cette question, il ne suffisait pas de définir sophiste et philosophe l'un après l'autre, comme il avait commencé par le croire. Il faut donc suivre une autre route.

Leur communication (255E8-256D4)

« Voici donc ce qu'il nous faut dire de ces cinq genres en les reprenant par rapport à l'un deux[1]. » Après les avoir distingués, l'Étranger se demande comment parler de leurs rapports. Pourquoi choisir le mouvement pour les examiner ? Supposons que l'examen ait porté sur le même, l'autre, ou l'être : chacun de ces trois genres étant participé par les quatre autres, il aurait fallu dire que, tout en étant même que lui-même, l'autre est *autre que* les quatre autres genres, ou *autre que* chacun d'eux. Quant à l'être, c'est la nécessité d'être participé par les quatre autres qu'il aurait fallu affirmer, puisque chacun d'eux doit être pour qu'il existe cinq genres. L'examen n'aurait donc fait que confirmer ce qui venait d'être démontré : l'existence, le soi-même et la différence propre à chacun des plus grands genres.

Restent donc le mouvement et le repos, les deux seuls genres dont la participation aux autres genres se prête à être exprimée négativement. Quant à la raison de choisir le mouvement plutôt que le repos, il faudra tenter de la saisir en cours de route.

– Le mouvement est complètement autre que le repos :

   il est non en repos.

– Il est :

   il participe à l'être.

– Il est autre que le [genre du] même

   il est « non le même »

---

1. Robin (*OPC*, note 1 à la p. 318, p. 1465) voit juste : « Ceci est probablement un renvoi à 254e ; aussi m'a-t-il paru plus vraisemblable, en 251e, de ne pas traduire "en les reprenant un à un". Rien de tel en effet n'aura lieu. C'est le mouvement seul qui sera envisagé par rapport aux quatre autres. »

mais il est lui-même (*autè*) relativement à lui-même (*pros eautèn*) en raison de sa participation (*methexis*) au même,

– et il est non même en raison de sa communication (*koinônia*) avec l'autre, qui l'a fait devenir non pas même mais autre que tous les autres.

Mais alors, si on suppose que le mouvement lui-même puisse participer en quelque façon au repos « il n'y aurait rien de déconcertant à le décrire en repos » ? Théétète juge cela « tout à fait correct, étant donné que nous avions convenu que, parmi les genres, certains consentent à se mélanger, et d'autres non ». Or lorsque l'Étranger lui avait demandé ce qui arriverait si tous les genres pouvaient communiquer avec tous, Théétète avait pensé fournir le meilleur moyen de rejeter cette hypothèse en disant qu'en ce cas, « le mouvement lui-même serait complètement (*pantèi*) en repos et qu'à son tour le repos lui-même serait en mouvement s'ils pouvaient tomber l'un sur l'autre » – « tomber sur » n'étant d'ailleurs pas la meilleure manière de dire « communiquer »[1]. L'Étranger lui avait alors répondu par cette question : « mais cela, j'imagine, est ce qu'il y a de plus nécessairement impossible, que le mouvement soit en repos et le repos en mouvement ? ». En 254d7, il affirme encore que mouvement et repos sont « immélangeables », pour finir toutefois, en 256b6 et c8, par laisser ouverte la possibilité qu'ils puissent *en quelque façon* (*pèi*) se mélanger. La seule « façon » envisageable est qu'il s'agisse du mouvement imprimé par la connaissance à ce qu'elle s'efforce de connaître.

---

1. 252d7-8. « Tomber sur », *epigignomai epi*, se trouve chez Thucydide, 7. 32 et 3.108 avec le sens combatif de « tomber sur un ennemi » ; on peut édulcorer et traduire « survenir », « s'ajouter », mais mouvement et repos étant contraires, ils sont bien en quelque sorte ennemis.

Le mouvement ne peut pas se mélanger tout entier au repos, cela n'est possible qu'à une seule de ses espèces, celle du calme mouvement de l'intelligence qui diffère des deux espèces de mouvement distinguées dans le *Théétète* (altération et translation). Pour les êtres qui en pâtissent, ils restent mêmes qu'eux-mêmes et immuables, mais ils se présentent sous des angles différents. Peut-être est-ce la raison pour laquelle le mouvement a été choisi de préférence au repos, car ce n'est pas un repos mobile qui introduirait dans l'être « âme, vie, pensée et intelligence ». Si toutefois un ami des Amis des Idées refuse d'entendre parler d'un mouvement intelligible, il ne lui reste qu'à supposer, entre 256b7 et 256b8, une « lacune »[1].

Étant non en repos et non même,
– le mouvement est aussi autre que l'autre,
      il est donc en quelque façon non-autre, « selon notre mode actuel de raisonnement » (à savoir qu'être « autre que » se dit « ne pas être ce dont on diffère »).

Puisqu'il est autre que ces trois genres, pourquoi refuserait-on qu'il soit autre que le quatrième, l'être? S'il ne l'était pas, il n'y aurait plus que quatre genres; il faut donc « batailler énergiquement » sans craindre ceux qui (tels Héraclite ou Protagoras) identifient être et mouvement, et soutenir que
– le mouvement est autre que l'être

---

1. Que le mouvement participe au repos « en quelque façon » et qu'on puisse le dire « en repos » serait tout à fait correct, si toutefois, réplique Théétète, « ils font partie des genres qui veulent bien se mélanger ». Heindorf, jugeant cela aussi absurde que les Amis des Idées, émet l'hypothèse d'une « lacune » en cet endroit.

> Il est donc réellement (*ontôs*) non étant en tant qu'il n'est pas étant, mais il est étant puisqu'il participe à l'être.

En déduire que l'existence est alors un prédicat revient évidemment à "oublier" la définition de l'être comme puissance. Participer à une puissance, c'est posséder son pouvoir d'agir et de pâtir. En se distribuant à tous les genres, la nature de l'autre fait chacun d'eux autre qu'étant, donc le fait être non étant ; et de tous sans exception, nous serons en droit de déclarer qu'ils sont ainsi non étants, et à rebours, que parce qu'ils participent à l'être, ils sont et sont étants (256d11-e3). L'héraclitéisme, la doctrine secrète qui sous-tend la thèse de Protagoras, va enfin cesser de gronder et Polemos va cesser de régner, car ce n'est plus le perpétuel renversement de tout contraire en son contraire qui s'affirme en tout ce qui est, c'est l'autre, la différence, qui permet à toutes choses de coexister avec les autres, ce qui n'empêche pas certaines d'entre elles d'être mêmes qu'elles-mêmes. Certaines, car le même, on l'a vu, n'est pas comme l'être et l'autre, un genre universellement participé ; étant autre que tous les autres genres, il participe à l'autre, mais n'en participe *que de ce point de vue*, en tant qu'il est un genre différent de tous les autres.

DE L'AUTRE AU NON-ÊTRE (256D8-257A12)

L'ÉTRANGER — Autour (*peri*) de chacune de ces Idées, il y a beaucoup d'étants et une quantité illimitée de non étants. THÉÉTÈTE — Il semble. L'ÉTRANGER — Donc l'être lui-même doit être dit autre (*heteron*) que les autres (*tôn allôn*). THÉÉTÈTE — Nécessairement. (256e6-257a3)

L'ensemble de l'analyse des grands genres avait pour objet de décider de ce qu'il faut dire d'eux[1], et ce qui est dit pour finir est qu'une Idée peut participer et s'articuler à une multiplicité d'autres Idées, donc se voir appelée de multiples noms[2]. Passer du genre à l'Idée, c'est passer d'un mode de définition à un autre. Définir une Idée consiste à l'interroger, la question « qu'est-ce que » ne s'adresse qu'à elle, à sa nature, sa manière d'être, et il faut la différencier pour y répondre. La pluralité des autres Idées serait donc responsable de la négation de l'Idée d'être : « autant de fois les autres sont, autant de fois elle n'est pas ». La différence étant réciproque, c'est « en n'étant pas les autres » que l'être se trouve renvoyé à « son unique soi ».

Dès lors que le « non » de « non-être » signifie et ne signifie que sa différence d'avec un être qui est lui-même un genre différent de tous les autres genres, il n'inflige rien de négatif à l'unique soi de l'être nié, et pas davantage à celui des Idées et des genres qui diffèrent de l'être ; ils demeurent tous ce qu'ils sont et n'en deviennent pas pour autant « négatives » ou « négatifs »[3]. En revanche, ce « non » affecte négativement à la fois le rapport des autres genres avec le genre de l'être : n'étant pas ce qu'il est, ils ne sont pas, et celui que le genre de l'être a avec eux : n'étant pas ce qu'ils sont, « sous ce rapport », il n'est pas. Quel sens donner à cette négation ?

1. En 255e.
2. On a ici la réponse au problème posé par les Mégariques, voir *supra*, p. 551-553.
3. L'existence de « Formes négatives » a été abondamment et passionnément discutée, principalement en raison du fait qu'Aristote affirme que « les Platoniciens », au nombre desquels il se range, « ont refusé d'admettre des Idées de négations » (*Mét.* I, 9, 990b13, cf. *De Ideis*, fr. 3 Ross). Sur ces querelles, voir la note 318 de Cordero, éd. cit.

LA NÉGATION : SON SENS ?
(257B1-C4)

Avant de déclarer que « le non-être est fermement possesseur de sa propre nature », l'Étranger estime qu'il reste encore un point à considérer. L'être et l'autre circulent à travers tous les genres, or si l'autre participe à l'être, il est, mais comme il est autre que l'être, il n'est pas ; et si l'être participe à l'autre, étant autre que tous les autres genres, donc des milliers et des milliers de fois il n'est pas. En différenciant les genres, l'autre les rend autres que l'être, donc, sous ce rapport, non étants. L'identification de la négation à la différence est-elle cependant propre à ce seul terme, « non étant », ou celui-ci ne fait-il que suivre la règle commune à toute expression négative ? Tel est l'objet du passage qui pose la question du sens de la négation à partir de la découverte des cinq plus grands parmi les genres.

> L'ÉTRANGER — Voyons aussi ceci…
> THÉÉTÈTE — Quoi ?
> L'ÉTRANGER —
> (1) — Toutes les fois que nous disons « le non-étant », nous ne voulons pas dire, à ce qu'il semble, quelque chose (*ti*) comme un contraire de l'être, mais seulement quelque chose d'autre.
> THÉÉTÈTE — Comment cela ?
> L'ÉTRANGER —
> (2) — Ainsi, chaque fois que nous disons que quelque chose est « non grand » (*ti mè mega*), te paraissons-nous montrer (*dèloun*) par cette expression plutôt le petit que l'égal ?
> THÉÉTÈTE — Comment le ferions-nous ?

L'ÉTRANGER —

(3) — Par conséquent, lorsqu'on prétendra que la négation signifie le contraire, nous ne l'accorderons pas, et nous en tiendrons seulement à ceci, que c'est l'un des autres qu'indiquent (*mènuei*) le « non » et le « ne pas » placés avant les mots qui suivent, ou plutôt avant les choses (*pragmata*) à propos desquelles sont institués (*keètai*) les noms proférés (*epiphthengomena*) après la négation. (257b1-257c3)

Ces quelques lignes succombent sous le poids d'une multiplicité de commentaires où se mêlent remarques judicieuses et fausses pistes, critiques sévères et généreuses tentatives de reconstruction. Outre le fait que l'irruption de la différence et du négatif au sein de l'être est manifestement le cadet de leurs soucis, la plupart des interprètes argumentent en fonction de leurs postulats logiques. Comme il n'y a aucune raison que des arguments ne continuent pas indéfiniment à répondre à des arguments, mieux vaut laisser ceux qui argumentent discuter entre eux[1] – bien qu'il y ait quelques enseignements à tirer des problèmes qu'ils soulèvent quant à la manière de lire et de ne pas lire ces trois propositions.

MISES EN GARDE

L'Étranger lance pourtant deux mises en garde : « nous ne voulons pas dire », « nous ne l'accorderons pas », reliées l'une à l'autre par une interrogation rhétorique : « te paraissons-nous ? » La première nous

1. On trouvera des analyses détaillées de quelques-unes de ces interprétations dans M. Dixsaut, *Platon et la question de la pensée*, *op. cit.*, p. 228-244, et dans Cordero, éd. cit., notes 316 à 321, p. 263-266.

met sans doute en garde contre l'assimilation hâtive de l'expression négative à l'affirmation du contraire. Car dire d'un homme qu'il n'est pas beau, ou pas intelligent, laisse peu de doute sur sa laideur, ou sa bêtise : en ce cas, la négation n'est pas une « vraie négation »[1], elle est immédiatement entendue comme positive et pas comme négative. Ces fausses négations sont des procédés rhétoriques permettant d'atténuer la brutalité de l'affirmation (il est plus gentil, ou plus poli, de dire « pas beau » plutôt que « laid », « je ne te permets pas » plutôt que « je t'interdis »), ou au contraire d'accentuer l'effet (« ce n'est pas une petite affaire »). Ces procédés sont extrêmement fréquents en grec, ils font partie des « hellénismes ». S'il arrive à Platon d'utiliser de fausses négations, elles débouchent sur des apories. Si en effet non juste, autre que juste, équivaut à injuste, et non pieux à impie, autre que pieux, la justice devient impie puisqu'elle diffère de la piété, et la piété injuste puisqu'elle diffère de la justice, alors que, différentes, elles sont pourtant « tout ce qu'il y a de plus semblables ». Si « non véritable » équivaut à « contraire de vrai », que faire du vraisemblable? [2]. Il s'agirait donc d'aller contre la pente naturellement rhétorique de la langue grecque, et de dissocier la négation et l'affirmation du contraire? Sans doute, mais il ne s'agit pas seulement de cela.

---

1. A.C. Moorhouse, *Studies in the Greek Negatives*, Cardiff, University of Wales Press, 1959, définit ainsi les « fausses négations » : « la notion est définie par exclusion du contenu sémantique sur lequel porte la négation, et l'expression négative est affirmative du contraire, ou du contradictoire » (p. 6). Dans les expressions de ce type, l'équivalence est immédiate.

2. Cf. *Prot.*, 331a7, 331b; *Soph.*, 240b5, 240b7-13.

Ce qui est mis en question et rejeté dans la proposition (2) est la capacité du prédicat négatif à *montrer*, à *révéler* : « te paraissons-nous montrer (*dèloun*) alors par cette expression plutôt le petit que l'égal ? » Il faut donc se garder de croire que l'Étranger répète ce à quoi il était arrivé, à savoir que dire le non-être n'est pas dire un contraire de l'être mais quelque chose d'autre que lui. Cette vérité a été établie dès lors que l'existence du genre de l'autre a été démontrée. Il s'agit à présent d'être certain que Théétète en est *persuadé* – ce dont ses réponses pourraient permettre de douter – car sinon il ne sera plus possible de continuer à dire « nous ». Son accord « métonymique » impliquera celui de quiconque voudra bien écouter l'Étranger. En affirmant ainsi une connexion étroite entre le problème de la négation et l'existence des plus grands genres, l'Étranger indique que c'est l'accord sur ce point décisif qui assurera une avancée rapide vers la capture du sophiste.

Il pose alors cette question à Théétète : « Ainsi (*hoion*), chaque fois que nous disons que quelque chose est non grand (*ti mè mega*) … » Quelle sorte de lien l'adverbe *hoion* établit-il entre « dire le non-étant » et « dire le non-grand » ? S'agit-il de donner un exemple, de faire une comparaison, de construire une analogie ? Ou tout simplement de faire comprendre à Théétète que, *même lorsque le terme nié comporte un contraire* – ce qui n'est pas le cas de « étant » mais qui est le cas de « grand » et « d'important » – une expression négative ne signifie pas nécessairement le contraire, en l'occurrence le petit, parce qu'elle peut signifier aussi l'égal. Prendre en compte les cas les plus apparemment défavorables à ce que l'on affirme et démontrer qu'ils n'en infirment pas la vérité est un procédé argumentatif qui a fait ses preuves.

LE SENS DES EXPRESSIONS NÉGATIVES

L'ensemble signe de négation + adjectif forme une expression (*rhèma*) négative, grammaticalement substantivée à l'aide de l'article défini. L'Étranger va donc passer d'une propriété[1], « non grand », « non beau », « non juste », à des substantifs : « le non-grand », « le non-beau », « le non-juste », et de là au non-étant – manière de dire que « être », signifié en grec par un participe présent « étant » (*on*), peut être nié de la même façon que des Idées comme grandeur, beauté ou justice. Cela ne peut sembler scandaleux qu'à ceux qui continuent à donner au terme « être » le sens sacré et transcendant que lui a donné Parménide, sens que le parricide de l'Étranger, définitivement consommé par sa définition de l'être comme puissance, devrait exclure. Car à l'être ainsi compris on ne peut opposer que le néant, c'est-à-dire rien (*ouden, mèden*) : pas même une chose. Pour sortir de ce présupposé éléatique faut-il cependant aller à l'extrême opposé, et considérer la synthèse d'un signe de négation et d'une Idée ou d'une propriété comme un simple acte linguistique condensant dans un terme un jugement négatif? Le non-beau, par exemple, pourrait alors s'expliquer de deux façons, et vouloir dire soit que toutes les Idées non identiques au beau font partie d'une classe non F opposée à la classe F, soit que toutes les propriétés possédées par une chose belle entrent dans la classe complémentaire non P de P, classe comprenant

---

1. « Propriété », *pathos* : l'Étranger vient de dire (257d4-5) que « les morceaux de la nature de l'autre sont soumis (*peponthe*) au même processus » : elles en « pâtissent ». Il vaut mieux éviter « prédicat » qui donne au « est » un statut de copule, alors qu'il s'agit d'une puissance *d'affecter* le sujet : sa propriété, *pathos*, résulte de sa participation à la partie de l'autre en opposition avec un être déterminé.

toutes les choses non belles. La première prête à Platon une erreur relevée par Aristote : « la négation de "être blanc" n'est pas "être non blanc" », la seconde lui prête généreusement la thèse aristotélicienne, à savoir que la négation ne doit pas porter sur le prédicat mais sur la copule « est » : « la négation de "être blanc" est "n'être pas blanc" »[1]. Il est évident que ce genre d'explication n'éclaire en rien le sens ou la fonction de la négation figurant dans l'expression *non*-beau. Que l'on dise qu'elle implique une « non-participation » (à la Forme du beau) ou signifie « *non*-identique à la propriété "beau" », le mystère demeure quant à ce qu'il faut entendre par ce « non » : une différence, une contrariété, les deux, ou ni l'une ni l'autre ?

En outre, par « non grand », demande l'Étranger, « te paraissons-nous montrer par cette expression plutôt *le* petit que *l'*égal (*ison*) ? » Traduire *to ison* non par « l'égal » mais par « de taille moyenne » (*middle-sized* ou *middling*)[2], sens qui n'est donné par aucun dictionnaire et qui serait propre à ce seul texte, permet de constituer une série – le petit, le moyen, le grand – donc d'assimiler « signifier l'autre » à « signifier un terme intermédiaire (*metaxu*) entre deux extrêmes ». Dans cette perspective, lorsque l'expression négative signifie l'autre, « autre » ne peut signifier que le terme moyen ou la multiplicité des termes moyens se situant entre les deux extrêmes d'une série, extrêmes parce qu'il sont contraires. Ne serait-ce d'ailleurs pas ce qui est dit dans le *Parménide* :

1. Aristote, *Premiers Analytiques*, I, 46, 51 b 8-10.
2. Comme le font bon nombre de commentateurs anglo-saxons. En voir quelques exemples dans M. Dixsaut, « Le non-être, l'autre et la négation dans le *Sophiste* », dans *Études sur le Sophiste, op. cit.*, p. 167-213.

> Grandeur, certes, et petitesse, toujours sont distantes l'une de l'autre ? — Oui, absolument. — Il existe donc toujours un intermédiaire (*metaxu*) entre elles ? — Oui. — Peux-tu, alors, désigner quelque autre intermédiaire entre elles sinon l'égalité ? — Non, c'est cela même. (*Parm.*, 161d4-7)

De fait, dans ce texte l'égalité ne signifie nullement « de taille moyenne », car si elle se situe bien « entre » la grandeur et la petitesse, c'est en tant qu'elle arrête le mouvement infiniment croissant de la grandeur et celui indéfiniment décroissant de la petitesse. À la différence du grand, qui peut toujours devenir (plus) petit (que) du plus grand, et du petit, qui peut toujours devenir (plus) grand (que) du plus petit[1], l'égal « ne surpasse pas » et « n'est pas surpassé » ; il exclut tout devenir car tout devenir de lui-même le rendrait nécessairement inégal. C'est l'arrêt de deux mouvements qui sinon se poursuivraient indéfiniment que signifie « de taille moyenne », et non pas un intermédiaire entre grand et petit. En fait, tous ceux qui comprennent et traduisent *ison* par « de taille moyenne » commentent en réalité ce qu'Aristote appelle « négation privative » :

> L'égal est ainsi le ni grand ni petit, mais il est par nature ou grand ou petit ; et il est opposé aux deux comme négation privative, ce pour quoi il est aussi intermédiaire entre les deux. (*Mét.* I 5, 1056a22-24)

Comment faut-il alors comprendre cette question rhétorique – rhétorique puisqu'une réponse négative s'y trouve présupposée : « Te paraissons-nous signifier plutôt *le* petit que *l*'égal ? » Puisque ce n'est pas une vraie

---

1. Du moins en *Parm.*, 150d7 comme en *Phédon* 70e-71b. La suite du *Phédon* rectifie : la chose grande peut diminuer – devenir petite –, mais pas la grandeur qui est en nous (102d-e).

question, il peut sembler légitime de convertir l'adverbe interrogatif au comparatif « plutôt que ? » (*mallon è*) en l'adverbe négatif « pas plus que » (*ou mallon*). En disant « non grand », on voudrait alors dire :

– *autant* le petit *que* l'égal, *l'un et l'autre*, selon le maniement démocritéen du « pas plus que » ; en ce cas, « le non-grand » recouvrirait l'ensemble des Idées autres que le Grand, qui seraient des éléments de la classe non F, complémentaire négatif de la classe des choses grandes, F, à moins que ce ne soit l'ensemble non-G des propriétés autres que la propriété G. De sorte que « non » signifie « non G » ou « non F » ;

– *ni* le petit, *ni* l'égal : le « non grand » *ne* signifierait *pas plus* « le petit » que « le de taille moyenne » selon un maniement que Platon attribue aux « héraclitéens »[1], il ne comporterait en lui-même aucune signification, n'aurait qu'une fonction d'exclusion et déboucherait sur du complétement indéterminé.

En raffinant ce genre d'interprétation d'une manière qui peut sembler convaincante, « autre » ne peut signifier que le terme moyen ou la multiplicité des termes moyens se situant entre les deux extrêmes d'une série qui en seraient les « contraires polaires »[2]. À l'intérieur d'un même genre, « autre » s'appliquerait ainsi à tout terme n'étant ni un contradictoire, ni un contraire « polaire » : l'égalité occuperait une situation « médiane » entre grandeur et petitesse. Cette interprétation offre au moins

1. Pour l'usage « démocritéen » – autant que – *cf.* Aristote, *Mét.* I 4, 985b 8 et Plutarque, *Contre Colotès*, 1109a. Pour l'usage « héraclitéen » – ni l'un ni l'autre – cf. *Théét.*, 182e2-183b5.
2. Pour le sens de ce terme, voir D. Keyt, « Plato on Falsity : *Sophist* 263b » in *Exegesis and Argument : Studies in Greek Philosophy Presented to Gregory Vlastos*, G. Vlastos, E. N. Lee, A. Mourelatos, R. Rorty (eds.), Assen, Van Gorcum, 1973, p. 285-305.

le mérite d'essayer de résoudre la difficulté suivante : est-ce qu'en appartenant au genre de l'autre le contraire cesse d'être contraire et devient autre ? La solution proposée est qu'il est un degré extrême d'altérité. La relation de contrariété correspondrait ainsi chez Platon à celle qu'Aristote nomme *enantiôsis*, contrariété entre les éléments les plus éloignés dans un même genre, et par exemple entre le grand et le petit[1]. Mais cela ne nous dit toujours pas ce que le « non » de non-grand *signifie*, elle nous dit simplement qu'il *se réfère* soit à une altérité maximale soit à une réalité intermédiaire (petit ou égal) à l'intérieur d'un même genre, et lui donne comme les interprétations précédentes une ou plusieurs significations positives.

Les interprétations de ce style, disons « logiques », ne voient pas quel autre sens donner au « non » figurant dans une expression négative que celui de « non-identique à », ou « non-compatible avec », ce qui, il faut bien dire, en fait des sortes de lapalissades. La plupart s'appliquent à circonscrire la négation en fermant des classes, des ensembles, des séries, sans se demander en fonction de quoi elles les ferment (l'opinion commune, l'autorité d'Aristote ?). Pourtant, selon la proposition 3, « c'est l'un des autres qu'indique (*mènuei*) le "non" et le "ne pas" placés avant les mots qui suivent, ou plutôt avant les choses (*pragmata*) à propos desquelles sont institués (*keètai*) les noms proférés (*epiphthengomena*) après la négation »[2]. Institués par quoi, sinon par la langue commune et par son théoricien, Aristote ? Les séries, si séries il y a,

---

1. Aristote, *Mét.* A 7, 1057a33-1057b1 ; *Cat.* 10, 11b32-12a25.
2. Voir l'Annexe III. Quant au verbe *keètai*, les traducteurs s'en tiennent avec un bel ensemble au « designated by » de Cornford, à l'exception de Robin. Que les noms soient bien ou mal institués, c'est au dialecticien d'en juger.

devraient donc s'appuyer sur la sémantique du langage ordinaire, véhicule d'opinions variant dans l'espace et dans le temps, comme l'affirme Socrate dans le *Cratyle*. Or « grand », « beau », « petit » ou « égal » n'ont pas le même sens en grec ancien, en égyptien, en latin, hébreu, ou parsi. Toutes les « séries » que l'on prétend tirer d'un langage particulièrement et provisoirement commun ne peuvent donc pas être logiques, contrairement à ce que présupposent ces interprétations. Elles négligent en outre le fait qu'elles devraient s'occuper plutôt des choses nommées par ces mots, choses qu'elles devraient alors questionner. L'essentiel pourtant n'est pas là, mais réside dans le fait que ces interprètes consacrent tous leurs efforts à *localiser* la négation dans ces séries, et barrent ainsi l'accès à l'interrogation sur son sens.

C'est pourtant cette interrogation qui est fondamentale : en disant seulement de l'autre, la négation soulève en elle-même et par elle-même la *question* de sa signification. Le fait qu'une négation ne soit pas *immédiatement* signifiante n'autorise en rien à conclure qu'elle n'a pas de signification du tout, et que ce que l'on peut faire de mieux est de lui en donner une qui soit positive. L'enjeu des trois propositions de l'Étranger n'est-il pas au contraire de montrer que les expressions négatives signifient, mais *autrement* que les expressions positives ?

Montrer et indiquer

Ce qui est rejeté dans la proposition (2) est la capacité de l'expression négative à montrer : « te paraissons-nous montrer (*dèloun*) alors par ce terme [le non-grand] plutôt le petit que l'égal ? — Bien sûr que non. » Quand nous disons « le non-grand », il est manifeste que par cette expression nous ne montrons, ne mettons en lumière

aucune détermination positive. Nous ne voulons pas dire
« le petit » parce que nous pourrions aussi bien vouloir
dire « l'égal », donc nous ne disons ni l'un ni l'autre. La
question de l'Étranger ne porte donc pas directement sur
la signification de l'expression négative « non grand »,
mais sur sa *manière de signifier*. Elle est incapable de
« montrer » quoi que ce soit de positif, ce qu'achève de
lui refuser la proposition (3) : les expressions négatives
ne signifient même pas le contraire de ce dont elles
parlent. Pourquoi donc en parler, si elles n'ont rien à nous
dire? Parce qu'elles possèdent le pouvoir d'indiquer :
« c'est l'un des autres qu'indiquent (*mènuei*) le "non" et
le "ne pas" placés avant les mots qui suivent[1]. » La
proposition (3) est doublement décisive, d'une part en ce
qu'elle accorde aux expressions négatives la puissance
d'indiquer l'un des autres, d'autre part en ce que l'autre
qu'elles indiquent n'est pas une différence sémantique
propre à une langue conventionnellement instituée mais
une différence réelle, qui reste à définir. L'importance de
ces deux points est manifeste lorsque Platon en arrivera à
cette expression négative qu'est « le non étant ».

Le *Cratyle* est très éclairant quant à l'emploi des deux
verbes[2] : *dèloun* y désigne la capacité d'un nom à mettre en
lumière l'essence (*ousia*), la nature (*phusis*) de la chose ;
mènuein en revanche indique la direction dans laquelle

1. *mè* est la négation du notionnel et de l'idéal (ce qui serait lié
à son usage ancien dans les prières et les interdictions), *ouk* celle du
concret et du factuel (A.C. Moorhouse, *op. cit.*, p. 40).
2. Dans le cours de la partie étymologique, on peut avoir le
sentiment que les deux verbes sont employés indifféremment. Mais dès
que l'on passe à une réflexion sur la rectitude des noms, c'est *dèloun*
qui est le plus souvent employé pour désigner la manière qu'a le nom
de signifier l'essence (*ousia*) de la chose, (393d3-4), sa nature (*phusis*)
(396a5), ce qu'elle est (422d2-3, 423e8-9), et jamais *mènuein*.

chercher la signification du terme nié, direction qui peut d'ailleurs être vraie ou fausse. Car « cette langue (*phônè*) qui est la nôtre aujourd'hui, cette belle langue, a détourné les termes de "devoir" et de "dommage" de façon à leur faire indiquer le contraire, ce qui en efface le contenu intelligible, alors que la langue d'autrefois révèle (*dèloi*) ce que veut dire l'un et l'autre nom »[1]. Dans le *Banquet*[2], Diotime dit d'Éros qu'il n'est « ni beau, ni bon », et elle réplique à Socrate qui comprend qu'alors « Éros est laid et mauvais » : « Pas de blasphème ! Crois-tu que s'il n'est pas beau, il est forcément laid ? » De même qu'il existe un intermédiaire (*metaxu*), l'opinion droite, entre la pensée (*phronèsis*) et l'ignorance – le non désir d'apprendre (*amathia*) – il existe un intermédiaire entre le beau et le laid. Dans les deux cas, cet intermédiaire est « le désir de ce dont on manque », dans le premier, de la pensée, et dans le second, de la beauté. Cet intermédiaire n'est donc pas un prédicat se trouvant au milieu de deux prédicats contraires, mais un désir, une aspiration de l'âme qui la pousse à aller dans la « bonne direction »[3]. La *nature* de l'intermédiaire doit donc toujours être déterminée, et Diotime elle-même doit préciser et repréciser ce qu'elle entend par là : l'amour est un intermédiaire en tant qu'il est désir du beau, *ou plus précisément* désir d'enfanter dans la beauté. Non seulement le rapport au beau n'est pas d'ordre prédicatif, mais il n'est pas la simple relation d'un désir à son objet. De plus, la détermination de la nature de l'intermédiaire détermine du même coup celle des extrêmes.

---

1. *Crat.*, 418b3-6.
2. *Banq.*, 201e6-202b5 ; *cf.* M. Dixsaut, *Le Naturel*, *op. cit.*, p. 116-117.
3. Pour la nécessité d'aller dans la bonne direction voir *Banq.*, 210a2, 5.

Une logique de l'ambiguïté

Quel discours peut tenir cette sorte de pensée intermédiaire quand elle s'applique à des objets intermédiaires ? Y a-t-il en effet plus de raison « pour que chacune de ces choses soit, plutôt que de ne pas être, cette chose qu'éventuellement on dit qu'elle est » ? Ces choses ont le même genre d'existence que celui de l'eunuque et de la chauve-souris. L'eunuque n'est pas à la fois homme et femme, il n'est pas davantage ni homme ni femme, il est une autre manière d'être un homme, et aussi une autre manière de ne l'être pas, différente de celle d'être femme[1]. C'est la même sorte de logique qui préside au discours de l'opinion, la logique illogique de l'ambiguïté : ce qui est rejeté est l'affirmation directe comme la double négation. De même que certaines réalités ne se réduisent pas à la juxtaposition de deux déterminations différentes, et pas non plus à leur double exclusion, de même l'expression négative ne signifie ni le contraire *et* le différent (petit et égal), et pas davantage *ni* le contraire *ni* le différent (*ni* le petit *ni* l'égal). L'alternative entre une pluralité de significations positives ou un vide total de signification est une fausse alternative[2]. Indiquant l'un des autres de la « chose » qu'elle nie, l'expression négative *ouvre une autre manière de signifier, ou une manière de signifier l'autre, différente de celle qui consisterait à ne pas signifier du tout.* La proposition (3) est doublement décisive, d'une

1. *Rép.* V, 479b-c et la note du scholiaste expliquant cette devinette enfantine.

2. Selon G.E.L. Owen, « la signification des termes niés n'est pas mise en question. Ce qu'il s'agit d'expliquer est la fonction du signe exprimant la négation. », (« Plato on Not-Being », dans *Plato : A Collection of Critical Essays : I Metaphysics and Epistemology,* G.Vlastos (ed.), New York, Doublday Anchor, 1971, p. 223-267, voir p. 232).

part en ce qu'elle accorde aux expressions négatives la puissance *d'indiquer l'un des autres*, d'autre part en ce que l'autre qu'elles indiquent n'est pas une différence sémantique propre à une langue conventionnellement instituée mais *une différence réelle.*

Prétendre que « non étant » constitue une exception, lui qui ne peut signifier que l'autre, conduit à méconnaître la finalité même de cet examen de la négation : montrer justement que « non étant » n'est pas une exception, qu'il obéit à la même règle de signification que n'importe quelle expression négative. La raison de cette répugnance tient évidemment à l'exemple donné dans la proposition (2). Comme il semble difficile d'admettre que « petit » ne soit pas une signification possible du prédicat « non grand », on va à l'autre extrême : non seulement ce prédicat ne recouvre pas une pluralité de significations positives, mais il n'a pas du tout de signification. Pour sortir de ce faux dilemme, il suffit de constater que l'expression négative *a une signification, mais n'a pas de référence*, que cette référence soit une classe d'Idées ou un ensemble de choses. Sa signification ne consiste pas à apporter une détermination ou une pluralité de déterminations au terme nié, mais à nier qu'on puisse le déterminer par *un terme donné*. En un mot, *la signification d'une expression négative est négative*[1]. Elle ne se réduit pas à affirmer le contraire, elle ne comporte *par elle-même*

---

1. H. Cherniss (*Aristotle's Criticism of Plato and the Academy*, New York, 1944, p. 262-266) énonce clairement ce point, tout comme E.N. Lee (« Plato on Negation and Not-Being in the *Sophist* », *Philosophical Review* 71, 1972, p. 267-304). Deleuze affirme pour sa part, que « le "non", dans l'expression "non-être", exprime *quelque chose d'autre que le négatif* », et que « *le non-être n'est pas l'être du négatif*, c'est l'être du problématique, l'être du problème et de la question » (*Différence et Répétition, op. cit.*, p. 88-89).

aucune détermination positive, elle *indique* « l'autre relativement à ». De même que le non-être n'est pas – est autre que l'être –, de même le non-grand n'est pas, c'est-à-dire est autre que grand : la manière dont ils sont autres que le terme qu'ils nient reste à interroger. La fonction des signes de négation est bien de nier la détermination positive présente dans le terme auquel ils s'appliquent, mais l'expression négative consiste à *ouvrir le champ des autres de ce terme,* elle n'est que cet horizon ouvert, ce signe fait en direction de l'un des autres du terme nié.

Elle implique l'intervention d'un grand genre, celui de l'autre : seule la synthèse (que Platon va nommer « antithèse ») de la détermination positive et de l'autre est capable de rendre compte de la manière de signifier propre à une expression négative. Bergson reprend, sans le dire ou peut-être même sans le savoir, cette analyse platonicienne, lorsqu'il affirme que négation et affirmation ne sont pas symétriques, et « qu'il y a un *plus*, et non pas *moins,* dans l'idée d'un objet conçu comme "n'existant pas" que dans l'idée de ce même objet conçu comme "existant" »[1]. Il y a en effet *plus* – non pas plus d'être, ou plus de sens, mais plus d'opérations constitutives – dans ces termes complexes que sont « non beau », ou « non étant » que dans l'Idée du beau ou dans celle de l'être, puisque tout terme négatif est la synthèse du terme positif et de sa différence. Seule la synthèse, ou plutôt l'*antithesis* : la mise en opposition de la détermination positive avec son autre, est capable de rendre compte de la signification d'une expression négative.

---

1. Bergson, *L'Évolution créatrice*, Paris, Édition du Centenaire, 1959, chap. IV, p. 737.

CONCLUSION : DE LA NÉGATION À L'INTERROGATION

La fonction des signes de négation est bien de nier la détermination positive présente dans les termes auxquels ils s'appliquent, mais l'expression négative consiste à *ouvrir le champ des autres de ce terme*. Si cette expression est une vraie négation et non pas l'affirmation dissimulée de l'Idée contraire, elle n'est que cet horizon ouvert, ce signe fait en direction de l'un des autres du terme nié. Plus encore que l'opposition du clos et de l'ouvert, joue donc celle entre le statique et le dynamique : Platon pense les expressions négatives comme autant *d'appels à s'interroger*, à examiner, à dialectiser. « Si la négation n'existait pas, aucune question ne pourrait être posée, en particulier celle de l'être[1]. » Il s'agit bien d'une question, non d'un problème. Un problème est un obstacle, il appelle la solution qui le fera disparaître, alors que la question doit persister dans la réponse, sinon ce ne serait pas une réponse : le sophiste fait du *problème* du non-être son refuge, Platon fait de la *question* du non-être le chemin menant à celle du sens de l'être.

La négation ne relève donc pas d'un acte judicatoire, elle n'est pas simplement une qualité du jugement, car le non-être aurait alors son origine dans les jugements négatifs et serait assimilable à une fonction propositionnelle. La négation serait ainsi au bout de l'acte judicatif sans être, pour autant, *dans* l'être. La question est donc : est-ce la négation entendue comme structure de certaines propositions judicatives qui est à l'origine du non-être, ou est-ce le non-être qui est l'origine et le fondement de la négation ? La réponse

1. Sartre, *L'Être et le Néant*, Paris, Gallimard, 1943, p. 58.

est dans la question, car comment formuler le moindre jugement négatif si l'on admet que tout est plein d'être donc pleine positivité ? Comme relevant d'un genre ou d'une catégorie et résultant d'une opération de triage et de séparation ? En ce cas, être et non-être surgiraient en même temps comme les deux limites d'une série logique, ils seraient contemporains. Mais seuls deux contraires peuvent jouir de cette simultanéité logique, or le non-être n'est justement pas le contraire de l'être, il n'est ni avant ni après ni en dehors de l'être, il l'atteint en son sein. Voir dans la négation le résultat d'une forme de triage et de séparation revient à la dépouiller soigneusement de toute signification négative et en fait un simple tampon apposé sur certains jugements. Comment pourrait-elle alors nier l'être, y creuser un trou et « faire trembler » son cœur en y introduisant du non-être ? Si l'être touche à l'être et ne touche qu'à lui, comme l'affirme Parménide, ce n'est pas seulement le néant comme contraire de l'être qui est inconcevable et indicible : « de l'être on ne tirera jamais la négation »[1]. De quoi donc la tirer, la négation ? De l'interrogation, car c'est en tant qu'elle implique une interrogation que *la négation n'est pas le contraire de l'affirmation mais ce qui précède toute affirmation.* C'est elle qui peut faire crouler le mur de positivité que l'être semble nous opposer, elle qui met l'être en question. La *question* du non-être contient en elle-même sa compréhension préjudicative, elle suffit à indiquer que le non-être n'est pas l'unité conceptuelle des jugements négatifs, mais que c'est le jugement négatif et avec lui la négation qui sont constitués et soutenus par un non-être qui n'est pas un néant, mais qui s'entrelace à l'être et

---

1. Sartre, *L'Être et le Néant*, op. cit., p. 46.

force à s'interroger sur le sens qu'on lui donne quand on l'affirme.

Quand l'interrogation est le seul accès possible au non-être, l'être du non-être ne peut jamais être *donné*, il est toujours *interrogé*[1]. Et quand le non-être est interrogé, sa différence d'avec l'être provoque un recul (un « pli » si on préfère) de l'être par rapport à « lui-même » : en le rendant autre, elle l'empêche d'être « en soi » puisque l'altérité implique la réciprocité. Comme il est montré dans le *Sophiste*, c'est la *question* du non-être qui conduit à la découverte de l'autre, ce genre qui n'a pas *moins* d'être que l'être, mais qui n'a d'être que son être autre, qui n'est lui-même qu'en étant autre, qui ne jouit donc que d'un être emprunté, lequel, considéré en lui-même, s'évanouit et s'épuise à être autre que l'être. Il n'en possède pas moins une redoutable puissance : entendu comme autre que l'être, le non-être pose une question qui vise le noyau de plénitude absolue de l'être, et pour cela, il faut qu'une âme soit incapable de se satisfaire de ce qui lui est donné, se mette à interroger, et empêche ainsi l'être de se fermer sur son éblouissante évidence. La question du non-être ouvre dans l'être « comme un trou, une béance[2]. » Ce pourquoi d'ailleurs Parménide n'en a pas posé, de questions.

---

1. Selon Derrida, « Le retour à la langue naturelle, à la perception, à la visibilité, en un mot à la conscience et à tout son système phénoméno-logique » ferait courir « le risque de rester dans la présupposition onto-herméneutique » (*Éperons, Les Styles de Nietzsche*, Paris, Flammarion, 1978, p. 94). « Système » et « présupposition » ne poussent certes pas à s'interroger. Mais voir dans la langue naturelle un obstacle que l'écrit aurait le pouvoir de lever grâce à sa complexité hermétique, n'est-ce pas nier que penser soit d'abord se parler à soi-même ?

2. Cette conclusion est une paraphrase maladroitement résumée des pages 40 à 60 et de la page 712 de *L'Être et le Néant*.

LE NON-ÊTRE COMME PARTIE DE L'AUTRE
(257C5-258C6)

En s'inscrivant dans l'être, l'autre va-t-il le fragmenter quantitativement et qualitativement en milliers de milliers de parcelles, l'atomiser, et du même coup se pulvériser lui-même, de telle sorte qu'il sera aussi impossible de parler de l'être que de son autre, le non-être ? Quel effet l'autre produit-il sur l'être et sur ce qui est, et si ce n'est pas un *morcellement* indéfini, mais une *partition*, en quoi consiste-t-elle ?

L'ANALOGIE AVEC LA SCIENCE (257C7-D13)

L'analogie avec la science montre comment, à partir d'une unité, peut s'engendrer une multiplicité de parties précisément différenciées. En s'appliquant à un objet particulier, la science se particularise, l'objet découpe la science qui s'applique à lui et la constitue comme partie. Une fois constituée, cette partie se détache de l'ensemble, et cette séparation lui permet d'être appelée par un nom qui lui est propre. En s'appliquant par exemple au sain et au malade, une partie de la science se détache et se nomme « la médecine » et non pas simplement « science ». De la même façon, en s'opposant au beau, l'autre se particularise, l'opposition au beau découpe une partie de l'autre qui n'est pas anonyme et a pour nom « le non-beau ». De cette analogie, on peut tirer tout d'abord que, pas plus que la médecine n'est « la science du sain et du malade », mais « la partie de la science ayant pour objet le sain et le malade », de même le non-beau n'est pas l'autre du beau, mais la partie de l'autre résultant de la mise en opposition de l'autre et du beau. La relation de la médecine avec le sain et le malade est une relation médiatisée par la science : la médecine n'est pas simplement ce qui a pour objet le sain et le malade (on pourrait en dire tout autant de la magie), elle désigne la manière d'aborder scientifiquement cet objet. De la même façon, la relation entre le beau et le non-beau n'est pas une relation directe – c'est la raison pour laquelle non beau ne peut pas signifier laid, son contraire, car laideur et beauté sont deux Idées qui sont dans une relation de contrariété directe : chacune exclut son contraire, et aucune des deux n'est constituée par sa relation à l'autre. Le non-beau, lui, est une construction dérivée, il est la partie de l'autre qui se rapporte au beau, et il vient à être (*sumbebèken einai*) grâce à la partition de l'autre. Sa genèse résulte d'une séparation et d'une mise en opposition de l'une des parties de l'autre au beau. Le non-beau n'est donc pas l'ensemble de tous les autres du beau, il indique la manière de se rapporter au beau par la médiation de l'autre, la manière d'être autrement que beau[1] :

Sain / Malade —> Science	Beau —> Autre
|	|
Partie de la science appliquée au sain / malade = la médecine	partie de l'autre opposée au Beau = le non-beau

L'expression négative est une notion complexe et construite, elle dit l'autre de « quelque chose ». « Non grand » ne signifie pas petit, mais autre relativement à grand, or être autre que grand est aussi une manière d'être autrement autre. Même lorsqu'elle se particularise en science du sain et du malade, ou en science des nombres, ou des sons, ou des Idées, la science implique une

---

1. Pour cette analyse, voir Lee, « Plato on Negation and Not-Being in the *Sophist* », art. cit., p. 269-276. Le principe de l'analogie est énoncé en *Rép.* V, 477c9-d5 : une puissance, *dunamis*, se détermine en fonction de « ce à quoi elle s'applique et de ce qu'elle effectue » (voir *supra*, p. 521-529).

manière particulière de *connaître*, différente de celle de la sensation et de l'opinion (qu'on peut, si on est pointilleux, dénommer plutôt *tekhnè*, ou *mathèma*, ou *epistèmè*) et qui se définit en fonction de la nature de ses objets. Il en va de même lorsque l'autre s'oppose au beau, au grand, ou à l'être : chacune de ces Idées possède une manière particulière d'être autre, elles imposent à l'autre de différer différemment (axiologiquement, qualitativement, quantitativement, sémantiquement, onto-logiquement…). Il n'y a pas plus d'univocité de la différence qu'il n'y a d'univocité de la science : il existe plusieurs manières de connaître et plusieurs manières de différer.

Partition ou morcellement ?

> L'ÉTRANGER — Alors, maintenant dis-moi ceci… THÉÉTÈTE — Quoi ? L'ÉTRANGER — Quel que soit celui des étants que l'on distingue d'un genre déterminé et qui vient de plus se mettre en opposition avec quelqu'un des étants, n'est-ce pas ainsi que le non-beau arrive à être ? THÉÉTÈTE — Ainsi, oui. L'ÉTRANGER — Une mise en opposition d'étant à étant, voici donc, à ce qu'il semble, comment le non-beau vient à être quelque chose. (257d12-e7)

La constitution du non-beau résulte (le verbe est au parfait) d'une double opération, et il ne s'agit pas ici de définir ce qu'est le non-beau. La preuve en est la réponse de Théétète : « Ainsi. » C'est « ainsi » que le non-beau « vient à être », et non pas « c'est bien ce qu'il est ». L'objet de la partition est évidemment le genre de l'autre, mais s'il possède unité et détermination, il n'en va pas nécessairement de même pour ses parties : elles peuvent n'être que de « petits morceaux » (*moria*).

La limite de l'analogie avec la science réside dans la nature de leurs « parties », donc dans leur mode de partition. Peut-on cependant dire que les parties de l'autre sont exactement aussi déterminées dans leur contenu et aussi bien et précisément définies que les natures positives auxquelles elles sont opposées ? Il faut prêter attention au verbe employé : « briser en petits morceaux » (*katakekermatisthai*, parfait passif du verbe *katakermatizô*). « Je t'avais prié de ne pas déchiqueter (*katagnunai*) et de ne pas briser en morceaux (*kermatizein*) la vertu », dit Socrate à Ménon, « comme si je devais reconnaître son unité même si tu la déchires en petits morceaux. »

Le même verbe est employé dans le deuxième hypothèse du *Parménide* pour traduire le morcellement de l'Un en une pluralité illimitée[1], et dans l'avant-dernière hypothèse il désigne l'émiettement des « masses » découlant de l'absence de l'Un, émiettement qui débouche sur une quantité indéfinie[2]. C'est ce que fait l'antilogique : il morcelle le discours en une alternance de questions-réponses qui ne portent que sur des mots, sans qu'il ne soit jamais question de rien[3]. Le texte le plus clair à ce sujet est sans doute celui du *Politique*, où *katakermatistai* désigne le « morcellement » de l'espèce non homogène « animaux domestiques vivant en troupeaux », erreur de division qui répète la confusion entre « partie » (*meros*) et « espèce » (ou « essence », *eidos*) dénoncée à propos de la mauvaise division du

1. *Ménon*, 79c2 ; *Parm.*, 144b4.
2. *Parm.*, 144e3-5, 164d4,165b5, 165c2.
3. *Soph.*, 225b8-9.

genre humain en Grecs et Barbares[1]. Si toute espèce est une partie, toute partie n'est pas une espèce (« Barbares » n'en est pas une), donc toute partie de l'autre n'en est pas nécessairement une et ne correspond pas nécessairement à une essence.

LA MISE EN OPPOSITION
ET LA PARITÉ D'ÊTRE (257D14-258B5)

Pour dire la nature de l'opération aboutissant à la constitution d'un terme négatif, l'Étranger parle de contre-position, d'*antithesis*. Comme le dit fort justement Heidegger : « C'est bien avant le *Sophiste*, et peut-être dès le début de son entreprise philosophique proprement dite, que Platon a vu la différence entre l'*enantiôsis*, la négation vide, et l'*antithesis*, le *« ne pas »* *décelant* [...] autrement dit c'est seulement tardivement qu'il a vraiment vu le concept de *l'heteron*[2]. » Cela explique pourquoi on ne trouve aucune autre occurrence platonicienne du terme *antithesis* en dehors de cette analyse de la négation. L'*antithesis*, la mise en opposition, introduirait-elle un autre sens de l'altérité, une altérité « constitutive », tandis qu'auparavant l'autre n'aurait eu qu'une fonction adventice[3] ? C'est leur mise en opposition qui sépare une partie de la nature de l'autre et permet d'affirmer une parité d'être entre la partie ainsi séparée et le terme auquel elle s'oppose. Or l'*antithesis*

---

1. *Pol.*, 266a2, 263b.
2. Heidegger, *Le Sophiste*, *op. cit.*, p. 537. Il vaudrait mieux, toutefois, remplacer « concept » par « nature ».
3. E.N. Lee, « Plato on Negation and Not-Being in the *Sophist* » a eu le mérite, décisif à tous égards, de montrer l'importance et la signification de ce terme, mais a-t-il raison de juger qu'il n'aurait eu auparavant qu'une fonction « adventice » (art. cit., p. 267-269) ?

n'est pas une relation logique, c'est une opération : une
mise en opposition. Elle est solidaire d'une *genèse*, elle
désigne le mode de constitution des termes négatifs et non
pas une espèce particulière de relation que Platon aurait
définie ici et oubliée par la suite[1]. De ce point de vue,
il y a en effet une rupture dans l'examen de l'Étranger,
mais elle se situe plus haut : puisque le mouvement est
autre que l'être, « il est donc clair qu'il est réellement non
étant ». Commence alors la démonstration que l'autre
à la fois produit du non étant et en constitue l'unique
signification. À aucun moment il n'est, dans l'analyse
qui commence en 256d5, question de la différence
entre deux Idées quelconques, mais seulement de leur
différence d'avec *l'être* : de *leur* non être, et de l'être de
cette différence : *du* non-être. La transition va alors de
« non étant » comme propriété de tout être déterminé –
étant autre que l'être, cet être est « non étant » – au non-
être comme Idée une. L'examen passe de l'ontologique
au sémantique pour revenir à l'ontologique, et il n'est
jamais logique. Interpréter logiquement, c'est forcément
confondre jugement négatif et expression négative. Or
c'est *la genèse des expressions négatives* que décrit la
partition de l'autre, genèse dont celles-ci tirent leur
signification.

  Une partie de l'autre s'en détache quand il subit
l'action d'un être déterminé. En s'opposant à lui, cette
partie, non-X – partie détachée de la nature de l'autre
relativement à X – entre en opposition avec X. Le
beau préside à la constitution du non-beau, le terme

  1. Pour *antitithèmi*, « se confronter à », « se mettre en face »,
« contrebalancer », voir *Gorg.*, 461e4, *Phédon*, 87a2, *Rép.* VIII,
545a5 et l'emploi ironique de *Pol.*, 263d6 (la grue *se dresserait face à*
tous les autres animaux).

positif, condition de la partition de l'autre, précède nécessairement le terme négatif. Mais leur mise en opposition a pour effet *d'effacer cette préséance et d'instaurer une relation réciproque d'être à être*. C'est donc en tant que parties de la nature de l'autre, ce genre qui est, que ses parties, même si elles ne sont pas des essences, *sont* : pour elles, être, c'est participer à l'être de l'autre. Tout leur être réside, et réside seulement, dans leur être autre, dans leur « différence d'avec », alors que c'est en tant qu'ils participent de l'être que sont le beau, le grand, le juste. Ils participent tous à l'être, ils en *font partie, donc font partie des étants*. Mais quand le beau entre en opposition avec le non-beau, la seule parité qui semble pouvoir être affirmée entre les deux termes est leur parité d'être, car si le beau a la *propriété* d'être autre, l'autre est *constitutif* de l'existence du non-beau.

De cette parité d'être découle l'altérité mutuelle des termes mis en opposition :

> L'ÉTRANGER — Mais quoi? est-ce que, selon ce raisonnement, le beau fait pour nous davantage partie des choses qui sont, et le non-beau, moins? THÉÉTÈTE — Pas du tout. L'ÉTRANGER — Il faut donc affirmer que le non-grand et le grand lui-même existent tout autant? THÉÉTÈTE — Tout autant. L'ÉTRANGER — Donc le non-juste aussi doit être placé au même rang que le juste, au moins dans la mesure où ils ne sont pas plus (*mallon*) quelque chose l'un que l'autre? THÉÉTÈTE — Certainement. (257e9-258a6)

L'interchangeabilité des exemples – le non-beau, le non-grand, le non-juste – et la rapidité de leur succession tendent à montrer que tous les termes mis en opposition sont autant, c'est-à-dire ni plus ni moins, l'un que l'autre. Tous ont exactement autant d'être : participer à l'être ne confère pas *plus* d'être que participer à l'être de l'autre. Mais l'altérité en devient mutuelle, l'effet de la mise en opposition est que chacun des deux termes, le terme positif et le terme négatif, se rapporte désormais l'un à l'autre comme un autre à un autre : aucun des deux n'est davantage, aucun des deux n'est plus ou moins autre. Non seulement l'attribution de « non beau » n'exclut pas la participation au beau, mais pour se constituer, le non-beau implique nécessairement une participation indirecte au beau : il n'existe que de la participation du beau à l'autre, laquelle entraîne, par séparation, la constititution de la partie de l'autre opposée au beau. Dans la partie de l'autre relative à lui, le beau trouve son autre, qui n'est pas n'importe quel autre, ni toutes les autres Idées à l'exception de lui-même, mais *son* autre, qui n'a en aucune façon moins d'être que lui. Le non-beau et le beau ont alors autant d'être parce que leur mise en opposition confronte de l'être affecté d'autre avec de l'autre affecté d'être : à l'intérieur d'une *antithesis*, chacun des deux termes devient l'autre de son autre. Si le non-beau ne signifie que l'altérité relative au beau, la nature du beau se met, à l'intérieur de cette opposition, à ne plus *signifier* à son tour qu'en référence à sa négation, au non-beau : mutuellement opposés, beau et non-beau le sont assurément, mais du même coup ils sont seulement mutuellement déterminés. La différenciation est strictement réciproque, et qu'elle aille du positif au négatif ou du négatif au positif, elle n'entraîne ni déperdition d'être ni accroissement d'altérité. Cependant, quand ils sont seulement face à leurs autres, le beau ou le grand laissent ouverte l'interrogation quant à leur nature, le terme positif présente une détermination aussi incomplète, du point de vue dialectique, que le terme négatif. Je peux, disant non beau, me tromper sur la nature du beau : mon expression n'en signifiera pas moins quelque chose : l'autre relativement à ce que *je crois* être le beau ; la « nature du beau » n'en aura pas moins rempli sa fonction de terme focalisant la mise en opposition, et elle n'en restera pas moins autre que celle du non-beau. Lequel peut bien n'être qu'un morceau dépourvu d'unité véritable de l'autre-qui-est, il n'en *sera* pas moins, il sera l'autre relatif au beau, qui n'est pas dans ce cas nécessairement une Idée. Le beau et le non-beau peuvent relever tous deux d'une opinion, et tous deux, mais pas plus l'un que l'autre, pourront être des noms mal institués ou mal compris. La vérité et l'erreur n'ont rien à faire ici, elles sont affaires de dialectique, alors que dans les expressions négatives l'autre ne joue aucun rôle dialectique, il a une fonction sémantique : déterminer le sens d'une expression négative comme opposition à une expression positive, et assurer de ce point de vue la parité ontologique des deux termes.

LES FONCTIONS DE L'AUTRE (258A11-B5)

Des opérations identiques constituent la nature du non-être et de la propriété non étant.

LE NON-ÊTRE COMME « IDÉE UNE » (258B6-C5)

Pour établir l'existence de l'autre comme genre, il n'était nullement nécessaire de passer par l'analyse de la négation : il suffisait de poser que la différence de l'être d'avec le mouvement et le repos supposait l'autre comme condition d'une multiplicité de genres différenciés. Pour pouvoir en revanche affirmer que le non-être est, qu'« il possède de façon assurée sa nature propre » et qu'il est une « Idée une » (*eidos hen*), la question de la signification des expressions négatives et la détermination des deux opérations présidant à leur genèse – séparation et mise en opposition – devait d'abord être examinée, puisque, à la différence de « autre », « non-être » est un terme résultant d'opérations de ce genre, dont la signification ne peut donc être élucidée qu'en liaison avec celle des autres termes du même genre. Le non-beau n'*est* qu'en tant qu'il participe de l'autre, qui lui-même participe de l'être : l'autre est à la fois constitutif de l'être du non-beau, et condition de sa signification. Exactement de la même façon, l'autre est ce qui permet d'affirmer l'être du non-étant et de ne conférer comme signification à « non étant » que celle d'une différence d'avec l'étant.

Ce qui possède un contraire exclut nécessairement son contraire, le froid exclut toute participation à la chaleur et le pair toute participation là l'imparité. Ce qui est non étant ne devrait-il pas exclure toute participation à l'être ? Ce serait évidemment le cas si non étant signifiait le contraire d'étant et si le non-être était le contraire de l'être. Qu'il ne le soit pas est précisément ce que l'Étranger veut démontrer. Or ce qu'il vient de faire a seulement démontré qu'en s'opposant à la nature d'un étant, donc à un « morceau » de la nature de l'être (le beau, le juste), la nature de l'autre se morcelle et fait exister l'autre de ce morceau d'être : le non-beau, le non-juste. La phrase qui suit ne fait-elle que le répéter ? La similitude de « non étant » avec « non beau » ou « non juste » peut-elle se soutenir[1] ?

---

1. Pour l'objection qui suit, voir D. O'Brien, *Le Non-être*, *op. cit.*, p. 61.

L'ÉTRANGER — Donc, à ce qu'il semble, quand un morceau de la nature et la nature de l'étant entre en opposition l'un avec l'autre, leur mise en opposition n'est pas, s'il est permis de le dire, moins douée de sa manière d'être que celle de l'étant lui-même, car ce n'est pas le contraire de l'être qu'elle signifie, mais seulement ceci : son autre. THÉÉTÈTE — C'est on ne peut plus clair. L'ÉTRANGER — Quel nom alors lui donnerons-nous ? THÉÉTÈTE — C'est évident : le non-étant que nous cherchions à cause du sophiste, le voilà, c'est lui ! (258a11-b7)

La première phrase de l'Étranger peut être construite de plusieurs manières. S'agit-il de la mise en opposition de « la nature d'un morceau de l'autre » ou « d'un morceau de la nature de l'autre », à la « nature de l'être » ou à « [une partie] de la nature de l'être » ?

Suppléer « partie » pour opposer « partie (de l'autre) » à « partie de l'être » revient à répéter ce qui vient d'être dit : la nature d'une partie de l'autre, le non-beau par exemple, s'oppose à une partie de l'être, le beau. Mais c'est une partie de l'être, le beau qui partialise l'autre. Or si on inverse la direction, et si c'est une partie de l'autre qui partialise l'être, quelles pourraient bien être les parties de l'être qui ne s'opposeraient pas à l'autre, puisque les deux genres sont universellement participés, donc coextensifs[1] ? S'il n'y a guère de doute que c'est avec la nature de l'être, et non avec une de ses parties que le non-être entre en opposition, reste la première alternative. Est-ce la nature d'une partie de l'autre, ou

1. C'est ce que font Heindorf, Stallbaum, Diès et Cordero, réfutés par Campbell : cette opposition *naturae partis alicujus*, « de la nature de la partie de chacun » : de l'autre et de l'être, méconnaît que Platon procède ici à « la généralisation de l'argument précédent », généralisation qu'implique le non-être.

une partie de la nature de l'autre qui s'oppose à l'être ? La différence est que, dans le premier cas, l'autre aurait par nature des morceaux dont l'un s'opposerait naturellement à l'être, alors que dans le second, c'est son opposition à l'être qui en découperait une partie. La question étant alors : à quoi s'opposeraient ses autres parties ? Eh bien, si par exemple les copies diffèrent des simulacres, c'est bien une partie de l'autre qui les fait différer, alors qu'elles existent pourtant toutes. Or, s'il n'y a pas qu'une seule manière de différer, si le passé ne diffère pas du présent de la même manière qu'il diffère de l'avenir, ou si les philosophes ne diffèrent pas des politiques comme ils diffèrent des sophistes, il faut bien que ces différentes manières de différer morcellent l'autre, qui a pratiquement une infinité de morceaux, sa puissance étant coextensive à celle de l'être. C'est pourquoi il me semble qu'il faille opter pour « un morceau de la nature de l'autre »[1].

Mais l'autre se partialise-t-il de la même manière que lorsqu'il s'oppose au beau et au grand, et même se partialise-t-il tout court quand il s'oppose à l'être ? On juge que c'est impossible, d'abord parce que l'être est, au même titre que l'autre, universellement disséminé : comment un *morceau* de l'Autre pourrait-il venir en opposition avec l'être et en découper une partie, puisque les différentes manières de ne pas être l'être recouvrent et épuisent à la fois la totalité des êtres et la totalité des autres ? Comment l'être pourrait-il *séparer* une partie de l'autre, et comment l'autre pourrait-il découper une partie de l'être, puisque l'autre et l'être sont coextensifs ?

1. À la différence de Schleiermacher et de D. O'Brien, et en adoptant la position de E.N. Lee, « Plato on Negation and Non being in the *Sophist* », art. cit., p. 282-283.

L'Étranger vient d'établir qu'une partie de la nature de l'autre, « focalisée » sur la nature de l'être, se déterminait par cette opposition ; en 258e1-3, il précise que la partie de cette nature, morcelée et distribuée à tous les êtres, est opposée à *l'être de chaque chose*, et dans cette opposition mutuelle l'être se trouve lui aussi morcelé et relié. Si l'être était impuissant, en s'appliquant à l'autre, à en séparer une partie, le non-être équivaudrait alors strictement à l'autre. Or l'Étranger affirme que le non-être est la *partie* de la nature de l'autre opposée à l'être, et à l'être de chaque chose. Comment justifier dans les deux cas le terme « partie » ? De fait, l'objection assimile deux choses totalement différentes : d'une part *l'extension universelle* de l'être, et d'autre part sa *signification*, distincte de celle de tous les autres genres. Le non-être s'oppose à l'être en tant que l'être *ne signifie que* l'être, et non pas le même ou n'importe quoi *d'autre que lui*. Il faut donc penser toute expression négative, y compris non-étant, *en intention, ou en signification, et non pas en extension*. Dire que le non-être s'oppose à l'être veut dire qu'il s'oppose à ce que signifie l'être, à sa nature propre, en lui-même et en chacun des êtres : il ne s'oppose pas à l'être en tant que celui-ci s'étend à tous les êtres mais en tant qu'il possède la puissance de faire être, exister, toutes les choses qui participent de lui.

C'est ce qu'affirme fortement l'Étranger lorsqu'il conclut que le non-être, qui en grec se dit « non-étant », est fermement assuré de sa propre nature, et qu'il l'est *au même titre* que le non-grand et le non-beau :

> ne faut-il pas avoir désormais l'audace de dire que le non-être possède sa propre nature d'une manière fermement assurée ? et qu'exactement, comme tout à l'heure le grand était grand et le beau était beau et

> qu'étaient aussi le non-grand et le non-beau, le non-étant
> était et est en lui-même non-étant, donc une Idée une à
> compter au nombre de celles qui sont? (258b10-c4).

La nature du non-étant, c'est la mise en opposition,
et il n'en a pas d'autre. L'*antithesis* n'est pas dans son
cas une opération constitutive, le non-être ne *résulte* pas
d'une mise en opposition, il *est* une mise en opposition
à l'être : l'*antithesis* elle-même. Comme toute Idée,
le non-être n'est pas l'ensemble de ses participants :
étant une *antithesis*, une mise en opposition, il n'est pas
l'ensemble des *antitheseis*, de ces mises en opposition
que sont le non-beau, le non-grand, etc. Autrement dit,
« non-étant » n'est pas une expression incomplète, une
forme générale de l'énoncé : « ne-pas-être X », il n'est
pas la somme de toutes les parties de l'autre opposées à
un terme quelconque, il est, comme toute Idée, condition
d'intelligibilité, et comme toute Idée, il conserve la
même nature en étant multiplement participé. Mais ce qui
participe de lui, ce sont des mises en opposition, qui ne
participent pas de l'autre en général mais d'un *morceau*
de l'autre, de sa mise en opposition à l'être appelée « non-
être ». Mise en opposition de la nature d'un morceau de
l'autre à la nature de l'être, le non-être suppose une mise
à distance de l'être, un recul par rapport à lui.

> On connaît les belles descriptions que l'Étranger du
> *Sophiste* donne de cet autre, (...) qui n'a d'être que son
> être autre, c'est-à-dire un être emprunté qui, considéré
> en lui-même, s'évanouit et ne reprend une existence
> marginale que si l'on fixe ses regards sur l'être, qui
> s'épuise à être autre que lui-même et autre que l'être,
> lesquels n'existent pas moins que l'être lui-même[1].

1. Pour citer Sartre une dernière fois, (*L'Être et le Néant, op. cit.*,
p. 712).

L'autre, le dernier des très grands genres à être découvert et posé, n'émerge que si l'on considère les différences entre les genres : sa puissance de différenciation et de relation l'épuise, car cette puissance n'est pas *le propre* de sa nature, elle *constitue* toute la nature de l'autre. Tout l'être que possède l'autre, il l'emprunte à l'être, sans que cela ne devienne jamais dans son cas son être propre, son être même. De telle sorte que « considéré en lui-même » cet être s'évanouit, c'est l'être inconsistant, évanescent (mais être quand même) de l'absolument relatif. Mais si l'on fixe ses regards sur l'être, si l'on rapporte l'autre à l'être, alors se constitue le non-être, et c'est de lui que l'Étranger affirme de façon réitérée qu'il n'a pas moins d'être que l'être. Participer à l'autre, c'est n'avoir pour être que la relation à un autre. L'altérité de l'autre confère à chaque être la propriété d'être autre relativement à un autre. La relation de l'autre à l'être déclenche donc deux opérations : la partition de l'autre, et sa mise en opposition à l'être qui constitue l'être du non-être.

Lors de la découverte des cinq plus grands genres, l'autre est ce genre qui oblige l'être à être autre que l'autre et que tous les autres genres : à n'être que l'un des genres qui sont. Cependant, cette différence ne peut être affirmée qu'à la condition que l'être ne soit pas le même, ni même en tous les êtres, qu'il existe une infinité d'êtres différents, et de manières d'être différentes[1] : en cela réside *d'abord*

---

1. Par « manières d'être », il ne faut pas entendre les sens que Platon accorderait, ou non, au verbe être, mais aussi bien la manière d'être (*ousia*) de l'intelligible que celle du sensible ou encore celle des puissances ou de ces êtres absolument relatifs que sont les images. Pour une mise au point concernant les discussions de l'école anglo-saxonne à propos des différents sens de « être » dans le *Sophiste* :

le parricide. L'autre, en se distribuant universellement, différencie l'être en êtres numériquement distincts et mutuellement différents. Comme genre, l'autre est ce qui interdit que l'être ne soit qu'étant, puisqu'il est aussi autre, ce qui fait qu'il ne peut être « soi-même en soi-même » que médiatement, en participant du même. En ce sens, l'autre est ce qui contraint l'être et chaque être à participer aussi du même, à être même qu'eux-mêmes, si l'être doit véritablement être l'être, et si tel être doit véritablement être l'être qu'il est. L'existence de l'autre impose à l'être de participer *au même et à l'autre*. Participer à l'autre ainsi entendu, et ne pas participer au même, c'est n'avoir d'autre être que l'altérité, une altérité totale, perpétuelle et relative, celle qui, excluant tout « soi-même », ne permet de poser que des relations et des relations de relations, des relations sans termes reliés, des relations dont les termes sont eux-mêmes des relations sans qu'aucun ne soit relié à lui-même. C'est à cet aspect de l'autre que se réfère l'avant-dernière hypothèse du *Parménide* : si l'un n'est pas, les autres ne peuvent être que mutuellement autres mais ils présentent de loin un simulacre d'unité, ils *paraissent* (*phainomena*) être affectés par le même. Quant aux « raffinés » du *Théétète*, ils refusent tout être en soi, en concluent qu'il faut éliminer le mot « être » et refuser tout être à la relation[1]. L'autre en ce cas ne signifie pas seulement l'autre, il est ce qui n'a aucune part au même.

« existentiel » (être comme prédicat complet), copulatif (être comme prédicat incomplet), Platon distinguant, ou non, la double fonction d'identité et de prédication, voir N.L. Cordero, Platon, *Le Sophiste*, éd. cit., notes 301-302, p. 260-261.

1. Cf. *Parm.*, 164b5-165e1 ; *cf.* Annexe V ; *Théét.*, 157 a-b.

Cela, parce que l'autre, seul de tous les genres, n'est même que lui-même qu'en étant autre. Chaque genre, en effet, et par exemple le mouvement, est dit « même » en raison « de sa participation au même quant à soi-même », relation qui, le tournant vers soi, lui confère un « soi-même ». Participant aussi à l'autre, « il devient non plus ce soi-là, mais autre ». L'autre est donc une exception, puisque, pour lui, se tourner vers « soi-même », c'est se tourner vers l'autre. Les étants peuvent se dire de deux façons : en tant qu'ils sont dits « eux-mêmes selon eux-mêmes », et en tant « qu'ils sont toujours dits relativement à d'autres » : « tout ce qui est autre, c'est nécessairement en étant autre qu'un autre qu'il se trouve être ce que précisément il est ? »

Entre l'autre-qui-est et l'être-qui-est-autre, entre le non-être-qui-est et l'être-qui-n'est-pas, il serait impossible de distinguer si le même n'intervenait pas : il y a des étants qui sont mêmes qu'eux-mêmes tant qu'ils existent, et des étants qui sont *toujours* mêmes qu'eux-mêmes et le restent en dépit de la discursivité dialectique qui les détermine en les différenciant et ne peut les différencier que pour autant qu'ils restent eux-mêmes. La dialectique serait pourtant tout aussi impossible si l'autre ne reliait pas les êtres en se distribuant à travers tous. La fonction dialectique de l'autre suppose la fonction ontologique du non-être, qui garantit la forme d'une différence faisant équivaloir différence d'être à autre, d'être à être, et d'autre à autre – seule manière de penser l'être autrement que comme une identité indifférenciée assimilable au néant[1]. Pour le grondement du néant, ce n'est pas dans le *Sophiste* qu'il faut chercher à l'entendre, mais plutôt

---

1. *Cf.* Hegel, *Science de la Logique*, Livre I, 1re section, chap. 1.

dans la dernière hypothèse du *Parménide*, celle qui tire les conséquences de l'absence de l'Un : rien, alors, est : *ouden estin* (166c1) ; ou encore à la fin du *Phédon*, puisque, immortelle, l'âme n'est pas certaine d'être indestructible (106c-107b). C'est seulement lorsqu'on *imagine* ce retrait total de l'Un ou cette destruction de l'âme que se manifesterait la puissance du rien, et qu'il serait. Le non-être étant la différence intérieure à l'être, « il doit être compté comme une Idée (*eidos*) une au nombre de celles qui sont ». Il n'est pas ce néant extérieur qui serait, au mieux, une image. Il n'est qu'une partie de l'autre, non parce qu'il y aurait d'autres parties qui s'opposeraient à autre chose qu'à l'être, car cet autre chose *serait* nécessairement, puisque l'être est universellement participé. Comment cependant justifier qu'il n'en soit qu'une partie[1] ? La seule réponse possible est : parce que l'autre est le contraire du même.

Participer seulement à l'autre, c'est en effet ne pas être soi-même. Est soi-même un être qui peut être autre que ses autres sans pour autant s'altérer, se dénaturer, et c'est d'être « selon soi-même » qu'il tire cette puissance – autrement dit, il la tire de ce qu'il a fait de son âme. Posséder en revanche une manière d'être qui n'est que celle de l'autre, c'est n'avoir d'autre être que d'être autre relativement à un autre : tel est l'être de l'apparence, du simulacre, et tel est aussi celui du sophiste[2].

---

1. Voir 258e et la note XXIV à la traduction.
2. La *propriété* qu'on lui attribue est relative, non *son existence*. Or c'est d'existence qu'il est question ici.

TRANSITION : PAR-DELÀ PARMÉNIDE
(258C6-259D8)

Théétète accordant qu'il ne voit aucune raison de ne pas croire à ce qui vient d'être affirmé, l'Étranger tient alors à préciser la véritable nature de son parricide. Il rappelle en quoi consistait l'interdit de Parménide :

> *Car jamais ceci ne sera dompté : que des non-étants sont ;*
> *Toi qui cherches, écarte ta pensée de cette voie*[1].
> (VII ,1-2)

Il est désormais acquis que l'autre a par nature une puissance de faire différer. Ayant une telle puissance, il *est*, et sa nature est la condition de toute mise en relation. Quand un être s'articule à un autre être, leur mise en relation se métamorphose, sous l'effet de l'autre, en altérité mutuelle : il se morcelle en se distribuant à tous les êtres et les relie mutuellement ; du non-être on peut alors dire qu'il est « réellement » non étant et que sa nature est fermement assurée : « ... de chacun des petits morceaux qui entrent en opposition avec l'être de chaque chose, nous avons osé dire que c'était *cela* qu'est réellement le non-être ».

Le « parricide » de Parménide ne se borne donc pas à affirmer l'être du non-être, il implique nécessairement que l'être, d'une certaine façon, ne soit pas. C'est à un être pluralisé et différencié que s'oppose le non-être de Platon, et c'est de cet être qu'il n'y a pas de contraire[2] :

---

1. Vers déjà cités en 237a, avec une légère variante rendue ici par « écarte » au lieu de « détourne ».
2. Ceux qui reprochent à Platon de ne pas avoir « résolu » la question du néant – entendu comme contraire de l'être, de l'avoir seulement « envoyé promener » donc de ne pas avoir vraiment réfuté Parménide (voir Cordero, Platon, *Le Sophiste*, éd. cit., n. 332, p. 268,

le non-être n'est pas alors le contraire de l'être *parce que l'être ainsi conçu ne l'exclut pas*. Pour qui persiste à les considérer selon cette relation d'exclusion mutuelle, la nécessité de l'être coïncide avec sa propre position de possibilité, celle du « il y a » plutôt que rien – « car il est possible d'être et il n'est pas possible que rien (soit) »[1] – ainsi qu'avec son affirmation exclusive et nécessaire. Puisque tout est plein du même être, aucune différence intérieure ou extérieure ne peut en fissurer la sphère. L'Étranger est donc en droit de déclarer qu'il a poussé plus loin, plus largement, sa réfutation de Parménide, et qu'en affirmant l'existence du non-être il n'a pas seulement emprunté la voie interdite, mais introduit l'altérité dans l'être « de sorte qu'incontestablement des milliers et des milliers de fois il n'est pas, et que les autres, pris chacun à part ou tous ensemble, sous de multiples rapports sont et sous de multiples rapports ne sont pas. » Quiconque prétendra qu'il n'a pas réfuté Parménide devra donc réfuter *à la fois* ce qu'il affirme du non-être (qu'il est) et ce qu'il affirme de l'être (qu'il n'est pas).

Par-delà Parménide, donc, mais aussi par-delà Hegel. Car penser le non-être comme mise en opposition à l'être

n. 336 p. 269 et n. 339 p. 370), s'obstinent à confondre néant et non-être, or c'est bien de non-être que parle Parménide (*cf.* fr. II, 7). D. O'Brien, *Le Non-être, op. cit.*, p. 11 et p. 43 *sq.* soutient également que Platon n'a pas réfuté Parménide, et juge non pertinent d'évoquer à ce propos sa réfutation de l'être. L'être doit pourtant bien être présent dans non-*être, car si ce n'est pas sur lui, sur quoi* porterait la négation ? L'Étranger, pour sa part, ne cesse d'affirmer la parité des deux questions et des deux difficultés.

1. Parménide, fr. VI, 1-2 ; voir C. Ramnoux, *Parménide, op. cit.*, p. 58 : « Car il y a de l'être. Quant au rien il n'est pas », et B. Cassin, *Sur la Nature, op. cit.* : « car est être ; mais rien n'est pas. » La traduction O'Brien-Frère a l'avantage de relier la possibilité et la nécessité (« il faut (*khrè*) dire ceci et penser ceci, car il n'est pas possible... » (*Études sur Parménide, op. cit.*, t. I, p. 213-215).

est aussi la seule manière de ne pas poser l'identité, bien hégélienne cette fois, de l'identité et de la non-identité, donc de ne pas affirmer la domination, initiale ou terminale, du même. Ni Parménide, ni Hegel : le jeu platonicien de l'être, de l'autre et du même n'autorise aucune prépondérance, n'accorde à l'un de ces trois grands genres aucune souveraineté sur les deux autres.

RÉFUTER CE QUE NOUS DISONS ÊTRE LE NON-ÊTRE
(258E6-259D8)

Puisque le non-être n'est pas le contraire de l'être, il n'y a plus lieu de craindre qu'il soit indicible : « Quant à ce que nous disons à présent être le non-être, ou bien qu'on nous persuade que nous avons tort et qu'on le réfute ; ou, tant qu'on en sera incapable, qu'on dise à son sujet ce que nous en disons. »

Que devra réfuter
ce contradicteur potentiel ? (258e6-259b8)

– D'abord, que les genres peuvent se mélanger. L'hypothèse contraire a été rejetée parce qu'elle rendrait le discours impossible, mais c'était alors l'hypothèse d'une communication *sélective* qui avait été retenue, alors que n'est affirmée maintenant que la possibilité générale de leurs mélanges. C'est elle en effet qu'il faut réfuter, et si l'on y réussit, la question de savoir « quels genres avec quels genres ? » ne se posera évidemment plus.

– Ensuite, même s'il accorde la possibilité générale d'un mélange des genres, le contradicteur pourra contester qu'elle vaille en particulier pour deux des plus grands d'entre eux, l'être et l'autre. Il a été établi qu'étant universellement participés, ils participent nécessairement l'un à l'autre, et c'est leur participation mutuelle qui a permis de conclure, d'une part que, si l'autre participe à l'être, il n'*est* pas ce dont il participe, mais que, puisqu'il en participe, il est, et d'autre part, que puisque l'être participe à l'autre, il diffère de tous les autres genres. Différant d'eux tous, il est impossible de l'identifier à aucun d'entre eux, mais aussi de l'assimiler à n'importe quel autre genre. Tout partisan d'un mobilisme universel, par exemple, prétend avoir réfuté la première impossibilité, mais Socrate a réfuté hier ces réfutateurs en la personne de Protagoras, et s'y est différemment attaqué aujourd'hui[1]. Reste donc pour eux à répondre comment, si tout, y compris la pensée, est incessamment en mouvement, elle pourrait percevoir et encore moins affirmer que tout est en mouvement. Mais qui pourrait avoir tenté de réfuter la seconde ? Des penseurs de la Nature, comme Thalès selon qui « tout est eau » : si tout ce qui est est eau, c'est l'eau qui fait être tout ce qui est, pas l'être ; et de même pour la théorie atomique : si tout est constitué d'atomes, nul besoin d'*ajouter* le genre de l'être à celui des atomes, puisqu'il lui est identique. La transposition physique de l'être de Parménide fait de l'être « l'ensemble de tous les êtres moins lui-même », et il n'y a nul besoin d'une communication des genres dans la mesure où, de genre, il n'y en a plus qu'un[2]. Dans ces deux cas, la possibilité du non-être est réfutée par la nature de ce qui est, et l'être est devenu un genre inutile.

---

1. Cf. *Théét.*, 180c7-d.
2. Cordero, éd. cit., traduit « ni la totalité des autres, *mais lui-même (plèn auto)* » : une coquille ? Plutôt un acte manqué, un symptôme de l'éléatisme dont il fait fidèlement preuve dans son interprétation du non-être.

On comprend pourquoi Platon ne cite jamais Démocrite, car il est sans doute le plus dangereux représentant de cette sorte de réfutation, et il n'est pas certain que ce fils de la Terre puisse être amélioré, d'autant que la physique adoptée par la suite des temps lui a donné raison.

La première conséquence de la participation entre les deux genres, le genre de l'être et le genre de l'autre, est que, l'autre étant autre que l'être, il n'est pas, mais que, participant à l'être, il est. Mais la seconde, celle qui concerne l'être, est curieusement dissymétrique : il participe à l'autre, « et sera donc autre que tous les autres genres ». Il ne s'agit plus alors de ces deux grands genres, mais de la façon dont *pâtissent* de leur communication réciproque tous les autres genres et chacun d'entre eux. De sorte que l'être est dit « des milliers et des milliers de fois » n'être pas : la multiplicité des êtres, donc des genres dont ils relèvent, est une multiplicité quantitative résultant de la participation de l'être à l'autre ; elle se retourne sur l'être et fait que, des milliers et des milliers de fois, il n'est pas, autant de fois que ses autres sont. Mais ces milliers de genres différents de l'être, ces « autres genres », ne sont pas simplement dits être et n'être pas : chacun et tous sont et ne sont pas « sous certains rapports ». La multiplicité des genres exige, pour être dite être et ne pas être, deux interventions de l'autre : la première est quantitative et aboutit à une multiplicité numérique ; la seconde est différenciation, chaque genre sera dit être et n'être pas dans la mesure où, et de la façon dont, il est capable de différer de l'être. La différence exige que l'on se demande *sous quel rapport* chacun des autres genres diffère de l'être : elle réclame un examen dialectique.

L'Étranger ne s'est donc pas contenté de résumer tout ce qui vient d'être dit, il a articulé deux moments dont on risquait de ne pas voir le lien : la possibilité de la communication des genres ainsi que la science qui en découle, et la découverte du genre de l'autre, qui affecte l'être en engendrant des milliers d'autre genres, tous affectés d'être et d'autre.

Réfuter, mais réfuter véritablement (259b9-d8)

Ce rappel des principaux acquis n'a pas pour but de repousser toute tentative de réfutation, mais de montrer qu'elles auront affaire à une argumentation solidement articulée. Sans dire comme Socrate qu'il prendrait plaisir à être réfuté, l'Étranger s'y prêterait volontiers pourvu que ce soit « une réfutation véritable », qui ne soit donc ni rhétorique, ni éristique.

Il en énonce les trois conditions :

– Celui qui s'attache à réfuter une thèse doit, *avant* de rejeter les solutions qu'elle a prétendu apporter, découvrir la difficulté qu'elle a cherché à résoudre, s'y soumettre lui-même, essayer de la formuler plus correctement et enfin l'affronter, sans en fabriquer une plus facile à abattre « en tirant les arguments tantôt dans un sens et tantôt dans un autre ». Ne sont donc pas véritablement des réfutations celles qui ne comprennent pas *la nature* de la difficulté en question, mais aussi celles qui ne voient pas *où cette difficulté se situe* et *de quel point de vue* il faut la considérer. C'est ce qu'a fait l'Étranger-Platon : il s'est d'abord avoué battu chaque fois qu'il s'agissait du non-être, puis a fini par comprendre pourquoi il l'avait déclaré impensable et ineffable ; ayant localisé la difficulté dans la nature de l'être tel que l'avait pensé Parménide, il a vu que son parricide ne suffisait pas et qu'il devait prendre en compte le fait que chaque grand genre s'avance sous le masque de l'un des grands penseurs de la Nature pour revendiquer son identité avec le genre de l'être et faire du non-être son contraire. Si la chasse au sophiste est si *difficile*, c'est donc parce que rien n'est plus difficile à cerner que le non-être. Le sophiste ne s'est pas trompé en s'y réfugiant, car c'est alors dans tous les genres autres que l'être qu'il peut trouver refuge, genres dont la liste n'est pas close et ne le sera jamais.

– La seconde condition est qu'il faut prendre le temps de progresser pas à pas, de revenir maintes fois en arrière, avant de pouvoir faire un bond en avant. Cette condition renvoie à l'usage pervers que de trop jeunes gens font de la dialectique. « En imitant ceux qui réfutent et en réfutant d'autres, ils prennent plaisir, comme de jeunes chiens, à tirer et à déchiqueter par la parole quiconque se trouve auprès d'eux[1]. » Jouer ainsi à contredire n'importe quoi et n'importe qui, c'est manquer de mesure et délirer[2]. Procéder pas à pas, suivre les méandres d'un raisonnement sans rien omettre et les reparcourir autant qu'il faut, est la condition d'un bon usage de la dialectique, lequel s'oppose à la précipitation comme à l'immédiateté. Réfuter véritablement exige donc de se plier à la temporalité longue et pénible exigée par une réfutation dialectique.

– La troisième condition consiste à tenir compte du point de vue adopté par l'adversaire quand il affirme même ce qui est autre ou autre ce qui est même[3]. L'Étranger

1. *Rép.* VII, 539b-c.
2. C'est en le disant « plus mesuré » que Théodore avait nié que l'étranger soit un fervent de l'éristique (216b).
3. Voir *pèi* (259c9), adverbe interrogatif : par où, de quelle façon ? ou, comme ici, particule enclitique d'une certaine façon, *ekeinèi*, de cette façon (259d1), opposés tous deux à *hamèi ge pèi*, n'importe comment (259d3).

reprend ici pour la réfutation de ses thèses les éléments la méthode de réfutation purgative décrite en 230b à propos des « opinions errantes » : démontrer sur les mêmes objets, aux mêmes points de vue, sous les mêmes rapports, qu'elles sont mutuellement contradictoires. Il faut comprendre le point de vue de l'adversaire et ne pas s'en tenir aux mots si on veut déterminer combattre ce qu'il affirme. La réfutation est donc aussi une affaire de modalité, ce n'est pas un jeu dont les pions seraient le même et l'autre. Tel est le sens de ce qui s'est passé la veille : Socrate a dû défendre Protagoras pour pouvoir véritablement le réfuter. Commettre l'erreur que l'Étranger dénonce dans le *Sophiste* a fourni hier à Socrate l'occasion d'administrer la leçon de réfutation qu'il prête à Protagoras. « Sans être ni agressif ni batailleur, c'est à partir de cela – des thèses que je soutiens concernant le mobilisme universel et de l'homme mesure – que tu dois examiner si c'est une même chose que science et sensation ou si ce sont deux choses différentes, et non pas, comme tout à l'heure, à partir des expressions et des mots du langage courant dont la plupart s'emparent de quelque manière qu'ils se présentent pour finir les uns les autres dans toutes sortes d'impasses[1]. » C'est ce que répète l'Étranger quand il dit qu'il faut « être capable de suivre chaque point d'une argumentation en le mettant à l'épreuve, lorsque quelqu'un affirme que, vu d'une certaine façon (*pèi*), est autre ce qui est même et même ce qui est autre, considérer ce qu'il dit comme étant déterminé (*peponthenai*) par ce point de vue (*ekeinèi*)[2]. »

---

1. *Théét.*, 168b3-c5, trad. M. Narcy légèrement corrigée.
2. *pèi* (259c9), adverbe interrogatif : « par où », ou comme ici particule enclitique : « d'une certaine façon », précisé par *ekeinèi* : « de cette façon », les deux s'opposant à *hamèi ge pèi* : n'importe comment (259d3).

Quelle que soit la traduction choisie pour ce texte dont l'établissement est très incertain, les expressions modalisantes signifient que toute affirmation doit être rapportée au chemin choisi par la pensée pour y arriver.

METTRE LE DISCOURS AU NOMBRE DES GENRES QUI SONT (259D9-260B3)

La conclusion à tirer de ce qui précède est que, pour capturer le sophiste, il faut opter pour l'hypothèse d'une communication sélective des genres : elle seule peut sauver le logos. Mais quels sont ceux qui le menacent, le logos ? De quelle sorte de logos nous priveraient-ils et se priveraient-ils eux-mêmes ?

UN DISCOURS AUTO-DESTRUCTEUR

Puisque ceux pour lesquels tous les genres communiquent avec tous ou aucun avec aucun se contredisent eux-mêmes, ils ne présentent aucun danger. Restent donc ceux pour qui le discours est fait de mots vides qui se renvoient les uns aux autres et peuvent s'identifier, s'assimiler et s'opposer sans difficulté précisément parce que ce ne sont que des mots. Le dire ne dit que du dit, jamais des choses : ainsi parle Gorgias, mais ainsi Platon force-t-il à parler Parménide, qui n'accorde au logos qu'une tâche de signalisation et d'acheminement sur l'unique route possible. Ces deux conceptions du logos, celle qui le coupe radicalement de l'être et celle qui l'enracine dans un être qui n'est ni multiplié ni différencié[1], sont toutes deux également parricides.

1. D'où l'absurdité qui consiste à ranger Platon parmi les Amis des Idées et à croire qu'il n'aurait fait que multiplier l'être de Parménide : les Idées sont des êtres, mais ce sont surtout des essences (*ousiai*), des *manières d'être différentes*.

Mais la première revendique sa filiation, puisqu'elle tire les conséquences que Parménide aurait dû prévoir, à savoir la totale autonomie du langage par rapport à ce qui est, c'est-à-dire à ce qui est perçu. Ainsi doté d'un mode d'existence purement linguistique, le langage peut faire l'objet de multiples techniques tout en en étant l'instrument. C'est pourquoi ce que dit le sophiste mérite d'être entendu et compris, car c'est en cela qu'il est dangereux : dieu de la réfutation, il est capable, comme Socrate seul a su le comprendre, de tirer très habilement les conséquences des faiblesses du langage et du raisonnement des mortels. En alignant des sophismes triomphants, il détourne à son profit la majestueuse voie unique de Parménide.

Tandis que la séparation de l'être et du dire est radicalement affirmée par Gorgias, elle est chez Platon problématique au sens littéral de ce terme. Mettre en effet le langage « au nombre des genres qui sont », en faire « un genre qui est », qu'est-ce que cela veut dire ? Ce genre, le langage, n'appartient-il pas au genre « mimétique », n'en est-il pas la partie verbalement proférée ? Les mots ne sont-ils pas des imitations des choses ? Les étymologies du *Cratyle* démontrent qu'ils ne traduisent que l'opinion que leur nomothète, le législateur de la langue, avait d'elles. La langue *exprime* ses opinions, mais elle ne les *imite* pas. Admettons, mais quant au langage (*logos* et non pas *glôssa*) vocal ou écrit, n'est-il pas l'imitation du langage silencieux que l'âme se tient à elle-même ? Il n'en est que l'émission sonore ou la fixation graphique, leur vocabulaire et leur syntaxe étant exactement les mêmes : le langage parlé ou écrit n'est pas une imitation de la pensée puisque la pensée *est* langage. Elle se heurte aux limites du « langage ordinaire », de la langue, et invente des moyens de les contourner et de les transgresser, mais ce faisant démontre ainsi que le langage commun est le seul langage capable de l'être, commun. Le philosophe peut rêver d'avoir, comme le mathématicien, son langage technique à lui, cela s'appelle la logique, dont l'usage extrême et paroxistique est l'éristique. En esquivant ainsi la question de sa possibilité d'être vrai, un langage logique réduit le vrai à n'être que la propriété d'un raisonnement cohérent, ce qui est le propre d'une pensée dianoétique. Le problème est alors que personne ne se parle à soi-même dans ce langage parfait et parfaitement artificiel : pour le parler, il faut cesser de se parler à soi-même, donc de penser. Il faut refuser les discontinuités et les divagations d'une pensée qui cherche à apprendre et comprendre ce qu'il en est en vérité. « Est-ce qu'il ne faut pas appeler philosophes, et non pas philodoxes, ceux qui désirent saisir ce que chaque être est en lui-même[1] ? » Une nouvelle fois, la chasse au sophiste, ce philodoxe convaincu, tombe sur le philosophe. Car si chacun ne dit ce qu'il dit que parce qu'il désire ce qu'il désire et évalue comme il évalue, si tout discours prend dans le désir sa source et choisit en fonction de lui ses objets et ses fins, tout énoncé se trouve dépendre de la nature de celui qui l'énonce. Le sujet de l'énonciation révèle donc sa nature en tout énoncé, et c'est elle qui détermine la sorte de puissance qu'il accorde au langage, et la sorte de réalités dont il le juge capable de parler. Pour que le discours soit un genre capable de communiquer avec les autres genres, il faut donc lui donner pour sujet une âme capable de désirer comprendre ce que chacun des étants est en vérité, et qui par conséquent met

1. *Rép.* V, 479e10-480a13.

l'être au pluriel et y introduit de la différence. Ce qui donne au parricide son ultime justification et oblige à compter l'autre comme l'un des plus grands des genres. Car si l'autre ne les reliait pas, Idées et Genres seraient inconnaissables et indéfinissables puisqu'il ne suffit pas d'avoir sa propre essence pour différer d'une autre. Or « c'est de leur mutuel entrelacement que le discours nous est né ». L'autre possède donc une puissance égale à celle de l'être : si c'est de l'être que toute chose tient son être, son existence, c'est de l'autre qu'elle tient « ce qu'elle est », sa différence, sa manière d'être propre, son *ousia*.

Le Dialogue peut désormais s'acheminer vers cette vérité que, pas plus que le non-être n'est le contraire de l'être, le faux n'est le contraire du vrai, donc que le sophiste n'est pas le contraire du philosophe. Il est son autre, son faux-semblant, son simulacre[1].

L'EXISTENCE DU FAUX
(260B3-264B10)

Théétète ne comprenant pas pourquoi ils devraient arriver à un accord concernant le discours, l'Étranger entreprend de le lui expliquer.

LE NON-ÊTRE, CONDITION DE LA FAUSSETÉ (260B3-E3)

Compter le logos au nombre des genres qui sont ne permet pas d'assurer que sa manière d'être est telle qu'il puisse communiquer avec le non-être. C'est donc cela qui reste encore à examiner.

---

1. Voir G. Deleuze, *Différence et Répétition*, *op. cit.*, p. 166 ; dommage qu'à partir de là il en arrive à un éloge « audacieux » du simulacre, qui n'a guère besoin de lui pour dominer le monde.

La route à suivre (260B3-261C10)

« Si le logos ne se mélange pas avec le non-être, dit l'Étranger, tout (*panta*) est forcément vrai. » Que désigne ce « tout »? Toutes les choses dont il parle? On a vu que bien qu'elles soient, existent, elles n'étaient pas toutes des étants véritables. Donc, plutôt tout ce que le discours dit, tous ses énoncés, même s'ils portent sur des apparences et les opinions qu'on en a. Qu'arrive-t-il en effet si le non-être se mélange à l'opinion et au discours? Les deux se trouvent être faux : « car le fait de croire et de dire des choses qui ne sont pas, c'est en cela, je pense, que consiste le faux (*pseudos*) lorsqu'il survient dans la pensée (*dianoia*) et dans les discours. » La « pensée » se substitue à l'opinion, ou plutôt une certaine sorte de pensée, la pensée « dianoétique »; quant à la définition (d'ailleurs prudente) du discours faux, elle est pour le moins prématurée puisqu'elle va avoir besoin d'être démontrée. C'est pourquoi mieux vaut commencer par en dénoncer les effets : dès qu'il y a du faux, il y a tromperie, ruse, illusion (*apatè*), et tout se remplit alors d'images, qu'elles soient copies, semblants ou images psychiques (*phantasias*). Or Protagoras affirmait la veille (par la bouche de Socrate) que la *phantasia* est l'instrument de mesure (le *kriterion*) par lequel l'homme décide de la réalité[1]. Étant la manière dont la réalité « se présente » par l'intermédiaire de la sensation, l'image psychique est toujours vraie et ne suscite que des opinions vraies, puisque selon Protagoras la sensation ne saurait être trompeuse[2]. Cependant, « comme il est apparu clairement (*ephanè*) que le non-être participait à l'être, ce n'est peut-être pas sur ce point » que le sophiste « pourrait

1. *Théét.*, 178b.
2. *Cf.* 235d-236c.

livrer bataille »[1]. Peut-être en effet pourrait-il dire « que certaines Idées participent au non-être, et d'autres pas, et que le discours et l'opinion sont de celles qui n'y participent pas ». Il conserverait ainsi le domaine qui est le sien, celui des images parlées et des apparences émancipées de leurs modèles, et il détiendrait bien un art : celui de fabriquer des simulacres.

SES ÉTAPES

L'Étranger dresse alors la liste des étapes grâce auxquelles ils pourront répondre à l'objection qu'il vient de prêter au sophiste, tout en n'étant pas certain qu'elles réussiront à le capturer :
— découvrir complétement ce que peuvent bien être le discours, l'opinion et l'imagination (*phantasia*)
— afin d'examiner quelle communauté ils ont avec le non-être
— puis démontrer que le faux existe
— et établir enfin quel lien il a avec le *discours* du sophiste, et s'il n'en a pas, l'en détacher et le chercher dans un autre genre.

Avoir encore à faire tout cela sans être certain du résultat déclenche chez Théétète une nouvelle crise de découragement[2], qui l'amène à comprendre pourquoi la chasse au sophiste est si difficile : cela tient à sa puissance, semble-t-il inépuisable, de se défendre et de susciter des *problèmata*, à la fois défenses, remparts

---

1. La multiplicité des occurrences du verbe *phainomai* pour dire « mettre en lumière », « en évidence », dans un passage consacré aux apparences est assez remarquable : dire possède une puissance égale de faire apparaître, dévoiler, se montrer, et d'aveugler, ensorceler, dissimuler.

2. Voir 231c, 241c, et 249e.

contre l'assaillant, et problèmes[1]. À peine levé celui du non-être, voilà maintenant que c'est derrière l'existence du faux que le sophiste s'abrite, et après cela il soulèvera sans doute un autre obstacle, et un autre encore, sans que jamais on puisse voir le bout. Comme dit le proverbe, « Difficiles sont les belles choses », et on ne peut s'empêcher d'admirer le sophiste pour son inventivité défensive et son art de l'esquive. Il n'est d'ailleurs pas impossible que le philosophe se félicite d'avoir un adversaire à sa taille, tout en sachant fort bien que si le sophiste triomphe, c'est lui qui passera désormais pour un philosophe, alors que, dans l'hypothèse inverse, il faudra la réunion de nombre de conditions improbables pour que le philosophe mette fin à la race des sophistes. La réponse de l'Étranger est une exhortation au courage, vertu fondamentale dont le philosophe est naturellement pourvu. Il l'a prouvé en détruisant « la plus haute muraille », la négation sophistique du non-être, et « tout le reste sera désormais plus facile et de moindre importance ». Il faut dès lors avancer si peu que ce soit, car ne pas avancer équivaudrait à reculer.

LA NATURE DU DISCOURS (261D1-262E3)

L'existence de ce qui n'est pas mais paraît être est la condition permettant de dire autre chose que ce qui est, donc de dire faux. Il faut alors commencer par se demander si tous les mots « s'harmonisent les uns avec les autres, ou aucun avec aucun et si les uns y consentent et d'autres non »[2].

1. Pour le premier sens, voir *Pol.*, 279c7-280a7, pour le second, voir *Rép.*, 530b6-9, « problème de géométrie » et 531c-4, d'astronomie.
2. Le nom du char de course ou de combat, *harma*, indique qu'il était considéré comme un modèle d'ajustement harmonieux entre toutes les pièces d'une machine complexe, ce qui rendait possible de lui confier sa vie.

Le problème est un problème d'ajustement harmonieux (*sunarmottein*) qui a été déjà traité à propos des genres, des Idées et des lettres[1], et l'analogie avec les voyelles a montré que certains genres « circulent à travers tous les autres et servent de trait d'union pour les rendre capables de se mêler » : il faut procéder de la même façon à propos des mots.

La raison de l'enquête (261d1-e6)

Pourquoi entreprendre cette enquête ? demande Théétète. Parce que « c'est par là (*pèi*) et en cet endroit (*tautèi*) » que se fait voir (*phainetai*) ce qui est à présent cherché. La référence aux Idées et aux lettres impliquait un léger changement de vocabulaire par rapport au problème de la communication des genres : alors que pour les genres « communiquer » veut dire « se mélanger », pour les lettres et les Idées cela veut dire « se relier » (grâce à des voyelles), participer (grâce à des Idées voyelles). Les mots posent le même problème de communication et la réponse est la même : « certains veulent bien s'accorder et d'autres non ». Le verbe (*ethelei*) « vouloir bien », « consentir », renvoie une fois de plus au dernier argument du *Phédon*. Des mots prononcés successivement s'accordent s'ils *montrent* (*dèlounta*) quelque chose, ceux dont la succession ne *signifie* rien ne s'accordent pas. Montrer et signifier sont les preuves de leurs accords ou de leurs désaccords.

Cet accord onomastique était comparé dans le *Cratyle* à l'art graphique du peintre, qui assemble des couleurs pour représenter un être vivant, mais c'est « à partir de noms et

---

1. Il y a *harmonia* dans le verbe *sunarmozô* : l'harmonie a un sens musical et mathématique, l'harmonisation des cordes d'une lyre suppose un calcul.

d'expressions que nous nous employons à constituer un bel ensemble »[1]. « Nous disposons en effet, je pense, de deux genres de moyens de montrer par la voix une manière d'être » dit l'Étranger : « nous », c'est-à-dire non plus les artistes du langage, poètes, rhéteurs ou sophistes, mais tous les animaux possédant certaines capacités corporelles et psychiques. Le logos ne désigne plus le moyen de produire de beaux « poèmes », de composer de beaux discours, il n'a pas non plus son sens fort « de discours capable de rendre raison de lui-même », de langage propre à des êtres rationnels. Il est le pouvoir que possède, sauf accident, l'ensemble de cette espèce de vivants qu'est l'espèce humaine : le « souffle qui émane de l'âme et sort par la bouche en émettant un son est appelé "discours" (logos)[2]. » Cette définition n'est que superficiellement descriptive, car elle donne à l'union de l'âme et du corps un sens différent : le corps cesse d'être un obstacle, il offre au contraire à l'âme le moyen de se faire entendre aussi bien dans ses errances et ses balbutiements que dans ses envolées. Cette définition minimale du logos entraîne la définition non moins minimale et en outre équivoque de l'homme comme « un animal doué de logos ».

L'origine de la distinction : le Cratyle ?

Nous – « nous » êtres humains – disposons donc de deux sortes de signes vocaux : le verbe (rhéma), qui est une monstration (dèlôma) s'appliquant à des actions ; quant aux agents de ces actions, le signe vocal

---

1. *Crat.*, 425e-426a, *cf.* 431b : « car le logos est une synthèse de ces éléments, les noms et les expressions. » *Rhèmata* : « expressions » ou « locutions prédicatives », dont les verbes peuvent faire partie.
2. 263e.

qui s'y applique est un nom (*onoma*). Les deux termes reçoivent ici une signification restreinte : *onoma* désigne usuellement le mot en général, tous les mots, tous les signes vocaux, car même s'ils ne possèdent qu'une fonction syntaxique et pas dénominative, ils signifient quelque chose. Quant au mot *rhèma*, il avait gardé son sens général « d'expression » quand il s'est appliqué à « non grand »[1] ; dérivé d'un verbe « dire » et parent de *rhètor*, il comporte « une coloration juridique, religieuse et solennelle » et signifie « parole, mot d'ordre, formule, phrase »[2] : les *rhèmata* désignaient les « sentences » des sept sages de la Grèce. Pour apporter des exemples de mots primitifs, Socrate commence dans le *Cratyle* par énoncer à la file « flot, aller et empêchement », soit deux noms et un verbe, sans faire aucune différence. L'Étranger en établit-il une quand dit que *onomata* et *rhémata* sont composés de syllabes ? Il ne dit pas qu'ils ont le *même* degré de complexité, et la suite penche plutôt pour une complexité croissante : c'est avec ces deux assemblages « que nous constituerons un grand et bel ensemble », comparable aux vivants portraits produits par les peintres. Il ne suffit pas de dire « Théétète vole » ou « le soleil brille », d'assembler des noms et des verbes sans se servir des ressources de la syntaxe et de la métrique pour être Homère ou Pindare. Les expressions et les *phrases* (*rhémata*) comprennent plus de syllabes que les *mots* (*onomata*), et les récits et les poèmes sont des assemblages d'expressions et de phrases. Dans le *Cratyle*, la distinction entre *onoma* et *rhèma* ne tient qu'à une différence de complexité.

1. En 257b6-7.
2. Voir Chantraine, *Dictionnaire étymologique II*, *op. cit.*, *sv.* 2 *eirô*, p. 325-326. Pour ce sens solennel, voir *Prot.*, 343a-b, *Banq.*, 198b, et pour celui de « locution » ou « phrase », *Euthyd.*, 285e.

Mais après tout, attribuer l'origine de la distinction entre les noms et les verbes au Socrate du *Cratyle* ou à l'Étranger du *Sophiste*, quelle importance cela peut-il bien avoir? Une grande importance, car le *Cratyle* veut démontrer que la langue est à la fois un outil diacritique indispensable et un véhicule d'opinions dont il faut se méfier, même si elle permet de composer des œuvres splendides. Dans le *Sophiste*, le langage est l'instrument que sophistes et rhéteurs utilisent pour acquérir leur puissance, privée et publique. Il faut donc découvrir la nature de cet instrument et faire du langage, et non pas de la langue, l'objet d'une analyse en premier lieu grammaticale. Mais, « quand le langage devient un objet d'analyse, il resurgit toujours à côté du sujet qui connaît dès qu'il s'agit d'énoncer ce qu'il sait (aux autres et à lui-même) »[1]. Dans le *Sophiste*, le langage qui surgit « à côté » est celui d'un sujet dont le discours n'est plus « logique » mais dynamique, puisqu'il est l'aboutissement de la réflexion sur la puissance qui anime l'ensemble du Dialogue. Qui pourrait nier que le langage soit une affaire de puissance, de la puissance que se disputent sophiste, philosophe et politique?

LE PLUS PETIT DISCOURS (261E7-262E3)

Une suite de noms pas plus qu'une suite de verbes ne fera jamais un discours, contrairement à ce qu'affirment les « tautologues », car dans les deux cas, « les sons proférés ne montrent (*dèloi*) ni action ni inaction ni manière d'être de ce qui est ou de ce qui n'est pas. » Un discours naît lorsqu'un nom se mélange avec un

---

1. M. Foucault, *Les Mots et les Choses, Une archéologie des sciences humaines*, Paris, NRF, Gallimard, 1966, p. 309.

verbe, et leur entrelacement (*sumplokè*) « engendre un discours, sans doute le premier et le plus petit de tous ». La proposition minimale est donc une proposition verbale, non une proposition prédicative. Ce qui signifie d'abord que le sujet de la phrase n'est pas conçu comme étant le substrat ou le centre de gravitation des prédicats qu'on lui attribue : il est l'agent qui accomplit l'action, ce qui implique également que les verbes ne sont pas des prédicats. Il en découle que la signification d'un énoncé ne résulte pas de la juxtaposition d'un nom désignant un agent et d'un verbe signifiant une action, réalités distinctes que la copule mettrait en relation en « attribuant » la seconde à la première : l'énoncé minimal est un entrelacement, un mélange[1]. Entrelacement et mélange ont ceci de commun que ce sont les éléments eux-mêmes qui se lient sans faire appel à un troisième terme pour ce faire et les maintenir ensemble. En admettant que l'on puisse parler en ce cas de relation, il est manifeste que celle qui unit l'agent à son action n'est pas la même que celle qui relie un sujet à un prédicat, dont les deux possibilités sont définies par Aristote : ou bien le prédicat est essentiel, et il se dit du sujet, ou bien il est accidentel, et il est dans un sujet[2], en conséquence de quoi, l'être reçoit une fonction de copule. C'est elle qui est chargée de mettre en relation deux termes qui

1. Cf. *kerasè*, 262c5, *sumplokè*, 262c6, *sumplekôn*, 262d4. Comme l'a relevé P. Friedlander, dans le *Cratyle*, le discours est la juxtaposition d'un noms et d'un verbe, de ces éléments, alors que dans le *Sophiste*, il est leur mélange (Plato, Vol. 3, *The Dialogues, Second and Third Periods*, translated by H. Meyerhoff, London, Routledge and Kegan Paul, 1969, p. 277.

2. Voir Aristote, *Cat.*, 5, 2a 34-2b7 ; pour sa décomposition en substance, copule et prédicat, et l'assimilation du verbe mis au participe présent à un prédicat, voir *Mét.*, 1017a28 et *Anal. Pr.*, 51b13 *sq*.

autrement resteraient extérieurs l'un à l'autre. Or même une proposition « prédicative » (« la neige est froide ») dépend pour Platon de la puissance qu'a la chose de participer à une Idée, laquelle possède la puissance de lui conférer son essence et son nom, à condition que la chose soit capable de l'accepter. La différence entre ces deux espèces de propositions est qu'une proposition verbale n'aurait pas de *signification* si elle parlait d'un agent sans préciser ce qu'il fait, ou si elle parlait d'une action sans préciser qui l'accomplit. Chacun des deux termes est impliqué par l'autre, de l'agent à l'action il y a, si on peut dire, action et passion réciproques : l'agent est déterminé par son action et l'action est fonction de la nature et des capacités de son agent. À la différence d'une proposition prédicative, le plus petit discours (*logos*), celui qui entrelace un verbe et un nom, peut se dispenser de la participation à des Idées. Il met à nu la puissance originaire du logos : mélanger, entrelacer un agent et une action.

La proposition verbale

Mettre en position de sujet un nom signifiant un agent et non pas une substance ou un sujet logique, cela fait donc une différence considérable. Mélanger les noms avec des verbes exprimant des actions introduit une différence qui ne l'est pas moins : une proposition verbale n'a pas besoin d'une copule pour être complète, n'importe quel verbe suffit. Or les verbes ne partagent ni la neutralité logique de la copule, indifférente aux termes qu'elle sépare autant qu'elle les relie, ni son atemporalité, car bien que le verbe être puise se conjuguer, quand il sert de copule, il n'a qu'une fonction et pas de sens, une fonction qu'un simple symbole peut aussi bien remplir. Le logos doit parler de quelque chose (être un *logos tinos*), et le premier et plus petit logos est un discours qui détermine son sujet comme une capacité d'agir (ou de pâtir) *montrée* par le verbe auquel ce sujet se trouve immédiatement lié. Le premier exemple de ce discours minimal, composé d'un seul nom et d'un seul verbe, est « l'homme apprend ». Il n'a pas donné et ne donne toujours pas lieu à un torrent interprétatif comparable à celui provoqué par les exemples qui seront donnés du discours vrai et du discours faux. Pourtant, il mériterait qu'on s'y attarde autant, sinon plus, qu'à eux, car en prononçant « l'homme apprend », c'est une définition de l'homme qui est proposée. Hier, Socrate disait du philosophe : « mais ce que peut bien être un homme, ce qu'à une telle nature, à la différence des autres, il convient de faire ou de subir, voilà ce qu'il cherche et ce qu'il se soucie d'exposer[1]. » L'exemple de l'Étranger dit qu'être un homme, c'est être capable d'apprendre. L'être en général « n'est rien d'autre que puissance[2] » et l'être de l'homme ne fait pas exception. Le verbe ne peut donc pas être converti en prédicat, « l'homme apprend » ne peut et ne doit pas se convertir en « l'homme est apprenant », parce que le verbe, ce signe vocal, comporte une dimension temporelle dont le sujet et le prédicat sont dépourvus. Toute action se localise à un moment du temps et elle s'effectue dans le temps, ou plutôt dans le mode de temporalité propre au verbe utilisé. La « monstration » d'un logos, si petit soit-il, peut en conséquence s'étendre au passé et à l'avenir. La puissance d'apprendre qui est reconnue à l'homme est mise au présent, elle inscrit l'homme dans le *présent d'un devenir* qui fait chaque fois advenir quelque chose

1. *Théét.*, 174b4-6.
2. *Cf.* 247e.

qui est à la fois même et autre. Dans le perpétuel advenir de l'apprendre se conjuguent l'*avènement* en instance, le *passé* proche ou lointain, et l'avenir qu'il ouvre. D'autant que « apprendre », *manthanein*, signifie en grec aussi « comprendre »[1], ce qui implique une série d'aventures à la fois imprévisibles et nécessaires. Celui de l'apprendre est un temps répétitif et pourtant toujours nouveau. Car en l'homme, l'intelligence n'est pas seulement le moyen de résoudre des problèmes, c'est une puissance de pâtir des réalités qu'elle invente, et dont l'âme qui les invente, l'âme humaine, est la seule à pouvoir pâtir. Alors que toute proposition prédicative situe l'action dans une situation temporelle indiquée grammaticalement par le temps de la copule, « est, était, sera » et ainsi de suite, la proposition verbale la situe dans le mode de temporalité requis par le verbe.

DISCOURS VRAI ET DISCOURS FAUX
(262E4-263D5)

Tant que l'on se contente de dire que le logos peut montrer et signifier, il peut y avoir erreur, méprise, mais pas fausseté. L'Étranger propose alors un exemple « unissant une chose (*pragma*) à une action (*praxis*) grâce à un nom et un verbe » : « Théétète est-assis (*kathètai*) »[2]. Ce

---

1. Paraphrase de la définition de « l'advenir » donnée par V. Jankélévitch, *Le Je-ne-sais-quoi et le presque-rien*, Paris, P.U.F., 1957, p. 73. Le double sens est le ressort du sophisme exposé dans l'*Euthydème* (277e-278a), et résolu dans le *Ménon* (80e-86c) : toute âme d'homme est capable de se ressouvenir de ce qu'elle aura appris « dans le temps de toujours »

2. La traduction française en fait une proposition prédicative, mais il existe un verbe grec signifiant « être assis », *kathètai*. D'où le trait d'union mis pour signaler qu'il n'y a qu'un nom et qu'un verbe dans cet énoncé, et pas de copule.

discours est vrai, dit-il à Théétète, parce qu'il dit « à ton sujet, des choses qui sont, qu'elles sont ». Les « choses qui sont » renvoient à un Théétète (correctement) dit comme assis, donc à un agent en tant qu'il effectue cette action et à une action en tant qu'elle est effectuée par cet agent. La proposition n'est vraie que parce que ce « toi » est-assis : en d'autres termes, le discours est vrai s'il pâtit de la présence extérieure au discours de ce dont il parle. Tout discours en effet parle de quelque chose, parler de rien est impossible, mais dans ce cas il parle d'un agent qui se nomme « Théétète ». Ce discours parle *de lui* et il dit *à propos de lui* qu'il est-assis : le verbe montrant son action est à l'indicatif présent. De quelle sorte de vérité ce discours est-il vrai ? Évidemment pas d'une vérité essentielle, mais d'une vérité essentiellement provisoire et fugitive : sitôt que Théétète se lèvera, ce discours deviendra faux. Sa vérité est la vérité du « maintenant est la nuit » de Hegel, une vérité que le devenir voue à être contredite, et en l'occurrence agent et action sont tous deux des réalités soumises à un devenir changeant. La différence a été rappelée face aux amis de Idées : « par le corps nous vient une communauté avec le devenir grâce à la sensation, mais avec ce qui est réellement (*ontôs*), c'est par l'âme grâce au raisonnement[1]. » Cette phrase a ceci de singulier que la sensation s'y voit attribuer une fonction analogue à celle du raisonnement, ce qui exclut qu'elle soit *en elle-même* trompeuse. Elle peut attester de la vérité provisoire d'une chose en devenir au même titre que le raisonnement lorsqu'il énonce la vérité à propos d'une manière d'être essentielle.

---

1. 248a.

Pourquoi diable Platon prend-il cet exemple d'une vérité sensible, singulière et fugitive comme exemple de discours vrai ? Parce qu'il veut établir que vrai et faux qualifient nécessairement tout discours, même le plus petit, et même lorsqu'il porte sur une chose sensible en devenir ? Le plus petit est fait d'un verbe et d'un nom, pas d'un nom et d'un prédicat. Tout prédicat attribué à un nom suppose que le sujet de la proposition participe à une Idée, ce qui suppose de sa part un consentement justifié, ce qui suppose à son tour que le sens du prédicat ait fait l'objet d'un examen dissipant son équivocité et déterminant en quel sens il convient de l'attribuer à ce sujet. En revanche, le plus petit discours *n'attribue* pas, il *associe* un agent à une action : sa réalisation effective ne se prouve pas dialectiquement, elle ne se prouve qu'en agissant, et elle se situe dans le temps. Dans quel temps ? Parce qu'ils impliquent manifestement deux espèces de temporalité différentes, une comparaison entre les deux exemples de discours minimal – « l'homme apprend » et « Théétète est-assis » – permet de saisir la nature de la vérité propre à chacun de ces deux exemples. Le premier réclame pour pouvoir être dit vrai un examen dialectique de la nature du sujet, l'âme humaine, afin de voir si elle contient une ou plusieurs parties capables d'apprendre, verbe qui doit à son tour faire l'objet d'un examen. Une bonne moitié des Dialogues de Platon est consacrée à ces deux questions. Cette vérité-là ne pourrait ni se dire en deux mots, ni avoir pour seules modalités l'affirmation et la négation, ni se situer dans cette sorte de temps. C'est une vérité intelligible, par conséquent non conclusive et interminable puisqu'elle soulève en chemin autant de questions que de réponses – ce qui est d'ailleurs la seule manière d'apprendre.

THÉÉTÈTE EST-ASSIS ET THÉÉTÈTE VOLE

« Théétète est-assis » n'est évidemment pas vrai de cette vérité-là, ce qu'une autre comparaison, cette fois avec l'exemple donné du discours faux, « Théétète vole », peut servir à établir. Il comporte deux précisions : Théétète est « celui avec qui moi je discute », et discute « maintenant ». Toutes deux sont nécessaires si l'on veut affirmer que « Théétète vole » (c'est-à-dire vole en l'air) est un discours faux, mais aussi pour indiquer *a contrario* quelle espèce de vérité énonce ce petit discours : « Théétète est-assis ». C'est d'abord une vérité singulière, celle d'un objet visé par le discours comme étant extra-discursif; mais à l'intérieur du discours, cet objet devient le sujet du verbe, son agent, donc est lui aussi un élément discursif. L'identité entre le référent (« toi »), ce *de quoi* le discours parle, et le sujet de la proposition (« Théétète »), *à propos duquel* il affirme quelque chose, peut sembler si évidente qu'il serait inutile de les distinguer. Platon, pourtant, distingue : dans ces deux exemples, l'agent se nomme Théétète, mais le référent se nomme « toi » ou « moi », *jamais* Théétète[1]. Ce « toi-même » et ce « moi-même » (posés comme) extérieurs au discours sont les êtres *dont* le discours parle, alors que « Théétète » est le nom signifiant l'agent *à propos duquel* le discours vrai dit qu'il est-assis et le discours faux qu'il vole. Signaler que ce nom, « Théétète », désigne « celui avec qui moi maintenant je discute » écarte la possibilité que ce nom « propre », mais en fait commun, soit celui d'un

---

1. « Il est évident que c'est à propos de moi (*peri emou*) et sur moi (*emos*) (263a5); « sur moi (*emon*) et à propos de moi (*peri emou*) (263a9-10); à propos de toi (*peri sou*, 263b5, 11, c1, d1); sur toi (*sos*, 263c7).

individu homonyme, ou d'une créature fantastique, d'un nouvel Icare, et pourquoi pas d'un oiseau apprivoisé? Si cet oiseau était perçu voletant à l'horizon, le discours affirmant que « [l'oiseau] Théétète vole » serait vrai. C'est donc seulement si « Théétète » désigne ce « toi » avec qui l'Étranger discute qu'il est faux de dire qu'il vole et vrai de dire qu'il est-assis. Encore faut-il ajouter que c'est « maintenant », que Théétète discute avec l'Étranger, et non pas comme hier avec Socrate, et que c'est maintenant qu'il est-assis, puisque Théétète n'est certainement pas toujours dans cette position. Vérité et fausseté portent donc sur l'ensemble de l'énoncé, sur le sujet, l'agent, et pas seulement sur le verbe, l'action. La nature du sujet de l'énonciation, qui est un sujet percevant, doit alors intervenir : témoin à la fois oculaire et auditif, on doit pouvoir lui faire confiance, à condition toutefois que, comme l'exige le Palamède de Gorgias, il nous dise « de quelle façon, où, à quel moment, quand et comment » il a vu Théétète assis[1].

Mais la question revient : pourquoi prendre des exemples d'une vérité et d'une fausseté sensibles, singulières et provisoires, et faire ainsi de la sensation le critère de leur vérité autant que de leur fausseté, ce qui leur confère la relativité dénoncée par Protagoras? Pour le contredire? Mais comment? D'abord, en affirmant que c'est l'unité agent-action/passion qui porte le sens : en étant *dit* assis, Théétète devient un agent « discursif »,

---

1. Voir Gorgias, *Défense de Palamède* : « Ces accusations, les fondes-tu sur une connaissance précise, ou sur une opinion? Si c'est en connaissance de cause, tu le sais pour avoir vu la chose [...] Si c'est pour avoir vu les faits, dis-leur de quelle façon, où, à quel moment, quand et comment tu as vu. » (Gorgias, B XIa, § 22 DK)

tout comme devient discursive l'action qui lui est prêtée : telle est la puissance du discours, conférer une réalité discursive à ce à propos de quoi il parle. La définition de la proposition verbale découle de la définition dynamique de l'être comme puissance d'agir et de pâtir.

Ensuite, elle oppose au sophiste deux définitions du discours vrai et du discours faux qui sont assertoriques[1] et non pas apodictiques et ne peuvent que l'être que parce qu'elles doivent être considérées du point de vue de l'être en général, et de l'être à propos duquel on parle en particulier. Le vrai dit « à propos de toi des choses qui sont comme elles sont »[2]; le faux « dit à propos de toi des choses autres que celles qui sont ». En passant de *sos* – adjectif possessif à la deuxième personne du singulier, donc de l'être appartenant à *ce dont* le discours parle – à *peri sou*, à ce que le discours dit *à propos de toi*, les choses *autres* prennent un sens différent, elles désignent celles qui sont autres que « Théétète ». Elles diffèrent alors soit de *ce qu'est* Théétète, en affirmant par exemple qu'il n'est pas le même que celui qui discutait hier avec Socrate, soit de *ce qu'il fait*, « voler » alors qu'il est-assis. Or « nous venons en effet de dire, je pense, qu'autour de chaque étant, il y a beaucoup d'étants et beaucoup de non-étants. » Quels sont ces multiples étants? Tous les êtres qui diffèrent de l'être dont on parle. Ils ne diffèrent pas de *ce qu'est* cet être, ils en diffèrent en tant qu'il *est, et par-là même est autre que tous les autres êtres.* C'est donc à la fonction de différenciation quantitative

---

1. *Cf.* Kant, *Critique de la raison pure*, Analytique transcendantale, 2e section, § 9 (Ak. III 89) : « les jugements sont *assertoriques* quand affirmation et négation sont considérées comme *réelles* (vraies) ».
2. Voir note XXII à la traduction.

de l'autre qu'il est d'abord fait appel[1], celle qui morcelle l'être dès lors qu'il s'applique à un être. Chaque morceau d'être ainsi découpé est nécessairement autre que tous les autres morceaux, il est autre que tous les autres êtres qui ne sont pas lui mais n'en sont pas moins étants, l'altérité ayant ici sa fonction de non-identité. Il n'y a pas alors « beaucoup » d'étants autour de chaque étant, mais une quantité illimitée, incalculable donc indéterminable[2].

Mais que sont les multiples *non étants* qui gravitent autour de Théétète? Il suffit de se rappeler la rapide définition de l'image pour répondre à cette question[3] : « L'image est quelque chose qui diffère du vrai mais qui lui ressemble »; « vrai veut dire réellement étant (*ontôs on*) »; « ce qui semble (*eoikos*) n'est pas vrai » : « Ainsi donc, c'est quelque chose qui est réellement (*ontôs*) quelque chose qui n'est pas réellement (*ontôs*) que nous appelons "semblant" (*eikôn*)? » Ces « choses » ont une autre manière d'être que celle des êtres ontiquement étants : ce sont des choses qui réellement ne sont pas, qui *sont* réellement (*ontôs*) des « non-étants » (*ouk onta*), des choses *autres* que celles qui sont mais qui semblent être mêmes qu'elles parce qu'elles ressemblent à ce qui est. La question de la vérité et de la fausseté n'a de sens que si elle porte sur cette sorte de différence, sur

---

1. « Puisque nous disons "des non étants", est ce que nous ne nous efforçons pas d'appliquer au non-être une pluralité numérique? » (238c1-2).

2. Pour comprendre à quel point elle l'est, voir à 257b la note 1 de Diès citant Malebranche, *Entretien avec un philosophe chinois* : « Ma main n'est pas ma tête, ma chaise, ma chambre... Elle renferme pour ainsi dire une infinité de néants, les néants de tout ce qu'elle n'est point. » Voir aussi la version de R. Queneau, Annexe IV.

3. Donc de se reporter à 240b.

une différence qui se prétend semblable à ce dont elle diffère. S'agissant de l'altérité entre deux *étants*, elle serait proprement absurde, car toute méprise suppose au moins une similitude générique : un homme peut être pris pour un autre homme, pas pour un nombre ou une marmite, à moins d'être complétement fou. Le discours faux « dit donc à propos de toi des choses qui sont ontiquement (*ontôs*) autres ». Les multiples non étants qui gravitent autour de Théétète sont ses ombres, ses reflets, ses apparitions en songe, ou encore ses portraits et ses statues, mais aussi toutes les images de lui que produisent les discours faux (les images parlées, *eidôla legomena*, les apparences illusoires véhiculées dans les discours, *ta en tôis logois phantasmata*). Les images sont en effet structurées comme des discours, et elles peuvent être très éloquentes[1] : multiples sont les images produites par ce que l'on se dit *à propos* des choses. Or ces discours ne se contentent pas d'en produire des images, il les affirme. Le discours qui affirme comme étant même que la chose-même l'image qu'il produit en en parlant est faux. « Théétète vole » est faux parce qu'il n'existe pas de « toi-même » volant, or le discours non seulement en produit un, un « Théétète » en train de voler, mais il affirme ce Théétète comme existant et comme même que ce Théétète avec qui à présent je dialogue. Un Théétète volant, ce serait un Théétète mythique, un nouvel Icare, pas un Théétète réel. Un Théétète dit marchant, au cas où

---

1. Voir la sorcellerie discursive de ceux qui sont capables « d'exhiber des images parlées à propos de tout » (234c5-6), et les « apparences (*phantasmata*) en forme de discours » de 234e. Le passage « d'images » à apparences, simulacres, précise de quelle espèce d'images il s'agit.

il serait-assis, serait simplement un Théétète un peu plus jeune ou un peu plus vieux, et la confusion s'opérerait entre deux Théétète pris à deux moments du temps, entre un souvenir ou une anticipation donc entre une image et une perception. La fausseté vient donc de ce que l'on affirme que ce qui n'a pour être que d'être autre – l'image – est la chose même. À quoi on pourrait objecter qu'il existe des degrés dans la fausseté, et que le discours qui affirme un Théétète marchant alors qu'il est-assis est moins faux que celui qui dit volant ce Théétète avec qui maintenant je converse. Voire.

Car enfin, Théétète n'est pas plus assis qu'il ne converse, il est tout autant ou tout aussi peu assis que l'actuel roi de France est chauve. Le sérieux avec lequel les interprètes glosent cet exercice de mimétique n'a d'égal que leur inconscience du fait que c'est bien de *mimesis*, c'est-à-dire d'une espèce de *production*, qu'il s'agit. « Théétète est-assis » n'est vrai que par ce que Platon nous le fait croire, et qu'il nous paraît vraisemblable que Théétète le soit, plus vraisemblable assurément que s'il nous avait représenté un interlocuteur volant. Le choix de l'exemple ne peut sembler innocent qu'aux innocents qui croient que lorsque Platon achève son Dialogue sur la mimétique propre au sophiste, il fait, pour sa part, de la mimétique sans le savoir. Ce « toi » et ce « moi » sur lesquels est censé porter le discours vrai aussi bien que le discours faux sont les héros d'une scène que nous tenons pour réelle parce qu'elle a toutes les apparences de la réalité. Théétète est l'image produite par l'écriture de Platon d'un Théétète réel mort depuis longtemps ; l'Étranger éléatique est, lui, un masque, une fiction, tout comme le dialogue qui les met face à face.

Il nous faut donc croire à la valeur du témoignage d'un personnage fictif conversant avec un Théétète mort, et nous n'y croyons que parce que Platon est capable de nous le faire croire : son discours prouve ainsi indirectement la puissance mimétique, poiétique, productrice, du discours. Puissance qu'il tient de la nature verbale de ses affirmations : tout verbe donnant à ce qu'il affirme une dimension temporelle fait du discours le récit d'un événement, d'un advenir. En d'autres termes, il raconte un roman, il met en scène : privé de toute dimension interrogative, le discours ne peut être qu'un *muthos*, pas un *dia-logos*. Un discours dialectique ne peut pas être faux, il peut seulement être aporétique. Quant à ceux qui jugeraient ces considérations peu convaincantes, voire fantaisistes, on serait tenté de leur demander s'ils croient, par exemple, que les discours du *Banquet* ont été réellement prononcés par les auteurs que Platon leur prête ? Platon est capable d'écrire comme il pense et au rythme où il le pense, mais il est aussi capable de faire parler aussi bien ceux qui pensent autrement – qui pensent autrement ce que c'est que penser – que ceux qui parlent sans penser.

Soyons un peu moins dupes de cette bonne mimétique platonicienne – bonne en ce qu'elle pousse précisément, ou devrait pousser, à s'interroger sur la sorte de vérité dont pourrait être vrai un discours tel que « Théétète est-assis ». Après avoir affirmé que ce passage combinait « la logique de la proposition, la linguistique de l'attribution ou du discours et la sémantique de la présence », Henri Joly conclut que cela « implique une *théorie de la vérité* comme conformité du discours vrai à la vérité de la chose[1]. » Depuis quand y a-t-il pour Platon une vérité de la « chose »? Depuis quand la sensation est-elle la preuve de l'existence de ce qu'elle perçoit? Et comment parler de proposition « attributive » lorsqu'il s'agit d'une proposition ne reliant qu'un nom à un verbe, sinon en faisant du verbe un prédicat? Ce texte n'est cité que pour rendre évidents les postulats qui conduisent même les plus perspicaces à être victimes de cette efficace mise en scène. Car, comme cela va justement être montré lors des examens suivants, vérité et fausseté d'un discours doivent être rapportées à ce qui s'insère *entre* le mot et la chose, à l'opinion ou à la représentation imagée qu'en a celui qui affirme ou qui nie.

Aucun des deux discours que vient d'énoncer l'Étranger n'est vraiment vrai, mais l'un semble vrai parce qu'il est vraisemblable, raison pour laquelle Platon a justement choisi un exemple qui ne pouvait avoir aucune autre sorte de vérité qu'une vérité vrai-semblable. Et du même coup, il a différencié le fictif et le faux : un *muthos* n'est pas faux du seul fait d'être un récit, le mythe du *Politique* est peut-être une digression, mais une digression nécessaire, puisque c'est le mythe qui va révéler la différence entre un pasteur divin et un pasteur humain. Une fiction peut en outre sembler fausse à certains, et sembler vraie à d'autres, et si « on nous offre en ces matières une vraisemblable histoire, il ne convient pas d'aller chercher plus loin. » Car elle peut servir à révéler une vérité, à condition de savoir l'interpréter[2].

---

1. H. Joly, *Le Renversement*, *op. cit.*, p. 188.
2. Voir *Pol.*, 275b1-7, mais on peut aussi se référer au *Timée*, 28c et à *Gorg.*, 523a1-2.

LE FAUX DANS LA PENSÉE, L'OPINION
ET L'IMAGINATION (263D6-264D5)

Cette dérangeante lumière étant faite sur le discours, l'Étranger passe à la deuxième étape du plan esquissé en 260e, mais il commence par en ajouter une : « Que dire maintenant ? Pensée (*dianoia*), opinion (*doxa*), imagination (*phantasia*), est-ce qu'il n'est pas désormais évident que tous ces genres sont dans nos âmes faux aussi bien que vrais ? » Il faut définir chacun pour le vérifier.

LE FAUX DANS LA PENSÉE (263D6-264B10)

Qu'appelle-t-on penser ? C'est ainsi que Socrate avait hier formulé la question ; elle ne portait pas sur une essence (qu'est-ce que la pensée ?), mais sur ce qu'on peut mettre sous ce nom, ou plutôt sous ce verbe, penser (*dianœisthai*) : « Penser – est-ce que tu appelles penser ce que moi justement j'appelle ainsi ? » La description qui suit est donc moins une définition que la description normative de ce que Socrate appelle « penser » :

> Un discours (*logos*) que l'âme se tient tout au long à elle-même à propos des choses qu'il lui arrive d'examiner. C'est du moins en homme qui ne sait pas que je t'explique cela. Une âme qui pense ne m'apparaît en effet rien faire d'autre que dialoguer (*dialegesthai*), elle s'interroge elle-même et se répond en affirmant et en niant. (*Théét.*, 189e6-190a2)

Socrate parle ici « en homme qui ne sait pas » : il peut juste *décrire* comment lui *apparaît* ce qui se passe dans une âme en train de penser, en précisant que cette manière de la décrire est la sienne. Dans le *Sophiste*, la description se radicalise, et d'hypothèse elle se réduit à une brève définition :

> L'ÉTRANGER — Donc pensée et discours (*logos*), c'est
> une même chose, sauf que c'est le dialogue (*dialogos*)
> intérieur et silencieux de l'âme avec elle-même que
> nous nommons « pensée ». THÉÉTÈTE — Parfaitement.
> L'ÉTRANGER — Mais le souffle qui émane de l'âme et
> sort par la bouche en émettant un son est appelé discours
> (*logos*)? THÉÉTÈTE — C'est vrai. (*Soph.*, 263e3-9)

Pensée et logos ne sont donc en réalité pas « une
même chose », la pensée n'est pas un *logos*, c'est un
dialogos. À quoi tient leur différence? Au fait que le
logos doit passer par la bouche et être sonore, alors que
ce *dialogos* qu'est la pensée se déroule à l'intérieur de
l'âme, il ne passe pas par la voix, il reste silencieux.

Quelque chose, donc, a son lieu dans l'âme, et Socrate
et l'Étranger appellent cela penser. Pour décrire la manière
dont ils se représentent la chose, ils semblent recourir à
un paradigme empirique, mais en l'adaptant, c'est-à-dire
en lui retirant immédiatement deux éléments : l'oralité
– penser, c'est dialoguer mais « sans *phônè* », donc sans
la présence d'un interlocuteur qui exigerait évidemment
une parole audible. On pourrait en conclure que la pensée
n'est qu'une forme amputée de dialogue, que ce qui
anime le dialogue parlé entre deux interlocuteurs réels lui
fait cruellement défaut, et en particulier la requête d'un
accord commun, requête pourtant abondamment réitérée
par l'Étranger autant que par Socrate. Or voici ce que dit
l'anecdote *racontée* dans le *Philèbe* :

> SOCRATE — Ne dirais-tu pas qu'il arrive souvent
> que quelqu'un, quand il voit des choses de loin sans
> les voir très nettement, souhaite décider (*krinein*) de
> ce qu'il voit? PROTARQUE — Si. SOCRATE — Ne
> se posera-t-il pas alors à lui-même cette question?
> PROTARQUE — Laquelle? SOCRATE — « Que peut

donc bien être cette chose qui semble se tenir à côté de ce rocher sous cet arbre ? » N'est-ce pas à ton avis ce qu'il se demandera chaque fois que son regard se portera sur des choses qui lui apparaissent (*phantasthenta*) de cette façon ? PROTARQUE — Hé oui. SOCRATE — Après quoi, si, se répondant à lui-même, il disait : « c'est un homme », ne tomberait-il pas juste ? PROTARQUE — Si, parfaitement. SOCRATE — Mais il pourrait peut-être se fourvoyer en disant que ce qu'il voit est une statue fabriquée par des bergers. PROTARQUE — Assurément. SOCRATE — Et s'il a à quelqu'un auprès de lui auquel il dirait à voix haute les mêmes choses que celles qu'il se disait à lui-même, est-ce que ce que nous appelions tout à l'heure « opinion » ne serait pas devenu « discours » (*logos*) ? (*Phil.* 38c5-e4).

La pensée est d'emblée structurée comme un dialogue, et quand le souffle provenant de l'âme passe par la bouche, module l'air et va frapper l'oreille, il donne corps aux pensées sans les altérer. En ce cas, le corps est obéissant, il est *sèma*, signe et non pas tombeau, docilité expressive : « Mais aussi, puisque c'est au moyen du corps que l'âme signifie (*sèmainei*) ce qu'elle peut avoir à signifier, pour cette raison, c'est à bon droit que le corps est appelé "signe" (*sèma*)[1]. » Le promeneur dirait à son compagnon les mêmes choses que celles qu'il se disait à lui-même, l'expression phonétique ne modifie en rien le contenu du dialogue silencieux. La parole ne trahit pas plus la pensée qu'elle ne lui oppose de résistance :

---

1. *Cratyle*, 400 b-c. De l'étymologie *soma-sèma*, on ne retient souvent que le sens « funéraire » de *sèma* : « stèle », signe marquant où un corps est enterré.

les articulations phonétiques de l'une sont la traduction exacte des articulations silencieuses de l'autre[1].

Il en ressort que la présence d'un interlocuteur n'est, pas plus que l'oralité, une condition nécessaire du dialogue. Le *Philèbe* accentue l'étrangeté de cette conception – étrange pour qui substitue sans y penser conversation, entretien, à dialogue : si un autre chemine à ses côtés, le promeneur lui dira « les mêmes choses » que « celles qu'il se disait quand il était tout seul ». Dialoguer *pros allon* (à l'intention d'un autre, plutôt qu'avec une autre), c'est lui faire part des questions et des réponses qu'on se fait à propos de choses qu'on examine. La seule modification apportée par la présence d'un autre est que le promeneur « pensera », c'est-à-dire s'interrogera et se répondra tout haut. Ce ne serait évidemment pas le cas si l'autre était objet de désir, ou de colère, ou de flatterie. Mais en ce cas on lui parlerait moins qu'on ne tenterait d'agir sur lui. La pensée, *dianoia*, est donc décrite comme un dialogue intérieur qui s'interroge sur ce que l'âme examine, et qui se nomme *logos* quand il devient sonore et s'adresse à un autre – sans perte et sans gain.

Cela se trouve confirmé par un trait sémantique assez remarquable et commun aux trois passages. Dans le *Théétète*, le terme *logos* s'applique indifféremment à l'acte de parler et à celui de penser[2]. Il en va de même dans le *Sophiste* : « pensée et logos sont une même chose », mais c'est le dialogue proféré qui est proprement

1. Résistance et trahison ne sont pas le fait de l'expression phonétique mais de la « faiblesse » de la langue (qui se dit aussi *phônè*), œuvre de *doxai* successives et contradictoires. Encore celle-ci ne pose-t-elle problème qu'à l'homme qui en fait un usage différent, non doxique, c'est-à-dire dialectique.

2. *Théét.*, 161d2-3.

nommé *logos*, et il en va de même dans le *Philèbe* : *logos* y désigne la transposition orale du dialogue silencieux ; *dialogos* est absent, mais le *dialegesthai* est bien présent puisque le promeneur s'interroge et se répond[1]. *Dialogos* et *dialegesthai* – ce dernier verbe étant spécifié par « l'âme se questionnant et se répondant à elle-même »[2] – ne désignent que le dialogue intérieur de l'âme, toujours décrit comme une alternance de questions-réponses, alors que *logos* s'applique indifféremment au dialogue intérieur ou proféré[3]. Ces simples remarques indiquent en quel sens *doit* jouer le paradigme utilisé pour décrire et définir la pensée : quand il est intérieur, silencieux, seul à seul, le dialogue non seulement en est un, mais c'est ce dialogue-là qui mérite proprement son nom, *dialogos*, le dialogue proféré se disant simplement *logos*. Loin donc que ce soit le dialogue prononcé qui serve de modèle pour décrire la pensée, il n'en est que l'expression audible et sensible. Le dialogue intérieur est le seul qui soit inimitable : un échange oral pourra avoir toutes les apparences d'un dialogue, mais s'il n'est pas l'expression d'un dialogue intérieur et silencieux, ce ne sera qu'un faux-semblant de dialogue[4]. Comment ce vrai

---

1. *Phil.*, 38c9-d6, 38e2-7.
2. *Théét.*, 189e8-190a1.
3. À la différence du verbe *dialegesthai*, Platon n'use que rarement du substantif *dialogos* : huit occurrences en tout, dont quatre dans le *Protagoras* : 335d3, 336b1, 338a2, c7, une en *Lach.*, 200e3, une en *Rép.* I, 354b9, et deux en *Soph.*, 263e4, 264a9. Mises à part l'occurrence de *Rép.* I et celles du *Sophiste*, *dialogos* est employé au pluriel et renvoie à des discussions passées ou présentes.
4. Faux-semblant qu'Euthydème veut imposer à Socrate : « Mais alors, dis-je, si toi tu me poses une question en ayant une chose en tête, et si moi j'en comprends une autre, et que c'est à cela par suite que je réponds, cela te suffit-il, même si ma réponse ne répond en rien à ce que

dialogue pourrait-il être faux ? Il ne l'est que lorsqu'il
finit par affirmer ou par nier :

> Mais lorsqu'elle s'est déterminée – prenant son essor
> avec plus de lenteur ou au contraire plus de rapidité –,
> qu'elle affirme désormais la même chose et ne doute
> plus, c'est cette opinion (*doxa*) que nous posons
> comme étant la sienne. De telle sorte que, pour ma part,
> j'appelle « dire » (*legein*) cet acte d'opiner (*doxazein*)
> et « opinion » (*doxa*) un discours (*logos*) prononcé, non
> pas certes devant un autre ni oralement (*phonei*), mais
> silencieusement à soi-même. (*Théét.*, 190a2-6)

En se décidant plus ou moins rapidement, la pensée
supprime son mouvement antérieur, elle ne doute,
n'oscille plus, elle tranche. Son opinion s'exprime dans
un énoncé (*logos*) qui ne conserve plus la trace inquiète
(au sens propre) du questionner et du répondre, dans un
logos sans *dialegesthai*. Quand la pensée s'arrête sur
une affirmation ou une négation, le dialogue intérieur
apparaît, de ce point de vue, comme un temps pour rien,
un temps perdu. Le mouvement décrit dans les trois textes
est celui d'une pensée dianoétique qui ne s'achemine vers
rien d'autre que vers l'opinion, c'est-à-dire vers sa propre
suppression. Car elle veut la sécurité et la certitude de
l'affirmation : « affirmer désormais la même chose et ne
plus douter ».

L'Étranger est beaucoup plus expéditif :

> L'ÉTRANGER — Nous savons que dans les discours il y
> a en outre... THÉÉTÈTE — Quoi ? L'ÉTRANGER — ...
> affirmation et négation. THÉÉTÈTE — Nous le savons.
> L'ÉTRANGER — Quand donc cela survient en l'âme

tu as dit ? — À moi, oui, fit-il ; mais probablement pas à toi, à ce qu'il
me semble. » (*Euthyd.*, 295c4-7).

en pensée et silencieusement, as-tu un autre nom pour
le désigner que « opinion » ? THÉÉTÈTE — Comment
en aurais-je un ? (*Soph.*, 263e10-264a3).

Ce n'est pas du dialogue intérieur et silencieux
(*dialogos*) que l'Étranger dit qu'il est positif et négatif,
bien qu'à la différence de Socrate il n'ait pas jugé
nécessaire de le caractériser comme un va-et-vient de
questions et de réponses. C'est le discours proféré, le
logos qui affirme et qui nie, et, aussi socratique que
Socrate, c'est à une pensée entendue comme *dianoia*
que l'Étranger donne pour modalités l'affirmation et la
négation. La situation de cette pensée dianoétique dans
la Ligne de la *République* montre que ce n'est pas une
pensée intelligente (*noèsis*), précisément parce qu'elle use
d'opinions et d'images. L'opinion apparaît à l'Étranger
« comme un achèvement de la pensée » (*apoteleutèsis*);
c'est justement ce que souhaite le promeneur : achever
le dialogue intérieur et arbitrer (*krinein*) entre deux
possibilités, ce qu'il fait quand il finit par « se dire à
lui-même : « c'est un homme »[1]. Son dialogue intérieur
oscillait entre deux affirmations jusqu'à ce que son âme
décide, plus ou moins rapidement, et cesse ainsi d'être
« partagée », dédoublée, et ne tienne plus qu'un seul
discours affirmatif ou négatif (« c'est cela », ou « ce n'est
pas cela »), donc cesse enfin de penser.

L'OPINION FAUSSE

Lorsqu'elle se fixe en affirmation ou négation,
l'opinion tranche alors dans une double absence : celle,
bien sûr, d'un savoir véritable qui atteindrait l'essence,
dont elle ne se soucie pas et ne soupçonne sans doute

1. *Phil.*, 38d5-6.

même pas l'existence, et celle d'une perception actuelle. Or il est sûr que chacun préférerait toujours pouvoir aller y voir plutôt que de se retrouver avec une âme ballottée à hue et à dia par le doute, l'espérance ou l'oubli, sûr que chacun préférerait percevoir que penser, parce que chacun commence par croire que percevoir, c'est savoir. Le passage du *Philèbe* est sous-tendu par ce postulat longuement analysé dans le *Théétète*. Que savoir consiste à percevoir est l'opinion implicite en toute opinion, l'opinion constitutive de toute opinion. En tant que telle, l'opinion est cette nostalgie d'un savoir immédiat, d'une perception si évidente, si incontestable, qu'elle dispenserait l'âme de se parler à elle-même et de penser, de penser même cette pauvre pensée à laquelle nous sommes condamnés quand nous percevons mal, ou pas du tout.

Dans la mesure où l'opinion qui achève la pensée est, pour le sujet qui affirme ou qui nie, *son* opinion, elle a un effet en retour sur l'âme : elle la constitue en « chose opinante » (*to doxazon*, corrélat de la chose opinée, *to doxazomenon*). En opinant, l'âme surmonte son dédoublement, se réunifie, elle ne *se* parle plus, elle affirme tout court (son affirmation comme sa négation). Face à cette instance opinante, l'objet lui aussi s'unifie, il ne provoque plus l'incertitude et est enfin tenu pour être tel qu'il apparaît. L'inquiétude de la pensée naît de la possible différence entre l'être et l'apparence. En supprimant cette différence, l'opinion achève, au double sens du terme, la pensée qui la précédait : elle y met fin, et elle remplit son attente. En finir avec elle est ce que souhaite le promeneur, ce qu'il fait quand il finit par « se dire à lui-même : "c'est un homme" » Comment s'opère ce passage à une *doxa* provisoirement ferme ? Rien, dans aucun des trois textes, ne l'indique. C'est un fait dont on ne peut rendre raison, que rien ne justifie. L'arrêt sur une opinion est toujours possible en fait, mais il n'a aucune possibilité transcendantale ni aucune légitimité. L'âme détient le pouvoir d'affirmer et de nier, quoi qu'il en puisse être, ou ne pas être, du contenu de son affirmation et de sa négation. Si elle est plus soucieuse de stabilité et de croyance que de vérité, elle affirme ou nie une opinion dont le contenu peut être existant ou inexistant.

On sait bien que chez Platon l'opinion est toujours de l'ordre du vraisemblable, qu'elle est irrationnelle, irraisonnée, instable et néanmoins figée tout le temps que je la fais mienne[1]. Ce qu'on sait moins, à en lire certains interprètes, est que cela vaut aussi selon lui pour le jugement, pour la bonne raison qu'il n'existe aucune différence entre les deux et que cette différence n'existe que dans l'esprit de traducteurs soucieux de distinguer entre l'aspect psychique (l'opinion) et l'aspect logique (le jugement). Or la *doxa* a pour Platon une réalité premièrement et essentiellement psychique, et les propriétés que nous serions tentés de dire logiques, vérité et fausseté, ne le sont justement pas. Le moyen le plus sûr de déterminer la vérité ou la fausseté d'une opinion est son accord avec une perception actuelle. Il y a en effet des choses « que seul peut connaître celui qui les voit : autrement, c'est impossible ». Ce sont elles qui nous font croire que savoir, c'est percevoir, et c'est pourquoi le juge, qui n'est jamais lui-même témoin du délit qu'il doit juger, souhaiterait avoir toujours un témoin oculaire[2]. Il appelle ce témoignage de tous ses

---

1. Cf. *Euthyphron*, 11b-c et *Ménon*, 97d-98a : les statues de Dédale.
2. *Théét.*, 201b7-9.

vœux car seul il lui semble vraiment irréfutable. Le promeneur est certainement persuadé qu'il lui suffirait de s'approcher pour enfin *savoir* ce qui se tient debout sous l'arbre, savoir, c'est-à-dire *voir*.

Il n'a au demeurant pas tort, à ceci près qu'il existe des cas où aller y voir est impossible : d'abord quand affirmation et négation portent sur des choses non sensibles, dont les exemples seront plus loin la justice et la vertu en général[1]. On ne peut les atteindre que par la pensée (*dianoia*). Mais quand la pensée, c'est-à-dire le dialogue intérieur, s'achève sur une opinion (*doxa*), que se passe-t-il, comment savoir si cette opinion est vraie ou fausse ? Il se passe ce qui se passe dans la totalité des dialogues platoniciens lorsqu'un interlocuteur, ou parfois Socrate, propose une définition. Depuis « la beauté n'est rien d'autre que l'or » d'Hippias, en passant par « la science, c'est la sensation » du *Théétète* jusqu'à l'identification du plaisir et du bien dans le *Philèbe*[2], les fausses définitions sont celles qui prennent l'autre pour le même, l'apparence pour l'être, l'image définitionnelle pour l'Idée. Dorure, sensation, plaisir sont de faux semblants de beauté, de savoir ou de bien, et le seul moyen de le savoir consiste à interroger et à répondre, à examiner dialectiquement. Or, selon le *Philèbe*, même quand la sensation est impossible, il n'est pas impossible de distinguer entre opinion vraie et opinion fausse car on ne peut pas faire abstraction de la nature du sujet qui affirme ou qui nie. La bonne nature de l'âme serait en ce cas le seul garant de la vérité de son opinion, et c'est elle aussi qui la pousserait à suspendre son opinion tant

1. En 267c.
2. *Hipp. Maj.* 289 e ; *Théét.*, 151e ; *Phil.*, 11b.

qu'elle n'a pas le moyen de la vérifier. Il peut arriver en effet que l'homme, qui chemine sans savoir exactement vers quoi, « chemine en ruminant en soi-même, et parfois même assez longtemps »[1]. Il n'aura alors aucune opinion, vraie ou fausse, sur ce qui se trouve debout là-bas sous cet arbre, mais il risque de se mettre à philosopher.

Si on rapproche les indications données dans le *Théétète*, le *Sophiste* et le *Philèbe*[2], on peut dégager les points suivants. L'opinion vient arrêter un dialogue intérieur; que le sujet opine alors correctement ou non, l'acte d'opiner (l'affirmation ou la négation) n'en est pas moins toujours réel, même si cet acte porte quelquefois sur des choses qui ne sont, n'ont pas été et ne seront pas. Le discours est vraisemblable si le contenu de l'opinion, « Théétète est-assis » ou « un homme est debout sous cet arbre », *semble pouvoir être* adéquat à la réalité extra-discursive dont parle le discours.

LA FAUSSETÉ DANS L'IMAGINATION (264A4-B5)

Selon Protagoras, une image psychique ne peut pas être fausse, donc tromper l'âme, et Socrate résume ainsi sa thèse : « Telle m'apparaît chaque chose, telle elle est pour moi, et telle elle t'apparaît, telle elle est pour toi. » Image psychique (*phantasia*) et sensation « sont donc la même chose dans le domaine de la chaleur et de tous les cas semblables »[3]. Protagoras a raison, la sensation est absolument subjective, elle « constitue l'égoïsme même du moi », elle enferme le sujet *sentant*

1. *Phil.* 38e.
2. *Phil.*, 37a-b et 40c.
3. *Théét.*, 152a6-8.

dans un « monde privé »[1]. En revanche, ce qui est *senti* est objectif, car les qualités sensibles, les *pathèmata*, sont à la fois les *propriétés* des objets extérieurs et les *affections* produites dans un corps animé par ces objets, affections qu'ils ne peuvent produire sur lui que parce qu'ils possèdent ces propriétés. Mais certaines affections « s'éteignent » dans le corps avant de parvenir à l'âme, alors que d'autres excitations « en traversant les deux, mettent en l'une comme en l'autre, dans l'âme comme dans le corps, un ébranlement à la fois propre à chacun et commun aux deux ». La sensation est sentie quand un séisme se propage du corps à l'âme, et lorsqu'ils « se conjoignent en une seule affection (*pathos*) et sont mus conjointement, nommer ce mouvement "sensation" ne sera pas donner un nom contraire à l'usage commun »[2]. Pour être sentie, l'excitation (extérieure ou intérieure) doit être interprétée par un organe sensoriel – interprétée, car une même piqûre, par exemple, donne lieu à deux affections différentes selon qu'elle agit sur deux organes différents : si les pyramides du feu viennent piquer mes yeux, elles me donneront une sensation de blanc, mais si elles piquent ma chair, une sensation de chaud[3]. Les capacités de sentir d'un vivant sont limitées à la fois par la nature et le nombre de sens dont il dispose et par la commensurabilité (*summetria*) des corps physiques avec ses organes. Mais le senti est objectif, car les qualités sensibles ne sont pas connues et identifiées par la sensation seule : pour qu'elles le soient, il faut qu'à cette discrimination innée s'ajoutent des distinctions marquées

1. E. Levinas, *Totalité et Infini*, La Haye, Martinus Nijhoff, 1971, p. 30-31. Pour le « monde privé », voir Héraclite, fr. B 89 DK.
2. *Phil.*, 33d3-9 et 34a3-5.
3. Cf. *Tim.*, 67d-e.

par le langage. Ce travail diacritique est l'œuvre de
l'opinion commune (*doxa*) véhiculée par les mots
de la langue (Timée parle des noms que « nous avons
l'habitude d'employer »)[1]. Une âme capable de percevoir
la qualité commune à une espèce de sensations est une
âme qui dispose d'une mémoire capable de comparer et
de se dire à elle-même ce qu'elle sent : de s'en former
une opinion. Elle sent, puisqu'une qualité sensible lui est
transmise une fois interprétée par les organes sensoriels,
mais elle l'interprète à son tour grâce à une opinion
(*doxa*) qui transforme la sensation en image psychique
(*phantasia*). Les sensations sont naturelles et immédiates,
elles adviennent dans un présent sans durée et sans
orientation, elles ne se succèdent pas, elles apparaissent
et disparaissent : elle ne se succèdent et ne persistent que
grâce au scribe mémoire. Selon la genèse des facultés
psychiques exposée dans le *Philèbe*, la mémoire vient
immédiatement après la sensation et apparaît comme
une espèce assez élémentaire ou inférieure de pensée
(*phronèsis*), mais aussi comme la condition d'existence
des facultés qui la suivent, en particulier de l'imagination
(*phantasia*). Quand le souvenir vient s'ajuster aux
sensations de telle sorte que leur rencontre fait que
souvenir et sensation reviennent au même – c'est-à-dire
lorsqu'on éprouve une sensation reconnue, identifiée,
nommée grâce à un souvenir –, il s'écrit en quelque sorte
des discours en nos âmes[2]. Dans le *Théétète*, la mémoire
est longuement décrite comme une impression de signes
dans la cire qui est en nos âmes, signes « de ce que nous

1. *Tim.*, 42b6-43c7.
2. *Phil.*, 39a1-3.

avons vu, entendu »[1]. Quand une sensation advient, ou bien elle vient se mouler adéquatement sur une des traces mnémiques présentes en l'âme, et la reconnaissance (*anagnôrisis*) est correcte, ou bien elle tombe sur une trace, un souvenir, qui n'est pas le leur, et il y a méprise. Dans ces deux Dialogues, la mémoire est comparée à un travail d'inscription, de gravure, d'écriture et l'âme est alors une sorte de livre[2].

Quand le scribe mémoire « inscrit en l'âme des impressions (*pathémata*) qui coïncident avec les sensations », le résultat est « une opinion vraie accompagnée de discours vrais ». La chose apparaît alors comme elle est, elle n'a pour être que son apparaître, ce qui advient et n'advient qu'à celui qui en a la sensation. Absolument relative à chacun, subjective, elle est objective dans la mesure où son objet n'est pas différent d'elle : il en est le « contenu ». « Donc, *phantasia* et sensation sont identiques, pour la chaleur et autres états semblables. Tels chacun les sent, tels aussi, à chacun, ils ont chance d'être. » Ainsi est censé avoir parlé hier Protagoras[3], et selon lui la *phantasia* fonderait sa vérité sur celle de la sensation à laquelle elle s'identifie. En revanche, pour Platon, le contenu d'une sensation est déterminé par l'opinion qu'on en a, et c'est d'elle que dépendent la véracité ou la fausseté de la représentation imaginative. Elles sont « apparentées à celles du discours » : la *phantasia* porte toujours sur « quelque

1. *Théét.*, 191c8-d 5. Pour cette idée de signe, voir *sèmeion* : 192b3, 4, 193c6, *sèmeia* : 191d7, 193c1, 194d1, 4, 194a6. Pour la méprise, voir 193c-d.

2. *Phil.*, 38e11-12. *Cf.* K. Thein, *L'Âme comme livre, Étude sur une image platonicienne*, Paris, Garnier, 2021.

3. *Théét.*, 152b6-c.

chose » et la fausseté naît quand, à propos d'un quelque chose qui est autre, ce quelque chose est pris pour même, et quand, à propos d'un quelque chose qui n'est pas, ce quelque chose est considéré comme étant. Mais dans ce contexte que désigne exactement ce mot, *phantasia*[1] ?

Mise au singulier, la *phantasia* est une faculté de l'âme qui se définit par sa genèse : « quand l'opinion ne se présente pas d'elle-même, mais par l'intermédiaire d'une sensation, elle se nomme "imagination" (*phantasia*)[2] », sa genèse aboutissant à cette définition : « l'imagination est un mélange de sensation et d'opinion ». Elle permet de réfuter Protagoras, car pour lui sensations et opinions n'ont pour contenus que les impressions issues de la rencontre du sentant et du senti[3]. En ce cas, avait conclu Socrate la veille, la maïeutique et la dialectique tout entière feraient mieux de se taire, « car soumettre à examen et entreprendre de réfuter les images psychiques (*phantasiai*) et les opinions des uns et des autres » ne serait que ridicule bavardage[4]. L'imagination (*phantasia*) est donc la faculté de l'âme qui produit des images (*phantasiai*) qu'on pourrait appeler aussi

1. Seulement 7 occurrences de ce mot dans le corpus : 2 dans le *Théétète*, 4 dans le *Sophiste*, et la première fois en *Rép.* II, 382e8-11 : un dieu « étant simple et vrai à la fois en actes et en paroles ne se modifie pas ni ne cherche à tromper les autres, ni par des *phantasiais*, ni par des paroles, ni par l'envoi de signes, ni dans la veille ni dans les rêves. » *Phantasiais* : des apparences, des apparitions, des mirages? La traduction de ce mot varie selon les traducteurs et les contextes, et aucune n'est entièrement satisfaisante.

2. 264a6. Voir l'intéressant article de B. Collette, « Phantasia et phantasma chez Platon », *Les Études philosophiques*, 2006, p. 89-106.

3. *Cf.* l'hypothèse négative relative du *Parménide*, 164c-165e1. Voir l'Annexe V.

4. *Théét.*, 161e4-162a1.

« représentations ». Toutefois, si on prend en compte la nature de la sensation – elle n'est pas simple, elle requiert deux interprétations, l'une sensorielle et l'autre psychique –, le « bavardage » auquel Protagoras réduit la science dialectique est loin d'être ridicule. Les images psychiques résultant du mélange de deux interprétations, elles engendrent une opinion différente de celle qui avait interprété psychiquement la sensation. Le scribe ayant imprimé en l'âme le souvenir d'une sensation, le peintre qui vient après lui trace dans cette âme les images « de ce qu'elle s'est dit », de sorte « qu'une fois disparues les sensations, *ainsi que les opinions et les discours dont elles s'accompagnaient*, on voit en soi-même leurs images ». Le souvenir d'une sensation n'est pas une sensation, c'est l'image d'une sensation interprétée par une opinion, de sorte que « les images des opinions et des discours vrais sont vraies, fausses celles des opinions et des discours faux »[1]. Les *phantasiai* sont donc le genre commun des « peintures » tracées dans l'âme à partir *de ce qu'elle s'est dit* à propos des souvenirs de sensations inscrits en l'âme par le scribe, ce sont des images psychiques – qui seront nommées bien plus tard « images mentales ».

Elles peuvent être des « copies » (*eikones*), si l'opinion (ce que l'âme s'est dit à leur propos) est vraie, ou des simulacres (*phantasmata*) si son opinion est fausse. Leur fausseté ne réside donc pas seulement dans leur absence de conformité à une chose ou à un événement ayant affecté l'âme, elle tient aussi à la mauvaise inspiration ou au médiocre naturel de celui qui se représente ou raconte l'invérifiable. Ces images psychiques « sont offertes vraies à ceux qui valent quelque chose, qui ont de la noblesse et sont aimés des dieux, et fausses à ceux qui

1. *Phil.*, 39b9-10.

sont mauvais, médiocres, sans valeur »[1]. On peut avoir de fausses espérances, non en ce que l'avenir ne viendra pas les confirmer (l'homme qui imagine voir venir à lui une profusion d'or pourra après tout faire fortune), mais parce qu'on opère des liaisons sans noblesse (entre l'or et la joie qu'il est censé procurer[2]). On a les phantasmes qu'on peut, et on imagine comme on est.

LA PARENTÉ DES ESPÈCES DE FAUSSETÉ (264A8-D11)

On comprend à présent pourquoi la fausseté constitutive de l'image est identique à celle qui se mêle à l'opinion et au discours. Le discours vrai produit, en l'âme ou hors d'elle, une image vrai-semblable de la chose, le discours faux produit un faux-semblant tenu pour être la chose même. Mais comment une image, même discursive, pourrait-elle être vraie ? En étant vraisemblable. La fausseté de l'image est « parente » de celle du discours parce qu'elle s'oppose à la même sorte de véracité, à la vérité vraisemblable de l'opinion. L'opinion est vraie quand l'âme pâtit (par chance ou par bon naturel) de la chose-même, et elle est fausse quand elle produit une chose autre que celle qui est. Il est possible de rectifier les inscriptions du scribe, mais jamais celles du peintre, puisque le peintre n'a affaire

1. *Phil.*, 40c. Phèdre raconte que les dieux ne montrèrent à Orphée que le *phantasma* d'Eurydice, « sans la lui donner elle-même », parce qu'il « n'avait pas eu le courage de mourir par amour, comme Alceste, mais avait usé d'artifice pout pénétrer vivant chez Hadès ». Il n'a donc eu que ce qu'il méritait (*Banq.*, 180d).

2. Cf. *Euthyd.*, 280c-281c : la possession de richesses ne rendra pas heureux si l'on ne sait pas en faire bon usage. Garantir la possibilité d'opinions vraies concernant le passé et le futur, c'est limiter la puissance du logos sophistique sur la *doxa* (*cf.* Gorgias, *Éloge d'Hélène*, § 11), cette limitation étant fondée sur des différences de *natures*.

qu'aux inscriptions du scribe. Lorsque ce dernier a fait
son œuvre, le promeneur peut « voir en lui-même »
l'image d'une statue qu'il n'aura jamais perçue, pour la
bonne raison qu'elle n'existait pas. La bonne nature du
sujet opinant est le seul garant de la vérité des opinions
portant sur ce dont il n'y a pas de perception possible, soit
parce qu'elles ne portent pas sur des choses sensibles,
soit parce qu'une distance infranchissable, spatiale ou
temporelle, sépare le sujet de l'objet :

> Insinuée dans la perception elle-même, mêlée aux
> opérations de la mémoire, ouvrant autour de nous
> l'horizon du possible, escortant le projet, l'espoir, la
> crainte, les conjectures, l'imagination est beaucoup plus
> qu'une faculté d'évoquer des images qui doubleraient
> le monde de nos perceptions directes, c'est un pouvoir
> d'écart grâce auquel nous nous représentons les choses
> distantes et nous nous distançons des réalités présentes[1].

Le possible qui s'ouvre pour le promeneur est celui
des « conjectures », son imagination *n'évoque* pas des
images, elle en *produit* sur le mode du possible ; elle
projette les images d'un homme, ou *peut-être* d'une
statue, debout sous un arbre. Son discours intérieur oscille
entre deux possibles concernant des choses spatialement
distantes qui la distraient des perceptions directes.

Ce qui vient s'insérer entre le signe vocal et la chose
n'est donc pas un signifié linguistique mais un état de
l'âme, état de distraction relative aux perceptions directes
ou présentes ; c'est lui qui est le véritable contenu du
discours lorsque ces perceptions sont impuissantes à

---

1. J. Starobinski, « Jalons pour une histoire du concept d'imagination » dans *L'Œil Vivant*, II : *La Relation critique*, [1970], édition
augmentée, Paris, Tel-Gallimard, 2000, p. 206-207.

fournir une opinion décisive quant à leur nature et leur réalité. Entre l'énoncé fait de signes et son référent, il existe donc un troisième terme : l'image ou les images psychiques (*phantasiai*) que le sujet opinant se fait de ce dont il parle, et qu'il nous donne éventuellement à voir. L'introduction de cette autre espèce de mimétique confirme que la différence entre eikastique et phantastique est bien une différence d'orientation. Car l'image fidèle d'une opinion fausse n'en est pas moins une copie, mais un simulacre si on la rapporte à l'objet de l'opinion, donc à son modèle. Si elles font alors courir à l'âme le risque de la fausseté, elles lui ouvrent aussi le champ illimité de la fiction. Il ne s'agit donc pas ici d'élaborer une logique mais de démontrer comment une doxomimétique est possible.

(Lorsque c'est une sensation présente qui provoque l'intervention du peintre parce qu'elle réactive le souvenir d'une sensation passée, c'est la part de la sensation qui prévaut alors sur celle de l'opinion, et on a la petite madeleine de Proust qui fait déferler le torrent d'images-souvenirs de la *Recherche du temps perdu*, images qui sont vraies d'une vérité qui n'est pas de l'ordre d'une conformité[1]).

Images-souvenirs ou souvenirs-images, tous sont des effets de la puissance de la *phantasia*. La voix (*phônè*) ainsi que la (*phantasia*) possèdent donc une mystérieuse puissance : la première rend l'intelligible sensible en manifestant la pensée par des sons, l'autre en transformant en images le discours intérieur. Voix et image psychique résultent d'une union particulièrement

---

1. La parenthèse indique qu'il ne s'agit que d'une remarque incidente et discutable.

étroite de l'âme et du corps. Pour paraphraser la formule kantienne, un double « art caché dans les profondeurs de l'âme humaine » lui permet de moduler oralement ce qu'elle se dit en silence, ou de le mettre en images. Alors qu'il pouvait paraître impossible de démontrer qu'elles pouvaient être fausses, leur « parenté » avec le discours a permis de le faire plus vite que prévu.

Il faut alors se rappeler que la fabrication d'images avait été divisée en deux espèces, l'eikastique et la phantastique, mais que la question de savoir dans laquelle ranger le sophiste était restée ouverte tant que l'existence de la fausseté n'avait pas été démontrée, son existence dépendant de celle d'un non-être entendu comme l'autre de l'être et non comme son contraire. Il était néanmoins apparu que le sophiste devait appartenir à l'une ou à l'autre, puisque son art était un art mimétique. Les conditions permettant de trancher et d'affirmer dans quelle espèce ranger le sophiste sont donc à présent réunies, et il faut procéder à une dernière division.

CONCLUSION
LA DÉFINITION DU SOPHISTE
(264D12-268D5)

La dernière définition du sophiste vient d'être présentée par l'Étranger comme la conclusion de tout l'examen antérieur. Elle se propose de dépouiller le sophiste des caractéristiques qu'il possède en commun avec les autres « artisans » pour ne plus lui laisser que « sa nature propre », afin « de la révéler d'abord à nous-mêmes, mais aussi à ceux qui appartiennent naturellement à une lignée (*genos*) ayant une très grande parenté avec cette méthode ». Qui pourraient-ils être, sinon ces « dialecticiens philosophes » dont il a été question en 253e-254a, et dont Platon définit la nature au début du livre VI de la *République* ?

L'ART DE PRODUIRE (264D12-266D4)

L'art mimétique enserre le sophiste. Le genre premier à diviser est donc celui de la production, « car l'imitation est, je suppose, une sorte de production »[1]. Or la nature de l'imitation est telle que chaque sectionnement comporte deux espèces, dont l'une, celle de droite, a pour unique ambition de passer pour l'autre, celle laissée à gauche – ce qu'elle ne peut faire qu'en éliminant, chaque fois, une instance du même.

1. *Cf.* 265b1.

PRODUCTION ET ACQUISITION (265A4-B4)

Le sophiste avait fait du non-être son refuge, il s'abritait dans l'impossibilité de ce dernier à être même proféré. L'examen visant à établir l'existence du non-être, donc celle de l'image et du faux, n'avait été entrepris que pour le débusquer. Sa nature étant déterminée par sa puissance de produire, cette puissance doit entretenir un rapport essentiel avec le non-être[1]. C'est le cas de la production, puisqu'elle contient du non-être dans sa définition même, mais ce n'est pas le cas de l'acquisition qui n'a affaire « qu'à des choses qui sont et qui sont advenues »[2]. La production est en effet cause de génération selon l'antérieur et le postérieur, elle fait succéder de l'étant à du non-étant et ajointe ainsi l'être et le non-être[3]. Tout cela ne peut avoir de sens que si par non-étant on n'entend pas ce néant absolu déclaré par Parménide impraticable et inengendré. La production passe d'un non-être qui était et était parfaitement déterminé à un être qui n'était pas et n'est conduit à être qu'à partir de son non-être : *elle est en elle-même parricide.* Parce qu'elle l'est, elle constitue le genre dont la division va permettre d'attraper le sophiste. Le choix de la production comme genre premier à diviser signifie-t-il que le sophiste ne se rencontre dans aucun art d'acquisition ? C'est pourtant dans la chasse, le commerce, la lutte, dans des arts d'acquérir, « qu'il nous est apparu ». Le sophiste les pratique, ces arts, mais il ne les possède ni ne les exerce vraiment, *il fait semblant.* Pseudo-chasseur, pseudo-lutteur et pseudo-commerçant,

1. *Cf.* 236e1-237a4 ; 241a2-e6 ; 254a4-6 ; 260b7-d3.
2. *Cf.* 219b4-5.
3. Le logos est d'ailleurs une sorte de *praxis* et de *poièsis* : voir *Euthyd.*, 284b-c, *Cratyle*, 387b-c.

tous ses moyens d'acquérir résultent d'un certain art, d'un art mimétique, lequel est une partie de l'art de produire. L'art à diviser est donc l'art de produire.

L'action de produire avait déjà été définie au début du Dialogue[1]. L'Étranger la reformule en affirmant dès le début qu'est productrice « toute puissance [...] qui devient cause de l'advenir ultérieur de réalités qui n'existaient pas antérieurement », alors qu'en 219b, c'était la considération des différents arts de produire qui avait permis de lui en accorder une. Or si le genre « production » est une puissance, il en va de même de toutes ses espèces, et les définir consiste à préciser ce qu'elles effectuent et ce sur quoi elles sont capables d'agir.

PRODUCTION DIVINE
ET PRODUCTION HUMAINE (265B6-E9)

L'art de produire se dédouble, horizontalement, en production divine et production humaine. Mais si l'on opère un sectionnement vertical, l'art divin se subdivise, il « produit la chose même et l'image qui accompagne chaque chose ». Il en va de même de l'art de fabriquer qui est le nôtre. Théétète comprend et traduit : pour les deux espèces, l'humaine et la divine, « d'un côté l'être des choses mêmes, de l'autre l'engendrement de certains semblants (*homoiômata*) ». Si l'on considère l'art humain, celui de l'architecte fait la maison elle-même et « l'art graphique en fait une autre, qui est comme un songe ouvré de main d'homme à l'usage des éveillés ».

Cette division soulève deux questions. La première est celle de l'absence de tout paradigme sur lequel

1. En 219b4-6.

le démiurge (divin et humain) réglerait son activité. L'Étranger ne devrait en effet pas dire que la production divine est une *autourgikè*, et Théétète devrait encore moins comprendre qu'il existe une production de « l'être des choses-mêmes ». Car, en bon platonisme, les choses naturelles ne sont que les images de ces êtres véritables que sont les Idées intelligibles, et pour les images faites de main d'homme, elles ne sont que des images de ces images : en dehors des modèles eidétiques, tout ne peut être qu'image[1]. D'où la seconde question : les divisions ne devraient-elles pas obéir à une ontologie de la subordination plutôt qu'à une logique de la coordination ? Le rapport hiérarchique existant entre le modèle et l'image ne devrait-il d'ailleurs pas rendre la méthode dichotomique inapplicable ? Que Platon en juge ici autrement indiquerait soit qu'il ne faut pas prendre au sérieux un simple exercice pédagogique, soit qu'il s'agit d'un changement radical d'ontologie.

On peut peut-être expliquer le texte à moindres frais. Pourquoi, tout d'abord, l'Étranger a-t-il besoin de cette subdivision verticale, laissant la production divine non pas à gauche, mais en haut ? Pour la raison qu'il donne : pour marquer que l'homme ne possède le pouvoir de produire qu'une seule espèce de choses et qu'une seule espèce d'images, contrairement à la prétention du sophiste qui prétend, « grâce à un art unique, savoir produire et faire toutes choses sans exception »[2]. L'art qu'il ne possède assurément pas est qualifié de divin, mais on pourrait aussi bien, de l'aveu même de l'Étranger, l'attribuer à

---

1. Il faut remarquer cependant que, même dans la *République*, le statut d'image est conféré de façon variable selon la section de la Ligne dans laquelle on se trouve : *cf.* VI, 509e-510b.
2. En 233d9-10.

une spontanéité naturelle. À vrai dire, et pour la suite des divisions, cela ne changerait pas grand-chose : la division « en large » n'influe sur la division « en long » – la seule régulière quant à la méthode – que dans la mesure où elle trace la limite de la fabrication humaine du point de vue des choses mais aussi du point de vue des images. Aucun homme ne peut envoyer au dormeur ses rêves, aucun n'est le maître de la lumière qui multiplie les choses en projetant leurs ombres et leurs reflets là où elles ne sont pas. Sans cette coupure verticale, il n'y aurait d'art de produire qu'humain, aucune cause divine ou naturelle n'aurait la puissance de faire advenir ou de faire devenir. Un être dont serait par nature exclu tout devenir, une illusion de devenir dont la responsabilité incomberait aux mortels à deux têtes, que serait-ce, sinon l'être tel que le pensait Parménide ? De plus, si cette cause ne s'identifiait pas à un art divin, la technique humaine n'aurait affaire qu'à une nature privée de sens, de *logos*, où elle pourrait exercer sa toute-puissance. L'Étranger affirme que ce n'est pas dans cette direction que doit s'orienter un bon naturel, et il se fie assez à celui de Théétète pour ne pas juger nécessaire de lui démontrer que la Nature a un sens[1].

Il n'y a pas lieu de développer davantage ce qui n'est qu'un surplus par rapport à l'exigence strictement dichotomique et verticale de la méthode, mais il y a encore moins lieu d'introduire les paradigmes idéaux. Pourtant, l'absence de précision quant à la nature des modèles ne va pas cesser de se répéter, engendrant chez le commentateur

1. Voir R. Brague, « La cosmologie finale du *Sophiste* (265b4-e6) » dans *Études sur le* Sophiste, *op. cit.*, p. 267-288, et M. Dixsaut, *Le Naturel philosophe*, *op. cit.*, p. 199-201.

une incontestable frustration : ne joue-t-elle aucun rôle dans la différence entre leurs images ? quelles choses reproduisent les semblants, les copies (*eikones*) ? et quelles choses, ou quelles copies, simulent les simulacres (*phantasmata*) ? Et comment Platon peut-il prétendre distinguer entre des espèces d'images sans jamais préciser de quoi elles sont les images ? La dernière division a pour but de diviser la production en général, puis de spécifier la *manière de produire* propre à chacune des espèces considérées, qui sont donc des espèces de techniques, d'arts, mais peut-elle le faire *sans préciser la nature de ce qu'ils produisent* ? Or ce problème, elle va le rencontrer à propos d'un certain art de produire, mais il n'est pas considéré comme étant un problème préalable et premier. Pourquoi ?

L'omission des paradigmes intelligibles lors de cette première coupure se justifie si l'on se souvient de la finalité du dialogue : y insérer l'hypothèse des Idées reviendrait à supprimer en fait la question qui ouvre tout le dialogue (217a6-8). Car à postuler l'existence de la différence entre le sophiste et le philosophe et à la concentrer dans l'adoption ou le rejet de l'hypothèse des Idées, le Dialogue tout entier n'aurait plus lieu d'être. Cette hypothèse est sans doute celle du philosophe tel que l'entend Platon, elle garantit ses objets, oriente son désir, sa pratique, détermine son usage propre du discours ; mais ce n'est pas elle qui constitue sa différence. Un philosophe n'est pas pour Platon celui qui professe une certaine doctrine, c'est celui qu'anime un certain désir et qui se représente d'une certaine façon le savoir et la pensée. Ce qui est plus grave est qu'il suffirait que le sophiste refusât l'hypothèse pour nier l'existence de cette différence. Son rejet n'en ferait pas pour autant un « authentique sophiste », simplement un philosophe – ou un savant – revendiquant le droit d'en adopter une autre, de pratiquer et professer une autre théorie. La différence doit donc être établie sans requérir l'adhésion à une hypothèse trop forte. Le philosophe ne diffère pas du sophiste parce qu'il adopte telle ou telle doctrine philosophique, il en diffère parce qu'il ne fait pas ce que le sophiste fait, et ne s'y prend pas comme le sophiste le fait.

PRODUIRE DES CHOSES, PRODUIRE DES IMAGES (265D9-E6)

De plus, pour démasquer le sophiste, il suffit qu'à côté d'un art de produire des choses, il en existe un qui ne produise que des images. Or si le genre tout entier des images renvoyait finalement à des modèles intelligibles, chaque espèce consistant à refléter le modèle d'une façon plus ou moins éloignée ou déformée, s'il y avait transitivité du modèle à travers les différentes sortes d'images[1], tout producteur d'images entretiendrait nécessairement un rapport avec ces modèles eidétiques, y compris le sophiste. La définition va précisément montrer que ce n'est pas le cas, puisqu'il existe des images sans modèles, des images *qui miment sans imiter autre chose que des opinions*. Le sophiste, il est vrai, prétend ne pas avoir d'yeux et ne voit que des choses là où tous voient des images, ou réciproquement : ce qu'il ne voit

---

1. La curieuse thèse (*cf.* par ex. M. Lassègue, « L'imitation dans le *Sophiste* de Platon », dans *Études sur le* Sophiste, *op. cit.*, p. 249-265, voir p. 258) consistant à faire des copies les originaux des simulacres a peut-être pour origine cette traduction de Diès : « ce qui simule ainsi la copie qu'il n'est point, ne sera-ce pas un simulacre ? » (236b6-7), soit plutôt : « puisqu'il paraît mais ne semble pas, [ne le nommons-nous pas] simulacre ? » Ou elle découlerait d'un « présupposé hiérarchique » : les images humaines ne reproduiraient que les réalités fabriquées par l'art humain, ce qui n'est pas plus exact.

pas, c'est la différence entre les deux[1]. Il faut donc la lui faire admettre, le forcer à reconnaître que, là où il dit « non étant », ce qui lui permet d'en nier absolument l'existence, il y a et n'y a qu'altérité. L'image n'est pas la chose, certes, mais cela signifie seulement que tout son être consiste à apparaître et qu'il diffère en cela de celui de la chose même.

L'autre question soulevée par cette seconde étape de la division tient à la réplique de Théétète. Il comprend que l'art qui produit les choses produit l'être des choses elles-mêmes. Son énoncé semble entrer en parfaite contradiction avec celui de Socrate lors de l'analyse célèbre des trois lits. Le menuisier « ne produit pas l'être du lit », il produit « quelque chose de pareil à ce qu'il est, mais pas son être »[2]. Selon la définition du *Sophiste*, il produirait une image[3]. Or Théétète affirme qu'il existe un art de produire l'être des choses-mêmes, distinct de celui de produire des images. Ce qui apparaît scandaleux n'est pas que cet être soit produit (le scandale semble bien plus grand dans le texte sur les trois lits, où apparaît un jardinier divin des essences), mais que l'Étranger oppose aux images d'autres images en les baptisant « choses mêmes ». Comme seule la position d'un paradigme eidétique peut conférer au lit fabriqué par le menuisier un statut d'image, la seconde question rejoint en partie la première.

En partie seulement : car le point de vue de l'Étranger n'est pas ici celui de la participation des choses à des Idées mais celui de leur communication avec les plus

1. *Cf.* 239e3 *sq.*
2. *Rép.* X, 597a 4-5.
3. Voir 240a7-8.

grands des genres. Non parce qu'il serait en train de substituer une ontologie à une autre, mais parce qu'il se pose une question à laquelle la participation eidétique ne peut pas répondre. La question en effet n'est pas de savoir ce qui conforme la chose et lui donne droit à son nom, mais de distinguer deux modes d'existence, celui de la chose et celui de l'image. Cette distinction s'effectue en fonction des grands genres auxquels chacun de ces modes participe. La production de choses est nommée « partie autopoiètique », puis *autourgikè*[1]. La chose opposée à l'image n'est alors désignée que par le pronom-adjectif *autos* (*ipse*)[2]. Toute chose est, et est autre que ce qui n'est pas elle; mais si c'est une chose, elle doit avoir une ipséité, être « elle-même » et le rester, au moins tout le temps qu'elle existe. Si c'est une chose, et non pas si c'est une image : l'image tire son être de la participation à l'autre, tout son être consiste à être autre, et on sait que l'autre, à la différence de l'être, ne peut participer « aux deux Idées comme fait l'être » : il participe à l'être mais il ne participe pas au même[3]. La coupure entre *autourgikè* et *eidôlopoikè* s'effectue donc selon le même et l'autre : est dite « chose » ce qui participe au même, est nommée « image » ce qui n'en participe pas et participe seulement à l'autre. La participation ou l'absence de participation au même est donc le principe de la première division du genre production. L'être de la chose est constitué par une triple participation, à l'être, à l'autre et au même; l'image ne participe essentiellement qu'à deux de ces genres : à l'être et à l'autre, encore ne participe-t-elle à l'être

1. *autopoiètikon* : 266a8-9, *autourgikè* : 266d4.
2. Cf. *autôn*, 265b2, *auta*, c7, *auta*, 266b3, 6, *auto*, c6, *autèn*, c7, *auto*, d3, *autôn*, d7.
3. Voir 255d4-7.

que médiatement et dans la seule mesure où l'autre en participe. Mais elle ne participe pas au même : un portrait, par exemple, possède à la fois un statut de chose et un statut d'image ; c'est une chose sensible, qui comme telle participe au même, et c'est l'image de quelqu'un. C'est seulement en ce dernier sens qu'un portrait ne participe que de l'autre et que son être est évanescent : « je serais bien en peine de dire où est le tableau que je regarde. Car je ne le vois pas comme une chose, je ne le fixe pas en son lieu[1]. » Or l'*autourgikè* est l'art de produire la chose « elle-même », et peu importe alors que sa nature lui soit conférée par une Idée : la présence de cette Idée la rendra aussi intelligible qu'une chose sensible peut l'être, mais elle ne suffira pas à préciser le mode d'être propre à la chose sensible. En tant qu'elle est *ce qu'elle est*, la chose peut être dite image de l'Idée intelligible ; en tant qu'elle est une *chose-même*, elle s'oppose à l'image.

Tout dépend par conséquent de ce qu'il importe d'accentuer dans un contexte donné : dire, comme dans la *République* ou le *Timée* que les choses sensibles sont des images[2], c'est insister sur le fait que seule leur participation à des Idées les rend, autant qu'il se peut, intelligibles. La perspective est celle de la connaissance, et plus précisément celle du mouvement de l'apprendre et de la *paideia*. L'image possède alors une fonction métaphorique, elle se résume à une manière de désigner un degré ontologique dans une hiérarchie[3]. Dans le *Sophiste*, où la perspective est celle de la participation aux

---

1. M. Merleau-Ponty, *L'Œil et l'Esprit*, Paris, Gallimard, 1964, p. 23.

2. Cf. *Rép.* VI, 510a9-10, *Tim.*, 29 a-c.

3. Ce que n'a cessé de développer Plotin, et après lui tout le néoplatonisme, comme l'a magistralement montré J. Pépin, *Mythe et*

genres les plus importants, l'image échappe à ce registre métaphorique : le terme ne relève pas du vocabulaire philosophique de la participation, il relève du vocabulaire technique de la production et perd ainsi sa fonction pédagogique, psychagogique d'arrachement à la croyance et d'orientation vers la vérité. Les images mentionnées par l'Étranger sont des images au sens courant du terme, ce sont celles que tous peuvent, les yeux ouverts, voir se produire à la surface des miroirs et des eaux ou lorsque l'obscurcissement da la lumière projette des ombres, et les yeux fermés dans leurs rêves ; elles sont aussi ce que peuvent, les yeux ouverts, voir comme en rêve ceux qui contemplent certaines productions de l'art humain.

Les premiers principes de division de l'Étranger sont des principes qu'on serait tenté de dire de bon sens – de ce bon sens que tout sophiste tend à faire perdre, et qui, une fois n'est pas coutume, se retrouve tout entier du côté de cet être divin qu'est l'Étranger-Platon[1]. Il existe des choses, dit-il, des animaux, et aussi des maisons ; l'art humain peut produire les secondes, mais non pas les premiers. Ces choses offrent une réalité dont sont dépourvues leurs images : aucun homme sensé ne cherchera à enfourcher l'ombre d'un âne, aucun ne tentera d'habiter dans une maison peinte. L'art de produire se trouve ainsi doublement divisé, et pour ce faire l'Étranger n'a rien mobilisé de plus que ce qu'il venait d'établir : l'existence relative du non-être et la relative existence de l'être suffisent à prouver l'existence et la puissance d'un art mimétique.

allégorie. Les Origines grecques et les contestations judéo-chrétiennes, Paris, Aubier, 1958, p. 192.

1. Voir R.S. Brumbaugh, *Platonic Studies of Greek Philosophy,* Albany, State University of New York Press, 1989, p. 103-111.

L'ART EIKASTIQUE ET L'ART PHANTASTIQUE (266D9-E6)

L'Étranger rappelle alors que l'espèce « engendrement de semblants » avait déjà été divisée, mais que cette espèce supposant l'existence du faux, sa division avait dû être suspendue jusqu'à ce que la réalité du faux ait été établie[1]. Sa participation à l'autre relativement à l'être de la chose garantit la réalité de l'image, mais pour être une image, elle requiert une autre caractéristique, qui doit justement être produite. Son altérité par rapport à la chose serait en effet insuffisante pour la définir : il faut qu'un art ait travaillé à la rendre semblable. Fabriquer une image, c'est bien fabriquer quelque chose d'autre relativement à la chose même, mais encore faut-il que la différence adopte la figure de la ressemblance. Selon la définition antérieurement proposée par Théétète, l'image est « un quelque chose de pareil rendu semblable à ce qui est véritable, mais autre »[2]. L'image peut être plus ou moins semblable donc plus ou moins dissemblable, le degré de « fidélité » ne relevant que de la compétence de l'artisan. Mais si une image ne *semble* pas être la chose dont elle est l'image, ce n'en est pas une image. L'altérité suffit à garantir sa réalité mais non pas sa nature d'image, qui consiste à être une pseudo-chose : sa fausseté essentielle lui vient de sa ressemblance.

La fausseté qui intervient ici repose sur le fait que l'on puisse produire, ou que puisse se produire, quelque chose qui apparaisse même qu'une autre simplement parce qu'elle lui est semblable. Or la participation au même fait exister que sur le mode du soi-même, pas sur le mode du « même que ». La fausseté de l'image ne

1. *Cf.* 236c9–237 a1.
2. *Cf.* 240a7-8.

tient pas, comme l'affirmait encore trop éléatiquement Théétète, à ce qu'elle serait le contraire de la chose véritable[1], elle réside dans cette perversion du même en « même que ». L'image opère cette transition du pareil au « même que » (la chose), en cela réside sa parenté avec le rêve[2]. Produire des semblants, c'est donc faire passer le genre du même pour un genre de la relation, en faire une espèce d'autre, une espèce de l'autre : cela relève forcément d'un art de tromper, art qui inverse la relation « normale » de l'image au modèle, puisque c'est à partir de l'image que l'on se forme une opinion du modèle[3]. La production d'images se retrouve donc tout entière mise sous le régime de la fausseté. Les images sont, et sont véritablement des images, mais aucune image ne peut être vraie.

La subdivision de leur production en art eikastique et art phantastique ne témoigne-t-elle pourtant pas d'une intention platonicienne de séparer les vraies des fausses ? Sinon, à quoi servirait-elle et quel pourrait en être le principe ? Sans doute au fait que certaines se distinguent des autres en ce qu'elles autorisent un usage que les autres images excluent. Toutes les figures géométriques sont fausses, ainsi que toutes les images phonétiques, mais elles peuvent être rectifiées pat l'art du géomètre ou du dialecticien. Les hymnes aux dieux et les éloges

---

1. *Cf.* 240b5-8.
2. Cf. *Rép.* V, 476c4-7 : « rêver ne consiste-t-il pas en ceci que, soit dans le sommeil soit à l'état de veille, chaque fois, on juge que le semblable est, non pas semblable à ce dont il a l'air, mais la chose même ? »
3. Comment ne pas citer Flaubert : « Sans connaître les modèles, ils trouvaient ces peintures ressemblantes, et l'illusion était complète » (*Bouvard et Pécuchet*, V, début).

des hommes nobles sont tous empreints de fausseté, mais ils sont utilisables par le bon politique qui sait que toute éducation doit en passer par la rhétorique et par les mythes. Ce bon usage n'est possible qu'à l'égard de certaines images, produites d'une certaine façon. La différence entre les deux modes de production, l'eikastique et la phantastique[1], se résume à la différence d'orientation marquée par ces deux verbes : *eoike, phainetai*[2]. L'*eikôn*, la copie, le semblant, reconnaît au modèle la puissance d'imposer à ses images sa structure, son mode propre de multiplicité et d'unité, structure qu'elle doit respecter pour en être un semblant vraisemblable, convenable, naturel, probable, raisonnable. Toutes ces connotations qualifient à la fois les exigences présidant à la production de ce type d'images et elles résultent de leur relation à leur modèle[3]. *Phainetai*, en revanche, ne renvoie qu'à ce qui « imite l'apparent tel qu'il apparaît », au simulacre (*phantasma*), à tout qui est tourné vers le spectateur et ne se préoccupe que de l'effet à produire sur lui :

> en vue de laquelle de ces deux fins l'imitation s'est-elle produite ? est-ce en vue d'imiter ce qui est, comme il est, ou d'imiter l'apparent comme il apparaît ? l'imitation est-elle imitation d'une apparence ou d'une vérité ? — D'une apparence, dit-il. (*Rép.* X, 598b2-5)

Dans cette seconde étape de la dernière division, la *nature* des modèles n'est toujours pas prise en compte, car elle ne fournirait aucun principe de distinction. Il suffit de rappeler que l'eikastique se préoccupe de

---

1. 235d1-236c7, voir *supra*, p. 439-445.
2. *Cf.* 236b7.
3. *Cf. Cratyle*, 435c8, où la plus belle façon de parler consisterait à interpréter la ressemblance en convenance.

maintenir l'équilibre entre l'altérité et la ressemblance, seul moyen de maintenir le souci du vrai au sein de la production du faux ; en revanche, l'art du simulacre tend à dissimuler l'altérité et à ne produire que des effets de similitude : la fausseté s'en trouve redoublée, et c'est elle qui permet au sophiste de pouvoir *tout* imiter[1].

Division de l'espèce phantastique (267a1-b3)

Il faut diviser de nouveau : l'apparence illusoire peut se produire avec ou sans instrument (que ce soit également vrai de l'eikastique n'a rien à faire ici) et cela vaut pour le producteur d'images, l'imitateur, lorsqu'il se sert d'instruments pour fabriquer des images qui ressemblent à l'opinion qu'il a de leurs modèles. Dès lors qu'un instrument est utilisé, il y a nécessairement trois termes distincts : le producteur, l'instrument et le produit, tandis que le producteur qui se passe d'instrument ne peut produire qu'en se prenant lui-même comme instrument. Le sectionnement ne passe donc pas entre « avec ou sans instrument », mais plutôt entre l'usage d'instruments extérieurs et l'usage de soi-même comme instrument. Quand un fabriquant de simulacres « se prête lui-même comme instrument » c'est lui-même qu'il rend semblable à un autre, il parle et se comporte comme un autre[2]. Comme instrument pour produire quoi ? Pour produire l'apparence qu'il n'est plus lui-même, mais un

---

1. Il convient de rappeler l'insistance avec laquelle le sophiste est dit prétendre tout savoir (232a-c) et tout produire (233e3-234a5, cf. *Rép*. X, 596c-e). Mais il ne produit que « les imitations et les homonymes des choses qui sont » (234b6-7).

2. Cf. *Rép*. III, 393c1–5 : « Or se rendre semblable à quelqu'un d'autre soit par la voix soit par l'allure, c'est imiter celui à qui on se rend semblable. »

autre, ou quelque chose d'autre. En se donnant le statut d'instrument, le producteur s'identifie donc du même coup au produit. Ce qui était la caractéristique essentielle de l'image, ne pas être un « soi-même », reflue sur celui qui la produit de cette façon ; cela est inévitable puisque l'imitateur se sert de lui-même, de sa voix, de son corps, sans doute souvent aussi de son âme, pour faire image et paraître autre.

Lorsque l'art mimétique englobe toute la production d'images, le sophiste est un « imitateur des choses qui sont »[1] et il pratique « l'espèce de jeu réclamant la plus grande technique et le plus grand charme ». Mais au terme des divisions précédentes c'est ce phénomène de dépossession de soi-même et de possession par l'autre que l'Étranger dit devoir être appelé par excellence *mimèsis*, imitation. Sans doute parce qu'avec elle la mimétique atteint, si l'on ose dire, une perfection supérieure : la fausseté affecte alors non seulement le produit mais le producteur qui se sert de lui-même pour ne plus être lui-même, de telle sorte que ce « lui-même » dont il se sert, ne peut être considéré que comme un autre. Qui donc est-il ? Cette illusion de l'autre qu'il procure aux autres ? ou cette voix, ce corps qui ne sont plus que des moyens de se faire passer pour un autre[2] ? ou seulement cette capacité de ressembler et, ce faisant, de tromper ? Car il n'existe qu'en étant pris par d'autres pour un autre, il est tout entier transi par sa mimétique. S'il veut imiter Théétète, il mimera son allure, sa conformation, peut-être sa manière de marcher, de parler, de rire ou de pleurer. Mais en ce cas le modèle est impliqué, tout en restant pour sa part hors-jeu : Théétète, au moins, reste lui-

---

1. Voir 236b1, c1.
2. Sur la mimétique corporelle des « muets », voir *Crat.*, 422e-423a.

même, extérieur à son imitation et parfaitement distinct de son imitateur. Il faut que l'Étranger divise une fois de plus.

UNE DOXOMIMÉTIQUE (267B4-E4)

Certains imitent en connaissant l'objet qu'ils imitent, et d'autres sans le connaître. La sorte de modèle mentionné dans la division précédente indique de quelle espèce de connaissance parle alors l'Étranger : ce que son imitateur doit connaître de Théétète pour pouvoir en donner l'image est ce qu'il peut en percevoir. Mais quelle perception peut avoir des dieux ou des héros morts le rhapsode qui leur prête ses mots et sa voix ? Si l'on juge qu'il n'y a pas d'autre manière de savoir que de percevoir, la déficience de la perception ou encore son impossibilité de fait ou de droit justifient le recours à l'opinion, la sienne ou celles des autres. En ce cas, l'imitateur doit forcément s'être formé une opinion de son modèle, il doit se le représenter s'il souhaite le représenter. Il lui faut donc être un « doxomime » pour pouvoir en offrir une image ressemblante[1]. Car, comme l'écrit un peintre qui a beaucoup réfléchi à ce qu'il fait : « Les "choses" n'ont pas entre elles des ressemblances. Elles ont ou n'ont pas des similitudes. Il n'appartient qu'à la pensée d'être ressemblante. Elle ressemble en étant ce qu'elle voit, entend ou connaît, elle devient ce que le monde lui offre[2]. » On a ici la très exacte définition d'une pensée arrimée « à ce que le monde lui offre », autrement dit à l'opinion, et que l'opinion soit vraie

1. Voir S. Delcomminette, *Le* Philèbe *de Platon, Introduction à l'agathologie platonicienne*, Leiden-Boston, Brill, 2006, p. 377.
2. Lettre de Magritte à Michel Foucault dans M. Foucault *Ceci n'est pas une pipe*, Paris, Fata Morgana, 2010, p. 57-58.

ou fausse, sa ressemblance avec la chose agit comme « un index » transperçant l'image et pointant vers un original, un modèle souverain qui prescrit et hiérarchise toutes les copies et tous les simulacres en lesquels il s'affirme et se fait reconnaître grâce à une ressemblance convaincante. Abolir cette monarchie, c'est délivrer les images graphiques de tout devoir de ressemblance. D'où le titre donné par ce peintre à tous ses dessins d'une pipe : « Ceci n'est pas une pipe ». Il juge cependant prudent de préciser au dos, de manière toute platonicienne, que « Le titre ne contredit pas le dessin ; il affirme autrement ». Il affirme ce dessin comme *n'étant pas* une pipe mais comme n'étant pas non plus *autre chose*, car affirmer un dessin, une image, cela ne consiste pas à affirmer *quelque chose*. Des traits tracés sur un papier ou un autre support, des coups modelant du marbre ou un autre matériau ne produisent pas des « choses » dotées d'un moindre degré de réalité. Ils n'acheminent pas vers la réalité supérieure d'un modèle mais vers l'opinion que l'artiste-artisan en a. S'il donne de son opinion une image fidèle, conforme, cette image en est une *copie*, mais si on la réfère à la « chose » qu'il a prise pour modèle, c'est un simulacre. C'est de ce double statut qu'il faut se méfier, Platon ne cesse de nous le répéter dans le *Sophiste*. Car la soumission croissante des images graphiques ou sculptées à un impératif de ressemblance (l'invention de la *skiagraphia*, le « réalisme » des statues de Polyclète) a pour but de produire un maximum d'illusion et d'accroître ainsi le pouvoir de l'opinion[1]. Que

---

1. Ce qui annonce pour Platon une évolution regrettable correspond pour nous à la coupure libératrice qui s'est récemment instaurée entre deux âges de la peinture occidentale – disons grossièrement : lorsqu'elle a cessé d'être figurative.

deviennent alors ces images émancipées de tout devoir de ressemblance? Ce que Platon appelle des phantasmes, des simulacres. S'ouvrent en conséquece des séries de reflets en lesquelles une réalité se morcelle, se brise et se démultiplie en fonction de ce qu'elle apparaît à chacun, comme l'affirme Protagoras[1]. Et comme le dit Théétète, ces reflets sont « tels » que la chose et tels les uns des autres, ils sont dans les deux cas *similaires*, mais ils ne *ressemblent* pas à la chose qu'ils reflètent. Phantasme intérieur et phantasme représenté ne font qu'un : la doxomimétique est une imitation qu'aucune réalité, externe ou interne, ne vient plus affecter. Sa seule mesure est le regard de l'autre.

Imitateur, instrument, représentation d'un modèle, image ressemblante et ruse convaincante, tout se confond alors dans un même acte :

> Mais qu'en est-il de la justice, et en général de la vertu toute entière? N'y en a-t-il pas beaucoup qui, sans la connaître, mais en s'en étant, on ne sait trop comment, formé une opinion, s'efforcent sans relâche de produire l'apparence de désirer ardemment que cette opinion qu'ils s'en sont faite soit réellement présente en eux, puisqu'ils la miment autant qu'ils peuvent dans leurs actes et dans leurs paroles? (267c2-6).

Par son comportement extérieur, l'imitateur mime un désir censé être dans son âme. Il ne veut pas paraître *être* vertueux, il veut paraître *désirer ardemment* une vertu

---

1. Et comme le démontre le film d'Orson Welles, *La Dame de Shanghai*. Il s'achève sur la démultiplication des images de la Dame dans une foule de miroirs, et cette fragmentation en une série de *reflets* parfaitement *similaires* n'a plus aucun rapport avec les *images* que son amant, son mari et les spectateurs avaient d'elle : ses reflets ne *ressemblent* littéralement plus à rien.

correspondant à l'opinion qu'il s'en est fait « on ne sait trop comment ». C'est à la présence en son âme de ce désir ardent qu'il veut faire croire, c'est de lui qu'il s'efforce de produire l'apparence. Car de désir, un imitateur n'en a pas d'autre que de produire un effet sur les autres et d'en tirer profit. Les trois infinitifs (*prothumeisthai, phainesthai, poiein*) scandent le déroulement de cet art imitatif : celui qui le détient s'efforce de *produire*, de produire du *paraître*, c'est-a-dire une apparence mimant par des actes et des paroles le *désir ardent* d'une vertu dont il ignore tout et qu'il veut faire croire être présente en son âme[1]. Le dedans n'existe que représenté et mimé afin de pouvoir être regardé du dehors, le dehors ne se manifeste que pour produire l'illusion qu'il existe un dedans. Cette sorte d'imitateur produit ainsi, dans l'indiscernabilité du dehors et du dedans, le simulacre d'un paradigme qu'il ne peut que sembler imiter.

Pareille confusion offre au moins le mérite de la simplicité : cette sorte d'unification perverse résulte de l'absence de toute espèce de participation au même. Les jeux que permet l'autre ne sont pas très compliqués, ils sont plus complexes à décrire qu'à pratiquer, contrairement à ce que croient ceux qui les pratiquent lorsqu'ils savent qu'ils les pratiquent. Mimer, dans tout ce qu'on fait et dit, des opinions venues on ne sait d'où, croire que c'est cela être soi-même et que c'est le seul moyen de rendre

---

1. Dans son ouvrage (*Langage et Image dans l'œuvre de Platon*, Paris, Vrin, 2010, p. 160 et n. 1), F. Teisserenc traduit « à engager résolument leur ardeur à faire paraître ce qui leur a semblé tel comme présent en eux. » Je ne vois pas plus que lui comment on peut « s'engager résolument » (*epikheirousi*) à « désirer ardemment » (*prothumeisthai*) : on désire ou on ne désire pas, mais on peut *paraître*, faire semblant, de désirer : éliminer *prothumeisthai* n'est pas une solution acceptable.

un peu consistantes les choses dépourvues de présence sensible est ce que tous font tous les jours.

Deux espèces d'imitateurs (267e5-268a9)

Il faut donc diviser encore. Le doxomime sain et sans faille pratique une doxomimétique de bonne foi, qui prend uniformément et sans la moindre inquiétude l'autre pour le même. Dans la figure de l'imitateur simple, du naïf, se lit celle de l'ignorance au sens socratique : croire savoir ce dont on n'a qu'une opinion[1]. Cet imitateur-là ne joue pas le savant, il se croit réellement savant et il est réellement ignorant.

L'imitateur ironique, en revanche, est habité d'un soupçon, d'une crainte : il craint de paraître ignorer les sujets où « devant les autres, il se donne figure de savant ». Si le sophiste était certain de savoir, il se confondrait avec le naïf; s'il avait conscience de ne pas savoir, il pourrait se mettre à apprendre et on aurait affaire à une tout autre espèce d'ironie, celle de Socrate, qui dit qu'il ne sait pas alors qu'au-dedans de lui il sait qu'il sait, qu'il sait au moins que savoir ne se réduit pas avoir une opinion, même vraie. Socrate dit de Dionysodore : « et lui, restant complètement en suspens de manière ironique comme s'il examinait une question de grande importance[2]. » Mais lorsque Thrasymaque s'écrie « la voilà bien, l'ironie habituelle de Socrate ! », il indique qu'une même connotation péjorative s'attache à l'ironie de Socrate et à celle des sophistes, si proches dans leur jeu subtil de savoir et d'ignorance, et si semblables

---

1. Voir le sectionnement de l'*agnoia* en 229b7 *sq.* et la définition de l'*amathia* en 229c5-6.
2. *Euthyd.*, 302b.

dans leurs effets : paralyser l'interlocuteur en refusant de répondre à la question telle qu'elle leur a été posée[1]. Semblables, certes, ils le sont, mais voici ce que Socrate dit dans le *Phèdre* :

> De sorte que celui qui veut faire illusion à un autre mais qui ne veut pas être lui-même dupe de cette illusion, doit connaître à fond, d'une manière exacte, les similitudes et dissimilitudes existant entre les choses qui sont. [...] Est-il donc possible, de posséder un art tel que, grâce aux similitudes, on puisse amener chaque fois à un peu s'écarter de ce qui est pour le faire passer à son contraire, sans y échapper soi-même, alors qu'on ne connaît pas ce qu'est chacun des êtres? (*Phèdre*, 262a5-7, 262b5-8)

Phèdre estime que c'est impossible, mais c'est bien l'art du sophiste que Socrate vient de définir et d'opposer au sien, l'art d'un imitateur ironique qui sait duper sans être dupe tout en l'étant, et qui fait passer pour ce qui est ce qu'il sait ne pas être, puisqu'il pense que ce qui est est indicible. Lorsque l'Athénien des *Lois* distingue une première forme d'impiété, ne pas croire aux dieux, il la divise en deux espèces parallèles à celles distinguées dans le *Sophiste* : la première est simple et franche, et on pourrait la dire « naïve »; la seconde est multiforme, elle « regorge d'artifices et d'embûches », englobe tous les habiles en sorcellerie (y compris politique) ainsi que les « machinations de ceux qu'on appelle sophistes » : c'est une forme d'athéisme dissimulé, que l'on pourrait appeler « ironique »[2]. Quel qu'en soit le domaine, cet art

---

1. *Rép.* I, 337a3-6.
2. *Lois* X, 885b; voir M. Dixsaut, « Thalès ou Socrate qui commence? ou : De l'ironie » dans *Platon et la question de la pensée*,

du double-jeu constitue le sophiste, et il est le seul art que l'on puisse lui accorder.

Car l'Étranger vient de le rappeler : au bout du compte, le sophiste « ne fait pas partie de ceux qui savent ». Il redoute de ne pas savoir, mais comme il ne sait pas en quoi savoir peut bien consister, l'ignorance qu'il redoute n'est qu'un simulacre d'ignorance. Quant à sa défiance, elle lui vient « de ce qu'il a beaucoup roulé parmi les discours (*logoi*) ». L'Étranger rassemble donc ici, juste avant de les séparer dans son dernier sectionnement, deux traits apparemment incompatibles : la misologie du sophiste, née de sa pratique de l'antilogie, et sa confiance en « ce grand souverain » qu'est le discours. Comment refuser aux discours la possibilité d'atteindre quoi que ce soit de vrai ou de sain et, avec une belle assurance, se déclarer apte à parler de tout et à donner aux autres l'illusion que l'on connaît tout ce dont on parle ? Si le sophiste dissimule une ignorance qu'il appréhende pourtant, c'est qu'il est certain qu'elle est partagée par tous, ou au moins par la grande majorité des hommes. Son assurance est à la mesure de sa défiance : le sophiste peut d'autant mieux mimer le savant qu'il est convaincu qu'il n'existe pas d'autre manière d'être savant que de sembler l'être aux yeux des autres, cela parce qu'on sait parler. Le jeu peut donc continuer indéfiniment : le sophiste ne croit pas qu'il sait, il ne sait pas davantage qu'il ignore, et il ne désire finalement même pas paraître savoir. Ce qu'il veut, c'est paraître savant. Mais comme le savant c'est lui, le sophiste mime le sophiste en croyant mimer

op. cit., chap. 1 p. 30-39. Il peut être tentant de penser à Socrate, mais le sophiste « craint d'ignorer ce en quoi, devant les autres, il veut se donner figure de savant » (268a3-4) : chacun de ces termes lui est rigoureusement inapplicable.

le sage. Il n'est pas ignorant de l'ignorance du naïf, il n'est pas dupe du savoir dont il fait représentation, mais il est dupe de sa propre mimétique.

L'avant-dernière division n'a donc pas défini deux espèces de mimétiques, mais deux espèces d'imitateurs. L'ignorance qui leur est commune empêche désormais de reconnaître à l'espèce de droite, l'imitateur ironique, véritablement un « art ». La mimétique ignorante ne peut être pratiquée que par des imitateurs qui miment l'image, issue de leur opinion, du savant qu'ils souhaitent paraître.

DÉMOLOGIE ET ANTILOGIE (268A10-C4)

À son tour, cette mimétique se dédouble et le sectionnement s'effectue selon des oppositions familières : le sophiste ironise en public ou en privé, il pratique indifféremment la macrologie ou la brachylogie. « L'homme au trop long discours » sera dit « démologique », orateur populaire ; il mime le politique. L'authentique sophiste ne se trouve pas de ce côté-là[1]. Quand on a en tête les passages nombreux et bien connus où Platon représente un sophiste se prétendant également capable de discours brefs et de discours longs, ou encore ceux où l'on voit Socrate opposer sa mauvaise mémoire à la macrologie du sophiste qu'il a alors pour interlocuteur[2], on peut se demander en quoi la pratique publique des longs discours ne serait pas propre au sophiste authentique. L'Étranger coupe, mais

---

1. Dans le *Gorgias* (465c), la sophistique était à l'art législatif comme la parure est à la gymnastique, alors que la rhétorique est à l'art judicatoire comme la cuisine est à la médecine. La première est auto-prescriptive alors que la seconde en est l'application pratique.
2. Cf. *Hipp. Maj.*, 285c-e, *Protagoras*, 320c, etc.

a-t-il raison de le faire, et pour quelle raison le fait-il? La raison est que, même s'il est empiriquement identique à celui qui en privé force à se contredire (si c'est le même Hippias, ou le même Gorgias qui se livre à l'une et l'autre occupation), l'orateur populaire n'utilise pas le logos de la manière qui caractérise essentiellement le sophiste. Car l'usage public, rhétorique, que le sophiste fait du logos n'implique pas la destruction du logos en tant que tel: il en pervertit, en l'agrandissant démesurément, la puissance, mais non pas l'essence. Le discours d'un démagogue, s'il n'a pas de véritable sens donc n'est pas véritablement un discours, conserve au moins de loin, en perspective, une cohérence. Cohérence fictive analogue à celle que présentent peintures ou statues de grande taille, mais cohérence quand même puisque le discours possède une finalité, séduire ou persuader, et qu'il est produit et machiné en conséquence. Séduire ou persuader, cela préserve la naïveté de l'auditeur, sa « simplicité » : en restant ignorant, il échappe à l'effet sophistique de cette espèce de mimétique et n'en subit que l'effet politique.

Lorsqu'il pratique en privé, le sophiste a un autre but : « contraindre celui qui est entré en dialogue avec lui de se contredire lui-même avec lui-même ». En privé, le sophiste avoue : il n'avoue pas qu'il ne sait pas, il avoue quel type de puissance il prête au discours. Pour que le sophiste déploie dans les discours ses prestiges, il lui faut un public; en privé, l'émerveillement qu'il suscite naît de la contrainte qu'il exerce sur le discours *de l'autre* : il ne contredit pas, il contraint un autre à *se* contredire. Il ne produit donc pas un discours, mais il impose chaque fois l'image d'un discours entièrement soumis à la contradiction et incapable, par nature, de s'en préserver. Or si la seule relation dans laquelle puissent entrer des énoncés est celle de la contradiction, tout dialogue en devient impossible, que ce soit avec un autre ou avec soi-même. Le sophiste ne contredit pas, puisqu'il ne dit rien, il fait apparaître que rien de ce qui est dit n'est capable de rester même et d'exclure son contraire, dans la mesure où précisément c'est *dit*. Ses discours font « apparaître le même autre, en même temps et n'importe comment, et l'autre même, et le grand petit, et le semblable dissemblable »[1], et ils condamnent ainsi le langage à une auto-destruction perpétuelle.

RÉCAPITULATION (268C5-D5)

L'Étranger procède alors comme il l'a fait pout toutes les autres : il récapitule sa dernière définition. Mais il la récapitule à l'envers, ce qu'il avait déjà fait pour l'antilogique, cette pratique presqu'indiscernable de la dialectique purificatrice de Socrate. Dès qu'il est question de langage, ce parcours renversé s'impose, car il faut commencer par poser le caractère qui distingue essentiellement cette espèce de discours de celui qui s'emploie à le définir, puis remonter de division en division vers ce qui a permis d'en saisir le caractère essentiel. Se déroule alors en remontant le même lexique hérissé de termes savants, dont la liaison syntaxique se réduit à les énumérer successivement. De sorte que, lue dans sa version originale, il est difficile de ne pas se demander à quoi et à qui cette dernière définition pourrait bien être utile :

> Celui qui est expert en un art mimétique relevant de l'art enantiopoiologique, partie ironique de la doxastique,

---

1. *Cf.* 252d2-4.

partie du genre phantastique distingué du genre
eidôlopoique, portion non pas divine mais anthrôpique
de la production qui déploie dans les discours son art
thaumatopoique – quiconque déclarera que « voilà la
race et le sang » de l'authentique sophiste, dira, semble-
t-il bien, la plus pure vérité.

L'Étranger semble pleinement satisfait de ce à quoi
il est arrivé. Aurions-nous des raisons de ne pas l'être ?

Oui, et non. Oui, car semblable en apparence à toutes
les définitions précédentes du sophiste, elle se caractérise
par le même emploi d'un langage factice destiné à faire
croire qu'il procède d'un savoir difficile – langage qui se
trouve à peine discrètement dévalué par « phantastique »
et « thaumatopoique » – encore que ces deux mots
puissent susciter une stupeur admirative. En ce sens, la
dernière définition est ironique, non parce qu'elle dirait
le contraire de ce qu'elle dit mais parce qu'elle est une
espèce de l'ironie socratique, celle de la feinte admiration
qui, quand elle fait semblant d'admirer, fournit toutes les
raisons de ne pas admirer. Mais conclure sur une définition
ainsi formulée ne prouve-t-il pas que cette forme n'avait
rien de parodique ? Et qu'elle prouve au contraire que la
méthode de division ne peut pas conduire à un autre genre
de définition ? D'autant qu'elle est censée définir la nature
du sophiste, alors que toutes les autres définissaient ses
manières d'apparaître à différents regards. Elle semble
alors si décevante qu'elle n'est jamais commentée par les
interprètes du Dialogue. L'Étranger dit pourtant qu'elle
« permet de nouer tous les fils de son nom », ces fils étant
de nouveau désignés par des néologismes en -ique. Nouer
les fils d'un nom, d'un *mot*, supprimer son équivocité et

en délimiter l'attribution, ne serait-ce pas cela définir dialectiquement, scientifiquement quelque chose?

C'est ce que vise toute définition dianoétique, mais est-ce à cela que tend une définition dialectique, socratique? Et ne serait-ce pas cette différence qui se trouve une fois de plus affirmée? La dernière définition n'a-t-elle pas justement pour but de montrer que résumer ainsi toutes les étapes de la poursuite du sophiste, faire abstraction de ses avancées, de ses impasses et de la conscience progressive du rapport existant entre les remparts élevés l'un après l'autre par le sophiste, cela ne fait rien comprendre et ne donne rien à penser? En ce cas, non, la dernière définition du sophiste ne déçoit pas tous ceux qui, par leur nature et leur lignage, ont le plus de proximité, de parenté avec une méthode de division dialectique[1]. Eux savent que dialectiser, même quand cela consiste à diviser, n'a pas pour but de *définir* mais de *comprendre* ce qu'est véritablement un sophiste, et savent surtout que pour le comprendre, il leur faut lire l'ensemble du *Sophiste*.

LES STYLES DU *SOPHISTE*

En outre, cette définition, l'Étranger la récapitule à l'envers, comme il l'avait fait pour celle de l'antilogique : lorsqu'il caractérise le sophiste par son discours, Platon lui tend un miroir où il verra son image inversée. Persée n'a pu trancher la tête de Méduse qu'en « posant son regard sur ce qu'une vision indirecte est seule en mesure de lui révéler, c'est-à-dire sur une image capturée dans

---

1. *Cf.* 264e-265a.

un miroir »[1]. En bloquant la lumière émanée du regard et celle émanée de l'objet, le miroir prive ces deux lumières de leur puissance et inverse les images. D'images de lui-même, le sophiste en a offert beaucoup, et dès que ce philosophe qu'est l'Étranger réussissait à couper une de ses têtes, il lui en poussait aussitôt une autre, qui tenait un autre langage. Ce qui pourrait bien arriver encore, car le sophiste pourrait rétorquer que l'image que cette dernière définition donne de son modèle n'est que celle de l'opinion qu'en a l'auteur de cette définition, donc qu'elle aussi est le produit d'une doxomimétique. Le sophiste aurait raison de l'interpréter de cette façon, si la dernière ne faisait pas s'entrechoquer les deux modes discursifs dont le sophiste déclare être le maître : le discours savant, dont il imite les termes techniques, et le discours poétique, dont il n'exploite que les effets rhétoriques.

Dans cette définition-là, le jargon pseudo-scientifique s'achève en effet sur quelques mots d'un vers d'Homère qui parle « de race (*genea*) et de sang »[2]. Le moins que l'on puisse dire est qu'on ne saurait déceler la moindre épaisseur de chair ou la moindre goutte de sang dans les lignes qui précèdent. Définie comme elle vient de l'être, la nature du sophiste n'a vraiment rien de naturel : exsangue et squelettique, elle n'est qu'artifice, mystification, phantasme. Elle n'est « naturelle » qu'au sens où, quoi qu'il fasse ou dise, le sophiste *fait semblant*. Pourquoi cependant finir sur ce télescopage de deux

1. I. Calvino, *Six Leçons américaines, Six propositions pour le prochain millénaire*, trad. Y. Hersant, Paris, Gallimard, 1992, p. 20. Pour ce double blocage, voir l'explication et le schéma de Cornford, *Plato's Theory, op. cit*, p. 327.

2. *Iliade* VI, v. 211.

styles si peu compatibles? Cliquetis technique et poésie
ne font généralement pas bon ménage, mais Protagoras
inclut les poètes dans sa généalogie de la sophistique[1], et
Gorgias était connu pour avoir donné à la prose un rythme
aussi envoûtant que celui de la poésie. Certes, mais cette
citation de l'*Iliade* n'est pas choisie seulement parce
qu'elle est poétique. Ces mots sont prononcés sous les
murs de Troie par un certain Glaucos, originaire de Lycie
(dont le roi Sarpédon s'est allié aux Troyens), quand il
se trouve face à Diomède, prince d'Argos, dont le nom
qualifiait une nécessité paralysante[2] et qui se prétend
fils d'Arès. Que fait alors Glaucos devant ce terrifiant
personnage? À l'hérédité divine dont celui-ci se prévaut,
il oppose son propre lignage: il descend de Sisyphe, fils
du dieu des vents Éole, et qui de tous les hommes est
« le plus fertile en ruses »[3]. Descendre de Sisyphe, c'est
descendre de celui qui fut capable d'enchaîner Thanatos,
la Mort-même, puis de persuader Perséphone de le
renvoyer sur terre. Sisyphe a engendré Ulysse, le héros
« aux mille tours », et un Glaucos dont l'arrière-petit-fils
porte le même nom. Avec un pareil arbre généalogique,
il n'est pas étonnant que ce Glaucos parvienne, grâce
au vent de ses belles paroles, à dissuader Diomède de
le combattre. Mais Zeus « trouble alors son esprit » et

1. S'agissant d'Homère, il est d'ailleurs d'accord avec Platon (voir
les deux premiers livres de la *République*), mais on pourrait ajouter
Euripide ou Simonide.
2. Voir *Rép.* VI, 493d: la « nécessité Diomédienne » était devenue
proverbiale, en référence à une tradition selon laquelle, alors qu'il
rapportait avec Ulysse le Palladium qu'ils avaient volé, ce dernier
voulut le tuer pour se réserver l'honneur de ce larcin; s'en étant aperçu,
Diomède ligota les bras d'Ulysse et le frappant de son épée, le força à
rejoindre avec lui le camp des Achéens.
3. *Iliade* VI, v. 153.

il échange ses armes d'or contre les armes d'airain de Diomède. L'homme le plus astucieux, le plus habile, le plus rusé, échange donc l'or de la vérité contre l'airain de l'apparence : voilà quelle est la race et quel est le sang de Glaucos, et du sophiste.

Or Platon-l'Étranger est lui aussi capable d'imiter n'importe quelle sorte de discours et de style, et cela vaut pour son Socrate : « il ne te coûte guère, lui dit Phèdre, de composer des discours égyptiens ainsi que de tout autre pays qu'il te plairait »[1]. Platon n'est pas seulement capable d'écrire les cinq discours du *Banquet*, ou celui de Lysias dans le *Phèdre*, ou celui d'Aspasie dans le *Ménexène*, il sait se montrer concret et informé quand il parle « métiers », précis quand il dialectise, implacable quand il réfute et inspiré quand il parle de ce qu'il « honore par-dessus tout » : « le savoir, la pensée et l'intelligence ». Mettre dialectiquement en interaction tous ces styles est l'une des manières qu'a Platon de sauver le logos, d'en sauver, contre le sophiste, toutes les possibilités de dire vrai, en dénonçant et imitant toutes les possibilités de dire faux. Entrelacer les styles n'est pas chez Platon un procédé littéraire, c'est une méthode destinée à apporter un surplus de sens auquel il faut prêter attention, car tout style est en soi une puissance, une force.

Au début de ses leçons sur Platon, le jeune Nietzsche écrit : « en tant qu'écrivain, Platon est le prosateur le plus richement doué : varié au plus haut point, maîtrisant tous les registres, le plus accompli et le plus cultivé de l'époque la plus cultivée. » Il l'explique ainsi dans son dernier ouvrage : « Communiquer par des signes – y

1. *Phèdre*, 275b.

compris le *tempo* de ces signes – un état, ou la tension intérieure d'une passion, tel est le sens de tout style. » Par conséquent, « tout style est *bon* qui communique vraiment un état intérieur ». Conclusion : Platon possède « l'art du styliste le plus varié » ; il le doit à sa « nature philosophique *débordante*, également capable de visions d'ensemble grandioses et *fulgurantes*, et du travail dialectique du concept ». Nietzsche note en outre que « Platon a un penchant prononcé pour le genre comique »[1].

Au cas où cette référence nietzschéenne semblerait trop nietzschéenne pour être convaincante, voici ce que dit Campbell citant le Dr Thomson :

> De tous les Dialogues, aucun n'est plus totalement platonicien. Ses périodes ont les caractéristiques des périodes de Platon et ne ressemblent à celles d'aucun autre auteur. (...) Si la vivacité des conversations, l'aisance et le naturel des transitions d'un sujet à l'autre, le mordant de la satire, la délicatesse du persiflage et la verve idiomatique des expressions contribuent à produire une puissance proprement dramatique, je ne connais pas de dialogue plus dramatique que le *Sophiste*[2].

Ne pas prêter attention à la diversité des styles présente dans le *Sophiste*, et présente dans sa variété la plus étendue, c'est se condamner à n'y voir qu'une « coque et un noyau », ou un manuel de division.

1. Nietzsche, *Introduction à l'étude des Dialogues de Platon*, trad. O. Sedeyn, Paris-Tel-Aviv, Les éditions de l'Eclat, 3ᵉ éd. corrigée, 2005, p. 30-31 ; *Ecce Homo*, trad. J.-C. Hemery, *OPC* VIII, Paris, Gallimard, 1974, 4 p. 281 ; *Histoire de la littérature grecque*, dans *Werke. Kritische Gesamtsausgabe*, I-II, Berlin, 1995, II/5, p. 198.
2. Dr W.H. Thompson, *On the Genuineness of the* Sophista *of Plato and on Some of Its Philosophical Bearings*, p. 5 ; L. Campbell, *The* Sophistes *and* Politicus *of Plato, op. cit.*, General Introduction, p. XLIII.

L'Urgence

De raison de conclure ainsi, au fond, il n'y en a qu'une : cet expert du langage, le sophiste, ne peut engendrer que la haine du langage, la misologie. Son usage pervers du discours entraîne chez les hommes ayant quelque bon sens la conviction qu'ils ne doivent plus se fier aux paroles mais à la brutalité des choses et des faits pour atteindre des vérités. Or, ne plus se fier au langage ne détruit pas seulement le lien social, le lien entre les hommes, cela revient à refuser à l'âme humaine sa puissance de penser en se parlant et de penser en parlant. En offrant du sophiste une image inversée, et qui, parce qu'elle l'est, est remise à l'endroit, cette définition a pour but de le désensorceler, de le désenchanter, parodiquement et en lui opposant un état intérieur dont sa nature est incapable. Mais au nom de quoi Platon le fait-il, sinon au nom de l'opinion qu'il a du sophiste ? La réponse est que, si le sophiste est cet « humain trop humain » qui identifie savoir à avoir une opinion, le philosophe, lui, a poursuivi le sophiste de toutes les façons possibles, il l'a cherché ici, ailleurs, et encore ailleurs, au risque de paraître s'attraper lui-même en l'attrapant. Son terrible éros pour la vérité l'a contraint à exercer ainsi sa souveraine et divine liberté, et il y a mis tout le temps qu'il fallait, puisque c'est le langage qu'il fallait sauver. Il a compris qu'il fallait lui restituer sa véritable puissance en lui donnant comme horizon comprendre et faire comprendre, en l'enracinant dans ce désir de comprendre que Platon nomme « philosophie ». Pourtant, il n'a pas répondu à la question posée par Socrate, il n'a pas défini en quoi le philosophe différait du sophiste ? Il a fait mieux : il a saisi chaque occasion de manifester sa différence – sa tantôt éclatante et tantôt imperceptible différence – et nul autre que le sophiste ne pouvait lui en fournir autant. Ce n'est pas seulement pour cette raison qu'il l'a poursuivi avec tant d'audace et d'énergie, c'est parce qu'il a étonnamment pressenti quel danger ses images parlées représentaient, et compris qu'il y avait urgence. Mais il n'a réussi à sauver ni Socrate, ni son langage, ni son monde.

Il y a et y aura sans doute toujours urgence, car ce qui appartient en propre aux images, aux faux-semblants et aux belles apparences est leur puissance magique de faire illusion et de proliférer, de briser et mettre en morceaux toute réalité. Il est fort peu probable que ce chef d'œuvre dramatique qu'est le *Sophiste* réussisse jamais à persuader les hommes de leur préférer l'or de la vérité. Raison de plus pour continuer, et dire ce qu'il en est du politique.

À demain, donc.

SCHÉMAS ET « TRADUCTIONS »
DES SIX PREMIÈRES DÉFINITIONS

Ces schèmas s'efforcent de mettre en forme et de traduire en langage ordinaire les récapitulations définitionnelles.

Division générale des arts :

Définition de la pêche à la ligne

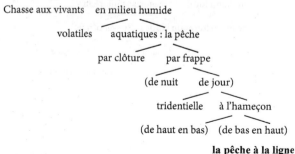

Première définition de la sophistique

Chasse aux marcheurs

sauvages   paisibles

    apprivoisés   à l'homme

        violente   persuasive

            publique   privée (érotique)

                désintéressée   intéressée

                    par cadeaux   salariée

                        pour du plaisir   pour de l'excellence

                            flatterie   doxopédeutique

                                  l'art sophistique

Deuxième définition de la sophistique

Chasse   Échange

    de gré à gré   commercial

        vente directe   trafic

            marchand local   négociant inter-cités

                de nourritures du corps   psychotrafic

                        de savoirs   d'excellence

                        l'art sophistique

Troisième et quatrième définitions

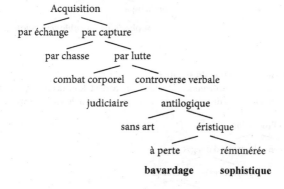

Acquisition par échange commercial

de nourritures du corps   psychotrafic

vendeur de seconde main   producteur-vendeur
troisième définition   quatrième définition
la chose sophistique

Cinquième définition : l'art du sophiste

Acquisition

par échange   par capture

par chasse   par lutte

combat corporel   controverse verbale

judiciaire   antilogique

sans art   éristique

à perte   rémunérée

bavardage   sophistique

Sixième définition de la sophistique

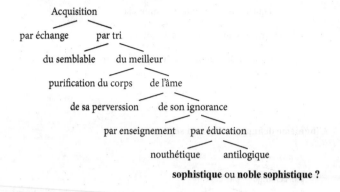

Acquisition
par échange — par tri
du semblable — du meilleur
purification du corps — de l'âme
de sa perverssion — de son ignorance
par enseignement — par éducation
nouthétique — antilogique

sophistique ou **noble sophistique** ?

La dernière définition du sophiste

Si on remet cette définition à l'endroit, en partant de la fin et en rappelant entre parenthèse les distinctions précédentes, on obtient le schéma suivant :

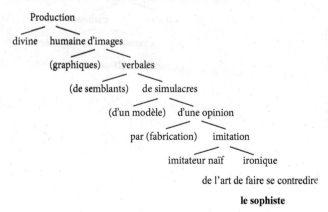

Production
divine — humaine d'images
(graphiques) — verbales
(de semblants) — de simulacres
(d'un modèle) — d'une opinion
par (fabrication) — imitation
imitateur naïf — ironique

de l'art de faire se contredire

le sophiste

ANNEXE II

L'INVENTION DES ARTS

L'HOMME, ANIMAL TERRIBLE ET INGÉNIEUX EN TOUT

(Sophocle, *Antigone*, Chant du chœur, v. 334-367. Trad. Leconte de Lisle, dans *Sophocle*, Paris, Alphonse Lemerre, 1877)

Strophe 1

Beaucoup de choses sont merveilleuses, mais rien
n'est plus merveilleux (*deinos*) que l'homme.
Il est porté par le Notos orageux à travers la sombre mer,
au milieu de flots qui grondent autour de lui ;
il dompte, d'année en année, sous les socs tranchants, la plus
puissante des Déesses, Gaias, immortelle et infatigable,
et il la retourne à l'aide du cheval.

Antistrophe 1

L'homme, plein d'adresse (*periphradès*),
enveloppe dans ses filets faits de cordes la race des légers
oiseaux et les bêtes sauvages et la géneration marine ;
il dompte par ses ruses les bêtes farouches
des montagnes ; et il mettra sous le joug
le cou du cheval chevelu et l'infatigable taureau montagnard.

Strophe 2

Il s'est donné la parole et la pensée rapide
et les lois des cités, et il a mis ses demeures à l'abri des gelées
et des pluies fâcheuses.

Ingénieux (*pantoporos*) en tout,
il ne manque jamais de prévoyance en ce qui concerne l'avenir.
Il n'y a que l'Hadès auquel il ne puisse échapper,
mais il a trouvé des remèdes aux maladies dangereuses.

Antistrophe 2

Intelligent en inventions diverses,
Avec une ingéniosité
Plus grande que l'on puisse espérer,
il fait tantôt le bien, tantôt le mal, violant les lois de la patrie
et le droit sacré des dieux.

LES SOPHISMES DE PROMÉTHÉE

(Eschyle, *Prométhée enchaîné, trad. J. Grosjean, et M. Dixsaut pour le dialogue avec Hermès*)

PROMÉTHÉE — Autrefois ils regardaient sans voir, ils écoutaient sans entendre. Semblables aux fantômes des songes, mêlant tout pêle-mêle au long de leur vie, sans savoir se servir de briques ni du bois pour construire des maisons éclairées par le jour. Ils habitaient sous terre comme comme de frêles fourmis, dans des cavernes profondes où ne pénétrait pas le soleil. Nul signe certain ne leur distinguait l'hiver, le printemps empli de fleurs, l'été fertile. Ils agissaient toujours sans réfléchir, jusqu'à ce que je leur enseigne l'instant du lever des astres et celui de leur coucher. C'est moi qui ai trouvé pour eux la science du nombre, la plus noble etla combinaison des lettres, mémoire qui conserve tout, la mère des Muses. [...]. C'est moi aussi qui ai attelé les chevaux, dociles au frein, à des chars splendides, image orgueilleuse de l'homme très riche. Et nul autre que moi n'a découvert ces chars aux ailes de toile, qui courent sur la mer. [...] Mais moi qui ai machiné tous ces engins pour les mortels, je n'ai pour moi aujourd'hui aucun argument habile (*sophisma*) qui me délivrerait de ma douleur présente. (v. 447-471)
[...]

HERMÈS — Toi, le malin (*sophistès*), le plus amèrement gonflé d'amertume,

toi qui prives les dieux des honneurs qui leur sont dus en les transmettant

aux éphémères, toi le voleur du feu, c'est à toi que je parle. (v. 944-947)

[...]

Tu te prévaux d'un argument bien faible (*sophismati*) :

C'est là la confiance présomptueuse de celui qui ne pense pas sagement,

et en elle-même, rien n'est plus faible. (v. 1011-1013)

GORGIAS, HÉRITIER PARRICIDE
DE PARMÉNIDE

Les deux versions du *Traité du Non-être* de Gorgias (cité TNE) dont nous disposons sont des résumés tardifs, comportant des incertitudes et des lacunes (surtout pour la version de l'Anonyme, pourtant généralement reconnue comme la meilleure). Farce pour les uns, parodie et non-sens philosophique pour d'autres : ce traité serait un pur jeu de langage. Certains y reconnaissent au contraire une préfiguration de la dialectique au sens kantien, voire au sens hégélien, ou une critique de l'être nouménal, ou plutôt l'expression d'une vision tragique. Comment Platon, lui, l'a-t-il compris ? Diès et après lui Cornford ont relevé les passages du *Parménide* parallèles à certains passages du *Traité* de Gorgias. Or un texte de l'avant-dernière hypothèse du *Parménide* renvoie au premier argument de Gorgias. Voici en effet la première démonstration, celle dite « propre à Gorgias (trad. B. Cassin) :

Version de l'Anonyme (MXG, 979 a 25-28)

« Si le ne pas être est ne pas être, non moins que l'étant le non-étant serait. Car le non-étant est non étant tout comme l'étant étant. De sorte que sont, en rien plus que ne sont pas, les choses dont on parle, (*pragmata*[1]). »

1. B. Cassin m'a objecté que le sens de « choses en question » ne vaudrait pas pour le pluriel. Elle a partiellement raison, car dans le *Phèdre*, 262e1-263a, Socrate distingue entre les *pragmata* dont le nom permet un accord immédiat sur la chose, et celles dont le nom donne lieu à contestations, « juste » et « bon » par exemple. Mais ici, les *pragmata* sont sans aucun doute les « choses en question », des objets discursifs et non pas perceptibles.

Version de Sextus Empiricus (Adv. Math., VII, 67. 1-4) :

« Et certes le non-étant, quant à lui, n'est pas. Car si le non-étant est, alors il sera et en même temps ne sera pas ; en effet, dans la mesure où, d'une part, il est pensé comme n'étant pas, il ne sera pas ; mais dans la mesure où il est non étant, étant prédiqué à lui-même, il sera. »

Quant à l'être : « Il n'est pas, si le non-être est, puisqu'il est son contraire. « (MXG, 979a 28-30 ; S.E., 67, 5-8).

Selon l'Anonyme, si l'étant peut s'identifier (il est étant), le non-étant doit le pouvoir aussi : il est ce qu'il est, à savoir non étant. Mais alors, prédiqué à lui-même, le non-étant est. Sextus voit le problème et fait intervenir la pensée : *il est pensé* comme n'étant pas, mais *il est dit* être non étant. Le passage parallèle du *Parménide* permet-il de résoudre cette difficulté ?

« Il est donc, à ce qu'il semble, l'un non étant. Si en effet il n'était pas non étant, mais si en quelque façon il se détachait de l'être pour aller vers le ne pas être, aussitôt il serait étant (162b1-3). » Dire d'une chose qu'elle n'est pas inexistante, c'est affirmer qu'elle existe. « Il lui faut donc [à l'un] avoir pour lien de son « ne pas être » l'être non étant, s'il doit ne pas être (162a 4-5). » L'un *n'est pas* à la condition d'*être* non étant.

Symétriquement, « l'étant doit avoir [pour lien] de ne pas être le non-étant, afin qu'il lui soit possible d'être pleinement (162a 5-6). » Le lien attachant l'étant à lui-même est qu'il doit *ne pas être* le non-étant et il n'est qu'à cette condition.

Conclusion : L'étant et le non-étant sont tous deux également les sujets de « est » et de « n'est pas » : l'être est étant et *n'est pas* non-étant, le non-étant *est* non étant et il *n'est pas* étant. L'étant *sera* s'il *n'est pas* le non-étant ; le non-étant *ne sera pas* à condition d'*être* non étant. L'étant peut donc se soutenir aussi bien d'une affirmation que d'une double négation, mais pas le non-étant, qui doit être constitué par une seule négation. Ainsi compris, Gorgias substituerait donc à la *krisis* absolue de Parménide une *krisis* relative, qui oppose une double négation à une négation simple. Il introduit ainsi la négation dans l'être, et pour Platon, elle y restera.

« UNE INFINITÉ PAS MAL INFINIE
DE NE PAS ÊTRE »

Voici comment un concierge presque analphabète mais philosophe retombe sur les principales thèses ontologiques du *Sophiste* :

« Vous comprenez, la philosophie, elle a fait deux grandes fautes ; deux grands oublis ; d'abord elle a oublié d'étudier les différents modes d'être, primo ; et c'est pas un mince oubli. Mais ça encore, c'est rien ; elle a oublié c'qu'est le plus important, les différents modes de ne pas être. Ainsi une motte de beurre, j'prends l'premier truc qui m'passe par l'idée, une motte de beurre par exemple, ça n'est ni un caravansérail, ni une fourchette, ni une falaise, ni un édredon. Et r'marquez que c'mode de ne pas être, c'est précisément son mode d'être. J'y r'viendrai ; Y en a encore un autre mode de ne pas être ; par exemple, la motte de beurre qu'est pas sur cette table n'est pas. C'est un degré plus fort. Entre les deux, y a le ne-plus-être et le pas-encore-avoir-été. Chaque chose détermine come ça des tas de nonnêt' : La motte de beurre n'est pas tout c'qu'elle n'est pas, elle n'est pas partout où elle n'est pas, elle interdit à toute chose d'être là où elle est, elle a pas toujours été et n'sera pas toujours, ekcétéra, ekcétéra. Ainsi une infinité pas mal infinie de ne pas être. De telle sorte qu'on peut dire que cette motte de beurre est plongée jusque par-dessus la tête dans l'infinité du nonnête, et finalement ce qui parait le plus important, ce n'est pas l'être, mais le nonnête. Et l'on peut distinguer : y a ce qui ne peut être pasque c'est contradictoire, la motte de beurre est une tuile. Et ce qui n'est pas sans apparaître comme contradictoire ; la motte de beurre n'est pas sur cette table (tandis qu'elle y est). C'qui est curieux c'est que c'qu'est exprimé par une phrase comme ça : la motte de beurre est une tuile, ça appartient au nonnête et pourtant çaest dans une certaine mesure, puisqu'on peut l'exprimer. Ainsi, d'une certaine façon, le nonnête est, et, d'une autre, l'être n'est pas [...] Au fond, il n'y a pas le nonnête d'un côté et l'être de l'autre. »

Raymond Queneau, *Le Chiendent*, p. 374-376,
© Paris, Éditions Gallimard, 1933.

LE MONDE DU SOPHISTE
(*PARMÉNIDE*, 164B5-165E1)

Les hypothèses de la deuxième partie du *Parménide* peuvent se lire comme une *Grande Logique*, Platon laissant à son lecteur le soin de découvrir quelle figure historique peut correspondre au « monde conceptuel » que chacune d'elles construit[1]. Une fois sa méthode énoncée, Parménide prend comme exemple l'Un et suppose qu'il est, puis qu'il n'est pas. Chaque hypothèse comporte deux versions, l'une radicale et l'autre atténuée, et en déduisent les conséquences pour les autres de cet Un. Le passage des positives aux négatives se produit sans transition, leur *changement* de modalité est un événement qui advient « en un instant » et interrompt leur succession. La première hypothèse négative ne l'est que « relativement », puisqu'elle pose que, pour affirmer que l'Un n'est pas, il faut bien en avoir une représentation : « Il est donc, à ce qu'il semble, l'un non étant ». Étant même que lui-même et autre que tous ses autres, il est connaissable et dicible. Quant à ses autres ils ont pour unique détermination leur altérité mutuelle, car « c'est tout ce qu'il leur reste, à moins de n'être autres que rien ». Les

---

1. Voir M. Dixsaut, « Les hypothèses du *Parménide* : construire des mondes conceptuels possibles », dans *Plato'Parmenides, Proceedings of the fourth Symposium Platonicum Praganse*, A. Havlicek and F. Karfik (eds.), Prague, OIKOYMENH, 2005, p. 253-295.

« choses » n'existent alors que pour « un regard émoussé et lointain » (cf. *Théét.*, 166b5-8), leur unité n'est qu'apparente et leur altérité n'est qu'un « fantôme de différence ». Ce ne sont donc que des agrégats, des masses qui, même très petites, s'émiettent en une multiplicité illimitée. Or c'est à elles que l'on donne les noms d'« homme », de « pierre » etc. Il est d'ailleurs possible de leur donner toutes les déterminations qu'on voudra, chacune pouvant se muer soudainement en son contraire, ce qui *semble être* extrêmement grand ou chaud pouvant *paraître* extrêmement, petit ou froid (de 164a à 165d le verbe *dokein* apparaît sept fois, et *phainesthai* douze fois). On est dans la logique illogique du rêve.

Qui est capable de nous y enfermer, sinon le sophiste, dont le langage prétend produire le monde et tout ce qu'il contient et qui est capable de nous persuader de la vérité et de la réalité des mirages et des simulacres inconsistants dont il le remplit.

BIBLIOGRAPHIE

Cette bibliographie ne mentionne que les études et articles cités, car ainsi que le note Ch.-J. Rowe la masse de littérature secondaire consacrée au *Sophiste* est très vaste, mais « les discussions modernes se consacrent à des passagess et des problèmes spécifiques, sans porter une attention suffisante aux contextes dans lesquels ils surgissent ».

Le Sophiste

Éditions et traductions

MANUZIO A., TORRESANO A., *Omnia Platonis Opera*, Venetia, in aed. Aldi et Andreae Soceri, vol. I, 1513.

STEPHANUS H., *Platonis opera, quae extant omnia*, excudebat, vol. I, Genevae, 1578.

FISCHER J.F., *Platonis dialogi tres : Sophista, Politicus, Parmenides, ex recensione H. Stephani, animaversionibus criticis illustrati* ab J.F. Fischero, Lipsiae, 1774.

Platonis Philosophi quae extant, cum Marsili Ficini interpretatione, aed. Biponti, 1782.

HEINDORF L.F., *Platonis dialogi tres : Phaedo, Sophistes Protagoras*, annotatione instruxit, Berlini, 1810.

BEKKER I., *Platonis scripta graece omnia*, annotavit, vol. IV, Londres, 1826.

STALLBAUM G., *Platonis Dialogos selectos recensuit et commentariis in usu scholarum instruxit*, vol. VIII, Leipzig, 1840.

COUSIN V., *Œuvres de Platon, tome XI, Le Sophiste ou de De l'être*, trad., Paris, Rey et Gravier Libraires, 1844.

HERMANN G.F., *Platonis dialogi, ex recognitione*, vol. I, Leipzig, 1851.

CAMPBELL L., *The Sophistes and Politicus of Plato*, a Revised Text and English Notes, Oxford, Clarendon Press, [1867], repr. New York, Arno Press, 1973.

JOWETT B., *The Dialogues of Plato*, transl. with analysis and introductions, Oxford, Clarendon Press, 1895.

APELT O., *Platonis Sophistes*, ed., Leipzig, 1897.

BURNET J., *Platonis Opera*, ed., vol. I, Oxford, Clarendon Press [1895], 1905[2].

FOWLER H.N., *Plato, Theaetetus-Sophist*, transl., Cambridge Mass., Loeb Classical Library, Harvard University Press, 1921.

DIÈS A., *Platon. Œuvres complètes*, t. VIII, 3e partie : *Le Sophiste*, texte établi et traduit, Paris, Les Belles Lettres, CUF 1925.

CORNFORD F.M., *Plato's Theory of knowledge* (the *Theaetetus* an the *Sophist* of Plato) transl. with a running commentary, London, Routledge and Kegan Paul, 1935.

ROBIN L., *Platon. Œuvres complètes*, trad. nouvelle et notes, vol. II, « Bibliothèque de la Pléiade », Paris, Gallimard, 1950.

WIEHL R., *Plato. Der Sophist*, trad., Hambourg, 1967.

PARAIN B., Le *Sophiste* de Platon annoté par B. Parain, *Le Nouveau Commerce*, Cahier 47-48, Paris, Nouveau Quartier Latin, 1980.

CAMBIANO G., *Platone. Dialoghi filosofici*, trad., vol. II, *Sofista*, Torino, UTET, 1981.

CORDERO N.L., *Platon. Le Sophiste*, trad., Paris, GF-Flammarion, 1993.

ROBINSON D.B., *Platonis Opera*, vol. I, Oxford, Clarendon Press, 1995 (texte grec).

WHITE N., *Sophist*, transl., *in* J. Cooper (ed.), *Plato, Complete Works*, Cambridge Mass., Hackett, 1997.

ROWE CH. J., *Plato. Theaetetus and Sophist*, transl., Cambridge, Cambridge University Press, 2015.

MOUZE L., *Le Sophiste*, Paris, Le Livre de Poche, 2019.

SUR LE *SOPHISTE*

Études

AUBENQUE P. (dir.), textes recueillis par M. Narcy, *Études sur le* Sophiste *de Platon*, tomes I et II, Napoli, Bibliopolis, 1991.

BENARDETE S., *The Being of the Beautiful*, Part II : *Plato's Sophist*, translation and commentary, Chicago-London, University of Chicago Press, 1984.

BLUCK R.S., *Plato's Sophist. A commentary*, ed. by G.C. Neal, Manchester University Press, 1975.

DIÈS A., *Définition de l'être et nature des idées dans le* Sophiste *de Platon*, Paris, Vrin, [1909], 1963.

HEIDEGGER M., *Platon : Le Sophiste*, trad. J.-Fr. Courtine, P. David, D. Pradelle, P. Quesne, Paris, Gallimard, 2001.

NOTOMI N., *The Unity of Plato's Sophist*, Cambridge, Cambridge University Press, 1999.

O'BRIEN D., *Le Non-Être. Deux études sur le Sophiste de Platon*, Sankt Augustin, Academia Verlag, 1995.

ROSEN S., Plato's *Sophist : The Drama of Original and Image*, New-Haven and London, Yale University Press, 1983.

SELIGMAN P., *Being and not-Being : An Introduction to Plato's* Sophist, La Haye, Martinus Nijhoff, 1974.

TEISSERENC F., *Langage et Image dans l'œuvre de Platon*, Paris, Vrin, 2010.

Articles

ACKRILL J.L., « Plato and the Copula : *Sophist* 251-9 », *in* R.E. Allen (ed.), *Studies in Plato's Metaphysics*, London, Routledge & Kegan Paul, 1965, p. 207-218.

BRAGUE R., « La cosmologie finale du *Sophiste* (265b4-e 6) », dans P. Aubenque, *Études sur le* Sophiste *de Platon, op. cit.* p. 267-288.

BRISSON L., « De quelle façon Plotin interprète-t-il les cinq genres du *Sophiste*? », dans P. Aubenque, *Études sur le* Sophiste *de Platon, op. cit.*, p. 449-473.

CASERTANO G., « Parménide, Platon et la vérité » dans *Platon Source des Présocratiques, op. cit.*, p. 67-92.

DIXSAUT M., « Platon et le logos de Parménide (*Sophiste*, 241d-245e) », dans P. Aubenque, *Études sur Parménide, op. cit.*, t. II. p. 215-253.

– « Le Non-être, l'autre et la négation dans le *Sophiste* », dans P. Aubenque, *Études sur le* Sophiste *de Platon, op. cit.*, t. II, p. 167-213, repris et modifié dans *Platon et la question de la pensée, Études platoniciennes* I, Paris, Vrin, 2000, p. 225-227.

GILL M.L., « Division and Definition in Plato's *Sophist* and *Statesman* », *in* D. Charles (ed.), *Definition in Greek Philosophy*, Oxford, Oxford University Press, 2010, p. 172-201.

GRISWOLD Ch., « Logic and Metaphysics in Plato's *Sophist* », *Giornale di Metafisica* 32, 1977, 555-570.

HEIDEGGER M. « L'Expérience de la pensée », dans *Questions III*, Paris, Gallimard, 1966.

KERFERD G.B., « Plato's Noble Art of Sophistry », *Classical Quarterly* 4, 1954, 84-90.

– « Le sophiste vu par Platon : un philosophe imparfait », dans B. Cassin (éd.), *Positions de la sophistique*, Paris, Vrin, 1986, p. 13-25.

KEYT D., « Plato on Falsity : *Sophist* 263b » dans *Exegesis and Argument, Studies in Greek Philosophy presented to G. Vlastos*, E.N. Lee, A. Mourelatos and R. Rorty (eds.), Assen, 1973, p. 285-305.

LEE E.N., « Plato on Negation and Not-Being in the *Sophist* », *Philosophical Review* 81, 1972, 267-304.

MORAVCSIK J.M.E. « Being and meaning in the *Sophist* », *Acta philosophica Fennica* 14, 1962, 23-78.

OWEN G.E.L., « Plato on Not-Being », dans *Plato : A Collection of Critical Essays : I Metaphysics and Epistemology*,

G.Vlastos (ed.), New York, Doublday Anchor, 1971, p. 223-267

PACHET P., « L'Invité », Postface à Le *Sophiste* de Platon annoté par B. Parain, *Le Nouveau Commerce*, Cahier 47-48, Paris, Nouveau Quartier Latin, 1980, p. 167-184.

VILLELA-PETIT M., « La question de l'image artistique dans le *Sophiste* », dans *Études sur le* Sophiste *de Platon, op. cit.*, Napoli, Bibliopolis, 1991, p. 53-90.

VOGEL C. de, « Platon a-t-il ou n'a-t-il pas introduit le mouvement dans son monde intelligible ? », in *Philosophia*, Part I : *Studies in Greek Philosophy*, Assen, [1953], 1969, p. 176-192.

WERSINGER TAYLOR A.G., « Muses d'Ionie, Muses de Sicile (*Sophiste* 242d6-243a2) », *Philosophia* 27-28, 1997-1998, 99-110.

WOLFF F., « Le chasseur chassé. Les définitions du sophiste », dans P. Aubenque, *Études sur le* Sophiste, *op. cit.*, p. 17-56.

SUR PLATON

Traductions commentées et Études

BÉNATOUÏL T., *La Science des hommes libres. La digression du* Théétète, Paris, Vrin, 2020.

BRUMBAUGH R.S., *Platonic Studies of Greek Philosophy*, Albany, State University of New York Press, 1989.

BRISSON L., *Platon. Phèdre*, Paris, GF-Flammarion, 1989.

– *Platon. Timée-Critias*, Paris, GF-Flammarion, 1992.

– *Platon. Apologie de Socrate-Criton*, Introd., trad., et notes, Paris, GF-Flammarion, 1998.

– *Lectures de Platon*, Paris, Vrin, 2000.

CASERTANO G., *Fedone, o dell'anima, Dramma etico in tre atti*, trad., commentario e note, Napoli, Loffredo, 2015.

DELCOMMINETTE S., *L'Inventivité dialectique*, Bruxelles, Ousia, 2000.

– *Le Philèbe de Platon. Introduction à l'agathologie platonicienne*, Leiden-Boston, Brill, 2006.

– *Platon. Le Philèbe*, Paris, Vrin-bilingue, 2022.

CHERNISS H., *L'Énigme de l'Ancienne Académie*, trad. L. Boulakia, Paris, Vrin, 1993.

CHRISTIAS P., *Platon et Paul au bord de l'abîme. Pour une politique katéchontique*, Paris, Vrin, 2014.

DIXSAUT M., *Platon. Phédon*, Paris, GF-Flammarion, 1991.

– *Le Naturel Philosophe, Essai sur les Dialogues de Platon*, Paris, 5ᵉ éd. revue et corr., Vrin-Poche, 2016.

– *Métamorphoses de la dialectique dans les dialogues de Platon*, Paris, Vrin, 2001.

– *Platon et la question de l'âme. Études platoniciennes II*, Paris, Vrin, 2013.

— et A. BRANCACCI (éd.), *Platon source des Présocratiques. Exploration*, Paris, Vrin, 2002.

— et al., *Le Politique*, texte grec, traduction et commentaire, Paris, Vrin-bilingue, 2018.

EL MURR D., *Savoir et Gouverner. Essai sur la science politique platonicienne*, Paris, Vrin, 2014.

— (dir.) *La Mesure du savoir. Études sur le* Théétète *de Platon*, Paris, Vrin, 2013.

GADAMER H.G., *Dialogue and Dialectic : Eight hermeneutical Studies on Plato*, translated and with an Introduction by P. Ch. Smith, Yale-London, Yale U.P. 1980.

GOLDSCHMIDT V., *Le Paradigme dans la dialectique platonicienne*, Paris, P.U.F., 1947.

JOLY H., *Le Renversement platonicien. Logos, Epistèmè, Polis*, Paris, Vrin, [1974], 1994.

QUANDT K., *The Phaedrus of Plato. A Translation With Notes and Dialogical Analysis*, Washington-London, Academica Press, 2020.

LEVETT M.J., *The Theaetetus of Plato*, transl., revised by M. B., Indianapolis-Cambridge, Hackett, 1990.

NARCY M., *Platon. Théétète*, trad., introd. et notes, Paris, GF-Flammarion, 1994.

RITTER C., *Neue Untersuchungen über Platon*, München, O. Beck, 1910.

ROBINSON R., *Plato's Earlier Dialectic*, Oxford, Oxford University Press, 1953.

RYLE G., *Plato's Progress*, Cambridge, Cambridge University Press, 1966; trad. de J. Follon, *L'Itinéraire de Platon*, présentation de M. Dixsaut, Paris, Vrin, 2003.

SOUILHÉ J., *Étude sur le terme* dunamis *dans les dialogues de Platon*, Paris, Alcan, 1919.

THEIN K., *L'Âme livre. Étude sur une image platonicienne*, Paris, Garnier, 2021.

VLASTOS G., *Socrate. Ironie et philosophie morale*, trad. C. Dalimier, Paris, Aubier, 1994.

Articles

AYACHE L., « Le fonds médical du *Philèbe* », dans M. Dixsaut (dir.), avec la collab. de F. Teisserenc, *La Fêlure du plaisir. Études sur le Philèbe de Platon*, vol. 2, Paris, Vrin, 1999, p. 35-60.

BRISSON L., « *Phthonos* chez Platon », dans *Lectures de Platon*, Paris, Vrin, 2000, p. 219-234.

BURNYEAT M., « First words : A valedictory lecture », *Proceedings of the Cambridge Philological Society* 43, 1998, 1-20.

CAMBIANO G., « Tecniche dossografiche in Platone », *in* G. Cambiano (a cura di), *Storiografia e dossografia nella filosofia antica*, éd. citée, p. 61-84.

COLLETTE B., « Phantasia et phantasma chez Platon », *Les Études philosophiques* 76, 2006, 89-106.

DESCLOS M.-L., « Une façon platonicienne d'être une image : le *mimèma* », *Classica* 13, 2000-2001, 205-217.

DIXSAUT M., « *Ousia, eidos* et *idea* dans le *Phédon* », *Revue philosophique*, n° spécial Platon, n°4, 1991, 479-500.

– « L'analogie intenable », *Rue Descartes* (*Revue du Collège International de Philosophie*), n. 1-2 : "Des Grecs", 1991, 93-120.

– « Le plus juste est le plus heureux », dans M. Dixsaut (éd.) avec la collab. de F. Teisserenc, *Études sur la République de Platon*, vol. 1, Paris, Vrin, 2005, p. 327-352.

– « Les hypothèses du *Parménide* : construire des mondes conceptuels possibles », dans *Plato'Parmenides, Proceedings of the fourth Symposium Platonicum Praganse*, A. Havlicek and F. Karfik (eds.), Prague, OIKOYMENH, 2005.

– « Les dimensions platoniciennes de la puissance : agir, pâtir, différencier », dans M. Crubellier, A. Jaulin, D. Lefebvre, P.-M. Morel (éd.), *Dunamis, Autour de la puissance chez Aristote*, Louvain-la-Neuve, Peeters, 2008, p. 225-249.

– « Myth and Interpretation », dans C. Collobert, P. Destrée, F.J. Gonzales (eds.), *Plato and Myth. Studies on the Use and Status of Platonic Myths*, Leiden-Boston, Brill, 2012, p. 25-46.

– « Macrology and Digression », *in* G. Boys-Sones, D. El-Murr, Ch. Gill (eds.), *The Platonic Art of Philosophy*, Cambridge, Cambridge University Press, 2013, p. 10-26.

– "Euthydemus", *in* G.A. Press (ed.), *The Continuum Companion to Plato*, Bloomsbury Publisher, 2012.

EL MURR D., « Les Formes sans l'âme : *Parm.* 131a-133a est-il une critique de la participation ? », *Antiquorum Philosophia* 4, 2010, 137-160.

– « Auto kath'auto. La genèse et le sens d'un philosophème platonicien », dans D. Doucet et I. Koch (dir.), *Autos, Idipsum. Aspects de l'identité d'Homère à Augustin*, Aix-en-Provence, Presses universitaires de Provence, 2014, p. 39-56.

– « Paradigmatic Method and Platonic Epistemology », *in* D. Nails, H. Tarrant (eds.), *Second Sailing : Alternative Perspectives on Plato*, Helsinki, Societas Scientiarum Fennica, 2015, p. 1-20.

- « Logique ou dialectique ? La puissance normative de la division platonicienne », dans J.-B. Gourinat, J. Lemaire (éd.), *Logique et Dialectique dans l'Antiquité*, Paris, Vrin, 2016, p. 107-134.
- « Éristique, antilogique et égale aptitude des hommes et des femmes (Platon, *République* V, 453b-454c) », dans S. Delcomminette, G. Lachance (éd.), *L'Éristique. Définitions, caractérisations et historicités*, Bruxelles, Ousia, 2021, p. 187-216.

GAVRAY M.-A., « Comment ne pas interpréter un fragment philosophique : le dialogue avec Protagoras dans le *Théétète* de Platon », dans D. El Murr (éd.), *La Mesure du savoir, Études sur le* Théétète, Paris, Vrin, 2013, p. 25-47.

ANTIQUITÉ

Instruments de travail

BAILLY, *Dictionnaire Grec-Français*, 1894, éd. revue par L. Séchan et P. Chantraine, Paris, Hachette, 1963.

BENVENISTE E., *Problèmes de linguistique générale*, Paris, Gallimard, t. I, 1966.

BRANDWOOD L., *A Word Index to Plato*, Leeds, W. S. Maney & Son Ltd, 1976.

CHANTRAINE P., *Dictionnaire étymologique de la langue grecque*, Paris, Klincksieck, 2 vol., 1990.

FOURNIER H., *Les Verbes « dire » en grec ancien*, Paris, Klincksieck, 1946.

DENNISTON J.D., *The Greek Particles*, Bristol Publishing, Company, [1934], 1996.

JAKOBSON R., *Essais de linguistique générale*, Paris, Éditions de Minuit, 1963.

LIDDELL-SCOTT-JONES, *A Greek-English Lexicon*, Oxford, Clarendon Press [1873], 1940

MOORHOUSE A.C., *Studies in the Greek Negatives*, Cardiff, University of Wales Press, 1959.

Auteurs antiques

XÉNOPHANE, HÉRACLITE, EMPÉDOCLE, PARMÉNIDE, ZÉNON D'ÉLÉE, MÉLISSOS, PROTAGORAS, GORGIAS et PRODICOS sont cités d'après DIELS-KRANZ, *Die Fragmente der Vorsokratiker, Griechisch und Deutsch*, 6e éd., 3 vol., 1951-1952, abrégé D.K.; trad. de J.-P. Dumont, *Les Présocratiques*, avec la collaboration de D. Delattre et J.-L. Poirier, « Bibliothèque de la Pléiade », Paris, Gallimard, 1988.

ANTISTHÈNE, *La Vérité, La Rectitude des noms*, dans A. Brancacci, *Antisthène, Le Discours propre*, Paris, Vrin, 2005.

ARISTOPHANE, *Les Nuées*, Théâtre complet I, trad. V.-H. Debidour, Paris, Folio-Gallimard, 1987.

ARISTOTE, *Catégories, Premiers analytiques, Physique, Métaphysique, Fragments*, dans P. Pellegrin (dir.), *Aristote. Œuvres Complètes*, Paris, Flammarion, 2014.

DIOGÈNE LAËRCE (*Vies et doctrines des philosophes illustres* trad. et dir. M.-O. Goulet-Cazé, Paris, La Pochothèque, 1999.

ESCHYLE, *Prométhée enchaîné, Les Perses*; EURIPIDE, *Héraclès*, dans *Tragiques grecs*, trad J. Grosjean, « Bibliothèque de la Pléiade », Paris, Gallimard, 1967.

HÉRODOTE, *L'Enquête*, THUCYDIDE, *La Guerre du Péloponnèse*, dans *Historiens grecs. Hérodote, Thucydide*, intro. de J. de Romilly, trad. de D. Roussel, « Bibliothèque de la Pléiade », Paris, Gallimard, 1964.

HÉSIODE, *Théogonie, Les Travaux et les Jours, Bouclier d'Héraclès*, trad. P. Mazon, Paris, Les Belles Lettres, CUF, 1928.

HIPPOCRATE, *De l'ancienne médecine, De l'art, Épidémies*, éd. et trad. de J. Jouanna, Paris, Les Belles Lettres, [1992] 2012.

HOMÈRE, *L'Iliade*, trad. P. Mazon, 3 vol., *L'Odyssée*, trad
V. Bérard, 3 vol., Paris, Les Belles Lettres, Classiques en
poche, 2012.

HORACE, *Art poétique*, dans *Œuvres*, Paris, Garnier-
Flammarion, 1993-

ISOCRATE, *Discours*, t. I : *Contre les Sophistes*, trad. G. Mathieu
et É. Brémond; t. III : *Sur l'Échange*, trad. G. Mathieu,
Paris, Les Belles-Lettres, CUF, 1963 et 1966.

PLOTIN, *Ennéades*, trad. L. Brisson et J.-F. Pradeau, 7 vol.,
6 tomes, Paris, GF Flammarion, 2002-2010.

PLUTARQUE, *Contre Colotès*, trad. P.-M. Morel et F. Verde,
Paris, ENS éditions, 2013.

PROCLUS, *Commentaire sur le Timée*, t. I, livre I, trad.
A.J. Festugière, Paris, Vrin-CNRS, 1966.

SEXTUS EMPIRICUS, *Adversus Dogmaticos*, dans *Sexti
Empirici Opera* (texte grec), vol. III, H. Mutschmann (dir.),
Bibliotheca Teubneriana, 1984; *Against Logicians*, transl.
by R.G. Bury, Harvard University Press, Lœb Classical
Library, 2022.

SIMPLICIUS, *Commentaire sur les Catégories d'Aristote*, trad.
I. Hadot et Ph. Hoffman, Leyde, Brill, 1989.

SOPHOCLE, *Antigone*, trad. de Laconte de Lisle, dans *Sophocle*,
Paris, Alphonse Le Merre, 1877.

STILPON et les MÉGARIQUES, R. Muller, *Les Mégariques,
fragments et témoignages*, Paris, Vrin, 1985.

XÉNOPHON, *Mémorables*, trad. L.A. Dorion et M. Bandini,
3 vol., Paris, Les Belles Lettres, CUF, 2000-2011.

– *Économique*, trad. P. Chantraine, intr. de C. Mossé, Paris,
Les Belles Lettres, CUF, 2008.

– *L'Art de la chasse*, texte établi et traduit par E. Delebecque,
Paris, Les Belles Lettres, CUF, 2003.

Sur des auteurs antiques

Éditions et Études

AUBENQUE P. (dir.), *Études sur Parménide. Tome I, Le Poème de Parménide*, texte, traduction, essai critique par D. O'Brien, en collab. avec J. Frère pour la traduction, Paris, Vrin, 1987.

BEAUFRET J., *Parménide. Le Poème*, Paris, P.U.F., 1955.

CASSIN B., *Si Parménide*, Presses Universitaires de Lille-MSH, 1980.

– (dir.), *Le Plaisir de parler, Études de sophistique comparée*, Paris, Éditions de Minuit, 1986.

– *Parménide, Sur la nature et sur l'étant, La langue de l'être*, présenté, traduit et commenté, Éditions du Seuil, 1998.

CORDERO N.L., *By Being, it is, The Thesis of Parmenides*, Parmenides Publishing, Las Vegas, 2004.

CORNFORD F.M., *Plato and Parmenides, Parmenides 'Way of truth and Plato's* Parmenides, translated with an introduction and a running commentary, London, Routledge and Kegan Paul, 1939.

CRUBELLIER M., JAULIN A., LEFEBVRE D. et MOREL P.-M. (éd.), *Dunamis, autour de la puissance chez Aristote*, Louvain-la-Neuve, Peeters, 2008.

GAVRAY M.-A., *Platon, héritier de Protagoras. Dialogue sur les fondements de la démocratie*, Paris, Vrin, 2017.

LEFEBVRE D., *Dynamis : sens et genèse de la notion aristotélicienne de puissance*, Paris, Vrin, 2018.

PELLEGRIN P., *La Classification des animaux chez Aristote*, Paris, Les Belles Lettres, 1982.

RAMNOUX C., *Parménide et ses successeurs immédiats*, Monte-Carlo, Éditions du Rocher, 1979.

TARÁN L., *Parmenides*, a text with translation, commentary, and critical essays, Princeton, Princeton University Press, 1965.

Articles

AUBENQUE P., « Syntaxe et sémantique de l'être dans le Poème de Parménide », dans *Études sur Parménide*, *op. cit.*, t. II, Paris, Vrin, 1987, p. 102-134.

BOLLACK J., WISSMANN H., « Le Moment théorique », *Revue des sciences humaines* 154, 197, 203-212.

DIXSAUT M., « Isocrate, Contre des sophistes sans sophistique », dans B. Cassin (dir.), *Le Plaisir de parler*, Paris, Minuit, 1986, p. 63-85.

DODDS E. R., « The Parmenides of Plato and the Origin of the neoplatonic One », *The Classical Quarterly* 22, 1928, 129-142.

HAVELOCK E.A., « Parmenides and Odysseus », *Harvard Studies in Classical Philology* 63, 1958, 133-143.

LAFRANCE Y., « Le sujet du Poème de Parménide : l'être ou l'univers ? », *Elenchos* 20, 1999, 265-308.

MATTÉI J.-F., « La Déesse de Parménide, Maîtresse de philosophie », dans *La Naissance de la raison en Grèce*, Paris, P.U.F., 1990, p. 207-217.

MOURELATOS A.P.D., *The Route of Parmenides*, Yale University Press, 1970.

O'BRIEN D., « Non-being in Parmenides, Plato and Plotinus », *in* R.W. Sharples (ed.), *Modern thinkers and ancient thinkers*, The Stanley Victor Keeling memorial lectures, University College London, 1993, p. 1-25.

TARRANT H., « The conclusion of Parmenides'poem », *Apeiron* 17, 1983, 73-84.

TUGWELL S., « The Way of Truth », *Classical Quarterly* 14, 1964, 36-41.

WERSINGER-TAYLOR A.G., « Le Parménide de Platon, une cosmologie sans kosmos », *Études platoniciennes* 16, 2019, en ligne.

ZUCKER A. « La classification zoologique », dans *Aristote et les classifications zoologiques*, Louvain-la-Neuve, Peeters, 2005.

Sur la culture grecque

Études

AUBENQUE P. (dir.), *Concepts et catégories dans la pensée antique*, Paris, Vrin, 2000.

CAMBIANO G., a cura di, *Storiografia e dossografia nella filosofica antica*, Torino, Tirrenia Stampatori, 1958.

DETIENNE M. et J.-P. VERNANT, *Les Ruses de l'intelligence. La Mètis des Grecs*, Paris, Flammarion, 1974.

DODDS E.R., *Les Grecs et l'irrationnel*, trad. M. Gibson, Paris, Aubier, 1965.

GUTHRIE W.K.C., *Les Sophistes*, trad. J.-P. Cottereau, Paris, Payot, 1976.

GOMPERZ Th., *Les Penseurs de la Grèce*, vol. 2, trad. A. Reymond, Paris, Payot, 1905.

HADOT P. « Sur divers sens du mot *PRAGMA* dans la tradition philosophique grecque », dans P. Aubenque (dir.), *Concepts et catégories dans la pensée antique, op. cit.*, p. 309-320.

JAEGER W., *Paideia, La formation de l'homme grec*, trad. A. et S. Devyver, Paris, Gallimard, 1965.

LONGHI V., *Krisis ou la décision génératrice : Épopée, Médecine hippocratique, Platon*, Villeneuve d'Ascq, Presses Universitaires du Septentrion, 2020.

PÉPIN J., *Mythe et Allégorie. Les Origines grecques et les contestations judéo-chrétiennes*, Paris, Aubier, 1958.

PIGEAUD J., *Folie et cures de la folie chez les médecins de l'Antiquité gréco-romaine*, Paris, Les Belles Lettres, 1981.

PERELMAN Ch., OLBRECHTS-TYTECA L., « Logique et rhétorique », dans *Rhétorique et Philosophie. Pour une théorie de l'argumentation en philosophie*, Paris, P.U.F., 1952.

ROBIN L., *La Pensée hellénique des origines à Épicure*, Paris, P.U.F., 1942.

SCHAERER R., *Epistèmè et Technè, Étude sur les notions de connaissance et d'art d'Homère à Platon*, Macon, Protat frères, 1930.

VIAN F., *La Guerre des Géants, le mythe avant l'époque hellénistique*, Paris, Klincksieck, 1952.

AUTEURS MODERNES

BERGSON H., *L'Évolution créatrice*, Paris, P.U.F., éd. du Centenaire, 1959.

CHATEAUBRIAND A. R. de, *Mémoires d'outre-tombe*, Paris, Flammarion, Édition du Centenaire, t. IV, 1948.

BOLLACK J., WISSMANN H., « Le Moment théorique », *Revue des sciences humaines* 154, 197, 203-212.

CALVINO I., *Six Leçons américaines, Six propositions pour le prochain millénaire*, trad. Y. Hersant, Paris, Gallimard, 1992.

DELEUZE G., *Différence et répétition*, Paris, P.U.F., 1968.

DERRIDA J., *Éperons. Les Styles de Nietzsche*, Paris, Flammarion, 1978.

DESCARTES, *Discours de la méthode*, Paris, Vrin, 1984.

FOUCAULT M., *Dits et Écrits*, Paris, Gallimard, 1978.

– *Ceci n'est pas une pipe*, Paris, Fata Morgana, 2010.

GOURET P., *La Provence des pêcheurs*, Ed. Serre, [1896], 1995.

HEGEL G.W.F., *La Science de la Logique*, trad. B. Bourgeois, Paris, Vrin, 1986.

HEIDEGGER M., *Chemins qui ne mènent nulle part*, trad. de W. Brokmeier, Paris, Gallimard, 1962.

– *Questions III*, Paris, Gallimard, 1966.

– *Être et Temps*, trad. E. Martineau, Paris, Authentica, 1985 ; trad. Fr. Vezin, Paris, Gallimard, 1986.

JANKÉLÉVITCH V., *Le Je-ne-sais-quoi et le presque-rien*, Paris, P.U.F., 1957.

KANT I., *Critique de la raison pure*, trad. J. Barni, Paris, Garnier Flammarion, 1976.

LEVINAS E., *Totalité et Infini*, La Haye, Martinus Nijhoff, 1971.

MALHERBE J.-F., « La théorie russellienne des descriptions. Exposé et critique », *Revue philosophique de Louvain* 12, 1973, 735-749.

MERLEAU-PONTY M., *L'Œil et l'Esprit*, Paris, Gallimard, 1964.

NIETZSCHE F., *Fragments Posthumes* vol. XII, dans *Œuvres Philosophiques Complètes*, trad. J. Hervier, Paris, Gallimard, 1978.

– *Cinq préfaces à cinq livres qui n'ont pas été écrits*, dans *Œuvres philosophiques complètes*, I** : *Écrits posthumes 1870-1873*, Paris, Gallimard, 1975.

– *Aurore*, dans *Œuvres Philosophiques Complètes*, IV, trad. J. Hervier, Paris, Gallimard, 1970.

– *Ecce Homo*, dans *Œuvres Philosophiques Complètes*, VIII, trad. J-C. Hemery, Paris, Gallimard, 1974.

– *Introduction à l'étude des Dialogues de Platon*, trad. O. Sedeyn, Paris-Tel-Aviv, Les éditions de l'Eclat, 3ᵉ éd. corr., 2005.

POULET G., *Les Métamorphoses du cercle*, Paris, Plon, 1961.

QUENEAU R., *Le Chiendent*, Paris, Gallimard, 1933.

RANCIÈRE J., *Le Partage du sensible, esthétique et politique*, Paris, La Fabrique éditions, 2000.

RUSSELL B., *Histoire de mes idées philosophiques*, trad. G. Auclair, Paris, Gallimard, 1961.

SARTRE J.-P., *L'Être et le Néant*, Paris, Gallimard, 1943.

STAROBINSKI J., *L'Œil Vivant* II : *La Relation critique*, Paris, Gallimard [1970], 2000.

WITTGENSTEIN L., *The Big Typescript*, Wiley-Blackwell, 2012.

TABLE DES MATIERES

Achevé d'imprimer en août 2022

La Manufacture - *Imprimeur* – 52200 Langres – Tél. : (33) 325 845 892
Imprimé en France – N° : 220715 – Dépôt légal : septembre 2022